AF571425

BASTEI
LÜBBE
TASCHENBUCH

Weitere Titel der Autorin:

Träume aus Feuer
Träume aus Staub
Träume aus Eisen

Über die Autorin

Maja Winter ist das Pseudonym der erfolgreichen Autorin Lena Klassen, unter dem sie epische Fantasygeschichten veröffentlicht. 1971 in Moskau geboren, wuchs sie in Deutschland auf. In Bielefeld studierte sie Literaturwissenschaft, Anglistik und Philosophie. Neben ihren Fantasyromanen hat sie auch zahlreiche Kinder- und Jugendbücher sowie Romane für Erwachsene verfasst. Die Autorin lebt mit ihrem Mann und ihren zwei Kindern im ländlichen Westfalen.

MAJA WINTER

TRÄUME AUS ASCHE

Roman

BASTEI LÜBBE TASCHENBUCH
Band 20868

Dieser Titel ist auch als E-Book erschienen

Originalausgabe

Textredaktion: Julia Abrahams, Köln
Kartenillustration: Markus Weber, Guter Punkt, München
Titelillustration: © Thinkstock/Stockbyte; Thinkstock/Top Photo Group; Thinkstock/Extezy; Thinkstock/Mikhail Dudarev; Thinkstock/dimatlt633
Umschlaggestaltung: Guter Punkt, München | www.guter-punkt.de
Satz: two-up, Düsseldorf
Gesetzt aus der Garamond
Printed in Germany
ISBN 978-3-404-20868-5

Sie finden uns im Internet unter www.luebbe.de
Bitte beachten Sie auch: www.lesejury.de

Inhaltsverzeichnis

Was zuletzt geschah

Sie sagen, die Götter lenken die Entscheidungen der Menschen. Sie weben einen Teppich, bunt und voller Muster und Ornamente. Namen werden verflochten und miteinander verbunden. Doch manchmal ist der Wille eines Menschen so stark, dass er das Webschiffchen querschießen lässt. Ein kurzer Augenblick genügt, um einen Knoten ins Muster zu knüpfen.

Karim von Lhe'tah, Wüstendämon, Feuerreiter, Bastard eines Großkönigs, hatte solch einen starken Willen. Karim, der Fadenverknoter, der Fadenzerreißer. Der erste Knoten wurde geknüpft, als er Großkönig Tizarun – seinen Vater – ermordete, indem er ihm Gift in den Met tat.

Großkönigin Teniras Faden erzitterte, als der ihres geliebten Mannes Tizarun durchschnitten wurde. In ihrer Trauer dürstete sie nach Rache. Sie weigerte sich, den Thron für das nächste Herrscherpaar freizumachen. Doch als sie den Kriegszug gegen das Nachbarland Kanchar verlor, blieb Prinz Sadi – geboren in der Nacht, als sein Vater starb – als Unterpfand des Friedens in der Hand der Feinde zurück. Fortan herrschte sie von Kanchars Gnaden, während sie im Geheimen ein neues Bündnis schloss mit Laikan von Nehess. Und nach Jahren der Vorbereitung und des ungeduldigen Wartens zogen sie mit einer Armee aus Eisensoldaten erneut gegen Kanchar.

In Wabinar, der Hauptstadt von Kanchar, verwoben sich viele starke Fäden zu einem unvergleichlichen Muster, doch auch sie spürten die Erschütterung, die durchs Gewebe lief. Und auch ihre Fäden verknotete der Fadenspinner Karim. Dem Prinzen Matino, Thronerbe des Kaiserthrons von Kanchar, träufelte er Gift in die Wunde, sodass sein Bein verkrüppelte. Sein Bruder Prinz Liro wurde zum neuen Thronerben – und kurz darauf zum Kaiser. Seine Ziehschwester Ruma brachte Karim mit einer Täuschung dazu, die Heirat mit Liro einzugehen, obwohl sie doch dessen Sklaven liebte: Yando, der eigentlich der verschollene Prinz von Guna war. Yando, dem er die Flucht und Rückkehr nach Guna hätte ermöglichen können, ließ Karim in Wabinar zurück, damit dieser als Lehrer für Prinz Sadi, die Geisel aus Wajun, dienen konnte. Und als sich Knoten an Knoten reihte und immer mehr Durcheinander ins Muster geriet, rissen schließlich einige Fäden. Ruma, von Matino zum Beischlaf gezwungen und schwanger, stürzte sich aus dem Fenster zu Tode. Das ungeborene Kind ließ Matino einer anderen Frau in den Leib setzen.

In Guna, dem kleinen Königreich zwischen den mächtigen Reichen Le-Wajun und Kanchar, wartete man vergebens auf die Rückkehr des lange verschollenen Prinzen Kir'yan-doh. Und so entschied man sich dazu, einen neuen König zu wählen: Selas von Trica, Bruder von Karim, dem Fadenverknoter. Zusammen mit Lan'hai-yia herrschte er fortan über das Bergkönigreich. Und als sie eine Tochter bekamen, die sie Sahiko nannten, freute er sich. Lan'hai-yia hingegen wunderte sich über die Frucht in ihrem Bauch. Was war damals in Wabinar geschehen, als sie Guna zu Kanchars neuntem Königreich gemacht hatte, damit der Kaiser sie vor Teniras und Laikans anrückender Armee schützte? Damals, als die Kaiserin starb?

In Kato, dem mythischen Land der Lichtgeborenen, der Kinder der Götter, liefen ebenfalls viele Fäden zusammen. Hier sammelten sich die Seelen der Toten, die ihren Weg in die Jenseitigen Lande nicht mehr fanden, weil der Tod, eine der dunklen Schwestern, einem Krieger einst ins Leben gefolgt war und vergessen hatte, wer sie war. Auch Tizarun, der ermordete Großkönig von Le-Wajun, strandete in Kato und erhob sich zum unbarmherzigen Flammenden König. Doch immerwährend hörte er den Ruf seiner geliebten Großkönigin Tenira: »Komm zu mir zurück!« Aber alles Streben, über das Nebelmeer zurück ins Land der Lebenden zu gelangen, war vergebens. Bis Tizarun den richtigen Preis fand, um den Grauen Kapitän zu bestechen …

Doch nicht nur Seelen strandeten in Kato. Auch Fürst Wihaji von Lhe'tah war nach Kato gespült worden, obwohl er noch lebte. Großkönigin Tenira hatte ihn dorthin geschickt, um Tizaruns

Seele aufzuspüren und zu ihr zurückzubringen. Er hatte Tizarun gefunden und zum ersten Mal dessen wahres, grausames Gesicht gesehen. *Er darf nie zurückkehren*, sagte sich Wihaji, und so wurde der Fürst zum rebellischen Gegenkönig in Kato, zum Freien Mann, zum Aufrechten.

Anyana, die tot geglaubte Prinzessin von Anta'jarim, hatte sich mit ihrem kleinen Sohn Lijun nach Kato geflüchtet. Doch kaum dort angekommen, wollte sie wieder zurück. *Ich bin die rechtmäßige Großkönigin, die Sonne von Wajun*, sagte sie sich. Denn sie und Sadi, der kleine Sohn des Großkönigspaars, bildeten die neue Sonne, so war es per Dekret beschlossen. *Ich kann Tenira nicht den Thron überlassen.* Aber auch für sie gab es keinen Weg zurück.

Einen Weg zurück war nicht das, was Linua suchte. Die Wüstendämonin, die keine Assassine mehr sein wollte, folgte vielmehr einem Pfad, den ein Lied ihr wies und das in ihrer Seele wohnte – wild und süß, unwirklich und überirdisch. Die Frage nach ihrer Herkunft führte sie in die Eisenstadt Gojad. Dort fand sie endlich die Antwort auf ihre Frage: Sie war der Tod, der zu leben begann. Doch Linua fand nicht nur ihre Erinnerung, sie fand auch ein Messer, das ihr Fleisch zerschnitt. Im Sterben klammerte sie sich an eine Spiegelscherbe, denn Seelen – auch die von Göttinnen – streben dorthin, wo sie ihr eigenes Antlitz erblicken.

In Gojad fand Prinz Matino in einem Saal voll zerborstener Spiegel die tote Assassine. Er hob eine Spiegelscherbe auf, und für einen kurzen Moment glaubte er, ein Lied zu hören. Und als Ruma aus dem Fenster sprang und Matino das Ungeborene rettete, begann der Tod erneut zu leben.

Karim selbst tat alles, um seine Schuld von einst, den ersten Knoten, zu sühnen. Ich muss Guna schützen, das Land meiner Geburt. Dafür muss ich das Erbe meines Vaters antreten. Und so versuchte er weiter, den Thron der Sonne zu erringen. Auf der Suche nach Verbündeten lief er in eine Falle. Man sperrte ihn in den höchsten Turm von Schloss Anta'jarim und nahm ihm seine Sicht mit einem eisernen Helm. Doch wenn die Nacht am schwärzesten ist, ist die Dämmerung nah. Eine Tür öffnete sich in ein Zimmer, in dem es nach Rosen roch. Darin eine alte Frau, die Unya hieß. War dies ein Traum?

Unya lehrte Karim, was es wirklich bedeutete, zu sehen. Sie lehrte ihn, dass Magie Willen war. Sie lehrte ihn, durch Brunnen zu gehen, denn Brunnen waren Türen. Und Karim griff nach dem Funken in seinem Inneren. Er fand den Brunnen und wünschte sich nach Kato, zu seiner großen Liebe Anyana. Und für einen flüchtigen Augenblick waren sie glücklich, sich wiedergefunden zu haben.

Doch der Webstuhl des Schicksals steht niemals still. Der Flammende König stahl Anyanas Sohn, denn dies war der Preis für die Überfahrt zurück ins Land der Lebenden. Und Fürst Wihaji sah nur noch eine schreckliche Möglichkeit, um Tizaruns Rückkehr nach Le-Wajun zu verhindern: Er musste das Gewebe des Schicksals auflösen, damit ein neues Muster beginnen konnte. Auch hier schien der Preis der kleine Lijun zu sein. Um ihren kleinen Sohn zu retten, schlich sich Anyana an Bord des Grauen Schiffes, ergriff Lijun und sprang zum zweiten Mal von Bord.

Und während Fürst Wihaji verzweifelte, lagen im Kaiserreich Kanchar zwei Kinder im Sterben: Prinz Sadi vergiftet, Prinzessin Sahiko von einem Berglöwen schwer verwundet. Und Mernat an seinem Webstuhl sprach: »Nur eins kann gerettet werden.« Und damit Kaiser Liro sich für das richtige Kind entschied, erfuhr er endlich die Wahrheit, die doch eine Lüge war: Sahiko war Rumas Kind. Sahiko war sein Kind. Denn auch Prinz Matino konnte ein Fadenverknoter sein. Aber weil Liro misstrauisch war, machte er den Test des Blutes, der verriet: Er war nicht der Vater. In seiner Wut befahl er Sahiko und Sadi, der dank einer Göttin auch überlebt hatte, töten zu lassen. Und so blieb Yando nichts anderes übrig: Er tötete den Kaiser, seinen einstigen Schüler, und floh mit Sadi, dem Prinzen aus Wajun.

Und während Teniras Armee auf Daja vorrückte, erhob sich in Gojad ein Drache aus Eisen. Die Uhr hörte auf zu schlagen, und im Brunnen tobte ein Sturm. Fäden rissen. Und Lieder endeten im Schweigen.

Prolog

Es heißt, die Welt werde untergehen, wenn die Sterbenden schweigen. Sie sagen, die Sterbenden müssen schreien.

Sie fragen dich, ob du denn nicht die Geschichte vom Tod kennst.

Welche Geschichte?, fragst du.

Weißt du nicht, sagen sie, wie der Tod sich verliebte? Alle fürchteten sich vor dem Tod, sie wandten sich ab, hielten sich die Augen zu, flehten um Gnade. Sie schrien, und der Tod warf ihnen das Fährgeld vor die Füße und ging weiter. Doch dieser eine Krieger, dem der Tod auf dem Schlachtfeld begegnete, schrie nicht und wandte sich nicht ab. Er blickte dem Tod ins Angesicht, und der Tod starrte zurück. Und sein kaltes Herz brannte plötzlich.

Ist der Tod eine Frau?, fragst du.

Darauf antworten sie nicht, denn der Tod kann sein, was immer er sein will. Vielleicht ist sein Gesicht grau und seine Augen fahl wie der bewölkte Himmel und sein Lächeln dünn im Angesicht eines Sturms. Oder vielleicht ist er ein tanzendes Mädchen, Blumen im Haar, ihre Haut ist dunkel wie die Nacht, und um sie herum weht der Duft ferner Gärten.

Sie sagen: Der Tod vergaß das Fährgeld und reichte dem Krieger die Hand. Das, was geschehen sollte, geschehen musste, geschah nicht. Denn statt dass der Tod den Krieger in die Totenwelt zog, zog der Krieger den Tod in unsere Welt.

Die Menschen starben, wenn ihre Zeit gekommen war. Aber der Tod gab ihnen kein Fährgeld, und der Kapitän des Totenschiffs nahm die Seelen nicht mehr mit. Also irrten sie umher und wussten nicht, wohin.

Sie sagen: Alle Bilder sind die Splitter eines Spiegels. Damals war es noch nicht verboten, Menschen zu malen, da die Leute sich keine Sorgen um verirrte Geister machen mussten. In vielen Häusern hingen die Bilder von Verstorbenen. Das änderte sich bald. Die Seelen, die kein Fährgeld bekommen hatten, machten sich auf den Heimweg und suchten sich in den Bildern, denn jede Seele wurde von ihrem eigenen Bildnis angezogen.

Heißt es nicht: Jedes Bild ist eine Falle für die verlorene Seele?

Sie erzählen davon, wie die Menschen den Tod anflehten, seine Arbeit wieder aufzunehmen, aber er weigerte sich. Da taten sich die stärksten und mutigsten Kämpfer zusammen und griffen den Krieger an, um ihn zu töten. Sie hackten ihn in Stücke, und er schrie so laut, dass der Tod sich die Ohren zuhielt und sich von ihm abwandte. Und so wurde die Welt gerettet.

Nein, sagst du. Nein, so war es nicht.

Die Welt wurde nicht gerettet.

Der Tod kehrte nicht zurück zu den Göttern, denn er hatte seinen Namen vergessen.

Er ist immer noch hier, unter uns, und zählt seine Münzen.

TEIL I

WENN DIE FEUER BRENNEN

1. Die Prinzessin und ihre Träume

Nebelschwaden leckten mit weißen Zungen über den felsigen Strand. Zunächst als feine Streifen, die wie Schnecken quälend langsam über die Steine krochen, dann folgten bizarre Gebilde in der Größe von Pferden, die den Wellen entsprangen, auf den Hafen zutrabten und in die Dünen der Sandwüste einfielen, wo die unbarmherzige Sonne sie auflöste. Sie versuchten es erneut, wieder und wieder – Hirsche und Soldaten aus Nebel, die die Küste eroberten, die sich verformten, weiterkrochen, sich aufbäumten, den Nebelhafen überfielen, weiterwanderten. Wolkenartige Ungeheuer, Türme, Gebirge verschmolzen schließlich zu einer einzigen weißen Wand.

Die Menschen, die am Nebelhafen wohnten, dort, wo das Königreich Daja endete und das Ungewisse begann, waren Nebelfluten gewohnt. Sie schlossen Türen und Fenster und warteten ab, bis das dichte Weiß sich verzog. Der Nebel, der alle Sinne auslöschte, das Auge blind machte, das Ohr taub, die Haut klamm und fröstelnd, war harmlos, wenn man ihn nicht unterschätzte. Jedes Jahr verirrten sich ein paar Leichtsinnige und fielen über die Kaimauer ins Wasser, wo sie ertranken, da niemand ihre Schreie hörte. Andere wanderten in die Wüste hinein im Glauben, sie gingen den Strand entlang, und fanden sich irgendwann, wenn die Schwaden sich verzogen, in der glutheißen Hölle wieder, wo es keinen Schatten, kein Wasser, keine Rettung gab. Diesmal war es anders.

Elida, die Tochter der Heilerin vom Nebelhafen, meinte an diesem Morgen, trotz des Nebels seltsame Geräusche zu hören. Stimmen, die durcheinanderriefen, den Klang von marschierenden Soldaten, von klirrenden Waffen und dem Dröhnen unzähliger Hufe. Sie öffnete die Tür und spähte vorsichtig hinaus. Ein Schritt aus dem Haus, und sie war allein auf der Welt. Ein weiterer Schritt, und sie wusste nicht mehr, wo sich die Haustür befand. Hinter ihr oder neben ihr? Musste sie sich nicht einfach umwenden und wäre wieder in der Sicherheit ihrer eigenen vier Wände? Sie streckte die Arme aus, tastete nach den vertrauten Holzbalken, die das Vordach trugen, doch da war nichts. Nicht einmal die Geräusche, die sie aus der Sicherheit herausgelockt hatten, waren noch zu hören.

Panik konnte tödlich sein, also zwang Elida sich zur Ruhe. Wenn es nicht ein Schritt war, dann vielleicht zwei? Zwei hierhin und wieder zurück, zwei dorthin und wieder zurück. Ein Tanz, der sie unweigerlich zu ihrem Türrahmen bringen musste.

Doch das Nichts war überall. Sie wusste nicht mehr, ob sie wach war oder träumte. Ihr Verstand, gewohnt, sich auf die Sinne zu verlassen, scheute vor dem Weiß zurück. Da erhaschte sie wieder einen Laut. Gelächter, vielleicht gar Gesang?

Elida wollte einen weiteren Schritt tun, doch im letzten Moment zuckte sie zurück. Beinahe wäre sie gefallen. Sie hörte jetzt, wie die Wellen des Meeres wild gegen die Kaimauer schlugen. So weit war sie gegangen? Aus dem Weiß vor ihr tauchten plötzlich die Masten eines grauen Schiffs auf. Dunkle Striche, wie Äste oder Krähenfüße oder das Geweih eines Hirschs.

Ungläubig richtete sie den Blick auf das Schiff. Der Geruch änderte sich. Der Nebel, der nicht nach Salz und See roch, nicht nach Fisch oder Tang oder Tränen, sondern nach nichts, schien plötzlich zu duften. In der Luft lag ein Aroma wie von üppigen Sommerblumen, die Ahnung von einem fernen Land unter einem weißen Himmel.

Dann kamen die Reisenden. Der Verstand sagte ihr, dass sie mit dem Grauen Schiff gekommen sein mussten, dass irgendwo ein Steg ausgelegt worden war oder dass Boote sie an die Küste gebracht hatten, doch ihre Augen wussten es besser. Starr vor Schreck sah sie die Fremden durch den Nebel gleiten.

Der Erste war ein Mann von außergewöhnlicher Schönheit. Seine Haut war selbst in dem faden Weiß, das ihn umgab, nicht anders als golden zu nennen. Sein pechschwarzes Haar umrahmte ein edles Gesicht, das einem König gehören musste. Die schwarzen Augen blickten hart und kalt wie Steine. Blutrot wallte ein langer Umhang um seine Schultern und spielte um seine schwarze, mit goldenen Fäden bestickte Kleidung. Der Mann trat aus dem Nebel heraus, der vor ihm lichter zu werden schien, und betrat den Hafen. Hinter ihm erschien sein Gefolge, Krieger und noch mehr Krieger, ihre Gesichter weich und ein wenig verschwommen, als hätten sie einen Teil von sich selbst unterwegs verloren.

Elida rührte sich nicht von der Stelle, als der Mann mit dem roten Umhang an ihr vorbeischritt, und sie wünschte sich, unsichtbar zu sein, als seine nebelartigen Kreaturen an Land strömten. Viel mehr Menschen, als ein Schiff je fassen könnte, zogen an ihr vorbei.

Stumm verschwanden sie im Nebel, als hätten sie nie existiert.

Und mit ihnen eine Ahnung von Gesang und weiten Wiesen und stillen Waldseen, von einem brennenden Schloss und Rauch, der den leeren Himmel verdunkelte.

Sahiko, Prinzessin von Guna und seit einigen Wochen offiziell die Tochter des Edlen Kaisers von Kanchar, war nicht zum ersten Mal acht Jahre alt.

In der Nacht, nachdem Kaiser Liro von Kanchar, der mächtigste Mann zwischen Rack-am-Meer im Westen und den talandrischen Bergen im Osten, erfahren hatte, dass Sahiko keineswegs seine verschollene leibliche Tochter war, sondern stattdessen vermutlich das Kind seines verhassten Bruders Matino, hatte Sahiko einen Traum.

Sie war acht Jahre alt und ein anderes Mädchen. Da sie keinen Spiegel hatte, wusste sie nicht, ob sie im Traum ihr vertrautes Gesicht besaß, doch sie konnte ihre bloßen Arme sehen. Ihre Haut war dunkler, nachtschwarz, nicht von dem satten Rindenbraun, an das sie gewöhnt war. Sie hieß auch nicht mehr Sahiko. Der Mann, an dessen Hand sie sich klammerte, nannte sie Linua. Er war ähnlich gekleidet wie sie, in eine sandfarbene Hose und eine knielange, ebenfalls sandfarbene Kutte. Der Stoff war schmutzig und schweißgetränkt und scheuerte auf ihrer Haut. Auch die Sandalen passten nicht richtig, und ihre Füße schmerzten. Sie hatte Blasen an den Zehen, und wenn sie nach unten schaute, konnte sie das Blut zwischen den ledernen Riemen hervorquellen sehen.

»Wie weit ist es noch?«, fragte sie.

Der Mann antwortete nicht.

Gemeinsam wanderten sie durch eine Ebene, die von einem Horizont zum anderen reichte. Wenige Hügel erhoben sich aus dem Land. Über ihnen setzte die Sonne den Himmel in Flammen. Die Luft war so heiß, dass es wehtat, sie einzuatmen, und die Erde unter ihren Füßen war so trocken, dass bei jedem Schritt eine Staubwolke hochwirbelte.

»Wohin bringst du mich, Vater?«, fragte Linua.

»Ich bin nicht dein Vater«, entgegnete der Mann schroff. »Das habe ich dir schon unzählige Male gesagt. Bist du blind? Deine Haut ist schwarz wie Pech, meine ist braun wie Harz. Wie könnte ich dein Vater sein?«

»Wohin gehen wir, Vater?«, wiederholte das Mädchen unbeeindruckt. »Und wonach riecht es hier?« Ein süßlicher und zugleich bitterer Geruch mischte sich in den Staub. Er kitzelte in ihrer Nase.

»Nach Tod«, antwortete der Mann. »Wohin sonst sollte ich dich bringen? Wir gehen nach Jerichar, in die Stadt des Todes.«

Sie wollte nach Hause, aber er hielt ihre kleine, verschwitzte Hand fest, und sie hatte Angst davor, ihn loszulassen. Außerdem, wie hätte sie allein nach Hause finden sollen? Sie waren seit vielen Tagen unterwegs, und das Eisenpferd, mit dem sie gekommen waren, hatten sie am Fuß eines Hügels stehen lassen. Linua konnte es sehen, wenn sie sich umdrehte. Mit gesenktem Kopf schien es auf sie zu warten.

Der Mann führte sie auf eine langgestreckte Erhebung zu. Er keuchte, während sie die Steigung erklommen, und tupfte sich die Stirn ab. Linua wurde ungeduldig. Ihre Angst war vergessen. Sie riss sich los und lief flink voraus, bis sie die Kuppe des Hügels erreichte. Vor ihr lag eine Ansammlung niedriger Hütten, farblos wie die Erde ringsum, die sich in den Staub duckten.

»Das soll eine Stadt sein?«, fragte sie enttäuscht. »Es sind bloß ein paar Häuser.«

»Oh, du wirst dich noch wundern«, sagte der Mann, der schnaufend neben sie trat. »Es ist größer, als du denkst. Ein Schloss, errichtet auf Gebeinen und Blut. Der Meister des Todes erwartet dich bereits.«

Linua verschränkte die Arme vor der Brust. »Es gefällt mir hier nicht. Ich will lieber nach Hause, zurück in die Berge. Ich will Schnee und das Tal und den Ausblick aufs Nebelmeer. Ich will das Graue Schiff sehen, wenn es an der Küste vorbeisegelt, und ich will durch die Tunnel im Bergwerk streifen.«

»Du wirst die Berge vergessen«, sagte er, »und den Schnee und das Schiff und die Wege durchs Gestein.« Er lachte leise, als eine Gestalt sich aus dem Schatten der Häuser löste und auf sie zuhielt. »Das ist dein neuer Vater. Nun beginnt dein neues Leben. Dies ist deine Bestimmung.«

Während der Fremde näher kam, wurde der Duft, von dem ihr Vater gesagt hatte, es sei der des Todes, immer stärker. Nach etwas Verbranntem, nach nassen Felsen, von Eisenerzadern durchzogen, nach verfaulendem Obst und nach etwas anderem, das sie nicht kannte. Das Gesicht des Fremden war ganz Lächeln, seine Augen blitzten vor Freude, und dann legte er die Hände auf ihre Schultern.

»Ich bin Meister Joaku«, sagte er. »Willkommen in Jerichar.«

»Sahiko! Prinzessin Sahiko, wacht auf!«

Sahiko blinzelte. Einen Moment fragte sie sich, ob das überhaupt ihr Name war, ob sie nicht in Wahrheit ganz anders hieß. War sie nicht Linua? War sie nicht gerade in Jerichar angelangt?

Doch die Luft war angenehm kühl an diesem frühen Morgen. Das fahle Licht enthüllte die kostbaren Möbel, an die sie sich immer noch nicht recht gewöhnt hatte. Sie lag in einem Himmelbett, das doppelt so groß war wie ihr Zimmer im grauen Haus in Königstal. Dort war sie zu Hause, nicht hier im Palast in Wabinar. Jeden Morgen wunderte sie sich darüber, in diesem Bett zu erwachen. Die Kissen waren weiß, mit goldener Borte verziert und so weich, dass man darin versinken konnte. Auf ihrem Nachttisch stand noch das Glas Milch, das Maira ihr gestern Abend gebracht hatte, als sie nicht einschlafen konnte.

Doch es roch im Zimmer nicht nach Milch. In der Luft lag derselbe Geruch wie in ihrem Traum. Es stank nach Tod, süßlich und zugleich bitter, nach Asche und Eisen und faulen Früchten und etwas anderem, das sie nicht kannte.

Dafür war ihr die schwarzhaarige Frau, die an ihrem Bett stand, vertraut. Sie hieß Kaji und war eine der Sklavinnen, die häufig am Abend in den Gemächern des Kaisers anzutreffen waren.

»Wo ist Maira?«, fragte Sahiko, denn obwohl Maira nicht ihre eigene Kinderfrau war, sondern die von Prinz Sadi, kam sie einer Mutter hier in der Fremde doch am nächsten. Sahiko sehnte sich nach ihrer richtigen Mutter, nach ihrer freundlichen Stimme und einer kräftigen Umarmung.

»Für Fragen ist keine Zeit. Kommt rasch, Prinzessin.« Kaji schlug die Decke zurück und zerrte Sahiko aus dem Bett. »Wir müssen uns verstecken. Sofort!«

Der harte Griff um ihr Handgelenk schmerzte. Sahiko wehrte sich nicht, denn es waren zu viele Dinge auf einmal, die auf sie eindrangen. Der Geruch war das Schlimmste, aber vielleicht auch das Beste. Hatte sie wirklich zuerst gedacht, dass es stank? Nein, der Duft war auf eine Weise köstlich, die kaum zu ertragen war.

»Jemand ist gestorben«, sagte sie. »Wer?«

Der weiche Teppich schmiegte sich an ihre bloßen Füße und schien sie festzuhalten, während die Sklavin sie durch das Schlafzimmer und die angrenzenden Räume zog. Für einen kurzen Moment hielt Kaji inne und horchte. »Sie kommen schon. Verdammt, wo bringe ich Euch am besten hin?«

»Ist das Kind immer noch hier?« Am Vorhang stand ein Mann, den Sahiko schon häufig in der Nähe des Kaisers gesehen hatte. Ein Edelmann, kaum größer als sie selbst, der stets eifrig seine Dienste anbot. »Kommt mit mir, beide.«

Kaji zögerte.

»Du musst mir vertrauen«, beharrte der Mann. »Rasch, die Treppe hinunter! Wir müssen dieses Stockwerk sofort verlassen.«

»Ich wollte mit ihr zum Lastenaufzug und sie aus dem Palast bringen.«

»Nein, nein, nein«, sagte er. »Sie bewachen alle Ausgänge, niemand kommt hier raus. Jetzt folgt mir endlich.«

Sahiko löste ihren Arm aus Kajis Griff. Sie war bereit, dem Edelmann zu folgen, auch wenn er ein anderer Mann war als in ihrem Traum. Dabei fürchtete sie sich nicht. Angst war ein Gefühl, das ihr fremd war, aber sie begriff die Dringlichkeit einer raschen Flucht. Obwohl sie nicht wusste, was passiert war, erkannte sie den Ernst der Lage in den Gesichtern der Erwachsenen.

Noch vor dem Mann kletterte sie flink die Stufen der Wendeltreppe hinunter, von denen es auf jeder Etage des gigantischen Palastes mehrere Dutzend gab. Seit ihrer Ankunft vor einigen Wochen hatte sie das oberste Stockwerk, das der Kaiser bewohnte, nicht verlassen. Neugierig blickte sie sich um, doch der Mann war dicht hinter ihr. »Weiter. Durch den Vorhang, leise. Da ist noch eine Treppe. Wir müssen weiter runter.«

Während sie weitergescheucht wurde, nahm Sahiko wahr, wie sich von Etage zu Etage die Ausstattung der Räumlichkeiten veränderte. Es gab immer weniger goldene Verzierungen, die Böden waren nicht länger mit edlem Holz ausgelegt, sondern aus bemaltem Gestein. Die Vorhänge waren dünner und gröber. Hin und wieder mussten sie sich auf dem Weg zur nächsten Treppe hinter diesen Vorhängen verstecken und den Atem anhalten, um den Menschen, die hier wohnten und ihr Tagewerk begannen, nicht zu begegnen. Die Treppen reichten nie weiter als von einem zum anderen Stockwerk, und manchmal mussten sie nach den nächsten Stufen suchen.

»Wie weit noch?«, zischte Kaji. »Bringt Ihr sie nicht zu Euch? Hier leben keine Adligen mehr.«

»Ich dachte, wir verstecken sie im Zehnten. Mein Zimmer ist zu weit oben, das ist nicht sicher genug.«

»Was ist im Zehnten?«, fragte Sahiko.

»Dort lebt ein Schneider, der mir noch etwas schuldig ist«, erklärte der Mann. Er schien überrascht, dass sie ihn angesprochen hatte. »Verzeiht, dass ich mich Euch nicht vorgestellt habe. Ich bin Graf Ricto, und ich werde dafür Sorge tragen, dass Euch nichts passiert. Der Schneider wird Euch verstecken, Prinzessin, bis sich die Lage geändert hat.«

»Die Lage wird sich nicht ändern«, fauchte Kaji. »Wie sollte sie? Der nächste Kaiser wird den Palast von allen Rivalen säubern.«

Dies war endlich eine Information, mit der Sahiko etwas anfangen konnte. »Der Kaiser ist tot?«

»Ja, Schätzchen.« Die Sklavin kniete sich vor sie hin und drückte mitfühlend ihre Hände. »Es tut mir leid, aber Euer Vater ist diese Nacht gestorben. Ich wollte es Euch schonender beibringen.«

Kaiser Liro war also tot. Sahiko nahm die Nachricht ohne mit der Wimper zu zucken hin. Ihre Eltern waren der König und die Königin von Guna – Selas und Lan'hai-yia. Das hatte sich für Sahiko nicht dadurch geändert, dass der Kaiser sich plötzlich zu ihrem Vater erklärt und sie mit nach Wabinar genommen hatte. Sie war ohne zu weinen mitgekommen, doch das bedeutete nicht, dass ihr die Dinge gefielen, die die Erwachsenen über ihren Kopf hinweg entschieden hatten. Der blasse Mann mit den gelben Haaren, der darauf bestanden hatte, dass sie jeden Morgen mit ihm speiste, bedeutete ihr nichts. Sie mochte Maira, die sich um sie sorgte. Sie hing an Yando, ihrem Onkel, der sie und ihren besten Freund, den Prinzen Sadi, unterrichtete, und daher war sie erleichtert, dass der Tod keinen dieser drei Menschen getroffen hatte.

»Kaiser Liro hat viele Brüder«, erklärte Graf Ricto. »Sie wohnen in Gojad. Der Nächste in der Reihenfolge heißt Prinz Driano. Er wird schon auf dem Weg hierher sein, und sobald er eintrifft, wird es noch gefährlicher. Ihr müsst Euch gut versteckt halten. Am besten, wir denken uns einen Namen für Euch aus und nennen Euch auch nicht länger Prinzessin. Das ist sicherer.«

Sahiko nickte. Sie hatte bereits andere Namen gehabt, das wusste sie tief in ihrem Inneren. Der Name Sahiko war nur wie ein Kleidungsstück, das sie trug, bis es zerschlissen war.

»Ihr habt Anhänger im Palast«, sprach der Graf weiter, »Männer und Frauen, die den Weg, den Kaiser Liro eingeschlagen hatte, gerne weitergehen würden. Die seine Entscheidungen für weise und richtig gehalten haben und die nun befürchten, dass ein jüngerer Bruder des Kaisers Kanchar in den Untergang führen könnte. Gerade in kritischen Zeiten wie diesen. Wir wären bereit, Euch zur Seite zu stehen, wenn Ihr das Werk Eures Vaters fortsetzt.«

Kaji sog scharf die Luft ein. »Was redet Ihr da? Ein Kind kann nicht auf dem Thron sitzen. Ein Kind ist nicht vollkommen.«

»Ein Rat weiser Fürsten könnte die Regierungsgeschäfte übernehmen, bis das Mädchen alt genug ist.«

»Ein Rat? Wie könnte ein Rat über das Kaiserreich Kanchar herrschen statt eines Kaisers?«

»Wir befinden uns im Krieg«, entgegnete Ricto schroff. »In einem Krieg, wie es ihn noch nie gegeben hat. Wie könnte ein unwissender Junge, der sich bisher in den Bergen von Gojad versteckt hat, die Geschicke Kanchars lenken? Wir brauchen Fürst Yando. Und einen Rat aus fähigen, in der Kriegskunst bewanderten Männern. Ein Kind auf den Thron zu setzen, das diesen Rat nicht behindert, ist womöglich die einzige Möglichkeit, Kanchar zu retten. Ein neuer junger Kaiser, der alle bewährten Leute verjagt und die wichtigen Posten mit seinen Getreuen besetzt, wäre zu diesem Zeitpunkt fatal. Doch hier ist nicht der richtige Ort für eine solche Diskussion.« Er hob den Vorhang an und spähte durch die Lücke. »Dort entlang geht es zur nächsten Treppe. Seid leise.«

Sahiko zuckte erschrocken zusammen, als Graf Ricto plötzlich ächzte, nach vorne stolperte und mit einem dumpfen Laut auf dem Boden liegen blieb. Sie starrte zu Kaji hinauf. »Was hast du gemacht?«

»Erkläre ich dir später. Schnell.« Die Sklavin stellte einen schweren Kerzenständer zur Seite und winkte Sahiko, mitzukommen.

Schon hörten sie Stimmen aus einem der angrenzenden Zimmer. »Was war das? Ist etwas umgefallen?«

Kaji fluchte leise, während sie Sahiko durch das Labyrinth der Räume zur nächsten Treppe führte. Jemand kam, und Sahiko schlupfte rasch hinter eine Truhe, bevor Kaji ihr folgen konnte.

»Was tust du hier?«, fragte eine barsche Stimme.

Sahiko konnte an Kajis frecher Antwort hören, dass sie log, doch der Mann fragte nicht weiter und ließ sie gehen. Als Sahiko sich aufrichtete, drapierte Kaji einen groben Umhang um sie, der ihr Nachthemd verdeckte. Sie legte einen Finger an ihre Lippen, und Sahiko stellte keine Fragen. Stattdessen hielt sie den Umhang vor ihrer Brust fest.

Gemeinsam liefen sie zu den Stufen. Hier waren viele Menschen unterwegs, doch niemand achtete auf sie. Auf der Etage, die sie nun betraten, war es heiß und stickig. Es gab keine magischen Drehfächer, die die Luft kühlten, und auch die magischen Lampen, die für sanftes Licht sorgten, fehlten. Geschäftig eilten Männer, Frauen und sogar Kinder hin und her. Es roch anders als oben im Palast, nach Schweiß und nach etwas, das in der Nase kitzelte und beim Atmen in der Lunge stach. Durch die weit geöffneten Fenster drang der Lärm der erwachenden Stadt. Hähne krähten, Wagenräder quietschten, Eisenpferde stampften knarrend vorüber.

»Wir sind im zweiten Stockwerk. Hier wird auch Stoff gefärbt«, erklärte Kaji. Sie zog Sahiko vom Gang weg in eine Zimmerflucht, in der Webstühle standen. Dort kniete sie sich hin, sodass Sahiko auf sie herabblicken musste. »Hört mir gut zu, Prinzessin. Ich kenne hier niemanden, und ich kann Euch niemandem anvertrauen. Das ist zugleich Euer Schutz. Wenn jemand Ricto und mich verrät, gibt es keinerlei Verbindung von uns zu diesen Leuten hier. Aber hier arbeiten viele Sklaven aus dem Süden. Ein Kind wie Ihr wird niemandem auffallen. Verhaltet Euch, als gehörtet Ihr hierher. Versteckt Euch. Schaut niemandem in die Augen. Könnt Ihr klettern?«

Sahiko nickte. Sie kam aus Guna, aus den Bergen, natürlich konnte sie klettern.

»Zur Not könnt Ihr aus dem Fenster steigen und über die umliegenden Mauern entkommen.«

»Warum hast du Ricto geschlagen?«, wollte Sahiko wissen.

Kaji fuhr sich nervös durchs Haar. »Ich bin mit ihm mitgegangen, weil ich dachte, er handelt aus eigenem Antrieb. Um Euch zu retten. Doch wenn eine ganze Gruppe Fürsten dahintersteckt, die Euch verstecken will, um Euch zu benutzen, ist es etwas anderes. Irgendjemand wird Ricto verraten, und Ricto wird erzählen, wo er Euch hingebracht hat. Selbst wenn er Euch nicht zu seinem eigenen Vorteil verraten würde, hätte er keine Wahl. Auf dem Thron der Wahrheit sagt jeder, was er weiß. Also durfte ich nicht zulassen, dass er mitbekommt, wohin ich Euch bringe.«

Sahiko dachte darüber nach. Kaji war hübscher als jede andere Frau, die sie kannte, und sie war häufig im obersten Stockwerk anzutreffen gewesen. Ricto wusste von ihr, und wie Kaji eben zugegeben hatte, würde er vielleicht preisgeben müssen, was er wusste.

»Und wenn man dich auf den Thron der Wahrheit setzt?«, fragte sie.

»Das wird nicht geschehen«, sagte Kaji und lächelte, und wäre der feuchte Schimmer in ihren Augen nicht gewesen, hätte Sahiko ihr Lächeln sogar für echt gehalten.

»Willst du aus dem Palast fliehen?«, fragte sie, doch das konnte nicht sein. Hätte Kaji fliehen wollen, hätten sie sich gemeinsam auf den Weg machen können.

»Wenn sie kommen, um mich zu holen, werde ich verhindern, dass sie mich fassen«, sagte sie, und in der Luft lag der Duft des Todes wie der Hauch eines Parfüms. Sahiko atmete tief ein, die Süße und das Bittere und das Namenlose.

»Dein Tod wird wunderschön sein«, sagte sie ernst.

»Ihr seid ein merkwürdiges Kind«, meinte die Sklavin.

»Du bist noch viel merkwürdiger«, sagte Sahiko. »Du hättest den Grafen töten können, dann könnte er dich nicht verraten, und dein Leben wäre gar nicht erst in Gefahr.«

»Das stimmt. Aber vielleicht kann der Rat tatsächlich verhindern, dass der Bruder des Kaisers den Thron besteigt, und dann ist Graf Ricto wichtig für Euer Überleben. Dann ist er für Euch genauso nützlich wie Ihr für ihn.« Kaji legte die Hand auf Sahikos Schulter. Ihre Hand war warm, und sie duftete süß, betörend süß, und einen Augenblick lang wollte Sahiko Worte sagen, die ihr selbst fremd waren. Beinahe hatte sie gesagt: Ich bin Linua, und ich werde dafür sorgen, dass dir nichts geschieht. Du hast mich gerettet, und ich bleibe niemandem etwas schuldig.

Doch sie war nicht Linua, das fremde Mädchen, das ein Fremder in die Wüste gebracht hatte, sondern nur Sahiko, acht Jahre alt und auf der Flucht.

Sie wollte fragen, wo Prinz Sadi war, ihr einziger Freund im Palast, und warum ihr Onkel Yando sich nicht um sie kümmerte, doch da war Kaji schon fort, und nur der Duft blieb zurück.

»He, du, Mädchen!«, rief jemand. »Steh nicht im Weg herum. Marsch, an die Arbeit, hast du nichts zu tun?«

Sahiko senkte den Kopf und huschte davon. Sie sah niemandem in die Augen. Wie eine Ratte, nach der alle traten, suchte sie nach einem Loch, in dem sie verschwinden konnte.

2. Die belagerte Stadt

Karim, Prinz von Daja, stand auf der Wehrmauer seiner Stadt. Im Osten dämmerte grau der Morgen herauf, der Mondgürtel verblasste, und die Sterne wichen vor dem Licht zurück. Ein neuer Tag in der belagerten Wüstenstadt.

Die Feinde waren so weit zurückmarschiert, dass sie von den Katapulten nicht getroffen werden konnten. Es waren nicht mehr als etwa fünftausend Soldaten, schätzte Karim. Eisensoldaten. Ein einziger von ihnen genügte, um ein Gemetzel unter Menschen aus Fleisch und Blut anzurichten. Während der Hauptteil der gegnerischen Armee weitergezogen war, hatte König Laikan von Anta'jarim diesen Ring aus Eisen um Daja gelegt wie eine Fessel.

»Du solltest mehr schlafen.«

Während Karims Abwesenheit hatte Mernat die Feuerreiter befehligt und die Stadt verwaltet. Diesen Posten hatte er schneller aufgegeben, als Karim lieb war. Die Verantwortung für Daja zu tragen war eine Verpflichtung, die ihn davon abhielt, nach Kato zurückzukehren. Zu Anyana und ihrem Sohn. Er fühlte sich zerrissen, zum Bleiben verdammt, während sein Herz sich nach seiner kleinen Familie sehnte.

»Du musst deine Kräfte besser einteilen«, fuhr Mernat fort. »Alle Augen blicken auf dich. Niemandem ist damit gedient, wenn du zusammenbrichst.«

»So wie du mir Ratschläge gibst, könnte man meinen, dass du mein großer Bruder bist«, sagte Karim.

»Nein, das bin ich nicht. Dein Bruder Selas ist wie du, er bürdet sich bereitwillig zu viel auf. Doch er hat wenigstens eine Frau, die auf ihn aufpasst. Und wen hast du?«

Die Krähe, die er mit nach Daja gebracht hatte, schlief oben auf einem der Wehrtürme. Karim lächelte bei dem Gedanken daran, wie dieses kleine Tier ihn herumkommandierte. Seit die Seele des verstorbenen Dichterprinzen in einem Tier steckte statt in einem Eisenvogel, verhielt sie sich anders. Sie gehorchte ihm nicht mehr und tat, was sie wollte, trotzdem war sie bei ihm geblieben. Wie ein schützender Schatten flog sie über ihm, sie war sein Auge und sein Ohr. Doch wenn Karim mit Mernat sprach, hielt sich die Krähe meistens fern.

»Warte«, murmelte Karim. »Irgendetwas geht da vor sich.« In die Reihen der Belagerer kam Bewegung. Metall funkelte im Licht der Morgensonne, die sich über den Horizont erhob. Jemand rannte dort von einer Standarte zur nächsten, und gleich darauf hob ein ohrenbetäubender Lärm an. Die eisernen Soldaten stampften mit den Füßen, warfen die Arme in die Luft und schlugen ihre Waffen aneinander.

»Sollen sie sich abmühen, um uns zu ärgern«, meinte Mernat. »Sie werden uns damit gewiss nicht einschüchtern.«

Karim war sich da nicht so sicher. Die Feinde machten genug Lärm, um die ganze Stadt zu wecken. Die Menschen in Daja schliefen ohnehin nicht gut, und nach der letzten Schlacht, die um ein Haar zur Zerstörung der Stadt geführt hätte, verdienten sie ein wenig Ruhe. Die Brunnen reichten tief, und Vorräte gab es reichlich, doch in diesem Moment wurde Karim klar, dass es auch andere Wege gab, um eine belagerte Stadt zu zermürben. Eisensoldaten brauchten keinen Schlaf, nur die Magier, die sie lenkten. Wenn sie sich darauf verlegten, nachts anzugreifen oder auch nur die Nachtruhe zu stören, würden sie es den Dajanern verdammt schwer machen.

»Worüber freuen sie sich nur so? Ich hoffe, Laikans Heer hat Testra nicht eingenommen.«

Von Daja nach Testra war es nicht weit, zwei, drei Tage, wenn man den Weg entlang der Küste des Nebelmeers nahm, noch weniger, wenn man die Nacht durchmarschierte. Karim wusste nicht, wie sich die Eisenmänner des Nachts verhielten. Ob auch sie sich nach dem Mondlicht sehnten und die Arme nach den Göttern ausstreckten, so wie die Eisenvögel? Er hatte einen der Soldaten unter großen Opfern gefangen nehmen lassen und eine zersplitterte Seele darin entdeckt. Vermutlich waren die Eisensoldaten nicht länger zur Sehnsucht fähig und unempfindlich, was die Monde oder die Sterne betraf.

Der Kampf war noch lange nicht entschieden, doch schon jetzt konnte man sagen, dass es für Daja und für ganz Kanchar übel aussah.

»Ich muss mit dem König von Testra sprechen«, sagte Karim. »Oder mit seinem Heerführer. Sofort.«

Mernat legte ihm eine Hand auf die Schulter. »Wir können uns nicht auch noch um unsere Nachbarn kümmern. Was würdest du tun, wenn sie in Bedrängnis sind? Deinen Eisenvogel nehmen und hinfliegen? Darauf hoffen sie bestimmt. Dass wir Feuerreiter Daja zurücklassen und uns in die nächste Schlacht stürzen.«

Karim biss die Zähne zusammen. Mernat hatte recht. Es war unmöglich, gleichzeitig Daja zu beschützen und dem Rest von Kanchar beizustehen. Die Belagerer würden auf die kleinste Schwäche sofort reagieren. Dennoch konnte Karim nicht zulassen, dass Laikans Eisenarmee eine Schneise durch Kanchar zog.

»Eine Schale, sofort.« Mernat winkte einem der Soldaten. »Und bring dem Prinzen einen Krug Wasser.«

Der Mann eilte davon.

»Ich könnte durch die Tür gehen«, sagte Karim.

»Nein«, sagte Mernat. »Selbst wenn du es könntest, tu es nicht. Von dieser Fähigkeit sollten nicht mehr Leute erfahren als unbedingt nötig. Dass du plötzlich hier in Daja aufgetaucht bist, war wie ein Wunder. Der Prinz von Daja erscheint in der Stunde der größten Not! Das hat den Leuten Mut gegeben. Doch wenn du überall erscheinen würdest, wo du nichts zu suchen hast, wird die Stimmung schnell gegen dich umschlagen. Kein König will, dass du plötzlich in seinem Thronsaal stehst oder neben seinem General erscheinst und ihm Befehle ins Ohr brüllst.«

Karim musste unwillkürlich lächeln. »Ich hatte nicht vor, irgendjemandem Befehle ins Ohr zu brüllen.«

»Das weiß ich doch. Aber wissen die anderen das auch? Bleib in Daja, Karim. Sei unser von den Göttern gesegneter Prinz. Sei ein Feuerreiter. Lass die Menschen vergessen, dass du auch ein Magier bist. Noch besser wäre es, du überließest auch das Wassersprechen den Magiern.«

Der Soldat reichte Mernat die Schale und den Krug und zog sich diskret wieder zurück. Dass Feuerreiter durchs Wasser sprachen, war alltäglich. Vielleicht hatte sein Freund recht, und es war besser, wenn Karim seine magischen Fähigkeiten zurückhielt.

»Ich mache das«, sagte Mernat. »Ein Prinz braucht sich für gewöhnlich nicht selbst um die Nachrichtenübermittlung zu kümmern.« Er goss das Wasser in die Schale und beugte sich darüber.

Karim trat einen Schritt zur Seite, um das Bild nicht zu stören. So ungeduldig er auch war, selbst mit dem General von Testra zu sprechen, war es doch sinnvoll und notwendig, Aufgaben zu delegieren. Er musste auf seinen Ruf achten. Übernächtigt mit einem Magier zu reden, der jede Information weitergeben würde, war in der Tat nicht klug.

Mernat runzelte die Stirn, während er mit jemandem in Testra sprach. Dann machte er eine abrupte Bewegung, stieß an die Schale, und das Wasser schwappte über.

»Was ist passiert? Sind sie in Bedrängnis? Ist Testra gefallen?« Karim konnte sich nicht länger zurückhalten.

Mernat war bleich geworden. Mit zitternden Händen rückte er die Schale wieder gerade.

»Sie haben uns nichts gesagt«, flüsterte er.

»Wer hat uns was nicht gesagt? Mernat, so rede doch endlich!«

Endlich drehte der Feuerreiter ihm das Gesicht zu. »Der Kaiser ist tot.«

»Was? Kaiser Liro ... tot?« Das war ganz und gar nicht die Nachricht, die Karim erwartet hatte. Seine Gedanken stürzten davon wie eine Herde aufgeschreckter Pferde. »Er war noch so jung. Und der Zeitpunkt ist denkbar schlecht.«

»Wie er gestorben ist, darüber konnte mir der Magier drüben in Testra nichts sagen. Sie stehen kurz vor der Schlacht. Der Tod des Edlen Kaisers wird hoffentlich nicht den Ausgang des Kampfes beeinflussen. Dieser Tag sollte der Stille gehören, der Trauer. Die Arbeit ruht, wenn ein Kaiser gestorben ist.«

Gedanken, die sich überschlugen. Sollte Meister Joaku seine Hände mit im Spiel haben? Hatte er einen Wüstendämon geschickt, um den Kaiser ermorden zu lassen und damit die Moral der kancharischen Truppen zu schwächen?

»Wir brauchen einen Kaiser«, sagte Mernat. Er wischte sich eine Träne von der Wange. »Wir brauchten Liro, der uns Kraft und Zuversicht gegeben hat, und nun muss sich so schnell wie möglich sein Nachfolger zu Wort melden und uns die Stärke verleihen, die wir für den Kampf benötigen. Am besten sofort. Nun verstehe ich, warum die da draußen so laut lärmen. Als ob sie uns auslachen würden! Wir können nicht einmal einen Trauertag einlegen und die angemessene Zeit der Stille vor den Göttern einlegen.«

Karim ließ den Blick über die lärmenden Eisensoldaten schweifen. Sie hörten nicht auf damit, Metallteile aneinanderzuschlagen, und es war zu erwarten, dass sie den ganzen Tag damit weitermachen würden. Nicht um die Nachtruhe vorzeitig zu beenden, wie er zuerst gedacht hatte, sondern um den Tag der Stille in sein Gegenteil zu verkehren.

»Wer ist der Erbe des Kaisers?«, überlegte er laut. »Ich bin zu lange in Kato gewesen. Über die Angelegenheiten des Kaiserreichs bin ich nicht auf dem Laufenden.«

Mernat runzelte leicht die Stirn. »Lass das lieber niemanden hören, wenn ich dir einen Rat geben darf. Liros Tochter ist noch zu jung, aber er hat einige Halbbrüder, die in Gojad leben. Es wird wohl einer von ihnen sein. Der Älteste, wenn ihm kein plötzliches Unglück zustößt.«

»Es gibt eine Tochter? Ein Bastardkind?«

»Nein, angeblich ist es Rumas Tochter.«

Karims Herz begann schmerzhaft schnell zu schlagen. Ruma, seine Pflegeschwester, seine ehemalige Verlobte, war durch seine Schuld nach Wabinar geraten, um dort einen Jungen zu heiraten, den sie nicht liebte. Es hatte sie zur Kaiserin gemacht, aber nicht glücklich. Irgendwann hatte sie sich aus einem Fenster gestürzt … Diese Schuld würde er ewig tragen müssen. Doch von einer Tochter wusste er nichts.

»Prinzessin Sahiko wuchs in Guna auf, als Lan'hai-yias Kind, doch angeblich besteht kein Zweifel daran, dass sie des Kaisers legitime Tochter ist.«

In knappen Sätzen brachte Mernat ihn auf den neuesten Stand.

»Das Kind einer dajanischen Prinzessin lebt? Wir können nicht zulassen, dass einer der anderen Brüder den Thron besteigt.«

»Zulassen?«, fragte Mernat und hob eine Augenbraue. »Wir haben keinerlei Handhabe, um die Prinzessin auf den Thron zu setzen. Sie ist ein Kind und als solches nicht vollkommen.«

»Niemand ist vollkommen«, sagte Karim leise, obwohl auf eine solche Bemerkung, die man auf den Edlen Kaiser beziehen konnte, die Todesstrafe stand.

Finster betrachtete sein Freund die unermüdlich lärmenden Belagerer. »Es gab nie einen Dajaner auf dem Thron.«

»Testra wusste es vor uns, sogar die Feinde haben es offensichtlich schon erfahren. Wabinar hat uns diese Information absichtlich vorenthalten. Man fragt sich, aus welchem Grund? Vielleicht können wir doch etwas ausrichten. Ich muss in den Kaiserpalast.«

»Wo man dich festnehmen wird, wenn du ohne Einladung einfach so auftauchst.«

»Ich bin der Prinz von Daja. Bei einer anstehenden Krönung des nächsten Kaisers ist die Anwesenheit der kancharischen Könige Pflicht oder zumindest, wie jetzt in Kriegszeiten, erwünscht. Niemand wird es wagen, mich festzunehmen.« Das war nicht so sicher, wie er insgeheim zugeben musste. Der nächstältere Halbbruder des verstorbenen Kaisers könnte durchaus vermuten, dass Daja sein eigenes Spiel spielte. »Nun ja. Wabinar ist nicht weniger schlimm als eine Skorpiongrube.« Als der Einzige, der die Grube je überlebt hatte, wusste Karim, wovon er sprach. »Aber ich muss sofort aufbrechen, sonst ist die Prinzessin verloren. Was ist mit Sadi?«

»Er ist unsere Geisel. Daran sollte sich nichts geändert haben.«

War das so? Wie immer, wenn es um Sadi ging, fühlte Karim

sich hin und her gerissen. Sadi war die Sonne von Wajun, sein Halbbruder und der zukünftige Gemahl von Anyana. Die beiden waren einander vor langer Zeit versprochen worden. Und außerdem hatte er Sadi vor nicht allzu langer Zeit das Leben gerettet. Karim seufzte leise. »Ich muss für seine Sicherheit sorgen. Tut mir leid, Mernat, aber du musst hier die Stellung halten. Ich kehre so bald wie möglich zurück. Niemand muss wissen, dass ich fort bin. Sag ihnen, ich hätte mich schlafen gelegt und sie sollten mich nicht wecken.«

»Mein Bruder …« Mernat schickte sich an, Einwände zu erheben, doch dann nickte er. »Sonne in deinem Gesicht.«

»Wind in deinem Haar«, antwortete Karim und wandte sich ab. Die Stufen führten ihn hinunter in die Stadt. Welche Tür er wählte, war unwichtig, denn in diesem Moment, da die Sorge um Daja, um die kleine Prinzessin, um Sadi und um ganz Kanchar ihn antrieb, führten alle Türen nach Wabinar.

3. Der Prinz und seine Hoffnung

Prinz Matino schlief nicht gut. Seit er sein Bein verloren hatte, wurde er häufig von Albträumen geplagt, in denen die eiserne Kralle, die ihm den Fuß ersetzte, durch seine Träume kroch. Sie stakste über den Boden und schleifte ihn hinterher, ob er wollte oder nicht. Als wäre er wie ein verurteilter Verbrecher an ein Pferd gefesselt, wurde er über Steine und Gestrüpp gezerrt, bis er vor Schmerzen nicht mehr aus noch ein wusste.

Keuchend kam er zu sich. Ob er tatsächlich laut geschrien hatte, wusste er nicht. Niemand hätte es gewagt, ihn zu wecken. Nicht einmal der Heilmagier bot ihm etwas an, damit er besser schlief, denn dafür hätte er todesmutig andeuten müssen, dass etwas nicht stimmte. Seit Meister Spiros Tod schlichen die Eisenwerker noch vorsichtiger als früher um ihn herum.

Eine Weile saß Matino aufrecht im Bett und horchte, um herauszufinden, was ihn geweckt hatte. Von den nichtsnutzigen Sklaven war nichts zu sehen. Sein Blick glitt durch den behaglichen Raum mit dem halb heruntergebrannten Kaminfeuer, dem Pelz vor seinem Bett, den gefüllten Truhen und den schweren Vorhängen vor dem Fenster, die Asche und Ruß sowie den Gestank der Öfen wenigstens etwas vom Haus der Eisenmeister fernhielten.

Er horchte auf die Geräusche von draußen, doch alles war still. Da war nicht das übliche Schlagen der Hämmer, das Rauschen und Zischen der Schlote. Die ungewohnte Ruhe musste ihn geweckt haben. Niemand arbeitete. Waren denn jetzt alle verrückt geworden? Für den Krieg gegen Le-Wajun und Nehess, der im Westen des Reiches entbrannt war, brauchten sie jedes einzelne verdammte Eisenpferd, jeden Eisenvogel, jedes Schwert und jede Rüstung, die man nur herstellen konnte.

Matino schwang die Beine aus dem Bett. Erst das gesunde, dann sein linkes Bein, das zur Hälfte aus Eisen bestand. Er streckte sich, und die Krallen fuhren aus und kratzten über das Parkett. Wo waren die verfluchten Sklaven, um ihm beim Anziehen zu helfen? Kaum war er aufgestanden, stolperte er über die Teppichkante, da sich die Kralle darin verhakte, riss den Fuß gewaltsam los und zerfetzte dabei den Teppich. Unter lautem Fluchen öffnete er die Truhe.

»Kalazar, verzeiht.« Ein junger Sklave huschte herein. Ein anderer als gewöhnlich. Dieser hier war noch ein halbes Kind, höchstens dreizehn Jahre alt. Ängstlich bewahrte er Abstand, während er die Waschschüssel auffüllte.

»Kein warmes Wasser?«

»Verzeiht, Kalazar, heute dürfen wir kein Feuer anheizen.«

Was sollte das denn bedeuten? Matino grub in seinem Gedächtnis nach einem Feiertag, der solche Unannehmlichkeiten nach sich zog, doch ihm wollte beim besten Willen nicht einfallen, was für ein besonderer Tag heute sein könnte.

»Das Feuer brennt«, sagte er und wies auf den Kamin.

»Ja, Herr, doch es ist uns verboten, Holz nachzulegen.«

»Wer hat es verboten?«, fragte Matino. »Die Eisenmeister?« Das sollten sie erst einmal wagen, seinen Sklaven solch unsinnige Befehle zu geben. Genau genommen waren es nicht seine eigenen Sklaven, nichtsdestotrotz verlangte er den Respekt, der ihm zustand.

»Ja, Kalazar.« Seine Wangen röteten sich, er senkte den Kopf noch tiefer.

»Aus einem besonderen Anlass?«, erkundigte sich Matino.

Der Junge schien im Boden verschwinden zu wollen. »Ich weiß nicht, Herr.«

»Dann geh und mach das Wasser heiß.«

Mit zitternden Fingern griff der Sklave nach der Kanne und eilte hinaus.

Es gab Tage, an denen man das Feuer verlöschen ließ, kein Wasser aus dem Brunnen holte, das Vieh nicht fütterte und keinen Schmuck anlegte. Doch wie hätte heute ein solcher Tag sein können? So ein großes Glück konnte er einfach nicht haben. Wenn der König von Gojad heute Nacht verstorben war, bedeutete dies, dass seine einzige Tochter, Prinzessin Jechna, zur Nachfolgerin gekrönt werden würde. Matino hatte schon mehrmals um ihre Hand angehalten, doch Jechna in ihrer charmanten Art hatte stets freundlich und lächelnd abgelehnt – sie wolle sich noch nicht binden. Zu sehr genösse sie die Freiheiten einer Feuerreiterin. Doch nun mochte sich dies auf einen Schlag geändert haben. In Gojad konnte auch eine Königstochter den Thron erben, allerdings würden die Fürsten und Würdenträger darauf drängen, dass sie heiratete. Als neue Königin könnte sie nicht mehr nach Lust und Laune fliegen und ihre anderweitigen Pflichten vernachlässigen. Gewiss würde sie es ihm hoch anrechnen, wenn er ihr diese Freiheiten ließ, um sich selbst den Regierungsgeschäften zu widmen; je weniger sie ihm hineinredete, umso besser.

Matinos Laune hob sich. Er musste zu den Ersten gehören, die Jechnas Leid teilten, und ihr unverzüglich anbieten, auch ihre Last als Königin zu teilen. Niemand durfte ihm zuvorkommen, wenn er ihr die Vorzüge unterbreitete, die eine Ehe mit ihm bedeutete.

Ohne auf den Sklaven zu warten, wusch er sich mit kaltem Wasser und kleidete sich hastig an. Matino wählte die hellsten Farben, die seine Garderobe hergab, wie es sich für einen Trauernden geziemte – eine Hose aus sandfarbenem Ziegenleder, ein wollweißes Hemd und eine Weste in derselben Farbe. Der weiße Bergkatzenpelz, den er für den Weg zum Schloss überwarf, stellte einen wirkungsvollen Kontrast zu seiner tiefbraunen Haut dar. Er brauchte keinen Spiegel, um zu wissen, dass er gut aussah. Sein schwarzes Haar glänzte auch ohne Duftwasser und Perlenstaub.

In Zeiten der Trauer trug niemand Waffen, dennoch steckte er sich einen Dolch in den rechten Stiefel. Er hatte zu viele Feinde, um je unvorsichtig zu werden. Zudem verzichtete er darauf, den speziellen, mit Metallbändern verstärkten linken Stiefel anzuziehen, der verhinderte, dass sein Eisenfuß das Schuhwerk beschädigte. In Notfällen war die Kralle eine unverzichtbare Waffe, und darum musste sie den Schuh ungehindert durchdringen können. Daher zwängte er die Klaue in einen Stiefel aus butterweichem Leder.

Die Flure lagen still und verlassen da. An diesem Morgen liefen keine Sklaven durch die Gänge, um ihren Herren das Frühstück zu bringen. Matinos Magen knurrte, aber Jechna würde erwarten, dass er fastete so wie alle anderen auch. Es wäre ebenfalls unangemessen, mit einem Eisenpferd den steilen Bergpfad zum Schloss hochzureiten. Am Tag nach dem Tod des Königs gingen alle zu Fuß und vermieden unnötige Gänge. Doch obwohl sein Eisenbein ein vortrefflicher Ersatz für seinen Verlust war, konnte er ein leichtes Hinken nicht unterdrücken, und er hatte gewiss nicht vor, den Weg zur Residenz mühsam hinaufzuhinken. Deshalb betrat Matino den Schuppen, in dem die Eisenpferde bereitstanden. Sie benötigten keinen Stall, doch die schützenden Wände hielten den Aschestaub und die Feuchtigkeit von ihnen fern. Für gewöhnlich wurde hier ein gleichmäßiges Feuer unterhalten und die Wärme durch Eisenrohre verteilt, denn nichts war unangenehmer, als sich auf ein kaltes Pferd zu setzen. Bei sehr tiefen Temperaturen reichte der Brandstein, der sie belebte, nicht aus, um das Eisenwesen von innen zu erwärmen. Doch heute war der Ofen kalt.

Matino machte gute Miene zum bösen Spiel und wählte ein kleineres Tier aus. Heute wollte er bescheiden auftreten. Der edle Pelz, den er trug, genügte, um an seinen Status als ehemaliger Kronprinz zu erinnern. Er saß auf und lenkte das Eisenross aus dem Schuppen. Auf dem Vorplatz kam ihm einer der Meister entgegen, der überrascht zu ihm aufsah.

»Kalazar«, murmelte er. »Ihr reitet hoch zum Schloss?«

Von den Eisenmeistern, die nach Spiros Tod immer noch um die Vorherrschaft stritten, war dieser einer der Besonnensten. Matino erwog, ihm den Posten des obersten Meisters in Aussicht zu stellen, um ihn jetzt schon auf seine Seite zu ziehen, doch dann entschied er, nichts zu übereilen. Menschen, die zu gründlich nachdachten, waren nicht immer am nützlichsten. Also nickte er nur knapp.

Der Meister wies ihn nicht darauf hin, dass das Pferd an diesem Tag eine unerlaubte Annehmlichkeit darstellte. Er blinzelte nur. Die Sonne drang durch die Wolken, die das Tal von Gojad stets verhüllten, und blendete mit Strahlen aus hellgelbem Licht.

»Ihr werdet kondolieren und gratulieren wollen«, murmelte er. Dabei klang er immer noch überrascht – als hätte er nicht gedacht, Matino sei zu Beileidsbekundungen fähig. Das war, wenn man es genau nahm, eine Beleidigung.

Er beschloss, gnädig darüber hinwegzusehen.

Der Mann schien noch etwas sagen zu wollen, überlegte es sich jedoch anders und senkte den Kopf. Matino hatte das Aufblitzen von Angst gerade noch wahrgenommen. Oder täuschte er sich? Der Mann machte sich Sorgen, das war offensichtlich und im Grunde auch kein Wunder. Der Tod eines Königs konnte Ereignisse in Gang setzen, die dem einen oder anderen nicht gefielen. Vielleicht wünschte er sich, die Prinzessin würde den verkrüppelten Kaisersohn lieber nicht heiraten und ihm damit den Zugang zum Thron ebnen?

Er nickte dem Meister knapp zu und zwang das Pferd mit seinem Willen vorwärts; dies entfachte die Magie in dem Tier. Das Dorf blieb bald hinter ihnen zurück. Leichtfüßig wie eine Bergziege erklomm das eiserne Ross den steilen Pfad. Die ausfahrbaren Krallen unten den Hufen gruben sich in jede Ritze im Gestein, nutzten Spalten und Löcher, die Matino, wäre er zu Fuß – und in seinen Stiefeln – gegangen, unablässig hätten straucheln lassen. Das Schloss war in den Fels hineingebaut, schroff wie eine Klippe voller Zacken und Grate. Uneinnehmbar. Matino kannte mehrere der alten Geschichten, die davon erzählten, wie Kanchar dieses traditionsreiche Bergkönigreich unterworfen hatte, doch er wusste nicht, welche davon stimmte. Diejenige, die von Verrat berichtete, vermutete er. Ohne Verrat war ein König, der hier lebte, nicht zu besiegen.

Der breitere Weg, der vom Pass aus hinführte, war weniger schwierig, doch dafür hätte er die Zugbrücke überqueren müssen, und da die Wächter jeden zwangen, vom Pferd zu steigen und zu

Fuß hinüberzugehen, kam das für ihn nicht in Frage. Er wollte hoch zu Ross erscheinen, nicht wie ein hinkender Bittsteller, wenn er der Prinzessin erneut die Heirat antrug.

Da das Eisenpferd nicht ermüden konnte, kletterte es den steilen Weg flink hinauf, und sie brauchten weniger als eine Stunde, um das Nebentor zu erreichen, das zumeist offen stand. Heute war das nicht der Fall. An diesem Morgen waren beide Flügel geschlossen, und die Wächter zögerten, ihm zu öffnen, obwohl sie ihn kannten.

Dumpfer Groll wuchs in Matinos Brust, während er wartete. Hinter den Gipfeln stieg die Sonne empor und flutete die fernen Schneehänge mit Gold. Abends war der Schnee rot wie Blut. Manche nannten diese Berge das Eisengebirge und andere die Blutberge, ein weitaus passenderer Name, fand Matino, und nicht nur wegen der Sonnenuntergänge. Unzählige Arbeiter und Sklaven waren in den Minen gestorben. Jeder Eisenvogel und jedes Eisenpferd trug nicht nur die Seelen von Menschen in sich, die geopfert worden waren, sondern ebenso das Blut derjenigen, die das Erz aus dem Gestein gebrochen hatten, sowie die Pein derjenigen, die Bäume gefällt hatten, um für die nötige Holzkohle zu sorgen. Die Schmieden rauchten Tag und Nacht, die Schlote spien den Qualm in den schwarzen Himmel. Die meisten Kinder, die für die Eisenmeister arbeiteten, starben an blutigem Husten. Der Ruß hatte auch die Mauern des Schlosses schwarz gefärbt. Missmutig betrachtete Matino seinen weißen Pelz, auf den sich winzige Aschepartikel legten, obwohl die Arbeit an diesem besonderen Tag ruhte. Die Gärten der Königin, die sein Vater so geliebt hatte, lagen höher, an der anderen Seite des Berghangs, hoch oben im Sonnenlicht, wo keine Asche und keine Qualmwolken sie erreichen konnten. Vielleicht konnte er die Prinzessin, wenn sie erst seine Königin war, dazu überreden, in dem hübschen Pavillon zu wohnen, der im Mittelpunkt des Blumengartens stand.

Ein Lächeln huschte über seine Lippen. Das Leben konnte schön sein. Sobald er König war, würde er die Produktion von Eisen verdoppeln. Er würde weitere Eisendrachen bauen, nicht ganz so groß wie der erste, und sich dann von Wabinar lossagen. Sollte sein Bruder Liro sehen, wie er selbst mit dem Feind fertigwurde. Sollte er …

»Kalazar? Tretet ein.«

Mit einem ohrenbetäubenden Knirschen öffnete sich das Tor, um ihn endlich ins Schloss zu lassen. Die Wächter musterten ihn, während er hindurchritt, und er prägte sich ihre Gesichter ein, um sie später für ihre mangelnde Ehrfurcht zu bestrafen. Das Pferd zog die eisernen Krallen zurück. Laut klapperten seine Hufe auf dem stillen Hof. Überall, an den Wehrgängen und in den Eingängen, standen Wachen. Das Banner des gojadischen Königs, der Adler, flatterte über dem Portal.

Niemand erwartete ihn, um ihn mit Ehren zu empfangen. Mit einem unguten Gefühl stieg Matino vom Pferd. Irgendetwas stimmte hier nicht. Die Wächter trugen nicht Trauer. Und sie behandelten ihn nicht, wie es dem zukünftigen König zustand, sie verbeugten sich nicht tief genug, und während er an ihnen vorüberging, hörte er sie flüstern.

»Nicht mehr lange …«

»Das war zu erwarten …«

Er kannte sich hier aus, dennoch folgten ihm drei Wachmänner, als würden sie ihn vor sich herscheuchen. Durch die Vorhalle ging es in einen kleineren Saal, in dem der König unliebsame Bittsteller warten ließ. Rechts befand sich der Thronsaal, links eine Halle, die für Feste und größere Gesellschaften genutzt würde. Wenn der König gestorben war, würde er im Thronsaal aufgebahrt liegen … oder nicht?

»Nach links bitte, Kalazar«, mahnte einer der Wächter, die ihn begleiteten.

Matino musste die schwere Tür selbst öffnen. Die Krallen seiner Eisenklaue durchdrangen die dicke Stiefelsohle, um ihm Halt zu geben, während er sich gegen das Gewicht stemmte; manchmal war es, als würden sie ein Eigenleben führen. Dann endlich konnte er in den Saal blicken.

Der Raum war voller Menschen. Die Gemahlinnen seines Vaters, des verstorbenen Kaisers Ariv, hatten sich mit ihren Kindern auf den Bänken und gepolsterten Sesseln verteilt. Keine Teller oder Becher waren zu sehen, sie fasteten, wie es sich gehörte. Doch statt stiller Trauer erfüllte unablässiges, aufgeregtes Gemurmel den Saal. Am hinteren Ende des Raums saß Iluan, der König von Gojad, zusammen mit seiner Tochter Jechna und einer der kaiserlichen Witwen. Dri, Matinos Halbbruder, hatte den Platz neben Jechna eingenommen. Er war nervös und fuhr sich immer wieder durch die Haare, während seine Mutter seinen Arm tätschelte und auf ihn einredete.

»Was zum …«, murmelte Matino.

Der König lebte. Wieso lebte er, verdammt noch mal? Warum waren die Kaiserwitwen hier versammelt, mitsamt ihren nichtsnutzigen Blagen? Matino hatte nie versucht, eine Beziehung zu seinen zahlreichen Halbgeschwistern aufzubauen. Wenorio, sein einziger richtiger Bruder, war tot, sein nächstjüngerer Halbbruder Liro hatte den Platz eingenommen, der Matino als dem Ältesten der Kaisersöhne zugestanden hätte – wäre er nicht zum Krüppel geworden. Es gab keinen Grund, irgendeins dieser Kinder als etwas anderes zu betrachten als das, was es war: Konkurrenz mit kaiserlichem Blut.

Sein Blick zuckte durch den Saal, während er versuchte, sich möglichst rasch einen Reim auf all das zu machen. Liros Mutter Yilda war nicht nach Wabinar gezogen, nachdem ihr Sohn Kaiser geworden war, sondern hier in Gojad geblieben. Dort saß sie, die Augen rotgerändert, ein Tuch in der zitternden Hand, neben sich zwei der anderen Frauen, die ihre Hand und ihre Schulter streichelten. Die übrigen Frauen saßen dem König zugewandt, der Prinzessin und … Dri.

Das konnte nur eins bedeuten, und nichts Gutes: Der Kaiser war tot. Und Dri, dieser Jüngling mit dem unsicheren Lächeln, hielt sich für den Erben des kaiserlichen Throns von Wabinar.

Matino zauberte ein bedauerndes Lächeln auf sein Gesicht, als er näher trat und dem König mit einem Beugen des Kopfes Ehre erwies. »Euer Gnaden.«

»Dass du es wagst, herzukommen«, zischte Dris Mutter. Sie kannte ihn schon zu lange, für sie war er immer ein kleiner Junge geblieben, dem sie auf die Finger schlug.

»Sollte die Familie nicht gemeinsam trauern?«, fragte er, während er spürte, wie seine hoffnungsvollen Träume zerstoben.

»Als wenn du zu Trauer fähig wärst.« Ihre Lippen kräuselten sich, und einen Moment lang fürchtete er, sie könnte vorhaben, ihn anzuspucken. Als Mutter des neuen Kaisers musste sie sich stark und unbesiegbar fühlen, zumal Dri noch keine zwanzig Jahre zählte. Wie ein gescholtener Hund saß er da, die Hände im Schoß gefaltet, die Lippen vor Nervosität zerbissen. Die Fürsten im Palast von Wabinar würden ihn zerfleischen.

König Iluan hob die Hand. »Ruhig. Dies ist keine Zeit für Streitigkeiten.« Selbst der König von Gojad war offenbar bemüht, sich mit der zukünftigen Kaisermutter gutzustellen. Statt sie zurechtzuweisen, wie sie es verdient hätte, wagte er es erstmals, seine Abneigung gegen Matino öffentlich zu zeigen.

»Setzt Euch zur Kaisermutter.« Er wies auf Yilda, Liros weinende Mutter. »Vielleicht vermögt Ihr, sie zu trösten.«

Es war ein Befehl.

Matino fühlte die Wut in sich wachsen. Nie zuvor hatte Iluan ihn so behandelt. Nicht, als Kaiser Ariv noch lebte. Und selbst dann nicht, als Liro zum Edlen Kaiser aufgestiegen war. Obwohl die Krone an ihm vorbeigegangen war, hatte Matino dennoch Macht besessen – vor allem durch Yando, Liros rechte Hand, und all die vielfältigen Möglichkeiten, Yando zu erpressen. Und Yando war immer noch da, oder nicht? Ein neu gekrönter Kaiser pflegte sich für gewöhnlich eigene Ratgeber zuzulegen, doch wie sollte Dri ohne Yando regieren, noch dazu in solch schwierigen Zeiten?

»Sicher könnte ich sie besser trösten, wenn ich wüsste, dass das Reich zurzeit in guten Händen ist«, sagte er frech. »Befehligt Fürst Yando unser Heer, bis der neue Kaiser im Amt ist?«

»Euer Freund Fürst Yando ist flüchtig«, sagte der König. »Als Hauptverdächtiger des Mordes am Edlen Kaiser wird er landesweit gesucht.«

Matino konnte gerade noch verhindern, dass seine Gesichtszüge entgleisten. Er schluckte hart. Liro war ermordet worden? Von Yando? Das war kaum zu glauben. Doch was auch immer vorgefallen war, die neuen Herren würden die Gerüchte für sich zu nutzen wissen – oder sie schüren. Seit wann galt er als Yandos Freund? Würde man ihm nun unterstellen, gemeinsame Sache mit Liros Mörder zu machen, ihm womöglich den Auftrag zum Mord gegeben zu haben? Dann war sein Leben keinen Pfifferling mehr wert.

König Iluan schenkte ihm einen harten Blick. »Geht die Mutter trösten, Kalazar.«

Matino reckte das Kinn ein wenig höher. Noch hatte ihn niemand angeklagt. Gab er nur eine Handbreit nach, war er verloren.

»Yilda bedarf meines Trostes nicht«, sagte er kühl. »Doch die Tochter des Kaisers benötigt in diesen schweren Tagen gewiss Unterstützung.« Sein Herz hämmerte wie wild, er musste sich dazu zwingen, ruhig zu atmen. Wenn es einen Aufruhr im Palast gegeben hatte, was war mit Sahiko? Und mit Sadi?

»Für das kleine Mädchen wird ein sicherer Ort gewählt werden«, sagte der König, bevor Matino genauer nachfragen konnte. »Der wajunische Prinz hingegen ist geflohen. Damit hat er seinen Status als Geisel verloren.«

Den Göttern sei Dank. Sie lebten beide. Die Frage war, wie lange noch. Liro hatte ein weiches Herz gehabt, er hatte darauf verzichtet, seine Geschwister umzubringen, als könnte ihm keiner je gefährlich werden. Es hatte ihm genügt, sie aus Wabinar verbannt zu wissen. Doch Dri? Er war für Matino ein unbeschriebenes Blatt. Zu dumm, dass er nichts über den Jungen wusste. Leider war seine Mutter schon früher eine vorlaute, lästige Person gewesen, die ihre kleinlichen Wutanfälle an den älteren Kindern des Kaisers ausgelassen hatte. Sie würde mit Sicherheit dafür sorgen, dass niemand ihrem Sohn in die Quere kam.

Die anderen Frauen wussten das, deshalb scharten sie sich in kleinen Grüppchen um sie und warteten auf ihre Gelegenheit, um sich einzuschmeicheln.

Einen Tag mussten sie der Ruhe widmen. Einen Tag durfte niemand handeln. Also hatte er einen Tag, um sein Leben zu retten.

Die Augen des Königs verengten sich drohend. Er war kurz davor, die Geduld zu verlieren. »Spendet ihr Trost. Ihr könntet sie hinauf zu den Gärten führen, damit sie in der Stille der Bergwelt Frieden findet.« Iluan wandte sich an seine Tochter. »Liebes, würdest du den Prinzen und die Kaisermutter begleiten?«

Jechna runzelte die Stirn, widersprach jedoch nicht. »Gewiss, Vater.«

Die Absicht dahinter war klar. Jechna sollte auf ihn aufpassen, damit er nicht floh und zurück zu den Eisenhallen gelangte. Sie trauten ihm nicht. So geheim der Drache auch war, der König wusste natürlich davon, da machte Matino sich nichts vor. Sie wollten ihn außer Gefecht setzen, ihn aus dem Weg haben, damit er ihnen nicht in die Quere kam. Wie konnten sie es wagen, Dri zum Nachfolger zu erklären, obwohl Sahiko noch lebte? Ein Kind konnte nicht auf dem Thron sitzen, ein Kind war nicht vollkommen. Fünf oder sechs Jahre mehr, und Sahiko wäre die unangefochtene Erbin gewesen. Was hatte Liro sich dabei gedacht, ausgerechnet jetzt zu sterben?

»Kalazar«, sagte Jechna freundlich, »lasst uns gehen.«

Einer der Wächter trat auf die weinende Kaisermutter zu und wartete, bis sie sich erhob, ihren Freundinnen hoheitsvoll zunickte und sich zu ihnen gesellte. Yilda mochte bisher der wichtigste Gast am Königshof gewesen sein, doch das hatte sich schlagartig geändert. Nun würde sie in der Bedeutungslosigkeit versinken, abgeschoben an einen Ort, an dem es außer blauen Bergblumen und Kräutern nur Einsamkeit und Langeweile gab.

Matino hatte nicht vor, dieses Schicksal zu teilen.

»Dort geht es entlang«, sagte die Prinzessin mit süßem Lächeln, als er sich dem Gang zuwenden wollte, der zurück in den Hof führte.

»Gönnt einem fußkranken Mann sein Pferd.«

»Wir werden uns Eurer Geschwindigkeit anpassen.« Das Lächeln wurde noch süßer.

Also kein Pferd. Sie erwartete tatsächlich von ihm, dass er den verschlungenen Pfad, der an einigen Stellen kaum mehr als eine Elle breit war, zu Fuß ging? Ja, natürlich erwartete sie das. Sie und die fünf Wächter, die sich ihnen anschlossen, würden dafür sorgen, dass er keine Gelegenheit zur Flucht hatte. Und war er erst oben angelangt und hatte das Gästehaus bezogen, konnte der König ihm den Rückweg mit Leichtigkeit verwehren, indem er den Zugang sperren ließ. Dazu benötigte er nicht einmal einen Wächter. Es reichte, die Pforte zu schließen, welche die Gärten vor den wilden Ziegen schützte, die sich zu gerne über die kostbaren Pflanzen hergemacht hätten.

Er war blindlings in die Falle gelaufen. Deshalb also hatte sich der Eisenmeister bei seinem Aufbruch gewundert. Offenbar hatte er angenommen, Matino wüsste von Liros Ermordung und was das für ihn selbst bedeutete.

»Wie sehr mich der Verlust Eures Bruders schmerzt«, sagte die Prinzessin, während sie gemeinsam die Halle durchquerten, die zum Bergpfad führte. Liros Mutter folgte ihnen langsam, ihre Trauer hatte einer wütenden Verdrossenheit Platz gemacht. Auch sie schien alles andere als glücklich darüber, in die Gärten verbannt zu werden.

Das machte sie leider nicht zu einer Verbündeten.

Sie stiegen eine schmale Wendeltreppe hinauf, und entgegen ihrer Ankündigung drosselte Jechna nicht das Tempo. Flink wie eine Bergziege stieg sie hinauf, während Matino sich mühsam Stufe für Stufe höherkämpfte. Sogar die Kaisermutter überholte ihn, nur um ihm zu beweisen, dass sie es konnte, wie er sehr wohl wusste.

»Diese klare Luft«, sagte die Prinzessin und öffnete die schmale Tür nach draußen. »Das wird Euch gewiss guttun.«

»Ja, gewiss«, sagte Yilda trocken.

Der zerklüftete Hang wuchs über ihnen in die Höhe. Der Pfad war sehr schmal und voller weiterer Stufen.

»Auch Eurer Gesundheit wird das zugutekommen«, sprach Jechna weiter, zu Matino gewandt. »Die Sklaven sind angewiesen,

Euch Zimmer bereitzustellen. Erfrischungen können leider erst morgen gebracht werden, also können wir uns Zeit auf dem Weg lassen. Auch ein Bad wird Euch morgen bereitet werden.«

Sie hatten also schon vorher geplant, ihn dorthin zu schicken. Wäre er nicht freiwillig im Schloss erschienen, hätte man ihn dann geholt? Oder gleich einen Mörder geschickt?

Die Wächter reihten sich hinter ihnen ein. Im Gegensatz zu ihm waren sie bewaffnet. Der Dolch, den er eingesteckt hatte, würde den Ersten treffen; womöglich würde er mitsamt der Waffe abstürzen. Daraufhin würde Matino dem nächsten Gegner mit bloßen Händen entgegentreten müssen. Trotz der Gepflogenheiten des Trauertags wettete er darauf, dass auch Jechna mehrere Dolche unter ihrer Kleidung versteckte, womöglich sogar einen der schmalen Säbel, die sie meisterhaft zu führen wusste.

So schön hatten sie sich das überlegt.

»Die Fürsten lieben Kontinuität«, sagte er. »Daja wird belagert, die Feinde ziehen gen Testra. Ein neuer Kaiser, ganz ohne militärische Ausbildung oder gar Erfahrung, wird ihnen nicht gefallen.«

»Es spielt keine Rolle, was den Fürsten gefällt«, sagte die Prinzessin.

»Ihr habt also vor, Dri nach Wabinar zu fliegen? Mit einem Eisenvogel? Morgen, nehme ich an.«

»Diese weltlichen Dinge sollten Euch nicht beschäftigen, Kalazar«, sagte sie. »Widmet Euch den Blumen, dem Anblick der Berge und der Sterne.«

»Um Gedichte zu schreiben?«, spottete er. »Wohl kaum. Führt das Kaiserreich nicht sehenden Auges in den Untergang. Fliegt mit mir nach Wabinar, Prinzessin. Heute noch.«

Sie blieb stehen und drehte sich um. Der Pfad war hier breiter, offensichtlich fürchtete sie nicht, er könnte sie in den Abgrund stoßen. Das Schloss war von hier oben nur eine Reihe spitzer Felsnadeln; es verschmolz mit dem Hintergrund und war kaum zu erahnen.

Jechna blickte ihn lächelnd an. So viel Heiterkeit passte nicht zu ihr, nicht einmal, um ihn zu reizen. Es musste etwas geschehen sein, das sie unerwartet glücklich machte. »Warum sollte ich?«, fragte sie. »Wenn ich doch Seite an Seite mit dem neuen Kaiser in Wabinar eintreffen werde?«

Er hatte es geahnt, dennoch taumelte er ein paar Schritte zurück. »Ihr wollt Dri heiraten? Dieses halbe Kind?«

»Liro war auch nicht älter, als er den Thron bestieg. Ich habe die Erfahrung und die Kenntnisse, nach denen es die Fürsten und Generäle verlangt. Ich werde die Entscheidungen treffen, Kalazar. Und Kanchar wird keineswegs untergehen.«

»Ich habe Euch gefragt«, brachte er mühsam heraus. »Ich!«

Sie hatte ihn ihre wahren Gefühle nie sehen lassen. Niemals, bis jetzt. Die Verachtung in ihren Augen, das abfällige Schulterzucken, das Kräuseln ihrer Lippen – das alles verriet ihm mehr, als er wissen wollte. »Glaubt Ihr wirklich, ich hätte jemals Ja gesagt? Zu Euch, einem Krüppel?«

»Wir sind Feuerreiter«, sagte er. »Wir beide. Wir wären über allen anderen geflogen.«

»Ein Feuerreiter? Das seid Ihr nicht, und das wart Ihr nie. Dazu gehört mehr, als auf einem Eisenvogel zu sitzen. Ihr seid der erklärte Feind aller Feuerreiter, die nichts als Hass auf Euch kennen. Solange Ihr lebt, werden sie Kanchar nie aus ganzem Herzen dienen.« Sie warf ihr dunkles Haar zurück, trotzig und verführerisch. »Eher hätte ich mich in eine Schlucht gestürzt, als Euch zu ehelichen. Habt Ihr immer noch nicht begriffen, was Ihr seid? Ihr seid kein Kronprinz mehr und kein Erbe, und Ihr werdet nie auf einem Thron sitzen, weder auf dem von Gojad noch auf einem anderen. Liro ließ Euch am Leben, da Ihr hin und wieder nützlich wart, doch Dri ist aus härterem Holz geschnitzt.« Sie trat einen Schritt auf ihn zu, ihre Züge wie aus Stein, während ihre Augen Funken sprühten. »Nehmt Euer Schicksal an, Kalazar. Ihr hättet es weitaus schlimmer treffen können.«

Er ließ den Blick auf ihren weichen Lippen ruhen. »Ich werde Euch heiraten«, sagte er, »ob Ihr wollt oder nicht. Noch könnt Ihr zustimmen. Wir fliegen nach Wabinar und setzen Sahiko die Krone auf. Wir herrschen an ihrer Seite und sorgen dafür, dass

Gojad das wichtigste Königreich Kanchars wird. Wir retten die Städte am Nebelmeer. Wir vernichten jeden Feind und lassen die Gebeine liegen, bis sie in der Wüstensonne verdorren. Wir sammeln ihre Seelen und fügen sie unserer Macht hinzu.«

»Ihr gebt Euch Illusionen hin.« Jechna wandte ihm jedoch nicht den Rücken zu, sondern wartete darauf, dass er vorging. »Geht, damit ich Euch nicht zu weit hinter mir lasse.«

Sie hatte keine Ahnung, mit wem sie sprach. Dass sie ihr Schicksal besiegelte.

Doch noch musste er gute Miene zum bösen Spiel machen. Im Moment hatte er keine Chance, gegen so viele Bewaffnete anzukommen. Außerdem führte der Rückweg durchs Schloss, wo er mit zu vielen Gegnern zu rechnen hatte. Hätten ihm die Götter nicht einen Eisenvogel schicken können so wie diesem verdammten Prinzen Karim? Doch es brachte nichts, gegen die Götter zu lamentieren. Er musste sich in Geduld üben und tun, als würde er sich fügen.

Als sich endlich die weißen Pforten zu den Gärten der Königin vor ihm öffneten, gelang es ihm, sich zu Jechna umzuwenden und sie anzulächeln.

»Die Ruhe hier oben wird Euch guttun, während Ihr um Euren Bruder trauert. Und Ihr«, sie wandte sich an die Kaisermutter, »um Euren Sohn.«

Yilda nickte mit kühlem Blick. Sie streifte ihren Schal vom Kopf; eine Geste, als wäre sie in ihrem Haus angekommen. Die Sonne war überraschend warm, und es wehte kein Wind. Selbst hier am Tor war der Duft der Blumen überwältigend, fein und süß wie das Parfüm eines jungen Mädchens. Matino verbarg seine Abscheu hinter einer höflichen Verbeugung.

»Der Pavillon hat ausreichend Zimmer. Nun … lebt wohl.«

Die Wachen reihten sich hinter ihr auf, um sicherzugehen, dass Matino nichts versuchte. Er hatte nicht die Absicht.

»Ich habe Freunde«, sagte er zum Abschied, damit sie nicht ganz zuletzt noch misstrauisch wurde. »Sie werden sich um mich und mein Wohlergehen kümmern, und das passiert eher, als Ihr denkt.«

Sollte sie glauben, dass er auf seine Freunde wartete. Dass er sich noch nicht aufgegeben hatte.

»Dann werde ich Eure Freunde von Euch grüßen, Kalazar.« Ihr gemeines Lächeln machte deutlich, dass sie nicht an diese Freunde glaubte. Sie hielt es offenbar für undenkbar, dass es überhaupt Menschen geben könnte, die auf seiner Seite waren. »Tretet zurück.«

Die Wächter verschlossen die Pforte hinter Matino und Liros Mutter. Ein kunstvoll geschmiedetes Eisentor, die tödlichen Spitzen ragten auf schlanken Stäben, zwei Manneslängen hoch, in den blassblauen Himmel. Es war in eine Mauer eingefügt, die zu seiner Linken in den Felsen hineinwuchs, zu seiner Rechten weiterlief und die Gärten schützend umrundete. Ohne Flügel gab es kein Entkommen. Ein sehr erfahrener Bergsteiger, ausgerüstet mit Seilen und Haken, mochte es wagen, die schroffen Hänge hinabzusteigen.

»Liro ist tot«, sagte Yilda, sobald die Prinzessin mit ihren Begleitern auf dem schmalen Pfad verschwunden war. »Hast du etwas damit zu tun?«

»Nein«, sagte Matino. »Alles war ganz genau so, wie ich es wünschte.«

4. Der Zorn des Drachen

Karim öffnete die Tür. Dahinter lag eine der Wachstuben, die in die Stadtmauer von Daja eingelassen waren – oder vielmehr: Sie hätte dahinter liegen sollen. Doch er wünschte sich nach Wabinar, und sobald er durch die Öffnung gestolpert war, lag er auf einmal auf dem Rücken, auf einem Stapel feinster Gewänder.

Er war, wie er feststellte, in einer Kleidertruhe gelandet. Die edle Einrichtung bewies, dass er ziemlich weit oben im Palast angekommen war. Fingerbreite goldene Zierstreifen ließen die Vorhänge funkeln, und die edlen Teppiche schimmerten weich im Licht der Vormittagssonne. Karim schätzte, dass er sich im dritt- oder viertobersten Stockwerk des Kaiserpalastes befand. Nach dem Stand der Sonne war der Tag bereits weiter vorangeschritten als in Daja. Vorsichtig, alle Sinne angespannt, kletterte Karim aus der Truhe heraus.

»Götter!« Eine Dienerin ließ einen Stapel Handtücher fallen und schlug die Hand vor den Mund, als sie ihn plötzlich vor sich sah.

Das Beste war immer, so zu tun, als hätte man alles Recht der Welt, hier zu sein.

»Du arbeitest?«, fragte er freundlich. »Am Tag der Stille?«

»Verzeiht, Herr. Es ist eine stille Tätigkeit.« Sie bückte sich nach den Tüchern.

Strenggenommen war auch das Erwärmen des Wassers oder das Schleppen von Wassereimern nicht erlaubt, doch er sagte nichts. Wenn ihr Herr ihr Befehle erteilte, musste sie gehorchen.

Daher nickte er bloß. Je weniger man an einem Tag wie diesem sprach, umso besser. Im Nachbarkönigreich Le-Wajun klagte man laut, wenn jemand gestorben war, doch in Kanchar hielt man Stille für angemessen. Die Götter sollten den Schrei hören, den der Tote ausgestoßen hatte, als sie ihn holten. Klagten die Angehörigen zu laut, übertönten sie den Schrei womöglich, und dann glaubte der Tod am Ende noch, der Sterbende wäre ohne Widerstand mitgegangen.

Kurz zog er in Erwägung, das Mädchen nach Sahiko zu fragen, doch es war besser, wenn niemand wusste, dass er hier war. Er wollte ihr keinen Grund geben, ihn irgendjemandem gegenüber zu erwähnen.

Stattdessen machte er sich auf die Suche nach Informationen. Lautlos wie ein Schatten wanderte er durch die Räume, belauschte Diener und adlige Familien, entdeckte Paare, die sich der Liebe hingaben, statt zu beten, oder Fürsten, die heimlich naschten, statt zu fasten. Er fand den Raum, in dem Liro aufgebahrt lag, eine stille Gestalt, die deutliche Anzeichen eines gewaltsamen Todes trug. Mehr noch, es waren die Spuren eines Kampfes, die Spuren von Hass, der sich in Gewalt entladen hatte. Sorgfältig studierte er die Verletzungen. Der Magier des Kaisers war geflohen, hatte Karim den belauschten Gesprächen entnommen, doch dies war nicht das Werk eines Magiers. Für einen Zauberkundigen vom Rang des kaiserlichen Hofmagiers wäre es ein Leichtes gewesen, einen Feind ohne Blut und Würgemale zu töten.

Er betrat den Verhörraum. An diesem Ruhetag hatten die Diener nicht geputzt, und die zahlreichen Blutflecken auf dem Boden und am Thron der Wahrheit erzählten eine erschreckende Geschichte. In einer kleinen Kammer, abgelegen und unbewacht, entdeckte Karim die Leichen einiger Magier – einige waren erstochen worden, einer trug unzweifelhaft die Spuren von Folter.

In den Räumen des Hofmagiers fand Karim eine umgestürzte Schale, die mit Blut gefüllt war.

Die Geschichte wurde verständlicher, je länger er nach der Wahrheit suchte, sie in den Spuren und in den geflüsterten Worten der Sklaven fand. Karims anfängliche Verwirrung legte sich, als das Muster des Bildes nach und nach offenbar wurde.

Eine Blutprüfung, um die Verwandtschaft zweier Menschen festzustellen. Eine Blutprüfung, deren unliebsames Ergebnis wohl zum Tod der ausführenden Magier geführt hatte. Der Kaiser, der Yando zornentbrannt aus dem Unterricht mit seinen beiden Schülern befahl, der beide Kinder einsperren ließ.

Liros Wut und Yandos Aufstand und ein Mord, der viel mehr war, der zugleich Notwehr, Rache und die Verteidigung der Schutzbefohlenen darstellte. Der Kaiser hatte das Blut eines Kindes überprüfen lassen – das seiner Tochter, und die Folge der Wahrheit über ihre Abstammnung war vielfacher Tod.

Auch Yando war geflohen, hieß es. Er hatte einen Eisenvogel gestohlen, ein Fenster zertrümmert und war mitsamt der ausländischen Kinderfrau und der wertvollen wajunischen Geisel geflohen.

Also war Sadi ebenfalls fort. Karim wusste nicht, ob er erleichtert sein sollte. Er fragte sich, ob es Yando schwergefallen war, Sadi mitzunehmen statt Sahiko, die immerhin von Lan'hai-yia großgezogen worden war. Er kannte Yando nicht sehr gut, aber immerhin gut genug, um zu ahnen, wie es ihm ging nach dem Mord an Liro und nach dieser schweren Entscheidung. Wohin die drei wohl geflohen waren? Vielleicht nach Wajun, wo Sadis Thron auf ihn wartete. Die Entführung der Geisel hätte Krieg bedeuten können, wenn Großkönigin Teniras und Laikans Armeen nicht ohnehin die Grenze überschritten hätten.

Er musste Sahiko aufspüren, doch das erwies sich als unerwartet schwierig. Nichts deutete darauf hin, dass das Mädchen den Palast verlassen hatte. Sie musste Helfer haben, die sie versteckt hielten – oder Feinde, die sie umgebracht hatten. Und er war, wie er feststellte, nicht der Einzige, der nach ihr suchte. Trotz des Ruhetags waren einige Fürsten sehr aktiv. Die einen bereiteten alles für die Ankunft des Erben vor. Sie scheuchten Diener umher, welche die Räume des verstorbenen Kaisers reinigen mussten, und listeten bereits Gefälligkeiten auf, die der neue Kaiser ihnen zu erweisen hätte zum Dank für ihre Unterstützung. Die andere Fraktion suchte mittlerweile verzweifelt nach Sahiko und feilte an den Formulierungen eines Gesetzestextes, der es in Kriegszeiten erlauben sollte, eine Kindkaiserin einzusetzen, um am gewohnten Ablauf der Dinge festhalten zu können.

Diese Männer und Frauen, Liros Günstlinge und Vertraute, fürchteten um ihr Leben, sollte der nächstältere Bruder des Kaisers nach der Krone greifen.

Bis in die frühen Abendstunden wanderte Karim durch den Palast, unbemerkt, wenn auch nicht ungesehen – er nutzte seine Magie, damit die Blicke der Leute an ihm abglitten, niemanden sahen, der nicht dort hingehörte. Stockwerk für Stockwerk stieg er hinunter, lauschte, beobachtete, doch die junge Prinzessin blieb unauffindbar. Er lächelte, als er nach Daja zurückkehrte. Wer auch immer sich um Sahiko kümmerte, hatte ganze Arbeit geleistet. Doch in der Nacht würde sie sich sicher fühlen.

Matino brauchte einen Tag. Einen ganzen Tag, um über die Mauer zu klettern und die zerklüftete Felswand hinunterzusteigen. Mehr als einmal wünschte er sich zwei Eisenfüße ebenso wie Eisenhände, denn obwohl ihn seine Kralle unzählige Male vor einem Absturz rettete, kam er mit seinen plumpen menschlichen Gliedmaßen doch viel zu langsam vorwärts. Im Pavillon hatte er ein paar Schlucke Wasser getrunken, doch es hatte nichts zu essen gegeben außer etwas trockenem Brot, das für die Teichvögel gedacht war und das er ungeachtet der Proteste der Gärtner gierig verschlungen hatte.

Er nahm keine Rücksicht auf die Gepflogenheiten an einem Tag der Trauer, denn er trauerte nicht. Er musste schneller als Dri in Wabinar sein, sonst war Sahiko verloren. Sonst war alles dahin.

Also biss er die Zähne zusammen, zwängte die Finger in eine weitere Felsspalte, suchte mit der Kralle nach Halt und kämpfte sich weiter. Hätte er den ganzen Berg überwinden müssen, wäre es unmöglich gewesen, doch sein Plan sah vor, in der Nähe des Schlosses auf den Weg zu gelangen.

Nachdem ihm dies geglückt war, musste er sich vor den Menschen verstecken, die nach oben zum König pilgerten oder nach unten in die Eisenstadt. Stück für Stück kämpfte er sich schließlich über das zerklüftete Gestein weiter. Nassgeschwitzt, mit zerrissenen Kleidern und blutenden Händen erreichte er gegen Abend die Hallen des Eisens. Alles lag still, dennoch musste er darauf achtgeben, dass ihn niemand ertappte und womöglich auf Befehl des Königs aufhielt. Am liebsten hätte er sich sofort auf seinem Drachen davongemacht, doch er war erschöpft und hungrig, und die Dämmerung brach an. In diesem Zustand konnte er keinen Eisenvogel beherrschen, geschweige denn ein Ungetüm voll wilder Seelen.

In seinen abgerissenen Kleidern konnte er auch nicht im Palast erscheinen.

Da er es nicht wagte, in sein Zimmer im Haus der Meister zurückzukehren, würde er in eins der anderen Häuser einbrechen müssen, doch auch das war in seiner Verfassung keine gute Idee. Irgendwie schleppte Matino sich durch die leere Halle. Die Tür, hinter der sein Drache wartete, war aufgebrochen worden. Kein gutes Zeichen. Jemand war hier gewesen, und halb erwartete er, dass bewaffnete Schergen über ihn herfallen würden, doch alles blieb still. Vielleicht hatte der König trotz des Trauertags Wachen hergeschickt, um zu überprüfen, wie weit er mit der Fertigstellung des Ungeheuers gekommen war.

Sein Werk war vollendet. Das Ungeheuer ruhte vor ihm, mit geschlossenen Augen. Die Flügel, als Stützen zu beiden Seiten ausgestreckt, berührten den Boden. Matino hatte nie etwas Schöneres gesehen. Die ganze Zeit über hatte ihn die Vorstellung gequält, die Eisenmeister könnten den Drachen zerstören oder so streng bewachen, dass er nicht an ihn herankam. Sie mussten sich wirklich darauf verlassen, dass er oben im königlichen Garten festsaß.

Obwohl Matino sich kaum auf den Beinen halten konnte, wankte er auf das Eisentier zu. Die Leiter lag noch dort, wo sie hingefallen war. Sie war schwer, und er brauchte eine Weile, bis er die Kraft fand, sie aufzustellen und sich Sprosse für Sprosse in die Höhe zu ziehen. Sein rechter Fuß blutete, der Stumpf des linken Beins hatte dort, wo er ins Eisen überging, seine Hose mit Blut getränkt. Die Schmerzen waren unvorstellbar, doch sein Wille war stark. Stück für Stück arbeitete er sich nach oben, bis er die Luke öffnen und sich in den Bauchraum des Untiers ziehen konnte. Ihm fehlte die Kraft, sich auf die gepolsterte Matte zu legen, die er für angenehme Ruhepausen vorgesehen hatte. Dort, wo er war, blieb er liegen und verlor das Bewusstsein.

»So habe ich mir das nicht vorgestellt«, sagte Mernat, als Karim sich an den Tisch setzte und über die Schale beugte.

»Was willst du? Ich habe mich zu den Stadtältesten gesetzt, ganz wie du es wolltest, und habe eine Stunde lang gedöst, während sie gebetet haben.«

Seine Nerven waren gereizt, denn das ewige Krachen und Klirren, das die Belagerer verursachten, ließ keinen Augenblick nach. Wie hatten die Dajaner das nur den ganzen Tag ausgehalten? Karim hatte nicht übel Lust, sich einen Eisenvogel zu schnappen, dem Feind einen Besuch abzustatten … und dann? Sie hatten nicht mehr viele Brandsteine übrig, und solange die Eisensoldaten einen Ring um die Stadt bildeten, statt eng an eng in Formation zu marschieren, trafen die von Eisenvögeln abgeworfenen Brandsteine zu wenig Ziele, um großen Schaden anzurichten.

»Sie wissen jedenfalls, dass du noch da bist und dich um unser Problem kümmern wirst.« Mernat wedelte mit der Hand in Richtung Fenster. »Aber du siehst nicht aus, als hättest du dich den ganzen Tag ausgeruht. Was hast du als Nächstes vor?«

»Sahiko wird irgendwann etwas trinken müssen. Entweder jemand bringt ihr etwas oder sie stiehlt es sich. Sobald es dunkel ist, ist der Ruhetag vorbei, und es darf wieder gegessen und getrunken werden. Sie wird schrecklichen Durst haben.«

Zweifelnd blickte Mernat in die Wasserschale, in der sich nichts als ein träger Deckenfächer spiegelte. »Und dann kannst du sie im Wasser sehen? Obwohl sie dich nicht ruft?«

»Ja«, sagte Karim schlicht. Er stützte seine Stirn mit beiden Händen. Wenn er einschliefe, würde er mit dem Gesicht voran in die Schale fallen.

»Um der beste Feuerreiter zu sein, braucht es mehr als einen starken Willen«, murmelte sein Freund. »Wie groß sind deine magischen Fähigkeiten wirklich?«

Karim rieb sich die Augen. »Im Moment bin ich nicht mächtig, nur müde. Aber ich habe Angst, den Zeitpunkt zu verpassen, wenn sie trinkt. Du könntest hierbleiben und mich wachhalten.«

»Die Feinde können jederzeit angreifen. Auch nachts. Ich denke, da schlafe ich lieber, solange ich noch kann. Daja ist mir zurzeit wichtiger als Wabinar.« Mernat war bereits an der Tür. »Aber ich lasse dir etwas zur Stärkung schicken, das dich wachhält.«

Karim starrte auf die Wasseroberfläche. Der Fächer drehte sich im Kreis wie der Zeiger einer Uhr. Hypnotisch geradezu.

Stimmen weckten ihn. Schwere Stiefel schabten über gebrannten Stein, Waffen klirrten.

»Hier ist er! Er liegt hier!«

Matino fuhr hoch, sah einen behelmten Kopf durch die offene Luke spähen, breite Schultern schoben sich hindurch, ein grimmiges Gesicht wandte sich ihm zu. Er kannte den Mann – es war ein Feuerreiter, einer der neuen, die in Gojad aus den Reihen der Magier ausgewählt worden waren.

Er reagierte instinktiv, schnellte vorwärts, die eiserne Kralle ausgestreckt. Sie erwischte den Feuerreiter mitten im Gesicht, zog blutige Spuren über seine Wange und kratzte durch ein Auge.

Der Magier schrie, ruderte mit den Armen und stürzte ab. Matino hörte das Gepolter, weitere Körper fielen von der Leiter, das Geschrei wurde lauter. Blitzschnell schloss er die Luke, ohne sich über die Öffnung zu beugen. Vielleicht hatten sie Bogenschützen dabei, wer wusste das schon. Ihm fielen die Spuren ein, die er am Abend hinterlassen haben musste, blutige Zeichen, die bis zur Leiter führten. Kein Wunder, dass sie bewaffnet aufmarschiert waren, um ihn aus dem Bauch des Drachen zu zerren, bevor dieser erwachte.

Matino hörte, wie jemand von unten an die Luke hämmerte.

»Aufmachen! Im Namen des Königs!«

Da konnten sie lange warten. Er stolperte zum Sessel, von dem aus der Drache gesteuert wurde, ließ sich hineinfallen und schloss die Augen, um sich zu sammeln. Doch er war viel zu aufgewühlt, um die innere Ruhe und Konzentration zu finden, die nötig war, um die Kontrolle über den Willen des Eisentieres zu erlangen. Sein vor Panik und Zorn überquellender Geist weckte die schlafenden Seelen wie ein Streichholz, das über eine raue Oberfläche fuhr. Mit einem Ruck erwachte der Drache, sein inneres Feuer flammte auf, und bevor Matino wusste, wie ihm geschah, machte das eiserne Geschöpf einen Satz nach vorne und schlug mit den Flügeln. Von draußen ertönten Schreie und weiterer Lärm. Matino öffnete die Augen, um durch die zahlreichen Spiegel zu sehen, was draußen vor sich ging. In verschiedenen Winkeln aneinandergefügt, ließen sie ihn durch die gewundenen Rohre in den drei Hälsen und Köpfen des Drachen bis durch seine kristallenen Augen sehen. Menschen liefen wie Ameisen durch die Halle, die einen flohen, die anderen erhoben drohend Schilde und Lanzen. Eine Gruppe von Magiern versuchte mit erhobenen Armen den Flug des Drachen aufzuhalten. Aus dieser Perspektive wirkten sie alle lächerlich klein.

Matinos Wut wuchs. Sie mischte sich mit dem Zorn der gefangenen Seelen, die in die Höhe strebten. Die Schmerzen, die seinen geschundenen Körper quälten, der Hunger, der in seinen Eingeweiden tobte, entluden sich in einem wilden Schrei aus dem eisernen Rachen. Einer der Drachenköpfe zuckte vor und verschlang einen Magier, der zweite bog sich und pflückte einen Soldaten von der Leiter. Etwas veränderte sich im Missklang der vielen Seelen, die in diesem Leib hausten – das Untier hatte Blut geleckt.

Matino wusste nicht mehr, wo sein Körper aufhörte und wo der Drache begann. Der Zorn verschmolz ihrer beider Willen, und das Eisentier brüllte und tötete und fraß. Es schluckte die Seelen, die sich erschrocken in seinem unbarmherzigen Griff wanden, und die Kraft des Drachen wuchs. Vergeblich versuchten die Magier zu fliehen, warfen die Wächter ihre Schilde fort, um schneller fliehen zu können. Der Drache war überraschend wendig. Er sprang, er verschlang, seine Köpfe bogen sich in alle Richtungen, seine wild schlagenden Flügel zertrümmerten Steine und Knochen. Über alle Seelen erhob sich die Seele eines ermordeten Wüstendämons, eines Mannes, der den Auftrag gehabt hatte, Prinz Sadi umzubringen. Matinos Plan war aufgegangen: Nur jemand, der so verderbt war, ein Kind töten zu wollen, brachte die nötige Boshaftigkeit und Stärke mit, um den Eisendrachen zu beleben. In der kleinen Kammer in der Brust des Ungeheuers flatterten die Porträts der Verstorbenen wie ängstliche Schmetterlinge hin und her, während das eiserne Geschöpf seine Flügel bewegte und damit die Halle zerstörte, in der es gebaut worden war, und alle Menschen in der Nähe tötete. Trümmer flogen umher, Holz splitterte, Staubwolken quollen auf, Blut rann über die Steine.

Der Hunger in Matinos Magen verwandelte sich in Hunger nach Tod und der qualvollen Sehnsucht nach Rache.

Die Menge an Seelen zu beherrschen, die mit den Zeichnungen in das Ungeheuer gebannt worden waren, war ihm nicht möglich. Der Drache brach durch das Dach der Halle und war frei.

5. Eine Stunde

Der Drache schwang sich in die Höhe. Matino war sich nicht sicher gewesen, ob er jemals fliegen würde, doch das Untier war nicht aufzuhalten. Nachdem es das Dach der Halle durchbrochen hatte, erfüllte sein Zorn das Tal. Sein Hunger war größer als die Welt. Matino spürte das Verlangen des Drachen, als wäre es sein eigenes.

Zerstören. Verschlingen. Mehr Seelen einverleiben.

Immerhin hatte Matino seinen Verstand noch so weit beisammen, dass er gegen den Willen des Eisentiers ankämpfte. Die Eisenmeister, die Menschen im Tal – er brauchte sie noch. Kanchar brauchte sie. Sie hatten einen Krieg zu führen, und die Eisenstädter waren nicht der Feind, den es zu töten galt. Der Drache wehrte sich dagegen, fortgelenkt zu werden. Er wollte den Seelen hinterherjagen. Unwillig spreizte er die Flügel, riss ein Dach herunter und nahm einen Schornstein mit, der vor ihm aufragte. Matino zwang ihn nach oben, unterwarf ihn seinem Willen mit all seiner Kraft. Beinahe wunderte er sich darüber, dass es ihm gelang, das riesige Geschöpf dazu zu bewegen, die schreienden Menschen hinter sich zu lassen und weiterzufliegen.

Der Drache stieg höher. Gestein schimmerte rot wie Blut, wo die Morgensonne durch die Aschewolken brach, und das Schloss, das sich in den Berg krallte, ragte aus den Schwaden. Matino fühlte den Hass in sich wachsen. Dies hätte sein Schloss sein können, sein Thron, seine Krone, seine Macht. Doch stattdessen hatte Jechna ihn ausgelacht, ihn verhöhnt. Sie hatte geglaubt, sie könnte ihn in die Gärten verbannen und sich dann wieder ihren eigenen Plänen widmen sowie seinem Bruder. Immer waren es seine verfluchten Brüder, die ihm in die Quere kamen!

Der Hass überwältigte ihn, die Seelen loderten auf, und dann war er plötzlich Teil der sich windenden Seelen. Er hatte keinen eigenen Willen mehr, sein Wille war der Wille des Drachen, und sie waren sich einig: Schloss Gojad sollte brennen. Wild brüllte das Ungeheuer seinen Zorn hinaus. Er war nur noch Rache und Flammen, die aus den eisernen Rachen barsten.

Die Schreie, als er den ersten Turm in Brand setzte, waren Musik in seinen Ohren. Das Kreischen der Menschen mischte sich mit dem Tosen des Feuers, das die uralte Festung endlich in die Knie zwang. Mauern brachen, Türme stürzten ein, Soldaten schossen hilflos Pfeile ab, warfen Speere und Steine – vergeblich. Keine Waffe konnte ihn verletzen, ihre kümmerlichen Versuche reizten ihn nur noch mehr. Brennende Menschlein tanzten auf dem Schlosshof. Durch ein Fenster sah der Drache ein vertrautes Gesicht, ein Name kam ihm in den Sinn: Iluan, König von Gojad. Das Entsetzen seiner Seele floss in den Leib des Drachen über, als das Untier durch die Mauer krachte und sein vor Schreck gelähmtes Opfer verschlang. Nun waren sie zusammen, und in dem Drachen brodelte noch mehr Hass, noch mehr Schrecken, noch mehr Rachsucht als je zuvor. Die Kinder weinten, während sie in den Flammen starben. Dri, den jungen Prinzen, ereilte der Tod auf der Flucht den Berg hinauf – die vier rasiermesserscharfen Schwingen zerteilten ihn, während Geröll und Mauerteile aufgewirbelt wurden und auf das brennende Schloss regneten.

Karim schrak hoch. Alles tat ihm weh. Kein Wunder, denn er hatte gekrümmt zwischen zwei Sitzkissen geschlafen. Es war wieder hell, offenbar hatte niemand es für nötig gehalten, ihn zu wecken. Auf dem flachen Steintisch stand die versprochene Erfrischung, die Mernat ihm hatte bringen lassen: ein nunmehr kalter Becher, der einen bitteren Geruch verströmte, und ein paar schlichte Brötchen. Daneben wartete die Schale. Karim stöhnte, er hatte den Moment im Schlaf verpasst! Doch da sah er, dass der Drehfächer an der Decke sich nicht in dem Wasser spiegelte. Die Oberfläche glänzte dunkel, und von irgendwoher erklangen Schreie.

»Seht doch, seht! Es ist riesig! Was ist das?«

»Oh ihr Götter, ihr Götter!«, schluchzte jemand.

Dann erschien das Gesicht eines Kindes im Wasser. Es war dunkelhäutig, die schwarzen großen Augen klug und wachsam, und es lag entschieden zu wenig Furcht darin. Das Mädchen starrte ins Wasser und blinzelte. War das Sahiko? Sie musste es sein, denn sein Geist, den er auf das Wasser gerichtet hatte, war auf sie fokussiert gewesen. Konnte sie ihn etwa sehen?

Er hörte unglaublichen Lärm, doch diesmal kam er nicht von den Belagerern draußen vor der Stadt, sondern aus der Schale. Was auch immer ihn verursachte, die Geräusche hatten durchaus Ähnlichkeit mit dem Krachen und Scheppern der Eisensoldaten. Es klang wie ein nahendes Gewitter, wie Donner, der die Erde beben ließ.

»Was ist das?«, fragte er. »Ist die Eisenarmee nach Wabinar gekommen?« Das war eigentlich unmöglich, die Entfernung war viel zu groß, um sie so schnell zu überwinden. Es würden Wochen vergehen, bis die Feinde die Kaiserstadt erreichten, selbst wenn sie die Nächte durchmarschierten. Doch wer wusste schon, welche Teufelei Joaku sich als Nächstes ausgedacht hatte? Hatte er einen Schwarm Eisenvögel ausgeschickt, um Wabinar zu zerstören, noch bevor ein neuer Kaiser auf dem Thron saß?

»Ein … ein Vogel«, sagte sie. »Ich weiß nicht, was es ist.«

»Atme tief durch, Sahiko«, sagte er. »Erzähl mir, was du siehst. Ein einziger Vogel? Ist es ein Gebirgsgeier?«

»Wer bist du?«, fragte sie zurück.

»Ich bin Karim von Daja, der Bruder deiner verstorbenen Mutter, Kaiserin Ruma«, antwortete er. »Das macht mich zu deinem Onkel. Beschreib mir die Eisenvögel. Wie viele sind es? Was tun sie?«

»Es ist nur einer«, sagte das Mädchen. Ihre langen schwarzen Zöpfe berührten beinahe das Wasser, sorgfältig legte sie sie über ihre Schulter. »Es ist ein riesiger Vogel, er zerstört die Häuser beim Fliegen. Dächer fallen herunter. Steine und Ziegel wirbeln durch die Luft. Er hat zwei Köpfe – nein, drei.«

Das Geschrei hinter ihr wurde lauter.

»Ich sehe ihn durchs Fenster«, erklärte Sahiko. »Er kommt näher und näher. Nichts kann ihn aufhalten.«

Ein Eisenvogel, der Dächer herunterriss? Das konnte nur ein Gebirgsgeier sein, doch welcher Geier hatte drei Köpfe?

»Fliegt er auf den Palast zu?«

»Ja«, sagte das Mädchen. Obwohl sie so gelassen schien, meinte er nun doch eine leichte Beunruhigung aus ihrer Stimme herauszuhören.

»Bring dich in Sicherheit! Sofort! Geh vom Fenster weg, versteck dich irgendwo in den inneren Räumen, hörst du?«

Sie reagierte nicht, sie blickte auch nicht wieder in die Schale. Er erkannte ihr Kinn, einen Teil ihres Gesichts, während sie wie gelähmt dasaß. Das Krachen und Donnern von draußen wurde derweil immer lauter. Statt zu fliehen, duckte sie sich.

Obwohl sie so erwachsen tat, war Sahiko doch bloß ein Kind. Jemand hätte sie an der Hand nehmen und mitziehen müssen, doch offensichtlich war kein Mensch in ihrer Nähe, der sich um sie kümmerte.

Karim fluchte leise. Er befürchtete, dass Joaku ihn absichtlich aus Daja fortlocken wollte und die Stadt, sobald er in Wabinar war, erneut angreifen lassen würde. Dennoch hatte er keine Wahl.

Die Schale zerschellte auf dem Boden, als er mit einem Satz über den Tisch sprang und auf die nächste Tür zurannte. Er riss sie auf, warf sich hindurch und war im kaiserlichen Palast.

Wieder kam Karim in einer Truhe heraus. Er lag auf einem Stapel seidener Decken und hatte bereits ein Bein über den Rand der großen Holzkiste geschwungen. Während er den Deckel weiter aufstieß, verfluchte er den Mangel an Türen im Palast von Wabinar, was ihn an Orten ankommen ließ, die wenig geeignet dafür waren, sich mit der gebotenen Vorsicht umzusehen. So auch jetzt – er kletterte aus der Truhe und landete geradewegs in einer ohrenbetäubenden Kakophonie. Im ersten Moment dachte er, Sahiko hätte sich getäuscht. Dieser unglaubliche Lärm musste von einem Sturm herrühren, einem Wirbelsturm, der fauchend und brüllend durch die Straßen jagte, Dächer abdeckte, an den Fensterläden rüttelte und unvorsichtige Passanten, die sich nicht rechtzeitig in Sicherheit gebracht hatten, durch die Luft wirbelte und gegen Hauswände schmetterte. Karim hatte von solchen Stürmen gehört, doch außer dem einen oder anderen heftigen Sandsturm in Jerichar hatte er nichts Ähnliches je erlebt. Die Fenster des Raumes, in dem er eingetroffen war, waren zersprungen. Ein hohes Kreischen, das in den Ohren schmerzte, erfüllte die Luft. Metall auf Glas. Metall auf Metall. Metall auf Stein. Metall auf Knochen.

Karim kämpfte sich zum Fenster, um hinauszusehen. Ihm blieb fast das Herz stehen.

Da draußen wütete kein Sturm.

Und es war kein Eisenvogel.

Das metallene Ungeheuer, das sich seinen Weg durch die Stadt bahnte, war größer als jeder Eisenvogel, den er je gesehen hatte. Es war größer als ein Haus. Hätte Karim von den oberen Geschossen des riesigen Palastes von Wabinar auf es heruntergeschaut, hätte es vielleicht nicht ganz so bedrohlich gewirkt. Doch er befand sich in einem der unteren Stockwerke, das Untier schwebte über dem Platz vor dem Palast und verdunkelte so den Himmel. Es stieß erneut abwärts, und seine Schwingen zerschmetterten Fenster und Mauern und die zerbrechlichen Körper fliehender Menschen. Eisenpferde flogen durch die Luft ebenso wie lebendiges Vieh. Drei Köpfe auf langen Hälsen bewegten sich lauernd hin und her, Mäuler mit nadelspitzen Zähnen öffneten sich, um zu verschlingen.

»Ein Drache«, sagte er, selbst überrascht, dass er ein Wort für dieses Wesen gefunden hatte. »Ein Drache aus Eisen.«

»Onkel Karim?«

Er wandte sich um. Das kleine Mädchen hatte sich neben einer mannshohen Standuhr an die Wand gepresst, deshalb hatte er Sahiko bisher nicht gesehen. Sie zitterte am ganzen Körper. Ein hübsches Mädchen. Ihre Haut war dunkler, als er bei einem Kind von Ruma erwartet hätte, doch die Augen und ihr halbes Lächeln waren ihm schmerzlich vertraut.

»Ich kümmere mich darum«, sagte er. »Hab keine Angst.«

Karim versprach ungern Dinge, die er nicht halten konnte, aber in diesem Moment kam es nur darauf an, sie zu beruhigen. Kurz zog er in Erwägung, sie durch eine Tür von hier fortzubringen, bevor er sich um den Drachen kümmerte. Irgendwohin, wo sie in Sicherheit wäre. Doch seine Gedanken kreisten um den Drachen, wurden nahezu magisch davon angezogen. In dieser Verfassung durfte er es nicht riskieren, einen falschen Schritt zu machen und Sahiko womöglich noch näher an den Drachen heranzubringen. Denn seine Seele verlangte nach Kampf. Daher beugte er sich vor, legte die Hände auf die Schultern der Prinzessin und sagte: »Lauf. Verstehst du mich? Lauf und versteck dich!« Dann ließ er sie los und wandte sich erneut dem Fenster zu.

Er hasste es, Sahiko in diesem Chaos sich selbst zu überlassen. Immerhin war er nach Wabinar gekommen, um sie vor dem Unheil zu schützen, wie auch immer es aussehen mochte. Doch er war vielleicht der Einzige, der sich dem Drachen entgegenstellen konnte und eine Chance hatte, ihm seinen Willen aufzuzwingen. Nein, Sahiko war am sichersten, wenn er die unmittelbare Gefahr beseitigte.

Der Drache war eigentlich noch zu weit entfernt, um die Seelen darin wahrnehmen zu können, dennoch versuchte Karim es. Mit seinen Sinnen tastete er nach dem Willen, der das Untier antrieb – und zuckte erschrocken zusammen. Wie viele Seelen bewegten diesen eisernen Leib? Es fühlte sich an wie ein Kessel voller Gewürm, das sich zuckend durcheinanderschlängelte. Eine giftige, schäumende Masse, die nur zwei Gefühle kannte: Hass und Hunger.

Karim wich unwillkürlich zurück, instinktiv drängte alles in ihm zur Flucht. Doch diese Wahl hatte er nicht. Der Drache schlug mit den Flügeln und sprang auf ein Haus, das unter seinem Gewicht einknickte wie eine Eierschale. Menschen liefen schreiend auf die Straße, und einer der Drachenköpfe zuckte nach vorne wie eine Schlange. Karim sah, wie ein Mann das Untier wie gelähmt anstarrte und dann von seiner Kralle durchbohrt wurde. Er versuchte nicht einmal, vor dem Grauen zu fliehen.

Wie sollte man gegen dieses magische Geschöpf kämpfen? Ein Eisenvogel, selbst ein Adler, der zwei Seelen vereinte, war ein Wesen voller Stolz und Schönheit und nicht mit diesem Monster vergleichbar. Die Vorstellung, ihm mit seiner eigenen Seele auch nur nahe zu kommen, ekelte Karim. Aber er hatte keine Wahl. Erneut versuchte er, mit seinem Willen einen Halt in dem Gewimmel der gefangenen Seelen zu finden und die Herrschaft darüber zu erlangen. Immer wieder glitt sein Wille an dem sich windenden Seelenknäuel ab.

»Er ist zu weit weg. Und wo, verdammt noch mal, ist der Feuerreiter?«

Niemand saß auf dem Rücken des Drachen. Wurde er von Weitem gelenkt so wie die Eisensoldaten? Dann war Joaku irgendwo in der Nähe. Karim fürchtete den Meister des Todes mehr als das eiserne Ungeheuer, doch er konnte ihm die Stadt nicht überlassen. Er musste seinen ganzen Willen in die Waagschale werfen, seinen Mut und all seine magischen Fähigkeiten. Er musste durch eine Tür gehen, durch eine echte Tür und über die Schwelle seiner Angst. Und zwar jetzt.

Um die Stelle des Reiters einzunehmen, musste er ganz nah heran und auf den Rücken des Drachen klettern. Auch wenn er schon Eisenpferde und Vögel von Weitem gelenkt hatte, war dies bei dem Untier etwas anderes. Es würde schwer genug sein, überhaupt gegen die vielen Seelen anzukommen.

Karim überlegte kurz, sich aufs Palastdach zu begeben – durch eine magische Tür, um nicht die vielen Treppen steigen zu müssen – und sich einen flugbereiten Eisenvogel auszuleihen, doch als er sich umwandte, fiel ihm ein, dass er unmöglich einen Vogel beherrschen und gleichzeitig die Gewalt über den Drachen erlangen konnte. Seine Hand lag schon am Deckel der Truhe – es gab keine passende Tür in der Nähe, nur die unvermeidlichen Vorhänge zwischen den Räumen –, da drehte er sich um, betrachtete die Standuhr und erinnerte sich an ein Gedicht.

Ich ging durch die Zeit … Er wusste, wie man es machte, er war bereits durch die Zeit gegangen. *Eine Stunde.* Wenn er nur eine Stunde mehr hätte, könnte er die ganze Stadt retten.

Ein Beben erschütterte die Wände, als der Drache sich flügelschlagend aus den Häuserschluchten erhob und dabei den halben Straßenzug in Trümmer legte. Die Köpfe vorgestreckt, schoss er auf den Palast zu. Kurz entschlossen sprang Karim in die Uhr.

»Gütige Götter, woher kommst du denn so plötzlich!« Eine Frau funkelte ihn wütend an. Zu ihren Füßen lag ein Korb mit Eiern, die sich in eine schleimige gelbliche Masse verwandelt hatten.

Aus dem Haus, das hinter Karim lag, war er auf eine sonnige Straße hinausgetreten, auf der ein Markt stattfand. Noch war der Vormittag nicht weit vorangeschritten, die Stände im Schatten der zwei- und dreistöckigen Häuser boten Früchte und Gemüse an, das später in der größeren Hitze verderben würde. Man musste es rechtzeitig kaufen und im Keller lagern. Er blickte sich rasch um und nahm jede Einzelheit wahr. In der Ferne lag der Palast, unbeschädigt, ein Berg, der den Himmel selbst herausforderte. Von dem Metalldrachen war noch nichts zu sehen. Er hatte einen großen Schritt getan – von der Uhr bis hierher an den Stadtrand. Die Sonne stand ein wenig tiefer als vorhin, also war er auch durch die Zeit gegangen.

»Verzeih mir, gute Frau. Welchen Tag haben wir heute?«

Sie starrte ihn an, als hätte er den Verstand verloren.

»Gestern war der Tag der Stille, richtig? Deshalb ist heute wieder Markt. Es liegen viel mehr Früchte auf den Tischen als üblich, da gestern nichts verkauft werden durfte.« Er dachte laut, während er den Blick schweifen ließ. Gut, also war er tatsächlich eine oder zwei Stunden zurückgereist. Einen Moment lang hatte er befürchtet, in einer anderen Woche angekommen zu sein – oder gar in einem anderen Jahr.

»Warum fragst du, wenn du es doch weißt?«, blaffte sie ihn an. »Und wer bezahlt mir jetzt die Eier? Du etwa?«

Er war nicht wie ein Edelmann gekleidet. Am Abend, bevor er

über der Wasserschale eingeschlafen war, hatte er sich eine luftige Hose, die bis zur Mitte der Waden reichte, und ein weites Hemd angezogen. Außerdem war er barfuß, wie er erst jetzt merkte, da die heißen Steine seine Haut wärmten. In der Tat, er sah nicht aus wie ein Mann, der einen Korb Eier bezahlen konnte, geschweige denn wie ein Prinz.

Bevor er antworten konnte, wurde die Frau von einem ungewöhnlichen Geräusch abgelenkt. Sie drehte sich um und starrte nach Norden, wo sich in der Ferne die Silhouette des Gebirges abzeichnete, ein dunkler Streifen am Horizont. »Was … Bei allen Göttern!«

Die Flügel des Eisendrachen peitschten die Luft, während er flog. Er warf sich aus dem Himmel wie ein fallender Stern, alle drei Köpfe rissen die Mäuler auf, und er streckte die Krallen vor wie ein Falke auf der Jagd.

»Lauf!«, schrie Karim die Frau an, aber es war wie bei Sahiko – sie rührte sich nicht von der Stelle. Auf der Straße blickten die Händler und Marktfrauen nach und nach gen Himmel, Augen weiteten sich, Münder öffneten sich, Münzen rollten klirrend über das Pflaster. Es war wie ein Traum, der über sie alle fiel. Ein Alptraum.

In den Atemzügen, bevor die ersten Schreie erklangen, hatte der Drache die breite Marktstraße erreicht und kam mit der Macht eines Blitzstrahls über sie.

Jetzt rannten die Menschen. Sie ließen alles stehen und liegen und liefen um ihr Leben. Und Karim bewegte sich als Einziger in die falsche Richtung, auf das Ungeheuer zu. Er tastete mit seinem Willen danach und stieß erneut auf das wimmelnde Schlangennest aus Seelen, auf rasenden Zorn und bohrenden Hunger. Doch er konnte sich nicht auf die Seelen konzentrieren, denn diesmal war der Drache so nah, dass Karim herumwirbelnden Trümmerteilen ausweichen musste. Hatte er ihn zuvor ausschließlich mit seinem inneren Sinn wahrgenommen, hätte er ihn nun um ein Haar körperlich zu spüren bekommen, als eine Kralle an ihm vorbei durch die Luft schnitt. Trotzdem hatte Karim gerade etwas

Ungewöhnliches bemerkt. Aber konnte das sein? Um ihn herum stoben die Menschen in panischem Schrecken davon, und dieselbe Angst meinte Karim in dem Untier zu fühlen – Angst, größer als der Palast von Wabinar, atemloses, blindes Entsetzen. Die Seelen schlugen um sich, während der Drache mit den Flügeln schlug.

Er durfte nicht darüber nachdenken, was er da bekämpfte. Er musste ihm seinen Willen aufzwingen.

»Halt! Steh!« Er trat vor, die Hände vorgestreckt, während ein Schlund sich über ihm öffnete, um ihn zu verschlingen.

Karim blickte hinein und sah sich selbst wie in einem weit entfernten Spiegel.

»Gnädiger Bela'jar«, murmelte er, den Hirschgott des Königreichs Anta'jarim anrufend, der ihn schon einmal gerettet hatte. Dann duckte er sich weg, entging den zupackenden Dolchzähnen mit einer hastigen Rolle vorwärts und sprang unter dem Bauch des Drachen wieder hoch. So ging es nicht. Solange er gegen das Ungeheuer kämpfte, konnte er sich nicht darauf konzentrieren, die Gewalt über die in ihm tobenden Seelen zu erlangen.

Wieder deckte der Drache mit den Flügeln ein Dach ab, sein linkes Bein streifte die Marktstände und brachte sie zum Einsturz, die rechten Krallen zermalmten Pflastersteine und zertrümmerten Holzkisten. Zwiebeln und Kürbisse flogen wie Geschosse durch die Luft.

Karim betrachtete den Flügel und traf eine Entscheidung. Er riss die Tür des nächstliegenden Hauses auf, stieß Menschen zur Seite, die ihm schreiend entgegenrannten, hetzte eine schmale Treppe hinauf und stand in einem Obergeschoss, das dem offenen Himmel preisgegeben war. Der Großteil des Daches und eine Wand fehlten. Die mit Dornen und scharfen Klingen besetzte Schwinge des Untiers grub sich knirschend durch das verbliebene Gebälk.

Gerade als sie sich wieder hob, nahm Karim Anlauf und sprang. Er landete hart auf einer Schwinge des Drachen und spürte, wie die Stacheln, mit denen jede einzelne Schuppe versehen war, seine Fußsohlen zerschnitten. Das Blut ließ ihn abrutschen. Um nicht zu fallen, blieb ihm nichts anderes übrig: Er hielt sich an den Klingen fest, die weiter oben aus den Metallgelenken ragten, und fühlte, wie sie tief einschnitten und Sehnen durchtrennt wurden. Als Wüstendämon hatte er gelernt, Schmerz in den hintersten Winkel seiner Seele zu verbannen, also achtete er nicht darauf und kämpfte sich weiter.

Der Flügel bewegte sich, er kam ins Rutschen, seine zerschnittenen Hände waren nicht fähig, sich irgendwo festzuhalten. Kurzerhand spießte er seine Handfläche an einem Dorn auf, um nicht heruntergeschleudert zu werden. Das Blut floss in Strömen über die eisernen Schuppen. Wenn er das hier überleben wollte, musste er sich so schnell wie möglich heilen, doch gerade jetzt brauchte er seine ganze Aufmerksamkeit für den Drachen. Die Schwinge hob sich weiter, Karim riss seine Hand hoch und rutschte die restlichen Meter zum Rücken des Drachen. Für seine Größe bewegte sich das Tier erstaunlich schnell und behände. Beinahe wäre Karim in seinem eigenen Blut ausgeglitten und abgestürzt, doch es gelang ihm, den Arm um einen Sporn des gezackten Rückenkamms zu schlingen. Der Drache besaß keinen Sattel, der für einen Reiter geeignet gewesen wäre, doch Karim benötigte unbedingt einen Platz, an dem er sicher vor dem Herunterfallen war. Er schwang das Bein über den Kamm. Die trotz der Spitzen leicht nach hinten gebogenen Stacheln waren an ihrer Krümmung nicht so scharf wie befürchtet und relativ breit. Karim nickte grimmig. Es würde gehen. Seine Füße klemmte er jeweils zwischen zwei überlappende Metallschuppen. Dann warf er seinen Willen aus wie einen Anker.

Er fand kein fremdes magisches Bewusstsein, das den Drachen von fern lenkte. Aber inmitten der tobenden Seelen erspürte Karim etwas anderes, das er zuvor nicht wahrgenommen hatte: Das Zentrum ihres Hungers, ihrer verzweifelten Gier. Da war jemand im Inneren des Drachen. Ein Feuerreiter, zweifellos, doch nicht er lenkte den Drachen. Er war wie eine der Seelen, die hin und her geschüttelt wurden. Sein Hunger glich einem Netz, das sich um die anderen hungrigen Seelen schlang und sie zu einer Einheit zusammenschmolz. Der Wille des Feuerreiters war stark, aber nicht zielgerichtet, er verlor sich selbst im Sturm seines Hasses.

Karim griff mit seinem eigenen Willen nach den Seelen. Die bösen Gefühle des Drachen waren ansteckend, ein Strudel aus Rachgier, der ihn in sich aufsaugen wollte. Doch Karim war ein Wüstendämon. Er war eine tödliche Klinge, im Laufe vieler Jahre geschliffen. Seine Seele verlor sich nicht in dem wilden Tosen des Hasses, sondern blieb auf das Ziel ausgerichtet. Es war klar, wen er tot sehen wollte – Joaku.

Mit diesem Eisentier würde es ihm endlich gelingen.

Mit blutigen Händen umklammerte er die Eisenspitze vor sich und zwang den Drachen in die Höhe. Die Flügel peitschten die Luft, ein weiteres Dach stürzte ein. Menschen rannten in Scharen schreiend davon. Unten vor einem Haus, das nur noch aus der Vorderseite und der Tür bestand, lag noch der Korb, aus dem Eier gerollt waren.

Flügelschlagend wie ein Falke auf der Jagd verharrte der Drache in der Luft. Karim wischte sich mit einer schlaffen, blutenden Hand über die Stirn.

Rache? Die Jagd auf Joaku – mit diesem Eisenungeheuer?

Ja!, schrien die Seelen. Die drei Köpfe ruckten nach Westen, wo irgendwo eine Stadt von Eisensoldaten überrannt wurde. Dorthin! Er würde alles zermalmen, er würde alle fressen, er würde …

Karim wehrte sich gegen die Seelen mit der einzigen Waffe, die ihm zur Verfügung stand – er ließ den Schmerz frei.

Seine Hände waren eine einzige Quelle der Qual, seine Füße Klumpen aus Blut und Pein. Überall an seinem Körper loderten Schmerzfeuer auf. Er keuchte, ließ einen Schrei aus seiner Kehle entweichen und wusste wieder, wer und wo er war. Wenn er sich nicht bald heilte, würde er sterben. Nach Testra fliegen, um Joaku zu töten? Um eine ganze Stadt mit den eisernen Krallen zu zermalmen? Das waren nicht seine Gedanken, nicht seine Gefühle. Die Rachsucht, die ihn zu überwältigen drohte, gehörte zu den Seelen des Drachen. Natürlich wollte er Joaku tot sehen – es wäre sinnlos gewesen, das zu leugnen –, aber dieser Hunger gehörte nicht zu ihm.

Er konzentrierte sich auf den Schmerz, schrie erneut und lenkte den Drachen mit letzter Kraft von der Stadt weg, hinaus in die Wüste. Dort zwang er ihn, zu landen. Es kam ihm anstrengender vor als alles, was er je getan hatte. Den Ruf der Seelen nach Rache zu überhören war unmöglich, sein eigener Wunsch danach lockte ihn mit einer Macht, die ihn zittern ließ. Der Drache ließ sich auf alle viere nieder, streckte die Flügel von sich und wartete – nein, er lauerte. Solange er einen Reiter spürte, war er lebendig. Damit die Eisenbestie einschlafen konnte, musste Karim den Feuerreiter so schnell wie möglich fortschaffen.

Doch zunächst verwendete er einen Teil seiner Kraft darauf, seine Hände und Füße zu heilen. Er fügte die Sehnen und Muskeln zusammen und schloss die Wunden. Den Blutverlust konnten ihm seine magischen Fähigkeiten nicht ersetzen. Brennender Durst kam zu den Schmerzen hinzu. Die Sonne brannte erbarmungslos auf ihn herab, und die trockene Luft machte das Atmen schwer. Wabinar rühmte sich eines milden Klimas, davon merkte Karim nichts. Sein geschundener Körper erklärte die Sonne zum Feind. Zu Fuß in die Stadt zurückzukehren würde Stunden dauern, da es hier nirgends Türen gab. Aber er hatte keine Wahl. Es hinauszuzögern, würde ihn nur noch mehr schwächen, also machte er sich am besten sofort auf den Weg. Doch zuerst musste er den Feuerreiter des Drachen finden – und, wenn er Glück hatte, eine Tür. Irgendwo musste es eine Öffnung ins Innere des Drachen geben.

Vorsichtig stieg Karim vom Kamm des eisernen Ungeheuers hinunter. Diesmal passte er gut auf seine Hände und Fußsohlen auf. Wie er nun bemerkte, führten handtellergroße Trittstufen über den Rücken des Drachen zum Hals und zu den Flügeln. Auch ein Geschöpf dieser Größe musste von Sand, Schmutz und Rost befreit werden können. Er musterte das Untier genauer. Die Stufen sorgten dafür, dass der Feuerreiter und seine Helfer überall hingelangen konnten.

Karim hielt den Drachen mit der letzten Kraft seines Willens am Boden und bewegte sich die Flanke entlang zum Hals. Bislang hatte er weder das verborgene Fach für die Brandsteine noch das Versteck des Feuerreiters gefunden. Weitere Stufen, die aus halbrund gebogenen Stangen bestanden, führten an der Brust des Wesens hinunter. Karim griff nach der ersten Halterung und schwang sich auf die Sprossen. Seine Handflächen waren immer noch empfindlich, und mehr als einmal musste er Schweiß und Blut an seinem Hemd abwischen, um nicht den Halt zu verlieren. Dann endlich hatte er den Eingang gefunden – eine Luke, zwischen den Vorderbeinen des Drachen gelegen, die von den an der Innenseite der Beine angelegten Stufen aus erreichbar war. Sie ließ sich mühelos öffnen.

Karim zögerte. Wenn das Eisentier von einem Wüstendämon gelenkt wurde, was zu erwarten war, musste er damit rechnen, angegriffen zu werden, sobald er den Kopf durch die Öffnung steckte.

»Ich komme in Frieden«, sagte er laut. »Bist du zum Verhandeln bereit?«

Ein wortloses Ächzen antwortete ihm. Wer auch immer dort drinnen war, schien nicht in der Lage, sich auf ihn zu stürzen. Beruhigt kletterte Karim in den Bauch des Ungeheuers.

In der gewölbten Kammer fand er den Feuerreiter, auf einem mit Leder gepolsterten Sessel, in dem er halb bewusstlos hing. Es war tatsächlich ein alter Bekannter, doch kein Wüstendämon. Der Lenker des hungrigen Drachen war niemand anderes als Prinz Matino.

»Sieh an«, murmelte er, »Euch hätte ich hier nicht erwartet.«

Zorn wallte in ihm auf. Matino hätte fast die halbe Stadt zerstört! Er *hatte* die halbe Stadt zerstört, vor mehr als einer Stunde, bevor Karim durch die Uhr gegangen war.

»Nennt mir einen Grund, warum ich Euch am Leben lassen soll.«

Matino richtete sich halb auf. Seine braune Haut wirkte blass, seine Augen müde und gerötet. »Sahiko«, antwortete er.

»Ich verstehe nicht ganz. Klärt Ihr mich bitte auf? Was hat dieses Monstrum mit Prinzessin Sahiko zu tun?«

»Ich muss in den Palast.« Matinos Finger waren blutverkrustet. »Sie werden Sahiko umbringen.«

»Und Ihr könnt sie davon abhalten?«

Der ehemalige Kronprinz erhob sich, musste sich jedoch an der Lehne des Sessels abstützen. »Mit den Fürsten werde ich schon noch fertig.«

Seine Entschlossenheit nötigte Karim Bewunderung ab. Zerschlagen und offenbar frisch aus einem Kampf kommend, hatte Matino das eiserne Ungetüm gelenkt und hergebracht – eine stolze Leistung, ungeachtet ihrer schrecklichen Konsequenzen.

»Was liegt Euch an dem Mädchen? Wollt Ihr Euch einen Posten an ihrer Seite sichern, bevor einer der gojadischen Prinzen eintrifft?«

Etwas Gefährliches flackerte in den dunklen Augen auf. »Ich bedaure zutiefst … Es gibt keine Prinzen mehr, die Sahikos Anspruch anfechten könnten.«

»Ihr habt doch nicht …? Prinz Matino, was habt Ihr getan?«

»Es gab unglücklicherweise einen Brand im Schloss Gojad. Was davon übrig war, wurde unter einer Geröllawine begraben. Es muss der Zorn der Götter gewesen sein, der Gojad getroffen hat.« Matino lächelte bedauernd.

Karim konnte ihn nicht töten. Nicht jetzt. Nicht, bevor er nicht wusste, was es mit dem Eisendrachen auf sich hatte. Steckte Joaku dahinter, wie er vermutete, war das Wesen dazu geschaffen, den Krieg zugunsten der Feinde zu entscheiden? Und was hatte Matino damit zu tun?

»Kommt«, sagte er, griff nach dem Arm des Prinzen und legte ihn sich um die Schultern.

»Ich weiß nicht, ob ich es die Stufen hinunterschaffe. Könntet Ihr eine Leiter besorgen?«

»Das lasst meine Sorge sein.«

Ein Schritt durch die Luke war ein Schritt durch eine andere Tür, in den Palast von Wabinar hinein. Das Ungeheuer ließ Karim draußen vor der Stadt zurück. Ohne Feuerreiter war es nichts als ein Haufen Metall, eine funkelnde Statue, von deren Zähnen das Blut Unschuldiger tropfte.

Ein Schritt und sie lagen in einer Truhe – diesmal nicht in einer Kleidertruhe, sondern sehr unbequem auf Büchern und Schriftrollen. Karim kletterte ächzend hinaus und half dann dem Prinzen beim Aufstehen. Sie drehten sich um und sahen sich einem überaus verwirrten älteren Mann im Kittel eines Magiers gegenüber, der sie mit aufgerissenen Augen anstarrte. Falls Matino sich über den plötzlichen Ortswechsel und Karims Fähigkeit wunderte, so ließ er sich nichts anmerken.

»Ihr seid ein Heilmagier«, sagte Karim, der das Abzeichen der Heiler erkannte – einen fallenden Stern, der für den göttlichen Funken stand. Natürlich, wohin sonst hätte die Tür führen sollen? Bevor sie irgendjemandem gegenübertreten konnten, brauchten sie beide ärztliche Behandlung. Karim hatte zwar seine eigenen Wunden versorgt, doch zu eilig, um den Blutverlust zu stillen. Gegen das, was ein kaiserlicher Heilmagier bewirken konnte, waren seine Fähigkeiten bestenfalls dürftig zu nennen.

Bevor Karim den Mann um Hilfe ersuchen konnte, streckte Matino befehlend die Hand aus.

»Ich verlange, dass ich mit allem Nötigen versorgt werde. Ruft die Sklaven, damit sie mir ein Bad bereiten, mich mit einem erlesenen Mahl verwöhnen, lasst Wein und Wasser bringen.«

Selbst in seinem Zustand war Matino durch und durch ein Prinz. Er bat nicht, er befahl. Und die Tatsache, dass er seit Jahren in Gojad gelebt hatte statt in Wabinar, hielt ihn nicht davon ab. Karim war es durchaus recht, dass der Magier sich nun auf Matino konzentrierte und ihn selbst außer Acht ließ.

»Ihr! Ihr seid es, Kalazar!« Auf seiner hohen Stirn bildeten sich Schweißtropfen.

»Ganz recht«, meinte Matino zufrieden. »Ich sehe, dass Ihr mich erkennt. Der Tod des Edlen Kaisers hat eine Situation geschaffen, in der meine Anwesenheit unbedingt erforderlich ist.«

Karim trat näher. »Während der Prinz bewirtet wird, bitte ich Euch darum, Euch kurz meine Hände anzusehen.« Er wandte sich an Matino. »Ich brauche ihn nur kurz. Dann hole ich die Prinzessin her.«

Matino nickte zustimmend, dabei hatte Karim noch nicht entschieden, was er tun würde. Ein kleines Mädchen diesem Mann von üblem Ruf zu überlassen kam für ihn keineswegs in Frage. Er hoffte, sie in dem Stockwerk zu finden, wo er sie zurückgelassen hatte, und nach Guna bringen zu können, bevor Matino, der zweifellos Böses im Sinn hatte, sie fand. Und Daja brauchte ihn ebenfalls. Er musste schnellstmöglich zurückkehren, sobald er sich um die Sicherheit des Kindes gekümmert hatte.

Der Magier geleitete Karim zu einer schmalen Liege hinter seinem Schreibpult und betrachtete seine Hände. Er hob die Brauen, stellte eine stumme Frage.

»Ich habe getan, was ich konnte«, sagte Karim leise. Matino hatte bereits mehr über ihn erfahren, als ihm lieb war, er musste nicht noch mehr wissen. War es ein Fehler gewesen, den grausamen Prinzen herzubringen, statt ihn in der Wüste zurückzulassen? Wo er zweifellos erneut in den Drachen gestiegen wäre und womöglich versucht hätte, mit dem Ungeheuer die Stadt zu erreichen.

Nach der Behandlung wusch Karim sich rasch und zog in einem Nebenzimmer die sauberen Kleider an, die eine Sklavin ihm brachte. Niemand hatte gefragt, wer er war, aber nachdem Matino ihn mit »Kalazar« angesprochen hatte, hörte er das Raunen und Flüstern. Der Magier hatte seinen Ring bemerkt, der ihn als Erben des wajunischen Sonnenthrons auswies. Nicht jeder erkannte diesen Ring als das, was er war – in Kanchar kam das noch seltener vor als in Le-Wajun –, dennoch musste Karim damit rechnen, dass sich sein Besuch im Palast herumsprach.

Eine solche Nachricht war gefährlich, wenn sie in die falschen Hände geriet. Schlimmstenfalls hatte sie einen sofortigen Angriff auf Daja zur Folge. Vielleicht sollte er versuchen, zu einem früheren Zeitpunkt an seinen Platz auf der Mauer zurückzukehren. Doch durch die Zeit zu gehen verursachte ihm ein heftiges Unbehagen. Er musste bald nach Kato zurück und Unya dazu befragen.

Gerade als er sich die butterweichen Stiefel schnürte, die man ihm gebracht hatte, berührte ihn eine kleine Hand an der Schulter.

Sahiko stand vor ihm, ein helles Grinsen im Gesicht.

»Onkel Karim. Ich hab mich hergeschlichen, als ich gehört hab, dass du wieder hier bist. Du hast den eisernen Riesenvogel besiegt!«

Karim blinzelte verwirrt. »Ich bin eine Stunde zurückgegangen, um den Drachen aufzuhalten. Wie kannst du davon wissen?«

Das Mädchen lächelte noch breiter. »Hast du das Untier mit dem Schwert geköpft? Es hatte zu viele Köpfe.«

Sie konnte sich daran erinnern. Das war außergewöhnlich, ja, eigentlich unmöglich. Alles an diesem Kind war ungewöhnlich und rätselhaft.

»Ich kann dich nach Guna bringen, zu deinen Eltern«, sagte er. »Dort bist du in Sicherheit.«

»Sie bleibt hier.« Matino hatte den Vorhang zurückgezogen und den letzten Satz gehört. Sein Blick ruhte auf dem Mädchen, und da war etwas in seinen Augen, das Karim überraschte. Zuneigung? Hinzu kam, dass seine Stimme nicht aggressiv und befehlend, sondern nahezu zärtlich geklungen hatte.

In Karims Geist setzten sich die Mosaikstücke zusammen. Die Blutprüfung, der Zorn des Kaisers. Jemand anderes war Sahikos Vater. Matinos verzweifeltes Bestreben, rechtzeitig zum Palast zu gelangen – und wenn es mit einem kaum lenkbaren Drachen war, der die Stadt zerstören wollte. Konnte es sein, dass der Prinz Sahikos Vater war? Das würde ihre dunkle Haut erklären. Allerdings konnte Karim sich kaum vorstellen, dass Ruma sich einem solchen Mann hingegeben hatte.

»Ihr sorgt für ihren Schutz?«, fragte er vorsichtig.

»Das tue ich«, sagte Matino ernst.

Karim stand auf. »Dann werde ich mich jetzt verabschieden.«

»Steht Euer Eisenvogel auf dem Dach?«, rief Matino ihm noch nach.

»Nein, weiter draußen«, rief Karim zurück. Zu seinem Verdruss gab es auch in den Räumlichkeiten des Magiers keine richtigen Türen. Wenn er in eine Truhe stieg, sollte ihn besser niemand dabei beobachten. Er griff sich im Vorbeigehen noch einen Apfel und machte, dass er fortkam.

6. Fragen ohne Antwort

Lan'hai-yia, Königin von Guna, erwachte an diesem Morgen vom Gesang der Vögel. Der Winter hatte Guna allmählich aus seinen eisigen Krallen entlassen, und obwohl es im Tal noch kühl war und Schneereste die Hänge zierten, lärmten die Tannenzeisige, die Bergamseln und die rotwangigen Gipfelhäher um die Wette, sobald der Himmel sich auch nur grau verfärbte.

Sie gähnte ausgiebig, streckte sich und starrte dann auf das helle Viereck des Fensters, das sich hinter den Vorhängen abzeichnete. Um die Wärme drinnen zu halten, war es sinnvoll, die Läden zu schließen, doch dann hätte sie im Dunkeln erwachen müssen. Seit Sahiko fort war, fürchtete Lani die Finsternis.

Es gab so viel, das sie fürchtete, seit ihr kleines Mädchen ihr entrissen worden war.

Eine Weile lag sie da und lauschte dem Gezwitscher, horchte, ob sich andere Laute hineinmischten. Das dumpfe Grollen ferner Kanonenschläge, oder, schlimmer noch, das Stampfen von Stiefeln, die in Königstal einmarschierten, um Guna erneut unter die Herrschaft Le-Wajuns zu zwingen. Die Brandsteinminen waren erschöpft, doch das bedeutete nicht, dass nicht doch der eine oder andere Kriegsherr beschließen könnte, die tiefer liegenden Steine aus dem Fels zu schlagen, ganz gleich, welches Risiko das für die Arbeiter und die umliegenden Dörfer bedeutete.

Bislang war es Guna gelungen, die Feinde am Fuß der Berge abzuwehren, doch Lani machte sich nichts vor – Prinz Laikan zielte auf das Herz Kanchars, und falls es ihm gelang, den Kaiser zu besiegen, würde er sich auch wieder an Guna erinnern.

Als sie endlich aufstand, zuckten ihre Füße vor den kalten Dielenbrettern zurück. Sie angelte nach ihren Pantoffeln, zog sich ihren Morgenmantel über und tappte in Richtung Küche. Aus dem Kaminzimmer hörte sie das Ticken der großen Standuhr und das Rascheln von Papier. Lani schlief seit Wochen nicht gut und erwachte früh, doch ihr Mann Selas war schon immer ein Frühaufsteher gewesen. Er machte sich an die Arbeit, während ganz Königstal noch im tiefen Schlaf lag. Ein unruhiger Geist, der jedoch so rücksichtsvoll war, sie nicht zu stören. Sie wusste, dass er hin und wieder nach der Armbrust griff und auf die Jagd ging, doch nicht jetzt, im Frühling, wenn die meisten Tiere ihre Jungen zur Welt brachten. Nicht jetzt, zu Kriegszeiten.

In jedem anderen Adelshaus hätte das Personal längst mit der Arbeit begonnen, um ein ordentliches Frühstück für seine Herrschaft vorzubereiten, doch Guna war eben Guna. Hier waren die Könige selbst Diener – Diener des Landes und seiner Menschen. Wer gesunde Hände hatte, von dem wurde erwartet, selbst mit anzupacken, ob alt oder jung, Holzfäller oder Königin. Die Küche war verlassen und eisig kalt. Diffuses Licht ließ die Konturen des eisernen Herdes mit den darüber hängenden Töpfen und Pfannen verschwimmen. Lani schob Holzscheite und feinere Späne in den Ofen und entfachte eine Flamme mit einem Zündholz. Nachdem sie abgewartet hatte, bis das Feuer in Gang kam, öffnete sie die Hintertür zum Garten. Nebelschwaden hingen über den knorrigen Apfelbäumen. Sie streifte die Pantoffeln ab und trat barfuß ins nasse Gras. Die Kälte ließ sie frösteln. Ein Häher schrie.

Es war anstrengend, den schweren Deckel des Brunnens anzuheben, aber Lani war körperliche Arbeit gewöhnt. Ihre Arme, die ein Schwert geschwungen, Felder umgegraben und eine Schreibfeder gehalten hatten, waren kräftig und muskulös. Sie klappte den halbrunden Verschluss, der von drei Scharnieren gehalten wurde, nach oben und griff nach dem Eimer. Die Seilwinde quietschte, während sie kurbelte. Aus dem Brunnenschacht wehte ihr eine noch dunklere, tiefere Kälte entgegen als im erwachenden Garten.

»Lani.«

Ohne die Winde loszulassen, drehte sie sich zu Selas um, der an der Hintertür aufgetaucht war. Er war vollständig angezogen, also hatte er wohl vor, in den Wald zu gehen. Die Armbrust hing an dem Gurt an seinem Rücken, Dolchgriffe ragten aus dem Stiefelschaft.

»Hast du etwas gegessen?«, fragte sie. »Du solltest dich nicht ohne Frühstück aufmachen. Ich wollte gleich den Kessel aufsetzen.«

»Lani«, sagte er noch einmal.

Da war etwas in seinem Gesicht und in seiner Stimme, das sie erschreckte. Sie mühte sich ab, den schweren Eimer wieder nach oben zu ziehen, hielt sich an der Winde fest. Nein, sie würde nicht loslassen, nur weil sie Angst hatte. Sie würde das kostbare Wasser, das schon fast den Brunnenrand erreicht hatte, nicht opfern.

»Ist … ist etwas mit ihr?« Mit Sahiko. Sie musste den Namen nicht aussprechen. Er wusste, an wen sie beide ständig dachten. Ihre Freundschaft, zu Beginn brüchig und voller Zweifel, hatte sich im Laufe der Jahre zu einer Art Liebe vertieft. Obwohl sie nie das Bett teilten, waren sie freundlich zueinander, ihre Worte voller Verständnis. Seit Sahiko fort war, nannten sie einander zärtlich beim Namen, denn überall drohte Verlust. Einst waren sie Kampfgefährten gewesen, verbunden in der Rebellion gegen Tenira, und hatten für das Andenken desselben Mannes gekämpft. Doch nichts hatte sie einander so nah gebracht wie Sahiko. Sie waren verbunden in ihrer Sorge um ihre Tochter. Dieses Kind der toten Kaiserin, das man Lan'hai-yia auf magische Weise in den Leib gepflanzt hatte und das sie liebte, als wäre es ihr eigenes Fleisch und Blut.

»Der Kaiser wurde ermordet.«

»Was?« Sie krampfte ihre Hände um die Kurbel. *Nicht loslassen, nicht loslassen.*

»Liro ist tot, Lani. Er wurde heute Nacht ermordet.«

»Was ist mit Sahiko? Geht es ihr gut?« Nicht loslassen.

»Die Magier tauschen Neuigkeiten aus. Ich habe gefragt, aber sie wurde nicht erwähnt. Mir wurde gesagt, ich solle mich lieber bedeckt halten und nicht zu viele Fragen stellen.«

»Warum?«, fragte Lani. Sie zog den Eimer auf die Umrandung des Brunnens. »Wenn Sahikos Sicherheit bedroht ist …«

»Lani«, sagte er zum dritten Mal, »es war dein Bruder.«

Sie starrte ihn an. Ihr war danach, den Kopf ins kalte Wasser zu tauchen, um richtig wach zu werden.

»Kirian hat Kaiser Liro ermordet und ist auf der Flucht.«

»Das ist eine Lüge«, sagte sie sofort. »Sie schieben ihm die Schuld in die Schuhe, weil … weil er nun mal der ist, der er ist.«

»Mag sein.« Selas' Miene wurde etwas weicher. »Doch Tatsache ist, dass Kirian in ganz Kanchar gesucht wird. Er hat Sadi mitgenommen und ist verschwunden.«

»Dass er geflohen ist, ist noch kein Beweis seiner Schuld. Selas, er ist es nicht gewesen! Er und Liro waren Freunde, das weißt du so gut wie ich.«

»Mich musst du nicht überzeugen.«

Auf einmal wurde ihr bewusst, dass er bis an die Zähne bewaffnet war. »Was hast du vor?«

»Ich gehe zur Jagdhütte hoch. Für den Fall, dass sie sich dort verstecken wollen.«

Lani riss die Augen auf. »Was? Du willst Kirian festnehmen? Deshalb die Armbrust und die Dolche?«

»Nein«, sagte Selas. »Natürlich nicht. Aber ich muss wissen, was passiert ist. Allein wegen Sahiko. Und wegen uns. Du bist die Königin von Guna, aber auch die Schwester des beschuldigten Kaisermörders. Diese Tatsache wird nicht unbemerkt bleiben. Falls er nach Guna flieht, wird er entweder hierher nach Königstal kommen oder sich in der Hütte verstecken. Wenn er auftaucht, darf niemand davon erfahren, deshalb gehe ich jetzt und allein. Halte hier die Stellung, ja? Ich werde unterwegs versuchen, Kontakt nach Daja aufzunehmen. Wir müssen uns bereitmachen, Sahiko aus dem Palast zu holen. Ich fürchte nur, dass jemand mithören könnte, wenn wir durchs Wasser sprechen. Es ist nicht sicher. Ich werde über ein paar Umwege mit Karim reden müssen.«

Davon hatte Lani noch nie gehört. »Mithören? Wie soll das gehen?«

»Mächtige Magier können alles im Wasser sehen, auch die Gesichter anderer Magier. Das weiß ich von Karim.« Er trat neben sie, tauchte die Schöpfkelle in den Eimer und trank einen Schluck.

»Wenn ich bis morgen Abend nicht zurück bin, sag den Leuten, sie sollen sich bewaffnen und das Tal verteidigen. Nein, bewaffnen sollten sie sich bereits heute, egal ob ich zurückkomme oder nicht. Wir wissen nicht, wer die Macht in Wabinar übernimmt. Pass auf dich auf, ja?« Er gab ihr einen Kuss auf die Wange und blickte ihr in die Augen. »Ich liebe dich, das weißt du.«

»Ja«, sagte sie leise, »das weiß ich.«

Sie sah ihm nach, wie er leichtfüßig durch das taufeuchte Gras schritt und im Nebel verschwand.

Ein Teil von ihr wollte ihn begleiten, wollte zur Hütte rennen, um ihren Bruder in die Arme zu schließen. Wenn er denn überhaupt hier auftauchte. Sie bezweifelte es. Kirian würde sie nicht absichtlich in Gefahr bringen. Eine Zeitlang hatte sie ihm alle möglichen Verbrechen zugetraut, doch dann hatte er Sahiko gerettet. Seitdem bedauerte sie die Jahre des Grolls und des Schweigens.

Lani füllte den Kessel auf dem Herd und setzte sich an den großen Holztisch, während sie wartete, dass das Wasser kochte. Sie neigte den Kopf und betete für Sahiko und für ihren Bruder.

Der Aufstieg zur Jagdhütte war schwierig, da die Regenfälle der vergangenen zwei Wochen den Boden aufgeweicht hatten. Der Bach, der in der Nähe vorbeifloss, war so stark angeschwollen, dass Selas ihn nicht über die Trittsteine überqueren konnte, die für gewöhnlich aus dem flachen Wasser ragten. Eine Weile beobachtete er den gurgelnden, schäumenden Strom, in den sich der sonst so friedliche Bach verwandelt hatte. Es widerstrebte ihm, die Stiefel auszuziehen und die Hosenbeine aufzukrempeln und hindurchzuwaten, doch es gab keinen anderen Weg zur Hütte, wenn er nicht einen Umweg von einem halben Tag machen wollte.

Kaum hatte er sich hingesetzt und begonnen, seinen Stiefel aufzuschnüren, als ihn ein Rascheln im Gebüsch aufschreckte. Alarmiert hielt er inne und horchte. Da, wieder ein leises Knistern.

Seine Hand schloss sich um das Heft des Dolchs. Sehr langsam zog er ihn heraus, wappnete sich innerlich zum Kampf, schnellte herum – und sah sich Auge in Auge mit einem Hirsch.

Der dunkle, klare Blick des Tieres begegnete seinem ohne Furcht. Der Hirsch starrte ihn an, als würde er ihn kennen. Ein seltsames Gefühl überkam Selas, und vorsichtig, Stück für Stück, legte er die Waffe beiseite. Nun bemerkte er auch das gefleckte Kalb, das sich vertrauensvoll an das Muttertier drängte. Obwohl der Hirsch ein Geweih trug, war es ein weibliches Tier, wurde ihm bewusst. Doch nur in Anta'jarim trugen beide Geschlechter ein imposantes Geweih, was also tat dieses prächtige Wesen hier in Guna?

Erleichtert, dass keine Gefahr drohte, genoss Selas eine Weile die unerwartete Begegnung. Dann drehte sich die Hirschkuh um und wanderte am Bachufer entlang. Das Kalb hüpfte ausgelassen hinter ihr her. Erst als sie sich umwandte und ihn erneut anstarrte, wurde ihm klar, dass sie auf ihn wartete.

»Willst du, dass ich dir folge?«, fragte er verwundert. Innerlich schalt er sich selbst – jetzt redete er schon mit den Tieren des Waldes! So wie Karim mit seiner Krähe, die manchmal verständig schien wie ein Mensch.

Selas hatte nie wie in einem Märchen gelebt. Manchmal kam es ihm wie ein Traum vor, dass er, einst nur ein Kammerdiener und Spion, nun schon seit Jahren König von Guna war, geliebt und geachtet von seinem Volk. Doch leichter machte es das Leben nicht, und die Wunder, die ihm passiert waren – seine Rückkehr nach Guna, die wunderschöne Tochter, die er mit Lani großgezogen hatte, oder auch Karims Wiederkehr –, hatten ihn nicht naiv und leichtgläubig gemacht. Er nahm die Dinge, wie sie kamen, und kämpfte, wo es notwendig war. Deshalb behielt er ein gesundes Misstrauen bei, als er den beiden Hirschen folgte. Wachsam sah er sich nach allen Seiten um und achtete auf jedes Geräusch, falls die Tiere ihn in eine Falle locken wollten.

Der Bach rauschte an ihm vorbei, schwemmte abgebrochene Äste mit, und ganze Ballen aus Zweigen, Schilfhalmen und Blättern verhedderten sich in den Sträuchern am Ufer, bis eine andere Welle sie wieder mitriss. Mittlerweile war Selas froh, dass er nicht hineingewatet war. Er hatte die Strömung sträflich unterschätzt. Am Ende hätte er das andere Ufer nicht erreicht.

Die Hirschkuh blieb stehen, doch da sah er schon, wohin sie ihn geführt hatte. Ein alter Baum war quer über den Bach gestürzt, dort wo das Wasser ihm den Halt unter den Wurzeln weggespült hatte. Äste, Gestrüpp, sogar einige Tierkadaver sammelten sich auf einer Seite und schlugen gegen den Stamm, der sich jedoch nicht bewegte. Eine Brücke, die ihn sicher hinüberbringen würde.

»Danke«, wollte er dem Tier zurufen, doch er sah nur noch einen Schimmer von Rotbraun zwischen den grünen Knospen des Frühlings. Ein kurzes Aufleuchten von goldenem Licht in dem samtenen Geweih, dann war sie zusammen mit ihrem Jungen im Wald verschwunden.

Die Jagdhütte war leer. Sie war nie abgeschlossen, um verirrten Wanderern Schutz zu bieten. Doch wie Selas nach einer kurzen Überprüfung feststellte, hatte hier seit Monaten niemand mehr übernachtet. Die Holzvorräte waren unberührt, eine dicke Schicht Staub lag auf Tischen und Bänken, und in den Betten hatten sich mehrere Mäusefamilien eingenistet.

Er überprüfte jedes Zimmer. Nachdenklich stand er in dem Raum, in dem der Kaiser bei seinen Jagdausflügen gewohnt hatte. Nichts an der Einrichtung wies darauf hin, welchen Luxus der Bewohner dieser Kammer sonst gewohnt gewesen war. Der Tod dieses jungen Mannes war ein herber Verlust für Kanchar.

Selas ließ sich auf einer Holzbank in der Küche nieder und öffnete seinen Rucksack. Er biss in einen der verschrumpelten Äpfel, die nach einem Herbst schmeckten, der in einem anderen Leben stattgefunden hatte. Damals, als Sahiko noch zu ihrer Familie gehört hatte, als die Welt noch in Ordnung gewesen war.

Während er sich stärkte, dachte er darüber nach, wohin Yando geflohen sein könnte. Letztendlich war es jedoch wohl am besten, wenn er es nicht wusste. Der Mord an einem Edlen Kaiser konnte nicht vergeben und vergessen werden. Früher oder später würde Wabinar jemanden schicken, der Lani und ihn als die nächsten und einzigen Verwandten des Mörders befragte.

Bevor Selas ging, hinterließ er ein Zeichen auf dem Küchentisch – eine Nachricht, die sein Schwager, wenn er doch noch hier eintreffen sollte, unweigerlich finden würde. Mit einem Stück Holzkohle zeichnete er einen Habicht über einem angedeuteten Berggipfel. Das Wappen der Könige von Guna würde Yando oder jedem anderen Gunaer, der das Haus nutzte, zeigen, dass der König hier gewesen war.

Draußen dämmerte es bereits. Den Bach bei Dunkelheit überqueren zu wollen wäre sträflicher Leichtsinn gewesen. Doch unten am Hang befand sich ein Dorf, wo er um ein Bett für eine Nacht bitten würde. Und um eine Schale Wasser.

Der Weg nach Wabinar war lang. Manchmal dachte Tenira, sie würde nie ankommen, sie würde vorher sterben, die Füße blutend, die Lungen voller Staub, die Träume verdorrt.

Dabei ging es ihr noch besser als den einfachen Soldaten. Die meiste Zeit über reiste sie in einer Sänfte, die ein Eisenpferd auf dem Rücken trug. Es schaukelte sacht, die dunklen Vorhänge hielten das grelle Licht der Wüstensonne von ihr fern, und sie konnte schlafen, so oft sie wollte. Dennoch war es keine angenehme Art, unterwegs zu sein. Was hätte sie nicht für einen magischen Kühlfächer gegeben! Doch mit ihrem Heer reisten keine kancharischen Magier, die für ihre Bequemlichkeit sorgten. Sie verfügte über ein paar Leute zum Übermitteln von Wasserbotschaften, sodass sie darüber informiert war, wie das Eisenheer sich seinen Weg an der Küste entlang bahnte. Doch zu viel mehr waren ihre eigenen Magier nicht fähig. Leuchtkugeln! Als wenn sich alle Probleme mit Leuchtkugeln lösen ließen!

Es war lächerlich, was die wajunischen Magier beherrschten, was sie überhaupt »Magie« zu nennen wagten. So lange hatte Le-Wajun alles Magische verboten, das über Spielerei mit Licht und Musik hinausging, dass sie den Magiern keine Vorwürfe machen durfte. Dennoch ärgerte sie sich. Alle erfahrenen Zauberkundigen, die König Laikan um sich geschart hatte, waren bei ihm geblieben. Er leugnete stets, dass er sogar Wüstendämonen an seiner Seite hatte, aber Tenira ließ sich davon nicht beeindrucken. Laikan mochte leugnen, so viel er wollte; sie traute ihm nicht. Er war früher ihr Feind gewesen, und nun, da sie Verbündete waren, benahm er sich freundlich und zuvorkommend und zeigte ihr ein anderes Gesicht. Sie glaubte diesem attraktiven Antlitz nicht, seinem Lächeln, seinen schönen Augen.

»Oh nein«, flüsterte sie, »gewiss nicht.«

Woran denkst du, Schwester?, fragte Quinoc.

Wenn sie die Augen halb zukniff, konnte sie ihn beinahe sehen. Er saß ihr gegenüber, die Arme vor der Brust verschränkt, die Brauen grimmig zusammengezogen. Die Sänfte war nicht groß, daher stießen ihre Knie hin und wieder zusammen. Es schmerzte, als hätte er ein echtes Knie aus Fleisch und Blut und Knochen. Aber ihr Bruder, Ratgeber, Leibwächter und bester Freund war tot. Wenn sie seine Hand nahm, konnte sie die Kälte des Todes fühlen.

Woran denkst du? An die Lügen, die du durchschaust? Sie können dich nicht täuschen, glaub mir. Niemand kann das. Du bist die Sonne.

»Königliche Hoheit?«, fragte Kann-bai. »Geht es Euch gut?«

Auch er saß ihr gegenüber. Dass Quinoc tot war, wusste Tenira, aber bei dem General war sie sich nicht sicher. War er wirklich hier oder stellte sie sich das nur vor? Sie erinnerte sich nicht daran, was passiert war. Er hatte ihre Kapitulation in Daja ausgehandelt, das war das Letzte, was sie mit Sicherheit wusste. Und dann? Möglicherweise hatte sie ihn in den Ruhestand geschickt, als sie mit ihrer geschlagenen Armee nach Wajun zurückgekehrt war. Ganz bestimmt hätte sie ihn nicht an ihrer Seite gelassen, nachdem er dermaßen versagt hatte. Es schien ihr unwahrscheinlich, dass aus ihm ein Landadliger geworden war, der seinen Garten pflegte. Hatte sie ihm zum Abschied einen Dolch mitgegeben? Oder einen Giftbecher? Oder vielleicht hatte sie ihm einen Attentäter hinterhergeschickt? Ihr war jedenfalls, als hätte sie ihn viele Jahre nicht mehr gesehen.

Und nun war er wieder da, ebenso wie Quinoc. Wie sollte sie herausfinden, ob es sich bei ihm um einen Toten oder einen Lebenden handelte? Es widerstrebte ihr, den General anzufassen. Es half nichts, sie musste ihn behandeln, als sei er lebendig, sonst würde er sie für verrückt halten.

»Natürlich«, fauchte sie. »Mir geht es hervorragend.«

Der gleichmäßige Trott des Eisenpferdes wirkte einschläfernd. Es war so heiß unter den dunklen Vorhängen, dass sie meinte, ersticken zu müssen. Wenigstens roch das Pferd nicht nach Pferd.

»Möchtet Ihr nicht die Landschaft betrachten?«, fragte Kann-bai. »Seht, dieses Land wird bald Euch gehören. Wenn Wabinar gefallen ist, kann nichts mehr Euch aufhalten.«

Mit dem Zeigefinger hob sie den Stoff an der Seite der Sänfte eine Handbreit an und spähte hindurch. Die Steppenlandschaft hatte sich verändert, seit sie die Kolonie hinter sich gelassen hatten. Tagelang war ihre kleine Armee über die trockene Grasebene marschiert, und nur Hirten mit ihren Viehherden, hungrige Löwenrudel und Herden von Antilopen hatten ihren Weg gekreuzt. Mittlerweile war das Land hügelig. Niedrige Wälder, dunkelgrün und staubig, die nichts mit den Wäldern von Anta'jarim gemein hatten, krochen über die Hänge und schmiegten sich in die Täler. Bäche flossen durch die Landschaft. Sie führten wenig Wasser und versickerten zwischen rauen Steinen. Wölfe heulten des Nachts. Es gab keine Straßen, sodass Teniras Soldaten über jeden Hügel und durch jedes Gestrüpp klettern mussten. Das Einerlei der Tage wurde unterbrochen, wenn sie auf ein Dorf stießen, doch da die Bewohner meist vor ihrer Ankunft geflohen waren, gab es nicht viel zu tun. Sie plünderten, was noch übrig war, schütteten die Brunnen zu, hackten die Obstbäume um und zündeten die Häuser an. Falls sie doch einmal Glück hatten und die Kancharer überraschten, ließ Tenira ihren Soldaten freie Hand. Sollten sie nehmen, was sie fanden. Sollten sie töten, wen sie töten wollten. Dies war das Kaiserreich Kanchar – sie eroberten es nicht für die Kancharer.

»Gefällt Euch, was Ihr seht?«, fragte Kann-bai. »Es heißt, in manchen dieser Bäche könne man Gold finden. Wenn das Land erst uns gehört, werden wir die Bäche an wajunische Adlige verkaufen, die dort nach Reichtum suchen wollen.«

»Nehess wird nach dem Gold verlangen«, sagte Tenira. »Laikan hat sich mit den Wüstendämonen verbündet und glaubt, ich wüsste nichts davon. Er wird mich verraten, sobald wir ihm geholfen haben, Wabinar einzunehmen.«

»Das wird er nicht wagen«, meinte Kann-bai.

Er war tot, er musste tot sein. Der echte General hätte niemals so gleichgültig auf Verrat reagiert. Er wäre wütend geworden. Oder?

Tenira blinzelte und versuchte, einen Unterschied zwischen ihm und ihrem Bruder Quinoc zu erkennen. Beide Männer sahen gleich lebendig aus. Keiner von ihnen hatte etwas Geisterhaftes an sich. Bedeutete das, dass sie beide tot waren oder dass sie beide lebten?

Erschöpft tupfte sie sich die schweißnasse Stirn ab. »Wir müssen ihm zuvorkommen.«

»Das können wir nicht«, sagte Quinoc. »Wir brauchen seine Eisenarmee. Wir können ihn nicht töten, bevor der Sieg nicht unser ist.«

Hatte Kann-bai ihn gehört? Und konnte sie daraus schließen, dass der General wirklich hier war oder nur eine Gestalt ihrer Fantasie? Ihr Blick wanderte zu dem kahlköpfigen Mann, der ihre Truppen führte.

»Meine Königin«, sagte er. »Nehess wird viel fordern, doch es ist ihr Recht. Die Eisenarmee bahnt uns den Weg. Wären wir allein, hätte Kanchar uns längst ausgespien wie ein Insekt, das dem Kaiser aus Versehen in den Rachen geflogen ist. Die Nehesser binden die Streitkräfte der Kancharer im Norden und machen uns den Weg nach Wabinar frei.«

»Laikan ist nicht zu trauen«, wiederholte sie.

»Er gibt Euch die Schuld am Tod seiner Schwester.«

»Königin Rebea«, murmelte Tenira. »Als wenn sie wichtig wäre. Sie war unwichtig, als sie noch lebte, und sie bedeutet nichts, seit sie starb. Wen kümmert es?«

»Immerhin ist sie der Grund, warum Ihr Laikan niemals trauen dürft.«

»Laikan wird Euch vom Thron stoßen, sobald er seine Gelegenheit sieht.«

Die beiden Männer redeten durcheinander, sie wurden lauter, erhoben die Stimmen. Dachten sie nicht daran, dass man sie draußen hören konnte?

»Ruhe!«, befahl Tenira. »Seid still, beide! Ich muss nachdenken.«

»Hoheit?«, fragte Kann-bai leise, er schien verwirrt, und einen Moment fragte Tenira sich, ob sie einen Fehler gemacht hatte.

»Wir brauchen einen Plan«, flüsterte sie. »Etwas, das uns gegen Laikan schützt. Etwas, das uns vor den Wüstendämonen bewahrt. Sie haben Tizarun ermordet, sie werden auch vor mir nicht Halt machen. Ich muss nachdenken, alter Freund.«

Das Schaukeln der Sänfte hörte auf. Tenira öffnete erneut den Vorhang. »Warum haben wir angehalten?«

Neben der Sänfte ritt eine junge Frau auf einem echten Pferd. »Wir haben einen hervorragenden Rastplatz erreicht, Hoheit«, erklärte sie. Wie immer war keine Gefühlsregung in ihrer Miene zu erkennen.

Gräfin Yirina von Schanya war eine entfernte Verwandte von Kann-bai. Ihr war das kriegerische Erbe in die Wiege gelegt worden. In dem Alter, in dem andere Mädchen von Heirat zu träumen begannen, war sie in die Armee eingetreten, hatte sich rasch als eine herausragende Soldatin erwiesen und sich früh als Offizierin hervorgetan. Tenira hatte sie als eine ihrer Heerführerinnen akzeptiert, obwohl sie der Frau nicht traute. Tizarun hätte beinahe ein Mitglied der Familie Schanya heiraten müssen, das hatte Tenira nie vergessen. Es würde sie nicht wundern, wenn die Schanyas immer noch Rachegedanken gegen sie hegten. Aus diesem Grund konnte sie auch den Verlust von Kann-bai verschmerzen – er war doch tot? –, denn irgendwann hätte er sich gegen sie gewandt. Alle wandten sich irgendwann gegen sie und versuchten, sie zu betrügen. Man musste eingreifen, bevor das passieren konnte.

»Ein Rastplatz?«, fragte Tenira. »Ich habe nicht den Befehl gegeben, anzuhalten.«

»Es wird bald dunkel, Hoheit, und hier gibt es Wasser. Hinter den Hügeln befindet sich eine kleine Stadt, die wir morgen plündern können.«

Tenira winkte die Gräfin näher. Sie betrachtete das rundliche, nichtssagende Gesicht der Frau, ihre kurz geschnittenen Haare, ihre von der Sonne verbrannte Haut. Hübsch war sie nicht. Vielleicht plante sie wirklich nichts Böses, und ihr Gemüt war so schlicht wie ihr Aussehen.

»Wann erreichen wir Wabinar?«

»Das kommt darauf an, auf wie viele Hindernisse wir stoßen, Hoheit. In dieser Stadt dürften wir Widerstand zu erwarten haben, dennoch rate ich Euch, sie einzunehmen, bevor wir weiterziehen. Kancharische Streitkräfte in unserem Rücken könnten uns im entscheidenden Moment den Sieg kosten.«

Das klang sinnvoll. Dennoch brannte die Eile in ihr. Wabinar. Alles, was Tenira wollte, wonach sie sich jemals gesehnt hatte, war dort. Es kostete sie all ihre Kraft, zuzustimmen und nicht darauf zu drängen weiterzuziehen, die Nacht hindurch weiterzumarschieren. Menschen brauchten Schlaf, sie mussten sich um solche Dinge wie Nahrung und Wasser und Obdach kümmern.

»Gut«, sagte sie deshalb. »Bringt mir eine Schale Wasser.«

Zu Beginn ihres Bündnisses mit König Laikan hatte sie noch einen Wassersprecher gebraucht, doch mittlerweile erledigte sie die wichtigen Gespräche selbst. Es war Zeit, wieder einmal mit Laikan persönlich zu sprechen, da er es offenkundig nicht für nötig hielt, sie über alle Geschehnisse auf dem Laufenden zu halten. Seit Tagen hatte sie nichts mehr von ihm gehört.

Hilfreiche Hände streckten sich ihr entgegen, als sie aus der Sänfte stieg. Zwei Männer fassten sie bei den Ellbogen und hoben sie herunter. Tenira unterdrückte einen Laut des Ärgers. Sie mochte es nicht, angefasst zu werden. Sie konnte es nicht ausstehen, hilfsbedürftig zu erscheinen oder gar schwach. Unwillig machte sie sich los. Die Soldaten salutierten vor ihr und traten einen Schritt zurück. Wie waren noch ihre Namen? Sie sollte sie kennen, aber sie vergaß sie andauernd. Junge Männer. Irgendwie sahen sie alle gleich aus.

Tenira wartete darauf, ob hinter ihr noch jemand aus der Sänfte ausstieg. Wenn schon nicht Quinoc, dann vielleicht Kann-bai, doch nichts geschah.

»Hier entlang, Hoheit«, sagte die Gräfin. »Dort wird gerade Euer Zelt aufgerichtet.«

Tenira achtete nicht auf sie. Sie blieb stehen und atmete tief ein. Die Luft war zum Schneiden dick, obwohl sie im Vergleich zur stickigen Sänfte geradezu kühl wirkte. Ein dumpfer Schleier aus Staub verfärbte den Himmel, der gelblich wirkte und die Landschaft in einen unwirklichen goldenen Schimmer tauchte. Die trockene Erde unter ihren Füßen war mit einem zähen, dornigen Kraut bedeckt, das durch ihre Schuhe stach und sie an den Knöcheln kratzte. Auch der Wald, an dessen Rand sie ihr Lager aufschlugen, hatte nichts mit der Schönheit und Üppigkeit wajunischer Vegetation gemein. Er war trocken, die Blätter zu dicken, fleischigen Nadeln verkümmert, die Äste bizarr gebogen. Sogar das Vogelgezwitscher, das aus dem Dickicht drang, war falsch und misstönend.

»Warum sind wir hier?«, murmelte sie, einen Moment zu verwirrt, um sich zu erinnern. Dann fiel es ihr wieder ein. Sie waren hergekommen, um Tizarun zu treffen. Für ihn lohnten sich alle Strapazen.

»Wie gesagt, es ist ein guter Platz. Dort drüben verläuft ein Bach, wir sind vor Staubwolken geschützt, und niemand kann sich unbemerkt anschleichen.«

Tenira starrte die Gräfin an, bis sie die Augenlider senkte und den Kopf beugte. Gut. Man musste immer darauf achten, dass Untergebene nicht zu vorlaut wurden.

»Die Wasserschale.« Einer der jungen, namenlosen Soldaten trug vorsichtig eine große Schale herbei. Wasser schwappte über den Rand und benetzte seine Arme.

»Bring sie ins rote Zelt«, befahl die Gräfin schroff. »Und vergieß nicht alles, du Tölpel.«

Tenira rieb sich die Arme. Sie wünschte sich, jemand würde ihre Beine massieren, ihre verspannten Schultermuskeln lockern.

Hin und wieder rief sie einen der jungen Männer zu sich, damit er ihr half, sich wieder gut zu fühlen, doch heute hatte sie etwas anderes vor. Sie wusste, dass Laikan ihr etwas verschwieg. Sie spürte es geradezu in ihren Knochen. Deshalb sah sie mit versteinerter Miene zu, wie die Soldaten die Schnüre spannten und die Haken in die trockene Erde trieben, wie das flammende Rot des Zelts in der graugelben Dämmerung zu leuchten begann. Die Vögel im Dickicht pfiffen und kreischten. Doch Tenira war kein junges Mädchen mehr, das dachte, Vögel würden aus Freude zwitschern. Vielleicht kroch gerade eine graubraune, kaum sichtbare Schlange den Stamm hinauf, dorthin, wo ein schillernd bunter Vogel den Abend willkommen hieß. Seine Artgenossen versuchten nur, ihn zu warnen.

»Hoheit, alles ist bereit«, sagte die Gräfin.

Tenira trat durch die Eingangsplane, die zwei Soldaten für sie hochhoben. Auf dem niedrigen Tisch stand die Wasserschale bereit. Auch alles andere war fertig, das schmale Bett hinter dem Vorhang, die Truhe mit ihren Kleidern, der Schemel, auf dem sie sitzen konnte, die anderen Schemel für die Generäle, mit denen sie sich beraten wollte. Wo war das Kinderbett für Sadi? Tenira fühlte einen Moment die Leere in ihrer Brust wie einen Stein, dann erinnerte sie sich, dass Sadi schon lange nicht mehr mit ihr reiste. Das war auf einem anderen Feldzug gewesen. Ihren kleinen Sohn hatten die Kancharer gestohlen und zu einem der ihren gemacht.

Tenira vergeudete keine Zeit damit, die Mahlzeit anzurühren, die auf dem Tisch wartete, oder sich umzuziehen. Sie wischte sich den Schweiß von der Stirn, ordnete ihr Haar und beugte sich über die Schale. Dann rief sie Laikan. Sie verabscheute sein schönes Gesicht, sein glänzendes schwarzes Haar. So vieles an ihm erinnerte sie an Tizarun.

»Ob ich was gehört habe? Dass der Kaiser tot ist?«

Das hätte ich dir auch sagen können, ließ sich Quinoc vernehmen, der auf ihrem Bett Platz genommen hatte.

»Natürlich ist er tot.« Kann-bai lümmelte sich auf einem der

Schemel und betrachtete das wenig verlockende Essen – trockenen Früchtekuchen und Ziegenmilch. Er hasste Ziegenmilch genauso wie sie. »Wenn die göttliche Sonne gegen ihn auszieht, wie kann er ihr trotzen und am Leben bleiben?«

Wenn du nur auf uns hören würdest, liebe Schwester, fuhr Quinoc fort, ohne den General zu beachten. *Kaiser Liros Tod war absehbar. Nun wird Kanchar zerbrechen, und wir nehmen uns die Stücke.*

»Ha! Wenn es nur so einfach wäre«, meinte Kann-bai.

»Hört Ihr mir zu?«, fragte König Laikan in der Wasserschale. »Wir sind kurz davor, Testra einzunehmen. Sobald das erledigt ist, wird uns nichts mehr aufhalten können. Wir werden uns südwärts wenden und direkt nach Wabinar ziehen. Wartet dort auf uns.«

»Warum sagt er das?«, fragte der General misstrauisch. »Warum will er nicht, dass wir vor ihm in Wabinar eintreffen?«

Tenira lächelte Laikan an. »Damit wir zusammen losschlagen können, von zwei Seiten?«

»Euer Heer besteht aus verwundbaren Menschen. Lasst die Eisensoldaten die Schlacht schlagen. Wartet in einem sicheren Abstand von ein, zwei Tagesmärschen. Wenn wir unsere Arbeit getan haben, könnt Ihr in die Stadt einmarschieren und sie übernehmen.«

Es klang sinnvoll. Tenira versuchte, den Haken daran zu erkennen. »Wenn Ihr das allein tun wollt, wozu braucht Ihr dann mich?«, fragte sie schließlich. »Wollten wir nicht gemeinsam kämpfen und siegen?«

»Eisenmänner werden Wabinar einnehmen«, sagte Laikan, »doch Menschen werden es beherrschen. Wir können diesen Sieg erringen, nahezu ohne Verluste zu erleiden. Wir werden das Kaiserreich von seiner Spitze aus unterwerfen. Doch wir brauchen einen kancharischen Regenten. Wer wäre besser dazu geeignet als Euer Sohn, der in Wabinar aufgewachsen ist?«

»Mein Sohn?«, fragte Tenira. »Sadi?«

Er ist die Sonne, protestierte Quinoc.

»Er ist tot«, sagte Kann-bai. »So wie wir alle. Ihr wisst, warum Ihr euren angeblichen Sohn nicht geliebt habt. Warum Ihr ihn mit

Abscheu betrachtet habt, während er in der Wiege lag. Warum Ihr die ganze Zeit wusstet, dass er nicht ist, wer er zu sein scheint. Weil Euer Kind längst tot ist.«

»Hatte ich schon erwähnt«, fuhr Laikan fort, »dass er verschwunden ist, seit der Kaiser ermordet wurde? Doch möglicherweise wisst Ihr das bereits. Ist er nicht zu Euch geflohen, zu seiner liebenden Mutter, damit sie ihn beschützt?«

»Was?«, entfuhr es ihr. Gleich darauf schalt sie sich. Es war unklug, Laikan merken zu lassen, was sie alles nicht wusste.

»Es steht zu erwarten, dass er sich zu Euch flüchtet. Immerhin wird er im Zusammenhang mit dem Mord am Edlen Kaiser gesucht. Ich für meinen Teil erachte es als unwahrscheinlich, dass Liros Ratgeber ihn ermordet hat, wie man behauptet. Aus welchem Grund hätte er das tun sollen – dazu ausgerechnet jetzt in Kriegszeiten? Betrachtet man hingegen Sadis Rolle im Palast, macht es weitaus mehr Sinn, ihn zu verdächtigen. Was liegt näher für einen jungen, zornigen Prinzen, der fast sein ganzes Leben lang ein Gefangener war, als sich gegen seine Feinde zu wenden? Bis vor Kurzem musste er Rücksicht nehmen, um das fragile Verhältnis zwischen Kanchar und Le-Wajun zu bewahren. Nun, da Ihr so nah seid, mag ihn der Zorn übermannt haben.«

Tenira kannte ihren eigenen Sohn nicht. Sie wusste nicht, wozu Sadi fähig war, ob er ein guter, lieber Junge war oder eine Waffe, von ihren Feinden geschmiedet, eiskalter Zorn und mörderische Wut. Und warum sollte diese Wut sich nicht gegen sie richten, wenn die Kancharer ihn zu Hass erzogen hatten?

»Es könnte eine Falle sein«, sagte Kann-bai. »Sie haben ihn ausgesandt, um Euch zu ermorden.«

Er ist nur ein Kind, sagte Quinoc.

»Aber kein gewöhnliches Kind«, wandte der General ein. »Wer kann uns garantieren, dass er einfach so verschwunden ist und nicht mit dem Auftrag ausgesandt wurde, Euch zu töten? Der Kaiser ist tot. Wer auch immer dahintersteckt, mag der Meinung sein, auch die Großkönigin solle zu den Göttern gehen. Vor einem Kind nimmt man sich nicht in Acht. Das ist die beste Gelegenheit für Kanchar und den nächsten Kaiser, den Krieg für sich zu entscheiden.«

»Falls er zu Euch kommt, sagt Ihr mir Bescheid?«, fragte Laikan. »Dann weiß ich, dass ich nicht nach ihm suchen lassen muss. Und sollte er es nicht bis zu Euch schaffen, solltet Ihr Euch dennoch keine Sorgen um ihn machen. Wir werden ihn mit Hilfe der Magier finden und ihn seiner Bestimmung zuführen.«

Was redete er da?

»Sadi ist tot«, sagte Kann-bai. »Er hat keine Bestimmung. Die Kancharer haben ihn ermordet, so wie sie Tizarun ermordet haben.«

Er ist die Sonne, wiederholte Quinoc. *So wie du. So wie Tizarun. Ihr werdet zu dritt herrschen, ein strahlendes Dreiergestirn auf dem Thron. Hoch über allen. Höher, als der Kaiser jemals gewesen ist. Du weißt, dass Tizarun nach Wabinar kommt, dass er dort auf dich warten wird. Das weißt du doch?*

»Das wusste ich schon immer«, sagte sie leise.

»Gut«, sagte König Laikan. »Wir finden Sadi, das verspreche ich Euch. Alles wird gut. Also wartet vor der Stadt, Tenira. Kann ich mich darauf verlassen?«

Wie konnte er es wagen, sie einfach beim Vornamen zu nennen? Alles an ihm war pure Respektlosigkeit. Er hatte vor, sie zu verraten. Wabinar einzunehmen und dann die Stadt gegen sie zu halten. Ob er ihren Sohn dafür benutzen wollte, den Kancharern einen neuen Kaiser vorzusetzen, spielte keine Rolle. Was er vorhatte, war mehr als offensichtlich: Die Großkönigin hielt die Kancharer für die Nehesser beschäftigt, während er auf direktem Wege nach Wabinar zog, es eroberte und sich darin verschanzte.

Laikan musste sterben, und jetzt endlich wusste sie, wie sie es anstellen musste. Dieser Verräter würde sich um das mächtigste kancharische Königreich kümmern, um Testra. Gut, sollte er das tun. Doch dann würde sie in Wabinar auf ihn warten und nicht umgekehrt. Zusammen mit Tizarun würde sie die Stadt halten. Dort, wo sie beide endlich wieder vereint werden würden.

»Er wird da sein«, sagte der General, als hätte er ihre Gedanken gelesen. »Tizarun ist bereits unterwegs. Wir sind seine Vorhut, damit Ihr nicht die Hoffnung verliert.«

»Meine Freunde«, sagte sie leise. »Tizaruns Freunde. Ja.« Dann hob sie den Kopf. Die Schale spiegelte das Rot des Zeltdachs. Sie tauchte ihre Hände hinein, in das kühle Rot, das flammende Rot, das blutige Rot.

Es war alles so klar. Quinoc und Kann-bai waren beide tot. Deshalb stimmte alles, was sie sagten. Sadi war nicht ihr Sohn. Er war ein Mordwerkzeug ihrer Feinde, und sie mochte hin und wieder ein wenig durcheinander sein, aber sie würde sich nicht täuschen lassen. Nicht einmal von einem Kind. Und erst recht nicht von ihrem Kind.

»Gräfin Schanya«, sagte sie laut.

Die Offizierin trat ein und nahm Haltung an. »Ja, Hoheit?«

»Mein Sohn, Prinz Sadi, ist aus dem Palast in Wabinar entkommen, wie ich soeben hörte.«

»Das sind gute Nachrichten, Hoheit«, sagte die Gräfin und lächelte. Es war vielleicht das erste Lächeln überhaupt, das Tenira je auf ihrem Gesicht erblickt hatte.

»Ich will, dass eine kleine Gruppe unserer besten Leute zusammengestellt wird, um ihn zu suchen.«

Gräfin Schanyas Lächeln verblasste. »Wie, Hoheit? Kanchar ist ein riesiges Land. Uns stehen keine Eisenvögel zur Verfügung, und unsere Magier …«

»Die Götter sind mit uns. Wozu brauchen wir Magier?« Teniras Lächeln durchschnitt das rotgetränkte Licht unter der Zeltplane. »Ich will, dass die Soldaten des Suchtrupps, und nur sie, von Sadis Flucht erfahren und die Augen offen halten. Falls der Junge herkommt, sollen sie ihn unverzüglich festnehmen und zu mir bringen. Ein Teil der Gruppe wird nach Norden reisen und zu Laikans Heer stoßen. Wenn der Prinz dort auftauchen sollte, sollen sie ihn unverzüglich töten.«

Die Offizierin schwankte leicht. Ihr rundliches Gesicht war wie ein Spiegel, in dem sich nichts spiegelte als Leere. »Aber, Hoheit …«

»Wabinar plant, ihn gegen mich zu benutzen. Mein Sohn wurde bereits von den Kancharern korrumpiert. Er ist eine Waffe, um unseren Feldzug zu beenden. Entweder wird er herkommen, um mich zu töten, oder zu den Nehessern stoßen, um Laikan zu beseitigen. Also tötet ihn. Sofort. Ganz gleich, was es kostet. Habt Ihr verstanden?«

Die Gräfin straffte sich und nickte. »Ja, Hoheit.«

Sobald sie fort war, ließ Tenira sich wieder auf den Schemel sinken. Sie hatte keinen Hunger. Lustlos betrachtete sie das Stück Brot, das bereits Kann-bai angewidert beäugt hatte.

Ihr Herz war leicht. Wäre es ein Vogel gewesen, er würde singen, ohne je aufzuhören, und fliegen, ohne je abzustürzen, hoch über den Wolken.

Wie traurig, sagte Quinoc. *Sadi ist Tizaruns Sohn. Er ist alles, was Euch von ihm geblieben ist.*

»Er ist tot«, wiederholte Kann-bai. Er schien nicht müde zu werden, diesen Satz endlos oft auszusprechen. »Und Ihr werdet Tizarun selbst haben. Ihr braucht keinen Abklatsch des Mannes, der Euer Herz und Eure Welt ist. Er kommt hierher und wird Euch mit Liebe empfangen. Alles wird sein, wie es sein sollte.«

7. Der Nebel über Testra

Der Mörder wartete hinter der Topfpalme. Einen Apfel in der Hand, trat Karim aus der Tür seines Nebenzimmers im Palast von Daja und sah die Rücken zweier Assassinen vor sich – einer kauerte hinter dem hüfthohen Tonkübel, der andere schlich gebückt auf das Bett zu, dessen zerknüllte Decken einen Schläfer vermuten ließen.

Die antrainierten Reflexe ließen ihn sofort handeln. Er griff den Attentäter, der ihm am nächsten war, unverzüglich an. Er ließ ihm keine Zeit, sich auf den Angriff vorzubereiten, sondern sprang ihn an, um ihn gegen den Kübel zu schmettern. Doch der junge Mann rollte sich zur Seite ab und kam hinter ihm hoch. Karim sah in seinem Augenwinkel eine Klinge aufblitzen. Er duckte sich, das Messer rasierte ihm ein paar Haare ab, und im nächsten Moment flatterte die Krähe dem Angreifer ins Gesicht. Karim nutzte die Ablenkung, um sich nach hinten zu werfen und nach dem Messer des Assassinen zu greifen, um es ihm zu entwinden. Der zweite Attentäter sprang um den Blumentopf herum, beinahe in Karims Waffe hinein. Er duckte sich geschickt und erwischte Karims Bein mit seiner Klinge. Karim riss ein scharfes Palmblatt ab, schleuderte es mit magischem Willen und zog es dem Mann über die Stirn, sodass diesem Blut in die Augen lief. In seinem Rücken fühlte er den Angriff des zweiten. Er sprang zur Seite, und der geblendete Assassine warf sein Messer einen Herzschlag zu spät. Der erste Wüstendämon brach getroffen zusammen.

»Ergib dich, bevor es zu spät ist«, keuchte Karim dem zweiten zu und warf gleichzeitig beide Messer, das bereits erbeutete und das zweite, das er dem Toten aus der Brust gezogen hatte. Der Assassine sprang rückwärts davon, doch die Messer folgten nicht der erwarteten Flugbahn. Karim lenkte sie beide mit Hilfe seines Willens in unterschiedliche Richtungen, und so trafen sie beide und nagelten den Wüstendämon durch den rechten Oberarm und die linke Hand an die mit Seide bespannte Wandvertäfelung.

Erschreckend jung waren diese zwei, kaum fertig ausgebildete Schüler, eifrig und hasserfüllt.

Der Verletzte versuchte, die Klingen herauszuziehen. Er fluchte, und Karim wollte gerade auf ihn zutreten, als ihn das Flattern von Vogelfedern ablenkte. Die Krähe! War sie verletzt? Er fuhr herum, da traf ihn ein harter Schlag. Ungläubig blickte er auf den Messergriff, der aus seiner Schulter herausragte. Hinter der Pflanze kam ein dritter Wüstendämon zum Vorschein, der ein triumphierendes Lächeln auf dem jungen Gesicht trug. Karim erhaschte nur einen kurzen Blick auf ihn und die in seinem Griff zappelnde Krähe. Er stolperte rückwärts durch die Tür und stürzte in die Tiefe.

Er fiel. Karim hätte auf dem Korridorboden landen müssen, doch er fiel Meter um Meter und schlug schließlich auf einer harten Wasseroberfläche auf. Eiskalt umspülte es ihn, verschlang ihn, und einen Moment lang wusste er nicht, wo oben und unten war. Er geriet in Panik und schlug um sich, bis sich seine Lunge endlich mit Luft füllte, mit köstlicher, frischer, kalter Luft. Endlich gelang es ihm, sich zu beruhigen. Immer noch war es stockfinster, und Karim versuchte zu begreifen, wo er war. Das Wasser war so tief, dass er schwimmen musste. In der Kälte würde er das nicht lange durchhalten. Er wusste, dass er verletzt war, doch obwohl er die Schmerzen nicht magisch zurückhielt, spürte er nichts. Seine Beine wurden bereits taub. Es war ein Fehler, auf der Stelle zu schwimmen. Irgendwie musste er einen Ausweg finden, ein Ufer, ein Schiff. Es fühlte sich nicht an, als wäre er überhaupt draußen. Die Luft bewegte sich kaum, und als er hustete, hallte es laut.

Gleich darauf ertasteten seine suchenden Hände glatten, moosbewachsenen Stein. Eine Mauer, mehr noch, eine gekrümmte Mauer. Noch bevor er die eisernen Sprossen gefunden hatte, ging ihm auf, dass er in einem Brunnen gelandet war.

Der Aufstieg gestaltete sich mühsam. Er verdrängte den Schmerz in seinem Knöchel und seiner Schulter, ignorierte die Kälte und konzentrierte sich darauf, eine Metallstufe nach der anderen zu ertasten. Der Brunnen war sehr tief, wie er feststellen musste. Eine Stufe löste sich aus dem Mörtel, als er danach griff, und stürzte an ihm vorbei in die Tiefe. Laut hallte der Klang ihres Aufpralls in dem Gemäuer wider.

Karim überwand die schadhafte Stelle und erreichte schließlich den Deckel des Brunnens. Mit dem gesunden Arm versuchte er, sich dagegen zu stemmen, während er sich mit dem verletzten festhielt. Ein beinahe hoffnungsloses Unterfangen.

»Ist da jemand?«, rief er schließlich auf die Gefahr hin, dass er sich damit mörderischen Feinden offenbarte. Doch seine Beine zitterten mittlerweile von der Anstrengung, und er hatte für diesen Tag bereits genug durchgemacht. Nun sehnte er sich nur noch nach einem ruhigen Mittagessen in der Gesellschaft von Mernat und den anderen dajanischen Feuerreitern.

Ruckartig wurde die Luke über ihm aufgerissen, und Karim blinzelte geblendet ins Licht. Er blickte in etwa ein Dutzend scharfe Spitzen. Ebenso viele Armbrüste waren auf ihn gerichtet, und die grimmigen Gesichter, die sich über ihn beugten, wirkten nicht weniger furchteinflößend.

»Jetzt kommen die Feinde schon durch die Brunnen in die Stadt«, sagte jemand.

»Erschießt den Spion!«

Sie sprachen Kancharisch. Am nördlichen Einschlag erkannte Karim, wo er sich befand.

»Testra?«, fragte er. »Ich bin in Testra?«

Die Frage weckte nicht das Vertrauen der Männer. Bevor jemand übereifrig auf ihn schießen konnte, beeilte er sich hinzuzufügen: »Aus Daja. Ich wurde aus Daja hergeschickt. Lasst mich mit dem Kommandanten sprechen.«

Sie zögerten immer noch, doch schließlich wurden ihm helfende Hände entgegengestreckt. Sie zogen ihn nach oben, und auch wenn einige weiterhin ihre Armbrüste gespannt hielten, empfand Karim es als wohltuende Verbesserung, dem Brunnen endlich entkommen zu sein.

Unauffällig, um nicht erneut den Verdacht auf sich zu lenken, ein Spion zu sein, blickte er sich um. Der Brunnen befand sich in einem eingefriedeten Hof, der zu einem mehrstöckigen Stadthaus gehörte. Die Nähe zum Nebelmeer hatte einen weißen Belag auf den Mauern hinterlassen – Salz. Nebelschwaden lauerten in den Nischen und krochen über die runden Pflastersteine. Die Sonne kämpfte vergeblich gegen sie an. Strandhafer wuchs in den Pflasterritzen, und über ein bogenförmiges Spalier, durch das man hindurchgehen konnte, rankten Weinreben, die pflaumengroße schwarze Früchte trugen. Gezackte Blätter, dunkelviolett gemustert, beschatteten den Weg zum Haus. Die Hafenstadt Garnt allein besaß die Lizenz zur Herstellung von Nebelwein, daraus schloss Karim, dass dieses Haus jemandem gehörte, der sich öffentlich über derlei Gesetze hinwegsetzen konnte. Karim lauschte auf die unverkennbaren Geräusche des Krieges, doch alles war friedlich. Auf dem Dach flötete eine Küstenlerche, von fern waren das Knarren von Rädern und das Rufen der Marktfrauen und Händler zu hören. Wenn sich die Menschen auf der Straße befanden, konnte heute kein Ruhetag sein. War er etwa einen ganzen Tag zu früh eingetroffen?

Die Wächter eskortierten Karim durch den berankten Bogen zur Rückseite des Hauses. Die Türen waren bewacht, und er wurde einer genauen Durchsuchung unterzogen. Man tastete ihn nach Waffen ab, nicht unnötig grob, aber auch nicht zimperlich. Seine Schulterwunde begann erneut zu bluten.

»Warum ist er nass?«, fragte einer der Wächter. Allein ihre Rüstung deutete auf unruhige Zeiten hin. Die ledernen Schulterstücke gingen in einen feingliedrigen Kettenpanzer über, robust genug, um einem Schwerthieb standzuhalten, und dementsprechend schwer. Ihre Helme waren nicht zur Zierde da.

»Wir haben ihn aus dem Brunnen gezogen. Ein Spion vielleicht, aber er behauptet, die Dajaner hätten ihn geschickt.«

Karim wurde bewusst, dass die Händler auf der Straße nicht

einfach ihre Ware anpriesen, sondern die Leute dazu aufforderten, genug Vorräte anzulegen.

Wurde Testra bereits belagert? Oder waren die Feinde noch im Anmarsch? Das gedachte er nun herauszufinden, als er weitergeführt wurde. Der erste Raum diente offenbar zur Zerstreuung. Geflochtene Sessel waren mit Blick auf den Garten aufgestellt, ein Springbrunnen plätscherte, süßer Blumenduft hing in der Luft. In einer Ecke saß ein Mädchen mit einer Harfe. Das ältere Paar, das vor dem Springbrunnen Platz genommen hatte, beachtete ihn nicht, doch Karim brauchte nur einen Blick, um zu erkennen, wen er vor sich hatte. Natürlich sagte er nichts, er neigte auch nicht den Kopf. Der Prinz von Daja, der Träger des wajunischen Großkönigsrings, musste vor niemandem das Knie beugen.

Die Wächter öffneten eine schwere Holztür und ließen ihn in einen Raum treten, der von einem wuchtigen Schreibtisch dominiert wurde. Die Wände und der Boden waren aus gekalkten Paneelen gefertigt, doch der Tisch bestand aus schwarzem, glatt poliertem Holz. Weinrebenholz, wenn Karim sich nicht täuschte.

»Herr, dieser Mann behauptet, er käme aus Daja.«

»Das ist also der Kerl, den ihr im Brunnen gefunden habt?«, fragte der Mann hinter dem Schreibtisch. Karim schätzte ihn auf an die siebzig Jahre. Er war ein weißhaariger, breitschultriger Hüne mit von der Gicht gekrümmten Händen. »Er blutet auf das Parkett.«

»Verzeiht, General«, meinte einer der Wächter unbehaglich. »Wir wollten ihn Euch vorstellen, bevor wir einen Heiler kommen lassen.«

Der General musterte ihn. »Ah, du kommst mir bekannt vor. Habe ich dich nicht schon einmal gesehen?«

»In der Tat, General Telach«, sagte Karim höflich. »Wir hatten bereits das Vergnügen, auch wenn es Jahre her ist. Ich bin Prinz Karim von Daja, und ich entschuldige mich dafür, dass ich auf unterirdischem Weg in Eure Stadt eingedrungen bin.«

Der General sprang auf und kam erstaunlich gewandt hinter dem Tisch hervor. »Prinz Karim, ich erinnere mich! Herzlich willkommen, Kalazar! Und vergebt die unsanfte Behandlung.« Er warf den Soldaten einen strafenden Blick zu. »Offenbar habt Ihr es versäumt, Euch vorzustellen.«

»Ich war mir nicht sicher, ob ich im richtigen Haus ankomme«, erklärte Karim. Er hatte nicht vor, seine Art des Reisens näher zu erläutern. Aus diesem Grund konnte er auch nicht direkt danach fragen, welcher Tag es war.

»Ich verstehe.« Der General winkte den Wächtern, sie beide allein zu lassen. »Da der Feind sich unaufhaltsam nähert und alle Feuerreiter abstürzen lässt, die uns zu Hilfe kommen wollen, war dies vermutlich der einzige Weg. Ich hoffe, Ihr erzählt mir mehr über die unterirdischen Zugänge unserer Stadt, Kalazar.«

Karim überhörte Letzteres. »Wo steht die Eisenarmee zurzeit? Wird Wabinar Hilfe schicken?«

»Außer Euch?« Telach lehnte sich gegen den Schreibtisch, mit vor der Brust verschränkten Armen, und lächelte dünn. »Die Nachricht vom Tod des Kaisers haben wir vor der Bevölkerung geheim gehalten, um eine Panik zu vermeiden. Uns ist jedoch klar, dass Wabinar im Moment genug mit sich selbst zu tun hat. Unsere Magier haben seit Stunden keine neuen Nachrichten aus der Kaiserstadt erhalten, wir sind völlig im Ungewissen, wer nun zum Erben ausgerufen werden wird. Bis auf ein paar ausgewählten Magiern haben wir es überdies allen verboten, durchs Wasser zu sprechen.«

»Die Tochter des Kaisers wird mithilfe eines Stabs aus Beratern für Stabilität sorgen.« Karim war nicht hergekommen, um über Sahiko zu sprechen. Abgesehen davon, dass er eher aus Versehen hergeraten war, hatten sie keine Zeit, sich über Politik auszutauschen. »Wann werden die Feinde eintreffen? Ist noch so viel Zeit, dass Ihr die Stadtbevölkerung evakuieren könnt? Ihr müsst so viele Menschen wie möglich rausbringen.«

Die Augen des Generals verengten sich. »Mit Verlaub, aber solche Töne wollen wir hier in Testra nicht hören. Wir geben die Schlacht nicht verloren, bevor sie begonnen hat.«

»Aber Ihr werdet verlieren. Gegen die Eisensoldaten kommt nichts und niemand an.«

»Das sagt ausgerechnet Ihr? Daja hat dem Feind widerstanden. Wollt Ihr etwa behaupten, die Götter seien mit Euch gewesen, uns jedoch würden sie im Stich lassen? Testra hat ein größeres Heer als Daja und mehr Einwohner. Man kann uns auch nicht belagern, da wir direkt am Meer liegen. Oder wollt Ihr behaupten, die Eisenmänner könnten schwimmen?«

»Wir haben sie mit Eisenvögeln und Brandsteinen zurückgeschlagen.«

»Gut. Wir werden sie mit tapferen Soldaten, mit Schwert und Schild und den besten Kanonen Kanchars das Fürchten lehren.«

»Schickt die Einwohner aus der Stadt. Wenigstens die Frauen, die nicht kämpfen wollen, die ganz Alten und die Kinder.«

»Nein«, sagte der General schroff. »Wir stehen zusammen. Meine Leute wissen, was sie verteidigen. Ihre Familien und keine Stadt, die schon in Flammen steht.«

Es hatte keinen Zweck. Karim musste die Wut zügeln, die in ihm aufloderte. Er beschloss, vorerst das Thema zu wechseln. »Werdet Ihr nicht da draußen gebraucht?«

Telach senkte die Stimme. »Ich habe besondere Gäste, denen ich Bericht erstattet habe.«

»Ihr meint den König und die Königin? Ich habe mich schon gefragt, warum Ihr sie in Eurem Haus untergebracht habt.«

»Der Palast wird das erste Ziel sein, wenn die Feinde die Stadtmauer durchbrechen. Dieses Haus ist dagegen relativ sicher.« Er rückte seine Uniform zurecht. »Möchtet Ihr Euch zu ihnen gesellen?«

»Nein, ich begleite Euch auf die Stadtmauer.«

Telach zog die Brauen hoch. »So, wie Ihr ausseht, Kalazar? Ganz gewiss nicht.«

Die oberen Räumlichkeiten waren einfach und doch bequem ausgestattet. Weiße Wände, gekalkte Möbel, hier und da ein einfacher Webteppich – der General liebte es offensichtlich schlicht. Hätte Karim den Wert des einen oder anderen Gegenstands nicht gekannt, hätte er glauben müssen, dass der Schutz der Stadt Testra in den Händen eines unterbezahlten Mannes lag. Durch die geöffneten Fenster wehte salzige, nebelfeuchte Luft herein. Und mit ihr die Schreie der Möwen, der Lärm auf der Straße, der bereits verebbte, Waffenklirren und das Stampfen schwerer Schritte.

Testra bereitete sich auf den Angriff vor.

Karim fühlte sich rastlos. Er kannte den Krieg besser, als ihm lieb war, und das Warten auf eine Schlacht gehörte mit zum Schlimmsten. Die Stille, die sich über alles breitete, die jedes Rascheln überlaut wirken ließ, jeden Schritt wie einen Donnerschlag. Diesmal gesellte sich noch die dumpfe Erkenntnis dazu, wie wenig er ausrichten konnte. Wenn er schon hier war, musste er versuchen, etwas zu bewirken. Welcher unbewusste Wunsch hatte ihn hergeführt, wenn nicht dieser, die Stadt zu retten? Oder wenigstens so viele ihrer Bewohner wie möglich? Doch der General hatte ihn nicht um Rat gefragt. Er hatte ihn nach oben geschickt, seine Diener zu ihm befohlen und war gegangen.

Da Karim seine Autorität nicht mit blutenden Wunden und durchnässt ausüben konnte, ließ er sich ohne Widerrede neue Kleidung bringen. Wenig später trat eine Heilmagierin ein, eine dünne Frau mit sauertöpfischer Miene.

»Hier wartet ein Verletzter?« Eine Dienerin flüsterte etwas im Hintergrund, und sofort änderte sich die Miene der Heilerin. »Prinz Karim? Hier bei uns?«, zischte sie ungläubig zurück, besann sich dann jedoch und grüßte höflich. »Kalazar. Man sagte mir, Ihr bräuchtet eine Behandlung?«

»Es tut mir leid, dass ich Euch aufhalte«, sagte er freundlich. »Bald wird die Stadt sich vor Verletzten kaum retten können. Mir ist bewusst, dass Ihr Eure Kraft vorher nicht verschwenden wollt.«

»Nein, ich muss mich entschuldigen«, sagte sie, während sie neben ihm auf der Bettkante Platz nahm. »Denn genau das habe ich gedacht, bevor ich wusste, wer Ihr seid.«

Sie besah sich seine Wunden und legte ihm die Hand auf. Zu Karims Erleichterung stellte sie keine Fragen darüber, wie er zu der Verletzung kam. Da sie die Tür nicht verschlossen hatte, waren sie nicht allein. Ständig eilten Dienstboten und Soldaten vorbei. Es schien im Haus geradezu von ihnen zu wimmeln, und jeder warf einen Blick ins Zimmer. Sein Ruf eilte ihm voraus, wie Karim feststellen musste. Jeder hatte schon davon gehört, dass der Prinz von Daja aus der Skorpiongrube herausgesprungen und davongeflogen war wie ein Vogel.

Sobald die Heilerin fertig war, stellte sie doch noch eine Frage: »Wollen die Götter Testra retten, Kalazar?«

Karim hatte keine Antwort darauf. »Ja«, sagte er dennoch, und sie lächelte, obwohl sie die Lüge mit Sicherheit erkannte.

»Dann danke ich Euch.«

Er biss sich auf die Lippen und traf eine Entscheidung. »Du wirst hier gebraucht, Heilerin. Doch wenn du Familie und Freunde hast, sag ihnen, dass sie sofort die Stadt verlassen sollen.«

Es wunderte ihn nicht, dass die Frau den Kopf schüttelte. Ihr Blick war sanft, nahezu liebevoll. »Nein, Kalazar. Wir bleiben. Wir kämpfen. Dies ist Testra. Wir geben keinen Fußbreit nach. Aber vielleicht versteht man das nicht in Daja.«

Karim nickte ihr zu und ging. Manchmal waren Tapferkeit und Dummheit einander so ähnlich, dass nur Außenstehende die beiden voneinander unterscheiden konnten.

Die Höflichkeit gebot ihm, den König und die Königin zu begrüßen, doch er hatte keine Zeit mit Geplauder zu vergeuden. Deshalb spazierte er kurzerhand zur Vordertür hinaus, ohne auf die beiden Wächter zu achten, die ihn ins Springbrunnenzimmer geleiten wollten.

Die Straße, auf die er hinaustrat, war wie ausgestorben. Zwei bucklige Männer bauten mühsam den letzten Marktstand ab und schlurften davon. Nebel schwebte über den Dächern, milderte das Sonnenlicht, verwischte die Konturen der Häuser. Schwade für Schwade sank hinab, bettete sich auf Erkern und Balkonen, dämpfte alle Geräusche. Es hätte eine verwunschene Stadt in Kato sein können, träumend, während Jahrzehnte und Jahrhunderte vergingen.

Seine helle Kleidung ließ Karim beinahe mit dem Nebel verschmelzen, seine Schritte knirschten leise auf dem feuchten, von verwehtem Sand bedeckten Pflaster. Hier und da erblickte er Menschen, die sich auf die bevorstehende Schlacht vorbereiteten und in den Seitengassen Sandsäcke und Wassereimer bereitstellten. Dann schälte sich die Stadtmauer dunkel aus dem Weiß. Eine Gruppe Soldaten stand bereit, erwartungsvoll umklammerten sie ihre Waffen, die Gesichter angespannt vor Angst und Ungeduld. Niemand hielt Karim auf, als er die Stufen hinaufstieg, der eine oder andere Soldat nickte ihm ehrfürchtig zu.

»Kalazar.«

Offenbar wusste ganz Testra vom Besuch des dajanischen Prinzen.

Oben auf dem Wehrgang war der Nebel noch nicht ganz so dicht. Im Norden war das Meer zu erahnen, von weißen Schwaden bewölkt, die der Wind ins Landesinnere trieb. Wo das Land begann, war kaum auszumachen. Im Westen verlief eine breite Küstenstraße in Richtung Daja, ein helles Band, das sich in den kargen Wiesen gen Horizont verlor. Noch war kein Heer zu sehen. Doch der Nebel wallte weiter heran, kroch mit weißen Klauen näher. Bald würde er die Straße vollständig verschlucken.

»Wir werden sie hören, wenn wir sie schon nicht sehen können«, sagte General Telach, der zu Karim an die Brüstung trat. Einige Meter weiter machten sich die Soldaten an den schweren, gusseisernen Kanonen zu schaffen, die in regelmäßigen Abständen aus der Mauer ragten, um den Feind unter Beschuss zu nehmen. »Eisenwesen können nicht lautlos marschieren. Oder habt Ihr auch dafür wertvolle Ratschläge zu erteilen?«

»Womit werdet Ihr sie beschießen?«, fragte Karim.

Telach führte ihn näher an die Kanonen heran. »Diese Kugeln werden große Lücken in ihre Formation schlagen«, versicherte er stolz.

»Ohne Brandsteine …«

»Genug!«, fauchte der General. »Davon will ich nichts mehr hören – es sei denn, Ihr hättet Brandsteine anzubieten.«

Das hatte er nicht. Daja besaß selbst kaum noch Vorräte, und

Karim konnte nichts davon opfern. Für Daja war der Krieg noch nicht vorbei.

Und wenn er einen noch größeren Schritt machte – nach Guna? Die Minen waren nahezu erschöpft, doch falls es ihm gelang, ein paar Jahre zurückzugehen und zu einer Zeit anzukommen, als die Vorräte noch groß genug waren? Konnte er es erneut wagen, einen Beutel voller Steine zu transportieren? Vielleicht hatten ihn die Götter deshalb nach Testra geschickt, damit er vollbrachte, was sonst keiner vermochte? Ausgerechnet jetzt erinnerte er sich an seinen Lehrmeister Joaku, den Anführer der Wüstendämonen.

»Wenn du glaubst, die Götter hätten dich auserwählt«, hatte er jedem seiner Schüler eingebläut, »dann sieh dich vor. Dein Scheitern ist nur einen Schritt entfernt. Die das Haupt zu hoch erheben, deren Köpfe rollen als Erstes.«

Es war verführerisch zu glauben, dass ihm nichts misslingen könnte. Sich selbst in Gefahr zu bringen war das Eine, doch mit dem Leben Zehntausender zu spielen war allein den Göttern vorbehalten. Karim schauderte, als er daran dachte, wie sorglos er bisher mit den Brandsteinen umgegangen war. So gut eingewickelt sie auch gewesen waren – wäre er mit ihnen zusammen in den Brunnen gefallen, wäre die ganze Stadt verloren gewesen, ganz ohne Zutun der Feinde. Bisher hatte er nicht einmal daran gedacht, dass so etwas möglich wäre. Falls sein Wunsch ihn nicht exakt an den richtigen Ort brachte, wenn er eine Tür durchschritt, konnte er aus Dachböden herausfallen, er konnte in Palästen landen oder in Räuberhöhlen.

»Nein«, sagte er langsam. »Aber gibt es keine in der Stadt? Ihr werdet doch sicher Eisenpferde haben. Wenn man die Steine entfernt …«

»Eure Vorschläge werden immer unsinniger. Die Kavallerie wird nicht auf ihre Rösser verzichten, um sie auseinanderzunehmen. Ihr scheint überdies keine Ahnung davon zu haben, wie gefährlich das wäre.«

Brandsteinsplitter. Katapulte. Eisenvögel. Nichts von den Dingen, die Daja gerettet hatten, war hier verfügbar.

Er blickte zur Straße hin und erschrak. Unbemerkt war der Nebel weitergekrochen und hatte das Land eingehüllt. Man konnte kaum hundert Meter weit sehen, und das noch sichtbare Stück Straße, das in das undurchdringliche Weiß hineinführte, war erschreckend kurz.

»Leise«, befahl der General.

Die Stille schien vom Himmel zu tropfen. Zähe Feuchtigkeit sammelte sich in Karims Haaren. Die Soldaten starrten in die weiße Welt, sie lauschten. Jemand kratzte sich am Bart.

Es war wie immer vor einer Schlacht. Das Warten zermürbte, es zerrte an den Nerven. Die Zeit schien sich endlos zu dehnen. Karim wurde sich seines Atmens bewusst, seines rasend schnellen Herzschlags. Er zitterte, seine Beine bebten, Metall klirrte leise.

Nein, er zitterte nicht. Das ging nicht von ihm aus.

»Sie kommen«, flüsterte der General.

Die Vibrationen erschütterten die Mauern. Etwas Dunkles schälte sich aus dem Nebel, und im nächsten Moment kam ein großer Brocken über die Mauer geflogen und schlug hinter ihnen ein.

Es krachte ohrenbetäubend, und dann waren sie da.

»Zivilisten von der Mauer runter!«, schrie Telach ihn an. »Helft löschen, wenn Ihr helfen wollt!« Er wandte sich seinen Soldaten zu.

Und Karim gehorchte wortlos und eilte zum nächstgelegenen Abstieg. Wieder flog etwas hoch über ihren Köpfen vorbei und zerschmetterte Dächer und Hauswände. Gleich darauf stieg Rauch aus dem zerstörten Gebäude.

Karim rannte durch die Stadt, in der überall Feuer aufflammten. Der Nebel hüllte die Straßen ein, doch aus allen Richtungen waren die Einschläge zu hören. Wieder rauschte etwas Dunkles über ihm durch die Schwaden, und Karim wäre beinahe gestürzt, so heftig war die darauffolgende Erschütterung. Die Schreie der Verletzten und Fliehenden waren kaum zu ertragen, doch dazwischen ertönten die Rufe der Bürger, die standhielten und mit den Löscharbeiten weitermachten. Karim konnte nur hoffen, dass ein Teil des unablässigen Donners auf die Kanonen der Testraner zurückzuführen war. Dass sie viel auszurichten vermochten, glaubte er hingegen nicht. Vielleicht gelang es Telach, die Feinde wenigstens von den Stadttoren fernzuhalten.

Karim wusste, er hätte eigentlich nach Daja zurückkehren sollen. Dort wurde er gebraucht, während er hier nur so wenig ausrichten konnte. Aber er brachte es nicht übers Herz, die Menschen von Testra einfach ihrem Schicksal zu überlassen. Und so schloss er sich einer Gruppe von Menschen an, die Wassereimer zu einem brennenden Gebäude reichten. Mit rußgeschwärzten Gesichtern arbeiteten sie unermüdlich gegen das Feuer an. Er hätte gerne mehr getan, doch mit Magie konnte man gegen Feuer wenig ausrichten. Zudem merkte er die Nachwirkungen seiner Wunden. Bald schon lief ihm der Schweiß über die Stirn, seine Augen brannten vom Rauch, und es wurde immer schwerer, die Arme zu heben und die schweren Eimer weiterzureichen.

Dankbar trat er zur Seite, als mehr Menschen zu Hilfe eilten, und erstarrte. Vor ihm auf dem mit Dreck und Asche verschmierten Pflaster lag eine eiserne Hand. Jeder Finger war sorgfältig ausgearbeitet, das Gelenk ging in den Unterarm über, der jedoch zur Hälfte fehlte. Ungläubig hob er die Hand auf.

»Woher kommt das?«, fragte er laut.

»Diese Dinger liegen überall«, meinte einer der Bürger und goss den Inhalt eines weiteren Eimers in die schwelende Glut. »Stücke von Armen und Beinen, und ich glaube, ich habe vorhin einen halben Kopf gesehen.«

»Das sind die Wurfgeschosse der Feinde? Sie schleudern ihre eigenen Leute über die Mauer?« Ihm war beinahe übel vor Entsetzen.

Es war kaum zu glauben. Prinz Laikan bestückte seine Katapulte nicht mit Eisenkugeln, sondern mit Eisensoldaten? Deshalb brannte es überall. Wenn die eisernen Männer durch den Aufprall in Stücke gerissen wurden, entzündeten sich die Brandsteine und entfachten ein Feuer, das sich kaum löschen ließ.

Das feindliche Heer war zu nah an der Stadt, und die Geschosse flogen weit ins Innere Testras hinein. Leise fluchend eilte Karim weiter. Vor ihm lichtete sich der Nebel ein wenig. Er sah Menschen in Panik hin und her rennen – verletzte Menschen, blutende Menschen, hinkend, weinend, die Kleider halb verbrannt. Ihre Tränen malten helle Spuren in die rußverschmierten Gesichter. Eine Frau, die einen Säugling auf dem Arm trug und ein Kleinkind im anderen, eine Alte mit einer Trage lebender Hühner auf dem Rücken. Ein greises Paar, er blutend, sie zerrte ihn weiter, die Augen weit aufgerissen vor Angst.

Er sah einen Mann, dessen Haare brannten und der so schnell vorbeirannte, dass Karim nicht einmal den Versuch machen konnte, ihm zu helfen. Er musste zum König, wurde ihm auf einmal klar. Nur der König konnte die Kapitulation befehlen, um sein Volk zu retten.

Karim kannte sich in Testra nicht aus, er verirrte sich in dem von Rauch und Nebel gefüllten Labyrinth der Straßen und platzte mitten in einen Kampf. Es war ein mehr als ungleiches Gefecht. Fünf Männer und zwei Frauen, mit Hacken, Besen und anderem Hausgerät bewaffnet, versuchten, einen eisernen Soldaten davon abzuhalten, den Hinterhof zu verlassen, in dem er bereits gewütet hatte. Karim konnte das Blut riechen, überdeckt vom Gestank menschlicher Exkremente. Was dort den Boden bedeckte, wollte sein Herz nicht begreifen, während sein Verstand kühl aufzählte: zerrissene Gliedmaßen, Innereien, zersplitterte Knochen.

»Keinen Schritt weiter!«, schrie einer der Männer und schwang die Hacke gegen den Feind.

Dieser trat einen Schritt vor, streckte den metallenen Arm aus, packte den Testraner um die Kehle und warf ihn gegen die nächste Hauswand. Dann schritt er auf die nächsten zu.

Karim wusste, dass keine Waffe etwas nützte, dass Mut zu nichts führte. »Lauft!«, rief er den unseligen Menschen zu, die das magische Wesen aufhalten wollten. »Bringt euch in Sicherheit!«

»Es ist auf dem Strohdach gelandet«, sagte eine der Frauen. Tränen rannen ihr über die Wangen, aber sie wich keinen Meter zurück. »Es ist heruntergestiegen und hat alles niedergemetzelt. Wir können nicht fort und ihm unsere Nachbarn ausliefern!«

»Verschanzt euch wenigstens, wenn ihr schon nicht fliehen wollt!«

Die Testraner waren stur. Niemand gehorchte ihm. Sie glaubten immer noch, dass sie gegen den Eisenmann ankommen könnten. Der Mann mit der Axt wog die Waffe in der Hand und presste die Lippen aufeinander. Da Worte offenbar nichts nützten, stieß Karim ihn unsanft zur Seite.

»Lass mich das tun.«

Er sammelte seinen magischen Willen, versuchte sich auf die Aufgabe zu konzentrieren, war von jetzt auf gleich der kaltherzige Wüstendämon, der nur ein Ziel kannte – den Feind zu eliminieren. Sein Wille stand gegen den Willen, der die erbarmungslose Kreatur antrieb. Sie hob erneut den Arm, zögerte, stemmte sich gegen die Macht, die Karim ausübte …

Und in diesem Moment kam eine Schar Gänse die Straße herunter. Flatternd und kreischend stoben sie heran, ihre großen Flügel peitschten, weiße Federn wirbelten durch die Luft. Vielleicht hatte der Beschuss der Stadt sie aufgeschreckt, vielleicht war ihr Stall durch einen herabstürzenden Eisensoldaten oder durch das Feuer zerstört worden. Karim war kurz abgelenkt, als ihn eine Schwinge streifte, sein Wille flatterte nicht anders als die großen Vögel, und der Soldat nutzte seinen kurzen Aussetzer sofort aus.

Er sprang vor und pflückte den nächsten Vogel aus der Luft, riss ihm die Flügel aus, packte den nächsten. Als hätte er die menschlichen Widerständler völlig vergessen, rannte der Metallmann den Gänsen nach und tobte sich inmitten der fliehenden Vögel aus.

Karim unterdrückte den Impuls, die Testraner in Sicherheit zu bringen, und setzte dem eisernen Krieger nach. Inmitten der Federn und der zerrissenen Tierkörper stand der Feind reglos und sah sich um. Er schien kurz zu lauschen, wie auf eine innere Stimme, und rannte dann auf ein Haus zu, dessen Türen offenstanden. Bevor Karim ihn erreichte, hörte er von innen schon panische Schreie.

»Warte!«, rief er. »Ich bin hier! Kämpfe mit mir, nicht mit denen!«

Er hetzte die Treppe hinauf, in eine Dachwohnung, in der bereits niemand mehr lebte. Der Eisenmann drehte sich sehr langsam um. Wie viele Leichen zu seinen Füßen lagen, war nicht zu erkennen. Drei, möglicherweise auch vier. Der Auftrag des Soldaten, alles Lebendige auszulöschen, machte vor nichts Halt. Sogar das, was eben noch eine Nebelkatze gewesen sein mochte, lag tot zwischen menschlichen Armen und Beinen.

Der Eisenkrieger war nicht imstande zu sprechen. Seine Augen glühten im Dämmerlicht der Stube, deren Fenster von Rauch verdunkelt waren.

Karim griff nach der nächstbesten Waffe, einer eisernen Pfanne, und schlug sie dem Wesen gegen die Brust – nicht blindlings, sondern gezielt zwischen zwei Platten, hinter denen sich ein Scharnier verbergen mochte. Sein Handgelenk brach beinahe, während der Soldat ihn unbeirrt weiter anstarrte und Karim dann mit einem verblüffend schnellen Satz an die Kehle ging. Spitze Klauen legten sich um seinen Hals.

Der Soldat war unglaublich stark, und Karim rang seinen Instinkt nieder, sich zu wehren. Stattdessen warf er seinen Willen in die Waagschale und stemmte sich damit gegen den Funken, der das Geschöpf belebte. Die Todesangst und den Schmerz verdrängte er in einem einzigen Akt seines Willens und griff mit seinen inneren Sinnen an.

Sobald er sich darauf einließ, spürte er die Verlorenheit der zersplitterten Seele. Und das einzige Gefühl, das sich ihm roh und ungeschliffen darbot – Mordlust.

Seine Zeit verrann. Karim wusste es, während er in einem Teil seines Körpers, den er nicht spüren wollte, dennoch wahrnahm, wie seine Beine zuckten, wie seine Lunge vergeblich nach Luft gierte. Wie viel Zeit blieb ihm noch? Ohne darüber nachzudenken, änderte er seine Strategie und griff nicht den Seelensplitter an, sondern den Brandstein.

Das glimmende Feuer darin war ihm vertraut, war sein Freund, wie ein Teil seiner eigenen Seele. Er stellte sich vor, wie er die Hand darum wölbte, ebenso mühelos, wie er in Kato das Schiff in Brand gesetzt und Tizaruns Palast zerstört hatte. Die Hitze versengte seine Hand und erlosch.

Der Griff um seinen Hals löste sich, unsanft stürzte er zu Boden, lag da, keuchend, nach Luft ringend. Ohne seine Fähigkeit, den Schmerz zu verbannen, wäre es unerträglich gewesen. Er hustete, erbrach sich auf den rauen Holzboden, bis ihm bewusst wurde, dass seine Handflächen, mit denen er sich abstützte, in Blut badeten. Der Eisensoldat, reglos wie eine Statue, ragte aus dem Gemetzel wie ein Mahnmal des Todes.

Seine Sinne, die auf den Krieger ausgerichtet gewesen waren, kehrten zu seinem eigenen Körper und seiner Umgebung zurück, und der Gestank nahm ihm erneut den Atem. Er würgte abermals, erhob sich taumelnd, tauchte die blutigen Hände in einen Eimer Wasser, der in der kleinen Essecke stand, und stolperte die Treppe hinunter. Er hatte die letzte Stufe noch nicht erreicht, als der Brandstein plötzlich wieder in seinem Bewusstsein empordrängte – wie eine mit Luft gefüllte Blase, die jemand ins Wasser gedrückt hatte und die nun rasend schnell wieder an die Oberfläche stieg und darüber hinaus in die Höhe schoss.

Verflucht!

Karim sprang die letzten Stufen hinunter, jagte aus dem Eingang nach draußen auf die Straße, als ihn die Druckwelle erfasste. Er flog mehrere Meter vorwärts, versuchte sich abzurollen, um nicht gegen das nächste Haus zu prallen, und landete unsanft auf dem Rücken. Liegend blickte er auf das Feuer, das den Nebel in rotglühenden Schein tauchte. Das ganze Haus hatte sich auf einen Schlag in eine Flamme verwandelt, die hoch in den Himmel strebte.

Seine Ohren rauschten immer noch, als er endlich das Haus des Generals erreichte. Die Wächter hielten ihn zunächst auf, erkannten ihn dann und öffneten mit ehrerbietigen Verbeugungen die Tür.

»Ihr werdet erwartet, Kalazar«, sagte der erste. »Der König war nicht erfreut über Euer Verschwinden.«

»Er muss sich zuerst umziehen«, zischte der zweite. »Ihr kennt den Weg nach oben, Kalazar.«

Im Vorbeigehen sah Karim sein zerschundenes Spiegelbild in einem mannshohen Spiegel. Er sah aus, als hätte er sich in Blut gewälzt, und als er sich die Treppe ins Obergeschoss hinaufkämpfte, spürte er, dass er sich zumindest ein paar Rippen gebrochen hatte. Doch er hatte keine Zeit, sich in einem warmen Bad zu entspannen und sich dann von der Heilerin versorgen zu lassen. Während er einen einzigen Eisensoldaten bekämpft hatte, war die Schlacht vor den Mauern weitergegangen. Er musste unbedingt wissen, wie schlimm es stand.

Um sich überhaupt bewegen zu können, verdrängte er den Schmerz, zog sich aus und wusch sich über einer Waschschüssel. Das Wasser färbte sich erst dunkelrot. Als er fertig war, war es tiefschwarz. Auf einmal erschien ein Gesicht auf der Oberfläche.

»Wo bist du?«, fragte Mernat. »Wir warten hier auf dich.«

»Ich bin in Testra, aber ich komme so bald wie möglich. Wie sieht es in Daja aus?«

»Wir werden nach wie vor belagert. Sie haben nicht angegriffen. Kann es sein, dass die Magier sich nicht auf mehrere Gruppen von Soldaten gleichzeitig konzentrieren können?«

»Dann müssten wir jetzt zuschlagen, solange der Hauptteil der Armee hier in Testra kämpft.«

»Sollen wir?«, fragte Mernat. »Wir haben noch ein paar Brandsteine, aber es wäre mir lieber, wenn du bei dieser Aktion das Kommando übernimmst.«

»Ich muss noch einen Ratschlag loswerden, dann komme ich.«

Er stützte sich mit beiden Händen auf den Waschtisch. Die Müdigkeit drohte, ihn zu überwältigen. Wenn er nicht bald Schlaf fand, würde er auch in Daja kaum zu gebrauchen sein.

Eine Dienerin brachte ihm neue Kleider, in die er rasch hineinstieg. Karim band sich den Gürtel und glättete sein Haar. Wann hatte er sich eigentlich das letzte Mal rasiert?

»Kalazar, der König«, sagte der wartende Wächter.

Alles andere musste warten. Seine Verletzungen, der notwendige Schlaf, Daja, seine Sorgen … Jetzt galt es, wenigstens ein paar Menschen zu retten.

»Nur kurz.« Er setzte sich auf das Bett, um seine Schuhe zuzubinden, kippte zur Seite und schlief schon, bevor sein Kopf das Kissen berührte.

Zu seiner Überraschung wirkte Broas, der silberhaarige König von Testra, alles andere als verzagt. Mit einem freundlichen, wohlwollenden Lächeln nickte er Karim zu und bat ihn, Platz zu nehmen.

»Es tut mir leid, dass ich so spät komme. Blutverlust und Schlafmangel haben mir die Kräfte geraubt.« Draußen war es merklich dunkler geworden. Der Nebel hatte sich aufgelöst, doch der Rauch hielt die Stadt unter seiner dunklen Glocke gefangen. Mittlerweile waren alle Fenster geschlossen. Die Scheiben vibrierten, wenn ein neuer Einschlag die Stadtmauern traf oder ein Haus zertrümmerte.

Broas wischte die Entschuldigung mit einer Handbewegung zur Seite. »Prinz Karim. Wir haben viel von Euch gehört. Erstaunliche Geschichten.«

»Konfekt?«, fragte die Königin und wies auf das Tischchen neben dem Springbrunnen. »Oder mögt Ihr lieber Tee? Der General hat eine kleine Weinkelterei, und das Ergebnis kann sich sehen lassen. Die Traube ist vorzüglich, und es heißt, dass sie echten Garnt noch übertrifft.«

»Ihr müsst kapitulieren.« Wie viele waren gestorben, während er geschlafen hatte? Wie viele Eisensoldaten waren in die Stadt gelangt? Der Schlaf hatte ihm gutgetan, und er spürte auch seine Rippen kaum mehr, dafür brannte das Entsetzen in seiner Brust. In diesem Moment starben Menschen.

»Wenn Ihr Euren Tee lieber kalt genießen wollt, können wir auch dafür sorgen«, plapperte die Königin weiter.

»Die Kapitulation?«, fragte der König. »Warum sollte ich so etwas in Erwägung ziehen? Wir sind schon beinahe gerettet.«

Hatte der alte Mann jeglichen Bezug zur Realität verloren? Karim hatte in Daja gesehen, wie groß Laikans Heer war. Und er wusste, wie viel Zerstörung ein einziger Eisensoldat anrichten konnte. »Wie sieht es an der Mauer aus?«, fragte er. Er hatte keine Zeit für belangloses Geplauder. »Wie lange wird das Tor halten?«

»Lange genug«, meinte der König munter.

Der Donner der Kanonen klang in diesem Raum gedämpft, wie ein fernes Gewitter. Doch nicht einmal das Plätschern der kleinen Wasserfontäne konnte die unheilvollen Geräusche ganz verschwinden lassen.

»Lange genug wofür? Telach darf auf keinen Fall die Kavallerie rausschicken. Sie haben keine Chance gegen die Eisensoldaten. Wir müssen die Bevölkerung evakuieren, bevor alles verloren ist. Gibt es ein zweites Tor, durch das die Menschen entkommen können?«

»Aufs Meer hinaus?«, fragte die Königin. Sie war eine schöne alte Dame, die silberglänzenden Zöpfe kunstvoll um ihr Haupt geschlungen und mit Perlen bestickt. »Das könnt Ihr nicht ernst meinen. Kein Schiff fährt auf diesem Meer außer dem Grauen Schiff. Ich habe Euch für klüger gehalten, Kalazar.«

»Es besteht keine Notwendigkeit zur Flucht«, beharrte der König. »Die Hilfe wird rechtzeitig eintreffen.«

»Hilfe?«, fragte Karim. »Was für Hilfe?«

»Die junge Kaiserin hat uns Hilfe versprochen. Vorhin hat einer meiner Magier durchs Wasser mit Wabinar geredet. Ein Feuerreiter wird in Kürze aufbrechen, der uns alle retten wird.«

»Ich weiß, das klingt unglaublich«, ergänzte die Königin, »doch Wabinar hat uns versichert, dass dieser eine Feuerreiter alles wenden wird.«

Karim erstarrte. Matino wollte den Drachen fliegen und damit Testra retten? Mit dem Ungeheuer, das eine Schneise der Verwüstung durch Wabinar gezogen hatte, das er überhaupt nicht beherrschen konnte? Das war Wahnsinn!

»Ihr müsst Euch ergeben«, sagte er. »Ich kann versuchen, Euch beide hier wegzubringen, doch die Stadt ist verloren. Was Prinz

Matino Euch versprochen hat, kann er unmöglich halten, und wenn Ihr Euch darauf verlasst, seid Ihr verraten und verkauft.«

Die Miene des Königs erstarrte zu einer Maske. »Ich habe Euch nicht um Euren Rat gefragt«, sagte er kühl. »Dass Ihr unfähig seid, Euch mit uns zu freuen, weckt tatsächlich Zweifel an Eurer Loyalität dem Kaiserreich gegenüber.«

Karim stand auf. »Es tut mir leid, wenn ich diesen Eindruck erwecke, Euer Hoheit.« Er griff nach dem Teller mit dem Zuckerkonfekt, nicht weil er Appetit auf Süßigkeiten verspürte, sondern weil er seinem Körper, dem noch eine anstrengende Heilung bevorstand, wenigstens etwas zur Stärkung bieten wollte. Und bevor die Wächter ihn aufhalten konnten, trat er durch die Tür.

8. Der Feuerreiter

In der Nacht wirkte der Eisendrache wie ein Berg. Er ragte in den dunklen Mondenhimmel, schwarz und zerklüftet. Karim fühlte die Finsternis in seinem Rücken, kalt und drohend, wie eine Höhle, aus der ihn jederzeit jemand anfallen konnte. Doch die Gestalt, die sich näherte, kam von vorne. Sie hinkte leicht. Im Hintergrund erhellte ein weißlicher Schimmer den Horizont, dort, wo die große Stadt Wabinar den Abend mit unzähligen Lichtern begrüßte.

»Seid Ihr es endlich, Prinz Karim?«, fragte Matino. »Ich muss gestehen, ich bin überrascht. Ich habe Euch früher erwartet. Nun wird es erst recht gefährlich.«

Karim hatte das Konfekt vom Tisch des Königs von Testra sicher durch die Tür gebracht. Er ließ sich ein Stück des feinen Karamells auf der Zunge zergehen, bevor er antwortete. Er musste seine Worte vorsichtig wählen. Matino wusste, dass er mit einem Schritt von einer Stadt zur anderen gehen konnte, als wäre er einer der Götter persönlich. Dennoch hatte er ihn nicht herbefohlen. Er hatte König Broas gerade so viel über seine Pläne verraten, dass Karim blindlings angestürmt kommen würde, um den Einsatz des Drachen zu verhindern.

»Sagt, dass es nicht wahr ist. Ihr wollt Testra retten – mit diesem Ungeheuer?«

»Es ist nicht wahr«, sagte Matino und kam hinkend näher. Seine Augen glänzten im Schein des Mondgürtels.

»Warum beruhigt mich das nicht?«

»Weil Ihr Testra retten werdet.«

Karim gestattete sich ein kurzes Lachen. »Wovon redet Ihr?«

»Ihr seid der bessere Feuerreiter«, erklärte der Prinz mit einer galanten Verbeugung. »Das erkenne ich an, wenn auch nicht neidlos.

Fliegt. In der Nacht werden die Eisensoldaten den Angriff einstellen und die Morgendämmerung abwarten. In dieser Zeit gelangt Ihr nach Testra, und dann lasst Ihr den Drachen tun, wozu er bestimmt ist – meine Feinde zu töten.«

Karim wäre am liebsten Hals über Kopf in die Wüste hinausgelaufen, nur um eine ausreichende Entfernung zwischen sich und das magische Untier zu bringen. »Ihr seid ja verrückt! Man kann diesen Eisendrachen nicht benutzen. Niemand kann ihn fliegen, das ist unmöglich. Er wird tun, was er will. Er wird hoch hinauf in den Himmel fliegen und abstürzen und bei seinem Sturz ein solches Feuer entfachen, dass er alles Lebendige in weitem Umkreis mit in den Tod reißt. Und das ist noch die beste Möglichkeit. Er wird ganze Städte verschlingen. Er macht keinen Unterschied zwischen Freund und Feind, er wird töten, was immer ihm in den Rachen gerät. Habt Ihr vergessen, wie er gewütet hat?«

»Meint Ihr Gojad?«, fragte Matino. »Das ist in der Tat etwas außer Kontrolle geraten. Aus diesem Grund will ich Euch den Platz im Sattel anbieten – bildlich gesprochen. Jeder in ganz Kanchar weiß, dass Ihr der Meister der Feuerreiter seid. Das habt Ihr heute Morgen noch eindrucksvoll bewiesen. Ihr könnt nicht ablehnen, Karim.«

Karim schüttelte den Kopf. »Was ist in Gojad geschehen?«

Matino lächelte geheimnisvoll.

»Unwichtig. Sagen wir, die Kaiserin wird sich auch um eine geeignete Nachfolge des Königs von Gojad kümmern müssen. Doch den Eisenmeistern ist nichts geschehen. Wenn es sogar mir möglich war, den Drachen so weit zu lenken, dass keine Schmieden in Mitleidenschaft gezogen wurden, was könnt Ihr dann erst ausrichten! Und überdies – ich sehe keinen anderen Weg, um Testra zu verteidigen. Wir haben einen Feind, und wir haben eine Waffe. Sie nicht einzusetzen wäre mehr als ein Fehler – es wäre Mord an all den Menschen, die sich nicht selbst verteidigen können. Nach allem, was ich über Euch weiß, werdet Ihr nicht zulassen, dass Unschuldige ermordet werden. Dass eine ganze Stadt in die Hände eines gnadenlosen Feindes fällt. Ihr könnt es nicht, habe ich nicht recht?«

Karim atmete aus – den Rauch der brennenden Stadt, der immer noch in seinen Lungen kratzte, den Gestank des Blutes, das Leid Testras. Dann atmete er tief ein. Er atmete das Licht der Monde, die Wärme des Sandes unter seinen Füßen, das Funkeln der großen Stadt. Er versuchte, das dunkle eiserne Geschöpf, das hinter ihm drohte, nicht in seine Seele zu lassen. Es ruhte, und er hatte nicht vor, es zu wecken.

»Nein«, sagte er. »Nein, ich kann es nicht.«

»Also werdet Ihr den Drachen fliegen«, meinte Matino zufrieden.

»Nein. Nein, Ihr versteht mich falsch. Ich werde dieses Ungeheuer nicht reiten.«

»Das«, sagte Matino, und in seiner Stimme vibrierte Zorn, »verstehe ich tatsächlich nicht. Und dachtet Ihr, es sei eine Bitte? Vielleicht war es eine an den Mann, der mich aus dem Bauch des Drachen herausholte und in den Palast brachte. Doch ich spreche als der Regent der Kaiserin. Sahiko wird in aller Eile gekrönt werden, morgen schon, und ich spreche heute schon mit ihrer Stimme. Das ist ein Befehl, Prinz Karim. Ich erteile Euch den Auftrag, die Stadt Testra zu retten und die Eisenarmee mit meinem Drachen niederzumachen.«

Karim drehte sich zu dem gewaltigen Koloss um, der über ihnen in den nächtlichen Sternenhimmel ragte. »Es gibt Magie, wie sie früher in Wajun angewandt worden ist – vorsichtig und behutsam, um die Götter nicht zu erzürnen. Lichter und Musik und plätscherndes Wasser und Farben, um das Auge zu erfreuen. Und es gibt Magie, die dazu benutzt worden ist, um Kriege zu führen. Magie, die den Göttern raubte, was ihnen gehört.«

»Die Seelen?« Matino lachte, ohne im Mindesten amüsiert zu klingen. »Ich weiß über die Seelen Bescheid. Ich weiß, wie es ist, sie zu bändigen, sie zu zähmen und zu bezwingen und zu reiten. Wenn die Götter Anspruch auf diese Seelen erheben, sollen sie sie durchs flammende Tor in ihr Reich tragen. Ich bin nicht verantwortlich für die Versäumnisse träger Todesgottheiten. Ich tue, was immer Kanchar dient. Und dies ist eine Waffe, wie es sie nie zuvor gegeben hat. Mehr als ein Eisenvogel, so viel mehr.«

»Er ist … böse.« Karim versuchte, das Grauen, das ihn erfasst hatte, in Worte zu kleiden.

»Böse? Ihr klingt wie ein ängstliches Kind, nicht wie ein Feuerreiter, der jeder Gefahr ins Auge blickt. Nicht wie ein Prinz, und erst recht nicht wie ein Mann.«

»Dieser Drache wird Testra nicht retten. Er kann es nicht, er würde es zerstören. Er vermag nicht zu unterscheiden, er will nur fressen. Ich habe es gefühlt, Matino. Und Ihr habt das auch, sonst würdet Ihr nicht zögern, ihn selbst zu reiten.«

Der dunkle Prinz trat auf ihn zu und packte ihn bei den Schultern. »Ihr müsst! Es ist das Risiko wert!«

Mit einem Ruck machte Karim sich frei. Er konnte es nicht wagen – er durfte nicht. Denn selbst in der kurzen Zeit, in der er gegen die hasserfüllten Seelen gerungen und die Oberhand gewonnen hatte, war ihm klar geworden, wie leicht er unterliegen konnte. »Lasst mich los.«

»Ich befehle es Euch!«, rief Matino. »Und wenn Ihr Euch weigert, werde ich dafür sorgen, dass Ihr die Konsequenzen zu spüren bekommt. Ich werde Euch Daja wegnehmen. Ich werde Euch in die finstersten Verliese werfen lassen. Ich werde …«

»Ich war in der Skorpiongrube«, unterbrach Karim ihn. »Was könnt Ihr mir androhen, das schlimmer ist als das?« Es gab keine Tür, durch die er verschwinden konnte, dabei musste er so schnell wie möglich von hier weg. Er war hergeeilt, um Matino davon abzuhalten, eine Dummheit zu begehen, nicht um selbst die Verantwortung für die Leben aller Einwohner von Testra aufgebürdet zu bekommen. Es war eine Versuchung, der er kaum widerstehen konnte.

Er konnte den Krieg wenden.

Er konnte eine ganze Stadt retten, ganz Kanchar sogar, er konnte Daja befreien. Mit diesem Drachen war alles möglich, alles, was er sich nur wünschen mochte!

»Nein«, flüsterte er, mehr zu sich selbst als zu dem Prinzen, »nein, das werde ich nicht.« In Gedanken hielt er sich an seiner geliebten Anyana fest, an ihrem schönen Gesicht, ihrem Vertrauen. Daran, was sie zu ihm sagen würde. Wie sie seine Hände festhalten und ihn anblicken würde, ernst und nachdenklich. *Tu das nicht*, würde sie sagen. *Rühr diesen verfluchten Eisendrachen nicht an. Glaubst du wirklich, er wurde geschaffen, um deine Wünsche zu erfüllen?*

Er stolperte davon. Matino schrie ihm etwas nach, aber Karim rannte weiter. Da war keine Tür, als er in den schwarzen Schatten unterhalb des Drachens tauchte, doch er stellte sich vor, dass sie da wäre: die Tür in den Palast von Daja, in sein Schlafzimmer. Dorthin, wo seine wahre Pflicht auf ihn wartete.

Und vielleicht ein paar Attentäter.

Noch während er hindurchschritt, zuckte er innerlich zurück, und dann erhaschte er einen Schimmer von Blau, und die Tür, die er hinter sich schloss, war von der Farbe des Himmels und verwittert.

Matino schrie vor Wut.

Dann lauschte er in die Stille. Er lauschte darauf, wie sein Schrei verhallte, und es schien ihm, als würde der Drache antworten. Doch nur der Wind spielte mit dem Sand. Die Krallen seines Eisenfußes bohrten sich durch seine Stiefelsohle, und er zwang sich, die geballten Fäuste zu öffnen. Dieser Hurensohn!

»Karim!«, schrie er. »Komm zurück, ich befehle es dir!«

Doch nicht einmal die leisen Schritte des Dajaners waren zu hören. Wie schnell war er fortgerannt? Wohin? Oder war er wieder auf magische Art verschwunden? All das, was Karim konnte, seine unglaublichen Fähigkeiten, hatten ihm die Götter gegeben, um seine Pflicht zu tun! Dass er sich dennoch nicht zur Verfügung stellen wollte, dass er sich trotzig der Verantwortung entzog, schürte Matinos Zorn und entfachte einen lodernden Brand in ihm.

»Karim!«, schrie er. »Das ist ein kaiserlicher Befehl!«

Er brauchte Testras Rettung, um seine Herrschaft zu legitimieren, um ganz Kanchar zu beweisen, dass Sahiko trotz ihrer Jugend die Richtige auf dem Kaiserthron war und dass er an ihre Seite gehörte. Er brauchte diesen verdammten Eisendrachen, um das Kaiserreich zu retten!

Schwer atmend streckte er die Hand nach der Schwinge aus, die sich neben ihm in die sandige Erde grub. Messerscharfe Spitzen, seidig schimmernde Schuppen, sorgsam aneinandergefügt. Der Drache war vollkommen, ein Wunder der Magie und gojadischer Handwerkskunst. Nur ein Feuerreiter war nötig, ein einziger herausragender Feuerreiter, um einen Krieg zu gewinnen. Um die Feinde aus Nehess und Le-Wajun zurückzuschlagen und Kanchar zu neuer Macht zu erheben.

Und was tat Karim? Er weigerte sich. Er spuckte Matino und damit Wabinar und der jungen Kaiserin ins Gesicht.

Die Krallen seines Fußes berührten den Flügel, Metall kratzte über Metall, gab ein kreischendes Geräusch von sich.

Dies war *sein* Drache. War also nicht *er* dazu bestimmt, ihn zu reiten? Er konnte es tun, jetzt und hier. Mit einer Leiter wäre es weitaus einfacher gewesen, aber es war möglich, an der Innenseite des Beins hochzusteigen und die Luke in der Brust des Untiers zu erreichen. Matino wusste, was ihn dort drinnen erwartete. Die Bilder, die die Spiegel ihm zeigen würden, das Blut, die Zerstörung, das Feuer. In seiner Erinnerung verschwamm all das zu einem wilden, Schwindel erregenden Kaleidoskop aus Tod und Triumph. Stärker noch als an das, was er gesehen hatte, konnte er sich an die Gefühle erinnern, die ihn überwältigt hatten.

Der Hass. Die Wut. Die Rachsucht.

Sie hatten ihn überschwemmt, ihn mit sich getragen, seine Seele im Meer der anderen Seelen ausgelöscht, bis sein Wille ertrank, bis nur noch ein einziger Wille übrigblieb: der Wille des Ungeheuers.

Durch den Zorn auf Karim fühlte Matino die Angst aufblitzen. Der dajanische Prinz hatte weitaus mehr getan, als ihn aus dem Bauch des Drachen herauszuholen und in den Palast zu bringen. Er hatte ihn gerettet, bevor sich Matino ganz verloren hatte. Es war so knapp gewesen, unendlich knapp. Nur die Erinnerung daran zu streifen ließ ihn erzittern.

Dieser Drache war sein Werk, sein großer Traum, das Ergebnis von einem Jahrzehnt unermüdlicher Arbeit, und dennoch schauderte es Matino, wenn er ihn nur betrachtete. Er musste ihn erneut reiten, aber sobald er seine Hand an das Eisen legte, wurde ihm übel. Er fiel auf die Knie, würgte, und kalter Schweiß brach ihm aus.

So sehr er es auch wollte, er konnte nicht. Er war nicht stark genug. Er würde seine eigene Seele nicht opfern – nicht für die achtzigtausend Seelen, die in Testra lebten, nicht einmal dafür.

Sein Hass auf Karim wuchs. Beinahe hätte er gebettelt. Beinahe hätte er ihn angefleht, den Drachen zu reiten. Beinahe hätte er ihm offenbart, wie schwach er sich selbst fühlte.

Matino wartete, bis er wieder ruhig atmen konnte, dann hinkte er in die Dunkelheit hinaus, wo der Eisenvogel, mit dem er vom Palast aus hergeflogen war, auf ihn wartete. Winzig erschien ihm der Steppenadler im Vergleich zu dem Ungeheuer hinter ihm. Und dennoch wagte er nicht, auf den Rücken des Adlers zu klettern und zum Palast zurückzufliegen. Nicht jetzt, da die Monde ihr silbernes Licht über die Ebene warfen. Nicht jetzt, da ihr Licht sich im Dickicht der Sträucher verfing, die am Rande des dornigen Waldes wuchsen. Knorrige Bäume und stacheliges Gestrüpp schmiegten sich in die Senken, die das Land rings um Wabinar furchten. Genauso würde das Licht den Eisenvogel fangen, sobald er sich vom Boden erhob – wie ein Netz aus Strahlen und Schatten und tödlichen Dornen. Gefangen im Netz würde der Vogel immer weiter gen Mondgürtel streben, bis er und Matino verloren wären.

Sahiko war auf dem Bett gehüpft. Das heißt, sie hatte es versucht, doch die dicke Matratze war zu weich, und anders als in ihrem Elternhaus in Guna besaßen die Betten keine eisernen Federn. Sie hatte nachgesehen – da war nur ein Brett. Unter den drei Matratzen. Das Bett einer kaiserlichen Hoheit hatte tatsächlich drei Matratzen. Außerdem machte es ohne Sadi sowieso keinen Spaß, herumzutoben.

Kaji hielt ihr mit unbewegter Miene ein Kleid hin. »Das müsst Ihr anziehen, Prinzessin.«

»Warum schaust du mich so böse an?«, fragte Sahiko. »Darf man nicht auf diesen Betten springen?«

»Ihr dürft tun, was immer Ihr tun wollt«, erwiderte Kaji. »Nur ist heute der Tag Eurer Krönung, und es herrscht Krieg, und der verstorbene Kaiser wird zu den Göttern gesandt.«

»Wie das?«, fragte Sahiko. »Wie schickt man jemanden zu den Göttern?«

»Sein Leichnam wird verbrannt, Prinzessin.« Kaji raschelte mit dem Kleid. »Ich bin keine Kammerzofe. Dennoch würde ich Euch jetzt gerne in dieses hübsche Kleid helfen.«

Mit verengten Augen betrachtete Sahiko das Kleid. Es schien aus unzähligen Lagen Stoff zu bestehen, die an verschiedenen Stellen Schlitze aufwiesen, sodass man die darunterliegende Schicht Stoff bewundern konnte, die eine andere Farbe hatte. Auf den äußeren Rock waren Perlenschnüre genäht, die beim Sitzen blaue Flecken am Hintern verursachen würden. Die Taille war so schmal, dass man sie vermutlich mit einer Hand umfassen konnte, und daran schloss sich ein geschnürtes Mieder aus goldglänzendem Brokat an.

Sahiko seufzte laut.

Auf einmal lächelte Kaji so lieblich, dass es beinahe echt wirkte. Am Vorhang stand Prinz Matino, die Arme vor der Brust verschränkt. Er war schwarz und schlicht gekleidet, eine Gestalt aus Dunkelheit.

»Lass uns allein«, befahl er.

Die Sklavin verbeugte sich, legte das Kleid auf einen Sessel und huschte davon.

Matino wartete eine Weile, dann trat er näher und blickte auf Sahiko herunter. Er zögerte. »Darf ich mich zu dir setzen?«

Sahiko wusste, dass alle sich vor ihrem Onkel fürchteten, doch auf sie traf das nicht zu. Sie nickte. »Bist du gekommen, um mit mir über die Krönung zu reden?«

»Das wollte ich schon gestern Abend tun, aber es … kam etwas dazwischen.«

»Ich weiß«, sagte Sahiko. »Du bist heute Morgen mit einem Eisenvogel auf dem Dach gelandet, und dann hast du alle angeschrien.«

Er hob die Brauen. »Wer hat dir davon erzählt?«

»Alle«, sagte sie. »Alle erzählen mir alles, denn ich werde die Kaiserin sein.«

»Was erzählen sie dir über … Gojad?«

Sahiko runzelte die Stirn und spielte mit ihrem Zopf. Es half immer, mit ihrem Zopf zu spielen, wenn sie nachdachte. »Wenig«, sagte sie schließlich. »Ich habe gefragt, denn zuerst hieß es, dass einer der Brüder von Kaiser Liro herkommen würde. Doch dann … Alle schweigen über Gojad. Sie flüstern. Es ist etwas Schreckliches dort geschehen, oder? Sie sind alle tot.«

»Ja«, sagte Matino leise.

»Und der Krieg läuft nicht gut. Ich weiß auch das. Trotzdem werden wir heute feiern, und ich muss das glänzende Kleid tragen, in dem man nicht richtig sitzen kann. Sie haben mir gesagt, dass ich Wein trinken darf, und ich würde gerne meine Eltern sehen.«

Matino lächelte. Es war so ein ungewohntes, ehrliches Lächeln, dass Sahiko wirklich erstaunt war.

»Du wirst alles bekommen, was du dir wünschst«, sagte er, »doch nicht heute. Deine Krönung ist wichtig, gerade weil der Zeitpunkt so verdammt ungünstig ist. Wir können auf keine Gäste warten, all das holen wir nach, wenn der Krieg vorbei ist. Damit Kanchar nicht auseinanderbricht, brauchen wir sofort wieder jemanden auf dem Thron. Hätten wir genug Zeit, wärst du es nicht, das sage ich dir ganz offen. Aber wir haben einen ermordeten Kaiser, keine geeigneten Erben, und du bleibst als Einzige übrig.«

Sahiko wusste, was das bedeutete. Es hieß, dass sie nicht nach Guna zu ihrer Mutter und ihrem Vater zurückkehren konnte. Sie musste hierbleiben. Mit Sadi und Yando und Maira war es ihr gelungen, gegen ihr Heimweh anzukämpfen, doch alle drei waren fort.

Auch darüber wurde nur geflüstert.

»Ich muss mit dir über etwas anderes reden. Du weißt, dass Yando gesucht wird?«

»Ja«, sagte sie.

»Ich will, dass er so schnell wie möglich gefunden wird. Am besten noch heute. Ich werde die Anweisung erteilen, dass alle Magier ins Wasser sprechen, zu allen anderen Magiern in allen kancharischen Städten. Er hat einen Eisenvogel gestohlen, also könnte er überall sein. Ihn zu finden ist wichtiger als alles.«

Sahiko hob den Kopf. »Tot oder lebendig?« *Mörder*, flüsterte es überall im Palast.

»Lebendig«, sagte Matino. »Ich brauche ihn unbedingt lebendig. Und niemand darf davon erfahren, wenn wir ihn haben. Es soll nicht öffentlich bekannt werden. Sobald er festgenommen worden ist, will ich, dass er mir überstellt wird. Ohne Fragen. Es soll in meiner Hand liegen, was mit ihm geschieht.«

»Ich möchte, dass er wieder mein Lehrer ist.«

»Tut mir leid, Kleines. Das wird leider nicht gehen.«

»Was hast du mit ihm vor?«, wollte sie wissen. Sie wunderte sich darüber, wie vertraulich er sie behandelte, nicht wie eine Prinzessin, sondern tatsächlich wie ein Familienmitglied. Es war seltsam tröstlich.

»Das kann ich dir nicht sagen. Ich will ihn haben, das muss dir genügen. Es ist besser, wenn du nicht alles weißt. Dafür schulde ich dir etwas. Ich weiß, wie sehr du an Prinz Sadi hängst, daher freu dich: Wenn wir Yando finden, dann finden wir beide. Lass mir Yando, und ich werde dafür sorgen, dass Sadi wieder hier im Palast einzieht.«

»Ihm wird nichts passieren? Er wird nicht mehr eingesperrt?«

»Nein«, sagte Matino. »Die Sache mit Sadi ist nicht ganz einfach. Viele sind gegen ihn, weil er eine Geisel ist und Tenira den Friedensvertrag gebrochen hat. Ihm droht … Schlimmes. Doch wenn du mir Yando versprichst, werde ich meinen ganzen Einfluss für ihn in die Waagschale legen. Und, was meinst du?«

Das weiche Bett lud dazu ein, sich hineinzuwerfen, wenn man schon nicht richtig darauf springen konnte. Sahiko sehnte sich nach Sadi, danach, mit ihm durch die vielen Stockwerke des Palastes zu streifen, mit ihm zu lernen, mit ihm auf einem Eisenvogel durch den Himmel zu fliegen. »Du darfst Yando nicht wehtun«, sagte sie.

»Das werde ich nicht.«

»Versprichst du es?«

»Er wird die Chance erhalten, ein Held zu sein. Ein Kriegsheld. Er wird so berühmt sein, dass niemand mehr glauben wird, dass er Kaiser Liro ermordet hat. Sie werden sagen: Wen die Götter so segnen, der ist kein Mörder. Der ist selbst fast ein Gott. Yando wird frei sein, wenn er getan hat, was ich von ihm will.«

»Versprichst du es?«, fragte sie noch einmal.

»Ja«, sagte er, und sie glaubte ihm.

Die blaue Tür hatte sich geöffnet, und die blaue Tür hatte sich geschlossen, und durch die Fenster fiel weißes Licht auf das schmiedeeiserne Bett, den Schaukelstuhl und die Rosen. Er war in Kato.

»Unya?«, fragte Karim. »Urgroßmutter Unya?«

Auf dem Tisch stand eine blumenlose Vase. Keine einzige Katze spielte im Zimmer oder schlief zwischen den weißen Laken. Staub tanzte in den Sonnenstrahlen.

Karim trat hinaus in den Garten. Verwelkt ließen die Sonnenblumen die Köpfe hängen, die vormals üppigen Kräuter hatten sich in dürre Gerippe verwandelt. Nur der Salbei trotzte der Vernachlässigung, die silbrigen Blätter waren kräftig, die Blütenstände dicht an dicht mit kleinen blauen Blüten besetzt.

Am Zaun wuchs so viel Unkraut, dass es kaum ein Durchkommen gab, und auf der Wiese unter dem Apfelbaum faulten die Äpfel. Es roch süßlich nach überreifem Obst und Heu.

»Unya?« Er blickte sich um. Aus dem Baum starrten ihn zwei kreisrunde Augen an. Eine graue Katze hockte im Geäst und tat ihm mit einem Gähnen ihre Verachtung kund.

Wo war Unya hin? Karim kehrte ins Haus zurück und öffnete die blaue Tür, ohne zu wissen, wohin sie ihn führen würde. Bevor er nicht wusste, was mit Unya passiert war, konnte er nicht nach Daja zurückkehren. Er hoffte, dass er irgendwo hingelangte, wo seine Mentorin sich aufhielt. Gleich darauf stand er auf einer offenen Galerie, und unter ihm breiteten sich verschachtelte Dächer und Türme aus, die ihm gut bekannt waren. Er war immer noch in Kato, der gespiegelten Welt der Toten, wie ihm der Blick in den milchweißen Himmel verriet, im diesseitigen Schloss von Anta'jarim.

Erleichtert atmete er auf. Vielleicht war Unya einfach nur woanders – an einem anderen Ort, in einer anderen Zeit. Dass sie sich nicht um ihren Garten kümmerte, bedeutete nicht zwangsläufig, dass etwas Schlimmes passiert war.

Während er über die Dächer schaute, fiel ihm eins der Fenster ins Auge. Dort lag Anyanas Zimmer, dort war sein Zuhause. Dort, nicht in Daja. Die Sehnsucht übermannte ihn, das Glück flammte in ihm auf. Er konnte Testra nicht vergessen, auch nicht den Drachen, der die Eisenarmee besiegen konnte – doch in diesem Moment schob er alle Sorgen beiseite. Er kletterte über die Brüstung und stieg gewandt über die Dachschrägen, tänzelte über einen First, sprang auf einen erhöhten Balkon und erreichte das Fenster. Es war geschlossen, was für ihn jedoch kein Hindernis darstellte. Ein schneller Griff nach dem Messer, das er stets bei sich führte, ein kurzes Hebeln, und er war drin.

Sein Herz begann heftig zu schlagen, ein erwartungsvolles Lächeln bog seine Mundwinkel auseinander.

Doch auch hier – Staub wallte auf, sobald er einen Schritt auf das dunkle Holz des Fußbodens setzte. Die Vorhänge schienen schon vom bloßen Hinsehen zu zerbröseln. Das Bett war gemacht, eine schwere, dunkelgrüne Decke darübergebreitet. Er wagte nicht, sie anzufassen.

»Anyana?«, fragte er, seine Stimme erstickt vom Staub und von der Unsicherheit, die ihn plötzlich erfasste. Es sah aus, als wären Jahrhunderte vergangen, als hätten die Bewohner des Schlosses ihr Leben gelebt und waren dann gestorben, während er in Daja gegen die Eisensoldaten gekämpft hatte.

Als hätte er nur geträumt, dass Anyana ihn liebte.

Doch dort stand die Wiege, ein aus Holz geschnitztes Eichhörnchen lag neben dem Kissen. Karim berührte das Kissen, von dem eine Wolke aus Staub aufwallte, strich sanft mit den Fingerspitzen darüber.

Verzweiflung breitete sich in ihm aus, ein dumpfer Schmerz, der seine Brust und seinen Magen erfüllte und sein Herz schwer werden ließ. Er schloss die Augen und wünschte sich, dort zu sein, wo Anyana sich befand, wo auch immer das sein mochte. Sein Zuhause war bei ihr. Und bei ihrem gemeinsamen Sohn Lijun. Noch einmal in die fröhlichen, vertrauensvollen Augen des Kleinen blicken, seine kleinen Hände spüren, die sich um seine Finger schlossen, noch einmal …

Er schluckte, um den Kloß loszuwerden, der sich in seiner Kehle gebildet hatte, wandte sich ruckartig um und durchmaß mit großen Schritten den Raum. Als er die Tür aufriss, erwartete er, irgendwo anders zu landen, an einem Ort, an den ihn sein Herz zog, doch er trat nur in einen stillen Korridor hinaus. Einen Moment lang glaubte er das Schloss vollständig verlassen, versunken in Staub und Träumen, dann hörte er Stimmen und Gelächter.

Die Hand am Messergriff, schlich er den Flur entlang und blickte über die Galerie in die darunterliegende Halle. Hier herrschte eine ausgelassene Stimmung. Mehrere Mädchen wirbelten mit Tellern und Tabletts voller Speisen umher, einige sangen sogar laut, während ein junger Mann versuchte, das eine oder andere Stück von den Platten zu stibitzen. Karim kannte ihn. »Maurin?«

Der Junge hielt inne, blickte nach oben und winkte zum Gruß. »Karim, du Schlawiner! Wo bist du so lange gewesen?«

Immer noch unsicher, was er von alldem halten sollte, stieg Karim die Treppe hinunter. »Wo sind denn alle? Wo ist meine Familie?«

»Mit dem Grauen Schiff auf und davon. Weißt du das denn nicht? Das ist doch gewiss«, er legte die Stirn in Falten, »fünfzehn Jahre her? Ich habe keine Ahnung. Die Zeit ist hier ein stiller Waldsee, den kein Windstoß Wellen schlagen lässt.«

»Und Wihaji ist ebenfalls fort? Was ist mit Unya?«

»Die ist da drin«, sagte Maurin, nachdem er ihn herzlich umarmt hatte, und wies auf den großen Saal. Durch die offenen Flügeltüren sah Karim die Tische, die gerade gedeckt wurden.

»Aber ihr Garten …«

»Den habe ich sträflich vernachlässigt.« Die alte Dame erschien auf der Schwelle und musterte ihn aufmerksam. In ihren Augen lag ein liebevolles Zwinkern. »Was führt dich hierher? Oder sollte ich erst fragen, woher du kommst?«

»Ich muss zu Anyana«, brachte er heraus, doch Unya schüttelte den Kopf.

»Auf das Graue Schiff wird dich keine Tür führen. Es ist längst in den Hafen eingelaufen. Oder es wird in den Hafen einlaufen. Von Kato aus kannst du nicht sehen, wo es sich befindet, auf dem Meer oder am Ufer. Du weißt nicht, ob es auf der Reise ist oder ob du den einen kurzen Moment der Ankunft triffst. Von hier aus geschieht alles gleichzeitig, es ist unterwegs, und es ist bereits da.«

»Musst du immer in Rätseln sprechen?«, fragte Maurin missmutig.

»Karim versteht, was ich meine, nicht wahr?«

Nein, er verstand es nicht. Er wusste nur, dass die Wege durch die Uhr die gefährlichsten waren, dass jeder Schritt, der durch die Jahre führte, damit enden konnte, dass man in einen Brunnen fiel oder in eine Feuersbrunst oder an einen Ort, an dem es keine Türen gab. Durch eine Tür konnte er dorthin gehen, wo die Dinge geschahen, die längst vergangen waren, oder dorthin, wo sie noch geschehen mussten. Stand er vor einer Tür, lagen ihm alle Zeiten zu Füßen – Vergangenheit, Gegenwart und Zukunft. Ja, er verstand, was Unya meinte, auch wenn es Dinge berührte, die an und für sich unbegreiflich waren.

»Ich wollte nicht herkommen«, platzte er heraus. »Ich muss nach Daja, ich muss meine Stadt vor der Eisenarmee retten. Ich muss irgendetwas für Tegtra tun. Unya, jetzt in diesem Augenblick sterben Menschen!«

»Sie sind schon gestorben. Oder sie werden sterben.« Sie blickte ihn scheltend an wie einen Schüler, von dem sie mehr erwartet hatte.

»Ja, ich weiß, aber trotzdem.«

»Du hast es nicht eilig. Denn diese Dinge sind Jahrzehnte her. Oder gar Jahrhunderte? Sie sind Menschen passiert, die ohnehin längst gestorben wären. Und sie geschehen in diesem Augenblick. Du bist jetzt hier, Karim, also iss und trink und ruh dich aus. Dann reden wir über die Tür, die du finden musst.«

Er neigte den Kopf und seufzte innerlich. Unya zu widersprechen hatte ohnehin keinen Zweck.

Außerdem wusste er ohnehin, was sie ihm sagen würde: Solange du fürchtest, dass dich in Daja Mörder erwarten, wirst du nicht dorthin zurückkehren können.

So viel hatte sie ihm schon beigebracht. Ob sie ihm helfen konnte, diese Angst zu überwinden, würde sich zeigen.

9. Der Duft des Todes

Sahiko versuchte, nicht zu klimpern.

Das war alles andere als einfach in einem Kleid, das dafür genäht worden war, möglichst viel Aufmerksamkeit zu erregen. Sie war den Dienerinnen entwischt, die sie zu den beiden Männern führen wollten, die ihr alles für ihre bevorstehende Krönung erklären sollten – ihr Onkel Matino und Graf Ricto, der sie vor ihren Feinden hatte verstecken wollen. Die Leute, die ihr übelwollten, seien aus dem Palast entfernt worden, hatte man ihr erklärt. Das wäre nicht nötig gewesen, sie wusste es auch so.

Sie konnte den Tod riechen.

Seine Spur führte quer durch alle Stockwerke, verzweigte sich, führte irgendwann wieder zusammen. Dorthin, wo die Leichen gebracht worden waren.

Es waren viele, und sie alle waren auf ähnliche Weise gestorben.

War es falsch, dass sie so neugierig war? Seltsamerweise fühlte es sich absolut richtig an, dem Ruf der Toten zu folgen. Sie huschte eine schmale Wendeltreppe hinunter, verbarg sich hinter einem Paravent und lief weiter. Die Spur war frisch, ein Duft, zugleich köstlich und schrecklich. Ein Duft nach sternenklarer Nacht und Mondlicht über offenen Brunnen, nach dem Wind über der Wüste und dem Schnee in den Tannenwäldern von Guna. Er barg alles, was sie liebte, und alles, was sich wie eine Faust in ihrer Brust zusammenkrampfte in Erwartung von etwas, das geschehen würde, geschehen musste. Als würde sie auf ein Geschenk warten, das man ihr versprochen hatte.

Die Leichen der Fürsten lagen hinter einem schweren Vorhang. Zusätzlich wurden sie von einer magischen Kuppel beschützt, unter der es angenehm kühl war, geradezu kalt. Vielleicht wusste

Prinz Matino noch nicht, was mit diesen Toten geschehen sollte. Wo konnte man sie verbrennen? Unten in den Stockwerken nahe dem Erdboden gab es große Öfen, hatte sie gehört.

Schneekälte und Feuer. Es gefiel ihr, darüber nachzudenken, auch wenn ihr ein leiser Schauer den Rücken hinunterlief. Der Tod war ein Gruß aus Guna, eine Ahnung von Schnee und einem Raubtier, das aus der Baumkrone sprang.

Doch sie war nicht wegen der ermordeten Fürsten hier. Sahiko wandte sich um. Der Tisch, auf dem ihr Vater Liro aufgebahrt lag, war eines Kaisers würdig. Golddurchwirkte Tücher reichten bis zum Boden, aus Schlitzen ragten goldene Tragestangen heraus, mit denen die Bahre später nach oben aufs Dach getragen werden würde. Der Leichnam selbst war mit einem weißen Tuch bedeckt, das mit gefärbten Salzkristallen bestreut war. Die Kristalle dufteten nach Blumen und Gewürzen. Auf leisen Sohlen trat Sahiko näher. Die Perlenschnüre, mit denen sie behängt war, klirrten unüberhörbar, doch kein Wächter kam hereingestürzt, um sie zu verjagen.

Sie hob das Tuch an.

Der Mann, der sich als ihr Vater bezeichnet hatte, war in ein prächtiges Gewand gehüllt. Ein hoher Kragen verdeckte seinen Hals, verbarg die Wunden, von denen Sahiko wusste, ohne sie zu sehen. In dem hellblonden Haar hatten die Fürsten, die den Leib gewaschen hatten, eine blutige Strähne übersehen. Das Blut war dunkel und verkrustet und schien doch zu leuchten, so wie dunkle Nächte leuchteten und wie der Tod selbst strahlte. So wie die Münzen glänzten, die man dem Fährmann geben musste.

»Möchtet Ihr allein trauern?« Kaji hatte sie gefunden. Mit einem seltsamen Lächeln trat sie in den Raum. Schweigend blickte sie den toten Kaiser an, nachdenklich und zufrieden zugleich.

»War er ein guter Mensch?«, fragte Sahiko.

»Niemand spricht schlecht über den Edlen Kaiser von Kanchar.«

»Die Götter können reden, was sie wollen«, sagte Sahiko. »Sie kennen die Wahrheit.«

»Ja, aber uns steht das nicht zu.«

»War er gut?«, wiederholte Sahiko ihre Frage.

Und Kaji neigte den Kopf, während sie ihr Lächeln verlor. »Er hat Euch hergebracht, ob Ihr wolltet oder nicht. Er hat sich Mühe gegeben, Kanchar gut zu regieren. Er hat auf Yando gehört, jedenfalls meistens. Er hat nicht wieder geheiratet, und manchmal rief er mich oder eine meiner Freundinnen … Aber Ihr seid ein Kind, davon braucht Ihr nichts zu wissen. Er war gütig, doch manchmal war sein Stolz größer als seine Güte. Ich kann Euch diese Frage nicht beantworten, Prinzessin.«

»Hat er geschrien?«

»Geschrien?«

»Als er gestorben ist. Hat er sich gewehrt gegen seinen Mörder? Hat er gekämpft und gebettelt und sein Leben teuer verkauft?«

Kaji blickte sie an, als hätte sie sich unvermittelt in etwas Rätselhaftes verwandelt, vom Kind in eine Erwachsene, von einer Prinzessin in eine Priesterin oder etwas Schlimmeres. »Ich weiß nicht. Aber da die Wächter nicht eingegriffen haben und der Mörder entkommen ist, hat er wohl nicht laut genug geschrien.«

Sahiko nickte. Es war wichtig, aber sie wusste nicht, warum. Ihr war, als hätte sie es einst gewusst, früher, vielleicht in einem Traum. Sie wusste nur, dass sie nicht trauerte. Sie konnte sich nicht vorstellen, dass sie jemals weinen würde, wenn der Tod kam.

»Verlerne die Angst«, sagte Unya. Es war ja klar gewesen, dass sie das sagen würde.

»Wie denn?«, fragte Karim.

Sie saßen gemeinsam im Thronsaal des Schlosses. Karim hockte auf der obersten Stufe vor dem Thron, während Unya auf dem wuchtigen gepolsterten Samtsessel Platz genommen hatte. Dieser Sitz war auch der Grund, warum sie ihren Garten vernachlässigt hatte. Seit Wihaji verschwunden war und der Flammende König mit ihm, seit der Palast in Spiegel-Wabinar, in dem sowohl Tote als auch Lebende als Sklaven geschuftet hatten, in sich zusammengefallen war, sorgte sie dafür, dass wieder Ruhe in Kato einkehrte.

Ihr zur Seite standen Lugbiya und Maurin sowie Mago, Anyanas einstiger Reisegefährte, der es übernommen hatte, die verwirrten Seelen aus Spiegel-Wabinar herzuführen. Doch Unya herrschte als Königin, wie sie schon einmal geherrscht hatte – eine Sonne für alle, die durchs Dunkel irrten.

»Die Meuchelmörder warten auf mich. Oder sie haben auf mich gewartet, und ich habe sie längst besiegt. Wolltest du das sagen? Doch ich habe nicht alle getötet, mindestens einer ist am Leben geblieben. Er könnte sich auf mich stürzen oder mir eine Falle stellen.«

»Dann geh durch eine andere Tür nach Daja.«

»Ich kann es nicht kontrollieren, durch welche Tür ich herauskomme. Manchmal gelingt es, und manchmal endet es verhängnisvoll. Ich bin in einen Brunnen gefallen.«

»Wie ein Stern?«, spottete Unya. »Der sich als neuer Gott daraus erhebt? Wenn du es nicht kannst, musst du üben.«

»Es ist gefährlich, solche Dinge zu üben, bevor man sie kann. Was, wenn ich nicht hierher zurückkehren kann?«

»Dann bleibst du an einem anderen Ort, aber du wirst dir schon zu helfen wissen. Lass die Angst vor dem, was dich erwarten könnte, los. Jeder Mensch muss vertrauen, wenn er geht. Vertrauen, dass der Weg nicht unter seinen Füßen verschwindet, dass kein Fallbeil von oben auf ihn herabfällt, kein Baum umstürzt, kein Loch sich auftut, kein Räuber hinter einer Ecke hervorspringt. Ohne Vertrauen herrscht Stillstand.«

Er saß auf der Stufe, die Arme um das rechte Knie geschlungen, während er das linke Bein ausgestreckt hatte. *Ja*, dachte er und verstand selbst nicht, warum es so schwer für ihn war. Ausgerechnet für ihn, dem jede Furcht schon als Kind ausgetrieben worden war. Vielleicht lag es daran. Sie kam zurück, die Furcht, wenn man sie zu lange in seiner Seele eingesperrt hatte, so wie auch der Schmerz irgendwann zurückkehren musste.

»Ich habe dir von Matinos Drachen erzählt«, sagte er.

»Dann ist es die Schuld, die dich hergebracht hat, und nicht die Angst?«

»Ich bin nicht schuld an den Toten. Dieser Krieg erfordert keine Waffe, die alles Leben ohne Ansehen der Person auslöscht, sondern ein feines Skalpell. Stirbt Joaku, wird die Eisenarmee mit ihm sterben.«

»Also musst du Daja sich selbst überlassen, Testra aufgeben und dich stattdessen auf die Suche nach Joaku machen?«

»Ja.« Das brachte seine langwierigen Überlegungen auf den Punkt.

»Also hör auf, deine Angst zu bekämpfen. Folge ihr zu deinem Meister.«

Die Angst kam irgendwann wieder an die Oberfläche, der Schmerz tobte sich aus, wenn man ihn ließ, doch die Jahre als Schüler von Joaku ließen sich gar nicht erst in den hintersten Winkel seiner Seele verbannen. Sie waren da, immer. Sie hatten ihn geformt, verformt, sie hatten ihn zu einer Klinge geschmiedet, einem Vatermörder, einem Assassinen. Zu erkennen, dass der Herr der Wüstendämonen das nächste Ziel seiner Klinge sein musste, war etwas anderes, als für Daja oder Testra oder irgendeine andere Stadt zu kämpfen. Nicht dem Wunsch des Herzens zu folgen, sondern der Angst, das war neu.

»Bist du so weit?«, fragte Unya.

»Der Angst zu folgen?« Er konnte nicht darauf warten, bereit zu sein für die Angst. Wer könnte das jemals? »Ja«, sagte er schließlich.

Sie lächelte ihm aufmunternd zu, als er die Stufen hinunterschritt und quer durch den Thronsaal ging, die Hand nach dem Riegel der großen Flügeltüren ausgestreckt. Angst packte ihn, doch er öffnete sie trotzdem.

Aber er kam nicht am richtigen Ort heraus. Er ging durch die Tür und konnte nichts ausrichten, er musste wieder zurückkehren und es noch einmal versuchen. Ein ums andere Mal, immer wieder.

Karim ging durch die Türen, dorthin, wohin die Angst ihm den Weg wies.

Eine Tür führte nach Jerichar, in eine Hütte, in der Kinder schliefen.

Eine Tür führte nach Wajun, in das Haus, in dem er mit Wihaji gelebt hatte, dorthin, wo er gelernt hatte, was Familie bedeutete.

Eine Tür führte nach Daja, wo Ruma tanzte und wo seine Mutter mit zitternden Fingern in Märchenbüchern blätterte.

Eine Tür führte nach Wabinar, wo auf einer Bahre ein toter Kaiser lag und ein dunkelhäutiges Mädchen mit langen Zöpfen lächelte und tief einatmete.

Eine andere Tür führte ihn nach Kanchar, in die Kolonie. In einen Stall, wo ein rothaariger Junge zu den Pferden sprach, während er sie striegelte, und wo sich ein stummes Mädchen oben im Heuboden versteckte und glaubte, nur die Katzen könnten sie dort je finden.

Dann gab es die Tür nach Anta'jarim, wo Winya auf dem Dach saß und den Himmel beobachtete.

Es gab Türen zu jeder Stunde. Türen zu den Toten und zu den Lebenden. Die Uhr tickte, ihr Pendel schwang von einer Seite zur anderen, und Karims Füße wurden leichter, bis sie fast zu verschwinden schienen. Als könnte er fliegen. Sein Herz mochte schwer werden, zu schwer, um es auf irgendeine Reise mitzunehmen, doch jeder Schritt führte ihn dorthin, wo er etwas verloren hatte. Jeder Schritt brachte ihn dem Schmerz näher.

Winya, dem der Wind den Hut vom Kopf wehte. Anyana, die ein Kätzchen an die Brust drückte. Mago, der die Stirn an das Fell eines Rennpferds lehnte. Ruma, die zum Tanz in die Hände klatschte. Die Kinder der Assassinenschule, die nicht einmal zu flüstern wagten, da Joaku sie hören konnte.

Immer wieder führten seine Schritte zum Ausgangspunkt. In Jerichar hatte alles begonnen. Noch war er jedoch keinem Joaku begegnet, wenn er behutsam eine Tür öffnete und wieder schloss.

Seine Reise zog weitere Kreise. Hatte seine Geschichte nicht früher begonnen – in Trica? Dort, wo Tizarun eine Familie abschlachtete, die ihre kancharischen Nachbarn verteidigte? Wo er eine Frau vergewaltigte und einen Bastardsohn zeugte?

War Guna der Anfang, jener Wald, unter dem in der Tiefe des Gesteins die Brandsteine schlummerten?

Waren die Edlen Acht der wahre Anfang von Karims Geschichte? Acht Freunde, die zusammen gekämpft und gefeiert hatten, die Pläne schmiedeten und durchs Land geritten waren, sodass es dem jungen Prinzen aus Lhe'tah wie ein wundersames Spiel vorgekommen war, ein Soldat zu sein? Hatte Tizarun damals angefangen, sich als Held zu fühlen, der immer im Recht war, ganz gleich, was er tat und wessen Blut er vergoss? Hatte der Dienst am Vaterland aus einem freundlichen Jüngling einen Mann gemacht, der nicht mehr zwischen Gut und Böse unterscheiden konnte?

Oder hatte es noch früher begonnen, mit dem ersten Krieg, den Kanchar und Le-Wajun gegeneinander führten?

Der Beginn der Angst und der Schmerzen war kein einzelner Ort, keine bestimmte Stunde. Die Spur ließ sich immer weiter zurückverfolgen, weit vor Karims Geburt, weit vor Tizaruns Geburt. Vielleicht bis zu den Göttern selbst.

Zum ersten Stern, der vom Himmel fiel ins tiefe, schwarze, lichtlose Wasser. Feuer und Wasser verschmolzen, und ein Gott wurde geboren und sehnte sich nach jemandem, der seinen Namen rief.

Asche verwehte zu Träumen.

Der Tod führte die Gefallenen durchs Flammende Tor und zeigte ihnen die Richtung, ein Schiff fuhr übers Nebelmeer, und jenseits des Landes, in dem die Lichtgeborenen lebten, webten die Weber ein schicksalhaftes Muster. Fäden rissen. Und eine Göttin verlor den Verstand.

Als der Abend anbrach und die Sterne glühten, legte Sahiko die Fackel an den Scheiterhaufen, auf dem der Kaiser mit den hellen Haaren lag. Dann trat sie zurück zu den Würdenträgern, den Fürsten und ihren Gemahlinnen, den Feuerreitern und den Magiern.

Kleider raschelten. Der Wind wehte kühl über das Dach, zerrte an den vornehmen Gewändern, ließ Schmuck klirren und die Blätter der Palmen rascheln. Es fühlte sich an, als stünden sie im tiefen Wald, nicht hoch über den Dächern der Stadt. Die Eisenvögel hinter der niedrigen Mauer glänzten im Mondlicht. Sie schienen sich zu bewegen, wenn man sie aus den Augenwinkeln beobachtete, und mit den Flügeln zu schlagen.

Matino legte ihr eine Hand auf die Schulter. Gemeinsam sahen sie zu, wie die Flammen den Scheiterhaufen eroberten. Wie sie sich durch das aufgeschichtete Holz fraßen, an den bestickten Tüchern leckten, wie ihr Appetit zunahm und sie sich immer gieriger durch die Scheite wühlten. Das Feuer zischte und loderte auf. Es roch nach verbranntem Fleisch, und Sahiko entging nicht, dass einige der Anwesenden sich die Hand vor Mund und Nase hielten. Ihr hingegen machte der Geruch nichts aus. Der Tod war bitter und dunkel, voller Blut und Schmerz, er bestand aus Nachluftschnappen und Keuchen und Kämpfen. In diesem Moment wusste sie, wie Liro gestorben war.

Die Flammen verschlangen ihn. Holz zerbrach, die Bahre stürzte in die Mitte des Feuers, es wurde noch heißer. Dicker Qualm verdunkelte die Sterne und den Mondgürtel und verfinsterte die Nacht.

Der eine oder andere weinte, doch obwohl ihr der Rauch in den Augen brannte, vergoss Sahiko keine Träne.

Hoch oben auf dem Dach des Palastes von Wabinar brannte der Scheiterhaufen, weithin sichtbar wie ein Vulkan kurz vor dem Ausbruch. Die ganze Nacht brannte er. In dieser Nacht, der letzten Nacht von Testra.

Karim öffnete eine Tür und blickte sich um. Rasch stellte er fest, wo er sich befand: Nebel und Rauch, der Salzgeruch des Meeres und die lautstarke Verzweiflung der Verteidiger – das musste Testra sein, und er stand draußen vor den Mauern der Stadt. Karim presste sich an die zerklüftete Mauer, in den tiefschwarzen Schatten. Die Stadt schlief nicht. Er konnte hören, wie das Feuer knallte und sang, wie Eimer gereicht wurden, Füße hin und her liefen, Wasser ausgeschüttet wurde. Testra schlief nicht, und vielleicht würde es nie wieder schlafen. Brennende Balken krachten zusammen. Doch zwischendurch, wenn das Feuer innehielt, um tief einzuatmen, hörte Karim das Nebelmeer. Rauschend schlug die Brandung gegen das felsige Ufer, unermüdlich. Am liebsten wäre er dorthin gerannt, um das graue Schiff vorbeifahren zu sehen, wenn es auf seiner Reise zum Hafen dicht an der Küste vorbeisegelte.

Doch dafür war er nicht hier.

Schweigend ruhten die Eisensoldaten. Statuen gleich standen sie da, dicht an dicht, eine Horde stummer Krieger. Weniger gesittet ging es im Lager der menschlichen Offiziere zu. Sie saßen um ein Feuer herum, prosteten sich zu und scherzten laut. Karim war nicht nah genug, um zu erkennen, wer alles dabei war, ob er jemanden kannte. Er musste näher heran. Die Gefahr, in die er sich damit selbst begab, musste er vergessen. Ohnehin war die Chance, lebend hier herauszukommen, sehr gering. Dennoch musste er versuchen, diese Stadt zu retten, die vielen Menschen vor einem grausamen Schicksal zu bewahren.

Unya hatte ihm gesagt, dass er der Angst nicht ausweichen durfte. Aber es war schwer, keine Angst zu haben, wenn man liebte. Früher, bevor er Anyana wiedergefunden hatte, war es leicht gewesen, sein eigenes Leben im Kampf zu riskieren. Ohne zu zögern, hatte er während der Rebellion gegen Tenira das Tor der Gefängnisburg Katall gesprengt. Ohne auch nur einen Gedanken an seine eigene Sicherheit zu verschwenden, war er Joakus Befehlen gefolgt. Doch nun fragte er sich, was er Anyana damit antat, wenn er nicht zurückkehrte. Lijun würde ohne Vater aufwachsen. Es war zugleich schrecklich und tröstend, dass es Menschen gab, die um ihn trauern würden.

Die Eisenmänner rührten sich nicht, als Karim zwischen ihnen hindurchhuschte. Er vermisste die Krähe und ihre Späherfähigkeiten, während er sich immer wieder duckte. Hin und wieder standen die Eisenmänner so nah beieinander, dass er sich unter ihren krallenbewehrten Händen ducken musste oder die mit scharfen Graten versehenen Beine streifte. Blicklose Augen schienen durch ihn hindurchzustarren, und ihm war nur allzu sehr bewusst, was passieren würde, wenn sie alle gleichzeitig erwachten.

Sein Talent als Wüstendämon konnte er nicht einsetzen, da Joakus Schüler überall waren. Die Ausübung von Magie würde sie erst recht auf ihn aufmerksam machen. Seine Kräfte durfte er erst dann benutzen, wenn er sich sicher war, dass er alle Feinde damit auslöschte.

Rasch duckte er sich, als er Stimmen hörte, die sich näherten. Zwei Männer gingen langsamen Schrittes vorbei. Leder knarrte leise, darüber hinaus machten sie keine Geräusche. Zwischen dem Metallarm und der Eisenrüstung eines Soldaten hockend, beobachtete Karim die beiden Feinde. Er kannte sie nicht, aber er zweifelte nicht daran, dass es sich um Wüstendämonen handelte. Beide Männer waren in dem Alter, in dem ihnen der erste Bartflaum wuchs. Wenn sie so jung waren, töteten sie am besten, hatte Joaku oft gesagt. Älteren Assassinen traute er nicht; wer zu lange am Leben blieb, mochte ein Verräter sein.

Sobald die zwei vorüber waren, richtete Karim sich vorsichtig auf und schlich weiter.

Die Magier hatten sich, wie schon damals in Daja, auf mehrere Lagerplätze verteilt. Er vermutete, dass es so einfacher für sie war, die Truppen zu kontrollieren. Für seinen Plan spielte das keine Rolle. Sobald die ersten Brandsteine explodierten, würde sich das Feuer mit der Schnelligkeit und Wucht eines Lavastroms ausbreiten. Dem Inferno würde niemand entkommen.

Wind kam auf, streute Sandkörner gegen die eisernen Panzer. Überall klirrte und raschelte es. Karim nutzte die Gelegenheit, um schneller voranzukommen. Noch eine Reihe Soldaten brachte er hinter sich, dann hatte er einen guten Blick auf das Lagerfeuer, an dem die Anführer versammelt waren. Diejenigen, die am lautesten lachten und grölten, waren die gewöhnlichen, nicht magiebegabten Offiziere. Daneben, klar von ihnen zu unterscheiden, saß eine Gruppe von Magiern aus Jerichar. Weite Kapuzen beschatteten ihre Gesichter. In düsteres Schweigen versunken, starrten sie in die Flammen.

Karims Augen tränten von der Anstrengung, Joaku unter ihnen zu entdecken. Er war sich sicher, dass er den Meister auf jeden Fall erkennen würde, ganz gleich in welcher Gewandung.

Wieder duckte er sich unter einem eisernen Arm hindurch. Beinahe wäre er auf einen Zweig getreten, gerade noch konnte er seinen Fuß daran hindern, sich abzurollen. So leise wie ein Baumpanther auf der Jagd schlich er weiter. Hier standen die Eisenmänner enger zusammen, es wurde schwieriger, voranzukommen. Karim machte sich so schmal wie möglich, hielt die Luft an und zwängte sich zwischen zwei eisernen Soldaten hindurch – und konnte nicht mehr atmen. Anstatt zu bleiben, wo sie waren, schienen sie enger zusammenzurücken. Er schnappte nach Luft, drückte mit den Ellbogen gegen die metallenen Arme, die ihn packten. Sie hatten bis eben geschlafen, verdammt noch mal! Was fiel ihnen ein, ausgerechnet jetzt zu erwachen?

Um ihn herum erklangen Schritte, knirschten Stiefelsohlen auf dem festgetrampelten Grund, Waffen klirrten. Die Feinde machten kein großes Aufheben von seiner Ergreifung. Es erklang keine Fanfare, und da Karim nach wie vor das Lagerfeuer im Blick hatte, stellte er fest, dass sich auch dort nichts Ungewöhnliches tat. Die Magier saßen zusammen, leerten ihre Becher, jemand lachte. Als eine dunkle Gestalt in seinen Blickwinkel trat, wusste Karim, dass es endlich so weit war. Joaku war hier – also war es Zeit zu sterben. Mit seiner Angst hatte Karim sich bereits zuvor auseinandergesetzt, nun galt es nur noch zu handeln. Mit seinem magischen Sinn griff er nach den Brandsteinsplittern in den beiden Eisensoldaten, die ihn hielten. Er versuchte jedenfalls, danach zu greifen, doch es war, als würde sein ausgestreckter Arm gegen eine dicke Schicht Glas stoßen. Er konnte die Brandsteine spüren, aber es war ihm unmöglich, sie zu erreichen.

Joaku schlug die Kapuze zurück und kam einen Schritt näher. Er war nur unwesentlich älter geworden, seit Karim ihn das letzte Mal gesehen hatte, ein hagerer alter Mann, ausgedörrt vom Wüstenwind und seiner eigenen Bosheit.

»Dachtest du wirklich, du könntest herkommen, ohne dass ich es bemerke? Dachtest du, du könntest mein Werk zerstören und ich würde tatenlos zusehen? Glaubst du immer noch, du könntest es mit deinem Meister aufnehmen, Schüler?«

Er konnte seine Lippen nicht bewegen. Es war wie damals in

Daja, als Joaku ihn gelähmt hatte, um ihn dann an seine Feindin Tenira zu übergeben. Karim hatte gedacht, er wäre inzwischen stärker geworden. Hatte Unya ihn nicht genau das glauben lassen? Dass er fähig war, Joaku gegenüberzutreten, ihn gar zu besiegen?

Der Herr der Wüstendämonen schüttelte sacht den Kopf. »Gesegneter der Götter, so heißt es. Sonne von Wajun, obwohl du nie auf dem Thron gesessen hast und auch niemals dort sitzen wirst. Liebling der Feuerreiter. Alle Eisenvögel breiten ihre Flügel über dir aus, um dich zu beschützen.«

Karim kämpfte gegen den Bann, der ihn zur Bewegungslosigkeit verdammte. Nicht schon wieder! Nicht jetzt! Er war hergekommen, um zu sterben, um Joaku und die Wüstendämonen und die ganze verfluchte Armee aus Eisen zu vernichten. Allein zu sterben, ohne irgendetwas ausgerichtet zu haben, war das Schlimmste.

»Ihr hattet recht, Meister.« Neben den Alten trat ein jüngerer Mann. Er hatte schwarze Haare, ein königliches Auftreten und war sich nicht zu schade für ein spöttisches Lächeln. »Er ist tatsächlich hergekommen.«

Was war schlimmer – vor Joaku zu versagen oder vor Laikan? Karim wollte die Götter um ein schnelles Ende anflehen, doch nicht einmal das vermochte er. Selbst seine Gedanken waren gelähmt, als hingen schwere Gewichte daran. Er versuchte es, doch er konnte den Hirschgott Bela'jar nicht um Hilfe anrufen.

»Wie wollt Ihr ihn töten, Euer Gnaden?«, fragte Joaku, als sei er nichts weiter als ein verräterischer Magier, der einem fremden König diente.

Karim schloss daraus, dass Laikan nicht wusste, mit wem er es bei Joaku zu tun hatte. Der Nehesser hielt den Meister aus Jerichar anscheinend für einen Magier, wie es viele gab. Laikan hätte nicht falscher liegen können. Leider konnte Karim mit dieser Information nichts mehr anfangen. Es war zu spät, um Laikan zu warnen. Trotz ihrer Feindschaft hätte Karim es getan – denn in Joakus Hände zu fallen war schlimmer als alles. Doch die Lähmung gab ihm nicht einmal die Möglichkeit zu einem Zwinkern oder einem warnenden Blick. Nicht dass es ihm um Laikan leidtat, um einen Mann, der einst sein Freund gewesen war und dann alles und jeden verraten hatte. Doch Karim hätte jede Möglichkeit genutzt, um Joakus Pläne zu durchkreuzen.

»Da wir uns kurz vor einer Schlacht befinden, kann ich mir leider nicht so viel Zeit nehmen, wie ich gerne würde«, sagte Laikan. »Und dieser Mann versteht es, seinen Kopf aus der Schlinge zu ziehen. Daher will ich mich nicht lange aufhalten und ihm die Gelegenheit geben, durch irgendein Wunder die Flucht zu ergreifen.« Er zog seinen Dolch und blickte Karim direkt in die Augen. »Ich kann nicht zählen, wie oft du mir einen Strich durch die Rechnung gemacht hast. Damit ist jetzt Schluss.«

»Euer Gnaden«, sagte Joaku leise, seine Stimme war rau wie kleine Kiesel, die am Strand aneinanderrieben. »Er ist vollständig in meinem Bann. Eine Flucht ist ausgeschlossen. Selbst wenn ein von den Göttern gesandter Eisenvogel direkt neben ihm landen würde, könnte er nicht darauf davonfliegen. Ich gebe Euch die Chance, Eure Rache voll auszukosten.«

Damit hatte er Laikans Aufmerksamkeit. Der Verräter aus Nehess wandte sich dem Magier zu. »Morgen wird die entscheidende Schlacht stattfinden.«

»Ja«, sagte Joaku. »Wie besprochen wird der Kreis der Magier die Soldaten lenken, und Ihr seht von jenem Hügel aus zu. Lasst Euch nicht um Euren Schlaf bringen. Widmet Euch morgen früh dem Gefangenen, während wir Testra einnehmen. Oder lasst ihn zusehen. Ich verspreche Euch, dass er morgen noch genauso gefangen sein wird wie heute.«

Hör nicht auf ihn, hätte Karim seinem Feind am liebsten zugerufen, wenn es nicht ausgerechnet um sein eigenes Leben gegangen wäre. *Du wirst geradewegs in die Falle gehen, die er so sorgsam für dich vorbereitet hat.*

»In der Tat, das klingt … verlockend.« Selbst im flackernden Schein des Lagerfeuers war das grausame Glitzern in Laikans Augen zu erkennen. »Werdet Ihr ihn bewachen?«

»Es ist nicht nötig, ihn zu bewachen«, sagte Joaku. »Es sei denn,

Ihr müsst Eure übereifrigen Männer daran hindern, ihm etwas zuleide zu tun.«

Laikan lächelte überheblich. Es war klar, dass niemand es wagen würde, seinen Befehlen zuwiderzuhandeln. Der Dummkopf dachte wirklich, er hätte alles im Griff. Karim fand es beinahe bemitleidenswert, dass dieser Mann glaubte, er könne eine Intrige nach der anderen schmieden und am Ende den Sieg davontragen.

»Das wird nicht nötig sein«, meinte Laikan. Er schenkte Karim einen Blick, der alles verhieß – Schmerzen, unendliche Pein, eine Qual, die sein Opfer sich nicht vorzustellen vermochte. Dann schlenderte er davon.

Joakus meist ernstes, regloses Gesicht wurde von einem bösartigen Grinsen erhellt wie von einer magischen Leuchtkugel. »Ich möchte nicht in deiner Haut stecken«, sagte er leise. »Die Nacht ist noch lang. Vor dir liegen viele Stunden des Bedauerns, Stunden bitterer Reue über falsche Entscheidungen. Über die Dinge, die du nicht ändern kannst. Es wird kein Entkommen geben. Und am Schluss wirst du genau das tun, wozu ich dich so lange am Leben gelassen habe.« Seine Lippen kräuselten sich verächtlich. »Sehe ich da etwa den Wunsch, mir zu trotzen? Oh, Karim!« Er beugte sich so weit vor, dass Karim schon befürchtete, der Meister wolle ihn zum Abschied auf die Stirn küssen. »Gute Nacht, Kalazar«, flüsterte er. »Möge die Sonne über dir aufgehen. Mögen die Sterne über dir scheinen. Mögen die Götter dich mit offenen Armen empfangen. Und vergiss nicht zu schreien, wenn der Tod kommt, um dich zu holen.«

10. Zerstört

Stunden wurden zu Jahren. Die Eisenmänner hielten Karim, so wie sie ihre Waffen hielten, ohne Gefühl. Ihre Finger umschlossen seine Arme wie die Krallen einer Bärenfalle. Er wünschte sich, die Brandsteine in Flammen aufgehen zu lassen, alles in einem einzigen gewaltigen Feuermeer ertrinken zu lassen, aber seine Gedanken prallten wieder und wieder an der unsichtbaren Barriere ab.

Also tat er, was Joaku ihm prophezeit hatte – er gab sich dem Bedauern hin. Dem wütenden Einspruch, dem lautlosen Nein, das ihn innerlich zersetzte, bevor sein Feind auch nur eine Klinge in seine Haut getrieben hatte. Er konnte nicht einmal weinen.

Er träumte. Von Anyana und ihrem Sohn, von einem Garten unter dem milchweißen Himmel von Kato, von Wihaji, der ihn an sich drückte. Schon wieder hatte Karim versagt. Joaku war die Klippe, an der er immerzu scheiterte, wie das Meer, das fruchtlos gegen die Felsenküste anstürmte, immer und immer wieder, und zu feiner Gischt zerstäubte. Die Welle zerbrach, wurde zurückgeschleudert, tobte ihre Kraft vergebens aus. Um das Gestein zu schleifen, zu brechen, brauchte es Jahre. Jahrhunderte, wenn nicht Jahrtausende, und diese Zeit hatte er nicht. Unya hatte sich geirrt. Sie hatte ihn ermutigt, unterrichtet, ihn angetrieben – vergeblich. Es war Zeitverschwendung gewesen, auf sie zu hören. Eine Verschwendung von Kraft und Hoffnung.

Das war vielleicht das Schlimmste – so viel Hoffnung zu hegen. Zu vertrauen. Karim war bereit gewesen zu sterben, um den Krieg zu beenden, um Kanchar zu retten. Jedoch zu sterben, ohne damit irgendetwas anderes zu bewirken, als Laikans Rachegelüste zu befriedigen?

Er hätte die Augen geschlossen, wenn es ihm möglich gewesen

wäre. Er wäre durch eine Tür geflohen, wenn er nur einen Schritt hätte gehen können.

Sein Zorn auf sich selbst und seine eigene Dummheit wandelte sich in Ärger.

Wandelte sich in Trotz.

Stunden vergingen wie Jahre, wie Jahrhunderte. Hatte Joaku ihm diese endlose Zeit als Folter zugedacht? Hatte er geglaubt, Karim könne die Hoffnung nicht aufgeben und würde die Nacht, die ihm blieb, nutzen? Dann hatte der Meister gewonnen. Es war Folter. Und Karim konnte die Stunden nicht verstreichen lassen, ohne gegen den Bann anzukämpfen. Es mochte zwecklos sein, doch er würde nicht sterben, ohne es zumindest versucht zu haben. Als wäre er tatsächlich die Welle, die unermüdlich gegen den Felsen schlug, begann er mit seinem Willen gegen die Lähmung anzukämpfen, die ihn mit ebenso eisernen Klauen festhielt wie die leblosen Soldaten.

So verging die Nacht, mühsam, schmerzhaft, voller Verzweiflung und Auflehnung. Der Morgen kündigte sich mit dunklem Grau an, das sich in ein helleres Grau verwandelte. Die Eisensoldaten rührten sich. Das Knirschen und Knarren um ihn herum wurde ohrenbetäubend. Eiserne Sohlen auf Erde, auf Sand, auf Steinen. Falls hier jemals Gras gewachsen war, hatten sie es längst zertrampelt und mit der schiefergrauen Erde vermengt. Heute wehte kein Nebel vom Meer her, die Sicht war klar. Einige hundert Meter vor dem Lager ragten die Mauern der Stadt Testra in die Höhe. Immer noch hing eine Rauchwolke über der Stadt. Die Einwohner mussten die ganze Nacht über gegen die zahlreichen Feuer gekämpft haben.

Karim hatte stundenlang mit dem Bann gerungen. Er hatte an ihm genagt wie eine Ratte, hatte versucht, ihn auszuhöhlen, eine Schwachstelle zu finden, ihn Schicht für Schicht abzutragen, als müsse er sich aus einer Kerkerzelle hinausgraben.

Trotz seiner Erschöpfung konnte er weder die Augen schließen, noch bestand die Gefahr, er könne zusammenbrechen. Starr wie eine Statue wartete er auf das, was nun mit ihm geschehen würde, ohne auch nur einen Moment lang mit seinen Bemühungen auszusetzen.

»Das Pferd dort, ja«, hörte er von irgendwo hinter sich Laikans Stimme.

Karim konnte nicht fühlen, wie er hochgehoben wurde. Nur sein Sichtfeld veränderte sich. Vor sich sah er nun die schwarze Mähne eines echten Pferdes, einen sandgelben Hals und nervös zuckende Ohren. Pferde mochten die Nähe von Eisenwesen nicht, und dieses hier schnappte sogar nach ihnen. Die metallenen Soldaten ließen sich nicht davon beirren. Sie erledigten ihre Aufgabe und stapften davon. Von seiner erhöhten Position aus konnte Karim verfolgen, wie sich das ganze Heer in Bewegung setzte.

»Und wir«, sagte Laikan munter, »nehmen dort unseren Platz ein, von wo aus wir am besten beobachten können, was geschieht.«

Karims Pferd scheute, als es an den Sattel von Laikans Eisenross gebunden wurde, doch gegen die Kraft, mit der das magische Tier es vorwärtsriss, kam es nicht an. Unwillig gehorchte es und folgte dem metallenen Ross den Hügel hinauf. Laikan zog an dem Strick, mit dem das lebendige Pferd angebunden war, bis es neben seinem Reittier zu stehen kam. Offenbar legte er Wert darauf, die eingefrorene Miene seines Gefangenen genießen zu können.

»Was für ein herrlicher Morgen«, sagte er. »Heute ist der Tag, an dem Testra fallen wird. An dem die Stadt brennen wird. An dem du zusehen musst, alter Freund, wie wir sie in den Staub treten werden.«

Karim schwieg, da er schweigen musste. Und er sah zu, weil er den Blick nicht abwenden konnte.

Die Eisensoldaten rückten in einer geschlossenen Linie vor und blieben abrupt stehen. Sie ließen die Katapulte durch, mit denen wie am Vortag ein Soldat nach dem anderen über die Mauer geschleudert wurde, und schirmten die kostbaren Gerätschaften gegen den Beschuss von der Wehrmauer ab. Mit lautem Krachen schlug eine Kanonenkugel nur wenige Meter von einem der Katapulte ein und zerfetzte ein Dutzend Soldaten. Karim hielt in Gedanken die Luft an, denn wenn die Brandsteine beschädigt worden waren, hätte das eine Kettenreaktion von Explosionen bedeuten müssen, die schließlich das ganze Heer betroffen hätte. Leider blieb es bei den beschädigten Eisenwesen. Ob Joaku den Schaden irgendwie eingedämmt hatte? Oder waren die Brandsteinsplitter zu klein, um zu dem Großbrand zu führen, den Karim sich gestern Abend erhofft hatte?

Von der Mauer her erklang Jubel, doch Karim wusste, dass die Testraner nur versuchten, sich Mut zu machen. Der Verlust von einigen Eisensoldaten schmerzte Laikan nicht allzu sehr.

Wie zur Bestätigung lachte der Nehesser leise. »Sie geben sich solche Mühe! Beeindruckend, nicht wahr?«

Die Verteidiger ließen die Bogenschützen vortreten. Gegen Eisen waren die Pfeile nutzlos, doch hier und da stürzte einer der menschlichen Begleiter zu Boden. Die anderen zogen sich weiter zurück, bis sie außerhalb der Schussweite waren. Doch so nutzlos die Bögen der Testraner waren, so effektiv wussten die Nehesser ihre Katapulte einzusetzen. Erneut flog ein Eisenmann gegen die Mauer, und unter lautem Krachen zerbrachen die Zinnen. Ein Riss tat sich im Mauerwerk auf, nicht breit genug, als dass die Feinde dadurch in die Stadt gelangen könnten, doch ein paar weitere Treffer, und die Feinde könnten eine Lücke hineinsprengen.

Karim fluchte innerlich. Er konnte nicht hören, ob den Eisenmännern Befehle zugerufen wurden oder ob die Magier sich stumm verständigten, um ihre Truppen aufeinander abzustimmen, doch nun verstärkten die Angreifer ihre Bemühungen. Sie erhöhten die Zahl der Schüsse und zielten tiefer, um die Eisenmänner nicht in die Stadt zu werfen, sondern gegen die Mauer zu schmettern. Dies hatte noch einen weiteren Effekt, wie Karim sehen konnte. Einige zerbrachen nicht, sondern fielen in der Nähe der Mauer oder sogar vor dem Tor zu Boden und machten sich sofort daran, die Mauer zu erklimmen. Zweifellos verfügten sie über Krallen an Händen und Füßen, die sich hervorragend zum Klettern eigneten.

Die Verteidiger bewarfen sie mit Steinen, doch ein Brocken, der einen Eisensoldaten ernsthaft beschädigen konnte, war von einem Menschen nicht zu heben. Die kleineren Steine hatten keinerlei

Wirkung. Schon hatte der erste Eisensoldat die Mauerzinnen erreicht und schwang sich auf den Wehrgang. Das Geschrei schwoll an. Karim sah mehrere Körper hinabstürzen. Es dauerte schmerzhaft lange, bis die Verteidiger es schafften, den Eisenmann zu Fall zu bringen. Er fiel über die Brüstung und zerbarst. Eine Rauchwolke stieg auf, und die Erschütterung, die durch die Mauer ging, war bis zu ihrem Aussichtspunkt zu sehen und zu spüren.

Kurz darauf öffnete sich das Tor.

Nein, dachte Karim, *oh nein, bitte nicht!*

Er wollte es dem General zuschreien, doch an seinen Platz gefesselt musste er zusehen, wie die Testraner zwischen den geöffneten Torflügeln hindurch aus der Stadt strömten.

»Der General ist nicht dumm«, sagte Laikan. »Er hofft, dass es ihm gelingt, die Katapulte zu zerstören, bevor so viele Eisensoldaten innerhalb der Mauern sind, dass sie die Tore von innen öffnen können.«

Seine Stimme ließ keinerlei Zweifel daran, dass er diesen Versuch für selbstmörderisch hielt. Karim hatte Telach beschworen, keinen Ausfall zu wagen, doch nun konnte er nur tatenlos zusehen, wie der General seine Männer ins Verderben führte. Sobald die Testraner den Grasstreifen zwischen dem feindlichen Heer und der Stadt füllten, begannen die Eisensoldaten auszuschwärmen. Nun zeigte sich erst, wie viele es waren. Sie ließen die Katapulte stehen, eine verlockende Beute, wie es schien, und strömten zu beiden Seiten des menschlichen Heers auf die Stadt zu. Während die einen die Testraner in die Zange nahmen, rannten die anderen auf die Mauer zu und begannen, an ihr hochzuklettern. Sie waren zahlreich wie die Ameisen und genauso schwer abzuschütteln. Die verzweifelten Bemühungen der Verteidiger, sie von der Wehrmauer zu drängen, waren wenig erfolgreich. Hier und dort fielen Eisensoldaten herunter, doch allzu häufig waren es Menschen. Schreiende Menschen, die in das Inferno stürzten, in das Chaos aus Feuer und geborstenem Metall und neuen Eisensoldaten, die über die Haufen hinwegkletterten. Die magischen Soldaten waren schneller, als man ihnen je hätte zutrauen mögen. Sie kesselten Telachs Truppe ein und schnitten ihnen den Rückweg ab, obwohl gut die Hälfte der Menschen mit Eisenpferden ausgerüstet war.

Karims Augen juckten und brannten, als das Gemetzel begann, doch sie tränten nicht. Von seinem Platz auf dem Hügel aus musste er mit anhören, wie Metall auf Metall prallte, wie Menschen, Eisenpferde, Waffen und Eisensoldaten in einem Strudel aus Hieben, Blut und Feuer aufgingen. Er konnte nicht weinen. Er konnte nur hilflos zusehen, wie Telachs Soldaten aufgerieben wurden, wie hier und da ein Eisenpferd ausbrach, dessen Reiter mit erhobenem Schwert die Eisenmänner niederzureiten versuchte und stattdessen eingekreist und abgeschlachtet wurde. Während die Schlacht tobte, kletterten die anderen Eisenwesen die Mauer hoch. Wenig später öffneten sie das Tor.

Die Sonne stieg langsam den Himmel hinauf. Vom Nebelmeer zogen feine weiße Schwaden über das Feld, verhüllten da eine Schar tapferer Kämpfer, die von Krallen und Klingen zerrissen wurde und deren Blut die Erde tränkte, bedeckten dort, weich wie Daunenfedern, einen Haufen blutiger Leichen. Der Lärm hinter den Mauern nahm zu. Rauch wallte auf, mischte sich mit dem flockenleichten Nebel, Flammen schlugen so hoch, dass sie über den Wehrgang leckten.

»Wir brauchen Testra nicht«, sagte Laikan. »Es geht hier nur darum, ein Exempel zu statuieren. Die nächste Stadt wird uns die Tore öffnen und uns willkommen heißen. Die Einwohner werden sich von Kanchar und dem Kaiser lossagen, wenn wir sie nur verschonen.«

Karim hatte keine andere Antwort für ihn als den Hass, der ihm die Kehle zuschnürte und seine Brust mit schweren Steinen zu füllen schien. Ein Brandstein loderte hinter seinen Rippen, bereit, in Flammen aufzugehen.

Wenn, sagte die Trauer. *Wenn ich wenigstens König Broas hätte retten können und seine Königin. Wenn ich eine Schar fluchtbereiter Menschen aus der Stadt geführt hätte, gegen den Widerstand der Obrigkeit. Wenn ich Joaku getötet hätte.*

Vermutlich hätte sein Plan ohnehin nicht funktioniert. Um

sämtliche Eisensoldaten zu sprengen, hätte er mehr als nur die Umstehenden mit seinem Willen erfassen müssen. Er hätte … Nein. Gerade diese Gedanken hinderten ihn daran, weiter gegen den Bann zu arbeiten. Seine Tränen flossen innerlich. Er weinte sie in seiner Seele, ohne den Schmerz zurückzudrängen, und ließ seine Stärke allein in den Kampf gegen den Bann fließen.

Wie das Meer, das gegen die Klippen kämpfte. Wie Schritte, die eine steinerne Stufe abschmirgelten. Wie Sonnenstrahlen, die hartes Eichenholz bleichten und tiefe Kerben hineintrieben.

Stunden wie Jahre, nein, wie Jahrhunderte.

Zorn richtete nichts aus, Zorn vergeudete Kraft. Es war allein Beharrlichkeit, zu allem entschlossene, niemals nachlassende Willenskraft, die an dem Bann rüttelte, ihn abtrug, ihn schliff, an ihm kratzte.

»So, und nun zu uns beiden«, sagte Laikan schließlich und wandte sich ihm zu. »Von Testra wird nichts übrigbleiben. Und auch unser gemeinsamer Weg endet nun hier, Karim.«

Er lenkte das Eisenpferd näher an den Falben heran, der drohend das Gebiss bleckte. Laikan lehnte sich vor, packte Karim am Knöchel und warf ihn aus dem Sattel.

Karim fiel, ohne sich abrollen zu können. Die Hufe des aufgeregten Pferdes ruderten eine Handbreit über ihm durch die Luft, dann sprang es über ihn hinweg und zur Seite. Schmerz breitete sich in ihm aus wie Risse in gesprungenem Glas. Ein letztes Aufbäumen seines Willens, und der Bann zersplitterte.

Laikan ahnte nichts davon. Er saß ab und kniete sich neben Karim auf die Erde. »Wie schade, dass es keine letzten Worte zwischen uns geben kann.«

»Da wäre ich mir nicht so sicher.« Karims Hände schossen vor, legten sich um den Hals des ehemaligen Prinzen von Nehess und drückten zu. Es geschah beinahe ohne sein Wollen, als sein Hass und seine Wut und die ohnmächtige Trauer sich entluden. Er legte all seine Kraft in den Angriff, während Laikan zappelte, sich wand und schließlich seinerseits die Hände an Karims Kehle legte.

Wären die Nacht und der halbe Tag nicht gewesen, die Karim in absoluter Reglosigkeit verbracht hatte, Laikan hätte keine Chance gegen ihn gehabt. Doch nach der stundenlangen Tortur war Karim geschwächt. Seine Muskeln begannen zu zittern, die Finger rutschten ab. Er keuchte, während der größere und schwerere Nehesser sich mit seinem Gewicht auf ihn warf und ihm zusätzlich ein Knie in den Bauch rammte. Laikan versuchte, eine Hand freizubekommen, um nach seinem Dolch greifen zu können, und Karim umklammerte sein Handgelenk, um ihn daran zu hindern. Sie rangen, und die Zeit arbeitete gegen ihn. Je länger sie kämpften, umso stärker machte sich Karims Erschöpfung bemerkbar. Es war, als wären gerade erst enge Fesseln, die ihm das Blut abgeschnürt hatten, von seinen Gelenken geschnitten worden. Er bekam kaum Luft, Sterne tanzten ihm vor den Augen. Laikan, der mehr und mehr die Oberhand gewann, lachte hämisch.

Karim gab es auf, gegen ihn zu kämpfen, überließ sich den würgenden Händen. Sein Körper wollte ihn im Stich lassen, doch sein Wille war ungebrochen. Sein Wille war alles, was er hatte. Er ließ seinen Körper erschlaffen. Mit seinem magischen Sinn griff er nach dem Eisenpferd, das ein paar Meter entfernt auf seinen Reiter wartete, und senkte seinen Willen in die stumme Seele.

Laikan brüllte triumphierend, richtete sich dann auf und stellte einen Fuß auf Karims Kehle. Mit einem höhnischen Grinsen zog er seinen Dolch, mit dem er Karim den Garaus machen wollte.

Rauschen in seinen Ohren. Sterne. Das Funkeln einer Klinge im Mittagslicht.

Das Schlachtross sprang und spießte Laikan mit den ausgefahrenen Klingen an seiner Brust auf. Im Sprung riss es ihn mit sich, landete elegant auf Karims anderer Seite und warf sich herum. Laikan von Nehess, König von Anta'jarim, hing wie eine Trophäe an der breiten Eisenbrust des Pferdes. Er war noch nicht tot. Ungläubig fasste er nach der scharfen Spitze, die ihm aus der Brust ragte, nach der zweiten, die seinen Bauch durchbohrte, er riss die Augen auf, wollte noch etwas sagen und kam nicht mehr dazu. Er ächzte, Blut rann ihm aus den Mundwinkeln.

Das Metallpferd blieb reglos stehen, stoisch und unbeeindruckt von Blut und Schmerz und den letzten Zuckungen eines Sterbenden. Laikan sah noch einmal ungläubig zu Karim herüber, dann verließ ihn seine Seele.

Benommen rappelte Karim sich auf. Er durfte nicht ohnmächtig werden. Bevor jemand kam – ein Magier, ein Wüstendämon, eine Schar Eisensoldaten –, musste er bereits fort sein. Sein Blick wanderte von Laikans erloschenen Augen zur brennenden Stadt. Vielleicht war es noch nicht zu spät, wenigstens das Königspaar zu retten. Eine Tür. Er brauchte nur eine Tür, nur einen Schritt, nur …

»Bravo!«

Karim fuhr herum. Da stand Joaku, etwa zehn Meter von ihm entfernt auf dem Hügel, und klatschte träge in die Hände.

»Du hast es geschafft. Ich wusste, dass ich mich auf dich verlassen kann.«

»Meister«, krächzte Karim. Seine Kehle brannte, jedes Schlucken schmerzte. Es war ihm fast nicht möglich zu sprechen. »Ihr habt … Ihr wolltet …?«

»Laikan hat seine Schuldigkeit getan. Wären wir an seiner Seite weiter nach Wabinar gezogen, hätte er rasch lästig werden können. Kanchar wird den Kancharern gehören, nicht einem Ausländer. Und musst du mich wirklich fragen, warum *du* es ausführen solltest? Ihr habt auf diesem Hügel gekämpft, weithin sichtbar für alle. Nicht nur Eisensoldaten marschieren für Nehess, sondern auch viele Menschen, die Laikan verehrt haben. Nehesser, für die er ihr Prinz war. Wajuner, die ihm als ihrem König gefolgt sind. Du hast dir gerade mehr Feinde gemacht, als du jemals haben wolltest. Nehess wird mit all seinen Streitkräften gegen dich vorgehen, Prinz von Daja.«

Karim taumelte rückwärts von ihm fort. Nein, Joaku war nicht hier, um ihn zu töten; ein Kampf, den Karim ohnehin nur verlieren konnte.

»Ich sagte doch, ich halte dich für nützlich, junger Schüler.« Die Verachtung in der Stimme des Meisters sagte alles. »Du hast soeben den jüngsten Sohn des Sultans von Nehess getötet. Und schlimmer noch: Du hast dich gegen den König von Anta'jarim gewandt. Und du willst die Sonne von Wajun sein? Ein Königsmörder? Bisher hat man mit Ehrfurcht von deinen Heldentaten geflüstert. Doch das wird sich ändern, sobald sich herumspricht, was du getan hast. Soeben hast du alles verspielt, worauf du ein Anrecht hattest. Du bist nun der Feind von Le-Wajun und der Feind aller Verbündeten des Sonnenreichs. Und wenn du meinst, Kanchar würde dich dafür lieben, dass du dem Untergang von Testra, ohne mit der Wimper zu zucken, zugesehen hast, irrst du dich. Auch dafür gibt es Zeugen, mein Junge. Du hast an Laikans Seite auf einem Pferd gesessen und nichts getan. Du hast alle verraten: Kancharer und Wajuner und Nehesser. Von nun an wird dich jeder hassen, ganz gleich auf welcher Seite er steht.«

Seine Rede lähmte Karim so vollständig, wie der Bann ihn gelähmt hatte. Hatte er nicht geahnt, dass Joaku ihn nur aus dem einen Grund am Leben gelassen hatte – um ihn für seine Zwecke zu benutzen? Entsetzen breitete sich in ihm aus wie bitteres Gift.

»Alle werden dich jagen«, sagte Joaku. »Und ich lasse sie, denn ich will, dass du eines weißt: Ich fürchte dich nicht. Deine jämmerlichen Versuche, mir zu schaden, haben mich eine Weile amüsiert, jetzt langweilen sie mich nur noch. Renn, so weit du kannst. Es wird nie weit genug sein. Ob du lebst oder stirbst, ist allein meine Entscheidung.«

Er hob die Arme, und auch das war nichts als ein Schauspiel für die Zeugen, die sich wer weiß wo befanden – auf dem Schlachtfeld zwischen den Leichen oder den Trümmerteilen oder weiter hinten im Lager. Die Mittagssonne löste die letzten Reste des Nebels auf, und wieder stieg eine dicke schwarze Wolke von der Stadt auf, begleitet von einem ohrenbetäubenden Donnern.

Wollte Joaku, dass die Zuschauer glaubten, der Magier wolle den verräterischen Prinzen von Daja für seine Tat bestrafen? Es gab keine Möglichkeit, sie etwas anderes glauben zu lassen. Karim schluckte den Schmerz und den Zorn und das Erschrecken hinunter, tat einen Schritt nach vorne, dachte sich eine Tür … und verschwand vor aller Augen.

11. Im Feuer

Mernat, Regent von Daja und Anführer der Feuerreiter, stand auf dem Wehrgang, die Hände auf dem glattpolierten Stein. Nach Jahrhunderten, in denen Wächter hier oben gestanden und Ausschau gehalten hatten, war der helle Stein dunkel verfärbt. Gelbe und graue Streifen zogen sich durch die Sandsteinblöcke, aus denen die Mauer gebaut war. Er dachte an die lange Geschichte der Stadt Daja. Als eine der ältesten Städte des Kaiserreichs Kanchar hatte sie sich schon vor mehreren tausend Jahren – ob es vor vier oder fünf Jahrtausenden war, darüber stritten sich die Gelehrten – einen Namen gegeben. Aus einem Marktplatz in der Nähe des Nebelmeers war ein blühendes Handelszentrum geworden, das die Wüstennomaden ebenso anzog wie Reisende aus Guna, Le-Wajun und dem Gebirge.

Er seufzte leise. Mernat war kein Mensch, der sich Gefühlen hingab, doch es stimmte ihn traurig, dass Daja heute enden würde. Vier- oder fünftausend Jahre kancharischer Geschichte und Kultur würden an diesem Tag in Flammen aufgehen.

Die Krähe hüpfte von einer Zinne zur nächsten, breitete die Flügel aus und landete neben seinen Händen. Ihr spitzer Schnabel in der Nähe seiner Haut hätte ihm noch vor wenigen Tagen einen Schauer über den Rücken gejagt. Er wusste, dass ihn der Vogel nicht leiden konnte. Doch heute war es ihm gleich, ob die Krähe nach ihm hackte. Es spielte keine Rolle mehr.

»Du hast es gehört, hm?«, fragte er. »Testra brennt. Sie sind alle gestorben, keiner hat es geschafft, aus der Stadt herauszukommen.« Der Magier, mit dem er durchs Wasser gesprochen hatte, war über der Schale ermordet worden, nachdem Eisensoldaten das Haus gestürmt hatten.

»Karim ist dort gewesen, als es passierte«, erzählte er weiter. »Als ich erfahren habe, dass er sich in Testra befindet, hatte ich Hoffnung, dass alles gut wird. Karim hat diese Fähigkeit, weißt du, alles zum Guten zu wenden. Ich dachte, es würde ihm auch diesmal gelingen. Alle dachten das. Aber Testra wurde überrannt, und … Prinz Karim konnte nichts dagegen unternehmen.«

Er betrachtete die Krähe, die ihn mit klugen Augen musterte und ein leises Krächzen von sich gab.

»Dort kommen sie. Die Feinde wissen, dass Karim nicht hier ist, so wie jeder das mittlerweile weiß, also werden sie angreifen. Sie machen sich bereit, wie man mit bloßem Auge sehen kann. Und wenn sie kommen, werden wir uns mit Händen und Füßen wehren. Wir werden kämpfend untergehen, mag es etwas nützen oder nicht, und so viele der Bastarde mitnehmen, wie wir können.«

Vorsichtig hob er den Zeigefinger und kraulte die Krähe am Kopf.

»Wie ich sehe, freundet ihr euch endlich an.«

Mernat fuhr herum. Der Vogel stieß einen Freudenschrei aus und flatterte auf.

Karim wirkte müde. Er nickte den Soldaten freundlich zu, die ihn mit aufgerissenen Augen anstarrten und deren Hände instinktiv zu den Waffen griffen, und trat dann auf Mernat zu. Er schwankte leicht, und hastig packte Mernat ihn bei den Schultern und führte ihn zu einer Kiste, damit er sich hinsetzen konnte.

»Du bist gekommen!«, war das Erste, was ihm einfiel. Ihm war schwindelig vor Erleichterung, doch etwas an Karim war anders. Sein Gesicht war blass, seine Augen dunkel vor Erschöpfung. Seine Haare stanken nach Rauch, auch wenn seine Kleidung keine verkohlten Stellen aufwies. Er kam aus Testra, aber nicht aus dem Feuer. »Bist du verletzt?«

Karim fuhr sich durch die Haare und vergrub das Gesicht in den Händen. Er atmete tief durch. »Du weißt es schon.«

»Dass Testra gefallen ist? Ja, wir hatten Kontakt durchs Wasser.« Mernat drehte sich um und blickte über die Mauer hinweg auf die glitzernde Linie der eisernen Belagerer. Sie waren immer noch in Bewegung.

»Und trotzdem heißt du mich willkommen?«

»Was auch immer dort passiert ist … Wenn du nichts ausrichten konntest, dann hätte niemand es gekonnt. Du hättest sie niemals mit Absicht untergehen lassen. Du bist der Prinz von Daja, der Gesegnete der Götter.« Irgendwo auf der Mauer wurde das Horn geblasen. Mernat zuckte zusammen. Obwohl er die ganze Zeit über damit gerechnet hatte, erschrak er. Also war es so weit.

»Jetzt«, murmelte er. »Sie kommen.«

Karim hob den Kopf und straffte sich. Die Krähe flog auf seine Schulter, und von einem Augenblick auf den anderen verwandelte der Prinz sich – von einem geschlagenen, verwundeten Soldaten, der sein nacktes Leben aus einer verlorenen Schlacht heraus gerettet hatte, in einen Befehlshaber.

»Ich brauche einen Eisenvogel«, sagte er. »Sofort. Und jemanden, der ihn für mich fliegt.«

»Was hast du vor?«, fragte Mernat. Er sah die Feinde vorrücken. Sie hatten Katapulte bei sich, die sie nach vorne schoben. Er wusste, dass der Angriff auf Testra genauso begonnen hatte. Wieder ertönten die Hörner. Das hieß, dass auch auf der östlichen Seite der Stadt Gefahr drohte. Die Nehesser und ihre Eisensoldaten schlossen den Ring enger und griffen an mehreren Stellen gleichzeitig an. Sein Mund wurde trocken.

»Ich lasse sie ihr eigenes Feuer spüren«, sagte Karim. In seinen dunklen Augen las Mernat nichts als unbeugsame Entschlossenheit. »Doch dafür muss ich nah heran. Ich brauche den schnellsten, wendigsten Feuerreiter von Daja. Sie werden auf uns schießen, und vermutlich kommen wir nicht zurück.«

»Ich fliege mit dir«, hörte Mernat sich sagen.

»Das geht nicht«, widersprach Karim. »Die Stadt braucht dich, wenn ich nicht zurückkomme.«

»Wenn du scheiterst, wird von Daja nichts übrigbleiben. Komm, beeilen wir uns. Wir nehmen den Wüstenfalken, der oben auf dem Turm steht.«

Sie rannten los. Mehrmals musste Mernat Karim am Arm packen, wenn dieser strauchelte. Er war nicht in der Verfassung für einen Kampf, vielleicht war er nicht einmal fähig zu fliegen. Doch was immer er vorhatte, es würde Daja retten. Es musste einfach so sein.

Mernat entging nicht, wie die Soldaten auf der Mauer entsetzt auf die sich nähernden Eisenmänner blickten, wie fassungslos sie darauf reagierten, dass er und Karim vorbeihetzten. Wie das Raunen lauter wurde.

»Er ist hier. Prinz Karim!«

»Mögen die Götter mit uns sein!«

Dann waren sie am Eingang zum Turm angelangt. Die Krähe flatterte auf und flog voraus. Mernat legte den Arm um Karims Hüfte und schleppte ihn mit sich nach oben, eine Stufe nach der anderen. Karim schwankte, musste sich immer wieder abstützen, doch endlich hatten sie die Plattform erreicht. Der Wüstenfalke stand mit ausgebreiteten Flügeln in der Sonne, den geöffneten Schnabel in den lauen Wind gereckt. Die Hörner gellten immer lauter, von allen Seiten, und schon hörte man den ersten Einschlag.

Mernat stieg auf, zerrte dann Karim in den Sattel und weckte den Falken. Der Prinz schenkte der Krähe einen letzten Blick. »Flieg nach Guna, wenn das hier vorbei ist. Leb wohl.«

Und sie stiegen in die Luft.

»Wohin?«, fragte Mernat.

»Geradewegs zu den Eisenmännern. Und dann fliegen wir den Belagerungsring entlang. So dicht über ihnen wie möglich. Doch sie werden versuchen, uns abzuschießen, also sei vorsichtig. Außerdem musst du dem Feuer davonfliegen.«

»Dann auf in die letzte Schlacht«, sagte Mernat und beugte sich über den Hals des schlanken Vogels.

Sie flogen hoch, damit die Feinde sie nicht sofort bemerkten, vor der blendenden Sonne, und stürzten sich dann von oben auf die Eisensoldaten herab. Mernat fing den Falken ab, bevor sie in die feindlichen Truppen krachen konnten, und riss ihn hoch, sodass er haarscharf über Helme und Lanzen hinwegschoss.

Karim tastete nicht direkt nach den Brandsteinen, wie er es bisher immer gemacht hatte, sondern warf seine Sinne aus wie ein Netz. Er wusste, wie die Brandsteinsplitter sich anfühlten, die in den eisernen Leibern glommen, und nun stellte er die Verbindung zu Dutzenden auf einmal her. Während sie flogen, zupfte er sie reihenweise mit seinem Willen an, als würde er spinnwebdünne Fäden zwischen ihm und ihnen spannen. Mernat wich zur Seite aus, eine Wurflanze zischte an ihnen vorbei, dann zog er den Falken steil hoch, bis er senkrecht stand, und ließ ihn rücklings fallen. Sein Freund war nicht umsonst einer der ranghöchsten Feuerreiter. Er war ein virtuoser Flieger, zackig und flink und risikobereit. Karim konzentrierte sich auf die Steine, während der Falke unter dem Lanzenhagel hinwegtauchte und elegant weiterglitt. Er überließ den Vogel ganz Mernat, sein eigener Wille berührte die Seele des Eisenvogels nicht einmal sacht. Hätte er das getan, würde er am Ende den Vogel genauso in Feuer aufgehen lassen wie die Eisenmänner dort unten.

Vor ihm – keine zwanzig Meter entfernt – hob ein Magier die Hand und schleuderte etwas, das Karim nicht auf die Schnelle erkennen konnte. Das Geschoss verließ die Hand des Mannes und flog auf ihn zu – und in diesem Moment rissen die ersten Fäden, die die Brandsteine hielten. Hinter Mernat und Karim schoss eine Feuersäule in den Himmel. Die Hitzewelle riss den Wüstenfalken vorwärts, das Geschoss des Magiers sauste an Karim vorbei, und die Explosionen pflanzten sich hinter ihnen fort. Mernat lachte laut, während der Wüstenfalke pfeilschnell über die Truppen hinwegjagte.

Sofort warf Karim das nächste Netz aus.

Die Hörner gellten durch den Tag. Das Krachen und Brüllen des Feuers verfolgte die beiden Freunde. Immer wieder wich Mernat neuen Angriffen aus, schlug Haken, zwang den Falken steil in die Luft und ließ ihn wieder ins Leere stürzen. Immer mehr Lanzen und Pfeile flogen ihnen entgegen, denn die Feinde waren mittlerweile gewarnt. Und dann raste ihnen plötzlich etwas Großes, Schweres entgegen – ein Eisensoldat. Die Nehesser mussten eins der Katapulte gedreht und darauf gewartet haben, dass der Falke in Schussweite war.

Mernat versuchte auszuweichen, doch da prallten sie schon zusammen. Der Eisenvogel geriet ins Trudeln, als der Metallmann seinen Flügel zu fassen bekam. Er kämpfte, flatterte, und Mernat schrie etwas. Schon fielen sie. Es ging so schnell, dass Karim, dessen Augen zwar die Umgebung wahrnahmen, dessen Sinne jedoch auf die Brandsteine ausgerichtet waren, keine Zeit hatte, einen Plan zu fassen, um sie zu retten. Er reagierte instinktiv.

Ein Schritt. Eine Tür. Ein Sturz über eine Schwelle.

Etwas öffnete sich zwischen einem Blinzeln, einem Herzschlag – und sie stürzten nicht zwischen die Eisensoldaten unter ihnen, sondern tauchten in eine kalte, dunkle Masse ein, glatt wie ein warmes Messer, das in Butter schneidet.

Erst als das Wasser kraftvoll über ihnen zusammenschlug und die Dunkelheit überall war, ein Wirbel aus Weiß und Schwarz und Salz und Kälte, begriff Karim, was er getan hatte. Er war mit allem gesprungen – mit dem Falken, dem Eisenmann und Mernat, und er hatte absolut keine Ahnung, wohin.

Sie sanken unglaublich schnell. Mit willentlicher Anstrengung löste Karim die Beinklammern, hielt sich jedoch am Sattel fest und griff nach Mernat. Da Karim so abrupt aus seinen magischen Bemühungen gerissen worden war, fühlte es sich an, als sei sein Wille in zwei Hälften geschnitten worden. Doch trotz seiner Benommenheit richtete er seinen magischen Sinn auf den versinkenden Falken aus und löste auch Mernats Klammern. Dann erst, seinen Freund fest am Kragen gepackt, strebte er in die Höhe. Mit angehaltenem Atem und einigen kräftigen Beinstößen brachte er sie nach oben, und statt dem Sog in die Tiefe zu folgen, durchbrachen sie die Wasseroberfläche.

Über ihnen war es hell. Milchige Schwaden zogen über die schwarzen Wellen hinweg, die unruhig hin und her wogten. Karim hielt Mernats Kopf über Wasser, während er sich umsah. Das Nebelmeer? Hatte er es tatsächlich geschafft, sich und den anderen Feuerreiter ins Nebelmeer hinein zu retten? Gütige Götter, die Schlacht um Daja war noch nicht ausgestanden, sie mussten sofort zurück!

Er versuchte, sich eine Tür vorzustellen, durch die er hindurchschwamm, doch sein Kopf dröhnte, seine Lunge brannte, und die Macht des Augenblicks, die sie hierherbefördert hatte, war vorüber.

Wo im Nebelmeer mochten sie sein? Wie weit von der Küste entfernt? Einen Horizont zu sehen war unmöglich. Um sie herum nur Nebel. Nur der weiße Himmel über ihnen, der sie zu verhöhnen schien. Nur … Geräusche. Und Stimmen, irgendwo vor ihnen. Es mochte eine Täuschung sein. Anyana hatte ihm von den Stimmen erzählt, die im Nebelmeer wohnten, von den Gesichtern, vom Wispern der Toten. Falls die verlorenen Seelen ihn in die Irre locken wollten, konnte er sie nicht daran hindern. Da ihm nichts anderes blieb als die Hoffnung, schwamm er in die Richtung, welche die Stimmen ihm wiesen.

Bald schon ging es über seine Kräfte, Mernat über Wasser zu halten und mit ihm zusammen vorwärtszukommen, während die Wellen um sie herum Berge und Täler bildeten und sich wild gebärdeten. Dennoch ließ er seinen Freund nicht los. Keuchend und Wasser spuckend, war er mit dem Kampf gegen das Meer beschäftigt, sodass er überrascht zusammenzuckte, als er mit dem Rücken gegen etwas stieß, sich die Haut an scharfen Muscheln aufriss und über sich die Aufbauten einer Mole entdeckte.

Irgendwie schaffte er es, um Hilfe zu rufen, und nach einer Weile, die ihm endlos vorkam, hörte er Stimmen über sich. Dass sie stritten, nahm er kaum noch wahr. Doch endlich griffen Hände nach ihm und Mernat, zerrten ihn mit sich, und sein Wille verließ ihn.

Ein Gesicht beugte sich über ihn. Dunkle Augen in einem dunkelhäutigen Antlitz, graues Haar, zu vielen dünnen Zöpfen geflochten.

»Er ist kein Geist, habe ich es nicht von Anfang an gesagt?«

»Das beantwortet jedoch nicht die Frage, wer die beiden sind und woher sie kommen, Mutter. Du bist zu leichtgläubig. Niemand kommt von der anderen Seite.«

Karim blinzelte. Er befand sich in einem fensterlosen Raum, der nur durch die Sonnenstrahlen erhellt wurde, die durch die Ritzen in den Wänden drangen. Auf einem Schemel neben seinem Bett saß eine Frau, die vermutlich Heilerin war, denn sie hielt einen Krug in beiden Händen, aus dem ein vertrauter Duft aufstieg. Auch die Wüstendämonen wussten den Saft der Wüstenblume zu nutzen – um Freunde in einen Heilschlaf zu versetzen oder um Feinde zu betäuben.

Hinter ihr stand eine zweite, jüngere Frau, die ihn misstrauisch beäugte. »Er ist wach. Endlich.«

Endlich? Dem Licht nach zu urteilen musste es gegen Mittag sein, doch die Schlacht um Daja hatte am frühen Nachmittag stattgefunden. »Habe ich einen ganzen Tag verschlafen?«

»Oh, er spricht«, sagte die jüngere Frau. »Noch dazu Kancharisch.«

»Zwei Tage hast du wie ein Toter dagelegen«, antwortete die Heilerin. »Dein Begleiter ist schier verzweifelt. Er hat verneint, dass ihr Geister seid. Obwohl seine Geschichte mehr als ein Hinweis darauf ist.«

Mernat hatte überlebt. Wenigstens etwas. Doch wenn die Schlacht zwei Tage zurücklag … dann war Daja längst Rauch und Asche.

Oh ihr Götter! Warum hatte er diese unselige Tür geöffnet, mitten im Flug, noch dazu ins Meer?

»Seine Geschichte? Ein Hinweis worauf?« Wovon, bei Kelta und Kalini, sprach die Frau?

»Nun, er behauptet, er sei ein Feuerreiter aus Daja, der mit seinem Eisenvogel in der Schlacht abgestürzt sei.« Sie zog die Brauen hoch, und ihr Lächeln wurde breiter. »Und dennoch will er uns glauben machen, ihr beide seid keine Toten.«

»Wo sind wir hier?« Karim bewegte vorsichtig seine Arme und

Beine und setzte sich auf. Seine Kleidung hatte man ihm abgenommen, er trug nur ein dünnes Leinenhemd. Aber man hatte sich offenbar um ihn gekümmert. Er fühlte sich überraschend gut, ausgeschlafen und gesund. Aber zwei Tage. Zwei Tage!

»Am Nebelmeerhafen«, erklärte die Jüngere und verschränkte die Arme vor der Brust. »Das Graue Schiff ist gesunken, und die Toten sind an Land gekommen. Wir haben sie gesehen. Ich habe sie gesehen! Ein ganzes Heer, und sie sahen so lebendig aus wie du und ich. Deshalb haben wir gezögert, euch an Land zu ziehen – wir gehen den Geistern lieber aus dem Weg.«

Waren denn alle verrückt geworden? »Ein Heer aus Toten?«

»Mit einem König an der Spitze. Einem Mann, der wie ein König aussieht, in einem roten Umhang. Einem Mann, dem du verblüffend ähnelst.«

Karim hätte sich am liebsten wieder ins Kissen fallen lassen. Tizarun und das Graue Schiff! Er hatte es geschafft und war an Land gekommen? War nicht auch der kleine Lijun auf diesem Schiff gewesen – und Anyana? Das hatte ihm zumindest Unya erzählt.

Es war untergegangen? Bei allen Göttern!

»Habt ihr eine Frau im Heer marschieren sehen? Ein rothaariges Mädchen mit einem Kind?«

Die beiden Frauen wechselten einen verwunderten Blick. »Hast du sie gesehen, Elida?«, fragte die Ältere.

»Nein, da waren keine Kinder. Das hätte ich bemerkt.«

Wo also war Anyana? Er wollte noch so viele Fragen stellen, doch die Heilerin und ihre Tochter schienen nicht mehr zu wissen, als dass Tizarun mit einem gewaltigen Gefolge im Hafen angelangt war.

»Als hätten wir nicht schon genug Sorgen«, murmelte er, dann schwang er die Beine über die Bettkante. »Wo ist mein Freund? Wir müssen sofort aufbrechen.«

»Du bist wach. Endlich.« Licht flutete in die Hütte, als Mernat die Tür aufstieß. »Ich hatte schon befürchtet, dass du niemals mehr aufwachst und die Frauen damit recht haben, dass du ein Geist bist.«

»Ah, der Feuerreiter«, begrüßte ihn die Jüngere spöttisch. »Der seinen Eisenvogel über Daja geritten ist und über dem Nebelmeer abgestürzt hat. Wer auch immer diese zwei sind, ob Geister der Schlacht oder aus dem Nebelmeer oder aus Kato – jedenfalls sind sie Lügner.«

»Ich danke euch für die Gastfreundschaft«, sagte Karim freundlich. Ihm entging nicht, wie ihn die beiden musterten, als er aufstand. Sah er nicht tatsächlich so aus wie Tizarun? Es fehlte nur noch der rote Mantel und die arrogante Miene eines Tyrannen, der buchstäblich über Leichen ging. »Doch nun müssen wir nach Daja zurück. Wisst ihr etwas über den Ausgang der Schlacht?«

»Hier spricht niemand durchs Wasser«, beschied ihm die Heilerin. »So nahe am Nebelmeer sollte man das nicht tun. Man weiß nie, was man zu sehen bekommt.«

»Das haben sie mir auch schon erzählt«, bemerkte Mernat. »Ich habe keine Ahnung, wie es um unsere Leute steht.«

Karim empfand jäh ein Gefühl von Dankbarkeit – dafür, dass Mernat noch hoffen konnte. Dass er nicht glaubte, alles sei verloren, dass er sich einen guten Ausgang des Ganzen überhaupt vorstellen konnte. Als sei nicht alles, was Karim unternahm, verflucht.

Er entdeckte seine Kleider auf einem Hocker am Bettende und zog sich rasch an, ohne sich von den Frauen stören zu lassen. Dann nickte er ihnen freundlich zu, legte die Hand auf Mernats Schulter und ging mit ihm zusammen durch die Tür.

Sie standen in seinem Zimmer in Daja. Oder vielmehr in dem, was davon übrig war. Beinahe wäre Karim im letzten Moment zurückgezuckt und hätte ihre Reise damit unmöglich gemacht. Doch da waren sie schon angekommen.

Die Wände standen noch. Vorhänge beschatteten in Trümmern liegendes Mobiliar, schützten die umgestürzten Palmen und die in eine bunte Masse verwandelten, ehemals blühenden Pflanzen vor dem grellen Sonnenlicht. Verräterisch dunkle Flecken auf den mit Erde und abgerissenen Blättern übersäten Fliesen erinnerten daran, dass Karim beim letzten Mal auf Meuchelmörder gestoßen war. Heute war sein Schlafzimmer leer. Alles war still.

»Jedenfalls gibt es den Palast noch«, stellte Mernat fest. Auch er klang erleichtert. Doch er bewegte sich vorsichtig zur Tür.

»Warte«, flüsterte Karim. Er hatte seinen Dolch verloren – entweder beim Absturz oder schon früher. Ob Laikan ihn entwaffnet hatte, während er gelähmt gewesen war? Jedenfalls würde er nicht ohne Waffe durch ein höchstwahrscheinlich besetztes Gebäude schleichen. Da sie in seinen eigenen Räumlichkeiten angekommen waren, kannte er sämtliche Verstecke, in denen er Waffen, Geld und andere nützliche Dinge lagerte. Die Wüstendämonen hatten seine Zimmer offensichtlich durchsucht und diverse Möbel und Besitztümer zerschlagen, aber die Verstecke hatten sie nicht entdeckt, denn natürlich hatte er nichts Wichtiges in den Holzmöbeln aufbewahrt. Rasch überprüfte er die Nischen und Hohlräume, die er mit Magie verborgen hatte, und zog eine stattliche Anzahl von Dolchen sowie zwei Säbel und ein Kurzschwert aus einem Fach in der Wand.

Mernat nahm ohne einen Kommentar einen Dolch und das Schwert an sich. Nur ein leichtes Zucken seiner Brauen verriet seine Belustigung.

»Ich hatte nicht vor, eine Palastrevolution anzuzetteln, falls du mich das gerade fragen wolltest.«

»Dann hoffe ich, dass du deine Meinung geändert hast«, gab Mernat trocken zurück.

Sie kehrten an die Tür zurück. Karim verkniff sich den Vorschlag, dass er vorgehen könnte. Mernat war kein Feigling, das hatte er oft genug bewiesen. Er würde sich ohnehin nicht hinter Karims Rücken verstecken.

Der Korridor vor seiner Zimmerflucht war etwa fünf Meter breit. Zu beiden Seiten gingen Türen ab, in regelmäßigen Abständen führten Rundbögen in weitere Gänge oder zu geräumigen Treppenhäusern. Mernats Schritte hallten auf dem weißen Marmor, während Karim so unhörbar auftrat wie ein Geist. Doch er musste seinen Freund nicht dazu anhalten, leiser zu sein. Wie ausgestorben lagen die Flure vor ihnen. Sie schritten eine Treppe hinunter und eine weitere. Nirgendwo standen Wachen, keine Dienstboten eilten geschäftig umher, und Karims Herz wurde mit jedem Schritt schwerer. Der Palast mochte noch stehen, doch die Menschen waren fort. Die Feinde hatten Daja aus irgendeinem Grund nicht niedergebrannt – Güte war es bestimmt nicht gewesen –, doch was war mit den Einwohnern passiert?

Durch die offenen Fenster wehte nichts als Stille herein.

»Das ist unheimlich«, flüsterte Mernat. »Sind denn alle tot?«

Karim hatte keine Antwort für ihn. Er zwang sich, weiterzugehen, innerlich bereits zurückzuckend vor dem, was sie vorfinden würden, sobald sie aus dem großen Portal nach draußen traten.

Keine Wächter in der Eingangshalle. Die schweren Flügel waren geschlossen, und Mernat, der die Hände an die Metallstange legte, die in Brusthöhe angebracht war, zögerte. Karim nickte ihm ermutigend zu. Es führte kein Weg daran vorbei – sie mussten sehen, was mit der Stadt passiert war.

Das Knarren und Quietschen der Scharniere gellte durch die Stille. Metall kreischte gequält. Mernat zog die Tür weit auf, und dann standen sie auf der Schwelle und blickten in Tausende von Augenpaaren, die sie entgeistert anstarrten.

Vor dem Palast, etwa fünfzig flache Stufen tiefer, erstreckte sich eine ausgedehnte Terrasse aus hellem Sandstein. Dieser Vorplatz war groß genug, um auf seiner Länge etwa fünfzig Tischen Platz zu bieten. Es mochten wiederum fünfzig Reihen sein. Auf weißen Sitzkissen lagernd, umringten etwa jeweils zehn Personen jeden dieser runden, kniehohen Tische. Noch während Karim seine Überraschung auskostete, überschlugen seine geschulten Sinne schon die Zahl der Menschen, die auf der Terrasse saßen – es waren hier über zwanzigtausend Dajaner versammelt. Dajaner, nicht etwa Nehesser oder Eisensoldaten. Feuerreiter in ihren dunklen Ledermänteln saßen zwischen Marktfrauen und einfachen Handwerkern, Soldaten tranken mit Teestubenbesitzern, Dienstmädchen mit Edelfrauen, Grafen mit Arbeitern aus den schmutzigen Vierteln im Süden der Stadt.

Auch um den Platz herum hatte sich eine große Anzahl von Menschen versammelt. Schweigend standen sie da, doch in dem Moment, als Karim und Mernat aus dem Palast traten, kam Bewegung in die Menge. Es war, als würde ein plötzlich aufkommender Wind die Stille aufwirbeln.

»Wo sind die Eisensoldaten?«, fragte Mernat leise. »Wir sind vorgestern kaum um die halbe Stadt herumgeflogen. Wir haben nicht alle erwischt. Es waren mehr als genug übrig, um Daja dem Erdboden gleichzumachen.«

Karim zuckte nur mit den Schultern. Ihm kam dies alles hier genauso rätselhaft vor wie seinem Freund.

Das Gemurmel wurde lauter. Die Hälfte der Menschen, die an den Tischen saß, sprang auf, während die übrigen darum baten, man möge sich wieder setzen. Er hörte seinen Namen aus dem Wispern und Tuscheln und Rufen heraus.

»Prinz von Daja.«

»König der Toten.«

Verdammt, war Tizarun etwa gestern vorbeigezogen, angetan mit seinem roten Mantel, begleitet von seinem Heer aus toten Seelen? Am Nebelmeerhafen hatte er selbst erlebt, dass das Nebelmeer schwieg, da die Seelen nun alle Tizarun folgten. Hatten diese Dajaner ihn alle gesehen und veranstalteten deshalb diese merkwürdige Versammlung?

In diesem Moment flog von irgendwoher die Krähe herbei. Wie ein schwarzer Pfeil schoss sie durch den Himmel und landete auf seiner Schulter. Das Raunen wurde lauter.

»Er ist es. Er ist es wirklich!«

Karim breitete die Arme aus und ging entschlossen nach vorne bis zu den Stufen. »Ich bin nicht tot!«, rief er laut. »Ich bin Karim von Daja, und ich bin nicht tot!«

Mernat trat neben ihm. »Ebenso wenig wie ich. Was passiert hier? Dürfen wir an eurem Fest teilnehmen?«

Ein Feuerreiter löste sich aus der Menge der Feiernden und schritt die Stufen zu ihnen hinauf. Karim kannte den Mann, er hatte mit ihm zusammen auf der Mauer gestanden, als die Feinde angerückt waren, und auch schon früher waren sie zusammen geflohen. Sein Name war Adra, meinte er sich zu erinnern. Adras Miene verriet seine Unsicherheit, doch er trat vor Karim hin und umarmte ihn.

»Ihr seid es. Lebendig. Atmend!«

»Erzählt uns, was passiert ist«, verlangte Mernat.

Der Feuerreiter musterte auch Mernat, trat dicht vor ihn hin und legte eine Hand auf seinen Arm.

»Sie leben!«, rief er laut über den Platz. »Beide!«

Ein ohrenbetäubender Jubel brach aus. Nun sprangen alle auf, ohne von ihren Nachbarn daran gehindert zu werden. Becher wurden gehoben, Menschen schrien ihrer beider Namen, andere lachten ausgelassen. Die Menge am Rand des Platzes brüllte ihre Freude heraus. In all dem Jubel konnte Karim nichts verstehen, auch nicht die Erklärungen, auf die er wartete. Schließlich hob er die Hand, und erneut verfiel ganz Daja in Schweigen.

»Ihr seht uns unversehrt«, sagte er laut.

»Durch ein Wunder der Götter«, fügte der Feuerreiter hinzu, und wieder begann ein Toben und Stampfen und Klatschen, das die Erde erbeben ließ.

Schließlich führte Adra sie die Stufen hinunter. Eifrig rückten die Dajaner beiseite, um Karim und Mernat Platz an einem der Tische zu gewähren. Man überließ ihnen zwei Kissen, deren vorherige Nutzer sich auf den Boden setzten.

»Wie ist es möglich?«, fragte eine Frau an ihrem Tisch. Auch sie kam Karim bekannt vor – eine Adlige, die im Palast häufig zu Gast gewesen war. »Wir hielten Euch für tot, Kalazar. Mehr noch, wir sahen, wie Ihr über den Eisensoldaten abgestürzt seid, mitten ins Feuer!«

»Erzählt uns, was danach geschah. Haben die übrigen Eisensoldaten ihren Angriff fortgesetzt? Wie konntet Ihr sie abwehren?«

Adra ergriff das Wort. »Nein, Kalazar, darin irrt Ihr Euch. Die Soldaten sind stehen geblieben, ohne sich zu rühren. Das Feuer brennt immer noch da draußen, könnt Ihr den Rauch nicht sehen? Ihr habt uns gerettet. Heute wollten wir Euren Opfertod feiern.

Deshalb die Tische, Wasser und Wein. Wein zum Dank für die Rettung Dajas, Wasser zum Gedenken an Euer beider heldenhaftes Sterben. Es schien uns unrecht, unser Überleben mit lautem Jubel zu begehen, angesichts dessen, was mit Testra passiert ist, deshalb entschieden wir uns, dieses Fest in aller Stille zu begehen. Wir haben einen Tag der Ruhe eingelegt, wie es einem toten König gebührt, um an Euch und an Testra zu denken und den Göttern zu danken.«

Sichtlich gerührt griff Mernat nach einem Becher, doch Karim schnürte es die Kehle zu. »Die eisernen Soldaten stehen noch da draußen vor den Mauern? Sind die Menschen, die bei ihnen waren, geflohen?«

Diese verfluchten Magier hatten es also mit der Angst bekommen und waren davongerannt, ohne abzuwarten, ob auch ihre Einheiten von dem Feuer erfasst werden würden. Vielleicht hatten sie nicht begriffen, was geschah, dass nur ein einzelner Eisenvogel über die Truppen aus Eisen hinweggeflogen war, sondern hatten mit einer neuartigen Waffe gerechnet, die von den Mauern Dajas aus abgefeuert wurde.

Er konnte es nicht fassen. Daja war gerettet. Der Druck in seiner Brust bedeutete hoffentlich nicht, dass er gleich in Tränen ausbrechen würde.

»Wir hatten keinerlei Zweifel an Eurem Tod«, sagte Adra leise. »Zahlreiche Zeugen sahen Euren Sturz ins Feuer und hofften, Ihr wärt den Flammen irgendwie entkommen, so wie Ihr der Skorpiongrube entstiegen seid. Doch dann sahen einige Bürger, die draußen auf dem Schlachtfeld die Leichen bargen, ein seltsames Heer vorbeiziehen. Männer und Frauen in unterschiedlichsten Gewändern, nebelhafte Gestalten, die über die Ebene gingen, ohne nach links und rechts zu blicken. Geisterhaft. Der Duft von Salz und Meer wehte über das Feld hinweg. Manche, so heißt es, seien durchsichtig gewesen wie Glas, andere wirkten so lebendig wie Ihr und ich. Doch an der Spitze, da waren sich die Zeugen einig, seid Ihr gegangen, Prinz Karim.« Ihn schauderte, und er senkte die Stimme noch mehr, bis er fast flüsterte. »Die meisten haben es geglaubt. Denn wir dachten, Euch sei von den Göttern die Gunst zuteilgeworden, Abschied von Daja zu nehmen.«

»Und wer es nicht geglaubt hat?«, fragte Karim, dem plötzlich kalt wurde.

»Nahm an, dass es ein Trugbild war, geschaffen von unseren Feinden, um uns den Mut zu nehmen. Um uns glauben zu lassen, Ihr wärt verdammt. Denn wen die Götter lieben, den rufen sie zu sich«, sagte Adra. »Sie lassen ihre Lieblinge nicht durch die Wüste irren, sondern zeigen ihnen den Weg durchs Flammende Tor.«

»Nein«, sagte Karim leise. »Die Götter rufen die Seelen nicht mehr. Einige finden den Weg von alleine, andere verirren sich in den Nebeln. Ich war in Kato. Die Toten sind blind für die Fehler ihres Lebens, und sie fürchten sich vor nichts. Der Mann in dem roten Mantel war kein Trugbild, Bruder. Er war ein Mann, der vor vielen Jahren starb: Tizarun, die Sonne von Wajun.«

»Euer … Vater?«, wisperte Adra entsetzt. »Was will er in Kanchar?«

Karim erinnerte sich an Kato zurück, an jenes andere Wabinar, an den monströsen Palast, groß wie ein Berg, wo Tizarun seine Sklaven bis aufs Blut peitschen ließ, damit sie sein Schiff bauten. Er dachte an Tizarun, der den kleinen Lijun packte, an Anyanas Angst, an die Augen seines Vaters, die ohne Liebe waren.

»Was er hier will? Sich holen, was ihm zu Lebzeiten nicht vergönnt war.« *Die Toten sind blind*, dachte er. *Es gibt keine Reue, keine Umkehr. Es gibt nur sie und ihre eigene Wahrheit, die immer in ihrem Herzen war, zum Guten oder zum Schlechten.* »Einen Sieg, wie es ihn nie zuvor für Le-Wajun gegeben hat.«

Das Schiff war gesunken, und die Toten waren an Land gegangen, um Tizarun zu folgen. Und wo war Wihaji geblieben? Wo konnte er Anyana und Lijun finden?

Karim rieb sich die Augen. Jemand drückte ihm einen Becher schweren, dunklen Wein in die Hand, und daraus stieg der Duft nach den Wäldern Katos auf, nach Beeren im Dornendickicht und weißen Blüten am Ufer der kristallklaren Seen. Warum hatte Tizarun Daja verschont? Vermochte er überhaupt etwas auszurichten, hier in der wirklichen Welt, dem echten Kanchar? Dies war nicht Kato. Welche Macht hatte Tizarun auf dieser Seite des Nebelmeers?

Karim trank, während die Menschen auf dem Platz vergessen hatten, dass sie ein Fest der Stille feiern wollten. Sie scherzten und lachten, sie aßen und tranken. Die Krähe spazierte über den Tisch und trank aus einem Becher. Über ihnen flogen feine Rauchwölkchen hinweg, und der Tag blühte wie ein Garten voller Blumen, duftend, betörend, süß, lebendig, strotzend vor Pracht und Fülle und Hoffnung.

Testra war gefallen, doch Daja nicht. Oh ihr Götter, Daja nicht.

Karim dankte allen Göttern dafür, obwohl ihm bewusst war, dass ganz Kanchar ihn deshalb umso mehr hassen würde – weil er die eine Stadt nicht gerettet hatte und die andere, seine eigene, unversehrt geblieben war. Ganz Kanchar würde ihn hassen, genau wie Joaku es prophezeit hatte, und nirgends würde er sicher sein vor seinen Feinden. Heute, einen Becher Wein in der Hand, die feiernden Menschen um ihn herum, die ihm zuprosteten, die vorbeigingen, um seine Schulter zu berühren und sich zu vergewissern, dass er es leibhaftig war und keine Nebelgestalt aus dem Meer, heute war er gewillt, es zu vergessen.

Denn Testra war gefallen und Daja nicht.

12. Bevor der Sturm kommt

Das Gesicht des Magiers wirkte seltsam verzerrt. Matino beugte sich tief über die Schale, um ihn besser verstehen zu können.

»Sag mir nicht, dass du wieder keine guten Nachrichten für mich hast.«

»Es tut mir leid, Kalazar. Fürst Yando ist wie vom Erdbeben verschluckt. Wir geben unser Bestes.«

»Das will ich doch sehr hoffen.« Matino schlug mit der Faust auf den Tisch, das Wasser schwappte über, das Bild war fort. »Verdammt!«

Die eiserne Armee rückte immer näher. Vom Dach des Palastes aus konnte man sie noch nicht sehen, doch flog man mit einem Eisenvogel über die Stadt in Richtung Westen, sah man nach einer Weile die Staubwolke, die von den heranmarschierenden Eisensoldaten aufgewirbelt wurde. Von Süden her näherte sich Teniras Streitmacht. Matino zweifelte nicht daran, dass er mit ihren menschlichen Soldaten fertigwerden würde, doch seine Generäle waren sich einig: Prinz Laikan würde die Eisenwesen vorschicken, um Wabinar zu erobern, während sich die Menschen zurückhielten. Erst wenn es darum ging, die Überlebenden zusammenzutreiben, würden die menschlichen Soldaten auf den Plan treten.

So hatten die Feinde es in den kleineren Städten und Dörfern auf dem Weg gehalten. Wenn sie nicht vorhatten, mit Wabinar so zu verfahren wie mit Testra.

Matino krallte die Hände um die Schüssel. Wie lange konnte es dauern, diesen verfluchten Sklaven zu finden? Wenn sie Yando nicht auftrieben, musste er sich selbst in den Eisendrachen setzen.

»Kalazar?« Graf Ricto hatte sich rasch einen Platz in Sahikos Nähe erobert. Matino hielt ihn für einen Schmeichler und Speichellecker, aber immerhin hatte der Mann die junge Prinzessin versteckt, als noch lange nicht klar gewesen war, welcher Erbe den Kaiserthron besteigen würde. Dieser Einsatz verdiente Anerkennung. »Soll das geplante Treffen der Generäle stattfinden oder benötigt Ihr eine Pause?«

Die Panik in der Stadt nahm zu. Die Ersten versuchten sogar, nach Norden und Osten in die Berge zu fliehen, um sich in Talandria vor der feindlichen Heeresmacht zu verstecken. Zur Beruhigung aller hatte Matino den Obersten des kancharischen Heeres den Eisendrachen vorführen wollen, doch dafür brauchte er einen fähigen Feuerreiter. Sie mussten eine Strategie entwerfen, und zwar schnell. Matino wusste, dass die anderen bereits Pläne schmiedeten, wie der Eisenarmee zu begegnen wäre, doch solange er darauf beharrte, dass der Drache alle Probleme lösen würde, hielten sich die Generäle zurück.

»Kalazar? Wünscht Ihr ein paar Sklavinnen zur Entspannung?«

Matino hob den Kopf. Vielleicht hatte er es bislang ganz falsch angestellt. Er hatte sämtliche Magier und Feuerreiter ausgesandt, um Yando zu suchen, er hatte sich auf ihre magischen Fähigkeiten verlassen. Doch ihm hätte klar sein müssen, dass der Wille eines Feuerreiters in diesem Fall genauso wenig nützte wie die Kraft eines Magiers.

»Ihr lebt seit Jahren im Palast, Graf«, sagte er.

Ricto neigte bejahend das Haupt.

»Wie gut kennt Ihr Yando?«

»Nicht annähernd gut genug, um zu erahnen, zu was für einem schrecklichen Verbrechen er fähig sein könnte, Herr.«

»Hört mit dem Gewinsel auf.« Matino wischte alle Entschuldigungen mit einer Handbewegung beiseite. »Mich interessiert der Mord nicht. Ich will wissen, wie Yando denkt. Wovon er träumt. Niemand im Palast scheint ihn richtig gekannt zu haben, doch das genügt mir nicht. Sprecht offen, Graf. Was wisst Ihr über den ehemaligen Ratgeber des Kaisers? Belästigt mich nicht mit Lob über seine Ratschläge oder mit Bedauern über seine Taten. Denkt gut nach, bevor Ihr antwortet.«

Ricto schloss kurz die Augen, um sich zu sammeln. Während der Feind näher rückte, hatten manche der Adligen im Palast begonnen, ihre Haltung oder ihre Kleidung zu vernachlässigen. Einige Frauen, die früher den Inhalt zahlreicher Schmuckkästchen in ihren aufwändigen Frisuren getragen hatten, begnügten sich nun damit, ihre geflochtenen Haare mit wenigen Spangen zurechtzustecken, statt sich stundenlang den kundigen Händen der Dienerinnen zu überlassen. Männer, die den Winkel ihrer Schärpe auf ihrem Wams auszumessen pflegten, wankten betrunken mit Augenringen und Krümeln im Mundwinkel durch die Flure. Es war eine Schande, wie schnell die Moral verfiel, wenn die Angst überhandnahm. Ganz Wabinar schien zu glauben, die Götter hätten es verlassen.

An einem Sieg gegen Laikan und Tenira hing nicht nur ihrer aller Leben, sondern auch Sahikos Krone und damit seine Stellung im Palast. Er brauchte sie, und sie beide brauchten das Vertrauen der Fürsten und Generäle.

Und der Schlüssel zu alldem war Yando.

»Würde er nach Guna gehen, von wo er stammt?«, fragte Matino. »Oder würde er sich in Le-Wajun verstecken? Hat er Sadi gar bereits nach Wajun gebracht, heimlich, ohne dass unsere Spione davon erfahren haben? Ist er die Art Mann, der an einen Ort flieht, den er kennt? Oder würde er sich dort verstecken, wo wir ihn niemals vermuten, weil nichts ihn damit in Verbindung bringt?«

Ricto machte die verzweifelte Miene eines Mannes, der unbedingt das Richtige sagen will. »Kalazar, ich …«

»Yando war nie loyal«, sinnierte Matino, ohne den Grafen zu beachten. »Er hat Liro ohne Scheu hintergangen. Er wollte sogar mehrmals fliehen! Er hat mir gehorcht, wo er ihm hätte gehorchen sollen, und war ihm folgsam, wo ich Ansprüche gestellt habe. Nein, Loyalität gehörte nie zu seinen hervorstechendsten Eigenschaften. Er hat Kanchar beraten, um Le-Wajun zu schützen, und hat Le-Wajun zugleich immer wieder geschadet … Je länger ich über ihn nachdenke, umso weniger greifbar scheint er mir.«

»Ich denke, er war sehr um das Wohlergehen des Jungen besorgt«, meinte Graf Ricto.

»Hat er ihn deshalb entführt – oder um seinen eigenen Vorteil daraus zu ziehen? Wäre es ihm um die Sicherheit der Kinder gegangen, hätte er doch gewiss Sahiko mitgenommen und sie seiner Schwester zurückgebracht. Nein, da muss etwas anderes dahinterstecken. Solange der Krieg gegen Le-Wajun nicht entschieden ist, wird er Sadi nicht nach Wajun bringen, das wäre zu gefährlich … Er wird abwarten, sich verkriechen, und sobald er weiß, wer der Gewinner ist, wieder zum Vorschein kommen. Darauf können wir jedoch nicht warten. Also, wo steckst du?« Matino legte die Stirn in Falten, während er mit dem Zeigefinger Kreise durchs Wasser zog. »Ist der Junge auf den Bildern?«, fragte er unvermittelt.

»Was meint Ihr?«, fragte Ricto verwirrt.

»Stellt Euch nicht dümmer, als Ihr seid! Die Wajuner pflegen Porträts ihrer Großkönige in ihre Häuser zu hängen, diese Barbaren. Ist Tenira auf diesen Bildern zu sehen oder Sadi oder sind es beide? Denn falls dem so ist, würde Yando nicht dorthin gehen, wo Sadi erkannt werden könnte.«

»Ich glaube nicht, dass er auf den Bildern ist«, sagte der Graf und erschauerte sichtlich. »Tenira hätte einen Maler herschicken müssen, und das wäre wohl kaum in Frage gekommen.«

Der Mann dachte mit. Eine gute Eigenschaft. Vielleicht konnte er sich doch noch als nützlich erweisen. Andererseits bedeutete das, dass Yando sich überall verstecken konnte, von der Westküste im fernen Anta'jarim bis zum Strand des Silbrischen Meeres.

Wo war der Schweinehund, verdammt noch mal?

»Die Wajuner würden ihren Großkönig beschützen«, fügte Ricto hinzu. »Wenn Fürst Yando und Prinz Sadi sich in Le-Wajun verstecken, könnte es schwierig sein, sie dort rauszuholen. Der Junge würde seinen Untertanen befehlen, seinen Lehrer zu verteidigen.«

Dennoch bezweifelte Matino, dass Yando sich ins Großkönigreich zurückgewagt hatte. Tenira war auf dem Weg nach Wabinar. Falls sie versagte, würde Kanchar Truppen nach Wajun schicken und das Reich der Sonne ein für alle Mal zerschlagen. Oder gab der verfluchte Gunaer Kanchar bereits verloren?

Sein Finger zog im Wasser weitere Kreise, es geriet in Bewegung, schlug Wellen.

»Aus diesem Grund«, schloss Ricto, »ist Yando nicht nach Le-Wajun gegangen. Wenn wir Feuerreiter in irgendein Provinznest schicken würden, wären dessen Bewohner verloren. Früher hätte der Kaiser nicht einmal daran gedacht, einen solchen Einsatz zu befehlen, doch da wir uns ohnehin im Krieg befinden …«

»Warum sollte es Yando kümmern, wenn er ein paar Dörfler in Gefahr bringt? Ein Mann, der den Edlen Kaiser ermordet hat, kennt keinerlei Skrupel.«

»Das ist nicht dasselbe«, wandte Ricto nach kurzem Zögern ein. »Verzeiht, wenn ich Euch widerspreche. Yando liegt etwas an den Menschen. Aus dem Grund war er stets bei allen Dienern und Wächtern beliebt. Er würde keine Unbeteiligten seinetwegen in Gefahr bringen. Deshalb würde ich ihn auch nicht in Guna suchen. Er würde niemals riskieren, dass seine Familie verhaftet wird, weil sie dem Kaisermörder Unterschlupf gewährt.«

Die Liebe zu seiner Familie konnte einen Mann dazu bringen, die dümmsten Dinge zu tun. Matino hatte das selbst erlebt. Sein Vater hatte sich häufig nicht verhalten, wie ein Kaiser sich verhalten sollte, sobald es um seinen ältesten Sohn ging. Liro hatte Sahiko an seinen Hof geholt, sobald er erfahren hatte, dass sie Rumas Kind war, ohne den Zweifeln der Fürsten nachzugehen. Und er selbst würde alles tun, um Sahiko zu schützen – seine eigene Tochter, nicht Liros. So wie er sich Joakus Befehl widersetzt hatte, als es um Sadi ging. Denn in Sadis Körper wohnte eine fremde Seele: Für Wenorio, seinen Bruder, würde er Himmel und Erde in Bewegung setzen und es sogar mit dem Meister der Wüstendämonen persönlich aufnehmen.

Matino dachte eine Weile über die Bedeutung der Liebe nach. Er hatte das Gefühl, dass hier die Lösung des Rätsels verborgen lag. Es ging um die Menschen, für die man sich in Gefahr brachte, die wichtiger waren als alles, die einen Mann dazu bewegten, sich selbst zu vergessen. Sogar ein nichtsnutziges, verkommenes Subjekt wie Fürst Yando.

»Wir sind die Sache falsch angegangen«, murmelte er. »Ich habe Yando suchen lassen, dabei muss ich ihn dazu bringen, zu mir zu kommen. Freiwillig.«

»Warum sollte der Mörder des Edlen Kaisers sich freiwillig stellen?«, fragte Ricto.

Matino, der den Grafen schon beinahe vergessen hatte, rügte ihn nicht für seinen penetranten Widerspruch. Denn genau das war die Frage. Und er hatte auch schon eine Antwort darauf.

Kirian – einst Yando, Ratgeber und Fürst am Hofe des Edlen Kaisers in Wabinar, die rechte Hand des mächtigsten Mannes von Kanchar – strich sich prüfend über den kahlen Schädel. Es war einfacher gewesen, seine auffälligen blonden Haare abzurasieren, statt sie umzufärben. Die blauen Augen konnte er nicht verstecken, doch hier im Süden Kanchars, in den Küstendörfern am Silbrischen Meer, lebte eine bunt gemischte Völkerschar. Das Risiko, aufzufallen, war dennoch nicht zu unterschätzen.

Der Händler, wie die meisten Menschen in Brink'at dunkelhäutig, musterte ihn von oben bis unten. Er musste zu Kirian hochsehen. Allein so groß zu sein war verräterisch.

»Diesen Splitter hast du wo genau gefunden, guter Mann?«, fragte er in dem breiten silbrinischen Dialekt der Fischer. Kirian vermutete, dass seine Familie seit Generationen das helle Meer befuhr, hinter dem die unbekannte Welt begann. Er mochte ein gewiefter Kaufmann sein, in sauberen, sorgfältig genähten Kleidern, doch in Brink'at stank alles nach Fisch. Von den stabil gezimmerten Holzhäusern aus den Balken gesunkener und angespülter Boote bis zu jedem einzelnen schwarzen Haar auf dem Kopf des Mannes. Der Laden war klein und beinahe zu dunkel, um die Waren zu erkennen. Auf dem Tresen ruhte eine magische Leuchtkugel auf einer silbernen, fein ausgearbeiteten Muschelschale, in deren Licht der Mann den Edelsteinsplitter drehte und wendete.

»Im Nachlass meines Vaters«, sagte Kirian. »Er war Steinmetz eines talandrischen Grafen.«

Dass er aus Talandria stammte, klang glaubwürdig. Zwar waren die Bewohner des nördlichen Gebirgskönigreichs meist kleiner und schmaler gebaut, ihr Haar noch heller und ihre Augen dafür weniger strahlend, doch Kirian bezweifelte, dass der Händler bereits viele Reisende aus Talandria getroffen hatte.

»Ein Rubin«, murmelte der Mann. »Zwei Silberstücke wert. Es wäre mehr, wenn er schöner geschliffen wäre.«

Kirian wusste, dass der Händler versuchte, ihn übers Ohr zu hauen, doch er lächelte nur. Den Stein hatte er aus der Ringfassung herausgebrochen, um seinen Wert zu mindern. Wie sich herausgestellt hatte, war das Geschmeide, das er aus dem Palast hatte mitgehen lassen, auch in Einzelteile zerlegt zu wertvoll, um es zu verkaufen. Deshalb hatte er schweren Herzens begonnen, Rumas Schmuck in noch kleinere Stücke zu zerbrechen, soweit der Mangel an passendem Werkzeug das zuließ. Vielleicht sollte er Sadis Angebot, den Eisenvogel dafür einzusetzen, doch noch annehmen.

»Vier«, sagte er. »Es ist ein wunderschönes Stück, das kann ein Blinder sehen.«

»Vermutlich ist es gestohlen. Du siehst nicht aus, als hätte dein Vater für einen Grafen gearbeitet.«

Es war nahezu unmöglich, Kleider aufzutreiben, die ihm passten. Maira hatte die Hosen, die er gekauft hatte, verlängert, indem sie zusätzlichen Stoff an den Saum genäht hatte. Auf dieselbe Weise hatte sie die Ärmel seiner weiten Tunika seiner Größe angepasst. Der Kapuzenumhang war schäbig, der Stoff an einigen Stellen so dünn, dass man hindurchsehen konnte. Doch das war Kirian durchaus recht so. Alles, was ihn von dem Mann unterschied, der er vor Kurzem noch gewesen war, diente seiner Tarnung.

»Ich habe nie behauptet, dass auch ich für einen Grafen gearbeitet hätte. Meine Familie ist unverschuldet in Not geraten. Bitte, sieh genau hin. Wie dieses Rot leuchtet! Lass meine Frau und meine Kinder nicht hungern, nur weil du zu blind bist, um wahre Schönheit zu erkennen.«

Mit dieser Rede untermauerte er seinen Ruf als Nordländer. Kirian war nie in dieser Gegend des Kaiserreichs gewesen, doch seine Kenntnisse von der Geschichte und Kultur jedes kancharischen

Landstrichs kamen ihm hier zugute. Er hatte im Palast oft genug mit Menschen aus dem Süden zu tun gehabt.

»Die Ecke ist leicht beschädigt«, hielt der Händler dagegen. Gereizt runzelte er die Stirn. »Wenn das nicht der Fall wäre, könnte ich dir vier Silberstücke anbieten, so jedoch sage ich nur: drei.«

Die Küstenbewohner waren keine begeisterten Feilscher wie die Marktleute von Daja, die jeden Neuling gnadenlos über den Tisch zogen. Sie machten ein Angebot und waren bereit, es zu überdenken, doch der kunstvolle Tanz des Bietens und Forderns war ihnen fremd. Den Fischern fehlte die Zeit, um sie mit sinnlosem Gezänk zu füllen. Schlug das Wetter um, sprangen sie in ihre Boote. Sie waren stets bereit, aufs Meer hinauszufahren, und jede andere Transaktion hatte sich den häufigen Wetterwechseln unterzuordnen. Was sie auch taten, sie brachten es rasch und entschlossen hinter sich.

»Dreieinhalb«, setzte Kirian nach, um ihn noch ein bisschen mehr zu verärgern.

Reiche Leute hatten es nicht nötig, sich um jede Münze zu balgen. In Daja feilschte man um der Freude willen; in Brink'at galt man als ein lästiger Bettler, wenn man seine gefräßigen Kinder ins Spiel brachte.

Der Händler seufzte. »Drei und keinen Kupferling mehr.«

Kirian nickte. Er nahm das Geld entgegen, schulterte seine Einkäufe und trat in den strahlenden Sonnentag hinaus, froh, die muffige Enge des Krämerladens hinter sich zu lassen.

Vom Meer her wehte ein böiger Wind, der ihm die Kapuze vom Kopf riss und an den weiten Hosenbeinen zerrte. Die Luft war getränkt mit Düften – Salz, Algen, Fisch und die unvergleichliche, verheißungsvolle Weite des südlichen Meeres. Die Häuser des Dorfes glänzten silberweiß, die von Sand und Strömung glatt geschliffenen Oberflächen, durchbrochen von Trauben von Seepocken, spiegelten das Licht. Kirian blinzelte in die Sonne und zog sich die Kapuze wieder über die Augen. Die Münzen klimperten in seiner Tasche. Wenn er sich schon keine Arbeit suchen konnte, war er wenigstens nicht völlig nutzlos.

Er schlenderte zum Bootsanleger. Noch war der Himmel wolkenlos, doch nach und nach kehrten die Fischerboote bereits zurück. Sie witterten den Sturm, den er nicht einmal erahnen konnte. Maira würde fluchen, wenn der Sand wieder durch sämtliche Ritzen ins Haus drang, sich im Bettzeug sammelte und sich sogar in den Bechern und Krügen versteckte, um später in den Zähnen zu knirschen. Mit einem Lächeln auf den Lippen wandte er sich seinem Zuhause zu.

Sadi duckte sich hinter einen Stapel eiserner Flügel. Der Steppenadler stand mit hängendem Kopf zwischen den ausgemusterten, beschädigten Exemplaren. Die perfekte Tarnung für den gestohlenen Eisenvogel. Der Stützpunkt der Feuerreiter in Brink'at war mit ein Grund, warum sie hergekommen waren. Wo konnte man ein großes metallenes Geschöpf besser verstecken als auf einem Feld voller Eisenschrott? Von ihrem Haus am Rand des kleinen Fischerdorfs zum südlichsten Außenposten des kancharischen Militärs war es nur ein Fußweg von einer halben Stunde. Der Weg führte zwischen den Dünen hindurch, an einem niedrigen Dornenwald vorbei, in dem es von schläfrigen Schildkröten wimmelte, bis zu der aus hölzernen Palisaden gebauten Festung. Ein Dutzend alter, noch flugfähiger Eisenvögel kauerte auf dem flachen Dach des Hauptgebäudes, wenn sie nicht im Einsatz waren, um die Küste zu überwachen. Trotz des Krieges im Norden waren die Feuerreiter nicht zurückbeordert worden. Zehn Eisenvögel machten keinen Unterschied im Kampf gegen Nehess und Le-Wajun, waren jedoch wichtig, um die südliche Küstenlinie abzufliegen und damit die Südgrenze des Kaiserreichs zu sichern. Sadi hatte viel gelernt in den vergangenen zwei Monaten. Drei Tage lang war er hergekommen und hatte die Besatzung der kleinen Festung beobachtet. Schon am vierten Tag hatte ihn der Feuerreiter Wiljan erwischt, und seitdem kam er mit offizieller Erlaubnis her.

»Was tust du da? Du bekommst wohl nie genug von ihnen.«

Wiljan, der hinter ihm auftauchte, begegnete Sadi stets mit wohlwollender Freundlichkeit.

»Nein, Herr.« Sadi richtete sich auf. Er durfte die Aufmerksamkeit der Reiter nicht auf den Adler lenken, der sich zwischen dem Eisenabfall versteckte. »Verzeiht, Herr. Ich war mit Fegen fertig und dachte …«

»Und da dachtest du, wenn du schon keinen richtigen Eisenvogel anfassen darfst, dann wenigstens ein Stück von einem alten?«

Schuldbewusst zuckte er mit den Schultern.

»Dieser Ort ist gefährlich, Junge. Auch wenn es nicht danach aussieht, kann man sich hier sehr schnell verletzen oder gar sterben. Es sind noch Brandsteine in dem einen oder anderen Vogel verborgen. Deshalb wiederhole ich: Fass nichts an. Bleib hinter den Palisaden. Das hier ist kein Spielplatz.«

»Ja, Herr. Ich meine, nein, Herr.« Sadi bemühte sich wirklich, zerknirscht zu wirken.

Die besorgte Miene des Feuerreiters glättete sich. »Dann komm wieder rein. Hat Aljat dir keine neue Aufgabe gegeben?«

»Doch, Herr. Küchenarbeit.« Seine Abscheu war nicht gespielt. So sehr Yando sich auch bemüht hatte, ihn nicht zu verwöhnen – er war als Prinz aufgewachsen. Er war der zukünftige Großkönig des Sonnenreichs. Schmutzige Soldatenstuben säubern, Fisch ausnehmen und Geschirr spülen hatten nicht zu seiner Erziehung gehört. »Ich muss abwaschen.«

»Dann lauf.« Wiljan gab ihm einen Klaps auf den Hinterkopf. »Und heute Abend reden wir über deine Ausbildung.«

Die Feuerreiter glaubten, dass er sich nichts sehnlicher wünschte, als zu einem der Ihren ausgebildet zu werden, und Sadi ließ sie in dem Glauben. Er war von Prinz Matino unterrichtet worden und bereits jetzt ein besserer Feuerreiter als jeder dieser an den äußersten Rand des Kaiserreichs verbannten Männer und Frauen, denen nicht einmal bewusst zu sein schien, dass sie der Ausschuss ihrer Zunft waren. Yando hatte ihn bereits für seine angebliche Arroganz gerügt und ihm ausgiebig ins Gewissen geredet. Niemand durfte auch nur ahnen, wer er war.

»Endlich. Vielen Dank, Herr.« Er zauberte ein dankbares Lächeln in sein Gesicht.

»Dir muss klar sein, dass ich dir nichts versprechen kann. Der göttliche Funken entscheidet über die Tauglichkeit eines Schülers, und ich bin nicht derjenige, der darüber urteilen kann, wie groß dein Funken ist. Wir brauchen Nachwuchs, und normalerweise hätte Wabinar uns längst einen Magier geschickt, um den Funken der Anwärter zu prüfen, doch …«

»Der Krieg«, sagte Sadi leise. »Das verstehe ich.«

»Gut.« Wiljan nickte ihm aufmunternd zu. »Deshalb können wir nichts entscheiden. Und jetzt geh wieder an die Arbeit.«

Sadi schlüpfte an ihm vorbei durch das Tor im Palisadenzaun. Der Schrottplatz war nicht eingezäunt. Ungehindert fegte der Wind Sand und Salz über die eisernen Kreaturen, die dort dahindämmerten. Viele waren vollständig erhalten, und Sadi blieb nur zu raten, was ihnen fehlte – ein erloschener Brandstein, ein gebrochenes Flügelgelenk, trübe Augen. Die älteren Exemplare waren von einer weißen Salzschicht überzogen. Am Anfang hatte er sich über den Leichtsinn sehr gewundert, die kostbaren Geschöpfe ohne einen Zaun und Wächter sich selbst zu überlassen. Doch dann war ihm klar geworden, dass gewöhnliche Menschen sich vor Eisenwesen fürchteten, vor der Magie, die in ihnen wohnte, der zerstörerischen Macht der Brandsteine, vor dem feinen Grauen, das die Seelen ausströmten. Niemand wagte, auch nur eine eiserne Feder zu stehlen.

Im Inneren der Festung überquerte er den Hof und blieb vor der Küchentür stehen. Gekocht und gebraten wurde draußen, wenn der Wind nicht zu stark war. Heute war es nahezu unnatürlich ruhig. Womöglich nahte ein starker Sturm.

»Hab ihn beim alten Eisen gefunden, Aljat«, sagte Wilnat hinter ihm. »Wie du dachtest.«

Die Feuerreiterin, die auf halber Höhe auf der steilen Treppe neben dem Brotofen saß, das Kinn aufgestützt, lächelte kokett, und Sadi verspürte einen leichten Stich in der Brust.

»Sonst gibst du ja nicht viel auf meine Meinung, Wilnat.«

»Das liegt an deiner Meinung über mich, die ich noch zu ändern gedenke.«

Aljat war eine der hübschesten Frauen, die Sadi je gesehen hatte. Ihr Haar, so pechschwarz wie ihre Haut, trug sie kurz, mit kleinen Muscheln und Federn verziert. In der Festung hatte sie keine besondere Position inne, doch im Dorf wurde sie, wie Sadi schon bald nach ihrer Ankunft erfahren hatte, innig verehrt. Aljat hatte mehrere Fischer aus einem Sturm gerettet, nachdem deren Boot gesunken war. Mit einem Eisenvogel so dicht über den Wellen zu fliegen war gefährlich, deshalb würdigte Sadi diese Leistung ohne Vorbehalt.

Leider durfte er seine eigenen Flugfähigkeiten nicht vorführen, um die schöne Feuerreiterin zu beeindrucken. In Momenten wie diesem, wenn Aljat und Wilnat miteinander schäkerten, ohne ihn zu beachten, fiel es ihm besonders schwer, den einfältigen Dorfburschen zu spielen.

»Was glotzt du so, Junge?«, fuhr die Reiterin ihn an. »Ab in die Küche mit dir!«

»Tut mir leid«, meinte Wilnat. Er mochte weniger streng sein, doch das Ergebnis war letztendlich dasselbe. »Nun geh schon, Tazi.«

Mit einem Achselzucken trat Sadi über die Schwelle. Das Geschirr stapelte sich in den meterlangen Trögen. Frisches Wasser, das aus einem weiter entfernten Brunnen gepumpt wurde, strömte über Rohrleitungen in die dafür vorgesehenen Wannen. Sadi füllte einen Eimer, bemühte sich jedoch, leise zu sein. Er wollte nicht verpassen, worüber die Feuerreiter redeten.

»Hast du ins Wasser gesprochen? Nichts Neues aus Wabinar und vom Krieg?«, fragte Wilnat.

»Die Feinde nähern sich Wabinar von zwei Seiten – aus dem Nordwesten die Eisenarmee, aus dem Süden die wajunische Heeresmacht.«

»Das ist nichts Neues«, murrte er. »Was ist mit uns? Werden wir nicht in die Hauptstadt gerufen?«

»Wir sollen die Stellung halten, wie gehabt. Der kaiserliche Statthalter wird die Grenzwächter nicht abziehen. So viel also zu deiner Hoffnung, ein Kriegsheld zu werden.«

»Als ob die Feinde eine Flotte übers Meer in den Süden schicken würden!«

»Es ist ungerecht, aber das ist nun mal unsere Pflicht.« Aljat klang nicht gerade froh, aber im Gegensatz zu ihr wirkte Wilnat wie ein unreifes Kind.

»Haben sie den Mörder des Kaisers immer noch nicht gefasst?«

Sadi stellte den Eimer auf den Rand des Trogs und spitzte die Ohren.

»Nein, aber in der Hinsicht gibt es in der Tat Neuigkeiten zu vermelden. Wenn der Mörder nicht vor Beginn der Schlacht vor Wabinar hingerichtet werden kann, werden sie seine Familie an seiner statt zu den Göttern schicken. Was war das denn?«

Wilnat spähte über die Schwelle. »Tazi, was machst du für einen Lärm?«

»Mir ist der Eimer auf den Tellerstapel gerutscht.« Sadi setzte sein charmantestes Lächeln auf.

»Hast du das Wasser noch nicht erhitzt? Was ist heute bloß los mit dir?«

»Das muss der Sturm sein«, rief Aljat von der Treppe her. »Er wühlt jetzt schon die Luft auf.«

»Schieb einfach alles auf den Sturm.« Wilnat warf Sadi noch einen strengen Blick zu und ließ ihn endlich allein.

13. Der Köder

Seine Gedanken wirbelten durcheinander wie ein wildgewordener Schwarm Eisenvögel. Sadi hatte das Angebot, den drohenden Sturm in der sicheren Festung durchzustehen, abgelehnt. Während er über die Dünen rannte, wurde der Wind aus dem Süden bereits stärker. Schaum krönte die grünblauen Meereswogen, die zunehmend aggressiver auf den Strand rollten. Die Schildkröten zogen sich in den Wald zurück. Sadi musste vorsichtig über ihre ovalen, blauviolett gemusterten Panzer steigen, um seinen Weg fortsetzen zu können. Als er das Dorf erreichte, hatte sich das strahlende Himmelsblau in ein mit Ocker durchsetztes Grau verwandelt, und der Wind zauste nicht mehr nur sein Haar, sondern trieb ihm Sand in die Augen. Er musste sein Gesicht mit den Armen schützen, und als er das erste Haus erreichte, warf ihn ein Windstoß buchstäblich um. Er war nicht darauf gefasst gewesen und stolperte gegen die Wand. Mit einem unschönen Fluch, für den Yando ihn kräftig gerügt hätte, kämpfte er sich weiter, riss die Tür des Hauses auf, in dem sie wohnten, und atmete erleichtert auf.

Drinnen war es ruhig und für die frühe Nachmittagsstunde zu dunkel. Durchs Fenster konnte Sadi beobachten, wie die Nachbarn die hölzernen Läden schlossen und sorgsam verriegelten. Im vorderen Teil des Gebäudes, in dem eine Fischerfamilie lebte, war bereits alles verrammelt. Hier hinten in dem niedrigen Anbau, der früher ein Hühnerstall gewesen war, gab es keine Läden, die man hätte schließen können.

»Yando?«, rief er. »Bist du da?«

»Bist du verrückt?« Maira kam aus der hinteren Kammer, die sie und Yando teilten. Sadi schlief in der Wohnstube, die diesen Namen kaum verdiente. Die Bank, die ihm als Schlafplatz diente, wurde tagsüber als Sitzbank am Küchentisch genutzt. Ein paar Kisten mit ihren wenigen Habseligkeiten, die im Hinterzimmer keinen Platz gefunden hatten, vervollständigten das Bild. Sie hatten keine Küche, und vom Luxus eines Badezimmers brauchte man in Brink'at nicht einmal zu träumen.

»Was fällt dir ein, so laut zu schreien?«, zischte Maira. »Willst du ihn umbringen?«

Schuldbewusst biss Sadi sich auf die Zunge. Er vergaß immer wieder, dass Yando als Mörder gesucht wurde. Sie alle hatten neue Namen, an die er sich jedoch immer noch nicht gewöhnt hatte.

Er hieß Tazi, Maira sollte er Gritt nennen, und Yando hieß Kalhem.

»Ich weiß, dass es schwer für dich ist.« Tröstend strich sie ihm übers Haar, aber er schüttelte den Kopf.

»Mai... Gritt.« Er musste die Botschaft unbedingt loswerden, doch rechtzeitig besann er sich darauf, alle wichtigen Personen nicht mit Namen zu nennen. »Ich habe etwas mitbekommen. Es ist wichtig. Der Mann, der jetzt das Sagen hat, wird ... Kalhems Familie töten.«

»Was?« Maira sog scharf die Luft ein. Doch dann lächelte sie wieder. »Hast du das in der Festung gehört? Das kann nicht sein. Überleg doch mal. Unsere kleine Freundin würde das niemals zulassen. Schließlich ist es auch ihre Familie.« Maira sprach Sahikos Namen nicht aus. Anders als er hatte sie sich immer im Griff.

»Aber sie haben die Nachricht aus dem Wasser, von anderen Magiern! Was, wenn es stimmt?«

»Hör mir zu.« Maira schob ihn zur Sitzbank und drückte ihn mit beiden Händen hinunter, bis er saß und zu ihr aufschauen musste. »Selbst wenn es stimmen sollte ... du sagst es ihm nicht, ist das klar?«

»Ich soll Kalhem so etwas Wichtiges verschweigen?«

»Ja«, sagte sie. »Denn er würde versuchen, es zu verhindern. Er würde in ... die Stadt zurückkehren. Und das wäre das Ende, verstehst du? Er kann nichts tun. Er darf nicht.«

»Aber ...«, begann Sadi und wusste nicht weiter. Natürlich verstand er, was Maira meinte. Yando würde darauf drängen, den Eisenvogel zu nehmen und nach Norden zu fliegen. Nach Guna, um seine Schwester zu retten, bevor Prinz Matino sie ermorden lassen konnte. Oder vielleicht war Lan'hai-yia bereits in Wabinar, vielleicht ließ der Prinz sie in einem finsteren Verlies leiden. Konnte der Statthalter das überhaupt tun – die Königin von Guna verhaften lassen und zu einem schrecklichen Tod verurteilen? Gegen den Willen der Kaiserin? »Vielleicht ist es eine Falle«, sagte er langsam.

»Ganz genau«, meinte Maira. »Eine Falle, in die er allzu bereitwillig hineintappen würde. Aber er muss auch an uns denken. An dich. Wie will er in die Stadt gelangen, wenn du ihn nicht hinbringst? Und sobald du landest, fangen sie euch beide. Ihn werden sie auf den Thron der Wahrheit setzen, wenn sie ihn nicht gleich töten. Das Ganze kann gar nicht gut ausgehen. Also versprich mir, dass du alles, was sie in der Festung reden, für dich behältst.«

»Du meinst, ihnen kann gar nichts geschehen? Wegen … der kleinen Freundin?«

»Genau das meine ich, also beruhige dich.«

»Ganz so einfach ist es nicht«, erklang eine Stimme von der schmalen Tür zur Hinterkammer. Dort stand Yando, eine hoch aufgerichtete Gestalt. Es war mittlerweile zu dunkel in der Stube, um sein Gesicht richtig zu erkennen. Doch der Klang seiner Stimme verriet alles.

»Ich wusste nicht, dass du zu Hause bist.« Maira wurde blass. »Du wolltest den Nachbarn mit ihrem Dach helfen …«

»Die Reparatur mussten wir abbrechen, weil der Wind zu stark wurde. Ich war eingeschlafen, aber … ich habe einen leichten Schlaf.«

»Du könntest so tun, als hättest du nichts gehört«, sagte sie flehend.

»Das kleine Mädchen kann nichts unternehmen, wenn der Regent seine Spielchen spielt«, sagte Yando.

Draußen rüttelte der Wind an der Tür und pfiff durch die Ritzen. Es knisterte und fauchte und raschelte. Zu einer anderen Zeit hätte Sadi sich auf die Bank gelegt, den Geräuschen gelauscht und zu erraten versucht, ob es die langen Halme der Gräser waren, die an der Hauswand entlangstrichen, ob das Knistern und Trommeln vom Sand herrührte, der gegen die Tür geweht wurde, oder ob der Wind im reetgedeckten Dach spielte. Doch in diesem Moment zählte nichts als das leise Knurren in Yandos Stimme, das Sadi einen Schauer den Rücken hinunterjagte. Sein Magen verkrampfte sich, sein Herz schlug schneller vor Angst. Maira hatte recht gehabt – er hätte das, was er wusste, hinunterschlucken sollen wie eine bittere Frucht.

»Deinen Verwandten wird nichts geschehen«, beharrte Maira. »Es ist eine Falle, um dich zurückzulocken. Die beiden sind außerhalb seiner Reichweite. Er kann seine Stellung nicht schwächen, indem er seine eigenen Könige angreift. Er braucht ihren Rückhalt. Vor allem jetzt, im Krieg! Er kann es sich nicht leisten, die Königreiche zu entzweien.«

»Der Regent wird tun, was er will, und er wird damit durchkommen. Welchen Plan auch immer er gefasst haben mag, ich bin sicher, es ist ein guter.« Harscher Schmerz färbte die Worte rau. »Aber um euretwillen werde ich hierbleiben.«

Maira sank mit einem Stoßseufzer auf die Bank. »Die Götter seien gepriesen«, flüsterte sie.

Yando hingegen pries die Götter nicht. Er blieb auf der Schwelle stehen. Das Unglück und die Trauer, die von ihm ausströmten, waren dunkler und wilder als der Sturm, der ums Haus tobte.

In dieser Nacht konnte Sadi nicht schlafen. Rastlos wälzte er sich hin und her. Die Bank war zu hart und zu schmal. Der Wind zu grausam, das Rauschen und Toben des Meeres beängstigend. Auf dem Bord schlugen die Becher klirrend gegeneinander.

Sadi dachte an Königin Lan'hai-yia von Guna und König Selas. Er dachte daran, dass er diese beiden Menschen so gut wie gar nicht kannte. Daran, dass sie Liro bestürmt hatten, Sahiko zu retten statt ihn, als ihrer beider Leben auf Messers Schneide stand. Er wusste das. Man musste nur aufmerksam zuhören, um aus Gesprächsfetzen und Blicken und unbehaglichem Räuspern eine

Geschichte zusammenzusetzen. Darin war er schon immer gut gewesen. Dieses fremde Ehepaar, Yandos Familie, tat ihm leid und sollte ihm doch nichts bedeuten. Wenn er Schmerz fühlte, dann um Yandos und Sahikos willen. Die nagende Sorge, die ihn quälte, sprach jedoch eine andere Sprache.

»Selas«, flüsterte er und horchte auf den Namen, der ihm nichts bedeuten sollte und es dennoch tat – als wäre Selas ein Teil seiner eigenen Familie, vielleicht der einzige Blutsverwandte, den er überhaupt hatte.

»Bruder«, flüsterte es in ihm. Worte, die seine Zunge und seine Lippen ohne sein Zutun bildeten. Er verstand die Angst um diesen fremden König nicht, dem er nur einmal ganz kurz begegnet war, doch sie war sehr real.

Eigentlich wollte er daran glauben, dass Prinz Matino Sahikos Eltern nichts antun konnte, da sie nun mal die Kaiserin war ... aber er brachte es einfach nicht fertig. Schließlich setzte er sich auf und ließ seinen Blick durch die winzige Stube wandern. Die Sturmwolken verbargen den Mondgürtel und die Sterne, und eigentlich hätte es in der Hütte stockdunkel sein müssen, doch während er in die Finsternis starrte, aufgewühlt und hilflos und von tausend Gefühlen bestürmt, die er nicht benennen konnte, glomm ein sanftes Licht auf. Ein Becher, der auf dem Tisch stand, hatte angefangen zu glühen. Erschrocken streckte Sadi die Hand danach aus. Es blieb ein gewöhnlicher Becher, aus Horn geschnitzt, doch er flackerte hell und immer heller wie eine echte magische Kugel.

»Was tust du da?«, fragte Yando. Er duckte sich unter dem Türsturz zur Hinterkammer hindurch und trat an den Tisch. Mit einem Lächeln betrachtete er das Licht. »Ich hoffe, du hast das nicht aus der Festung gestohlen.«

»Nein«, sagte Sadi. Er konnte den Becher dazu bringen, noch strahlender zu leuchten und wieder dunkler zu werden, bis der Raum erneut in Finsternis lag. Der Wind rüttelte an der Tür. Regentropfen hämmerten gegen das kleine Fenster. Es war bedrückend, im Dunkeln zu sitzen und dem Sturm zu lauschen, dem Meer, das wütend gegen die Küste donnerte. Sadi ließ den Becher erneut aufleuchten. Die Dinge hätten dadurch klarer werden sollen, doch das taten sie nicht. Sein Lehrer wirkte fremd mit dem kahlen Schädel, seine blauen Augen schimmerten in nahezu unnatürlichem Himmelsblau. Kir'yan-doh von Guna sah überhaupt nicht aus, wie man sich einen Gelehrten vorstellte. Vielleicht war das mit ein Grund, warum noch niemand in Brink'at auf die Idee gekommen war, der sogenannte Kalhem könne der gesuchte Ratgeber des ermordeten Kaisers sein. Man musste nur einen Blick in sein Gesicht werfen und wusste, dass mit diesem Mann nicht gut Kirschen essen war. Da war eine Dunkelheit in ihm, eine mörderische Entschlossenheit, die eher auf einen Krieger hindeutete. Sadi hatte unlängst ein paar Dorfkinder tuscheln hören, dass der seltsame Mann bestimmt ein Wüstendämon sei.

Yando setzte sich auf den kleinen Holzschemel auf der anderen Seite des Tischs, nahm den leuchtenden Becher in die Hand und drehte ihn hin und her. »Er ist leer. Du hast nicht versucht, durchs Wasser zu sprechen? Mit jemandem zu reden?«

»Du hast es mir verboten. Daran habe ich mich gehalten. Die bringen dich um, wenn sie uns auf die Spur kommen.«

»Matino hat mir ein schlimmeres Schicksal zugedacht als den Tod, und ich sage ganz offen: Ich fürchte mich davor. Wenn ich alles Unheil von euch abwenden könnte, indem ich mich stelle, würde ich es dennoch tun. Doch das ist leider nicht der Fall. Im Gegenteil, ich würde dich und Maira in Gefahr bringen. Matino würde mich auf den Thron der Wahrheit setzen, um zu erfahren, wo du bist. Sie dürfen dich nicht finden, Sadi, das ist das Wichtigste. Nicht deine Mutter und ihre Leute und nicht Prinz Matinos Schergen, sondern du. Versuch nicht aufzufallen, auch wenn das schwer für dich sein mag.«

»Du wirst König Selas nicht retten«, sagte Sadi.

»Ich kann nicht«, erwiderte Yando. »Und ich möchte dir gerne erklären, warum. Prinz Matino«, er quälte den Namen über die Lippen, »war immer freundlich zu dir. Deshalb ist dir nicht klar, wozu er fähig ist. Wenn er sich an mir rächen möchte für den Mord an Liro, wird er sich durch nichts davon abhalten lassen.

Wenn er eine Falle aufstellt, wird er den Köder opfern, ganz egal, was ich dagegen unternehme.«

»Ich verstehe das alles nicht«, sagte Sadi. »Es sind Sahikos Eltern, die er bedroht. Wie kann er es wagen?«

»In Kanchar weiß so gut wie niemand, wer ich bin«, sagte Yando. »Ich bin ein Fürst mit einem kancharischen Titel. Der eine oder andere mag sich noch daran erinnern, dass ich als ausländischer Sklave in den Palast gekommen bin, aber wer weiß denn schon, dass Königin Lan'hai-yia meine Schwester ist? Nur sehr wenige Menschen, die kein Interesse daran haben, es laut zu verkünden. Die Nachricht, die du heute belauscht hast, bezog sich auf die Familie des Mörders, nicht auf das Königspaar von Guna. Dir ist doch klar, was Matino damit bezweckt?«

»Nicht ganz«, musste Sadi zugeben.

»Er kann irgendjemanden hinrichten lassen, um den Anschein von Gerechtigkeit und Stärke zu verbreiten. Die Menschen werden zufrieden sein, wenn sie sehen, dass jemand bestraft wird, und es nicht hinterfragen. Du weißt hoffentlich, dass Matino in der Lage ist, so etwas zu tun.«

Sadi hatte seinen anderen Mentor Matino von vielen Seiten kennengelernt; doch bis zum Schluss war der Mann ihm ein Rätsel geblieben. »Das bedeutet, er lässt deine echte Familie in Frieden?«

»Wir befinden uns in Kriegszeiten. Wie leicht kann da etwas passieren! Er kann es auf die Feinde schieben. Wer sollte es wagen, ihn auf den Thron der Wahrheit zu setzen? Sahiko, die davon abhängig ist, dass er das Kaiserreich für sie regiert? Stürzt er, fällt sie mit ihm. Mir sind die Hände gebunden.«

»Fliegen wir nach Guna und bringen König Selac und deine Schwester in Sicherheit«, schlug Sadi vor. »Wir verstecken sie an einem Ort, an dem niemand nach ihnen sucht. Wir könnten sie herbringen.«

»Nein, Sadi«, sagte Yando sanft. »Dafür ist es zu spät. Er hat seine Vorkehrungen bereits getroffen, die Assassinen ausgesandt – was auch immer er plant, er wird dafür Sorge getragen haben, dass ich es nicht verhindern kann. Er will, dass ich zu ihm komme und ihn anflehe, sie zu verschonen, und während er mich foltert, wird er mir erzählen, dass es umsonst war, mich für sie zu opfern. Das ist die Art, wie er denkt. Folge ich dem Ruf nicht, werde ich mich mein Leben lang schuldig fühlen, doch wenn ich es tue, sind sie trotzdem verloren.«

»Vielleicht will er ja, dass du das denkst. Weil du sie hättest retten können und weil du, wenn du nichts tust, immer daran denken wirst, dass du es hättest tun können. Und es gibt noch eine Möglichkeit: Ich könnte mit ihm reden.«

»Das lasse ich nicht zu, Sadi.«

»Matino hat mir nie etwas getan. Er war streng, aber er … er ist nicht, wie du denkst.«

»Er ist genau, wie ich denke.« Ein Schatten zog über Yandos Gesicht.

»Dann … tun wir gar nichts? Wir versuchen es nicht einmal? Ich werde der Großkönig sein. Ich bin die Sonne. Ich kann mich nicht einfach nur verstecken.«

Yando musterte ihn; seine Miene wurde wieder weicher. »Ich weiß«, sagte er leise. »Ich weiß, wie schwer es ist. Auch für dich. Deshalb konnte ich nicht schlafen. Ich wollte es dir erklären. Nicht in den Kampf zu ziehen ist manchmal am allerschwersten.«

Sadi schwieg. Er beobachtete die Schatten, die sich in den Ritzen zwischen den groben Balken sammelten. Er dachte über Matino nach, der ihn manchmal, wenn niemand dabei war, »kleiner Bruder« genannt hatte. Darüber, wo sein Zuhause war. Darüber, worin seine Pflicht bestand als Freund von Sahiko, als Sonne von Wajun, als Schüler des besten Lehrers, den man sich vorstellen konnte.

»Versuch, mich nicht zu hassen«, meinte Yando. »Gute Nacht.«

Sadi wartete, bis er wieder in der Schlafkammer verschwunden war. Dann streckte er die Hand nach dem leuchtenden Becher aus. Der Wasserkrug stand auf dem schmalen Bord an der Wand, neben der Waschschüssel. Er war abgedeckt, um ihn vor dem allgegenwärtigen Sand zu schützen. Sadi nahm den Deckel ab und füllte die Schüssel, wobei er so leise wie möglich eingoss. Dann trug er die Schüssel zum Tisch und beugte sich darüber.

14. Teniras Gäste

Jeden Abend, seitdem sie mit ihrer Armee durch Kanchar zog, betrachtete Tenira den Himmel. Versonnen sah sie der Sonne beim Untergehen zu. Blut spritzte über die Wolken, goldenes Licht tropfte aus dem Firmament, und die zerklüfteten Hänge sahen aus wie gemalt – die Schatten tintenschwarz, die blühenden Sträucher wie modelliertes Zuckerwerk, und selbst die Klänge und Düfte waren magisch. Wenn sie tief einatmete, nahm sie noch mehr wahr: Blumen und Erde und Sommer und die Ahnung von Rauch.

Ihr Verstand sagte ihr, dass es die brennenden Dörfer waren, die das wajunische Heer hinter sich gelassen hatte, doch ihr Herz versprach ihr noch mehr Feuer, wenn sie weiterzog. Wabinar würde brennen. Ganz Kanchar würde brennen. Der Sieg würde atemberaubend sein in seiner Endgültigkeit, seinem Schrecken.

Ein kühler Wind ließ sie erschaudern, doch die Narbe in ihrem Gesicht brannte. Statt den Verlust ihrer makellosen Schönheit zu bedauern, nahm Tenira diesen Makel, der sie zeichnete, der sie immer zeichnen würde, als ein Versprechen hin.

So werde ich der Welt Narben zufügen …

So wird meine Rache sein …

Hier bin ich, nur wenige Tagesreisen von Wabinar entfernt.

Tenira zog ihren Mantel enger um ihre Schultern und wandte sich ihrem Zelt zu, das die Soldaten diesmal nicht in der Mitte, sondern am Rand des Lagers aufgebaut hatten. Ein Bachbett zerschnitt das Gelände, und auf beiden Seiten des steinigen Ufers ragten steile Felswände bis zu zwanzig Metern auf. Von dort oben konnte niemand herunterklettern, um die Großkönigin zu ermorden oder das Lager anzugreifen. Sie hatten die Truppen weit auseinanderziehen müssen, da der Uferbereich sehr schmal war, doch höchstens vom Eingang der Schlucht her drohte Gefahr. Die Felsen selbst, oben mit Bäumen und Gras bewachsen, das sich in jede Spalte schmiegte, waren auch von der anderen Bachseite her nicht zu erklettern, jedenfalls nicht von einem Heer Kancharer. Zu steil, zu unwegsam, zu zerklüftet war das Gelände. Einem einzelnen geschickten Kletterer mochte es gelingen, doch die Gräfin hatte ihre besten Bogenschützen zum Wachdienst abgestellt. Sie würden jeden von den Felsen herunterschießen, der sich erdreistete anzugreifen. Am Ausgang der Schlucht mochten die Kancharer warten, doch die Späher, die die Gräfin vorgeschickt hatte, meldeten, der Weg sei frei. Keine größere Streitmacht der Feinde war in ihre Richtung unterwegs. Offenbar scheute Prinz Matino davor zurück, sein Heer vorzuschicken und Wabinar schutzlos zurückzulassen.

In Gedanken versunken beobachtete Tenira, wie die Schatten tiefer wurden und die Sonne langsam hinter den Felsen verschwand. Ihr rotes Zelt färbte sich nach und nach grau, bis es beinahe mit dem Hintergrund verschmolz. Überall entlang des Bachufers leuchteten Lagerfeuer auf, die Soldaten versammelten sich um das Licht, während die dunklen Gestalten der Wächter leise dazwischen umhergingen. Einen Moment lang gestattete Tenira sich den Wunsch, sich zu den anderen ans Feuer zu setzen. Sie wusste, Tizarun hätte es getan. Es hätte ihn an früher erinnert, an seine wilde Zeit mit seinen Freunden, den Edlen Acht. Er hätte sich wieder wie ein Held gefühlt, mit den Männern gescherzt, der Gräfin so freundlich zugelächelt, dass sie später nicht würde schlafen können, und wäre ein Teil von allem gewesen – den Scherzen und dem Gelächter, der Entschlossenheit und der Kameradschaft. Doch mit derselben Sicherheit wusste Tenira, dass die Gespräche verstummen würden, sobald sie zwischen den anderen Menschen Platz nahm. Man würde zur Seite rücken und ehrfürchtig fragen, was sie wünsche.

Tenira wusste, dass die Wajuner sie verehrten. Doch Liebe war etwas anderes.

Sie konnte nichts dagegen tun, dass ihr Herz schwer war, als sie dem Lagerfeuer den Rücken zukehrte und ihr Zelt betrat. Im Inneren war es finster. Ihr Wille entflammte die magische Leuchtkugel, die neben der Schale auf dem Tisch stand. Der Lichtschein fiel auf Quinoc und Kann-bai, die sich leise unterhielten, und ein Lächeln wölbte die Mundhälfte, die sie noch bewegen konnte. Vielleicht war sie bei den Offizieren nicht erwünscht, doch diese beiden Männer waren immer bereit, ihr Gesellschaft zu leisten.

Du hast Besuch, Schwester, sagte Quinoc, und Kann-bai lachte rau. »Hohen Besuch sogar!«

Sie wünschte sich mehr Licht. Die kleine Kugel strahlte heller, und da erblickte sie einen Mann, der auf dem Boden hockte. Er hatte zwei Krüge in der Hand, wie sie sofort bemerkte, und tat, als gehöre das Zelt ihm. Nach hohem Besuch sah er nicht aus, eher nach einem ganz gewöhnlichen Kancharer. Seine Haut war braun, das schüttere Haar grau, die dunklen Augen von tiefen Fältchen umgeben. So unscheinbar wie sein Äußeres war seine Kleidung – ein staubiger schwarzer Mantel. Hatten die Feinde ihr einen Meuchelmörder auf den Hals geschickt oder einen Boten? Der Mann kam ihr zu alt vor für einen Mörder.

»Wie kommt Ihr hier herein?«, fragte sie schroff.

»Setzt Euch zu mir, werte Großkönigin«, sagte der Fremde auf Wajunisch, jedoch mit schwerem Akzent. »Mögt Ihr einen Tee?«

Sollte sie nach ihren Wachen rufen? Falls er ein kancharischer Spion war oder trotz des äußeren Anscheins ein gedungener Mörder, wäre sie tot, bevor der erste Soldat hereinstürmte. Andererseits – hätte er ihren Tod gewollt, hätte der Mann sich verstecken und warten können, bis sie zu Bett gegangen war.

»Ihr bietet mir meinen eigenen Tee an?«

»Er schmeckt vorzüglich, das kann ich Euch versichern.«

Etwas an ihm war auf beunruhigende Weise vertrauenerweckend. Kannte sie ihn vielleicht und hatte es wieder vergessen? Doch wann und wo könnte sie ihm schon begegnet sein?

Tenira nahm eine Decke von ihrer Liege, faltete sie zu einem Kissen zusammen und ließ sich darauf im Schneidersitz vor dem Fremden nieder. Sie nahm einen der Becher aus seiner Hand entgegen, obwohl sie nicht vorhatte, auch nur einen Schluck daraus zu trinken.

»Möchtet Ihr Euch nicht vorstellen?«

»Lichtgeborene«, sagte er und nippte an seinem Tee, »sind dazu geboren, die Wünsche der Menschen zu erfüllen. Nichts anderes habe ich mein Leben lang getan. Ich bin ein Diener von Wünschenden. Ich würde mich nie zu der Behauptung versteigen, dass ich Gutes tue, denn das ist nicht mein Ziel. Obwohl meine Arbeit hin und wieder durchaus guten Zwecken dient oder zu meinem eigenen Erstaunen das Schicksal auf einen neuen, besseren Weg lenkt. Ich bin zur Stelle, um bösen Wünschen zur Verwirklichung zu helfen. Rachsucht. Eifersucht. Neid. Hass. Ehrgeiz.«

Tenira drehte den Becher in ihren Händen. Das dampfende Getränk duftete nicht anders als sonst, dennoch war sie misstrauisch. Und wann hätten ihre Diener diesen Tee kochen sollen? Der Kessel hatte noch nicht einmal über dem Feuer gehangen.

»Die dunklen Laster der Menschen sind also Euer Geschäft? Daraus schließe ich, dass Ihr entweder hier seid, um einen Auftrag auszuführen, oder um mir ein Geschäft vorzuschlagen. Was davon soll es sein?«

»König Laikan von Anta'jarim ist tot«, sagte er.

»Davon habe ich gehört. War es ein Wunsch, den Ihr erfüllt habt?«

»Ich bin gekommen, um über Eure Wünsche zu reden – und über meine.« Er trank einen großen Schluck und pustete dann in seinen Becher.

Tenira wunderte sich, dass sie nicht vermochte, sich zu fürchten. Er war älter als sie und kam ihr dennoch … jung vor. Überraschend jung, wie ein Kind, das von einem Wunsch zum anderen lebte.

»Laikans Tod stellt uns vor gewisse Probleme. Prinz Karim, der vielen Zeugen zufolge für sein Dahinscheiden verantwortlich ist, hat sich in Daja verschanzt, was die Nehesser in Rage versetzt. Euer wichtigster Bündnispartner verlangt den Kopf des Mörders. Solltet Ihr Euch dem entgegenstellen, wird es Schwierigkeiten geben.«

»Warum sollte ich mich auf Karims Seite stellen?«, fragte Tenira.

»Nun, ist er nicht offiziell Euer Nachfolger? Ihr selbst habt ihm den Ring der Sonne gegeben.«

»Ein Mörder darf nicht auf dem Thron von Wajun sitzen. Dieses Erbe hat er somit eigenhändig verwirkt.« War sie erleichtert? Sogar froh? Tenira hielt ihre Gefühle zurück. Erst musste sie wissen, was ihr seltsamer Besucher von ihr wollte.

»König Laikans Tod hat eine weitere Lücke zur Folge: Es gibt keinen Nachfolger für den Thron von Anta'jarim.«

»Das lasst ruhig meine Sorge sein. Es wird sich schon ein Verwandter der königlichen Familie finden lassen.«

»Eure Gelassenheit ist bewundernswert«, sagte der Mann.

»Ihr seid also hergekommen, um über König Laikans Tod zu sprechen?«

»Ich bin hier, um über Eure Söhne zu sprechen. Über Prinz Sadi und Prinz Karim.«

»Karim ist nicht mein Sohn!«

»Als Bastard Eures verstorbenen Ehemannes könnte man ihn durchaus als Euren Stiefsohn bezeichnen. Die Sache ist die: Ihr habt Leute losgeschickt, um Sadi zu töten. Sie kamen auch in das Lager, in dem ich Dienst tue – zusammen mit Soldaten aus Nehess, einer großen Zahl an Eisensoldaten und einer Handvoll Magiern. Ich bin einer von ihnen. Wir leisten gute Arbeit, auch was die Abwehr und Ergreifung von Spionen betrifft. Dachtet Ihr, wir würden Euren Plan nicht mitbekommen oder es würde uns nicht interessieren, was mit Sadi passiert?«

Also ging es wieder einmal um Sadi. Teniras Hand fuhr unwillkürlich zu der Narbe in ihrem Gesicht, der Furche, die sie an ihre Rache erinnern sollte.

»Selbst wenn Ihr zu meinen Verbündeten gehört oder für sie arbeitet, geht es Euch nichts an, was ich mit meinem Sohn tue.«

»Mit Euren beiden Söhnen«, korrigierte der Mann. »Ich bin hier, um Euch zu einer weisen Entscheidung zu verhelfen. Ihr könnt nicht beiden den Tod wünschen, oder Ihr destabilisiert das Reich noch weiter. Einen müsst Ihr übrig lassen.«

»Und Ihr meint, das sollte Sadi sein?« Sie blickte zu ihrem Bruder und dem General hinüber. Keiner von ihnen hatte sich bisher in das Gespräch eingemischt. Und so sollte es auch sein. Es war ihre Entscheidung, wen sie verurteilte und wen nicht, wen sie liebte und wen nicht, wen sie mitregieren ließ und wen nicht. Was bildete dieser Magier sich ein, ihr Ratschläge erteilen zu wollen?

»Ein lebender Erbe ist wichtig. Immer. Auch in diesem Krieg.«

Dieser Mann log. Was wollte er wirklich? »Ich glaube, Ihr täuscht Euch in mir«, sagte sie. »Ihr haltet mich für eine Lichtgeborene, die Wünsche erfüllt. Doch das bin ich nicht, ganz gleich, wie die Gerüchte lauten mögen.« Sie funkelte ihn an und reckte das Kinn ein wenig höher. »Ich habe stets nur meine eigenen Wünsche erfüllt.«

»Es heißt, Eure Mutter sei eine Lichtgeborene gewesen, womöglich sogar eine Lichtgeborene der ersten Generation.«

»Das Kind eines Gottes? Auch darin täuscht Ihr Euch. An meiner Mutter war nichts Feenhaftes. Falls sie je Wünsche erfüllt hat, waren es nicht meine. Sie war eine unzufriedene, verbitterte Frau, die ihren Groll an mir ausgelassen hat. Die versucht hat, mich von Tizarun fernzuhalten.«

»Ist sie deshalb so früh gestorben? Kurz nachdem Ihr den Thron von Wajun bestiegen hattet?«

Dieser Mann war gefährlich. Tenira hatte sich jedoch im Griff und zuckte mit keiner Wimper. Sie fühlte, wie Quinoc sich erhob und sich schützend neben sie stellte. Der General flüsterte: »Das ist kein gewöhnlicher Magier. Seid vorsichtig.«

»Was wollt Ihr von Sadi?«, fragte sie.

»Ich möchte, dass Ihr damit aufhört, ihn suchen zu lassen oder Mörder nach ihm auszuschicken. Natürlich muss er sterben, aber das wird er auf meine Weise tun, vor den Augen seines Bruders.«

»Karim soll zuschauen?«

»Prinz Matino wird in den nächsten Wochen alles verlieren, was er hat. Er soll dabei sein, wenn Sadi unter Qualen stirbt.«

»Prinz Matino?«, fragte Tenira verwirrt. »Was hat der Regent damit zu tun?«

»Er hat sich diese Strafe verdient, indem er mir getrotzt hat.«

Also will er, dass du dich für Karim entscheidest, meinte Quinoc. *Warum solltest du tun, was er sagt?*

»Warum sollte ich tun, was Ihr sagt?«, wiederholte sie Quinocs Frage.

»Ich bin Meister Joaku«, fuhr ihr seltsamer Gast fort. »Mein Besuch bei Euch dient lediglich zur Warnung. Wir sind hier in Kanchar, und alle Entscheidungen von solcher Tragweite fälle allein ich.« Er stellte den Becher auf den Boden und stand auf. »Trinkt ruhig, Hoheit. Diesmal ist kein Gift darin. Und fragt Euren Leibarzt nach den Umständen von Sadis Geburt.«

Bevor sie ihn aufhalten konnte, war er zum Zelt hinaus. Tenira sprang auf und hechtete zum Eingang, doch draußen war von dem Meister nichts mehr zu sehen.

Die Gräfin, die am Lagerfeuer saß, kaum zehn Meter entfernt, blickte fragend über die Schulter. »Euer Gnaden?«

»Schickt Doktor Cimro zu mir«, befahl Tenira und kehrte zu ihrem Bruder und dem General zurück. Sie bückte sich und leerte den Tee aus. Bei allen Göttern, sie würde nichts trinken, was dieser Magier berührt haben könnte. Wenn ihr nur einfallen würde, woher sie ihn kannte! Und was meinte er überhaupt damit, dass dieses Mal kein Gift im Becher war? Was meinte er mit den Andeutungen über Sadi?

Unruhig schritt sie auf und ab.

»Hoheit?« Der alte Arzt spähte ins Zelt.

Woher hatte Joaku gewusst, dass Cimro hier war? Eigentlich war der Heiler zu alt, um sie auf diesen Feldzug zu begleiten, doch er hatte darauf bestanden, mitzukommen. Oder war er tot und sie sah ihn nur, weil sie sich wünschte, ihn zu sehen? Die Gräfin hatte ihr einen seltsamen Blick zugeworfen, als sie nach ihm verlangt hatte. Cimro, früher wohlgenährt und rotwangig, ähnelte tatsächlich eher dem Tod als jenem Mann, der er früher gewesen war. Er wirkte ausgezehrt, die bleichen Wangen eingefallen, die Hälfte seiner Zähne fehlte. Tenira konnte sich nicht mehr daran erinnern, warum sie ihm erlaubt hatte, die übrigen Feldschere zu unterstützen. Doch falls er tot war, konnte sie wenigstens frei mit ihm sprechen, ohne zu befürchten, heikle Dinge zu verraten.

»Tizarun hat einen Bastard, wie wir alle mittlerweile wissen«, sagte sie. »Könnte es sein, dass es noch mehr Überraschungen gibt? War er je mit einer Kancharerin zusammen oder gar mit der Kaiserin?«

Der Doktor blinzelte verwirrt. »Davon weiß ich nichts.«

»Wie, verdammt noch mal, könnte Sadi dann Matinos Bruder sein?« Noch während sie sprach, fragte sie sich, ob sie Joaku nicht völlig falsch verstanden hatte. Ihr Sohn war in Wabinar aufgewachsen. War es nicht möglich, dass Matino ihn wie einen kleinen Bruder großgezogen hatte? Dass der Regent an dem Jungen hing und deshalb leiden würde, wenn er ihn sterben sah – mehr als sie selbst?

Tizaruns Tod war der einzige Tod, unter dem sie je gelitten hatte. Falls da noch andere waren, konnte sie sich nicht daran erinnern.

»Sadi ist bei der Geburt gestorben«, sagte der Arzt leise. »Und der kancharische Magier, den Ihr damals hattet kommen lassen, hat dem Säugling eine neue Seele gegeben. Die Seele eines kancharischen Prinzen, der extra für diesen Zweck getötet worden ist.« Seine Stimme zitterte. So viele Jahre hatte er dieses Geheimnis mit sich herumgetragen, und Tenira wusste nicht, ob er nun erleichtert war, es endlich ausgesprochen zu haben, oder ob er um sein Leben fürchtete. Er wich ihrem Blick aus und stand da wie ein Verurteilter.

Seltsamerweise wunderte sie sich nicht. Es war, als hätte sie schon immer gewusst, dass ihr Sohn nicht war, was er zu sein schien. Hatte sie nicht Tizarun in ihm vermutet und sich dann, als ihr klar wurde, dass er nicht ihr geliebter Mann sein konnte, von ihm abgewandt? Sie hatte Sadi nie geliebt, und der Tod, den Joaku ihm angedroht hatte, ließ sie kalt. Alle Menschen mussten den Weg des Todes gehen. Alle Menschen mussten dem Ruf folgen und das Tor durchschreiten. Das war der Lauf der Dinge, oder nein, es war mehr – es war der Tanz der Welt. Es war das Lied, das am Morgen in den Gärten erklang und des Nachts am Sternenhimmel. Es war der Fall der Schneeflocken im Winter und die Dunkelheit der Brunnen. Schönheit und Schmerz, Verlust und Wahrheit.

»Muss ich nun sterben?«, fragte er. »Ich habe keiner Menschenseele je davon erzählt.«

»Ein kancharischer Prinz also, hm?«

Er zögerte, aber nur kurz. »Ja, Hoheit.«

Sie wusste nicht, warum er log. War es kein Prinz, sondern ein Sklave, dessen Seele in Sadi wohnte? Tat Cimro seine Pflicht als Arzt, um Sadis Leben so gut er konnte zu schützen, indem er ihm einen Rang zusprach, der ihn wertvoll machte? Wertvoll als Pfand. Wertvoll, um Prinz Matino zu bestrafen.

Tenira nickte. »Gut, lassen wir es dabei.« Da war noch etwas gewesen, was Meister Joaku gesagt hatte. Über Gift. Dieses Mal ist es kein Gift … Doch wann hätte sie je mit ihm etwas getrunken? Daran hätte sie sich gewiss erinnert. Trotz seiner äußerlichen Unscheinbarkeit würde sie das Gesicht des Meisters niemals vergessen.

Es gab nur einen Zeitpunkt in ihrem Leben, zu dem ihr Gift serviert worden war. Joaku hatte ihr etwas ganz anderes mitgeteilt: Dass er hinter dem Mord an Tizarun steckte!

»Kancharische Magier«, flüsterte sie. »Und Wüstendämonen. Er war ein Wüstendämon.« Hatte König Laikan sich der Hilfe der Magier versichert oder hatten sie ihn benutzt? Nach der Begegnung mit Joaku befürchtete sie Letzteres. »Doch warum hätten die Wüstendämonen Tizarun töten sollen?« *Weil Joaku Wünsche erfüllt.*

Wessen Wünsche?

In all den Jahren hatte sie die Wahrheit nie herausgefunden. Ob König Jarunwa Wihaji den vergifteten Met als Geschenk mitgegeben hatte. Welche Rolle Wihaji dabei spielte und welche Rolle die Kancharer.

Ich bin unschuldig, raunte Quinoc. *Das hast du immer gewusst, Schwester.*

»Ich habe geahnt, dass es die Kancharer gewesen sind. Wollten sie Tizarun tot sehen und Sadi an seiner Stelle auf dem Thron?

Doch warum haben die Wüstendämonen sich gegen das Kaiserhaus gewandt?« Weil Prinz Matino ihm getrotzt hatte, das hatte der Meister vorhin deutlich gemacht.

Manche Dinge wurden klarer, in anderen kam Tenira sich blind vor. Sie war wie ein Vogel, der durch den Sturm flog, ins Ungewisse, durch Nacht und Dunkelheit und flammendes Sternenlicht.

»Hoheit.« Cimro wartete auf sein Urteil.

Er wisperte, wie die Toten wispern. Kaum hörbar. Ängstlich. Wie das leise Rascheln von Federn im Flug, von Regentropfen im Fall, von Träumen, die vergessen worden waren.

Sadi würde sterben, wie ihre Liebe gestorben war. Schreiend. Und alles wäre gut.

»Du kannst gehen«, sagte sie. »Weine um ihn. Weine um all die Jahre, die ich nicht geweint habe, weil ich nicht wusste, dass ich meinen Sohn längst verloren hatte. Wirst du das für mich tun?«

»Ja, Hoheit.« Er floh aus dem Zelt. Tenira folgte ihm, um ihm nachzusehen. Er war nicht verschwunden so wie der Magier, doch niemand blickte auf, als er an den Soldaten vorbei durch das Lager hinkte mit den schmerzbegleiteten Schritten eines sehr alten Mannes. Wen sollte sie fragen, ob er bereits tot war?

Er ist vor zwei Jahren gestorben, sagte Quinoc, der immer alles besser wusste.

»Und woher willst du das wissen?«, fragte sie. »Bist du nicht vor neun Jahren in der Skorpiongrube gelandet?«

Der General lachte vor sich hin. »Köstlich«, murmelte er, »oh wie köstlich.« Was ihr über seinen eigenen Zustand überhaupt keine Auskunft gab.

15. Flug im Sturm

»Ich komme zurück«, sagte Sadi.

Matino beugte sich über die Schale und betrachtete das Gesicht seines Bruders. Der Junge schwitzte, seine schwarzen Haare waren zerwühlt, in seinen Augen brannte die Entschlossenheit.

»Aber ich habe zwei Bedingungen.«

Natürlich, das war zu erwarten gewesen. Matino streckte seine verkrampften Hände, lockerte die Schultern und zwang sich zu einem Lächeln. »Ich gebe dir, was immer du haben willst. Das weißt du. Ich möchte dich nur hier bei mir haben.«

Sadi schluckte. »Ich habe gehört, dass sie hingerichtet werden sollen. Sahikos Eltern.«

»Eine Nachricht, die ich zur Beruhigung des Volks ausgeben musste«, sagte Matino gelassen. »Nach dem Tod des Kaisers kann nur Blut sie zufriedenstellen.«

»Dann ist es gar nicht wahr? Du willst ihnen nichts zuleide tun?«

»Wie könnte ich? Die Kaiserin liebt sie.«

Zweifel furchte Sadis Stirn. »Wirklich? Jedenfalls ist es meine erste Bedingung, dass ihnen nichts zustoßen darf.«

»Selbstverständlich nicht«, sagte Matino.

»Wo sind sie denn?«, fragte der Junge. »Ich habe versucht, Selas zu erreichen, aber es ist mir nicht gelungen.«

»König Selas ist weder ein Magier noch ein richtiger Feuerreiter. Er hat nur eine Grundausbildung genossen, die es ihm ermöglicht, kurze Strecken zu fliegen. Erwarte nicht zu viel von ihm. Er ist Gunaer. Die meisten Menschen aus der Gegend um Königstal und Trica haben einen kleinen göttlichen Funken, doch das bedeutet nicht, dass sie die Feinheiten des Wassersprechens beherrschen.«

Er redete zu viel, schalt Matino sich selbst. In seinem Bestreben, das Vertrauen des Jungen zu erringen, schoss er übers Ziel hinaus. »Komm zurück, wo immer du auch bist. Wenn du zu lange wartest, wird es schwierig, Wabinar zu erreichen.«

»Yando sagt, in Wabinar sei es zu gefährlich für mich.«

Matino atmete tief durch. Der Name des verhassten Sklaven war stets wie ein Stachel, der über seine Haut kratzte.

»Ja, es ist gefährlich. Nur ein Narr würde das Gegenteil behaupten. Dennoch könnte deine bloße Anwesenheit uns helfen. Teniras Heer ist vor der Stadt aufmarschiert. Sie wird nicht zulassen, dass dein Leben in Gefahr gerät, und gerade das wird Wabinar einen gewissen Schutz bieten.«

»Das stimmt nicht«, sagte Sadi. »Meiner Mutter ist mein Leben völlig gleich.«

»Sie tut gewiss nur so. Doch selbst wenn es tatsächlich so wäre, dürfte sie es vor ihren Verbündeten nicht zugeben. Wer würde mit einer Großkönigin zusammenarbeiten wollen, auf deren Bündnistreue man sich nicht verlassen kann? Wie wir mit der Sicherheit unserer Familie umgehen, sagt sehr viel über einen Menschen aus. Das wissen selbst die Nehesser.«

»Ich habe gesagt, ich komme zurück.« Der Junge nickte ernst. »Meine zweite Bedingung betrifft Yando. Ihm darf ebenfalls nichts geschehen. Ihr müsst mir schwören, dass Ihr ihn nicht länger suchen lasst. Sobald ich erfahre, dass er gefangen wurde, werde ich mir einen Eisenvogel nehmen und wieder verschwinden.«

Dieses Kind war zauberhaft in seiner Naivität, seinem grimmigen Ernst, seinem Glauben, es könnte nur mit seinem Willen Könige und Paläste lenken.

»Er ist der Mörder des Kaisers.«

»Ja, aber Ihr kennt nicht die ganze Wahrheit. Kaiser Liro wollte mich hinrichten lassen. Ich verdanke Yando mein Leben. Liro wollte auch Sahiko etwas antun. Das bedeutet, dass sogar die Kaiserin Yando etwas schuldet. Er verdient Dank, nicht Bestrafung.«

»Du weißt, dass ich das nicht so einfach glauben kann«, sagte Matino vorsichtig. »Doch es klingt … ja, es klingt wie etwas, das wahr sein könnte.«

»Es ist wahr.«

»Wenn ich dir schwöre, dass ich Yando am Leben lasse, kommst du also zurück? Dann tue ich es. Ich schwöre. Komm nach Hause, kleiner Bruder. Ich will dich hier bei mir haben. Und sei es, damit du Sahiko mit einem Eisenvogel retten kannst, wenn der Palast bedroht sein sollte. Du bist der Einzige, der sogar nachts sicher fliegen kann.«

»Gut«, sagte der Junge. »Dann ist es abgemacht.«

Das Bild erlosch. Eben noch hatte er in das Gesicht seines Bruders geblickt, im nächsten Moment war das Wasser still und dunkel.

Matino lehnte sich zurück.

Die Dinge liefen nicht nach Plan. Dennoch wagte er erstmals wieder zu hoffen, dass er das Kaiserreich retten konnte.

Er hatte Yando für die Aufgabe vorgesehen, doch er war sich sicher, dass Sadi sie genauso gut meistern konnte. Höchstwahrscheinlich noch viel besser. Er riskierte nicht gerne das Leben seines Bruders. Aber unter den gegebenen Umständen war es unvermeidlich, um die Feinde zu vernichten und damit Wabinar, Sahikos Thron und darüber hinaus ganz Kanchar zu retten. Was der Drache dem Jungen antun würde, wusste er nicht. Selbst heute, Wochen nach seinem eigenen unglückseligen und dennoch höchst erfolgreichen Ritt, träumte Matino schlecht. Wenn er in sich hineinhorchte, meinte er Stimmen flüstern zu hören. Allein der Gedanke daran ließ ihn zittern.

Seinem Bruder Wenorio hätte er dieses Schicksal lieber erspart. Was nützte Kanchar ein Großkönig auf dem Sonnenthron, der mit seinen inneren Schatten zu kämpfen hatte und Stimmen hörte? Wenn der Junge daran zerbrach, würde er es aufrichtig bedauern.

Sein Herz war schwer. Ein wenig Zerstreuung würde ihm jetzt guttun. Er streckte die Hand aus und läutete die kleine Glocke auf dem Tisch, um die Sklaven zu rufen, die er zuvor außer Hörweite geschickt hatte.

»Bringt die Gefangene her«, befahl er. »Die Frau mit der Maske.«

Dass man ihm Wein nachschenken sollte, musste er nicht befehlen. Die kleine Sklavin füllte den Becher. Er sah sie scharf an, aber sie wagte nicht zu zittern.

Kaji erschien am Vorhang, aber er beachtete sie nicht, und sie zog sich wieder zurück. *Später.*

Er nahm einen großen Schluck, spülte das Entsetzen hinunter, das die flüsternden Stimmen in ihm weckten, die leise Traurigkeit, die es mit sich brachte, seinen Bruder zu opfern. Gleich würde sich die Freude einstellen, die seine Erfolge verdienten. Er wartete darauf, den Triumph zu fühlen.

Als zwei Wächter die Frau brachten, die eine Maske und einen dichten Schleier trug, spürte er bereits den ersten Anflug des Glücks. Die Stimmen forderten Rache, immerzu, und ihnen nachzugeben würde ihm endlich die erhoffte Erleichterung verschaffen. Hoch aufgerichtet stand die Gefangene da. Blonde Strähnen lugten unter dem Stoff hervor, hinter dem er sie vor allen anderen Menschen im Palast versteckte.

»Nun, Hoheit?«, fragte er, seine Stimme wie Honig vor süßer Erwartung. »Wie es aussieht, brauche ich Euch nicht mehr. Euer Bruder wird nicht kommen, um Euch zu retten.«

Er trat auf sie zu und hob den Schleier mit beiden Händen über ihre Stirn. Wütend funkelten ihn die Augen der Frau an, die ihm schon seit Jahren nichts als ein Ärgernis war. Sie hatte verhindert, dass die Feuerreiter sich vor ihm beugten. Und sie besaß die Liebe des Mädchens, das seine eigene Tochter war. Seine und nur seine.

»Kostet Euren Sieg ruhig aus«, zischte Lan'hai-yia, doch er konnte ihre Angst riechen, den köstlichen Duft von Schweiß und Tränen. »Die Kaiserin wird Euch hinrichten lassen. Die Könige werden sich von Euch abwenden. Am Ende steht Ihr allein da.«

»Oh, gewiss nicht.« Die Stimmen des Drachen wisperten und zischten. Sie riefen ihn, doch er würde ihnen nicht folgen. Er würde jemand anders schicken. »Nicht allein. Nicht so wie Ihr – verloren in einem fremden Land, dem Ihr Euch nie beugen wolltet. Hat Yando Guna nicht an Kanchar verkauft? Und nun überlässt er Euch mir, damit ich Euch für die Dinge bestrafe, die er getan hat.«

»Was wollt Ihr?«, fragte sie, eine Frage, die ihn ermüdete, denn sie hatte sie schon zu oft gestellt. Seit die gojadischen Feuerreiter, die er geschickt hatte, sie davon überzeugt hatten, dass ihre Ziehtochter sie zu sehen wünschte, und sie ohne Widerstand zu leisten mitgegangen war. Natürlich wusste Sahiko nichts davon, und Matino achtete sorgsam darauf, dass es auch so blieb. Deshalb die Maske. Eine Vorsichtsmaßnahme, die notwendig war, da ihr Gesicht zu vielen Menschen vertraut war. Königin Lan'hai-yia hatte Wabinar vor Jahren einen Besuch abgestattet; bei der Gelegenheit war ihr Rumas und sein Kind eingepflanzt worden. Es schmälerte seine Rache ein wenig, dass seine Männer den König von Guna nicht in seinem Haus angetroffen hatten. Selas war wie vom Erdboden verschluckt, als hätte ihn jemand gewarnt.

»Was ich will?«, fragte er zurück. »Ich will Euch etwas lehren. Den Hass.«

»Das ist nicht nötig.« Trotzig funkelte sie ihn an. »Löst meine Fesseln, und ich zeige Euch, was mein Hass vermag.«

»Habt Ihr je die Götter gehasst? Habt Ihr sie je verflucht?«

»Ja«, sagte sie schlicht.

Eine wunderbare Königin, stolz und mutig. Es würde lange dauern, sie zum Weinen zu bringen. Wie bedauerlich, dass er nicht viel Zeit hatte. Es galt, eine Schlacht zu schlagen.

Sadi wusste, dass Yando und Maira verloren waren, wenn auch nur ein Feuerreiter merkte, dass er einen Eisenvogel fliegen konnte. Sie würden rasch die richtigen Schlüsse ziehen und die Soldaten losschicken, um die neuen Dorfbewohner zu verhaften. Notfalls würden sie ganz Brink'at dem Erdboden gleichmachen.

Deshalb musste er den Adler noch bei Dunkelheit vom Schrottplatz holen. Mit klopfendem Herzen saß er auf der Bank und wartete darauf, dass der Sturm nachließ, doch das Toben des Meeres, das ohrenbetäubende Brüllen des Windes und das Trommeln des Regens auf dem Dach und gegen das Fenster wollten einfach nicht aufhören.

Wenn er zu lange wartete, würde die Dämmerung kommen,

und die Wächter in der Festung würden ihn erkennen oder im schlimmsten Fall aufhalten.

Also musste er in den Sturm hinaus. Wenn er erst bei seinem Steppenadler war, konnte er immer noch entscheiden, ob er es wagen konnte, sofort loszufliegen, oder ob er lieber noch warten sollte. Ihm war mulmig zumute, nicht nur wegen des Sturms, sondern weil er ausdrücklich gegen Yandos Befehl handelte. Sein Lehrer würde ihn einen Dummkopf schimpfen, doch es gab Dinge, die auch ein Junge von zwölf Jahren tun musste, ungeachtet des Risikos. In Wabinar zu wohnen schien Sadi ein geringer Preis für das Leben vieler unschuldiger Menschen.

Der Wind riss ihm die Tür aus der Hand. Ein Windstoß fuhr herein und peitschte ihm eiskalte Regentropfen ins Gesicht, die wie Nadeln stachen. Sadi duckte sich und lief los. Den Versuch, sich die Kapuze schützend über den Kopf zu ziehen, gab er schon nach wenigen Schritten auf. Nach fünf Metern war er bis auf die Haut durchnässt. Er konnte nicht die eigene Hand vor Augen sehen, und nur weil er den Weg so gut kannte, verirrte er sich nicht zwischen den Häusern. Sobald er den Schutz des Dorfes verlassen hatte, traf ihn der Sturm mit voller Wucht. Das Meer brüllte so laut, dass er sich mittendrin wähnte. Blitze zuckten über den Himmel und erhellten die Umgebung. Sadi hatte, wie er jetzt erkannte, den Dünenpfad bereits erreicht, nur dass da kein Pfad mehr war. Schaum und Gischt und ganze Wagenladungen Wasser spülten über die Hügel. Das Wasser riss an seinen Knöcheln, als er dennoch weiterging. Es trieb Sadi vorwärts und versuchte, ihn ins Meer hinauszuziehen. Er wischte sich über die brennenden Augen, und plötzlich packte ihn der Zorn. Was er vorhatte, war zu wichtig, um es wegen schlechten Wetters aufzugeben. So wie er den Becher zum Leuchten gebracht hatte, ohne auf Anhieb zu merken, was er da eigentlich tat, erfasste ihn erneut etwas, das er sich nicht recht erklären konnte. Wie ein Instinkt, der ihm angeboren war. Er hob die Hände und ließ den Regen und den Wind wie an einer Wand abprallen. Er schuf eine Mauer aus Stille um sich herum, eine Rüstung aus Willen.

Um ihn herum tobte der Sturm mit unverminderter Kraft, doch er selbst rannte unbeschadet weiter, geborgen in einer schützenden Blase aus Magie. Der Zorn, der sein inneres Feuer nährte, trocknete seine Haut, seine Haare, sogar seine Kleider, bis ihm wieder warm war. Es war, als wäre er mit einem Brandstein in seiner Brust geboren worden anstelle eines Herzens.

Mit einer Selbstverständlichkeit, wie Sadi sie sonst nur aus Träumen kannte, schob er den Sturm von sich fort und eilte über die Hügel, am Schildkrötenwald vorbei, bis er die sturmumtosten Palisaden der Festung erreichte. Ein einsames magisches Licht glomm durch die Ritzen der geschlossenen Fensterläden. Doch der Wächter würde nichts sehen, mochte er noch so pflichtbewusst Wache halten.

Mit einem spöttischen Lächeln auf den Lippen huschte Sadi zum Schrottplatz. Regen prasselte auf die eisernen Vögel, Wind rüttelte an Stapeln von Flügeln und Eisenplatten. Einige der kleineren Falken waren umgefallen und bohrten ihre Schnäbel in die aufgeweichte Erde. Der Steppenadler, vom Wind und der Wucht des Gewitters unbeeindruckt, ließ die roten Augen aufleuchten, als Sadi die Hand nach ihm ausstreckte.

Die Blase auszudehnen, bis sie auch den eisernen Vogel umschloss, war genauso leicht, wie sie zu erschaffen. Der Sturm prallte an seinem unbeugsamen Willen ab. Vorsichtig kletterte Sadi die regennassen Trittsprossen hinauf. Für einen sicheren Flug hätte er die feinen Eisenfedern des Adlers von Sand, Salzkrusten, Grassamen und Blättern befreien müssen, doch dafür war keine Zeit. Tausendmal hatte Prinz Matino ihm eingeschärft, wie wichtig es war, einen Eisenvogel sorgfältig zu reinigen, zu polieren und auf Schäden und Verletzungen zu untersuchen. Heute musste Sadi sich darauf verlassen, dass der Regen den gröbsten Schmutz weggewaschen hatte.

Die Glut im Inneren des Vogels reagierte auf Sadis Willen. Die Seelen waren schlagartig wach. Der Vogel streckte die Schwingen aus, duckte sich zum Sprung und setzte so hart wieder auf, dass Sadi beinahe den Halt verloren hätte. Er fiel ruckartig nach vorne, und nur die Beinschienen bewahrten ihn vor einem Sturz. Kurz dachte er darüber nach, was nicht stimmte. Die Antwort war einfach: Die Blase, die ihn vor dem Sturm bewahrte, veränderte auch die Luft, die den Vogel tragen sollte. Sich erneut den Elementen auszusetzen war unvermeidlich.

»Nun, Großer?«, murmelte er. »Lust auf einen rasanten Flug?«

Sonne im Gesicht, dachte er und ließ die magische Hülle fallen.

Jungen wurden nicht plötzlich erwachsen, weil sie Gefahr ausgesetzt wurden. Es war nicht ein Schritt aus der Kindheit heraus in einen anderen Körper, der sie zum Mann machte. Durch die Gefahr erlangten sie jedoch einen anderen Geist, sie gelangten von Wagemut zu echtem Mut, von Tollkühnheit zu Weisheit, von Auflehnung zu Gehorsam oder von Gehorsam zu Eigenständigkeit.

Jungen, dachte Kirian, *brauchen lange, um zum Mann zu reifen, und zu viel Verantwortung mag das beschleunigen oder gar verhindern.*

Er betete, dass Sadi genug Zeit haben würde, um erwachsen zu werden.

»Ich verstehe nicht, wovon du sprichst«, sagte der Feuerreiter. Er hatte zwar das Tor geöffnet, als Kirian dagegengehämmert hatte, doch hineingebeten hatte er ihn nicht. Er stand auf der Schwelle, die Arme vor der Brust gekreuzt, breitbeinig. Ein Wächter, der weder den Ernst der Lage begriff noch die Gefahr, in der er schwebte. »Ich kann dir keinen Eisenvogel verkaufen. Sie sind Eigentum des Kaisers, und ohnehin können nur Feuerreiter auf ihnen reiten. Und du, mit Verlaub, siehst nicht gerade wie einer von uns aus.«

Mit der Arroganz, die allen Feuerreitern eigen war, die den Himmel und den Rausch des Fliegens kannten, versuchte er auf Kirian herabzuschauen, obwohl dieser größer war als er.

Ihn niederzuschlagen würde nicht allzu schwer sein. Doch von Sadi wusste Kirian, wie stark die Besetzung der Feste war. An diesem Morgen nach dem Sturm würden alle Feuerreiter draußen im Hof sein, um die Schäden zu beseitigen, Wasser aus dem Keller zu pumpen, Unrat wegzuräumen und zu reparieren, was nötig war. Er war kein Wüstendämon, der es mit zwanzig zum Kampf ausgebildeten Männern aufnehmen konnte.

»Ich zahle gut.«

Der Feuerreiter schüttelte den Kopf. »Die Eisenvögel stehen nicht zum Verkauf.«

Kirian traute sich nicht zu, einen Falken zu fliegen, jedenfalls nicht die lange Strecke bis nach Wabinar. Während der Jahre, in denen er Sadi unterrichtet hatte, hatte er im Gegenzug viel über die Kunst des Fliegens mitbekommen. Doch ein Feuerreiter war er nicht. Trotzdem – hatte er eine Wahl? Auch wenn seine Aussichten schlecht waren, musste er es wenigstens versuchen.

»Ihr versteht das nicht. Mein Sohn Tazi ist heute Nacht losgeflogen. Ich muss ihm so schnell wie möglich nach, bevor er eine unwiderrufliche Dummheit begeht.«

»Tazi?«, fragte der Feuerreiter. »Das ist dein Sohn? Ein guter Junge, doch wir haben noch nicht einmal damit begonnen, ihn auszubilden. Wie kommst du auf die Idee, er könne geflogen sein? Keiner unserer Vögel fehlt, und selbst wenn, könnte er ohnehin nichts damit anfangen. Noch dazu bei Nacht. Und im Sturm! Nicht einmal ein Wahnsinniger wäre letzte Nacht losgeflogen.«

»Er hat einen eigenen Steppenadler«, sagte Kirian. Plötzlich fühlte er sich müde. Das, was er im Begriff war zu tun, wäre unwiderruflich. Leider war es der einzige Weg, um so schnell wie möglich nach Wabinar zu gelangen: Er musste sich stellen.

Matino wollte ihn lebend, das war seine einzige Chance. Nicht dass er hoffte, viel länger als den Flug zu überleben. Sobald Sadi losgeflogen war, hatte er Kirians Schicksal besiegelt.

»Wie könnte er …?«

»Weil er nicht Tazi heißt«, sagte Kirian. »Weil er Sadi ist, Prinz von Wajun, und der beste Feuerreiter von ganz Kanchar. Weil er unterwegs nach Wabinar ist und ich ihm folgen muss.«

Der junge Mann riss die Augen auf. »Prinz Sadi? Aber dann … Das würde ja bedeuten, du … Oh ihr Götter, Ihr seid Fürst Yando!« Seine Hand zuckte zu seinem Gürtel, an dem er jedoch kein Schwert trug. Die Feuerreiter räumten seit den frühen Morgenstunden Schlick und Äste weg, und das taten sie nicht bewaffnet. »Rührt Euch nicht von der Stelle! Oh, bei allen Göttern! Ihr seid der Mörder, nach dem alle Ausschau halten!«

Er wurde bleich und wich ein paar Schritte zurück, als könnte Kirians bloße Gegenwart ihn vergiften. »Bleibt da stehen! Bleibt da! Aljat!«, schrie er über seine Schulter. »Ich hab ihn. Er ist hier! Ich hab den Mörder des Kaisers gefangen!«

Kirian wappnete sich innerlich gegen das Kommende. Er setzte eine möglichst nichtssagende Miene auf, als die Feuerreiter und Soldaten herbeistürmten, die meisten noch mit ihren Besen und Werkzeugen bewaffnet, mit Äxten, Spaten und Schaufeln.

»Lebend!«, schrie jemand. »Fasst ihn lebend!«

Der Befehl wäre nicht nötig gewesen, denn die Männer und Frauen zögerten, sich ihm auf mehr als ein paar Meter zu nähern. Sie umringten ihn, doch als wäre er ein Geist oder als würde das Blut des Kaisers noch an seinen Händen kleben, wagten sie nicht, ihn anzufassen. Schließlich fasste der Kommandant sich ein Herz und trat auf ihn zu. Seine Miene war grimmig. Yando vermutete, dass er sich ebenso fürchtete wie die anderen, vor seinen Leuten jedoch nicht schlecht dastehen wollte.

»Seid Ihr Fürst Yando aus Wabinar?«

»Ja«, sagte Kirian, der sich geschworen hatte, nie wieder den kancharischen Sklavennamen zu tragen, den man ihm im Palast gegeben hatte. »Das bin ich. Nehmt mich fest, wenn ihr unbedingt wollt, aber bringt mich nach Wabinar. Sofort.«

»So lautet der Befehl«, sagte die Feuerreiterin Aljat im Hintergrund. »Unversehrt und lebend ist der Beschuldigte sofort nach Wabinar zu überführen. Ohne Aufsehen zu erregen. So schnell wie nur möglich. Jeder weiß, was passiert, wenn Prinz Matinos Befehle nicht haargenau ausgeführt werden.«

Der Kommandant nickte. Er schien erleichtert, dass er den von allen Göttern verdammten Mörder nicht länger als nötig in seiner Nähe ertragen musste.

»Nehmt den besten Steppenadler. Zwei Wächter. Und dann …«

»Mit Verlaub, nein«, unterbrach Kirian ihn. »Ein Wüstenfalke ist schneller.«

»Ich kann Euch nicht einem einzelnen Feuerreiter anvertrauen.«

Noch immer hatte niemand Anstalten gemacht, ihn zu fesseln, doch ihm war klar, dass das unweigerlich geschehen würde. Und dass sie ihn nicht auf einen Eisenvogel setzen würden, ohne ihn kampfunfähig zu machen. Die Abscheu der Feuerreiter, die ihn umringten, machte Kirian mehr als deutlich, dass sie ihn nicht bloß für einen gewöhnlichen Verbrecher hielten. Er hatte das Kostbarste auf dem Gewissen, das das ganze Kaiserreich Kanchar besessen hatte: den Kaiser. Auch wenn Liro nur ein törichter junger Mann mit weißblondem Haar und einem Hang zu grausamen Entscheidungen gewesen war.

»So schnell wie möglich«, beharrte Aljat. »Das heißt, es muss ein Wüstenfalke sein.«

»Aber«, wandte der Kommandant ein, »ich kann bei einem so wichtigen Gefangenen nicht riskieren, dass er entkommt.«

»Ich fliege ihn nach Wabinar. Ich fürchte mich nicht. Und«, setzte sie dazu, »er wird nicht entkommen. Wir fesseln ihn an die Gepäckstange. Ich werde ihn der Kaiserin übergeben, das schwöre ich.«

»Es ist mein Gefangener«, wandte da der junge Feuerreiter ein, der Kirian das Tor geöffnet hatte. »Ich sollte das übernehmen.«

»Dein Gefangener?«, fragte Aljat spöttisch. »Wie das? Behauptest du etwa, dass du ihn aufgespürt und festgenommen hast?«

»Schluss damit«, befahl der Kommandant. »Sofort bedeutet sofort. Jede Stunde zählt. Aljat, du fliegst mit dem Fürsten. Du bist kleiner und leichter, mit dir im Sattel kann der Wüstenfalke schneller fliegen. Zudem bist du nicht so vertrauensselig wie Wilnat. Er wird auf einem zweiten Wüstenfalken mit dir fliegen. Macht euch auf den Weg.« Mit einer Handbewegung und einem strengen Blick scheuchte er die umstehenden Soldaten an die Arbeit zurück. »Und kein Wort zu irgendjemandem! Das ist ein Befehl!«

»Sollen wir Wabinar durchs Wasser benachrichtigen?«, fragte

Wilnat. Er wollte sich wohl keine Gelegenheit entgehen lassen, seine Rolle bei der Festnahme des Mörders herauszustellen.

»Kein Wort«, wiederholte der Kommandant. »Liefert ihr den Gefangenen ab, haben wir uns eine Belohnung verdient. Doch stößt ihm etwas zu, wenn er zu fliehen versucht oder ihr angegriffen werdet oder in Kriegshandlungen geratet, ist es besser, wenn Prinz Matino niemals erfährt, dass wir gegen die Befehle verstoßen haben.«

Maira schrie. Kirian hörte sie jenseits der Palisaden seinen Namen brüllen, während die Soldaten ihn an den Wüstenfalken fesselten. Wenigstens hatten sie ihm vorher einen Ledermantel gegeben, ihn mit einem Lederhelm und festen Stiefeln ausgestattet. Sie behandelten ihn ausgesucht höflich. Niemand schlug oder trat ihn, beschimpfte ihn oder spuckte ihm ins Gesicht.

»Kalhem!«, schrie Maira. »Tu das nicht! Du Lügner! Hast du ihnen erzählt, du wärst der Fürst? Glaubt ihm nicht! Er ist nur ein Reisender, der rasch nach Wabinar gebracht werden möchte. Ein Lügner! Kalhem, sag ihnen endlich die Wahrheit!«

Der Soldat, der die Ketten festzog, runzelte die Stirn. »Ist das wahr? Habt Ihr uns ein Märchen aufgebunden?«

»Kalhem!«, brüllte sie. Mit irgendetwas schlug sie gegen die Pfosten. »Kalhem, komm da raus! Du bist ja verrückt! Sag es ihnen, bevor es zu spät ist!«

»Sie klingt sehr überzeugend.«

Kirian gestattete sich ein kleines Lächeln. Hatte er wirklich geglaubt, er könnte mit Maira und Sadi ein friedliches Leben führen, unberührt vom Krieg, fern von der Hand der Gerechtigkeit, die sich nach ihm ausstreckte? Hatte er etwa gedacht, die Götter würden ihm den Frevel verzeihen und ihn gehen lassen?

»Kalhem!«

Wilnat und Aljat nahmen ihre Plätze ein, und die beiden Wüstenfalken erwachten zum Leben. Sie schlugen mit den Flügeln, stießen sich ab und warfen sich in den Wind. Aljat flog einen Kreis über der Festung, und Kirian sah Mairas kleine Gestalt vor dem

Tor, ihr Haar flatterte, und obwohl er ihr Gesicht schon nicht mehr erkennen konnte, spürte er ihre Verzweiflung.

Sie stiegen höher. Das Meer, immer noch aufgewühlt, schäumte in grünen und grauen Farbtönen. Da war das Dorf, dort der kleine Wald, und schon flogen sie darüber hinweg. Der Wind wehte frisch von Süden und trug sie vorwärts, schnell wie zwei Pfeile, die abgeschossen worden waren, um einen Feind mitten ins Herz zu treffen.

16. Das Herz von Kanchar

Sadi bemerkte die Auswirkungen des Krieges, lange bevor er Wabinar erreichte. Brennende Dörfer. Obstgärten, in denen die Stümpfe der Bäume wie zersplitterte Knochen in die Luft stachen. Wiesen, in Aschefelder verwandelt. Flüsse, rot vom Blut verendeten Viehs.

Halb erwartete er, Wabinar in Flammen vorzufinden. Die Ebene war dunkel von den aufmarschierenden Heeren. Das eine kam von der Küste des Nebelmeers her. Sie waren wie Ameisen, eingehüllt in eine Staubwolke. Das andere war bereits gegen die Schutzwälle gebrandet, die Wabinar errichtet hatte. Die Nacht brach an, als Sadi über die Lagerfeuer hinwegflog, über die Feinde, sein eigenes Volk, und dann über das stille Wabinar, das sich bereits vor dem nächsten Ansturm duckte.

Wie ein glitzernder Berg ragte der Palast aus den dunklen Klippen der Häuser auf. Die Sterne schienen in dieser Nacht besonders hell, und der Bogen der tausend Monde hatte sich über den Himmel gelegt. Der Steppenadler gewann an Höhe, doch Sadi lenkte ihn entschlossen auf das Dach des Palastes zu. Hoffentlich würde man ihn nicht beschießen. Die Feinde hatten keine Eisenvögel, soviel er wusste, doch es war nicht auszuschließen, dass sie einen Vogel erbeuteten und einen Attentäter entsandten, um Feuer zu legen oder gar die Kaiserin zu ermorden. Er schickte seine Sinne aus, um einen Armbrustbolzen zu erkennen, bevor er ihn traf, doch alles blieb ruhig. Ein Schwarm Eisenvögel ruhte aufstiegsbereit im Mondlicht, das sich auf Waffen und Rüstungen brach.

»Kalazar?«, rief eine laute Stimme. »Seid Ihr es?«

»Ja«, rief Sadi zurück. Matino wusste, dass er kam; natürlich, er würde niemals zulassen, dass seinem Schüler etwas geschah.

Der Steppenadler senkte sich auf eine freie Fläche neben den anderen magischen Kreaturen. Schon eilten die Wachen herbei. Ehrerbietig stellten sie sich in einer Reihe auf und warteten, dass er abstieg. Sadi hörte sie leise flüstern.

»Woher wusstet ihr, dass ich es bin?«, fragte er.

»Mit Verlaub, Kalazar«, antwortete eine Wächterin. »Nur Ihr pflegt unter den Sternen zu fliegen.«

»Lasst uns allein«, sagte eine andere Stimme, und die Wächter neigten das Haupt und glitten leise klirrend davon, gehorsam wie Eisenpferde.

Matino trat aus dem Schatten der Bäume, die den Dachgarten begrünten. Das Licht des Nachthimmels zeichnete dunkle Ringe unter seine Augen. Da war eine tiefe, blutverkrustete Schramme an seiner Wange und ein rätselhaftes Lächeln auf seinen Lippen.

»Ich habe auf dich gewartet, kleiner Bruder.«

Sadi zögerte. Sich von dem Steppenadler zu entfernen, mit dem er sofort fliehen konnte, fühlte sich an wie ein Schritt aus seichtem in tiefes Wasser hinein.

»König Selas«, sagte er. »Wo ist er?«

»Fragst du nicht nach dem Krieg? Nicht nach den Verlusten beider Seiten? Du fragst nicht, ob alle wohlauf sind?«

»König Selas und Königin Lan'hai-yia. Du hast es versprochen.« Sadi wagte immer noch nicht, die Hand von dem eisernen Flügel zu nehmen. Denn etwas an Matino war anders. Es war, als trüge er all das in sich, was Sadi auf dem Flug hierher gesehen hatte – die verbrannten Felder, die rauchenden Dächer, die verwüsteten Gärten und Ufer, rot von vergossenem Blut.

Plötzlich kam er sich kindisch vor. »Wie läuft der Krieg?«, fragte er.

»Übel«, antwortete Matino. »Aber wir sind im Besitz einer Waffe, die wir noch nicht eingesetzt haben. Bist du sehr müde? Ich kann dir vier, fünf Stunden Schlaf zugestehen, mehr leider nicht. Dort im Zelt ist alles, was du brauchst: Wasser, etwas zu essen und ein Bett.«

Sadi war erschöpft, hungrig und zunehmend verwirrt – er hatte nicht sagen können, was davon überwog. »Hier auf dem Dach? Ich möchte Sahiko begrüßen und …«

»Morgen«, unterbrach Matino ihn. »Das wird bis morgen warten müssen. Noch will ich nicht, dass irgendjemand von deiner Ankunft erfährt. Wir befinden uns im Krieg, kleiner Bruder, und müssen vorsichtig sein. Komm.« Er legte den Arm um Sadis Schultern.

»Aber …«

»Iss und schlaf. Noch heute Nacht muss ich dir etwas zeigen. Bevor die Sonne aufgeht, müssen wir draußen vor der Stadt sein. Dann wirst du alles verstehen.«

Aljat und Wilnat behandelten Kirian wie ein rohes Ei. Sie achteten sorgsam darauf, dass er sich nicht vom Wüstenfalken entfernen konnte, indem sie ihn während der nächtlichen Rast mit einem langen Seil an die eiserne Kralle des Vogels fesselten. Einer der beiden hielt stets Wache. Darüber hinaus jedoch bemühten sie sich um ausgesuchte Höflichkeit, als wäre er eine scharfe Klinge, die ihnen selbst bei einer kurzen Berührung die Haut zerschneiden könnte. Manchmal sah er Angst in Aljats Augen aufblitzen, dann wieder kalten Hass. Wilnat hingegen vermied jeden Blickkontakt. Dafür schnitt er ihm das Essen klein, damit Kirian kein eigenes Messer benötigte.

Sie fragten ihn nie, ob er schuldig war. Oder wie er den Kaiser ermordet hatte.

Oder ob er den Tod fürchtete.

Als der zweite Tag sich in einen sternenreichen Abend verwandelte, landeten die beiden Feuerreiter ihre Falken in der Steppe und stritten darüber, ob sie weiterfliegen sollten. Wabinar lag nun dicht vor ihnen, doch die Sonne versank hinter dem Horizont, die grasbewachsene Ebene brannte in ihrem Licht. Die Dunkelheit nahte rasch.

»Es sind höchstens noch zwei, drei Stunden«, sagte Aljat. »Wenn wir weiterfliegen, können wir den Gefangenen im Palast abliefern und sind frei.«

»Zwei Stunden, die uns den Kopf kosten können«, widersprach Wilnat. »Ich fliege nicht nachts.«

Zähneknirschend gab Aljat nach. Sie banden Kirian mit den Fußgelenken an das Eisenbein und legten sich zur Ruhe. Wilnat lehnte sich an den Flügel, mit dem der Falke sich abstützte, und starrte vor sich hin. Eine Weile beobachtete ihn Kirian dabei, dann stellte er sich schlafend. Um sich die Beine zu vertreten, stand der junge Mann auf und wanderte umher. Sie waren im Nichts gelandet, zwischen Wald und kargen Wiesen, wo es sich kaum lohnte, Äcker zu bestellen. Das Land zwischen Wabinar und den südlichen Reichen war öde, schwach besiedelt. Dafür gab es hier … Wölfe? Kirian legte den Kopf schief und lauschte. Das war eindeutig Wolfsgeheul. Obwohl die Tiere meilenweit entfernt waren, jagten ihm die unheimlichen Klänge einen Schauer über den Rücken. Seine Nackenhaare stellten sich auf.

Wilnat kehrte zurück zum Eisenvogel. Auch er fühlte sich sichtlich unbehaglich.

»Sie werden uns schon nichts tun«, sagte Kirian leise.

»Habt Ihr Erfahrung mit Steppenwölfen?«, fragte der Feuerreiter.

»Wir haben zwei Wüstenfalken, mit denen wir sofort verschwinden könnten.«

»Nachts?«, fragte der junge Mann zweifelnd.

»Und wir haben das hier.«

»Was meint Ihr?« Er kam näher, genau wie Kirian gehofft hatte.

»Na, das.« Er sprang auf, sobald sich Wilnat in Reichweite befand, und schlang ihm das Seil, mit dem er gefesselt war, um den Hals. Kirian hatte nicht vor, den jungen Mann umzubringen, doch er war bereit dazu, wenn es nicht anders ging. Die Entschlossenheit verlieh ihm Kräfte, die ihn selbst erstaunten. Röchelnd und um sich schlagend, ging der Feuerreiter zu Boden, während die Wölfe heulten und jedes andere Geräusch übertönten. Vergeblich tastete der Kancharer nach seinem Dolch. Kirian warf sich über ihn, erstickte seine Schreie mit einem Tuch und wartete, bis die Gegenwehr schwächer wurde. Wilnat war nicht tot, jedenfalls hoffte er das. Die aufkommenden Schuldgefühle wischte er beiseite. Aljat war nicht aufgewacht, das bewahrte Kirian immerhin davor, auch sie anzugreifen. Er zog den Dolch aus dem Futteral an Wilnats Gürtel, säbelte das Seil an seinem Knöchel damit durch und steckte ihn dann selbst ein. Der Wüstenfalke erwachte, als er hinaufkletterte und sich in den Sattel setzte. Sobald der Eisenvogel die Flügel bewegte, sprang die junge Frau auf.

»Was wird das?«, rief sie. »Ihr! Ihr könnt nicht fliegen, Ihr dürft nicht! Was habt Ihr getan?«

Der Falke stieg steil in die Luft. Über ihnen lockten die unzähligen Sterne. Sie strahlten heller als je zuvor, der Himmel brannte in ihrem kalten Licht. Die Seele des eisernen Vogels richtete sich nach oben aus. Kirian spürte die überwältigende Freude, die seinen eigenen Willen zu bezwingen drohte.

»Fürst Yando!«, schrie Aljat so laut, dass ihre Stimme sich dabei überschlug. »Ihr müsst sofort wieder landen! Ihr bringt Euch um, begreift Ihr das denn nicht? Kommt zurück!«

Würde sie den zweiten Wüstenfalken nehmen und ihn verfolgen? Er bezweifelte es. Zunächst würde sie sich um Wilnat kümmern. Und dann würde den beiden nichts anderes übrigbleiben, als heimzufliegen. Was sollten sie in Wabinar ausrichten – erzählen, dass sie den Mörder des Kaisers gefangen und wieder verloren hatten? Matino würde sie eigenhändig zerfleischen.

Es sei denn, er war guter Dinge, weil er Kirian bereits selbst in die Finger bekommen hatte.

Einen Moment lang wurde die Sehnsucht, zu den Sternen zu fliegen und sich im glitzernden Licht zu verlieren, so groß, dass er weinen wollte. Sein Entschluss, nach Wabinar zu fliegen und Sadi zu retten, geriet kurz ins Wanken, als ihn die Angst um sein eigenes Leben packte. Dann erinnerte er sich daran, dass er nicht zu den Göttern gelangen konnte. Nicht auf diesem Weg. Der Falke würde sich hoch hinaufschwingen, so hoch es ging, und dann abstürzen. Und Kirians Seele würde in den Eisendrachen gezogen werden, wo sein Porträt auf ihn wartete.

Er konnte nicht durch seinen Tod entkommen, niemals. Also

musste er sich dem Schicksal stellen. Doch zuvor, bevor er in den Palast einstieg, um den Jungen dort herauszuholen, musste er sich um das gezeichnete Bildnis kümmern.

Kirian wusste, was mit dem Eisendrachen geschehen war. Er hatte im Fischerdorf davon gehört, dass das Ungeheuer das Schloss des Königs von Gojad zerstört hatte. Die Königsfamilie, die Witwen des Altkaisers Ariv und sämtliche Halbbrüder Kaiser Liros waren in den Flammen und der Gerölllawine ums Leben gekommen. Er wusste, dass das eiserne Untier vor den Toren von Wabinar stille Wache hielt, bestaunt und gefürchtet wie ein Mahnmal.

Vergeblich hatte Kirian in den vergangenen Wochen auf die Nachricht gewartet, dass Kanchar mithilfe des Eisenungeheuers alle Feinde in die Flucht geschlagen hatte. Daraus schloss er, dass Matino nicht dazu in der Lage war, das Untier zu beherrschen und im Krieg einzusetzen. Er war auf dem Drachen aus Gojad nach Wabinar geflogen und vor Wabinar gestrandet, und mehr konnte er nicht ausrichten, sonst hätte er es längst getan. Matino konnte das Ungeheuer nicht wie ein wahrer Feuerreiter beherrschen.

Vermutlich gab es nur zwei Menschen in ganz Kanchar, die das vermochten: Prinz Karim von Daja und Prinz Sadi von Wajun.

Kirians Angst um Sadi wurde größer als die Angst um sein eigenes Leben. Der Falke beugte sich der Entschlossenheit, die Kirian vorwärtstrieb. Die ihn dazu gebracht hatte, sich in der Festung zu stellen, einen Mann anzugreifen und einen Eisenvogel zu stehlen. Er zwang den Vogel vorwärts, auf die Stadt zu.

Zu dem Ort, den Matino für seine Seele bereitet hatte – dem eisernen Drachen.

Matino hörte das Flüstern. Hier, so dicht neben dem Eisendrachen, war es schlimmer als sonst. Unzählige Stimmen wisperten in seinem Kopf und in seiner Brust und in seinem Blut. Er hörte sie überall. Sie riefen ihn. Sie erzählten ihm davon, wie sie gestorben waren. Sie lachten. Sie drohten. Sie kicherten.

Am liebsten hätte er sich die Ohren zugehalten, doch er tat, als würde er nichts merken. Stattdessen wandte er sich dem Jungen zu, der ungläubig den Drachen betrachtete. Manchmal wirkte Sadi mit all seinen Fähigkeiten, seiner erstaunlichen Klugheit und seinem Mut wie ein weitaus älterer Junge, doch in diesem Moment war er nur ein Kind.

»Ich habe davon gehört«, sagte er. Der Drache ragte über ihnen auf, seine Flügel verdeckten den Blick auf die Sterne. Obwohl das Untier schlief, spürte man die Präsenz der Seelen. Jeder spürte sie, selbst die dümmsten und habgierigsten Stadtbewohner, deshalb hatte niemand versucht, Stücke des wertvollen Eisens zu stehlen. Weit und breit war keine lebende Menschenseele außer ihnen beiden. »Man spricht darüber. Aber ich hätte nicht gedacht …«

»Was?«, fragte Matino. »Dass er so groß ist? So gewaltig? Dass er unbesiegbar scheint?«

»Er fühlt sich so … kalt an«, flüsterte Sadi.

»Du wirst als der größte Held aller Zeiten gelten«, sagte Matino. »Noch nach hundert Jahren wird man von dieser Schlacht singen.«

»Was?«, fragte der Junge. »Ich soll ihn reiten?« Er klang eingeschüchtert und zugleich begierig. Oder täuschte Matino sich darin? Die Stimmen wisperten durcheinander, und es war schwer, eine einzelne Stimme herauszuhören.

»Du hast die Stärke, nachts zu fliegen. Du kannst die Seelen bezwingen. Du wirst auch dieses Eisentier bändigen, kleiner Bruder. Der Feind schläft auf der anderen Seite der Stadt. Heute werden die Eisensoldaten die Stadt stürmen. Sie werden Wabinar auslöschen, wenn wir ihnen nichts entgegensetzen können.«

»Wir haben Soldaten. Wir haben Eisenpferde und Eisenvögel.«

»Wir haben dich«, sagte Matino schlicht.

Er wartete, aber er würde nicht zu lange warten. Die Nacht hielt das Land noch in ihrem Griff, wie ein feines, ein wenig zu straff gespanntes Netz über der Welt, aber bald würden sich die ersten Risse zeigen, durch die der Tag strömte. Der Junge musste jetzt fliegen, solange er die Feinde noch überraschen konnte. Bevor er zu lange darüber nachdachte, was Matino von ihm erwartete.

»Du musst diese Sprossen hochklettern. Dort oben ist die Luke. Der Sitz ist im Bauch des Drachen, nicht auf seinem Rücken. Dir kann da drinnen gar nichts passieren. Es ist der sicherste Platz in ganz Kanchar.«

Sadi streckte die Hand aus und legte sie vorsichtig auf die eiserne Kralle des Drachen, die sich über ihm wölbte. Allein der Fuß des Geschöpfs war größer als der Junge.

»Also, wirst du es tun?«, fragte Matino. »Wirst du Kanchar und der Kaiserin dienen? Wirst du tun, wozu du geboren wurdest als Prinz des Kaiserreichs?«

»Ich bin Sadi von Wajun«, murmelte der Junge.

»Du bist Kancharer«, widersprach Matino. »Das ist alles, was zählt.« Wenn nötig, würde er Sadi heute die Wahrheit sagen. Die Wahrheit über ein Kind, das bei seiner Geburt gestorben war, und über die Seele eines Prinzen, der Ja gesagt hatte.

Sadi öffnete den Mund, um seine Entscheidung kundzutun. Im selben Moment stürzte sich ein Wüstenfalke vom Himmel herab.

Solange der Junge so dicht neben ihm stand, brauchte Matino keine Wachen. Er lächelte in dem Bewusstsein seiner Überlegenheit. Yando, dieser Mörder und Verräter, konnte nichts gegen ihn ausrichten – nicht vor seinem Schützling. Erschöpft fiel er mehr vom Rücken des Falken, als dass er kletterte. Er sah anders aus als früher, nicht mehr in den prächtigen Kleidern eines Ratgebers von fürstlichem Rang, sondern schlicht wie ein Feldarbeiter. Aus seinen Augen sprühte die Wut einer Bärin, die ihr Junges beschützte.

»Sadi! Komm weg von ihm!«

Matino spürte, wie die Seelen frohlockten. Vielleicht war es auch allein seine eigene Seele, die plötzlich unbändige Freude empfand. Yando war gekommen, das perfekte Opfer für den Drachen. Von vornherein hatte er ihn für diese Aufgabe haben wollen.

Er krallte seine Hand in die Schulter des Jungen. »Kaisermörder«, sagte er laut. »Du Narr! Wagst du dich tatsächlich wieder her? Glaubst du, du könntest gegen mich gewinnen?«

Der Fürst näherte sich vorsichtig. Matino hasste, wie groß er war, wie arrogant, selbst jetzt, da er demütig hätte kriechen sollen.

»Sadi, komm her«, meinte Yando gepresst.

Es war Zeit für die Wahrheit, für den vernichtenden Schlag, den er für diesen Mörder und Verräter vorgesehen hatte. »Deine Schwester Lan'hai-yia ist in meiner Gewalt.«

»Was?«

Matino wartete auf Yandos Reaktion, deshalb traf ihn Sadis Wutausbruch unvorbereitet. Der Junge riss sich abrupt von ihm los. »Du hast gesagt, ihr würde nichts geschehen, wenn ich herkomme!«, schrie er.

»Das wird auch so sein, wenn ihr beide genau das tut, was ich euch sage. Yando, du kommst gerade zur rechten Zeit. Ich soll Sadi in Ruhe lassen? Hast du womöglich etwas dagegen, dass er den Drachen reitet? Dann musst du es tun. Steig hoch. Ich denke, du kennst den Weg.«

»Was soll mich daran hindern, dich stattdessen umzubringen?« Yando kam drohend auf ihn zu. Einer, der nicht einmal den Kaiser verschont hatte, der keinerlei Grenzen mehr kannte, der den Göttern selbst ins Gesicht gespuckt hatte. »Sobald du tot bist, wird Sahiko eigenhändig dafür sorgen, dass ihre Mutter in Sicherheit ist. Dich zu töten wird dafür sorgen, dass alle Menschen, die Sadi und mir etwas bedeuten, sicher sind. Ein für alle Mal.«

Matino ließ ein amüsiertes Lachen hören. »Du bist gut, Sklavenfürst. Hier stehe ich, ohne Leibwächter, ohne irgendjemanden, den ich zu Hilfe rufen könnte. Hier sind nur wir drei. Aber ich bin nicht so einfach umzubringen, wie du zu glauben scheinst. Im Gegenteil. Während wir kämpfen, wird Sadi die Sprossen hoch zur Reiterkammer steigen. Du kannst ihn nicht daran hindern, Kanchar zu retten. Denn der Junge versteht, was wirklich wichtig ist.«

»Sadi«, sagte Yando. »Glaub ihm kein Wort. Du wirst das nicht tun, ich verbiete es.«

Der junge Prinz war zwölf Jahre alt, und sie beide waren seine Lehrer gewesen. Er zögerte, offenkundig hin und her gerissen, wem von ihnen beiden er gehorchen sollte.

»Wir kämpfen, und er fliegt«, wiederholte Matino. Die Gewissheit des Siegers beflügelte ihn. »Sadi wird dir nicht gehorchen. Du willst sein Leben und seine Seele schützen, was ich dir durchaus anrechne, aber ich lege ganz Kanchar in die Waagschale. Er muss gehen, und er weiß es. Was wirst du tun, Fürst Yando, Kaisermörder?« Er spürte, wie die Krallen in seinem Stiefel sich streckten, kurz davor, ein weiteres Mal das Leder zu zerschneiden. »Willst du es wagen, gegen mich zu kämpfen? Das ist deine Gelegenheit. Ich verspreche dir, dass sie nie wiederkommt. Greif mich an, lass deinen Zorn an mir aus.« Er breitete die Arme aus.

Es war ein Risiko. Sadi konnte zu seinem Mentor hinübergehen, gemeinsam konnten sie davonfliegen. Aber das würde Sadi nicht tun. Er war aus seinem Versteck im Süden hergekommen, weil er sich um König Selas sorgte. Um Yandos Leben. Um das Leben anderer Menschen. Nein, Sadi würde nicht fliehen und Wabinar den Eisensoldaten überlassen. Und solange der Junge auf seiner Seite stand, waren Yando die Hände gebunden.

Matino konnte den Augenblick erkennen, in dem die Entscheidung fiel. Diesen Moment, in dem Yando sich einen Ruck gab und losstürmte – nicht auf ihn zu, sondern zum Drachen. Dorthin, wo auf der Innenseite des schuppigen Beins die Sprossen nach oben führten.

»Yando!«, rief Sadi. »Was machst du denn? Das ist eine Kriegswaffe. Das ist die Rettung für Kanchar. Yando, komm wieder herunter!«

Matino hielt den Jungen fest, der seinem Lehrer in die Höhe folgen wollte. Er schlang die Arme um ihn, die Kralle grub sich in den Boden, und schon war Yando zu weit oben, um ihn einzuholen.

Es war so leicht, gute Menschen dazu zu bringen, etwas Schreckliches zu tun. So leicht, ihnen Befehle zu erteilen, sie zu ängstigen oder auf den richtigen Weg zu lenken. Matino lachte und merkte dann, dass Sadi ihn entsetzt anstarrte.

»Warum lachst du? Ich muss ihm nach. *Ich* soll den Drachen reiten!«

»Er will dich retten«, sagte Matino, immer noch lachend. Gestern noch war alles verloren gewesen, heute Nacht winkte der Sieg, heute Nacht lächelten die Götter auf Kanchar herab. Und in dem Spiel, das sie spielten, würde er gewinnen.

Sadi war blass vor Zorn, aber er schrie nicht, und er wehrte sich auch nicht gegen Matinos harten Griff. Matino wunderte sich über seine Selbstbeherrschung, denn er hatte diesen Jungen schon ganz anders erlebt. Doch etwas hatte sich verändert. Die Wut in Sadis Augen verwandelte sich in pures Entsetzen. »Wir hätten nicht streiten dürfen. Nicht hier.«

»Wovon redest du?«

»Ich muss hier weg«, keuchte der junge Prinz in Panik. »Zu viel Wut, zu viele Brandsteine. Du hättest mich nicht wütend machen sollen. Zu viel Feuer. Er hat mir gesagt, ich soll mich davon fernhalten. Lass mich los, Matino! Sofort.«

»Nicht, wenn du dann Dummheiten begehst.«

»Lass mich auf der Stelle los.« Die Stimme des Jungen klang wie die Seelen im eisernen Käfig des Drachen. Genauso wie die Toten, die dort miteinander rangen und tanzten und lachten und weinten und aneinander irre wurden. »Lass mich los oder dies ist das Ende von allem.«

Es war Magie. Ein Wille, der seine Finger aufbog, als wären es eiserne Krallen. Ein Wille, der ihn zurückschleuderte, als wäre er ein Gegenstand, der einem Magier nicht behagte. Unsanft prallte Matino mit dem Rücken gegen den scharfkantigen Flügel. Als er sich schließlich wieder aufgerappelt hatte, war Sadi verschwunden. Die beiden Eisenvögel standen noch da, Yandos Wüstenfalke, Sadis Steppenadler. Der Drache vibrierte leicht, was bedeutete, dass Yando in seinem Inneren Platz genommen hatte.

Doch der Junge war fort. Vielleicht in die Steppe hinausgelaufen, vielleicht zu Fuß in Richtung Stadt – was zählte es? Was zählte noch irgendetwas? Yando würde den Drachen reiten. Und die Welt war gerettet.

Kirian schloss die Luke. Der Riegel war von innen angebracht. Sobald er vorgelegt war, würde niemand mehr hier eindringen können, würde niemand ihn stören.

Von hier aus kam er nicht an die Bilder heran. Doch das war nicht wichtig. Solange er hier war, konnte niemand sonst das Untier lenken. Nicht Matino, der bereits eine halbe Stadt zerstört hatte, und nicht Sadi, die Sonne von Wajun, der mit der bösen Macht der Seelen nichts zu tun haben sollte. Sadi, der nicht gegen sein eigenes Volk kämpfen durfte. Die Eisenarmee verdiente es, vernichtet zu werden, doch von Westen her kamen Tenira und ihre Truppen. Selbst wenn ihre Herrschaft falsch war und ihre Entscheidungen selbstzerstörerisch – Sadi, der künftige Großkönig des Sonnenreichs, durfte sich nicht gegen seine eigenen Leute wenden.

Kirian blickte sich um. Alles war wie beim letzten Mal: der ledernde Sessel, in den er Matinos Abbild geritzt hatte, die Liege, die Truhe mit den Karten. Das Quartier eines Feldherrn.

Er war schon einmal im Bauch des Drachen gewesen, dennoch fühlte es sich nicht an wie beim letzten Mal, als er verzweifelt versucht hatte, eine Falle für Matinos Seele vorzubereiten. Dieses Mal – in dieser Kammer, vor den Spiegeln, die das Sternenlicht hereinfluten ließen – war es, als sei seine Seele bereits gefangen. Hier, im Drachen, musste er seinem Schicksal entgegentreten, ob lebend oder tot. Was spielte es für eine Rolle?

Der Drache zuckte mit den Flügeln. Sein Wollen streifte Kirians Willen mit dem üblen Geschmack von purem Hass. Hass und Rachsucht überbrandeten Kirian mit einer solchen Macht, dass er davor zurückzuckte.

Die Toten flüsterten. Die Sterne am Nachthimmel fielen durch die Spiegel wie in einen Brunnen. Die Welt wurde weit und schrecklich, der Mondgürtel verwandelte sich in das flammende Tor, und die Schwestern des Todes sangen.

Er hielt sich die Ohren zu. Er schloss die Augen. Er baute einen Wall gegen die Rachsucht der Ermordeten. Ihm war, als würde der Drache ihn verschlingen, wenn er nur einen Zoll nachgab.

Doch er spürte auch die Seelen, die den Drachen reizten. Da draußen rannte eine Seele, die strahlend war und finster wie die Nacht, süß und bitter zugleich. Sie leuchtete wie eine Sonne.

Ihr Name war nicht Wenorio. Diese Seele gehörte nicht einem

hingeschlachteten kancharischen Prinzen. Der Drache, der die Seelen wahrnahm, sie spiegelte und durchschaute, wusste mehr als die Menschen. Er erkannte auch die Seele, die sich vor ihm duckte. Matino, Kirians Feind, hatte eine eiternde, schwärende Seele, dunkel und zerfressen.

Der Drache schwenkte den Kopf. Sein Wille war nicht Kirians Wille, doch er strebte danach, sich mit Kirians Seele zu vereinen, er wollte sich Kirians Hass und Kirians Rachsucht zu eigen machen und alle Seelen da draußen verschlingen.

»Halt!« Matino hob die Hand. Kirian konnte ihn durch die Spiegel genau sehen, jede vom Sternenlicht entblößte Falte, jede Einzelheit seines schönen dunklen Gesichts.

»Du wirst mich nicht fressen. Ich bin dein Schöpfer, dein Gott, dein Herr. Du wirst dich den Eisensoldaten entgegenstellen und an der Seite des kancharischen Heeres kämpfen. Das ist deine Bestimmung. Das ist dein Auftrag.«

Wie konnte Kirian ihn sehen, da er doch die Augen geschlossen hatte? Wie ihn hören, obwohl er sich doch so sehr bemühte, sich vor allem zu verschließen? Kirian atmete tief durch, doch was er atmete, war der Duft der Seelen, sie rochen nach Blut und Schmerz und Verzweiflung und Sternenlicht.

»Dort«, befahl Matino. »Dort ist deine Aufgabe. Flieg. Ich befehle es dir!«

Nur ein Schlag, nur ein Zuschnappen … und auch diese Seele wäre hier bei ihm.

Vor Abscheu wurde ihm übel. Mit all seiner Willenskraft versuchte Kirian, die bösen Gefühle des Drachen von seinen eigenen Gefühlen fernzuhalten. Er hatte diesen Raum besetzt und geschlossen, um Sadi zu schützen. Er war aus Liebe hier, aus Fürsorge, aus Verantwortung. Nicht, um Matino umzubringen. Krampfhaft versuchte er sich an alles zu erinnern, das den verhassten Prinzen wichtig machte: seine Stellung bei Hofe, die Sahiko den Thron sicherte. Sein Kampf gegen die Eisensoldaten, den niemand sonst auf diese Weise geführt hätte. Bei all seiner Verdorbenheit war Matino unverzichtbar für Kanchar.

Sadi und Matino mussten ein Friedensabkommen mit Le-Wajun und Nehess schließen.

Dafür war Kirian hier: für den Frieden. Für alles, was gut und richtig und heilig war.

Er widerstand dem Toben der verlorenen Seelen, ihrem ohnmächtigen Zorn, rang ihn nieder. Er kämpfte, bis ihm der Schweiß von der Stirn tropfte.

»Flieg!«, kreischte Matino. »Flieg endlich, Yando!«

Doch er war nicht länger Yando, sondern Kirian. Er hatte den Namen, den er viele Jahre getragen hatte, abgestreift wie eine zweite Haut, die ihm nicht richtig passte, und mit ihm Yando, den Sklaven, den Fürsten, den Ratgeber. Er war Kir'yan-doh von Guna, und er würde diesen verfluchten Drachen nicht als Waffe des Krieges benutzen.

Es lief nicht, wie es sollte. Ungläubig starrte Matino den Drachen an, so wie Sadi zuvor den Kopf in den Nacken gelegt und gestarrt hatte.

Was machte dieser idiotische Sklave denn da? Das hieß, warum machte er gar nichts? Matino war fest davon überzeugt gewesen, dass Yando dazu fähig war, das Ungeheuer zu reiten. Dass er die bessere Wahl war, stärker noch als Sadi, wenn auch ungeschliffen. Der ehemalige Sklave mochte kein ausgebildeter Feuerreiter sein, aber Matino kannte keinen anderen Mann mit einem solch starken Willen. Niemanden, der es auf dieselbe Weise vermocht hätte, alle Demütigungen und Schwierigkeiten zu überwinden und sich an die Spitze der Macht zu bringen. Dort wäre Yando jetzt noch, wenn er Liro nicht getötet hätte. Sogar dieses Verbrechen sprach für Yando. Matino kannte niemanden sonst, der es wagen würde, einen Kaiser zu ermorden. Wo Sadi versagen würde, weil er ein Kind war, ein mitfühlendes, freundliches Kind mit einem großen Herzen, würde Yando die Wut des Drachen noch anstacheln. Er war der Richtige für die zu bewältigende Aufgabe, Matino wusste es. Alles hatte geklappt, besser noch als erwartet, es war die Rettung im letzten Augenblick. In ebendiesem Augenblick, da die morgendliche Sonne die ersten Strahlen durch das fahle Grau des östlichen Himmels schickte, stellten sich die drei Heere zum Kampf.

Teniras Heer. Die Eisensoldaten. Und die kancharischen Streitkräfte, die heute alles geben mussten, um die Feinde abzuwehren. In diesem Moment würde die Eisenarmee eintreffen. Es gab keinen anderen Zeitpunkt als diesen. Besann Yando sich zu spät, gab es nichts mehr zu retten, waren keine Seelen zum Ernten mehr übrig.

Sadi, Yandos kleiner Augapfel, war dummerweise fort … aber Matino hatte noch einen Trumpf zur Hand. Wenn das den Sklaven nicht aus der Reserve lockte, dann war alles verloren.

Mittlerweile war es hell genug zum Fliegen. Matinos Bein schmerzte heftig – das gesunde rechte Bein, von dem das Blut in Strömen hinabrann. Er musste es sich an den messerscharfen Kanten des Flügels aufgeschnitten haben, ohne es zu merken. Mit einem Fluch auf den Lippen humpelte Matino zu den beiden Eisenvögeln, die im Licht der Morgensonne in Rot und Gold und Pfirsichtönen aufleuchteten. Es wurde rasch warm. Ein leichter Wind wehte von Westen her. Noch war kein Schlachtenlärm zu hören, doch es konnte nicht mehr lange dauern, bis die Feinde angriffen.

Matino kniete sich in den Schatten unter dem Steppenadler, holte den mit einem Pfropfen verschlossenen Krug heraus sowie die kleine Schale, die er mitgebracht hatte, um durchs Wasser mit seinen Generälen sprechen zu können. Er füllte das Gefäß.

Dann erteilte er seine Anweisungen.

Kirian schreckte hoch. Er war eingeschlafen, ohne es zu merken. Die Erschöpfung hatte ihren Tribut gefordert. Benommen tastete er über die Decke, auf der er lag. Eine dünne Pritsche. Über ihm glänzten die Wände, metallisch und silbern. Er wusste nicht sofort, wo er war, sondern fühlte sich nur verwirrt – wie ein Schläfer, eingebettet in Myriaden von Träumen.

Die verlorenen Seelen träumten von ihrem Leben und von

ihrem Sterben. Sie träumten von ihren Kindern und von ihren Göttern und von Matino, ihrem Mörder. Es waren Wajuner und Kancharer, Sklaven und Fürsten, Alte und halbe Kinder, Wüstendämonen und sogar ein König, der ehemalige Herrscher von Gojad. Sie alle flüsterten und stritten und beteten und summten Lieder und planten Rache, sie versteckten sich, sie schrien. Kirian war wach, und nun erwachten sie mit ihm, Träume in Träumen. Der Drache erschauerte.

Es bedurfte eines Willens, stärker als jeder andere Wille, um diese vielen miteinander im Streit liegenden Seelen zu einem einzigen Willen zu verschmelzen. Er musste es tun, und zwar jetzt, oder sie würden ihn auseinanderreißen. Vorhin war er zu erschöpft gewesen, um mit ihnen zu ringen. Sein Körper hatte den Schlaf gewählt, nachdem er schon mit dem Wüstenfalken gekämpft hatte. Doch seine Kraft würde dem Drachen Kraft verleihen, sein Wille den Drachen beleben und bewegen. Es war Zeit, der Rachsucht etwas entgegenzusetzen.

Kirian rollte sich von der niedrigen Pritsche und erhob sich. Er fühlte sich ausgeruhter, als er erwartet hatte. Seine Kehle war trocken, und sofort reagierten die Seelen mit Zustimmung.

Wir verdursten. Wir verhungern. Wir darben.

Wir sind verloren.

Wir brennen.

An ihrem Schmerz entzündete sich die Wut über ihre Gefangenschaft. Die Wut über ihr Schicksal und auf die ganze Welt. Sofort schwoll der Hunger des Drachen noch weiter an.

Es wäre so leicht gewesen, in diesen Chor einzustimmen. Sich in Hass und Gier und Zorn zu verlieren, den Brand noch weiter anzufachen. Doch das war der falsche Weg, er wusste es. Um zu verhindern, dass der Drache ihn beherrschte statt umgekehrt, musste er mit genau entgegengesetzten Gefühlen gegen ihn antreten.

Um ihm etwas anderes entgegenzuhalten, dachte Kirian an alles Gute, was ihm in seinem Leben widerfahren war. Am Anfang war es schwer, denn die Wut der Seelen lockte seine schlimmsten Erinnerungen hervor. Bilder aus der Zeit der Sklaverei traten ihm vor Augen. Matino und seine Grausamkeiten. Liro und seine gedankenlose Arroganz.

Nein.

Er konzentrierte sich auf seine Kindheit. Auf Lani, die ihn reiten lehrte, die ihm Gedichte vorlas, die ihm die Welt zeigte. Seine Freunde, die Edlen Acht. Wie sie miteinander durchs Land streiften, sich auf Schloss Weißenfels oder in Lhe dem Müßiggang hingaben, Karten spielten und sich mit Schaukämpfen und Pferderennen amüsierten. An den Krieg, der aus ihrem Spiel Ernst gemacht hatte, wagte er nicht zu denken. Er umschiffte die Erinnerungen an die Schlacht um Guna, an seine spätere Gefangennahme und Versklavung und dachte stattdessen an Ruma. Sein Herz baute einen Schutzwall gegen die Trauer und die Bitterkeit auf. Nur Liebe ließ er zu, ließ das reine, starke Gefühl durch seine Gedanken fließen, sie von Hass und gewalttätigen Plänen reinigen. Er dachte an Sadi und Sahiko und an Mairas nussbraunes Haar. Maira, die verhindert hatte, dass er ein unschuldiges Kind umbrachte. Dafür würde er ihr sein Leben lang dankbar sein. Was hätte er zerstört, wenn er damals tatsächlich den Prinzen umgebracht hätte, den er für einen Erben des kancharischen Kaisers gehalten hatte? Ob Sadi das war oder nicht, spielte längst keine Rolle mehr. Er war die Sonne.

Auf Gedeih und Verderb, die Sonne von Wajun.

Und Lani … seine liebe Lani, die so lange an ihrem Groll festgehalten hatte … Er sah ihr Gesicht vor sich, ihr schönes, feines Gesicht, ihre Haare, in die sich das erste Grau mischte, die Stirn gefurcht, ihre Augen vor Angst weit aufgerissen.

Kirian schreckte hoch. Sie war hier! Er sah sie durch die Augen des Drachen, durch die vielen Spiegel. Sie musste direkt vor dem Ungeheuer stehen!

Lani, stolz wie eine Königin. Das war sie immer gewesen. Kirian war kurz davor, aufzuspringen und die Luke zu öffnen, um zu ihr hinabzusteigen, da fielen ihm die Details auf. Ihre Hände, die nicht zu sehen waren, als wären ihre Arme hinter dem Rücken gefesselt. Ihre Haare hingen ihr wirr über die Schultern, und sie trug ein langes, kancharisches Gewand, das einer Gefangenen zu gehören schien, nicht der gekrönten Herrscherin von Guna. Im nächsten Moment wurde sie auf die Knie gestoßen, eine Hand legte sich an ihre Kehle. Kirian konnte nun hinter ihr die kancharischen Soldaten sehen, die um sie herumstanden. Einer hielt einen Dolch in der Hand, derselbe, der Lani nach unten drückte, ihren Kopf am Haar nach oben riss und ihr die Kehle durchschnitt.

Vielleicht schrie er in diesem Moment, er wusste es nicht.

Etwas zerbrach in ihm. Der Traum von Liebe und Frieden löste sich auf, als hätte es ihn nie gegeben. Der Wille, mit dem er die zornigen Seelen zurückgehalten hatte, mit dem er sie beherrscht hatte wie ein Reiter sein Pferd, verschmolz mit dem ihren.

Der Drache hatte geruht, trotz des Kampfes, der in seinem Inneren tobte. Nun war er schlagartig wach. Ein Wille trieb ihn an, ein großes Wollen, dem nichts mehr im Weg stand. Er empfand nichts als Hass und Hunger. Sein Name, Kir'yan-doh von Guna, war mächtiger als alle anderen Namen, die das Untier in sich trug. Sein Groll entlud sich in einem ohrenbetäubenden Schrei.

Er blickte nicht mehr durch die Spiegel, sondern durch die Augen des Drachen. Es waren seine eigenen Augen. Er bewegte die Flügel, die durch die Luft peitschten, seine Köpfe schnellten vor, Zähne gruben sich in Fleisch, Augen erblickten ihr eigenes gespiegeltes Bild, dem die befreite Seele folgte, sobald der Körper zusammenbrach. Er erntete die Soldaten; in erschreckend kurzer Zeit war es vorbei. Nun waren sie alle bei ihm. Auch Lani war hier, er spürte ihre Gegenwart dicht neben sich.

»Matino«, flüsterten die Stimmen. »Das war Prinz Matino. Er ist der Grund für alles. Finde ihn, töte ihn. Soll er bezahlen.«

Der Drache brüllte. Hoch und schrill erklang sein Kreischen wie Metall auf Metall. Dann stieg er in die Luft.

17. Feuer und Eisen

Sadi rannte über die Ebene. Immer wieder warf er einen Blick über die Schulter, auf das eiserne Untier. Sicherheitshalber prüfte er nicht nach, ob er die Brandsteine immer noch spüren konnte. Die Angst trieb ihn vorwärts. Am liebsten wäre er wieder umgekehrt, um Yando zu helfen. Um seine beiden Mentoren irgendwie dazu zu bringen, miteinander zu reden, statt einander zu bekämpfen. Doch im Moment, aufgewühlt wie er war, stellte er selbst die größte Gefahr für die beiden dar. Mit dem Wüstenfalken wäre er schneller gewesen, doch er hatte sich nicht getraut zu fliegen. Auch in der Brust eines Eisenvogels brannte ein Stein, der Federn, Gelenke und alles andere in Fetzen reißen konnte, wenn Sadis aufbrausendes Temperament ihn entzündete.

Deshalb lief er, bis ihn die Erschöpfung dazu zwang, innezuhalten. Nun erst wurde ihm seine Umgebung bewusst. Über ihm wölbte sich der blasse Himmel, den die Sonne von Osten her mit blendend weißem Licht flutete.

Von der Stadt war nichts zu sehen. Er befand sich auf einer Ebene, die von niedrigem Gestrüpp bedeckt war. Ein Wäldchen verstellte ihm den Blick nach Norden und Westen. Fremdartige Vogelstimmen erklangen daraus. Sadi hoffte jedenfalls, dass es Vogelstimmen waren. Der Wind wirbelte Staub auf, der ihm ins Gesicht wehte, und als er sich die tränenden Augen gerieben hatte, sah er vier Reiter auf sich zupreschen. Sie mussten sich im Schutz der Bäume genähert haben, vielleicht hatten sie sich auch in der Staubwolke verborgen. Es waren echte Pferde, daher war es unmöglich für ihn, sie von Weitem zu lenken. Er konnte nichts anderes tun, als sie auf sich zukommen zu lassen. Um zu fliehen, war er zu müde, und es gab ohnehin keine Versteckmöglichkeiten.

Sadi versuchte, sich an alles zu erinnern, was er über das Kämpfen gelernt hatte. Matino hatte früher regelmäßig mit ihm geübt und ihm den Umgang mit dem Schwert, dem Schlagstock und dem Messer gezeigt. Nichts davon stand ihm nun zur Verfügung, er besaß nicht einmal ein Messer.

Trotzdem bemühte er sich um einen sicheren Stand, senkte entschlossen das Kinn und wartete ab, bis die Reiter ihn umkreisten, wobei sie noch mehr Staub aufwirbelten. Es waren Kancharer, in das leichte Wüstengewand gehüllt, das in den Ebenen des Südens üblich war. Schon wollte er aufatmen, denn er hatte befürchtet, wajunischen Soldaten in die Hände zu fallen. Doch seine Erleichterung darüber hielt nicht lange an, da einer der Männer sein Ross so nahe an ihn herantrieb, dass er erschrocken zurückspringen musste, um nicht unter die Hufe zu geraten.

»Was wollt ihr?«, rief er laut, während die Reiter ihn weiter umtanzten, umkreisten, bedrängten, neckten und wieder zurückwichen, bevor ein Unglück passieren konnte.

»Nenn uns deinen Namen«, befahl einer der Reiter. Er hatte sich ein Tuch um Kopf und Mund gewickelt, und nur seine dunklen Augen blitzten hervor.

Sadi hustete, als ihm erneut Staub in Mund und Nase drang. Diese Männer schienen Banditen zu sein. Oder es waren Spione, die das Umland von Wabinar durchkämmten, um wajunische Späher festzunehmen.

»Tazi«, sagte er. »Mein Name ist Tazi.«

Diese Auskunft brachte sie zum Lachen. Ein Schauer lief ihm über den Rücken, da das Gelächter alles andere als fröhlich oder gar freundlich klang.

»Nun, Tazi, junger Freund. Wir kennen jemanden, der dich zu sehen wünscht.«

Ein Arm streckte sich ihm entgegen. Nach kurzem Zögern ergriff Sadi die angebotene Hand. Entkommen konnte er ihnen nicht, also tat er lieber, was sie von ihm verlangten. Der Mann zog ihn hinter sich in den Sattel und befahl ihm, sich gut festzuhalten. Dann drehten sich alle vier Pferde wie in einem gut einstudierten Tanz um und galoppierten Seite an Seite nach Südwesten.

Sadi klammerte sich am Rücken des Reiters fest. Der Stoff seines Mantels schlug ihm ins Gesicht, der Staub war überall, und er musste die Augen schließen und sich nach vorne beugen, um wenigstens atmen zu können. Vorsichtig rieb er sich die Tränen aus den Augen, um nicht ganz blind zu sein. Bald schon tauchte zu ihrer Linken wie ein dunkler, verschwommener Fleck etwas Dunkles am Horizont auf. Das musste Wabinar sein. Kurz darauf stießen sie auf ein Militärlager. Die Soldaten waren dabei, sich zu formieren. Es waren Nehesser, wie Sadi überrascht aus ihren Uniformen und den blaugrünen Flaggen schloss, an deren Farben er sich aus dem Unterricht erinnerte.

Die vielen neugierigen Blicke, die ihn trafen, machten ihn nervös. Alle schienen zu wissen, wer er war, denn hier und da hörte er, wie sein Name gemurmelt wurde.

Hinter den Reihen der Menschen standen die Eisensoldaten. Sie waren größer, als er sie sich vorgestellt hatte, gut zwei Köpfe höher als Yando, und Yando galt als hochgewachsen. Ihre Schultern waren doppelt so breit wie sein Mentor und ihre Arme und Beine mit Panzerplatten und Klingen bestückt. Die Eisenmänner drehten die Köpfe und blickten mit ihren rot glühenden Augen zu ihm hin. Ihre Gesichter waren nur grob herausgearbeitet, mit platten Nasen und ohne Mund, dennoch kam es ihm vor, als würden sie ihn angrinsen.

»Keine Angst«, sagte der Reiter, der vor Sadi saß. »Sie werden dir nichts tun. Jeder Eisensoldat gehorcht ausschließlich dem Magier, der ihn lenkt. Du bist hier so sicher wie ein Adlerküken in seinem Nest.«

Sadi versuchte, den Aufruhr in seiner Brust zum Schweigen zu bringen. Um sich abzulenken, hielt er nach den Magiern Ausschau, die für die Eisensoldaten zuständig waren. Ihm fiel auf, dass sich immer elf Soldaten gleichmäßig in einer Reihe bewegten. Auch die hinter ihnen Stehenden vollführten dieselben Bewegungen.

Ob es wiederum elf Reihen waren? Das würde bedeuten, dass jeder Magier etwa hundertzwanzig Soldaten befehligte. Er versuchte zu zählen, an wie vielen dieser Einheiten sie vorbeikamen, verlor jedoch bald den Überblick, da sie wie in einem Labyrinth andauernd abbogen, statt durch einen breiten Mittelgang zu ihrem Ziel zu gelangen.

Die schiere Anzahl der metallenen Geschöpfe war überwältigend. Die Sonne, die sich auf ihren Schultern und Brustpanzern brach, blendete Sadi, doch nicht nur deshalb wandte er den Blick ab. Er wünschte sich, er könnte den Augen ausweichen, die ihn verfolgten. Außerdem war ihm heiß, er war müde und verschwitzt, und der Sand in seinen Kleidern, seinen Haaren und Zähnen machte ihn verrückt. Alles war schiefgegangen. Unaufhörlich musste er an den gewaltigen Eisendrachen denken, an Matino und Yando, die sich stritten. Die sich vielleicht gegenseitig umbringen würden. Mittlerweile war er sich nicht mehr so sicher, dass er das Richtige getan hatte, als er aus dem freundlichen Fischerdorf im Süden nach Wabinar geflogen war.

»Meister. Hier ist er, wir haben ihn gefunden, wie Ihr sagtet.«

Der Reiter stieg ab und half ihm vom Pferd. Sadi sah sich einem Mann gegenüber, der auf den ersten Blick freundlich und harmlos wirkte. Er war schon recht alt, hatte sich in einen staubigen Magiermantel gehüllt und wirkte weder wie ein General noch wie ein Adliger. Dann bemerkte Sadi die Sandalen, die der Mann trug. Sie waren aus dunklem Leder, mit Perlenschnüren und bunten Steinen verziert. An ihnen haftete kein einziges Körnchen Staub.

»Gerade rechtzeitig«, sagte der Alte. Seine scharfen dunklen Augen musterten Sadi noch intensiver, als es die roten Augen der Eisensoldaten getan hatten.

»Meister …«, fing der Reiter an, doch der Magier unterbrach ihn.

»Ich sagte, das war im letzten Moment. Wir müssen sofort aufbrechen, und nun bleibt keine Zeit mehr, ihn zu überprüfen.«

Sadi straffte sich. Er konnte es nicht leiden, wenn über ihn geredet wurde, als sei er taub. »Was willst du überprüfen?«, fragte er.

Das mochte nicht ehrerbietig genug sein einem Mann gegenüber, den andere »Meister« nannten, doch auch er war nicht angemessen begrüßt worden.

Der Reiter sog zischend die Luft ein, doch der Magier verzog keine Miene.

»Den göttlichen Funken in dir«, sagte er. »Es heißt, du seist ein begnadeter Feuerreiter, trotz deiner Jugend. Doch ich habe mich vor Kurzem erst selbst davon überzeugt, dass du kein Lichtgeborener bist. Natürlich müssen sich in deiner Ahnenreihe Lichtgeborene befinden, sonst könntest du keine Eisenvögel fliegen, doch die erste oder zweite Generation ist stets besonders schwer zu töten. Die Gerüchte über deine Mutter, die Großkönigin, haben sich als falsch erwiesen.«

Von dieser Rede hatte Sadi nur eins verstanden. »Ihr wollt mich töten?«

»Wir ziehen in eine Schlacht«, sagte der Alte. »Wo gewiss der eine oder andere den Tod finden wird.«

»Wollt Ihr den Männern noch ein paar Worte mitgeben, Kalazar?«, fragte General Burhan.

Matino antwortete nicht sofort. Er war mit seinem Ärger über eine altbekannte Tatsache beschäftigt: Es gab keine Stadtmauer.

Mit verengten Augen musterte er die Streitmacht, die sich am Stadtrand zur Verteidigung von Wabinar versammelt hatte. Er bedauerte zutiefst, dass die früheren Kaiser es nie für notwendig erachtet hatten, die Perle des Kaiserreichs zu schützen. In grauer Vorzeit, als die Hauptstadt gegründet worden war, hatte man eine Mauer gebaut, doch die Häuser und Straßen waren längst über das Hindernis hinausgewachsen. Wabinar war stetig größer geworden, wie ein Teig, der aus der Schüssel gequollen war, bis kaum jemand mehr wusste, wo sich die Ränder der Schüssel befunden hatten. Die Bevölkerung vor dem Angriff der Feinde hinter die Überreste der alten Mauer zu befehlen hätte keinen Zweck gehabt. Sie hatte die damaligen sesshaft gewordenen Hirten vor den Reiterhorden aus dem Süden und den Räubern aus den Bergen schützen sollen.

Gegen die Heeresmacht, die jetzt aus dem Westen anrückte, war sie völlig nutzlos.

Späher hatten gemeldet, dass Tenira ebenfalls anrückte. Sie kam aus dem Südwesten, während die Nehesser und ihre Eisensoldaten von Nordwesten her anmarschierten. Dummerweise zwang ihn das dazu, sein Heer zu teilen. Außerdem musste er unbedingt verhindern, dass die Feinde Truppen in die Stadt schleusten. Einen vollständigen Verteidigungsring um Wabinar zu legen war so gut wie unmöglich, doch in den vergangenen Wochen hatte Matino intensiv daran gearbeitet, Stützpunkte in möglichst geringem Abstand zueinander einzurichten. Da die Magier in der kurzen Zeit seit dem erneuten Einmarsch der Wajuner in Kanchar niemals eine neue äußere Mauer bauen konnten – Schande über Liro, der nach dem letzten Krieg gegen Tenira nicht einmal daran gedacht hatte, eine solche könnte nötig sein! –, hatte er sie stattdessen angewiesen, einen Graben auszuheben. Eisensoldaten konnten nicht springen. Dass sie gut klettern konnten, war ihm schon aufgrund seiner eigenen Kralle bewusst, dazu hätte es die Berichte aus Testra nicht gebraucht. Dennoch war er froh über jedes Hindernis, das ihren Vormarsch verlangsamen würde. Der Graben fiel steil ab, sodass die Soldaten eher hineinfallen als hineinsteigen würden, und war vier bis fünf Meter breit. Die Magier hatten die ausgeschachtete Erde zu einem lockeren Wall aufgehäuft. Auch das würde die Soldaten eine Weile aufhalten, da sich auf loser Erde nicht gut klettern ließ und Matino damit rechnete, dass sie immer wieder abrutschen würden.

Dahinter erwartete die Feinde das kancharische Heer, angeführt von ihm und General Burhan. Da Burhan, Erster Heerführer von Gojad, keinen König mehr hatte, dem er dienen konnte, war Matino so frei gewesen, ihn nach Wabinar zu beordern. Gemeinsam hatten sie ihre Strategie festgelegt: Die Bogenschützen hatten die Anweisung, nur auf Menschen zu zielen, um keine Pfeile zu verschwenden. Die Armbrustschützen waren an der Reihe, wenn die weit fliegenden Pfeile ihren Zweck erfüllt hatten. Matino hatte auch alle Magier in den Kampf gerufen, obwohl es ihm widerstrebte. So sollte es nicht sein, das wusste er. Wabinar sollte genauso unangreifbar erscheinen wie der Palast, ein Ort, an dem es keine Türen gab, weil keine benötigt wurden, weil niemand über eine Schwelle schritt, die er nicht überschreiten durfte. Allein der Klang des Namens erzeugte Ehrfurcht.

Doch nun? Der Kaiser war tot, die Kaiserin bloß ein unvollkommenes Kind. Der Drache, der Kanchar retten sollte, blieb unzuverlässig. Matino hatte getan, was er vermochte, doch er durfte nicht noch mehr Zeit verschwenden.

Er nickte Burhan zu und richtete sich hoch auf. In dem Streitwagen, der von einem Eisenpferd gezogen wurde, überragte er die Fußsoldaten und war weithin zu sehen.

»Kancharer!«, rief er laut. »Heute werden wir dem Feind zeigen, auf wessen Seite die Götter stehen. Heute werden wir ihnen beweisen, dass Kanchar immer noch das größte und stärkste Reich der Welt ist. Heute verteidigen wir, woran wir glauben – die Macht des Kaiserreichs und die Edle Kaiserin.«

Er war nicht der Mann für große Reden. Liro hatte sich unter Yandos Anleitung zu einem recht guten Redner entwickelt, doch Matino war schon immer der Ansicht gewesen, Befehlshaber sollten nicht viele Worte machen müssen. Deshalb hob er den Arm und reckte sein Schwert in die Höhe. »Für Kanchar! Für Kaiserin Sahiko!«

Der Ruf, aus vielen tausend Kehlen widerholt, erschütterte den Erdboden. Gut, sollte das ihnen Zuversicht geben. Matino war kein Narr. Er wusste, dass selbst eine Streitmacht wie die kancharische gegen Eisensoldaten schwach aussah. Sie hatten ein ganzes Jahrzehnt verschwendet, die kostbaren Jahre, in denen der Feind heimlich aufgerüstet hatte, mit Nichtstun vergeudet. Wenn nicht sein Eisendrache gewesen wäre, hätte er sich keine Hoffnung gestattet, dass dieser Krieg etwas Besseres als ein schneller, blutiger Sterbensweg sein könnte.

Doch mittlerweile hatte Yando die Botschaft erhalten. Der Plan, ihn durch die Hinrichtung seiner Schwester in Wut zu versetzen, musste einfach funktionieren.

Matino fühlte sein Herz schneller klopfen, als er die Staubwolke in der Ferne bemerkte. Sie kamen. Es war nicht Angst, was er empfand. Auch nicht die völlige Abwesenheit davon. Er war aufgeregt, seine Finger kribbelten, Schweiß rann ihm in Bächen den Rücken hinunter, doch vor dem Sterben fürchtete er sich nicht. Wäre dem so, hätte er sich im Palast verkrochen und zusammen mit Sahiko von hoch oben beobachtet, wie der Himmel sich verdunkelte.

Die Armee aus Eisen näherte sich rasch. Sie brachte Dunkelheit mit sich und Schrecken wie ein herannahendes Gewitter. Das Stampfen der unzähligen Eisenfüße, das Klirren von Waffen, das Kreischen von Metall auf Metall – es war schlimmer als jeder Donner. Ein Sturm, wie es ihn nur alle paar Jahrhunderte gab, nein, wie es ihn noch nie gegeben hatte.

Matino nickte seinem General zu. Er spürte, wie die Magier sich bereitmachten. Die Eisenpferde zitterten. Die Eisenvögel, die Wabinar noch besaß, kreisten hoch über ihnen.

Ein Beben lief durch die Erde. Der Streitwagen, in dem er stand, vibrierte, und sein Krallenfuß grub sich instinktiv durch die Stiefelsohle. Am liebsten hätte er den Befehl zum Angriff gegeben, doch dafür war sein General zuständig. Wenn sie den Vorteil ausnutzen wollten, den der Graben und der Wall ihnen boten, mussten sie warten.

Also warteten sie, und die Zeit, die ihnen noch blieb – zum Atmen, zum Leben, zum Abschiednehmen –, schmolz unwiederbringlich dahin.

Dies sollte der Tag sein, an dem sich alle ihre Wünsche erfüllten. Tenira hatte sich frühmorgens sorgfältig angekleidet. Sie hatte ein rotes Kleid angezogen und ihre schwarzen Haare so lange gekämmt, bis sie glänzten. Die Narbe war ärgerlich, doch sie würde sie nicht verdecken, weder mit Puder noch mit einem Schleier. Tizarun würde sie deswegen nicht weniger lieben, sondern nur noch mehr. Wenn das überhaupt möglich war.

Ein Lächeln spielte um ihre Lippen, als sie aus dem Zelt trat.

Die Sänfte stand bereit, doch heute wollte Tenira nicht hinter Vorhängen reisen.

»Eine Königin«, verkündete General Kann-bai. »Die Sonne. Jeder soll Euch sehen und vor Euch auf die Knie fallen.«

»Hoheit«, sagte die Gräfin zögernd, »wollt Ihr wirklich … noch dazu in diesem Kleid? Jeder Bogenschütze wird Euch schon von Weitem erkennen, Ihr seid das perfekte Ziel. Denkt an Eure Gefolgschaft, denkt an all die Soldaten, die Euch durch ganz Kanchar bis hierher gefolgt sind. Es würde sie hart treffen, wenn Euch etwas zustieße. Es würde uns alle hart treffen.«

Tenira ließ die Gräfin ausreden. Es war ihr völlig gleich, was die Frau dachte. Sie mochte kompetent sein, doch was wusste sie schon von der Wahrheit, die in Wabinar wartete? Von Tizarun, den sie dort treffen würde?

»Bringt mir ein Pferd«, verlangte sie.

Quinoc lachte leise. *Das ist ein Albtraum für jeden Leibwächter.*

Ein Soldat brachte ihren Schimmel, und Tenira stieg auf. Ohne hinter sich zu blicken, ritt sie los. Die anderen würden ihr schon folgen.

Nachdem sie bereits vor Tagen das Labyrinth der Schluchten und Klippen hinter sich gebracht hatten, war die Landschaft nun sanft und breitete sich gefällig vor ihnen aus. Trockene Wiesen, auf denen Ziegen und Schafe grasten, wechselten sich mit den dornigen Wäldern ab, die Tenira jedes Mal mit Sehnsucht an die üppige Pracht Le-Wajuns denken ließen. In der Luft lag der Gestank von Rauch und Asche und Verwesung, der das Heer begleitete, seit sie durch das Land ihrer Feinde zogen. Es war das Aroma des Krieges – verbrannte Dörfer, mit Blut gefüllte Brunnen, Leichen am Wegesrand.

»Dies ist die Ebene von Wabinar«, sagte die Gräfin, die ihr Pferd neben Teniras Schimmelstute lenkte. »Dort hinten liegt die Stadt.«

Tenira kniff die Augen zusammen, konnte jedoch nichts erkennen. Der Himmel war bewölkt; es mochte auch Staub oder Rauch sein, der von Norden her vom Horizont aufzog. Ein warmer Wind wehte ihnen ins Gesicht. Tenira spürte in sich hinein, aber all dies fühlte sich nicht an wie Unheil. Das Pferd zuckte mit den Ohren und verscheuchte eine Fliege. Auch das gehörte zu einem Feldzug wie diesem: die gewaltigen Fliegenschwärme, die ihnen folgten. Ihr Summen klang wie das Brausen des Windes, wie das Murmeln unzähliger Stimmen.

Der General schlug nach ihnen. Fliegen liebten alles Tote, und womöglich war das der Beweis, nach dem Tenira so lange gesucht hatte.

»Haltet still. Sie kommen ja doch wieder«, sagte sie.

»Hoheit?«, fragte die Gräfin.

Tenira musterte die Offizierin. Ihre weit aufgerissenen Augen, die feinen Schweißtröpfchen auf ihrer Stirn. Hatte sie etwa Angst? Niemand sollte sich fürchten an einem Tag wie diesem, an dem endlich alles gut werden würde. Sie würden in den Rachen des Todes reiten, und dort würde er ihr mit ausgebreiteten Armen entgegeneilen – Tizarun.

Sie flüsterte seinen Namen.

Dann sagte sie laut: »Reiten wir weiter. Es soll endlich beginnen.«

Jetzt endlich konnte sie sie sehen, unter der Wolke aus Staub oder Rauch oder göttlichem Zorn liegend – die Hauptstadt des Kaiserreichs. Ihre Ausmaße waren verblüffend. Wie ein See aus erstarrten Wogen breitete sie sich in der Ebene aus, umtoste den Palast, der sich einem dunklen Berg gleich aus den Wellen erhob. Der Anblick war schön, nein, mehr als schön. Beängstigend. Überwältigend. Freude wallte in ihr auf.

»Brennen wir es nieder!«

Zu ihrer Rechten und zu ihrer Linken strömten die Reiter vorwärts, getragen von Teniras heiligem Zorn, von ihrer Freude, ihrer Sehnsucht, ihrem Wunsch. Sie fächerten sich auf, während sie vorwärtspreschten, und wurden immer schneller. Sie schrien aus voller Kehle. Staub wirbelte unter den Hufen der Pferde auf, brannte in Teniras Augen. Blendete sie. Traf ihre bloßen Arme, beschmutzte ihr schönes rotes Kleid. All das hatte keine Bedeutung. Denn heute war der Tag des Glücks.

Der Drache bewegte die Flügel und erhob sich in die Luft. Kirian fühlte jede einzelne Schwungfeder, jedes Metallplättchen, jede Schraube. Er fühlte, wie der Eisendrache zusammengesetzt war, wie das Leben in ihm pulsierte, das so dunkel und feurig war.

»Rache«, flüsterte er.

Sein Wille schwang im Einklang mit dem vielstimmigen Willen des Untiers, bis sie nur noch eine Stimme und einen Willen besaßen. Er war der Drache, er sah mit seinen Augen, er hasste mit seinem Brandsteinherzen. Die Sonnenhitze umfing ihn, als er höher flog. Vor ihm lag die Stadt, doch er sah nicht die Häuser, sondern die Menschen. Unzählige Gesichter, die sich ihm zuwenden und in seinen Spiegelrachen blicken würden. Unzählige Seelen, bereit, verschlungen zu werden. Und dann Matino. Seine Nemesis. Matino, der diesen Tag nicht überleben würde.

Ein Schrei drang aus seiner Kehle, schrill wie kreischendes Metall. Er flog weiter, während die Menschen in den Gassen sich duckten, auf ihn zeigten, riefen. Sie fürchteten sich nicht, noch nicht. Noch glaubten sie, er würde sie vor ihren Feinden retten. Erst als er tiefer hinabstieg, begriffen sie, dass sie nicht sicher waren, dass niemand mehr sicher war. Ein Mann blieb stehen, riss erschrocken die Augen auf, als der Drache auf ihn zuschoss. Und als er starb, folgte seine Seele dem Bild in den Spiegeln. Ein Raunen ging durch die Seelen, als Angst und Schrecken und Schmerz dem Schmelztiegel hinzugefügt wurden. Lani lachte. Kirians Flügel streiften die Dächer, zerschmetterten Fenster und Türen, schnitten durch Leiber, die sich an die Hauswände drückten. Blut floss über seine eisernen Federn, tropfte von den messerscharfen Rändern und Haken an der Spitze seiner Flügel. Da war etwas in ihm, weit entfernt, eine Stimme, die rief. Aber sie war zu leise, um sie zu verstehen, und in seiner grenzenlosen Raserei war er nicht gewillt, innezuhalten und zuzuhören. Er war der Drache, und dies war seine Bestimmung.

Sahiko war es verboten, den Palast zu verlassen. Sie stand auf dem Dach und atmete tief ein, atmete die Luft, die nach Tod duftete.

Es würde bald beginnen. Nein, es hatte bereits begonnen. Nur ein einziger Magier war im Palast geblieben, alle anderen hatte Onkel Matino mitgenommen, damit sie ihm halfen, Wabinar zu beschützen. Die Wolken, die sich im Nordwesten zusammenballten, waren noch weit von der Stadt entfernt, dennoch wirkten sie bedrohlich.

»Ihr braucht keine Angst zu haben, Hoheit«, sagte Kaji und legte ihr beruhigend eine Hand auf die Schulter. »Kanchar ist unbesiegbar. Die Götter sind mit uns.«

»Onkel Matino ist irgendwo da draußen, im Krieg«, sagte Sahiko.

Sie war ein Kind, sie konnte ihm nicht helfen, und doch wünschte sie, sie könnte es. Kämpfen, ein Schwert schwingen, wild schreien und herumwirbeln, als würde sie tanzen oder gar fliegen. So hatte sie in ihren Träumen gekämpft, als das andere Mädchen namens Linua. Vielleicht konnte sie es wieder tun.

»Er hat den Befehl gegeben, dass Ihr ihm nicht folgen dürft«, sagte Kaji, die manchmal ihre Gedanken erriet. »Und das ist richtig so, denn Ihr seid das Kostbarste, was das Kaiserreich besitzt.«

So sehr Sahiko auch mit den Füßen aufstampfen und schreien und weinen mochte, es würde nichts nützen. Also ließ sie es, obwohl ihr der Ärger die Kehle zuschnürte.

»Was ist das?« Vom Palastdach aus hatte man den Überblick über die ganze Stadt, die beinahe bis zum Horizont reichte. Aus dem Norden strömten die Eisensoldaten heran, aus dem Südwesten die Wajuner, aber nun erklang Geschrei und Krachen. Und der Lärm war viel näher. Sahiko lief am Rand des Daches entlang, und da sie nicht genug sah, kletterte sie auf die niedrige Mauer, die den Dachgarten einfasste, und rannte darauf entlang.

»Hoheit!«, schrie Kaji. »Bei allen Göttern, kommt da herunter!«

Von dieser Seite aus konnte sie nichts sehen. Sahiko lief weiter, sprang über die Ecke und hatte nun endlich den Nordosten der Stadt im Blick. Etwas bahnte sich einen Weg mitten durch die Häuser hindurch. Eine Wolke aus Staub und Rauch stieg in die Luft, während es sich unerbittlich durch Mauern und Dächer hindurchwalzte. Nun flog es auf – Sonnenlicht funkelte auf einem gewaltigen Leib, auf gigantischen Schwingen und drei hin und her peitschenden Hälsen.

»Ihr Götter«, keuchte Kaji. »Das ist Prinz Matinos Eisendrache! Er sollte uns im Kampf gegen die Feinde beistehen, was tut er mitten in der Stadt?«

In Sahikos Kopf wohnten Gedanken, die älter waren als sie selbst. Träume, mit denen eine Achtjährige nichts anzufangen wusste und die doch unzweifelhaft ihr gehörten. Sie hörte die Schreie, und sie hörte den Schrei des Drachen, und es war, als erklänge ein Echo in ihrer Seele.

»Meine Mutter ist tot«, flüsterte sie. »Er weint. Yando weint. Hörst du es?«

»Eure Mutter? Aber woher …?«

»Ich muss ihn aufhalten«, sagte Sahiko schlicht. Sie spürte eine Träne auf ihrer Wange, aber diese Träne fühlte sich nicht anders an, als wäre ihr ein Blütenblatt ins Gesicht geweht. »Ich muss nach unten und ihm sagen, dass er damit aufhören soll.«

»Schätzchen, Ihr könnt keinem magischen Ungeheuer entgegentreten.«

Sahiko wollte ihr widersprechen, sie wollte genau *das* tun – aber wie hätte sie vom Dach herunterkommen sollen? Nur ein einziger Eisenvogel war noch da, um sie aus Wabinar fortzubringen, wenn die Feinde in die Stadt gelangen sollten. Ob er ihr gehorchen würde, wenn sie von ihm verlangte, dem Drachen entgegenzufliegen? Wohl kaum. Und wie hätte sie, ein Kind, allein nach draußen rennen können, dem Eisendrachen entgegen, ohne dass sämtliche Wächter sie festhielten? Sie fürchteten sich mehr vor Matinos Zorn als vor ihrem Gejammer.

Mit ihrer ganzen Kraft wünschte sie sich, Matino würde zurückkehren und ihr helfen, aber das würde natürlich nicht passieren. Und beinahe alle anderen waren mit ihm in die Schlacht gezogen.

Mit vor Schreck weit aufgerissenen Augen beobachtete Kaji das Untier, das sich unaufhaltsam auf den Palast zubewegte und dabei die Stadt zerstörte.

»Das sind die Wajuner«, murmelte sie. »Das müssen sie sein, sie wollen uns vernichten.«

»Es ist unser Drache«, widersprach Sahiko.

Das Krachen und Poltern wurde immer lauter. Geschrei hallte durch die Straßen, und so hoch oben sie auch standen, es schien ganz nahe zu sein. Funkelnd flog der Metalldrache in die Höhe, ein Diamant in der Sonne, breitete seine Flügel weit aus und zeigte sich in seiner ganzen Schönheit. Ihre Mutter war dort, das fühlte Sahiko. Lan'hai-yia von Guna und Onkel Kirian und weitere Seelen – Menschen, die sie gekannt hatte, als sie jenes andere Mädchen gewesen war, und Fremde, die sie dennoch irgendwie zu kennen schien.

»Er kommt her!«, schrie Kaji und packte sie am Arm. »Er hat uns gesehen, er fliegt in unsere Richtung!«

Sahiko wehrte sich, als die Sklavin sie von der Mauer zog und über den Weg zwischen den Blumen und Palmen zur Treppe zerrte. Sie trat Kaji gegen den Knöchel und biss sie in die Hand, aber die Frau ließ einfach nicht los. Dann wurden sie beide von einem starken Wind erfasst und fielen. Sahiko stürzte auf ihre Knie, die sofort zu bluten begannen. Sie stieß sich den Ellbogen an der Mauer, die das Dach teilte. Kaji schlug mit der Stirn gegen die Steine, Blut strömte über ihr Gesicht. Ein Schatten fiel über sie, der Boden erzitterte, als der Drache landete, Töpfe und Bänke zersplitterten. Die Wächterinnen, die sich bisher stumm zurückgehalten hatten, begannen zu schreien.

»Hoheit!«, brüllte der Feuerreiter, der mit den beiden Wächterinnen geplaudert hatte. »Kommt her, rasch!«

Sahiko rappelte sich auf. Das Ungeheuer baute sich über ihr auf, seine drei Köpfe waren Furcht erregend anzusehen, die langen Zähne scharf wie Messer.

»Sahiko«, wisperte Kaji hinter ihr. »Hoheit, bitte!«

»Sei still«, zischte Sahiko über die Schulter, dann richtete sie ihre Aufmerksamkeit wieder auf den Drachen. Rote Augen funkelten sie an. Die Metallplatten gleißten so hell, dass ihre eigenen Augen tränten.

»Mutter?«, fragte sie. »Onkel Yando?«

Der Drache antwortete nicht, aber er rührte sich auch nicht von der Stelle. Er griff sie nicht an. Seltsamerweise wusste sie genau, was er dachte. Er war gekommen, weil sie ihn gerufen hatte. Aber nun, da er hier war, fühlte er sich ratlos. Unruhig. Da loderte so viel in ihm, so viel Zorn und Hass und Schmerz, dass Sahiko Mitleid verspürte. Sie machte einen Schritt auf ihn zu und legte die Hand dem mittleren Kopf auf die Stirn. Das glühend heiße Eisen verbrannte ihr die Haut, aber sie zuckte nicht zurück. Sie verbannte den Schmerz hinter eine Tür in ihrem Inneren, als hätte sie nie etwas anderes getan. »Du fliegst jetzt los und beschützt Wabinar gegen unsere Feinde«, sagte sie streng. »Dafür wurdest du geschaffen.«

Mit aufgeschlagenen Knien und tränenverschmierten Wangen stand sie vor dem Eisendrachen, die eine Hand erhoben, die andere auf dem heißen Metall. Sie sehnte sich nach ihrer Mutter, aber gleichzeitig wusste sie, dass sie noch da war. Und dass ihre Mutter kämpfen würde, wenn sie noch lebte.

»Du musst Wabinar retten. Tu es.«

Etwas schlug ihr entgegen wie eine Woge aus Gefühl, aus Wildheit und unbändigem Hass. Ein Name ragte aus den Wutwellen wie der Mast eines Schiffs.

»Nein. Du wirst Matino kein Haar krümmen. Er kümmert sich um mich. Er ist als Einziger bei mir geblieben, als alle anderen verschwunden sind. Ich verbiete dir, ihm etwas anzutun.«

Der Drache riss die drei Mäuler noch weiter auf, und sie glaubte, den Schrei der Seelen zu hören. In diesem Augenblick war sie nicht mehr Sahiko. Sie war Linua, eine erwachsene Frau, eine Wüstendämonin, dunkel und tödlich und schön. Sie musste diese Stadt und dieses Land beschützen, weil es ihr Land war, weil ihr Kanchar am Herzen lag. Genauso musste sie das kleine Mädchen beschützen, diesen Körper, in dem sie nun wohnte. Dieses Mädchen, für das Matino mehr war als ein Mann, der sich um sie sorgte – er hatte Linuas Seele mitgenommen und ein Kind mit Ruma gezeugt und dafür gesorgt, dass dieses Kind überlebte. Sahiko brauchte ihn.

»Flieg«, sagte sie zu dem Drachen. Zu Kir'yan-doh, dessen Wille mit dem Willen der vielen ermordeten Seelen verschmolzen war und der dennoch die Oberhand behalten hatte, mochte er auch noch so tief in diesen Gefühlen und in den finsteren Wünschen der Toten versinken. »Flieg und töte für mich.«

Luft wirbelte auf wie in einem Sturm, das Zelt der Wächterinnen flog davon, und die kostbaren Blumen des Dachgartens brachen ab. Als der Drache abhob, duckte Sahiko sich, um nicht von seinen Krallen getroffen zu werden. Einen Wimpernschlag später war er über das Dach hinausgeflogen und segelte über die Stadt hinweg.

Die erste Reihe der Eisensoldaten erreichte den Graben. Matino blickte ihnen, ohne mit der Wimper zu zucken, entgegen. So bedrohlich ihr Anmarsch auch wirkte, noch würden die beiden Armeen nicht aufeinanderprallen. General Burhan bellte einen Befehl, und die verbliebenen Eisenvögel stiegen auf, hielten sich jedoch noch zurück. Sie konzentrierten sich darauf, den Geschossen auszuweichen, die unablässig aus den hinteren Reihen der Feinde abgefeuert wurden. Dass die Soldaten fielen, weil der unbefestigte Rand des Grabens unter ihrem Gewicht einbrach, war abzusehen gewesen. Unter lautem Scheppern und dem Kreischen von sich reibendem Metall stürzten Hunderte von Eisenmännern übereinander. Leider reichte die Tiefe des Sturzes nicht, um sie ernsthaft zu beschädigen. Sie erhoben sich wieder, stapften weiter und erreichten den steilen Rand der gegenüberliegenden Seite.

Die Eisenvögel schossen los, ließen die vorbereiteten Fässer mit dem Pech fallen und jagten davon. Einer wurde von einem Geschoss getroffen und stürzte trudelnd ab. Sein Reiter versuchte noch, den Sturz zu kontrollieren und den Vogel wieder abzufangen, aber es war sinnlos. Der Falke stürzte geradewegs in den Graben, und sofort entzündete sich das Pech. Die Explosion des Brandsteins fegte mehrere Dutzend Eisensoldaten von den Füßen, an anderen Stellen entflammte das Pech, und das Feuer war viel größer, als Matino es sich vorgestellt hatte. Dennoch traf ihn der

Verlust eines jeden Feuerreiters viel härter als den Feind die Zerstörung eines Trupps Eisenmänner. Die Nehesser hatten so viele von ihnen, dass sie nicht darum weinen würden.

Wie brennende Fackeln krochen bald mit Pech beschmierte Eisensoldaten aus dem Graben, einer über den anderen. Auf diese Weise überwanden sie den abbröckelnden Rand ohne große Schwierigkeiten, und während sie brannten, waren sie noch unangreifbarer als ohnehin schon. Die Kavallerie stürmte vor, Eisenpferde, auf denen mit schwerer Rüstung versehene Soldaten saßen. Helme mit heruntergeklapptem Visier, Arm- und Beinschienen und ein dicker Brustpanzer, der selbst mit einer Lanze nicht zu durchdringen war, schützten die Träger auch vor Flammen, jedoch nicht vor der Hitze und dem Rauch. Matino zuckte zusammen, als die brennenden Eisenmänner mit den Kancharern zusammenprallten. Er hörte die Offiziere Befehle brüllen, doch schon bald gingen sämtliche Anweisungen in dem Krach und dem Geschrei unter. Flaggen in verschiedenen Farben würden im Lauf der Schlacht die jeweils angeordneten Manöver anzeigen.

Besorgt schaute er zurück zur Stadt. Noch immer war von seinem Eisendrachen nichts zu sehen. Verdammt, wo blieb er nur so lange? Hatte sein Plan erneut versagt? Immer mehr Eisensoldaten strömten in den Graben und wieder aus ihm heraus. Nachdem der Pechbewurf nichts erreicht hatte, wurde der Abwurf der restlichen Fässer ausgesetzt. Nun gingen sie zu der nächsten Überraschung über, die sie für den Feind vorbereitet hatten.

Matino gab dem Magier, der ihm am nächsten stand, ein Zeichen. Daraufhin schossen die Katapulte in rascher Folge die Kugeln ab, die von den Magiern geformt worden waren. Sie bestanden aus zähflüssigem Leim, der von der Willenskraft der Magier zu gleichmäßigen Kugeln zusammengeballt wurde, die sich jedoch auflösen würden, noch bevor sie jenseits des Grabens in die heranmarschierenden Reihen einschlugen. Es regnete Leim auf die Eisenmänner. Sie hatten es zuvor mit Eisenpferden getestet, bis sie den richtigen Grad an Klebrigkeit ermittelt hatten. Die Pferde hatten ihre Hufe kaum noch heben können. Vielleicht vermochte dieses Mittel die Eisenmänner nicht zu zerstören, verlangsamen würde es sie jedoch gewiss.

Einer der Magier rief ihm etwas zu, und als Matino in die angewiesene Richtung blickte – zur Stadt hin – erkannte er zu seinem großen Schrecken eine hohe Rauchwolke. In Wabinar brannte es? Waren die Feinde etwa schon von der anderen Seite her eingefallen? War Tenira schneller als gedacht? Er fluchte laut, doch im Augenblick konnte er nichts ausrichten. Ihre einzige Chance war, den Feind so lange hinzuhalten, bis der Eisendrache eintraf.

Die ersten Leimbälle ergossen sich auf die Soldaten. Es schien sie nicht im Mindesten aufzuhalten. Ohne darauf zu reagieren, stapften sie weiter auf den Graben zu. Doch dann fielen einige der vordersten kopfüber in die Tiefe, mitten hinein in das Feuer, das dort noch immer wütete. Und standen nicht wieder auf.

Es würde nicht lange helfen. Selbst wenn der Graben gefüllt war mit metallenen Leibern, würden immer noch weitere nachfolgen. Trotzdem blieb ihnen nichts anderes übrig, als weiterzumachen. Während die mit Pech begossenen Soldaten brennende Schneisen in die Reihen der Verteidiger schlugen, gab Matino den Befehl für die nächste Überraschung.

18. Die Götter mit uns

Tenira ritt mit den Soldaten. Die Pferde griffen aus, wurden schneller und schneller, eine wogende Masse kräftiger Leiber, denen sich nichts in den Weg stellen durfte. Undeutlich erkannte sie, dass sie keine freie Bahn bis zum Stadtrand hatten. Die Kancharer hatten mehrere fahrbare, aus Holz gebaute Wehrtürme aufgebaut. Da sie abgelenkt war, nahm Tenira den Graben erst wahr, als die vorderen Pferde scheuten. Andere sprangen und landeten im Wall auf der anderen Seite, rutschten in der lockeren Erde ab und stürzten in den Graben. Der Angriff kam ins Stocken, doch die Reiter, die den Sturz überlebt hatten, kämpften sich über den Wall. Die Schar der kancharischen Soldaten, die sich ihnen entgegenstellte, war lächerlich gering. Die Hauptstreitmacht befand sich, wie sie von ihren Spähern wusste, auf der anderen Seite Wabinars, um dem Angriff der Nehesser zu begegnen.

Die Götter waren mit ihnen. Der Graben verlangsamte ihren Ansturm, doch er konnte sie nicht aufhalten. Die am Grund des Grabens eingesetzten angespitzten Pflöcke, die sich in die Bäuche der abgestürzten Pferde bohrten, kosteten zumindest zu Beginn viele Opfer. Und die nachfolgenden Rösser weigerten sich, über die Leiber ihrer zuckenden Herdengenossen zu steigen. Die Reiter stiegen ab, um sie zu führen, und wurden von einem wahren Pfeilhagel überschüttet. Auch das würde sie nicht stoppen können. Tenira lachte in sich hinein, als ein Pfeil um Haaresbreite an ihr vorbeizischte und ein brennendes Gefühl auf ihrer Wange zurückließ.

Die Wajuner schrien, die Pferde sprangen, die Gegner hoben die Schwerter – es gab nur noch das Chaos. Teniras Stute scheute, als sie sie in den Graben hinunterzwang. Überall waren Soldaten, ihre eigenen ebenso wie die Kancharer. Schwerter krachten aufeinander, alle schrien und brüllten durcheinander, wieder flirrten Pfeile durch die Luft. Die Gräfin stürzte vom Pferd und rührte sich nicht mehr. Und dann war Tenira auf der anderen Seite, und ihr Heer schlug einen Keil in die Streitmacht der Feinde. Sie ritt mitten hindurch, vor ihr lag wieder das freie Feld, und bald schon würde sie die ersten Häuser erreichen, die von keiner Mauer und keinen streitbaren Soldaten geschützt wurden. Verheißungsvoll nah lag der Palast der Barbaren vor ihren Augen, das Herzstück Wabinars. Bereit, erobert und geschliffen zu werden.

Tenira trieb ihr Pferd an, sie vergaß alles andere. Dort war ihr Ziel. So wunderbar war dieser Tag, herrlicher hätte es nicht sein können! Aus dem Geschrei und dem Blut und den spitzen Pfählen im Graben entkommen, war sie wie ein abgeschossener Pfeil, der untrüglich sein Ziel finden würde. Sie würde ihre Soldaten dorthin führen, dem Sieg entgegen.

Aus den Augenwinkeln bemerkte sie eine Bewegung. Das konnte nicht wahr sein! Von einem der Wachtürme aus ritt ein Teil der kancharischen Streitkräfte los, um sie und ihre Leute abzufangen. Sie hatte nicht gesehen, dass sich dort noch mehr Feinde verborgen hatten, verdammt! Wenn die gegnerischen Soldaten sie und ihren Trupp einkreisten, mussten sie sich erst den Weg freikämpfen, bevor sie in die Stadt einfallen konnten.

Die Schimmelstute rannte um ihr Leben. Sie war ein erfahrenes Schlachtross und wusste, dass sie den herannahenden Kancharern, die versuchten, ihr den Weg abzuschneiden, zuvorkommen musste. Tenira war sich ihres Anblicks bewusst – eine Frau in einem roten Kleid, ihr schwarzes Haar flatterte in unbändigen Locken hinter ihr her. Dazu die prächtige Stute, die wie der Wind dahinschoss, während die Soldaten mit ihren Waffen und Bannern herannahten, schreiend vor Siegeslust. Musste dieses Bild nicht selbst die Götter rühren? Nur eine Pferdelänge hinter ihr ritten Kann-bai und Quinoc, ihre Wächter, ihre langjährigen Vertrauten. Helden, von denen Legenden erzählten. Nie im Leben konnten die Feinde ihnen den Triumph nehmen. Niemals würde es ihnen gelingen, die Streiter Le-Wajuns aufzuhalten, bevor sie wie eine Klinge in die Stadt fahren konnten.

Jemand schrie ihr eine Warnung zu, und Tenira erkannte bestürzt, dass sich aus der Horde der Feinde, die bedrohlich näher kam, ein Pferd herausschälte, das schneller war als die anderen. Ein Eisenpferd, beinahe doppelt so groß wie ihre Stute, mit langen Stacheln an der Brust, die dazu gemacht waren, Mensch und Tier aufzuspießen, und einem armlangen Horn auf dem Kopf. Rannte ihr Schimmel wie der Wind, war dieses Ross wie ein Sturm, der unerbittlich über das Land tobte, genau auf sie zu. Behielt sie die Richtung bei, würden die beiden Tiere, das lebendige und das eiserne, unweigerlich aufeinanderprallen. Der Feind würde sie einfach über den Haufen reiten!

»Haltet an, Hoheit!«, brüllte jemand hinter ihr.

Sogar Quinoc meldete sich zu Wort. *Nach rechts!,* schrie er. *Nach rechts, sonst bist du verloren!*

Natürlich konnte sie die Stute nach rechts lenken, doch was wäre dadurch gewonnen? Der magische Gaul würde ihr folgen, sie einholen, sie dennoch überrennen, und dann würde sie sterben – auf der Flucht!

Das konnten die Götter nicht zulassen. Sie, Großkönigin Tenira, die Sonne … fliehend? Sie, die Sonne, ängstlich oder gar in Panik?

Tenira zwang ihr Pferd vorwärts, sie duldete nicht den kleinsten Versuch, der Gefahr auszuweichen. Sollte das Eisenross kommen. Sollte Kanchar nur versuchen, Le-Wajun zu unterwerfen!

Mit weit ausgreifenden Sprüngen kam das magische Ross näher und näher. Sie konnte dem Reiter in die Augen sehen, im Visier seines Helms den Triumph erkennen. Die Stacheln und Klingen des Pferdes glänzten in der Sonne, funkelten so, dass sie geblendet war. Noch war das Eisenpferd zwanzig Meter entfernt. Dann, einen Atemzug später, waren es nur noch zehn. Die beiden Pferde galoppierten im spitzen Winkel aufeinander zu, nun lagen sie fast nebeneinander, gleich …

Ein Schatten fiel über sie beide, und dann – so schnell, dass

Tenira kaum begriff, was geschah – stürzte etwas Riesiges, Dunkles aus dem Himmel herab, hob den Reiter aus dem Sattel und fegte das Eisenpferd beiseite.

Die Stute erschrak und raste davon, nicht mehr zu halten. Tenira hielt sich fest, sie krallte die Hände um den Sattelknauf, während die mit magerem Gras bewachsene Ebene unter ihr hinwegbrauste. Hinter ihr krachte es. Sie hörte die Schreie von Menschen und Pferden und das entsetzliche Kreischen von Metall auf Metall. Ein Blick über die Schulter zeigte ihr etwas, das es eigentlich nicht geben durfte: ein Ungeheuer aus Eisen, größer als jeder Eisenvogel, das unterschiedslos Wajuner und Kancharer niedermetzelte, sie von den Pferden hob und zerfetzte. Seine Schwingen mähten wie Sensen durch die Leiber der Soldaten, ganz gleich ob sie in Rüstung waren oder nicht. Die mörderische Geschwindigkeit ihrer Stute zwang Tenira dazu, wieder nach vorne zu blicken. Doch ihr war bewusst, was währenddessen hinter ihr geschah. Keiner ihrer Getreuen war mehr bei ihr, außer Kann-bai und Quinoc, ihren treuen Wächtern.

Die ersten Häuser kamen beunruhigend schnell nah. Die Stute, außer sich vor Angst, wurde nicht langsamer. Sie hatte völlig den Verstand verloren, und Tenira konnte nichts tun, um sie aufzuhalten. Die Lücke zwischen den Häusern, auf die das Pferd zugaloppierte, war schmal wie ein Nadelöhr. Die Stute würde sie nicht treffen, sondern blindlings gegen die Mauer rennen. Tenira riss an den Zügeln, sie zerrte an der Mähne, aber nichts drang zu dem panischen Tier durch.

Und da stand er.

Er.

Und die Angst fiel von ihr ab wie ein böser Traum.

Wie aus dem Nichts erschien er in der Gasse, ein Mann auf einem Rappen, dessen schwarzes Fell glänzte. Die Stute hielt weiter auf die Wand zu, und er schnellte vor, sein riesiger schwarzer Hengst drängte den Schimmel ab. Der Reiter griff in die Zügel und brachte die bebende weiße Stute zum Stehen.

»Tenira«, sagte er.

Ein roter Umhang floss über die Flanken des Rappen und berührte fast den Boden. Unter dem Umhang war der Mann schwarz gekleidet, in einem langärmligen schwarzen Hemd, das Wams darüber mit kleinen Diamanten und Rubinen bestickt. Zu der schwarzen Hose trug er edle schwarze Stiefel aus feinstem Leder. Da war keine Krone in seinem schwarzen Haar, doch sein Gesicht war auch ohne Schmuck königlich. Die dunklen Augen strahlten sie an, den Mund hatte er zu einem Lächeln verzogen.

»Tizarun«, flüsterte sie. »Du bist wirklich hier.«

Er war viel schöner als in ihren Erinnerungen. Viel wirklicher. Und er war tatsächlich hier, in Wabinar. Ihr stockte der Atem, dabei hätte sie nicht überrascht sein sollen. Hatte sie es nicht all die Jahre gewusst?

Hinter ihm strömten fremdartig anzusehende Menschen aus der Gasse. Grimmige Krieger und stolze Frauen, manche waren schwierig anzublicken, als würden sie flimmern, wenn man sie zu genau ins Auge fassten. Andere schienen halb durchsichtig zu sein, und manche kamen ihr vor wie Nebelgestalten, die der heißen Sonne trotzten. Viele waren beritten, andere marschierten zu Fuß, manche glitten über die Erde oder schienen gar zu schweben.

»Wer sind all diese Leute?«, fragte Tenira.

»Mein Gefolge«, sagte Tizarun stolz. »Die Toten aus Kato und die Toten aus dem Nebelmeer. Alle, deren König ich nun bin.« Er stieg ab und streckte ihr beide Hände entgegen, und sie griff danach.

So kalt waren seine Hände. Sie fröstelte, und einen Augenblick lang – vielleicht nur für die kurze Dauer eines Herzschlags, für den Moment zwischen dem Ticken einer Uhr und dem nächsten Ticken – kam ihr dies alles überaus falsch vor. Es war nicht richtig, dass dieser Mann hier war. Seine Haut war zu kalt und seine Augen zu dunkel. In diesem Moment verabscheute sie nicht nur sein Gefolge und die verschwommenen Gesichter derer, die ihn begleiteten, sondern auch ihn selbst, ihren herrlichen Tizarun, der vor mehr als zwölf Jahren vergiftet worden war.

Er sollte nicht hier sein.

Und sie ebenfalls nicht. Was tat sie hier in Kanchar, vor einer Stadt, die ihr nichts bedeutete? Warum hatte sie halb Le-Wajun hergeführt, um von einem Eisendrachen zu Staub zermalmt zu werden? War sie nicht die Sonne? Sie gehörte nach Wajun, in ihren geliebten Palast, unter das blumenförmige Dach. Und vielleicht gehörte sie nicht einmal dorthin, sondern in ein Schloss an einem Fluss, fern von allen Kriegen und Thronen und den verschlungenen Wegen der Mächtigen. Oder vielleicht gehörte sie auch nirgendwohin.

Tizarun hob sie aus dem Sattel. Seine Leute jubelten, und ein kalter Wind wirbelte Staub und Erde auf. Er wollte sie küssen, doch Tenira wand sich aus seinem Griff und blickte über ihre Schulter zurück. Dorthin, wo das magische Untier immer noch wütete. Die beiden Heere kämpften längst nicht mehr. Die Soldaten versuchten zu fliehen, sie rannten in alle Richtungen davon.

»Komm, Liebste«, sagte Tizarun.

»Müssen wir ihnen nicht helfen? Das sind unsere Soldaten. Das sind Wajuner. Das sind …«

»Verstehst du es denn immer noch nicht?« Er legte beide Hände an ihre Wangen, seine kalten, so schrecklich kalten Hände, und näherte seinen Mund dem ihren. »Sie werden unsere Soldaten bleiben, ganz gleich, was mit ihnen geschieht. Was könnte ihnen noch zustoßen, wenn sie tot sind? Dann sind sie unverwundbar. Sie werden uns noch besser dienen können als zuvor.«

Er drückte seine Lippen auf ihre, und ihr wurde noch kälter. »Aber …«

»Komm mit mir, Liebste.« Er küsste sie auf die Stirn, auf die Wangen, er bedeckte ihr Gesicht mit zärtlichen Küssen. »Endlich sind wir wieder vereint.« Sanft fuhr er mit seinen eiskalten Fingern ihre Narbe nach. »Wo ist unser Kind, Tenira? Ich möchte meinen Sohn sehen.«

»Du solltest das nicht tun«, sagte Mernat. »Du hast Daja gerettet, das muss genügen.«

»*Wir* haben Daja gerettet«, verbesserte Karim. »Wenn wir die

Kaiserin im Stich lassen, war alles umsonst. Wie könnten wir Daja halten, wenn Kanchar fällt? Wir müssen nach Wabinar, mein Freund.«

Mernat seufzte schwer. Nachdenklich streichelte er die Krähe, die ihm zum Dank in den Daumen hackte.

Karim ließ ihm Zeit, um nachzudenken. Er würde seinem Freund niemals Feigheit vorwerfen. Die Belagerung und ihr Einsatz gegen die Eisensoldaten hatten ihnen beiden viel abverlangt. Sie waren erschöpft. Und der Jubel, mit dem sie empfangen worden waren, änderte nichts daran, dass sie Zeit brauchten, um ihre Wunden zu lecken. Zwei Tage der Ruhe reichten nicht, um die Bilder von Blut und Eisen auszulöschen, die sie bis in den Schlaf verfolgten.

»Das nächste Mal stürzen wir vielleicht nicht ins Meer«, sagte Karim. »Glaubst du, das wüsste ich nicht?«

»Es ist nicht der Tod, vor dem ich mich fürchte. Wir sind Krieger, es ist unsere Pflicht, einzugreifen. Das weiß ich so gut wie du.«

Er sagte nicht, wovor er Angst hatte, und Karim fragte nicht. Vielleicht war es der Moment des Sturzes gewesen, der Mernat aus der Bahn geworfen hatte – jener Augenblick, bevor Karim einen Willensschritt durch eine unsichtbare magische Tür getan hatte. Man konnte viel darüber reden, dass man den Tod nicht fürchtete, und so handeln, als wäre es tatsächlich der Fall. Doch nur die Wahnsinnigen hielten den Tod für ihren Freund – und die Wüstendämonen, die Kelta und Kalini huldigten. Mernat war keins von beidem.

Wenn sie noch länger über ihre Ängste redeten, würde Karim irgendwann zugeben müssen, dass es ihm nicht anders ging. Sie hatten Daja Frieden gebracht, und er wollte diesen Frieden genießen. Nicht nur ein paar verschwindend kurze Wochen lang, sondern Jahre.

»Fliegen wir«, sagte er. »Dein Wille ist stark genug, um den Falken zu lenken.«

»Ich weiß nicht, ob es so ist«, sagte Mernat leise. »Was, wenn ich versage?«

Gerade weil Mernat sich sträubte, würde die Schuld, wenn sein Freund bei dem Einsatz sterben sollte, umso schwerer wiegen.

»Du wirst nicht versagen.« *Und falls doch*, dachte Karim, *öffne ich eine Tür. Gewiss wird genug Zeit bleiben, um eine Tür zu öffnen und uns irgendwohin zu retten, wo nicht gekämpft wird. Irgendwohin, wo wir sicher sind.*

Mernat nickte und straffte sich. »Du bist der König«, sagte er. »Befiehl, und ich gehorche.«

Diese Einstellung war auch nicht viel besser. Karim war nie zum König von Daja gekrönt worden, und vermutlich würde das auch nie geschehen. Testra war in seinem Beisein gefallen. Er war, wie Joaku ganz richtig gesagt hatte, der Feind aller. Aber vielleicht konnte er heute ganz Kanchar beweisen, dass er mehr war als das.

Die Palastwächter grüßten voller Ehrfurcht, als die beiden berühmtesten Feuerreiter Dajas aufs Palastdach hinausgingen. Hier standen die letzten Eisenvögel bereit. Ihre Zahl war stark gesunken, seitdem Prinz Matino sie zur Verteidigung Kanchars angefordert hatte.

»Wir haben Daja gerettet, warum sollte es uns mit Wabinar nicht gelingen?«, fragte Mernat. Offenbar wollte er sich selbst Mut machen.

Ich habe kein gutes Gefühl dabei, hätte Karim am liebsten gesagt. *Überhaupt nicht. Und dennoch müssen wir es tun.*

»Sonne im Gesicht«, sagte der Feuerreiter, der den wendigen kleinen Wüstenfalken für seinen letzten Flug säuberte und polierte.

»Wind im Haar«, antwortete Mernat.

»Mögen die Götter uns gnädig sein«, fügte Karim hinzu.

Sadi konnte nicht sehen, wie gekämpft wurde. Eingekesselt zwischen mehreren Eisensoldaten, war er wie in einem Käfig gefangen. Er hatte bereits versucht, die Soldaten dazu zu bringen, ihn durchzulassen, doch sie waren genauso unbeweglich wie Steine. Meister Joaku hatte ihm befohlen, still abzuwarten, aber das war unmöglich. Er war viel zu unruhig, schließlich konnte er hören, wie die Schlacht geführt wurde. Die Schreie, das Krachen der Metallteile, wenn wieder einmal ein Brandstein in Flammen aufging, das Brüllen des Feuers und die Schmerzensschreie menschlicher Soldaten, die von den Eisenmännern in Stücke gerissen wurden. Leider konnte Sadi sich all das viel besser vorstellen, als ihm guttat. Und leider wurde es immer schwieriger für ihn, seine Angst im Zaum zu halten.

Seine magischen Sinne konnten die Brandsteine der Eisensoldaten, die ihn gefangen hielten, fühlen. Er spürte eine Verbindung zu ihren Brandsteinen, zu jedem Brandstein. Massen von Eisensoldaten strömten nach Wabinar, ausgestattet mit Unmengen an Brandsteinen. Es waren Tausende, Zehntausende, und Sadi konnte jeden einzelnen Splitter fühlen. Seine Seele begleitete die Eisenvögel, die er hin und wieder flüchtig am Himmel sehen konnte, zu hoch, um von den Geschützen getroffen zu werden. Sie begleitete die Eisenpferde, die zu Hunderten rannten und kämpften und zerbarsten. Alle Brandsteine waren Teile eines einzigen Steins, der Ader, die er in der Mine in Guna gespürt hatte. Sie waren wie ein lebendes Wesen, das zusammengehörte, und er konnte dieses Wesen spüren. Es pulsierte, es lebte, es brannte.

»Ihr solltet mich wirklich besser rauslassen«, sagte er zu dem größten der Eisensoldaten und schlug ihm mit beiden Fäusten vor die Brust. Was natürlich nichts nützte.

»Diese kindische Wut ist eines Prinzen nicht würdig«, sagte Joaku. Die Soldaten wichen zur Seite, um den Meister vorbeizulassen. Der alte Mann musterte Sadi aus zusammengekniffenen Augen. »Es ist Zeit«, sagte er schroff. »Komm.« Er packte Sadi grob am Arm und zog ihn mit sich.

Es war zwecklos, sich zu sträuben, also versuchte Sadi es gar nicht erst. Während die Eisensoldaten ihm so dicht folgten, dass er die Hitze spüren konnte, die von ihnen ausging, versuchte er sich darauf zu konzentrieren, seine Angst zu bändigen. Er bemühte sich so sehr, dass er sich die Lippe blutig biss.

Sie gingen zwischen den Reihen der Eisenmänner hindurch. War die Schlacht vorbei? Niemand schien mehr zu kämpfen. Hin und wieder erhaschte Sadi einen Blick auf zertrümmerte Eisenteile, auf blutbedeckte Erde, verbranntes Gras und rote Klumpen. Die eisernen Gestalten standen Seite an Seite wie Statuen da. Sadi hätte Flügel haben müssen, um zu entkommen. Dann lichteten sich die Reihen, und vor ihnen öffnete sich der Blick auf einen Graben, aus dem Flammen züngelten, und auf einen Wall, auf dem Eisenarme lagen, halbe Eisenpferde und so viele verbrannte Leichen, dass Sadi am liebsten die Augen geschlossen hätte.

Auch das Land hinter dem Wall war mit Toten und Verwundeten übersät, mit zerstörten Eisenwesen, deren Form nicht mehr erkennbar war. Überall stieg Rauch empor. Etwa zweihundert Meter von ihnen entfernt marschierten die Eisensoldaten auf die Stadt zu, begleitet von einigen Magiern auf echten Pferden. Es mochten immer noch an die zehntausend Eisenmänner sein, die nun über Wabinar kommen würden. Jetzt, da Sadi freien Blick hatte, erkannte er auch, dass die Schlacht noch nicht ganz vorbei war. Es gab immer noch Kancharer, die Widerstand leisteten, die vor allem versuchten, die Magier zu treffen. Ein Eisenvogel schoss aus den Rauchwolken, die sich über dem Feld ballten, und im nächsten Augenblick gingen die Eisensoldaten, die einem der Magier am nächsten waren, in Flammen auf.

Sie kämpften immer noch, sie mussten weiterkämpfen! Grimmige Freude wallte in Sadi auf. Er öffnete den Mund, um zu lachen, doch da stieß Joaku ihn vorwärts, in den Kreis hinein, den die Eisenmänner bildeten, die sich noch auf dieser Seite des Grabens befanden.

Vor ihm, auf einem zertrampelten Stück Wiese, auf dem kaum noch ein Grashalm wuchs, kniete Prinz Matino. Er war verletzt, sein Gesicht dunkel verfärbt, ein Auge zugeschwollen. Blutverkrustete Lippen verzogen sich, als er Sadi erkannte.

»Ihr seid ein Ungeheuer, Meister«, knurrte er hasserfüllt.

»Ich habe Euch gewarnt. Das habt Ihr Euch selbst zuzuschreiben.« Joakus Stimme klang nicht einmal schadenfroh. »Ich sagte Euch, dass Euer Bruder sterben muss. Es ist so weit. Während Eure Stadt vernichtet wird, könnt Ihr ihm beim Sterben zusehen.« Er gab Sadi einen Stoß, der ihn weiter in den Kreis hineinstolpern ließ.

In Sadis Ohren rauschte es. Über ihm erzählte der grausame alte Mann, was er ihm alles anzutun gedachte, doch er konnte die Worte nicht verstehen. Sie ergaben keinen Sinn. Nichts von alldem ergab einen Sinn. Die Soldaten. Draußen auf dem Feld kämpfte der letzte Wüstenfalke immer noch gegen die Eisensoldaten. Wieder und wieder krachte und knallte es, Flammen stiegen zischend in die Luft. Doch es waren einfach zu viele Gegner. Mit tränenden Augen sah Sadi über den Graben und das Schlachtfeld hinweg, gebannt von dem Anblick des herumwirbelnden, tanzenden Eisenvogels, dann riss ihn Matinos Stimme wieder in die Wirklichkeit zurück.

»Es tut mir so leid«, krächzte er. »So leid, kleiner Bruder.«

Sadi wusste, dass Joaku ihm unsanft in die Haare griff und seinen Kopf nach hinten bog, aber er konnte es nicht fühlen. Alle seine Sinne waren auf die Brandsteine ausgerichtet, auf ihre Hitze, ihr Pulsieren, ihre Kraft.

»Zuerst«, sagte der Alte, »nehme ich ihm die Augen.«

»Nein!«, schrie Matino. »Nein, oh bitte!«

Eine Messerklinge blitzte auf. Aber vielleicht war es auch das Licht auf den Flügeln des Wüstenfalken, das ihn blendete. Angst zerriss alle Schichten seiner Selbstbeherrschung, alle Mauern, die sein Wille errichtet hatte. Er schrie auf, und seine Sinne, die mit jedem einzelnen Brandstein im Umkreis verbunden waren, leiteten seinen Ausbruch weiter.

Er konnte das Feuer fühlen, bevor er es sah. Bevor jeder einzelne Eisensoldat auseinanderbrach, bevor das Feuer aufleuchtete und die Welt zerriss. Nur dies konnte er fühlen und nichts anderes: wie es geschah, wie das Inferno losbrach, eine Katastrophe, wie es sie noch nie gegeben hatte. Es war unmöglich, die Feuersbrunst aufzuhalten, die aus dem geborstenen Damm seines Willens brach.

Karim hatte gerade den Graben überflogen, als er mit Schrecken die drei Menschen erkannte, die sich in der Mitte der zurückgebliebenen Eisensoldaten befanden – Joaku, über Sadi stehend, und vor ihm Matino. Im selben Moment spürte er es. Hitze überflutete seine magischen Sinne. Die Brandsteine brachen auf, und schon entlud sich die Macht ihrer Energie. Es erfasste alle Soldaten, alle Eisentiere, auch den Wüstenfalken, auf dem Mernat und er ritten. Als hätte jemand Öl oder Pech über der ganzen Ebene vergossen und es gerade eben entzündet. Die Brandsteine entflammten so schnell, dass ihm keine Zeit zum Überlegen blieb. Der Falke explodierte, und gleichzeitig katapultierte Karim sich durch die Tür, die er kraft seines Willens öffnete. Im Bruchteil eines Augenblicks stand er unten, im Zentrum des Brandes, der auf allen Seiten entflammte, packte Sadi und warf sich wiederum durch eine Tür, die er in Gedanken formte. Kurz spürte er die Hitze, die Flammen leckten an seiner Haut, und dann rollten sie in einem Knäuel aus Armen und Beinen über den Boden. Durch Sand und Dornen, wie er im ersten Moment dachte.

Einen Augenblick lang atmete er, wartete darauf, dass sich sein Herzschlag beruhigte und die Wirklichkeit wieder an Bedeutung gewann.

Dann stellte er fest, dass es Zweige waren, die ihm in den Rücken stachen. Die Sonne schien durch das goldgrüne Blätterdach, ein kühler Wind blies ihm ins Gesicht, und die Luft duftete nach Wald und Beeren und feuchter Erde.

»Wo sind wir?«, fragte jemand.

Sadi lag vor ihm auf dem Boden. Der Junge schlug die Hände vors Gesicht und zitterte am ganzen Körper. Doch nicht er hatte die Frage gestellt. Matino setzte sich auf, lehnte sich mit dem Rücken gegen einen Baumstamm und betrachtete verwundert die Umgebung. »Ein Wald. Sind wir in Guna oder träume ich?«

Karim ließ sich wieder zurückfallen und starrte hinauf in die hohen Baumkronen.

Matino war mitgekommen und Mernat nicht. Er hatte seinen Freund nicht gerettet. Es war alles viel zu schnell gegangen, und in dem Moment, als er ohne nachzudenken gehandelt hatte, hatte er nur Sadi gesehen. Hatte nur Sadi retten wollen.

Oh ihr Götter, sein bester Freund war tot!

»Was ist passiert?«, verlangte Matino zu wissen. »Ihr habt, wie es aussieht, Eure magischen Fähigkeiten eingesetzt, um mich und Sadi zu retten. Doch wir befinden uns mitten in einer Schlacht. Wir müssen zurück! Wabinar ist in Gefahr, es wird von Eisensoldaten überrannt werden, wir müssen …«

»Nein«, unterbrach Karim ihn. Er wünschte sich, es wäre nur ein Traum gewesen. Nichts als ein Traum, doch er konnte die Stellen spüren, an denen die Feuerzungen ihn berührt hatten. Seine Kleidung war angesengt, seine Haare stanken verbrannt. Nichts davon war ein Traum.

»Das ist alles meine Schuld«, wisperte der Junge.

Karim wünschte sich, er hätte nicht antworten müssen.

»Ich wollte nicht … aber er hat das Messer gezogen, und da …«

Es war nicht Karim, der den Jungen in den Arm nahm, um ihn zu trösten. Es war Matino. Er war es, der »kleiner Bruder« summte, immer wieder, wie ein Lied, um ein Kind in den Schlaf zu wiegen.

Karim wusste nicht, ob er eifersüchtig oder dankbar sein sollte. Er hatte nicht beabsichtigt, auch Matino zu retten. Die beiden jetzt so zusammen zu sehen löste einen dumpfen Groll in ihm aus. Matino verdiente es nicht, der Bruder des jungen Prinzen zu sein, und Sadi verdiente es nicht, zu erfahren, was er angerichtet hatte.

Mühsam rappelte er sich auf. Es gab Türen, die dorthin führten, wo er gerne sein wollte. In Kato, bei Großmutter Unya, bei Anyana. In Kato, wo es keinen Schmerz gab und wo alles Schlimme von Nebel und milchigem Glanz gemildert wurde. In den Wäldern von Kato, wo kristallklare Seen das Weiß des Himmels spiegelten.

Dies hier war nicht Kato, das spürte er deutlich. Es war, wie Matino zu Recht vermutet hatte, wohl eher Guna. Sie waren ausgerechnet dort gelandet, wo es noch mehr Brandsteine gab. Brandsteine, die dieser magisch begabte Junge – dieser göttliche, genial begabte Junge, wie Karim neidlos zugeben musste – in seinem aufgebrachten Zustand mühelos in die Luft jagen konnte. Bei Kalini, er würde ganz Guna in Stücke sprengen.

»Ich muss ihn sofort hier wegbringen«, sagte er. »Wartet hier, Prinz Matino.«

Bevor Matino nach ihm greifen konnte, packte er den Jungen

bei den Schultern und trat durch eine Tür, die es allein aufgrund seines Willens gab.

Auf der anderen Seite war es dunkel, über ihnen glitzerte der Mondgürtel, und jenseits seines Scheins schimmerten unzählige Sterne. Sie waren ihnen so nahe, als könnten sie danach greifen. Offenbar standen sie hoch oben auf einem Turm.

»Wo sind wir?«, flüsterte Sadi.

Karim ließ seinen Blick über die Umgebung schweifen. Im Mondlicht wölbten sich dunkle Hügel. Nach einer Weile erkannte er, dass es die Wipfel hoher Bäume waren. Sie sahen auf einen Wald herab, der sich wie ein grenzenloses Meer um sie herum ausbreitete. Etwas an diesem Anblick war verstörend vertraut.

»Wo sind wir?«, wiederholte der Junge.

»In Anta'jarim, glaube ich. Es war mein Wunsch, dich so weit weg wie möglich von allen Brandsteinen fortzubringen. Es scheint so, als hätte ich den einzigen Ort gefunden, an dem es keine magischen Eisenkreaturen gibt.«

Sie standen auf einer halbrunden Plattform, die sich an ein schlankes Gebäude schmiegte. Es war derselbe Turm wie jener, in dem er so lange gefangen gewesen war, nur ein Stockwerk höher. Beinahe hätte Karim gelacht. Dass sein Wunsch nach Sicherheit ihn ausgerechnet hierher geführt hatte!

»Schloss Anta'jarim ist schon zu Beginn des Krieges abgebrannt«, sagte Sadi. »Das hat Yando mir jedenfalls erzählt. Sind wir in einer Burg, die einem Grafen gehört?«

»Nein, wir sind im Herzen des Landes, im Herzen des großen Waldes, dort, wo das Schloss stand. Dieser Turm wenigstens ist übrig, allerdings fürchte ich, dass du tatsächlich wenig mehr als das hier finden wirst, wenn du die Wendeltreppe hinuntersteigst.«

Der Junge sah zart aus im silbernen Licht, sehr jung und sehr verloren. »Ihr geht fort und lasst mich hier?«

»Ich muss zurück«, sagte Karim. »Ich muss …«

»Sehen, was ich angerichtet habe?«, fragte Sadi.

Die Traurigkeit in seiner Stimme schnürte Karim die Kehle zu. »Du darfst es niemandem erzählen«, sagte er. »Niemals. Ganz gleich, wer dich fragt, sag es niemandem.« Kein Mensch konnte mit einer solchen Schuld leben. Kein Mensch würde am Leben gelassen werden, der so etwas vermochte. Karim ahnte, was ihn erwartete, wenn er nach Wabinar zurückkehrte. In einer anderen, besseren Welt wäre er hiergeblieben, mit seinem Bruder, der nicht wirklich sein Bruder war, in einem zerstörten Schloss, um die Sterne zu betrachten. Doch in der Welt, die Karim miterschaffen hatte, einer Welt, in der Tizarun ermordet worden war und Tenira sich hatte rächen wollen, musste er tun, was immer er vermochte, um den Schaden zu begrenzen. »Schwöre mir das, mein Bruder.«

Sadi biss sich auf die Lippen.

»Schwöre es mir, oder ich komme nicht zurück, um dich zu holen, sobald ich einen besseren Ort für dich gefunden habe.«

Der Junge seufzte laut. »Ich schwöre.«

Karim legte ihm beide Hände auf die Schultern. »Ich lasse dich jetzt allein. Aber vielleicht findest du eine blaue Tür, dann geh furchtlos hindurch. Vielleicht …« Er suchte nach Worten des Trostes – für sich, für den Jungen, für die Welt – und fand keine.

Dann drehte er sich um und wandte dem Meer aus Baumwipfeln den Rücken zu, dem Meer aus Sternen und der Kaimauer aus Mondsplittern. Er ging in den Turm hinein, um sich in der Ebene vor Wabinar wiederzufinden.

Dort, wo der Himmel ebenso schwarz war, doch sternenlos, wo sich der Tag in finsterste Nacht verwandelt hatte. Kato war ein Spiegel der Welt der Menschen, das hatte er gedacht. Doch vielleicht war es genau andersherum, und die Welt der Menschen war ein Spiegel von Kato, dem Land der Feen. Denn so wie jenes Wabinar in Kato in Flammen aufgegangen war, so brannte nun auch dieses Wabinar.

Es gab keine Eisensoldaten mehr, nur einen Krater, als sei ein Stern vom Himmel gefallen. Die Stadt stand in Flammen, und aus dem Brand ragte der Palast heraus wie ein trotziger Berg. Karim musste nicht nach Mernat suchen oder nach den Überresten der kancharischen Armee. Nicht nach den Magiern und nicht nach Joaku und seinen Wüstendämonen. Niemand war mehr übrig.

TEIL II

AUS DER ASCHE

19. Dort, am Ende des Tages

»Hier gibt es nichts mehr für uns zu tun«, sagte Tizarun. »Gehen wir nach Hause.«

Tenira hatte sich immer gewünscht, Wabinar brennen zu sehen, doch niemals hätte sie damit gerechnet, dass das Feuer so groß und zerstörerisch sein könnte. Es war, als hätten die Götter auf all ihre Gebete geantwortet. Sie hatten Kanchar vernichtet, so wie Tenira es gewollt hatte. Mit Flammen bis zum Himmel, schwarzen Rauchwolken und einer Erschütterung wie bei einem Erdbeben. Zuerst hatte es Eisenstücke und Steine geregnet und sogar Blut, dann hatte sich das Feuer weiter ausgebreitet, und am Ende waren die Toten gekommen. Sie umschwärmten das Haus, in das Tenira und Tizarun sich zurückgezogen hatten. Eines der größeren Gebäude der Stadt in einem Stadtteil, in dem das Feuer noch nicht gewütet hatte. Die ursprünglichen Bewohner waren längst geflohen.

Tenira und Tizarun beobachteten den Brand vom flachen Dach des Hauses aus. Die Luft schmeckte bitter und zugleich süß nach Vernichtung. Von der Kampfebene wogte die Masse der Seelen heran, verschwommen wie Nebelgespenster. Manche waren nicht vollständig, schwebende Köpfe oder Leiber ganz ohne Kopf, anderen fehlten Arme oder Beine. Es berührte Tenira seltsam, dabei zuzusehen, wie einige dieser halben Seelen sich zusammenfanden und eine vollständige Gestalt bildeten. Beinahe hätte sie Mitleid mit ihnen empfunden, doch stärker noch war das Grauen.

Sie wollte nichts mit all den Toten zu tun haben. Ihr Bruder Quinoc, der auch jetzt an ihrer Seite verharrte, war ihr lieb und teuer, doch was sollte sie mit Tausenden von toten Seelen anfangen?

Tizarun hingegen schien zu wachsen, je stärker der rote Umhang im Feuerschein glühte. Groß und stolz stand ihr Gemahl neben ihr, seine Augen glänzten vor Freude. Er war nicht bleich wie ein Leichnam, sondern sah so lebendig aus, dass ihr Herz tanzte. Der warme goldene Schimmer seiner Haut wirkte verführerisch und einladend, doch als sie die Hand auf seinen Arm legte, spürte sie die Kälte des Todes.

»Was ist mit dem Palast?«, fragte sie. »Sollten wir nicht unseren eigenen Regenten einsetzen?«

Noch hatten die Flammen das größte Bauwerk der Stadt nicht erreicht. Vielleicht würde es den Kancharern, die überlebt hatten, sogar gelingen, den Palast zu retten.

»Du hast kein Heer mehr«, sagte er trocken.

Das stimmte, denn der Eisendrache hatte ihre Armee niedergemacht. Sie wusste nicht, wie vielen Soldaten die Flucht gelungen war, und konnte nur hoffen, dass möglichst viele entkommen waren. Es war unmöglich, sie um sich zu scharen und weiterzukämpfen. »Das ist wahr, doch du hast ein umso größeres Heer.«

Mit einem Mal graute ihr vor der Vorstellung, dass Tizarun und hunderttausend Tote mit ihr nach Wajun gehen könnten. »Nimm den Palast ein, setz dich auf den Thron. Niemand wird es wagen, dich aufzuhalten.«

Er lächelte. So wie früher fand sie sein Lächeln magisch. »Und du kehrst nach Hause zurück, allein?«

»Ich bin die Sonne. Es ist meine Pflicht, dort zu wohnen und für mein Volk da zu sein.«

Sein Lächeln wurde breiter. »Wir sind die Sonne.«

Nein, dachte sie. *Nein, nein.* Sie zwang ihre Mundwinkel nach oben. »Ja, Liebster.« War es nicht das, was sie sich immer gewünscht hatte? Hatte sie nicht in den vergangenen zwölf Jahren alles für dieses Ziel getan, hatte sie nicht morden lassen und war Bündnisse mit den falschen Personen eingegangen und hatte alle und jeden verraten, nur für ihn? Damit er wieder mit ihr in Wajun herrschte, auf dem Thron der Sonne, und alles so sein konnte wie früher, als sie glücklich gewesen waren?

Von diesem Dach aus konnten sie das ganze Ausmaß der Zerstörung nur ahnen. Brände wüteten an verschiedenen Stellen der Stadt, und von dort kamen neue Tote zu ihnen. Tote, deren Augen noch weit aufgerissen waren vor Schreck, deren Münder offen gähnten, als seien sie mitten im Schrei unterbrochen worden und wüssten nicht, wie sie ihn beenden sollten.

»Ich habe Wihaji geschickt, um dich zu finden«, sagte sie. »Er sollte dich zu mir zurückbringen.«

»Oh, er hat mich gefunden«, sagte Tizarun, »und mich dann daran gehindert, nach Hause zu kommen. Wäre er nicht gewesen, wäre ich viel früher wieder bei dir gewesen, mein Herz.«

Sie lehnte sich an seine Schulter und versuchte zu empfinden, was sie dabei empfinden sollte, doch sie konnte nichts spüren als dumpfes Entsetzen.

»Wie schändlich von ihm«, sagte sie.

Musste sie Wihaji dankbar sein? Für zwölf Jahre voller Herzensqual, in denen sie Tizarun nicht hatte loslassen können, zwölf Jahre voller Irrtümer, zwölf Jahre voller Blut und Schmerz und Krieg und endlos scheinendem Warten? Auf einmal sehnte sie sich nach Hause – nicht nach Wajun, sondern nach Schloss Weißenfels, wo sie beinahe daran zerbrochen war, sich nach Tizarun zu sehnen. Vielleicht war es ihre Bestimmung, sich nach ihm zu verzehren. Vielleicht war sie dazu verdammt, ihr Glück nur in ihrem Unglück zu finden. Denn sobald er bei ihr war, ging alles schief.

»Ich will heim«, flüsterte sie, obwohl sie nicht wusste, wo das sein könnte.

»Dann komm mit mir, Liebste«, sagte er und bot ihr den Arm dar, um sie die steilen Stufen vom Dach hinunterzuführen. Sein Rappe und ihre Stute warteten dort, doch irgendetwas stimmte nicht mit dem schönen Schimmel. Das Tier hätte immer noch erschöpft sein müssen. Dass sein Fell nicht mehr schmutzig und staubig und blutbespritzt war, sondern strahlend weiß, musste irgendeinem Diener zu verdanken sein, doch wie konnte es schon wieder bereit sein, sie zu tragen?

»Ist sie tot?«, fragte sie erschrocken. »Habe ich sie überanstrengt, sodass sie zusammengebrochen ist?«

»Was spielt es für eine Rolle?«, fragte Tizarun und geleitete sie zu der Stute, um ihr beim Aufsitzen zu helfen. Die Abenddämmerung brach bereits an, und Tenira spürte ihre eigene Müdigkeit bis in die Knochen. Wenn es nach ihr gegangen wäre, hätte sie sich ein Haus gesucht, irgendwo am Stadtrand, wo das Feuer nicht hinkommen würde, um drei Tage lang zu schlafen. Jemand hatte ihr vorhin etwas zu essen gebracht, und sie meinte sich daran zu erinnern, dass sie Wasser getrunken hatte. Oder war es Wein gewesen? Sie taumelte.

»Müssen wir wirklich jetzt schon aufbrechen?«

»Das müssen wir«, sagte er ernst. »Der Eisendrache, den ich dort draußen habe wüten sehen, hat innegehalten. Wir müssen so viel Entfernung wie möglich zwischen ihn und uns bringen. Mir kann er nicht gefährlich werden, aber dir schon.«

Laikans Eisensoldaten waren in die Luft geflogen und hatten alles in Brand gesetzt, doch ausgerechnet das metallene Ungeheuer war dem Inferno entkommen. Vermutlich war es weit genug vom Zentrum der Explosionen entfernt gewesen, die sich wie ein Lauffeuer ausgebreitet hatten. Die Götter liebten gefährliches Spielzeug, wie es schien.

Ihr blieb nichts anderes übrig, als sich zu fügen. So ritten sie nebeneinander durch die brennende Stadt, über sich die finsteren Wolken, hinter sich ein Heer aus Toten. Sie weinte lautlos.

Der Drache schlief. Er brauchte keine Nahrung außer seinem Hass, doch Kirian, der Mensch, hatte den ganzen Tag weder gegessen noch etwas getrunken. Irgendwann war er aus dem Ledersessel gefallen und auf dem Boden eingeschlafen, und sobald er schlief, war auch der Drache in sich zusammengesackt und rührte sich nicht. Ihr Wille war eins.

Karim half bei den Löscharbeiten, so gut er konnte. Seine Magie dafür einzusetzen war schwierig, da es ihm leichterfiel, Feuer zu entfachen, als es einzudämmen. Dennoch war es ein ganz ähnlicher Vorgang. Er wünschte sich Kälte, auch wenn sich die Flammen noch so sehr dagegen sträubten. Und wo es zu heiß war und der Brand immer noch zu gierig fraß, legte er eine dicke Schicht Sand und Erde darüber, um die Flammen und die Glut zu ersticken.

Sie arbeiteten die ganze Nacht durch, Seite an Seite, er und alle Wabinarer, die noch auf den Beinen waren, Männer, Frauen und sogar Kinder. Erst am Morgengrauen, als Karim völlig erschöpft auf der Straße hockte und die müden Augen schloss, erkannte ihn jemand.

»He! Du bist doch … Ihr seid … Das ist doch Prinz Karim, der Testra vernichtet hat! Seid Ihr hergekommen, um nun auch Wabinar dem Erdboden gleichzumachen? Seht Euch um, das ist Euch gelungen!«

Schon bauten sich mehr und mehr Menschen vor ihm auf. Ihre Gesichter waren rußgeschwärzt, ihre Hände blutig von der harten Arbeit, ihre Kleider zerrissen. Und sie alle starrten ihn hasserfüllt an. Die Spaten und Eimer in ihren Händen wurden auf einmal zu Waffen, mit denen sie ihn bedrohten.

»Seid Ihr es? Seid Ihr Prinz Karim?«

Er wusste nicht, wie sie ihn erkannt hatten. Vielleicht war der eine oder andere einmal in Daja gewesen. Vielleicht war es der Ring des Großkönigs, der ihn verriet, dieser verfluchte Ring, den er niemals abnahm. Die aufgebrachte Menge zu beschwichtigen war sinnlos. Der größte und mutigste Mann trat vor und schwang die Hacke, und Karim öffnete innerlich eine Tür und verschwand.

Es gab so viel zu tun, so viel zu helfen und zu retten, doch wo immer er auftauchte, erkannte ihn früher oder später jemand. Schließlich trat er über eine magische Schwelle in den Palast und machte sich auf die Suche nach Sahiko. Er betete zu den Göttern, dass es ihr gutging. Und dass es einen Eisenvogel auf dem Dach gab, den er benutzen konnte. Er wollte nach Daja zurück, und dummerweise führten keine Türen mehr dorthin. Sein Herz oder sein schlechtes Gewissen oder das Schicksal ließen ihn nicht mit einem Schritt in seine eigene Stadt gehen. Es war, als wäre er hierher verbannt, in eine Stadt, die ihn hasste. Alle hassten ihn. Gerüchte breiteten sich schneller aus als der Wind. Man hatte seinen letzten Flug gesehen, mit Mernat auf einem Wüstenfalken über den letzten Überresten der kancharischen Streitkräfte. Irgendein Soldat musste entkommen sein und es überall herumerzählt haben. Nun wussten es alle: dass Prinz Karim an der Schlacht teilgenommen hatte wie in Testra, wie in Daja, und die Eisensoldaten in Flammen hatte aufgehen lassen sowie die halbe Stadt noch dazu.

Die Wächter, die ihn im dritten Stockwerk des Palastes gleich nach seinem Auftauchen festnahmen und mit ängstlichen Augen bewachten, hatten es ebenfalls gehört. Sie fürchteten sich vor ihm, aber noch mehr fürchteten sie sich davor, ihn entkommen zu lassen. Grob bogen sie seine Arme auf den Rücken und fesselten ihn so fest, dass er vor Schmerzen geschrien hätte, wenn er den Schmerz nicht in die versteckte Kammer seiner Seele hätte verbannen können. Dann schlugen sie ihn bewusstlos.

»Hast du es getan?«

Karim blinzelte. Die kleinste Bewegung war eine Qual, und erneut schob er alles, was ihn peinigte, aus seinem Bewusstsein fort. Wie es aussah, lag er auf einem glänzenden Marmorboden, der mit hübschen roten Adern durchzogen war. Die Stimme, obwohl kindlich und hell, hallte laut, also musste er sich in einem großen Saal befinden. Mühsam hob er den Kopf.

Vor ihm erhob sich ein Thron, auf dem ein dunkelhäutiges Mädchen saß. Sahiko sah fremd aus mit den hochgetürmten Haaren, die mit Perlenschnüren und Juwelen geschmückt waren. Ihr Kleid war vermutlich so schwer, dass sie kaum darin laufen konnte. Karim versuchte ihr zuzulächeln, aber seine Lippen waren geschwollen.

»Hast du getan, was sie sagen?«, fragte sie. »Hast du die Armee der Nehesser zerstört und dabei halb Wabinar vernichtet? Hast du den eisernen Drachen auf die Bevölkerung losgelassen?« Ihre Stimme klang fest und stolz, Sahiko trat auf wie eine wahre Kaiserin. Ob Yando mit ihr geübt hatte? Nein, Kir'yan-doh war nicht mehr im Palast. Dafür ergriff ein anderer Mann aus der Reihe der Würdenträger, die neben dem Thron Stellung genommen hatten, das Wort.

»Wir könnten Euch auch auf den Thron der Wahrheit setzen«, sagte Prinz Matino.

»Ihr seid wieder da?«, fragte Karim überrascht. »Wie das?«

»Mit einem Eisenvogel aus Königstal«, sagte Matino. »Lenkt nicht ab, Kalazar.«

Wie lange war er bewusstlos gewesen? Es mussten mindestens ein paar Tage gewesen sein. Und der Drache wütete immer noch? Der Drache, den einzusetzen er Matino dringend abgeraten hatte? Es war beinahe zum Lachen, dass er nun angeklagt wurde, ebendiesen Drachen auf die Stadt losgelassen zu haben.

»Mit dem Eisendrachen habe ich nichts zu tun. Doch was die Eisensoldaten angeht …« Er blickte Sahiko an. Würde sie die Lüge erkennen? Würde sie weiterforschen, nachhaken? »Mir war nicht klar, welche Auswirkungen es haben würde, diese magischen Geschöpfe zu zerstören.«

Dafür war er hergekommen, um offiziell die Schuld auf sich zu nehmen. Damit niemand jemals auf den Gedanken kam, Sadi dafür verantwortlich zu machen. Nach den Geschehnissen in Testra, nachdem man ihn weit und breit den Mörder von König Laikan nannte, war Karims Ruf ohnehin nicht mehr zu retten. Kanchar würde nicht vergessen. Also spielte es keine Rolle, was er angeblich noch getan hatte.

Einige der Fürsten erbleichten. »Verzeiht, Hoheit, aber er lügt. Er muss lügen! Nicht einmal ein Magier kann etwas Derartiges leisten.«

»Setzt ihn auf den Thron der Wahrheit«, forderte ein anderer.

Matino kam näher und kniete sich neben Karim. »Ich würde den Thron gerne vermeiden«, flüsterte er, »so wie Ihr sicherlich auch. Gesteht alles, und ich werde dafür sorgen, dass Ihr freikommt.«

Was sollte er gestehen? Dass er auch für den Eisendrachen verantwortlich war? Seine Gedanken waren träge, gelähmt von zu vielen Sorgen. Doch auch Prinz Matino wirkte übermüdet und besorgt. Die Angst, man könnte ihn für die Taten des Drachen zur Verantwortung ziehen, ließ ihn offenbar nicht schlafen. Ihre Geheimnisse waren miteinander verwoben, zu einem Muster verschlungen. Es ging um alles – um den Drachen und um die Seele in Prinz Sadis Körper und um Joaku, den Karim am Graben zusammen mit Matino gesehen hatte. Was das zu bedeuten hatte, hatte Karim den Jungen gar nicht gefragt.

»Helft mir hoch«, sagte Karim leise.

Matino griff ihm unter die Arme und zerrte ihn hoch. Um seine Macht zu verkünden, musste Karim stehen.

»Ein einzelner Magier kann nicht bewirken, was ich getan habe? Soll ich Euch beweisen, was ich vermag? Oder seid Ihr gewillt, mir auch so zu glauben? Der Thron der Wahrheit ist sinnlos. Ich kann lügen, wann immer ich will. Ich kann die Wahrheit sprechen, wann ich will. Glaubt Ihr, diese Fesseln könnten mich halten, wenn ich es nicht zuließe?«

Sahiko wandte ihm ihr kindliches Gesicht zu. »Ihr seid hier und noch am Leben, weil ich es so befohlen habe, Prinz Karim. Für Eure Taten habt Ihr nichts anderes als den Tod verdient.«

Und wenn die Welt unterging, sie würde dennoch eine hervorragende Kaiserin abgeben.

»Dies ist mein Befehl: Man soll Euch auf den Thron der Wahrheit setzen und Euch dann dem Henker …«

»Wartet, Hoheit«, unterbrach Matino sie. »Lasst mich etwas vorschlagen. Dieser Mann mag schreckliche Dinge getan haben. Entweder ist er ein Lügner oder er verfügt über eine Macht, wie sie kein Mensch besitzen sollte. Und aus ebendiesem Grund schlage ich vor: Erlasst ihm die Todesstrafe und verbannt ihn aus Kanchar.«

»Warum?«, fragte Sahiko verwirrt. Nun klang sie wieder wie das Kind, das sie war. Ein Kind, das fürchtete, etwas falsch zu machen.

»Weil der Eisendrache immer noch da draußen wütet. Und

Prinz Karim ist der Einzige, der ihn aufhalten kann. Er ist der Einzige, der Eisentiere lenken kann, ohne sie zu reiten.«

»Nun, wenn er den Drachen von hier aus lenkt«, mischte sich einer der Fürsten ein, »wäre es nicht umso besser, ihm den Kopf abzuschlagen? Das würde auch das Ungeheuer sofort zum Stillstand bringen.«

»Nicht einmal der beste Magier Kanchars oder der bekannten Lande vermag ein Eisenwesen aus dieser Entfernung zu lenken!«, rief Matino. »Ich habe dieses Geschöpf gebaut, wie ihr alle wisst, doch es wurde mir geraubt. Um es in den Besitz der Kaiserin zurückzubringen, brauchen wir aber den besten aller Magier! Diesen Magier! Prinz Karim! Wollt Ihr lieber einen Schuldigen richten, als Unschuldige zu retten? Er hat Testra dem Feind überlassen, aber Daja gerettet. Er hat Wabinar in Trümmer gelegt, aber das Kaiserreich wurde durch die Vernichtung der Eisensoldaten vor größerem Schaden bewahrt. Ihr müsstet ihn genauso belohnen, wie bestrafen. Also tut es, Hoheit! Lasst ihn Kanchar ein letztes Mal retten.«

Durch welche seltsame Fügung war Matino zu seinem Fürsprecher geworden?

Sahiko stand auf. Sie schwankte unter dem Gewicht des Schmucks. Der Kontrast zu dem löchrigen Stab in ihrer Hand, dem kaiserlichen Zepter, war umso größer.

»Prinz Karim von Daja, Ihr seid zum Tod verurteilt«, sagte sie laut und deutlich, »doch ich setze diese Strafe aus unter der Bedingung, dass Ihr dem Eisendrachen Einhalt gebietet. Danach werdet Ihr sofort unser von den Göttern gesegnetes Kaiserreich verlassen. Ich erkläre Euch für vogelfrei und bar Eurer Ämter, Titel und Würden. Wer auch immer Euch antrifft, darf Euch umbringen.«

Karim neigte den Kopf. Er akzeptierte das Urteil. Es musste ihn nicht froh machen.

Während er durch die Straßen der zerstörten Stadt ging, verbarg Karim sein Gesicht im Schatten einer Kapuze. Er öffnete keine unsichtbaren Türen, denn sein Herz war schwer, und er wusste nicht, wohin es ihn verschlagen hätte. Er sehnte sich nach Anyana. Mit dem eisernen Ungeheuer zu kämpfen, das war eine Aufgabe, die Matino ihm eingebrockt hatte. Hätte dieser Schurke die Suppe nur selbst ausgelöffelt, die er Wabinar eingebrockt hatte!

Zu Fuß durch die zerstörte Stadt zu wandern ließ ihn sehen, was sie alle angerichtet hatten – er und Joaku und Matino und Sadi. Immer noch schwelten überall Brandnester. Selbst in den Stadtteilen, die das Feuer verschont hatte, lagen Verletzte vor den Hauseingängen, mit Verbänden umwickelt. Er sah blutige Armstümpfe, fehlende Beine, in weißes Tuch gehüllte Köpfe. Kinder hockten weinend im schwarzen Schlamm. Manchmal begegnete er wajunischen Soldaten, die hierher geflüchtet waren, weil sie sonst nirgends hingehen konnten. Stumm, mit grauen Gesichtern, knieten sie in den Rinnsteinen und bettelten um Brot und Wasser, um ein paar Münzen für den endlos langen Weg nach Hause.

Obwohl sein Herz voller Mitleid war, hatte er nichts für sie.

»Anyana, wenn dies hier vorbei ist, komme ich heim. Ich verspreche es.« Er murmelte es vor sich hin, dabei wusste er nicht einmal, wo er sie finden konnte. Sie war fort, sie, das einzige Zuhause, das er noch besaß. Guna gehörte zu Kanchar, fiel ihm ein. Er konnte nicht einmal nach Guna gehen. Wenn er Anyana nicht fand, blieb ihm nur Kato.

Ein Garten. Ein Schloss, in dem die Einsamkeit wohnte. Mildes Licht, das den Schmerz heilte.

Auch wenn er bezweifelte, dass sein Herz jemals heilen würde.

Als er endlich den Stadtrand erreicht hatte, dämmerte es bereits. Der Drache hatte weiter östlich zwischen den Häusern gewütet und Menschen getötet. Als Karim nach seinem Verbleib fragte, erfuhr er, dass das Ungeheuer sich jede Nacht zum Schlafen in der Ebene niederlegte. Tagsüber tötete es Hunderte von Menschen – niemand zählte die Toten noch –, doch nachts schlief es offenbar wie ein Stein.

Die Frau, die ihm das erzählte, spähte unter den Schatten seiner Kapuze. »Wir würden ihm nachjagen und es zerstören, wenn wir nur könnten. Nachts schläft es wie alle Eisentiere. Aber wie kann man ihm beikommen? Wir haben nichts, womit wir gegen es antreten können.«

»Man braucht einen Magier«, sagte er leise.

»Seid Ihr ein Magier, Herr?«, fragte sie.

Er lachte leise. »Das bin ich.« Denn das war das Einzige, was er noch von sich behaupten konnte. Er war kein Prinz mehr, nicht der Prinz von Daja und nicht Karim von Trica, Sohn einer Gräfin. Erbe des Throns der Sonne? Niemals. Nicht mit all dem Blut an seinen Händen. Die Götter hatten Tizarun damals trotz seiner Schuld auf den Thron gelassen, doch für ihn gab es keinen Platz in Wajun.

»Werdet Ihr den Drachen für uns besiegen?«

»Ich werde es versuchen.« Er war so demütig und bescheiden geworden, fürwahr! Doch noch wusste er nicht, ob es ihm überhaupt gelingen konnte. Bisher war er Matinos Drachen einmal begegnet, und die dunkle Berührung der wilden Seelen kratzte immer noch an seinem Inneren.

»Und vertreibt auch das Heer der Toten!«, rief sie ihm nach. »Jagt es davon! Alle Gebete der Priester nützen nichts!«

Wind kam auf, als er über die Ebene schritt. Die Krallen des Drachen hatten sie zerfurcht wie einen Acker. Einige Sterne gruben sich durch die Rauchschwaden, die der Wind auseinanderwehte, und schenkten ihm spärliches Licht. Der Verwesungsgestank des Todes machte jeden Atemzug nahezu unerträglich. Etwas vor ihm war noch dunkler als die Umgebung, noch finsterer als die Nacht. Als Wüstendämon hatte Karim Augen wie eine Katze, und daher erkannte er den Mann, der ihm entgegenschritt. Diesen Mann, dem Karim wie aus dem Gesicht geschnitten war. Bitterer Groll stieg in ihm auf, als er Tizarun vor sich erblickte.

»Mein Sohn«, sagte der tote König.

»Vater«, entgegnete Karim. Das Wort brannte wie Gift auf seiner Zunge. Doch was sollte er sonst sagen? *Wie war die Schiffsreise? Habt Ihr Anyana gesehen? Grüßt meine Stiefmutter von mir?*

»Tenira liebt mich nicht mehr so wie früher«, sagte Tizarun. »Ich fürchte, du bist der Grund.«

»Soll mir das leidtun?«

Tizarun lächelte. Seine Zähne glänzten weiß im Sternenlicht. »Halte dich von uns fern. Dies ist eine Warnung, mein Sohn. Doch zum Abschied mache ich dir ein Geschenk.«

»Ich will nichts von Euch.« Er trat einen Schritt zurück.

»Diese Gabe wirst du nicht abweisen. Ich will dir sagen, wie du den Eisendrachen besiegen kannst.«

»Dafür brauche ich Eure Hilfe nicht.«

Der tote König schnaubte ungehalten. »Du wirst Kanchar nicht verlassen, bevor du nicht deine Aufgabe erledigt hast. Ich mag nicht viel von dir wissen, doch das weiß selbst ich. Kir'yan-doh von Guna lenkt den Drachen. Stärker als jeder Brandstein ist der Hass, der ihn antreibt. Töte den Mann, den er so sehr hasst, und der Drache wird zahm wie ein Kätzchen sein.«

»Wer ist dieser Mann?«, fragte Karim misstrauisch. »Und wirst du mir auch erzählen, woher du das weißt?«

»Die Toten flüstern«, sagte Tizarun. »Man muss nur zuhören. Willst du den Namen erfahren, mein Sohn?«

20. Im Schatten des Drachen

Matino fröstelte, als er in den Schatten des Drachen trat. Er war ihm ungern so nah. Dass das Ungeheuer schlief, machte es nicht besser. Die Stimmen raunten, sie zupften an ihm, sie riefen seinen Namen.

»Muss ich befürchten, dass dies eine Falle ist, Prinz Karim? Wo habt Ihr Euch versteckt?«

»Trotzdem seid Ihr gekommen.« Eine geschmeidige Gestalt trat unter dem Flügel hervor, dunkler noch als der schwarze Schatten, den das Metallgeschöpf warf.

»Ich war neugierig. Ein heimliches Stelldichein hier draußen, wo niemand ist, im Dunkeln – klingt verdammt nach Meuchelmord. Was habt Ihr mir noch Wichtiges zu sagen, bevor Ihr das Land verlasst? Wenn Ihr schon durchs Wasser sprecht, könnt Ihr ruhig deutlicher werden. Es macht sich nicht gut, dass ich mich hier mit Euch treffe.« Matino würde niemals zugeben, dass er sich fürchtete, doch ein seltsames Kribbeln lief über seine Haut. Die Nähe des Untiers reichte aus, um ihn halb verrückt zu machen.

»Ich habe nicht vor, Euch zu ermorden«, sagte Karim. Er wirkte fremd in dem schwarzen Umhang. Hatte er ihn im Palast gestohlen oder auf dem Schlachtfeld gefunden, auf dem so viele Magier gestorben waren? Kein Leichenfledderer würde es wagen, einen Magiermantel mitzunehmen. »Ich fordere Euch zum Kampf auf.«

Matino versuchte, im fahlen Licht der Sterne das Gesicht des anderen Mannes zu erkennen. »Was Ihr nicht sagt!«, brachte er schließlich heraus. »Warum jetzt? Ihr habt mich mehrmals gerettet, wenn ich Euch erinnern darf. Sahiko hat Euch verbannt, und ich kann Euren Zorn darüber gut nachvollziehen. Dennoch verdankt Ihr mir, dass Ihr noch lebt. Seid Ihr so undankbar?«

»Ich weiß, was Ihr getan habt.« Lautlos wie eine Katze schlich der Prinz von Daja näher. Nein, Karim war kein Prinz mehr. Doch was war er nun? Für wen hielt er sich, der Gesetzlose, der Vogelfreie? Es beunruhigte Matino, dass er Karim und seine Absichten nicht einschätzen konnte.

»Niemand von uns hat unschuldige Hände, weder Ihr noch ich.«

»Ihr habt Lan'hai-yia von Guna, die Mutter der Kaiserin, töten lassen. Sahiko weiß nichts davon, habe ich recht?«

»Natürlich nicht«, sagte Matino. »Und so soll es auch bleiben. Sie braucht mich im Palast, ich spiele eine wichtige Rolle in ihrem Leben. Ihre wahre Mutter war Ruma.«

»Lan'hai-yia hat sie geboren und aufgezogen.«

»Und was genau wollt Ihr mir damit sagen? Ich werde nicht gegen Euch kämpfen, Kalazar. Lasst Euch etwas einfallen, damit der Drache weiterschläft, statt morgen Früh zu erwachen, und geht dann Eurer Wege. Wir haben nichts mehr miteinander zu schaffen.«

Die Wolken rissen auf. Mondlicht fiel durch die Schluchten der Finsternis. Karims Lächeln war sogar noch finsterer als sein Mantel.

»Ich bin Rumas Bruder«, sagte er leise.

»Wollt Ihr Euch rächen, weil ich … Ja, weil was? Was hat sie Euch erzählt? Und selbst wenn, sie ist seit Jahren tot. Was schert es mich? Ich kämpfe nicht mit Euch.«

»Ihr kennt mich nicht.«

In gewisser Weise hatte er recht. Karim war kein Prinz mehr, aber was war er stattdessen? Ein Mörder? Ein Spion? Ein Feind?

»Ich kämpfe nicht«, wiederholte Matino verächtlich. »Wegen Ruma? Wozu?«

»Ihr werdet mit mir kämpfen wollen. Sobald ich Euch gesagt habe, wer ich bin, werdet Ihr ganz bestimmt mit mir kämpfen.«

Matinos ungutes Gefühl wuchs. Er überspielte es mit einem heiseren Lachen. »Tatsächlich? Und wer seid Ihr denn nun? Rumas Bruder, König Laons Sohn, Tizaruns Bastard? In erster Linie seid Ihr vogelfrei. Ich könnte Euch töten, sobald Ihr mir den Rücken zuwendet, doch ich verzichte. Gute Nacht, Karim. Ich verschwende hier nur meine Zeit.«

Karim machte einen schnellen Schritt auf ihn zu. »Ja«, sagte er, »das alles bin ich. Ich bin auch derjenige, der Ruma dazu überredet hat, Euren Bruder zu heiraten anstatt Euch.«

Die Erinnerung daran traf ihn wie ein vergifteter Pfeil. Es schmerzte immer noch, dass Ruma Liro ihm vorgezogen hatte. Doch er merkte, wenn jemand versuchte, ihn zu manipulieren. »Wozu hättet Ihr das tun sollen? Ich war der Kronprinz. Ich war der Erbe. Ihr konntet nicht wissen, dass Liro den Thron besteigen würde!«

»Konnte ich das nicht?« Wieder dieses falsche Lächeln, ein Glänzen in der Nacht.

Kalte Angst stieg in Matinos Brust hoch. »Was meint Ihr damit?«

»Ich bin derjenige, der Euch die Braut und den Thron gekostet hat. Ich bin Euer schlimmster Alptraum. Ich habe alle Eure Hoffnungen und alle Eure Träume zerstört.«

Matino schwankte. »Nein«, widersprach er, »nein, die Operation ...«

»Ich war da«, unterbrach Karim ihn. »Ich war hier in Wabinar, im Palast. Ich habe die Medikamente ausgetauscht. Ich habe das Mittel, das die Entzündung in Eurem Bein eindämmen sollte, durch Gift ersetzt.«

Die Erde schien unter Matinos Füßen zu schwanken. Seine Kralle bohrte sich schlagartig in den Sand, sie grub sich durch die Stiefelsohle, spreizte sich. Wie ein wildes Tier machte er sich bereit zum Angriff.

Oder ging er Karim nur auf den Leim? War es nicht das, was er wollte – ihn ködern, sodass Matino in seiner Wut den ersten Schritt machte? »Ihr lügt«, keuchte er heiser. »Was wisst Ihr von Arzneien und Heilkunde? Ihr seid nichts als ein dreckiger kleiner Aufschneider!«

»Bitterharz«, sagte Karim.

Weiter kam er nicht. Matino brüllte auf und griff an.

Er rammte Karim den Kopf in die Brust und warf ihn zu Boden. Sie fielen beide, und Matino umklammerte mit der Kralle Karims Wade, um ihn am Aufstehen zu hindern. Tief gruben sich die scharfen Krallen in das Fleisch seines Feindes. Karim schrie auf, und Matino nutzte den Moment, um einen Hagel an Fausthieben auf ihn niedergehen zu lassen. Diesem Ansturm wilder Wut, gepaart mit einer Ausbildung in Nahkampf, würde der Bastard nichts entgegensetzen können. Offenbar war er doch kein Wüstendämon. Er zappelte und rammte Matino die Nägel seiner rechten Hand in den Arm. Er kratzte ihn so tief, dass Matino schmerzerfüllt aufschrie.

»Ich bring dich um, du Bastard, ich bring dich um!«

Doch da hatte Karim sich schon unter ihm hervorgewunden und warf ihn mit einem Tritt zurück. Matino prallte gegen den eisernen Flügel. Die Klingen schnitten durch seine Kleidung und seine Haut, und schon spürte er, wie ihm das Blut über den Rücken rann. Keuchend standen sie einander gegenüber.

Über ihnen leuchtete der Gürtel der Monde, und in ihrem Licht sah Matino etwas in Karims Hand funkeln. Einen Dolch? Gut, dann würden sie eben mit Waffen kämpfen. Er fürchtete sich nicht vor diesem dajanischen Abschaum.

»Komm nur«, flüsterte er. »Komm und hol dir, was du verdienst.«

Es war Mord. Karim hatte schon so viel Schuld auf seine Seele geladen, und er wünschte sich, er hätte die Tat, die ihm bevorstand, vermeiden können. Dass er Matino eine Chance gab, sich zu wehren, war das Mindeste, was er tun konnte. Trotz all der schrecklichen Taten des Kancharers empfand Karim keinen Hass auf ihn. Es war ihm unmöglich, sich moralisch überlegen zu fühlen, als ein Henker, der nur das gerechte Urteil der Götter vollstrecke. Stattdessen fühlte er sich wie der grausame, verlogene Assassine, der er war. Matino mochte ein verdorbener Schuft sein, ein Intrigant und Mörder, doch was war er selbst?

Sich einzureden, dass der Eisendrache Matinos Werk war und dass es deshalb nur recht und billig war, ihn dafür bezahlen zu lassen, half kein bisschen gegen die Stimme seines Gewissens.

Als er den Dolch zog, weiteten sich Matinos Augen. Er war nicht furchtsam, nur auf der Hut. Seine Hand ging zu seinem Gürtel, aus dem er ein langes Messer zog, das zuvor in einer Scheide verborgen gewesen war.

Über ihnen sang der Wind in den stählernen Dornen des Ungeheuers. Die dunklen Seelen flüsterten und streckten ihre kalten Finger aus. Karim spürte die Verzweiflung unter all dem Hass und der Rachsucht. Wenn er zu lange wartete, würde die Rachsucht auch von ihm Besitz ergreifen, und dann würde er Matino nicht deshalb töten, weil es sein musste, sondern weil der Prinz Ruma in den Tod getrieben und Lan'hai-yia, seine einstige Kampfgefährtin, ermordet hatte.

In der Kälte, die ihn anwehte, stürmte Karim nach vorne. Doch statt ihn mit dem Messer anzugreifen, machte Matino eine Drehung und schnellte, die Füße voran, nach vorne. Wieder streifte ihn die mörderische Kralle, und Karim geriet ins Taumeln. Er warf sich zur Seite.

»Was sollte das denn sein?«, fragte Matino. Seine Stimme war kälter als das Eisenungeheuer hinter seinem Rücken, dunkler als die Seelen der Verlorenen. »Willst du spielen?«

Er war zur Stelle, gerade als Karim sich erheben wollte. Wieder hielt die Kralle ihn fest. Matino hob das lange Messer, und Karim warf sich ihm in den Weg, nur um im letzten Moment auszuweichen. Klirrend trafen die Klingen aufeinander, rutschten ab. Ein schneidender Stich fuhr durch Karims Hand, Blut spritzte auf sie beide. Matino fluchte, doch er ließ ihn nicht los, drückte ihn auf die harte Erde. Sie rangen miteinander. Karim versuchte, nach den Handgelenken des Prinzen zu greifen, und glitt mit seiner blutenden Hand ab. Matino war größer und kräftiger, und was er an Kraft in seinem Bein verloren hatte, saß nun in seinen Schultern und Armen. Dennoch war er kein ebenbürtiger Gegner für einen Wüstendämon. Karim hätte es beenden können, wenn er nur entschlossen genug gewesen wäre, den Prinzen umzubringen. Doch er tat sich unerwartet schwer.

Matinos Kralle grub sich noch tiefer in Karims Bein. Einen Arm seines Gegners hielt Karim fest, doch mit dem anderen versuchte der Prinz erneut auszuholen. Karims blutige, zerschnittene Finger rutschten erneut ab. Er verlor den Dolch. Hätten ihn die Metallkrallen nicht festgehalten, hätte er sich mit einer raschen, unerwarteten Drehung befreien können, doch gegen den Eisenfuß halfen keine ruckartigen Bewegungen. Der Schmerz hätte ihn ohnmächtig werden lassen, wenn er ihn zugelassen hätte. Kurz war er versucht, genau das zu tun. Aufzugeben.

Denn wohin konnte er noch gehen? Er war verbannt, in Le-Wajun war er ebenso wenig willkommen … Was blieb ihm noch? Wer würde jetzt noch zu ihm halten? Sogar Daja durfte ihn nicht mehr aufnehmen, und Mernat war ohnehin tot. Als einziger Gefährte blieb ihm nur noch ein Vogel, die Krähe, in der die Seele eines Mannes lebte, dessen Tod er verschuldet hatte. Anyana würde ihn hassen, wenn sie es wüsste. Warum nur konnte er nicht damit aufhören, sich nach ihr zu sehnen, nach einer Frau, die er nicht verdiente? Während er sich gegen Matinos Griff wehrte, gegen die Messerklinge, die sich unaufhaltsam seinem Hals näherte, wurde Karim bewusst, dass er noch nicht sterben wollte. Nicht, bevor er Anyana nicht wiedergesehen hatte.

Es gab nur einen Weg, sich von Matino zu befreien – er musste seine Willenskraft einsetzen. Nun da er wieder wusste, was er wollte, war es ganz leicht. Seine Sinne richteten sich auf das Messer. Stück für Stück erlangte er die Herrschaft darüber, bis er es hielt, obwohl der Prinz die Waffe immer noch in der Hand hatte. Dann drehte er sie, bis die Spitze auf Matino zeigte.

»Wie …?«

Er zwang das Messer vorwärts, Stück für Stück, während der Prinz verzweifelt dagegenarbeitete. Gleichzeitig tastete Karim mit seinen magischen Sinnen nach seinem eigenen Dolch, der irgendwo neben ihm lag, ließ ihn in die Höhe schweben und richtete ihn auf den Feind aus.

»Noch eine Bewegung, und ich schneide dir den Fuß ab«, krächzte Matino. »Wenn du mich tötest, wird die Kralle sich zusammenziehen.«

Karim spürte, wie sein Blut aus den tiefen Wunden tropfte, die ihm die eisernen Klingen bereits zugefügt hatten. »Dann löst den Griff, und ich überlasse Euch den Dolch – wenn Ihr versprecht, ihn nicht einzusetzen.«

»Ich verspreche es.«

Vorsichtig lockerte Karim den mentalen Zugriff. Gleichzeitig nahm der Druck auf sein Bein ab. Der Schmerz musste unerträglich sein. Später würde er auskosten, was ihm dieses Duell eingebracht hatte. Dann konnte er nach Herzenslust darüber fluchen, dass er Matino nicht einfach hinterrücks überfallen hatte.

Der Prinz ließ die Hand, in der er das Messer hielt, sinken. Er zog seine Kralle zurück und erhob sich. »Es wäre nur gerecht«, sagte er. »Euer Bein für mein Bein.«

Karim rappelte sich auf. Er konnte kaum aufrecht stehen und lehnte sich schwer an den Flügel des Drachen, wobei er darauf achten musste, sich nicht daran zu verletzen. Im selben Moment warf Matino das Messer.

Ein Gedanke genügte, um die Waffe von ihrem Ziel abzubringen. Die Klinge prallte gegen eiserne Federn und fiel klirrend zu Boden. »Was habt Ihr Euch denn dabei …?«

Weiter kam Karim nicht. Matino sprang auf ihn zu, die Füße voran, die Kralle zielte auf seine Kehle. Er war überraschend schnell, schneller als je zuvor. Bevor Karim sich zur Seite werfen konnte, schleuderte etwas gegen den Prinzen und landete mit ihm gemeinsam auf der Erde. Ein Geschöpf, das ein hohes Heulen ausstieß, ein Wirbel aus blondem Haar und dunkler Kleidung und Hass, Hände, zu Klauen verkrümmt, Augen, aus denen pure Rachsucht strömte.

Es schrie wieder.

Ein Eisendrache in Menschengestalt, ein Ungeheuer, das Matino ebenfalls geschaffen hatte.

Kirian.

In wahnsinniger Wut stürzte Kir'yan-doh sich auf Matino, und Karim konnte nur zusehen. Wie er ihn würgte. Wie er ihn schlug, ihm wieder und wieder ins Gesicht schlug, auf ihn einprügelte.

Matino wehrte sich. Er versuchte, den rasenden Mann abzuwerfen. Versuchte, sein Bein so hochzurecken, dass er ihn mit der Kralle ergreifen konnte, doch es war zwecklos. Die Wut verlieh Kirian nahezu übermenschliche Kräfte.

Doch auch Matino klang nicht mehr wie ein Mensch, als er zu lachen begann. »Ich habe gewonnen!«, krächzte er in abgehackten Stößen, während er sich gegen Kirians Hände an seiner Gurgel wehrte und seine Fingernägel abwechselnd in dessen Arme und in sein Gesicht grub, während er kratzte, zappelte und zu beißen versuchte. »Ich habe gesiegt, gegen euch beide! Der Drache hat euch. Er hat euch gefressen!«

Wieder lachte er, gackernd, höhnisch, irre. Kirian ließ seinen Hals los und drosch auf ihn ein, und endlich herrschte Stille. Eine Stille, die sich ausbreitete, dunkel und bitter wie die Nacht.

Kirian blieb über dem Leichnam seines Feindes sitzen, plötzlich kraftlos, und senkte den Kopf.

»Fürst Kir'yan-doh?«, fragte Karim. »Geht es … Euch gut?«

Er musste sein Bein heilen, sonst würde ihn der Blutverlust bald umbringen. Dennoch humpelte er näher und legte dem Grafen von Guna die Hand auf die Schulter.

»Fürst? Das bin ich nicht mehr, Prinz Karim.«

»Prinz? Das bin *ich* nicht mehr.«

Sie lachten gleichzeitig los. Es war befreiend und traurig zugleich. Sie lachten und lachten und vertrieben die bitterschwarze Stille.

Als Karim Kirian die Hand entgegenstreckte, ihm hochhalf und sie beide auf Matino herabblickten, war es zugleich wie ein Ende und wie ein Anfang. Hier, wo alles verloren war.

Kirian sah entsetzlich aus. Dünn, mit dunklen Ringen unter den Augen, ungewaschen, die Haare strähnig und ungekämmt. Er wirkte, als hätte er einen Monat in den übelsten Vierteln von Wabinar im Rinnstein gelebt.

»Ich habe ihn umgebracht«, sagte er, und jetzt war nicht mehr der Hauch eines Lachens in seiner Stimme. Das Feuer seines Hasses war erloschen.

»Ja«, sagte Karim nur. Er war dankbar dafür, dass Kirian Matino getötet hatte, und war es doch nicht. Ihm war, als würde ihn das Gewicht seiner eigenen Seele nach unten ziehen. »Allerdings dachte ich, Ihr befändet Euch *im* Drachen.«

»Ich musste kurz austreten, und da habe ich euch gesehen.«

»Habt Ihr in den vergangenen Tagen auch mal an Essen und Trinken gedacht?«

»Nein. Ich war … es war nicht *mein* Hunger, den ich gespürt habe, aber es wurde zu meinem Hunger. Da war kein Raum mehr für etwas anderes.«

In diesem Augenblick wurde Karim etwas klar. Wie lange hätte Kirian den Drachen überhaupt noch lenken können? Hatte er nicht schon mehr als drei Tage im Bauch der Bestie verbracht? Ohne Wasser! Er wäre bald gestorben. Um das Eisenungeheuer aufzuhalten, wäre nichts weiter nötig gewesen, als abzuwarten, bis der Feuerreiter darin verdurstete. Karim war hereingelegt worden. Er hätte Matino nicht herlocken und töten müssen.

Warum hatte Tizarun ihn dazu bringen wollen, das zu tun? Was steckte dahinter? Ein überflüssiger väterlicher Rat, als Abschiedsgeschenk getarnt.

»Warum hat Matino gesagt, er hätte trotzdem gewonnen?«

In Kirians blauen Augen, die im Mondlicht grau wirkten, lag kein Hass mehr, keine Rachsucht. Nur abgrundtiefer Schrecken.

»Wenn ich sterbe, nimmt der Drache mich zu sich. Mein Porträt ist dort drin. Und«, Kirian verzog die Lippen zu einem Grinsen, »seins auch. Seinen Worten nach zu urteilen hat er sogar daran gedacht, Euer Bild aufzubewahren.«

»Kelta und Kalini!«, entfuhr es Karim. Auf den Gedanken war er gar nicht gekommen. »Wenn ich heute gestorben wäre, dann wäre ich bei den anderen Seelen gelandet?«

Kirian taumelte, und Karim packte ihn schnell am Arm und

hielt ihn fest. »Darum kümmern wir uns gleich. Ich habe nichts zu essen dabei, aber wenigstens noch eine Schale mit Wasser.«

Er geleitete Kirian zu seinem kleinen Lager unter der Schwinge auf der anderen Seite und gab ihm zu trinken. Gierig setzte der Graf aus Guna die Schale an die Lippen. »Ich schäme mich so«, murmelte er, als er das Gefäß schließlich absetzte, das er bis auf den letzten Tropfen geleert hatte.

»Das müsst Ihr nicht.«

Kirian rieb sich die Schläfen. »Ich weiß genau, was ich getan habe. Ich erinnere mich daran, was ich in den letzten Tagen getan habe. Oh ihr Götter! Ich bin ein Ungeheuer.«

»Der Drache ist das Ungeheuer, nicht Ihr. Ich kenne Euch, Ihr seid ein guter Mann.«

»Ach ja?« Selbst jetzt, zerlumpt, ungewaschen und ausgehungert, war etwas an dem blonden Grafen, das ihn über diesen entwürdigenden Zustand erhob. Als würde er immer das sein, wozu er geboren war – König von Guna. »Ich bin ein Mörder.«

»Wegen Kaiser Liro? Ich bin sicher, Ihr hattet gute Gründe.«

»Die hatte ich. Das macht es nicht unbedingt besser. Und ich meine nicht nur Liro. Habt Ihr überhaupt eine Ahnung, wie viele Menschen ich auf dem Gewissen habe? Ich kann Euch jeden Namen sagen, jedes einzelne Gesicht beschreiben. Sie sind alle da drin.« Er wies auf den reglos daliegenden Drachen. »Und jetzt …«

Seine Augen fielen zu. Karim sprang hinzu, um ihn aufzufangen, bevor sein Kopf auf dem Boden aufschlug.

»Schlaft«, sagte er leise.

Er wusste schon, wohin er Kir'yan-doh bringen würde. Es gab ein Land, in dem der Schmerz heilte. Vielleicht war für ihn selbst dort kein Platz mehr – nicht, solange er noch auf der Suche war –, aber für diesen Mann, der sein König hätte sein können, wenn die Dinge anders gelaufen wären, konnte er noch etwas tun.

Karim bettete Kirian auf die Erde, dann kümmerte er sich um seine eigenen Verletzungen und heilte die Wunden, so gut er es vermochte. Als Nächstes wandte er sich dem Ungeheuer zu. Wo befanden sich die Bilder? Nachdem er das Eisengeschöpf umrundet und den mächtigen Leib genau betrachtet hatte, tastete er mit seinem Willen nach dem kleinen Haken, den er auf der Brust des Drachen entdeckt hatte. Als Magier brauchte er keine Leiter, um die kleine Klappe zu öffnen, die zu der geheimen Brustkammer führte.

Er horchte.

Ein Wispern. Stimmen fluteten durch die Nacht, leise, ganz leise, wie das Rascheln von Blättern, die sich aus den Bäumen lösen. Stimmen, die ihn anwehten, die ihn berührten. Er fühlte ihren kalten Kuss auf seiner Stirn.

Karim. Ka-rim.

Sie flüsterten. Sie riefen ihn. Sie tanzten in der Brust des Drachen, verloren wie Nebelschwaden in der Sonne. Ihre Stimmen kamen von weither wie die Stimmen in einem Traum. Er griff mit seinem magischen Sinn nach den Bildern, den unzähligen Blättern, und ein Windstoß fuhr in die Kammer und lockte sie heraus.

Sie fielen. Sie flogen. Sie schwebten herab wie Schneeflocken. Unzählige Hände strichen über sein Gesicht. Unzählige Lippen drückten ihren eiskalten Kuss auf seinen Mund. Sie streichelten sein Haar, sie zupften an seinen Kleidern. Sie legten die Finger in seine Wunden. Sie lachten in seinen Ohren. Sie raschelten, unzählige Schritte, sie huschten an ihm vorbei, streiften ihn, sie berührten seine Haut, unendlich sanft, und doch geriet er ins Taumeln und wäre beinahe zu Boden gestürzt. Ihm war so kalt, dass er glaubte, erfrieren zu müssen.

Karim wagte nicht, an den Brandstein zu rühren, doch um die Seelen zu befreien, musste er die Bilder vernichten. Deshalb hielt er die Hände auf und ließ die Vierecke aus Papier und Pergament, die abgerissenen Streifen und die hingekritzelten Karikaturen genauso wie die sorgfältig ausgearbeiteten, kunstvollen Porträts, zu sich fliegen wie kleine Vögel. Er sammelte sie in seinen Händen, dann trug er sie zu der Feuerstelle seines kleinen Lagers, dort, wo Kirian schlief. Karim hatte das Feuer gelöscht, bevor Matino eingetroffen war, doch nun pustete er die Holzscheite wieder an und entfachte die Glut mit seinem Willen.

Sorgfältig verbrannte er die Gesichter, Bild für Bild. Da war auch Kirians Antlitz – ein wunderbares Werk. In die Flammen damit. Zwischendurch fiel ihm sein eigenes Porträt in die Hände. Es war gut getroffen, und er fragte sich, wer der Künstler gewesen war und woher dieser ihn so gut gekannt hatte. Vielleicht war es ein Meister aus Daja. Als auch dieses Bild brannte, überkam ihn grenzenlose Erleichterung. Der Drache würde ihn nicht festhalten können. Wenn Karim starb, würde seine Seele fortgehen – wohin auch immer. Zu den Göttern durchs Flammende Tor, wenn er Glück hatte. Zu Kelta und Kalini und dem Ort, den sie ihren Gläubigen bereitet hatten. Doch so schwer seine Seele von Schuld getränkt war, mochte sie auch im Nebelmeer hängen bleiben. Vermutlich würde sie es nicht einmal bis Kato schaffen.

»Ihr seid frei«, flüsterte er zu den wispernden Stimmen. »Geht.«

Und sie blieben nicht bei ihm. Sie streiften ihn und wehten davon. Er drehte sich um, um ihnen nachzusehen, und nun verstand er endlich, was Tizarun mit seinem Ratschlag bezweckt hatte. Der Flammende König wartete in der Dunkelheit der Nacht, dort, wo kein Mondlicht hinreichte. Undeutlich erkannte Karim das schwarze Pferd. Der feuerrote Umhang des Königs war grau in dieser Nacht, in der er die Toten um sich sammelte. Die Verlorenen, die Wütenden, die Rachsüchtigen, die Ermordeten. Karim sah Wüstendämonen, die als seine Brüder aufgewachsen waren, er erkannte Iluan, den König von Gojad, und sogar Lan'hai-yia. Sie stand eine Weile da und streckte die Hände nach ihm aus, und er versuchte vergebens, nach ihr zu greifen und sie festzuhalten.

»Bleib hier! Geh nicht mit ihm!« Doch schon war sie fort.

Das Heer der Toten wartete in der Dunkelheit, ein Wogen von Schwärze. Karim sah zu, wie es davonzog, lautlos wie ein Meer bei Ebbe, das zurückflutete. Die Sterne hatten aufgehört zu scheinen, der Mondgürtel verbarg sich hinter Wolken, doch wo immer Tizarun ritt, war es dunkler als überall sonst.

Karim wartete, bis sein Herz aufhörte, wie wild zu schlagen, bis sein Atem sich beruhigt hatte. Der Wind trug wieder den Duft ferner Wälder in sich, er vertrieb den Leichengestank und den Rauch.

Die Toten waren fort. Doch als er zu Kirian hinüberging, dort, wo die letzten Überreste des Lagerfeuers glommen, stand eine einzelne Tote neben der Asche. Sie war schön wie ein junges Mädchen, mit lockigem schwarzem Haar und glutvollen dunklen Augen, ihre Haut war von einem sanften Braun wie Tee mit Milch, und sie lächelte ihn scheu an.

Erst als er ihren Namen rief, sprang sie auf ihn zu und warf sich in seine Arme. Ihre Lippen an seiner Wange waren kühl, und ihr Körper, obschon er sich fest und wirklich anfühlte, war so leicht wie eine Feder.

»Du bist nicht hier, Ruma«, flüsterte er. »Du kannst nicht hier sein. Meine Lügen haben dich umgebracht.«

»Ja«, flüsterte sie in sein Haar. »Aber hier bin ich.« Dann ließ sie ihn los und kniete sich neben Kirian. Karim sah, wie sie zögerte, und sein Herz verkrampfte sich vor Mitleid, als er erkannte, dass sie es nicht wagte, den einzigen Mann zu berühren, den sie je geliebt hatte.

»Halte dich an ihm fest«, sagte er. »Ich bringe euch beide durch eine Tür nach Kato.«

Und dann suche ich Anyana.

Und dann bleibe ich bei ihr.

Und dann bin ich angekommen.

Karim ließ sich in die Umarmung der Nacht fallen wie jemand, der im Schnee versinkt.

Eine Seele wohnte noch in dem Drachen. Eine einzige Seele war ihm geblieben. Sie war gerade erst eingezogen. Die Bilder waren verbrannt, doch die Zeichnung, die Kirian in den Sitz des Feuerreiters eingeritzt hatte, war noch da und hielt die Seele fest.

Er war gefangen.

Stumm.

Wütend.

Vergessen.

Matino lachte nicht mehr.

21. Sahikos Thron

Die Zeitrechnung in Kanchar hatte sich über siebenhundert Jahre lang nach der Gründung des Kaisertums gerichtet. Zwischendurch waren einige Jahre verloren gegangen, da einige Herrscher versucht hatten, die weniger vollkommenen Taten ihrer Vorgänger in Vergessenheit geraten zu lassen, daher gab es mehrere widersprüchliche Jahresangaben, und um Verwirrung zu vermeiden, war man dazu übergegangen, jedes Herrschaftsjahr eines Kaisers zu zählen.

Diese Verwirrung war nun zu Ende. Niemand stritt noch darüber, wann das Kaisertum gegründet worden war und welche Kaiser man in der Zählung berücksichtigen musste. Man sprach von den Tagen »danach«. Von den Wochen »danach«. Und irgendwann würde man von den Jahren »danach« sprechen.

Die Zeit danach, die schwere Zeit nach dem unerwartet plötzlichen Ende des Krieges, begann für die Edle Kaiserin Sahiko mit zwei schlechten Nachrichten.

Sahiko saß nicht gern auf dem Thron. Trotz des weichen, mit Samt bezogenen Polsters schmerzten ihr der Hintern und der Rücken. Ihre Beine waren eingeschlafen und ihre Kopfhaut juckte unter dem schweren Schmuck und den aufwändigen Flechten. Heute Morgen war sie stundenlang frisiert worden, und wenn sie heute Abend schlafen ging, würde es wieder endlos lange dauern, bis ihre Haare aus der Frisur befreit worden waren. Kaji behauptete, es müsse so sein.

»Ich will nach draußen«, sagte sie. »Raus aus dem Palast.«

Graf Ricto, der sich auf einem Stuhl neben ihr niedergelassen hatte, weil nicht einmal er den ganzen Tag stehen konnte, schüttelte den Kopf. »Das geht nicht, Hoheit. Die Stadt ist nicht sicher. Ich habe Euch davon erzählt, alles geht drunter und drüber.«

»Ist es wirklich so gefährlich?«

»Das ist es, Hoheit. Besonders für Euch.« Kaji, die auf den Stufen vor dem Thron saß und so tat, als würde sie sticken, unterstützte ihn sogar noch. Dabei hatte Sahiko gehofft, sie würde zu ihr halten. »Das Volk von Wabinar ist aufgebracht. Das, was vom Volk übrig ist«, fügte die Sklavin leiser hinzu.

»Es gibt Menschen, die glauben, dass wir Kanchar nur mit einem gottgefälligen Kaiser wiederaufbauen können«, sagte Ricto. Seiner Stimme war anzumerken, wie besorgt er war.

»Aber ich bin die Kaiserin.«

»Ihr habt Wabinar nicht beschützen können. Ihr habt nicht verhindert, dass Testra gefallen ist und das Kaiserreich in Trümmern liegt. Es mehren sich die Stimmen, die sagen, Ihr hättet nie auf den Thron gelangen dürfen, denn Ihr seid nicht vollkommen.«

Sahiko zog die Stirn kraus. »Bin ich nicht?«

»Ihr seid ein Kind. Ihr wachst. Etwas Vollkommenes muss nicht mehr wachsen, es kann nicht noch vollkommener werden. Es ist fertig.«

Kaji senkte die Stimme. »Deshalb müsst Ihr hierbleiben. Versteht Ihr? Sobald Ihr den Thron allein lasst, könnten die Fürsten einen Prinzen daraufsetzen.«

»Aber mir ist langweilig!«

Ricto stöhnte. »Bei den Göttern hinter dem Tor, begreifst du immer noch nicht, Mädchen? Sobald du aufstehst, wird sich jemand anders auf diesen verdammten Stuhl setzen!«

Kaji hob überrascht die Brauen.

»Verzeiht, Edle Kaiserin«, knurrte Ricto. »Ihr seid die Kaiserin, aber Ihr seid auch ein Kind. Die Fürsten haben sich vor Eurem Onkel gefürchtet, nicht vor Euch. Und seit zwei Tagen hat Prinz Matino sich nicht mehr im Palast blicken lassen. Wir müssen das Schlimmste befürchten.«

»Der Regent wird zurückkommen.« Kaji klang so sanft und tröstend, dass Sahiko sich erst recht ängstlich und allein fühlte.

»Kann ihn nicht jemand suchen?«

Ein lautes Pochen an den Türen des Saals ließ sie alle drei zusammenzucken. Sahiko umklammerte die Lehnen des Thronsessels. Ihre Hände waren zu klein, um sie ganz zu umfassen. Ihre Beine waren zu kurz, um bis zum Boden zu reichen. Sie sehnte sich nach Hause, nach Guna, sie wollte zu ihren Eltern.

Wächter – oder waren es Soldaten? – strömten herein, und der Graf schnellte hoch und stellte sich schützend vor Sahiko. Kaji hingegen trat den Eintretenden entgegen. »Wer wagt es, die Edle Kaiserin unangemeldet zu stören?«

Die bewaffneten Männer und Frauen bildeten ein Spalier, durch das zwei Menschen schritten. Der eine war ein alter Mann, den Sahiko nicht kannte. Ihr Blick wurde von der zweiten Person angezogen.

»Mutter!« Sie hüpfte vom Thron, duckte sich unter Rictos ausgestreckten Armen hindurch, sprang die Stufen hinunter und rannte ihrer Mutter entgegen. Sie fielen einander in die Arme, aber Lan'hai-yia hob sie nicht hoch, wirbelte sie nicht herum. Sie fühlte sich anders an als früher. Sahiko fror, als sie sie berührte. »Mutter, was ist mit dir?«

Erst das Raunen der Anwesenden machte ihr deutlich, dass noch viel mehr nicht stimmte.

Lan'hai-yia lächelte sie an und drückte sie weiter an sich. Trotzdem konnte Sahiko den Fremden sehen, der hinter ihrer Mutter stand. Als wäre sie gleichzeitig fest und wirklich und eine Gestalt aus Nebel, eine Spiegelung auf der Oberfläche einer Wasserschale.

»Edle Kaiserin Sahiko«, sagte der alte Mann.

Sobald er sprach, erkannte sie ihn, obwohl sie ihm nie zuvor begegnet war. Seine Stimme und sein Gesicht waren ihr aus ihren Träumen vertraut. Als Linua war sie in seiner Schule gewesen, hatte ihm erst vertraut und ihn dann nur noch gehasst. Sie war auf der Hut, und auf einmal fühlte sie sich nicht mehr wie ein Kind von acht Jahren, sondern viel älter. Sie musste vorsichtig sein. Joaku durfte nicht ahnen, was sie alles über ihn wusste.

»Wer seid Ihr?«, fragte sie daher. Sie gab vor, ihre Mutter nicht zu sehen, die immer noch bei ihr war und nun ihre kühle Hand auf Sahikos Schulter legte.

»Ich bin Meister Joaku«, antwortete er, »Anführer der Eisenarmee.«

Ricto stieß einen erschrockenen Schrei aus, doch Sahiko zeigte keine Furcht.

Sag ihm: Dann seid Ihr jetzt ein Feind ohne Armee, riet ihre Mutter.

Sahiko wiederholte diesen Satz Wort für Wort. Es tat gut, sich auf jemanden verlassen zu können.

»Mag sein, dass ich keine Armee mehr habe, doch die habt Ihr ebenfalls nicht. Was ich Euch heute anbiete, ist eine Allianz – und zum Zeichen meiner Ehrerbietung etwas, das ich … gefunden habe.«

Joaku trat einen Schritt zur Seite und gab den Blick auf vier Männer frei, die eine Bahre trugen. Darauf lag eine mit schweren Tüchern bedeckte Gestalt.

»Wer ist das?«, fragte Graf Ricto.

»Ich habe Euren Prinzen gefunden. Euren Onkel oder Regenten oder wie auch immer Ihr ihn genannt habt.«

»Onkel Matino!«, rief Sahiko, als Joaku zur Bahre ging und das Tuch zurückschlug. Gleich darauf deckte er den Leichnam wieder zu, doch sie hatte bereits genug gesehen: schwarzes, blutverkrustetes Haar und eine schlaffe braune Hand.

Er hat zwei Tage in der Sonne gelegen, sagte ihre Mutter. *Der Gestank müsste unerträglich sein. Dieser Mann hat eine magische Hülle über den Leichnam gelegt, die das verhindert. Nimm dich vor ihm in Acht, mein Kind.*

»Habt Ihr ihn etwa umgebracht?«, rief Ricto.

»Keineswegs. Ich habe ihn bei dem eisernen Drachen gefunden, der, wie ich anmerken möchte, keine Gefahr mehr darstellt. Für die kleine Mühe, ihn herzubringen, erwarte ich keinen Dank. Ich erwarte nur, dass Ihr mir zuhört – unter vier Augen. Euer Vormund darf selbstverständlich in der Nähe bleiben.«

»Das bin ich«, sagte Graf Ricto. »Aber was Ihr verlangt, ist unmöglich. Wir werden unsere Kaiserin nicht allein mit einem Fremden reden lassen. Nicht ohne Wachen, und nicht ohne einen Sicherheitsabstand. Ihr verdient den Tod allein dafür, dass Ihr hier eingedrungen seid!«

Der alte Mann lächelte dünn.

Rede mit ihm, sagte Lan'hai-yia. *Er ist gefährlicher, als du dir vorstellen kannst. Und er ist eine noch größere Gefahr, wenn er nicht bekommt, was er will.*

Die Sahiko, die viel älter als acht Jahre alt war, in der die Erinnerungen von Linua, der Wüstendämonin, schlummerten, wusste, dass ihre Mutter recht hatte.

»Gut, ich spreche mit Euch«, sagte sie.

Die Wächter zogen sich zurück, und der Saal leerte sich rasch. Die vier Soldaten, die Matinos Bahre getragen hatten, entfernten sich mit den übrigen, und gleich darauf waren nur noch fünf Personen anwesend: die junge Kaiserin, der Graf, Kaji, die abwartend an der Tür stand, Lan'hai-yia und der alte Mann.

Sahiko warf einen fragenden Blick zu ihrer Mutter hinüber, die zum Thron hinaufstieg und sich auf Graf Rictos Stuhl setzte. Sie ordnete ihren Jagdrock. Erst jetzt fiel Sahiko auf, dass Lan'hai-yia so gekleidet war, wie sie es immer am bequemsten gefunden hatte – mit Hosen aus weichem Stoff, Hemd und Weste. Der Jagdrock hatte lange Schöße und reichte ihr bis zur Mitte der Oberschenkel. Sie lehnte sich zurück und lächelte Sahiko ermutigend an. *Lass Tee und Gebäck bringen*, schlug sie vor. *Schaffe einen Raum zum Reden, einen Raum, der dir gehört. Überlass es nicht ihm, die Bedingungen zu stellen.*

»Kaji«, sagte Sahiko. Sie war froh über jeden guten Rat. »Bringst du uns etwas zu essen?«

Die Sklavin, deren Augen wachsam und zugleich besorgt blickten, nickte und schlüpfte hinaus.

Meister Joaku warf sein falsches Lächeln ab. Er setzte sich auf die oberste Stufe, direkt vor den Thron, und wartete, bis Sahiko neben ihm auf der Stufe Platz genommen hatte. Der Graf blieb stehen, sein Gesicht ganz Missbilligung. Sahiko meinte sogar, Furcht in seinen Augen aufblitzen zu sehen.

Sie schwiegen, bis Kaji zurückkehrte. Die Sklavin stellte ein voll beladenes Tablett vor dem Thron ab. Sie hatte drei filigrane silberne Becher mitgebracht, einen Teller mit Honigbrot und Dattelntalern und eine Kanne. Daraus schenkte sie ihnen ein. Der Duft nach feiner Minze stieg auf und vertrieb den Gestank des Todes, der noch im Raum hing. Obwohl der Leichnam durch die magische Schutzhülle keinen Geruch verbreitet hatte, hatte Sahiko dennoch den durchdringenden Hauch des Todes verspürt. Nun zog ihr der frische Minzgeruch in die Nase und klärte ihre Gedanken. Kaji verteilte runde Sitzkissen um das Tablett herum und zog sich dann an eine der Säulen zurück, um auf weitere Befehle zu warten.

Nimm deinen Becher, bevor er die Hand ausstreckt, sagte Lan'haiyia. *Du solltest nichts berühren, das in seine Nähe gekommen ist.*

Auch daran hielt Sahiko sich. Sie nahm auf dem am schönsten verzierten Kissen Platz und legte die Hände um den Becher, der ihr am nächsten stand.

Sie wartete, bis sich die beiden Männer gesetzt hatten, dann nickte sie hoheitsvoll. »Ihr dürft anfangen.«

Ihr Herz klopfte viel schneller als sonst. Oh Götter, es war so schwer, ein Kind zu sein! Sie fühlte sich wie eine Schülerin, die frech zu ihrem Lehrer war, und in ihrer Brust wohnte ein tief sitzender Groll. Doch Sahiko erkannte, dass beides die Gefühle jener Frau waren, die sie gewesen war. Ihre Seele wusste, wer der Fremde war, und verabscheute ihn zutiefst. Doch ihr war klar, dass es ein Vorteil war, sich in diesem Körper verstecken zu können. Joaku erkannte sie nicht. Er glaubte, er habe es mit einem kleinen, unsicheren Mädchen zu tun, das verzweifelt versuchte, wie eine Kaiserin zu wirken. Ein Kind, das die Rolle der mächtigsten Frau von Kanchar spielte.

Seine nächsten Worte bestätigten ihre Annahme. »Ihr könnt nicht dort oben sitzen«, sagte er und zeigte auf den Thron. »Nicht ohne Unterstützung. Ihr seid zu jung, um eine wahre Erbin zu sein. Doch das Reich liegt in Trümmern, und Streitigkeiten um die Nachfolge sind zurzeit nicht angeraten. Jemand muss Kanchar durch die schwere Zeit führen, die vor uns liegt.«

»Und wer soll das sein?«, fragte Ricto spöttisch. Er hatte seinen Becher nicht angerührt.

Joaku hingegen nippte bereits genüsslich an seinem Tee, als wäre er hier zu Hause. Lan'hai-yia hatte recht gehabt – etwas anzubieten veränderte die Atmosphäre, es machte Sahiko zur Gastgeberin. Es verlieh ihr Macht – nicht viel, doch genug. Es musste genug sein.

»Ich rede nicht mit Euch.« Joaku richtete den Blick seiner kalten, dunklen Augen auf Sahiko.

»Ihr wollt mein Ratgeber sein?«, fragte sie.

»Ich bin der Einzige, der Euch Schutz bieten kann. Niemand wird es wagen, Euch und Eure Herrschaft in Frage zu stellen, wenn ich hinter Euch stehe. Gemeinsam werden wir Kanchar wieder zu dem Glanz verhelfen, der dem Kaiserreich zusteht.«

»Warum sollte …?«, begann Graf Ricto.

»Ich werde mich im Hintergrund halten, doch Ihr werdet wissen, dass ich da bin. Dass ich beobachte. Wann immer ich es für notwendig halte, werde ich Euch Anweisungen zukommen lassen – Ihr mögt sie als Ratschläge betrachten, doch es wäre mehr als ratsam, sich auch an sie zu halten. Auf diese Weise wird man Euch als weise und geschickte Herrscherin wahrnehmen. Hat nicht auch Kaiser Liro die Angelegenheiten des Reiches in die Hände eines anderen gelegt? Es war die weiseste Entscheidung, die er je getroffen hat, einen anderen Mann herrschen zu lassen.«

Sahiko wünschte sich, ihr Onkel Kirian wäre noch hier. Ihm die Geschicke des Landes zu überlassen hätte sich gut und richtig angefühlt. Dieser alte Mann hingegen erinnerte sie an eine giftige Schlange. Jeden Augenblick konnte der eckige Kopf mit dem Giftzahn vorschnellen und zubeißen.

Sie warf einen raschen Blick zu ihrer Mutter hinüber, die nachdenklich das Kinn in beide Hände gestützt hatte.

Während Sahiko auf ihren Rat wartete, trank sie ein paar Schlucke Tee und betrachtete das zuckrige Gebäck. Obwohl sie keinen

Appetit hatte, blieb sie ihrer kindlichen Rolle treu und aß einen Datteltaler. Anschließend leckte sie ihre klebrigen Finger ab, bis ihr einfiel, dass sich das für eine Kaiserin nicht ziemte.

Was will er wirklich?, fragte Lan'hai-yia. *Ich kann mir nicht vorstellen, dass er damit zufrieden ist, sich immer nur im Hintergrund zu verbergen. Dieser Mann hat den Krieg für Laikan geführt. Er hat die Eisenarmee gelenkt. Alle Armeen sind zerbrochen, doch er ist hergekommen, um sich am Schluss doch noch den Sieg zu nehmen, für den er gekämpft hat.*

»Welcher Lohn für Eure Dienste schwebt Euch vor, Meister?«, fragte Sahiko und nippte geziert an ihrem Becher.

»Niemand hat Euch um diesen Dienst gebeten«, murmelte Ricto in seinen Kragen. Doch er hielt sich zurück mit Einwänden. Seine Hände zitterten, als er sie nach dem Gebäckteller ausstreckte, und dann zog er sie wieder zurück, ohne sich etwas von den Süßigkeiten zu nehmen.

»In zehn Jahren«, sagte Meister Joaku, »werden wir heiraten.«

Aus den Augenwinkeln konnte Sahiko sehen, dass ihre Mutter aufsprang und wutentbrannt die Arme hochwarf. Graf Ricto hustete. Doch sie selbst fühlte gar nichts außer mildem Ärger. Seine Dreistigkeit konnte sie nicht ängstigen. Denn was immer er plante, es würde nicht geschehen. Das wusste sie, so wie sie wusste, dass sie ihm schon einmal entkommen war. Er glaubte, dass er Linua umgebracht hatte, doch das war ihm nicht gelungen.

»Ihr wollt Euch also mit der Kaiserin verloben?«, fragte Ricto schließlich, nachdem er sich von seinem Hustenanfall erholt hatte.

»Dies scheint die beste Lösung zu sein«, antwortete Joaku.

»Eine Lösung, die Euch zum Kaiser machen würde!«

»Was ich auch ohne die junge Dame erreichen könnte«, sagte Joaku, »und zwar ohne große Schwierigkeiten. Es ist niemand mehr übrig, der sich mir in den Weg stellen kann. Das Angebot, zehn Jahre zu warten und Sahiko als Kaiserin auf dem Thron zu lassen, ist großzügiger, als Ihr ermessen könnt.«

Er war alt, uralt. Und aus der Sicht der erwachsenen Linua kaum weniger abstoßend als durch Sahikos Kinderaugen. Ein alter, hässlicher Mann, der verlangte, ihr Bräutigam zu sein und in ein paar Jahren ihr Ehemann.

Ein Datteltaler zerkrümelte zwischen ihren Fingern.

»Wisst Ihr, was Ihr da verlangt?«, warf Ricto ein. Er klang so wütend wie nie. »Ihr seid ... wie alt?«

»Älter, als Ihr glaubt«, sagte Joaku. »Viel älter, als ich aussehe. Um Euch die Entscheidung zu erleichtern, verrate ich Euch ein Geheimnis. Habt Ihr Euch nicht gewünscht, Eure Kaiserin möge in Sicherheit sein? Sie möge lange und in Frieden regieren und in Kanchar goldene Zeiten anbrechen lassen? Habt Ihr Euch nicht gewünscht, Wabinar möge sich aus der Asche erheben und blühen, wie es noch nie geblüht hat, und aus all dem Sterben möge etwas Gutes erwachsen? Nun, ich bin hier, um Eure Wünsche zu erfüllen. Also beschwert Euch nicht darüber, dass die Antwort der Götter auf Eure Gebete nicht so aussieht, wie Ihr erwartet habt.«

»Meine Wünsche?«, fragte Ricto. »Was wisst Ihr über meine Wünsche?«

»Die Lichtgeborenen kennen keine größere Freude, als Wünsche zu erfüllen.«

»Ihr seid ... lichtgeboren?« Die Stimme des Grafen war voller Zweifel.

»Die Kinder der ersten Generation sind die stärksten und mächtigsten«, sagte der Magier. »Sie werden älter als gewöhnliche Menschen und sind sehr schwer zu töten. Je weiter sich das Blut der Götter verdünnt, desto schwächer werden ihre Gaben. Irgendwann spricht man nur noch von dem göttlichen Funken. Immerhin, selbst der kleinste Funken ermöglicht Erstaunliches. Was mag dann erst ein göttliches Erbe bedeuten, das rein und nahezu unverfälscht daherkommt?«

»Wollt Ihr damit sagen, Ihr selbst seid ein Lichtgeborener der ersten Generation? Ihr seid der Sohn eines Gottes?«

Joaku verzog die Lippen zu einem grausamen Lächeln. »Einer Göttin«, berichtigte er leise. »Ich bin ein Kind der Liebe. Nie wieder wurde ein Mensch so geliebt, wie sie meinen Vater liebte.«

Ein Schauer lief Sahiko über den Rücken. Ihre Nackenhärchen

stellten sich auf, und der Tee schmeckte ihr nicht mehr. Er war so süß, dass er ihr bitter vorkam. Sogar ihre Zähne taten weh.

»Wir werden eine neue Dynastie auf diesem Thron begründen«, sagte Joaku leise. »Eine göttliche Herrschaft. Der Tod selbst kam zu den Menschen, und wir verkünden das Werk des Todes. Wir spielen sein Spiel und fahren seine Ernte ein. Wir bringen den Tod zu allen, die sich weigern, uns zu dienen. Die Ordnung der Dinge zerfiel, weil ein Mann nicht schrie, als er starb. Daher werden wir die Menschen dazu bringen zu schreien. Wir lassen sie so laut schreien, dass sich sogar die Götter die Ohren zuhalten werden.«

Sein Gesicht war voller Falten, seine Haut wie Leder. Seine Fingernägel kamen ihr vor wie Krallen. Er mochte von einer Göttin abstammen, aber für Sahiko sah er aus wie ein Ungeheuer.

»Was passiert, wenn ich nicht einwillige?«

Joaku trank seinen Tee aus. Dann, so schnell, dass Sahiko kaum wusste, was geschah, schleuderte er den Becher quer durch den Saal in Richtung Tür. Ein silbernes Blitzen, und Kaji sank ohne einen Laut zu Boden.

Sahiko sprang auf, doch Joakus knorrige Finger schlossen sich wie eiserne Klammern um ihr Handgelenk. »Setzt Euch.«

»Sie ist tot!«, schrie sie.

»Setzt Euch!«, zischte er.

Wütend funkelte sie ihn an, Tränen schossen ihr in die Augen. Sie war bereit, ihm an die Kehle zu springen, ihm die Augen auszukratzen.

Mach jetzt keine Dummheiten!, flehte ihre Mutter. *Gehorch ihm, sofort!*

Es war beinahe unmöglich. Sahiko atmete tief ein, während die Feuersbrunst aus ihrer Wut und ihrer Trauer in ihr loderte, und ließ sich dann gehorsam zurück auf ihr Kissen sinken. Furcht und Schmerz und Kummer brodelten in ihr, zu viel für ihr kindliches Selbst. Da schob eine sanfte Hand in ihrer Seele alles beiseite, und aus den Fluten des Zorns erhob sich ihr anderes Ich. Linua schob alles zur Seite und schluckte die Angst hinunter. Joaku war der

Sohn des Todes? Es war, als hätte sie es schon immer gewusst, als hätte sie schon immer gegen den Tod selbst gekämpft.

»Das war nicht nötig«, sagte sie gefasst. »Sie war nur eine Sklavin.«

»Ihr habt sie geliebt. Wollt Ihr in den nächsten zehn Jahren in fortwährender Angst leben um die, die Ihr liebt?«

Graf Ricto war leichenblass geworden. »Das war nie mein Wunsch«, wisperte er.

»Ich habe niemanden mehr«, sagte Linua. »Mein Vater Liro ist tot, den Leichnam meines Onkels Matino habt Ihr hergebracht. Ich habe keine Mutter. Nur Kanchar ist übrig. Ich bin nur dem Kaiserreich und den Göttern verpflichtet. Noch bin ich mir nicht sicher, ob ein Bündnis mit Euch zum Wohl des Kaiserreichs wäre.«

»Dann ist Euer Vater, König Selas von Guna, Euch nichts wert?«, fragte Joaku lauernd. »Ich versprach einem meiner Feinde, ihn umzubringen. Doch um Euretwillen wäre ich bereit, ihn am Leben zu lassen. Seid ein braves Mädchen, und ich werde ihn unter meinen Schutz stellen. Ich werde Euch Eure kühnsten Wünsche erfüllen. Ich werde Euch lehren, den Tod zu lieben, der Eure Feinde trifft und im Gegensatz Eure Freunde verschont.«

Linua betrachtete Selas als einen Freund. Eine Weile waren sie gemeinsam gereist. Dennoch wäre sie nicht bereit gewesen, alles für ihn zu opfern. Es war Sahikos Liebe zu ihrem Vater, die sie sagen ließ: »Bitte! Bitte, tut ihm nichts.«

Es duftete immer noch nach Minze und Dattelplätzchen und Honig, und der bittersüße Eisenduft von Kajis Blut mischte sich darunter.

»Nun, Graf?«, meinte der Meister des Todes. »Wollt Ihr nicht die Verlobungspapiere aufsetzen?«

22. Sadis Schloss

Unter den schwarzen Tannen war der Waldboden mit einer dicken, weichen Schicht brauner Nadeln bedeckt. Mit vorsichtigen Schritten bewegte sich die Hirschkuh vorwärts. Der Duft der Wälder von Guna war überwältigend, doch dazwischen mischte sich ein anderer Geruch.

Sie war ihm gefolgt, weil es ihr richtig schien, weil sich in ihre undeutlichen Gedanken, die ohne Worte auskamen, etwas mischte, das sie in Aufregung versetzte. Sie war aus einem bestimmten Grund hier.

Die Böschung fiel steil ab, dort gluckste der Bach, während er über die nassen Steine spülte. Etwas rieselte vom Himmel, weiß wie Schnee, und wurde von den Wellen weitergetragen. Das Kalb reckte neugierig den Hals, blieb jedoch neben ihr, seiner Mutter.

Gemeinsam beobachteten sie den Mann am anderen Ufer. Schon seit Stunden saß er unbeweglich auf einem größeren Felsbrocken, den die Sonne aufgewärmt hatte. In ihren von grünem Licht und tausend Gerüchen erfüllten Geist stahl sich ein Name: Selas. Er hatte im Morgengrauen begonnen zu angeln und war bisher recht erfolgreich gewesen. Doch nun starrte er auf das Wasser und reagierte nicht, als die Leine sich spannte. Dunkle Wolken schoben sich vor die Sonne, und die Luft roch bitter.

Auch Selas betrachtete den Schnee, der über den Wipfeln herunterkam. Dann sprang er so plötzlich auf, dass die Hirschkuh zusammenzuckte und zurückwich. Das Kalb hüpfte zwischen die Büsche, bereit zur Flucht, doch sie wartete. Etwas sagte ihr, dass hier etwas nicht stimmte. Das war kein Schnee. Es konnte kein Schnee sein, jetzt im Sommer, nicht einmal hier oben in den Bergen.

»Asche«, sagte Selas laut. »Verflucht, Asche!«

Er blickte über den Wasserlauf hinweg, ihr geradewegs in die Augen. »Ich weiß, dass du da bist, Hirsch.«

Sie fürchtete sich nicht vor ihm, daher wagte sie sich aus dem Schatten heraus, bis sie den Ascheregen auf ihrem Fell spürte.

»Ich weiß nicht, was ich tun soll«, sagte er. »Ich brauche Antworten.«

Etwas flatterte, und eine zerzauste Krähe landete neben ihm auf dem Stein.

»Es gibt keine Antworten auf die falschen Fragen«, sagte eine Stimme.

Ein Mann war zwischen den Bäumen aufgetaucht. Die Hirschkuh kannte ihn nicht. Er trug lederne Kleidung und einen langen Ledermantel. Seine langen braunen Haare reichten ihm bis zu den Schultern, ein Dreitagebart bedeckte seine Wangen. Er hätte ein Wegelagerer sein können oder ein Magier, auf jeden Fall wirkte er wie jemand, mit dem nicht gut Kirschen essen war.

Doch Selas erschrak nicht, sondern stieß einen Freudenschrei aus. »Mernat! Du hier! Wie kann das sein?«

Die Hirschkuh erkannte, dass der Ankömmling eine tote Seele war. Sie erkannte es so deutlich, dass sie sich wunderte, wie Selas es nicht bemerken konnte. Erst als er den Mann umarmte, stutzte er. »Es hieß, du seist tot. Umgekommen in der Schlacht um Wabinar, im Feuer, das die Eisenarmee verzehrt hat.«

»Das bin ich auch.«

Selas zuckte nicht zurück. Er umarmte seinen Freund noch enger und weinte, und Mernat weinte ebenfalls.

*Kato*n dachte der Hirsch. Es war schwer, über etwas nachzudenken. Und im Frieden des Waldes Wörter zu denken war, als würde sie versuchen, Pfeile an die Sehne zu legen und abzuschießen. *Sollten die Toten nicht dort sein statt hier? Sollten sie nicht bei den Göttern sein oder, wenn sie den Ruf nicht gehört haben, im Nebelmeer? Von allen Orten, an denen eine Seele Zuflucht finden könnte, ist dies hier der falsche.*

Die Krähe krächzte laut und verärgert, breitete die Flügel aus und flog auf die Hirschkuh zu. Sie landete auf einem Ast, der unter dem Gewicht des Vogels auf und ab wippte. Wilde, stechende Augen, die so klug blickten wie ein Mensch. Unwillkürlich wich die Hirschkuh zurück, doch da war etwas, eine Ahnung … und dann Erkennen.

Unter dem goldroten Fell wohnte das Fühlen. In ihrer Seele ruhte das Glück, still wie ein Teich. Alle Gedanken hingegen waren scharf und stachen, sie störten die unbewegte Ruhe des dunklen Gewässers. Und doch tauchte aus den Tiefen ein weiterer Name auf.

Winya. Vater.

Eine Erinnerung an Schreie, an Feuer, an eine Flucht durch Schnee und Asche. Es schmerzte nicht, diese Bilder zu sehen, denn ihr war, als gehörten sie zu einer Geschichte, die nicht ihre eigene war. Die ihr jemand erzählt hatte oder die ihr aus den Seiten eines alten Buches entgegengesprungen war.

Es bereitete ihr Unbehagen, daran zu denken, dass sie einmal etwas anderes gewesen war als jetzt, dass es jemals eine Zeit gegeben hatte, in der kein Fell ihre Seele zärtlich ummantelt hatte.

»Wer ist dieses Mädchen?«, fragte Mernat. Er schien direkt durch ihre Gestalt hindurchzusehen.

»Ein Mädchen?« Selas hob verwundert die Schultern. »Wo?«

Die Krähe schüttelte ihre Schwingen, legte den Kopf schief und schien einen Entschluss zu fassen. Lautlos glitt sie in den Wald. Ihr schwarzes Federkleid verschmolz mit dem Dunkel unter den Tannen, und ohne zu zögern folgte das Hirschmädchen dem fliegenden Rätsel.

Sadi wartete lange auf Karims Rückkehr. Die Nacht brachte Kälte, der Wind flüsterte in den Baumwipfeln. Eine Eule schrie, und er hörte noch andere Tiere, die er nicht kannte – war das vielleicht ein Fuchs? Hätte er nur einen Eisenvogel gehabt! Dann wäre er nach Hause geflogen zu Maira, ganz gleich, wie lange der Flug dauerte. Ein Wüstenfalke oder ein Steppenadler hätte ihm Sicherheit vermittelt.

Er fühlte sich so verloren, dass er die Zähne zusammenbiss und die Tränen zurückdrängte, die ihm aus den Augen quellen wollten. Jetzt nicht weinen! Er musste stark sein.

Als ihn die Müdigkeit übermannte, wagte er es, die Tür ins Innere des Turms zu öffnen. Karim war durch sie verschwunden, doch bei ihm hatte sie nicht so grausig geknarrt. Hinter dem Eingang lag alles im Dunkeln. Erst nachdem er eine Weile in die undurchdringliche Finsternis gestarrt hatte, fiel Sadi ein, dass er ein magisches Licht entzünden konnte. Er hob einen vertrockneten Ast vom Boden auf und ließ ihn kraft seines Willens glühen, sodass er die Stufen erkennen konnte, die in die Tiefe führten. Hin und wieder fand er weitere Türen oder Absätze, die in offene Räume gingen oder auf Balkone hinausführten. Seine Suche nach einem Bett blieb erfolglos. Schließlich ließ er sich in einem Zimmer voller Gerümpel auf dem Boden nieder, rollte sich zusammen und schlief ein.

Etwas lief über seine Hand. Sadi öffnete die Augen und sah gerade noch eine Ratte zwischen den Rüstungen davonhuschen. Sofort war er hellwach. Das waren keine Rüstungen, es waren Eisenmänner!

Stumm standen sie zwischen alten Kommoden und holzwurmbefallenen Schränken. Ihre Augen waren blind, keiner von ihnen bewegte sich, und Sadi konnte spüren, dass sie schliefen. Die Brandsteine schlummerten in ihren Brustkörben, doch kaum hatte er sie mit seinem inneren Sinn angerührt, glühten die roten Augenlichter auf. Er übernahm die Kontrolle über sie, ohne auch nur darüber nachzudenken, als wären sie ein Teil seines Körpers. Als sie auf ihn zustapften, erkannte er, warum sie hier abgestellt worden waren. Jeder Soldat war beschädigt. Dem einen fehlte ein Arm, der andere konnte das Knie nicht beugen und bewegte sich nur unbeholfen. Der nächste hatte einen Brandstein in sich, der gefährlich knisterte. Funken liefen unablässig über den eisernen Panzer. Es gab einen einäugigen Soldaten, der gegen die Möbel stieß, und einen, der seltsam krumm war und tiefe Dellen hatte; er musste irgendwie verunglückt sein. Doch sie alle traten wie ein einziges Wesen auf ihn zu und warteten auf seine Befehle.

Karim hatte ihn eindringlich davor gewarnt, sich in der Nähe von Brandsteinen aufzuhalten, doch Sadi konnte nicht anders, als diesen Fund als Glückstreffer zu betrachten. Er hatte sich im Griff, und so etwas Schreckliches wie am Vortag würde ihm nicht wieder passieren. Nur wenn er bedroht war, kochten seine Gefühle so hoch, dass er die Brandsteine entflammte. Ausgeruht und entspannt, wie er sich im Moment fühlte, konnte das nicht passieren. Natürlich ging es ihm nicht besonders gut – nach der Nacht auf dem Boden, der Kälte, die durch die glaslosen Fenster eindrang, und ohne etwas Nahrhaftes im Magen. Dazu kamen die fürchterlichen Bilder, die ihn immer noch verfolgten, die Erinnerung an den Mann, der ihn hatte töten wollen, an Matino und das Feuer. Er hatte Yando verloren und Maira, und für einen Moment spürte er die grenzenlose Last auf sich, ein Zwölfjähriger zu sein, um den sich niemand kümmerte. Doch sein Wille war zu stark, um jemals aufzugeben. Die Brandsteinsplitter waren wie Herzen, die rings um ihn herum schlugen, und in ihrer Nähe fühlte er sich nicht länger ausgesetzt und allein. Eisensoldaten waren keine Wüstenfalken, aber sie waren besser als nichts. Nun hatte er Wächter, und wer immer ihm auch entgegentreten würde, konnte ihm nichts anhaben.

Bevor Sadi sich zum Ausgang wandte, richtete er seine Aufmerksamkeit auf den Soldaten, der knisterte und aufglühte, und beruhigte den Brandstein in ihm. Es war, als würde er eine wilde Katze streicheln, die das Fell sträubte, sich jedoch rasch wieder zu einem schläfrigen Dämmerzustand überreden ließ.

Gut, jetzt konnten sie gehen.

Durch das Fenster sah er, dass sie sich im Erdgeschoss des Turms befanden. Die Soldaten mussten daher keine Treppen steigen, um nach draußen zu gelangen. Dennoch wurde es schwieriger als gedacht, da in der angrenzenden Ruine alles voller Trümmerteile lag. Schließlich befahl Sadi den Eisensoldaten, die dazu fähig waren, die Steine zur Seite zu räumen. Bald hatten sie einen Durchgang freigeräumt, der Sadi und seinen Wächtern den Weg ins übrige Schloss öffnete.

Karim hatte gesagt, dass nur noch der Turm stünde, aber das stimmte nicht. Man sah deutlich das Werk der Zerstörung, doch das Schloss war nicht dem Erdboden gleichgemacht worden. Rauchgeschwärzte Mauern, über denen sich der blaue Himmel wölbte, erhoben sich neben Gebäudeteilen, die völlig intakt aussahen. Türme, die wie zerbrochene Zähne aussahen, ragten aus filigranen Erkern, bunt gestrichene Türen bildeten einen Kontrast zu verdunkelten Fenstern.

Krähen schrien oben in den Zinnen. Während er durch die Ruine wanderte, fand er ganze Zimmerfluchten voller Möbel, die aussahen, als hätte noch gestern jemand hier gewohnt. Dann wieder stieß er auf Treppen, die im Nichts endeten. Höfe waren mit Schindeln bedeckt, die von den einstürzenden Dächern gerutscht waren.

Da, ein Geräusch, das er an diesem Ort nicht erwartet hatte. Waren da wirklich Stimmen gewesen? Mit einer schnellen Handbewegung brachte Sadi die Soldaten zum Stehen. Er lauschte.

Dann schlich er vorsichtig weiter. Dieser Hof war, wie es schien, bereits vor Jahren von Trümmerteilen und Asche freigeräumt worden. Ein Apfelbaum wuchs aus dem gesprungenen Pflaster, die Äpfel waren noch klein und grün. Da er so großen Hunger hatte, streckte er dennoch die Hand danach aus, ließ sie jedoch gleich wieder sinken. Ein verlockender Duft wehte ihm entgegen, und ihm lief das Wasser im Mund zusammen.

Er vergaß sein Misstrauen, rannte um die Ecke des Gebäudes, hinter dem er die Stimmen hörte, und platzte in eine muntere Gesellschaft. Auf einem gemauerten Herd an der Rückseite des Hauses standen mehrere gusseiserne Pfannen und Töpfe, aus denen die herrlichsten Gerüche aufstiegen. Vier Frauen unterschiedlichsten Alters liefen zwischen dem Herd und einem grob gezimmerten Tisch hin und her. Auf schmalen Bänken saßen etwa zwei Dutzend Männer und Frauen vor üppig beladenen Tellern. Nach und nach verstummten das Gelächter und das Klirren der Löffel auf den Tellern aus feinem Porzellan.

Alle Köpfe drehten sich in seine Richtung.

»Seid gegrüßt«, sagte Sadi.

Nur zwei harmlose Wörter, doch im nächsten Augenblick griff ein Mann nach dem Messer, das auf dem Tisch lag, zwei andere Männer sprangen auf, und eine der Frauen rief: »Wartet! Beruhigt euch, das ist nur ein Kind!«

Da erst wurde ihm bewusst, dass er Kancharisch gesprochen hatte. Er war so daran gewöhnt, dass er nicht darüber nachgedacht hatte, wo er sich befand.

Anta'jarim gehörte zu Le-Wajun. Natürlich, er musste Wajunisch sprechen, oder die Menschen würden sofort einen Feind in ihm erkennen. Die beiden Länder befanden sich im Krieg.

»Ich grüße euch«, sagte er rasch auf Wajunisch und hob die Hände, um zu zeigen, dass er nicht bewaffnet war. »Ich komme in Frieden!«

»Wer bist du?«, rief einer der Männer, ein beleibter Kerl mit einem Bart, der ihm bis zur Brust reichte. »Wie kommst du hierher?«

»Seht ihr nicht, dass der Junge erschöpft und halb verhungert ist?« Die Frau, die sich bereits für ihn eingesetzt hatte, winkte ihn heran. »Schaut ihn euch doch an! Er muss tagelang unterwegs gewesen sein!«

Sadi fuhr sich durch die Haare, aus denen Ascheflöckchen rieselten. Seine Kleider waren zerrissen und voller Brandflecken. Karim hatte ihn buchstäblich durchs Feuer hindurch gerettet.

»Setz dich erst mal, iss, und dann kannst du immer noch unsere Fragen beantworten.«

Das ließ Sadi sich nicht zweimal sagen. Die Männer auf der Bank rückten zusammen, beobachteten ihn jedoch weiterhin argwöhnisch, und während er sich wie ein Wolf über das Essen hermachte, die gebratenen Eier sowie die Mehlfladen mit Beeren und Sahne verschlang, legte er sich eine Antwort zurecht, die seinen Fehler von vorhin wiedergutmachen konnte.

Er sei, so erzählte er ihnen, geflohen, von dort, wo Krieg herrschte. Er habe Angst gehabt, auch hier Feinde vorzufinden.

Deshalb die Begrüßung in der Sprache Kanchars, ein paar Bruchstücke, die er aufgeschnappt habe. Denn was auch immer sie ihn fragen würden, er war bereit zu beteuern, dass er gebürtiger Wajuner war. Es war die Wahrheit und fühlte sich dennoch wie eine Lüge an.

»Tazi«, antwortete er auf die Frage nach seinem Namen.

Es gelang ihm, freundlich mit ihnen zu plaudern und so einiges von ihnen zu erfahren. Seit dem großen Brand hatten sich mehr und mehr Jarimer hier angesiedelt. Natürlich lebten sie nicht in den Räumen der Königsfamilie, sondern beschränkten sich auf die Gebäude, die auch zuvor dem Gesinde gehört hatten. Sie hatten den Stall wieder aufgebaut und hielten dort Ziegen und ein paar Waldponys. In diesen schweren Zeiten irrten viele Menschen obdachlos umher.

Sie deuteten nur an, was König Laikan in ihrem Land angerichtet hatte, Geschichten, von denen man Albträume bekommen konnte. König Edrahims Regierungszeit wischten sie mit einer Handbewegung weg. Seit der alte König Jarunwa im Feuer von Wajun ums Leben gekommen war, hatte Anta'jarim kein einziges gutes Jahr mehr gehabt. Alles war nur noch schlimmer und schlimmer geworden.

»Armer Junge. Hier bist du sicher.«

Sie hätten ihm vermutlich alles geglaubt, wenn ihm in seinem Eifer, alles richtig zu machen, nicht für einen Moment die Kontrolle über die Eisenmänner entglitten wäre. Schon marschierten sie in den Hof, und mit einem vielstimmigen Schrei sprangen die Jarimer von den Bänken.

»Eisenmänner! Feinde über uns!« Sie wichen zurück, stolperten übereinander, Teller zerschellten klirrend auf dem Pflaster.

Sadi ließ die Soldaten sofort anhalten, doch das Unglück ließ sich nicht mehr rückgängig machen. Die Männer und Frauen flohen in Panik und waren in kürzester Zeit verschwunden.

»Kommt zurück!«, rief er. »Euch wird nichts passieren, das verspreche ich!«

Doch alles blieb still, Sadi hörte es nur noch hier und da rascheln. Vielleicht beobachteten sie ihn, aber wie sollte er jetzt noch beweisen, dass er bloß ein harmloses Kind war?

Mit einem lauten Seufzer widmete er sich wieder seiner Mahlzeit. Es roch angebrannt. Sadi blickte sich um, aber niemand eilte ihm zu Hilfe, daher stand er auf und begab sich zum Herd. Die Fladen mussten gewendet werden, sie waren schon zu schwarz, aber bestimmt konnte man sie noch essen.

Das leise Scharren von grobem Schuhwerk auf staubigen Pflastersteinen. Hinter ihm. Sadi fuhr herum.

»Wer bist du?«, fragte der Bärtige. Er hielt das Messer in der Faust, seine Finger krampften sich um den Griff. »Ein Magier? Die Eisendinger bewegen sich nur, wenn ein Magier dabei ist. Haben die Nehesser uns einen kancharischen Magierschüler geschickt?« Der Mann bewahrte Abstand und behielt auch die Soldaten im Auge. Er duckte sich, als könnte er so verhindern, dass sie ihn überhaupt bemerkten.

»Ich habe eine Weile in Kanchar gelebt und das eine oder andere dort gelernt«, gab Sadi zu. »Aber ich bin kein kancharischer Spion, und ich habe nichts mit den Nehessern zu tun. Ich bin Wajuner. Setzt mich auf den Thron der Wahrheit, wenn ihr mir nicht glaubt.«

»Als wenn wir so etwas hätten.« Der Mann spuckte aus. »Kancharische Magier können uns gestohlen bleiben! Nimm die Eisenkreaturen und verschwinde!«

»Das kann ich nicht«, sagte Sadi. »Ich warte auf jemanden, und ich kann nur hier warten. Bitte, macht einfach weiter mit allem, was ihr sonst so tut. Ich will niemanden stören. Ich werde im Schloss leben, wo ich euch nicht in die Quere komme.«

»Wer im Schloss lebt, ohne das Recht dazu zu haben, ist verflucht! Hast du uns vorhin nicht zugehört? Es nimmt mit allen ein schlimmes Ende, die sich anmaßen, in König Jarunwas Haus zu leben.«

»Ich fürchte mich nicht vor Flüchen«, sagte Sadi. Er war aus dem schlimmsten Inferno entkommen, das man sich nur vorstellen konnte. Der angebliche Fluch ängstigte ihn nicht. Die Götter würden alles tun, um die Sonne von Wajun vor Unheil zu schützen. Vielleicht hätte er dem Mann sagen sollen, wer er war, doch seit Yando mit ihm und Maira geflohen war, neigte Sadi zur Vorsicht.

»Möchtest du noch was von diesen Fladen oder soll ich die alleine essen?«

Der Mann warf einen hasserfüllten Blick zu den Eisensoldaten hinüber und huschte erstaunlich geschmeidig davon. Vielleicht war er ein Räuber, der im Wald Reisende überfiel, oder ein Rebell, der gegen die beiden letzten Könige gekämpft hatte. Was auch immer er war: Einem Zwölfjährigen, dem knapp ein Dutzend Eisensoldaten zur Verfügung standen, stellte er sich nicht in den Weg.

In den nächsten Tagen verbrachte Sadi seine Zeit damit, die Schlossruine weiter zu erkunden. Er wies die Soldaten an, den Schutt wegzuräumen, und richtete sich ein behelfsmäßiges Lager im Turm ein. Die schönen Zimmer der Königsfamilie wären gemütlicher gewesen, doch wenn Karim zurückkam, sollte er ihn nicht lange suchen müssen. Seine Hoffnung wurde enttäuscht. Noch ein Tag und eine Nacht vergingen, und Prinz Karim tauchte nicht wieder auf. Schließlich ließ Sadi die Soldaten einige Möbel in den Turm schleppen. Er hängte Vorhänge auf und fand sogar Bettwäsche in einem der gut erhaltenen Räume. Die Jarimer beäugten ihn wachsam aus der Ferne. Sie hielten sich zurück, aber er wusste, dass sie noch in der Ruine wohnten. Sie hatten keinen anderen Ort, an den sie hätten gehen können.

Als er am vierten Tag nichts mehr zu essen hatte, versuchte er, aus den Vorräten, die er in dem Haus neben dem Sommerherd gefunden hatte, einen Teig anzurühren. Er brauchte Milch, doch es war viel schwieriger, eine Ziege zu melken, als er gedacht hatte.

»Tazi? Lass mich dir zeigen, wie es geht.« Die Frau, die am ersten Tag freundlich zu ihm gewesen war, erschien an der offenen Tür des Stalls. Er hatte gewusst, dass sich die Bewohner des Schlosses immer noch um die Tiere kümmerten, und ihm war auch nicht entgangen, dass in der Küche stets ein Eimer frischen

Wassers stand. Dennoch zuckte er so erschrocken zusammen, dass die Ziege mit den Hinterbeinen ausschlug und davonsprang.

Sie kam näher. »Du brauchst ein Bad, Junge. Kümmert sich denn niemand um dich, nicht mal deine abscheulichen Eisensoldaten?«

»Eisenmänner scheuen das Wasser«, sagte er. War es nicht beschämend, dass ein freundliches Wort ihn direkt ins Herz treffen konnte? Nach Tagen eine menschliche Stimme zu hören bedeutete ihm so viel, dass er sich eine Träne aus den Augenwinkeln wischen musste.

Die Frau fing die Ziege ein, packte sie an dem Strick, den sie um den Hals trug, und zerrte sie zurück zu dem Schemel, auf den Sadi sich gesetzt hatte. »Hier, ich zeig's dir.«

Sie führte seine Hände. Es war ein erhebendes Gefühl, als es tatsächlich klappte und ein Strahl weißer Milch in den Topf schoss.

»Du bist geschickt, Junge. Nicht alles lässt sich mit Magie bewerkstelligen, zum Glück. Ein guter Rat: Gib die Soldaten auf. Wir wollen sie hier nicht. Sie erinnern uns an alles Schlechte, was während Laikans Herrschaft passiert ist.«

»Nein«, sagte Sadi leise. »Das ist unmöglich.«

»Du kannst nicht mit uns hier leben, wenn sie da sind.«

Er wandte ihr das Gesicht zu. Sie hatte freundliche Augen, aber es gab Dinge, die ließen sich nicht mit Freundlichkeit klären.

»Ich werde hier leben. Es ist eure Entscheidung, ob ihr bleibt oder nicht.«

Die Frau runzelte vor Ärger die Stirn. »Dann wirst du allein sein in einem Land voller Feinde.«

»Dann soll es eben so sein!«

»Bei Bela'jar, ich vergesse immer wieder, wie jung du bist. Wie viele Sommer hast du erlebt, dreizehn, vierzehn? Das ist das Alter, in dem nicht gerade die Vernunft regiert.«

»Ich bin zwölf«, knurrte Sadi. Oder war er schon dreizehn? Er hatte jeglichen Überblick über die Zeit verloren. Doch er würde nicht nachgeben. Die Eisensoldaten waren nicht bloß nützlich, sie waren ein Teil von ihm. »Und ich brauche sie.«

Kopfschüttelnd ließ sie ihn allein. Doch von da an zeigten sich die Jarimer immer öfter. Sie beobachteten die Soldaten, die in der Ruine arbeiteten, und sie waren stets im Hintergrund, während er das Schloss mehr und mehr in Besitz nahm.

Ein Magier. Ein Kind. Ein Kancharer oder ein Wajuner – es spielte keine Rolle. Sie wussten nicht, wer er war, was er war. Eins konnte er nicht leugnen: dass er ein Eindringling war, der ihre Gewohnheiten durchbrach, der ihre Abneigung gegen Magie herausforderte, der sich um den Fluch nicht scherte, der auf dem Schloss lag. Allmählich lernte er sie kennen. Vila, die Ziegen und Hühner liebte und die Waldponys jeden Tag auf einer Lichtung grasen ließ. Ranba, der bärtige Kerl, der ein Herz aus Gold besaß und der seine ganze Familie verloren hatte, auch wenn er niemals erzählte, wie das passiert war.

Je näher ihm diese Menschen kamen, umso mehr vermisste Sadi seine Familie. Yando und Maira waren seine Eltern. Sie waren die beiden, die ihn aufgezogen und geliebt hatten. Wenn wenigstens Matino da gewesen wäre, um ihn liebevoll »kleiner Bruder« zu nennen! Sahiko war wie seine kleine Schwester, auch sie vermisste er. Wenn Karim ihn nicht in sein altes Leben zurückgehen lassen wollte, konnte er dann nicht wenigstens einen geliebten Menschen herbringen?

Sobald ihm dieser Gedanke gekommen war, wurde Sadi ihn nicht mehr los. Karim hatte die einzigartige Fähigkeit, durch eine Tür zu gehen und an einem ganz anderen, weit entfernten Ort herauszukommen. Der Prinz von Daja mochte der mächtigste Magier von ganz Kanchar sein, dem niemand es gleichtun konnte, doch wer behauptete, dass Sadi nicht dasselbe zu erreichen vermochte?

Er hatte es noch nie versucht. Ihm fehlte ein Lehrer, der ihn anleitete, denn es war zweifellos gefährlich. Aber er hatte gesehen, was der Beste fertigbrachte, und er war gewillt, ihn nachzuahmen. Daher nahm Sadi all seinen Mut zusammen. Er schloss die Augen, atmete tief durch und ging durch die Tür.

Der Gestank war überwältigend. Sadi blinzelte, keuchte, als die heiße, stickige Luft ihm entgegenschlug. Er sank auf die Knie. Die Übelkeit, die ihn plötzlich ergriff, war so stark, dass er brechen musste. Er würgte, bis nichts mehr kam, dann wischte er sich die Tränen aus den Augen und sah sich um.

Der Boden war mit Stroh und Schlamm bedeckt, der höchstwahrscheinlich gar kein Schlamm war. Von daher rührte wohl auch der Gestank her. Im trüben Dämmerlicht, das durch ein schmales, vergittertes Fenster fiel, erkannte er mehrere zerlumpte Gestalten. Sie drängten sich an die nassen Wände und starrten ihn an. Eine Frau mit wirren Haaren saß in einer Ecke und schaukelte wimmernd vor und zurück.

Gütige Götter! Wo war er nur gelandet? War er ohnmächtig geworden und man hatte ihn ins Verlies geworfen?

»Sadi?« Eine der schmutzigen, in Fetzen gekleideten Frauen löste sich von der Wand und schlurfte näher. »Sadi, träume ich?«

»Maira?« Er konnte es kaum glauben. Sie war es wirklich! Er lachte laut, sprang auf sie zu und schloss sie in die Arme, ohne an den Ekel erregenden Gestank zu denken. »Maira, ja, ich bin's. Ich bin es. Alles wird gut.«

Sie presste ihn an sich, und er hörte ihr Herz schlagen wie einen wild flatternden Vogel. Sie schwankte, und rasch hielt er sie fest. Hätte er nicht gewusst, dass sie es war, er hätte sie nicht wiedererkannt. Ihre Augen lagen tief in den Höhlen, das dreckverkrustete Gesicht hatte nichts mit seiner hübschen Ziehmutter gemein. Das Haar hing ihr verfilzt auf die Schultern.

Aber ihr Lächeln war vertraut. »Sadi, bei allen guten Göttern. Es geht dir gut! Wie haben sie dich erwischt? Wie … Oh nein, wieso bist du hier? Nun werden sie dich auch hinrichten!«

»Man will dich hinrichten?«, fragte er erschrocken.

Sein Blick wanderte zu den anderen Frauen, die ihn aus fiebrig schimmernden Augen anstarrten. Der Wahnsinn in ihren Gesichtern machte ihm Angst. »Wo sind wir überhaupt?«

»Immer noch an der silbrischen Küste. Sie haben mich festgenommen, als unser Geheimnis verraten war. Du warst fort, Yando war fort, da blieb nur noch ich übrig. Ich soll wegen Verschwörung mit dem Mörder des Kaisers in die Skorpiongrube geworfen werden. Es hätte schon längst geschehen sollen, aber sie haben mich vergessen, glaube ich. Du hättest nicht herkommen dürfen, Sadi! Ich habe nur durchgehalten, weil ich mich darauf verlassen habe, dass du in Sicherheit bist.«

Wie lange hatte er in der Schlossruine gelebt, ohne auch nur zu ahnen, wie schlecht es seiner lieben Maira ging? Es mochten zwei oder drei Monate vergangen sein.

»Ich hole dich hier raus. Wir müssen nur zurück durch die Tür …«

Er sah sich um. Die einzige Tür, die aus der Zelle nach draußen führte, war verschlossen. Es war eine schwere Tür aus Eichenbrettern, mit einem kleinen, vergitterten Fenster in Augenhöhe, und er musste nicht daran rütteln, um zu wissen, dass niemand ihm öffnen würde. Noch dazu war es gefährlich, die Wachen darauf aufmerksam zu machen, dass sie einen neuen Gefangenen hatten.

Nach dem ersten Schrecken zwang er sich dazu, ruhig zu bleiben. Tief durchzuatmen war ein Fehler, der Gestank schnürte ihm die Kehle zu und ließ ihn erneut würgen.

»Wann … wann öffnen sie die Tür?« Dann würde er Maira packen und mit ihr hindurchgehen, und bevor die Wächter begriffen, was geschah, wären sie längst zurück in Anta'jarim.

»Morgen früh«, wisperte sie.

Das Stroh raschelte, und er bemerkte, dass die anderen Frauen näher kamen. Sadi zuckte zurück, als eine Gefangene ihre Hände nach ihm ausstreckte, und wäre beinahe rücklings gestolpert. Er konnte unmöglich bis zum nächsten Morgen warten. Diese Wahnsinnigen würden ihn zerreißen, grundlos, nur weil er sauber war und frische Kleidung trug.

»Wir brauchen eine Tür!«, zischte er.

Was machte Karim, wenn alle Türen verschlossen waren? Es musste eine Möglichkeit geben, sie zu öffnen.

Wie konnte er seinen magischen Willen nutzen, um sich zu befreien? Der Riegel ließ sich gewiss bewegen, wenn er lange genug darauf einwirkte. Doch die Geräusche, die er dabei verursachte, würden die Wächter aufmerksam machen. Falls sie in die Zelle stürmten, wäre es unmöglich, gleichzeitig in die andere Richtung über die Schwelle zu gelangen. Dann würde er gegen sie kämpfen müssen. Auch das war kein großes Problem für einen Jungen mit seiner Begabung, doch er wusste nicht, wie viele es sein würden, und er konnte nicht riskieren, dass Maira verletzt wurde.

Wenn er noch länger diese Luft einatmete, würde er ohnmächtig werden.

Wie umging Karim die Schwierigkeit, dass manchmal überhaupt keine Tür vorhanden war? Als er ihn und Matino aus dem Feuer herausgeholt hatte, war weit und breit nichts auch nur annähernd Türähnliches zu sehen gewesen. Dachte er sich die Tür einfach? Oder war sie sogar überflüssig? Sadi versuchte, sich eine Tür vorzustellen, wo keine war, aber im Moment stand es um seine Konzentration nicht zum Besten.

»Ihr da«, sagte er zu den beiden Frauen, die ihn mit Mündern voller Zahnlücken angrinsten. »Haltet euch an den Händen fest, so.« Bevor sie wussten, wie ihnen geschah, hatte er ihre Handgelenke ergriffen und zusammengeführt. Er unterdrückte den Ekel, der in ihm aufstieg, als er ihre Haut berührte. »Haltet die Arme nach oben, sodass ihr einen Bogen bildet. Ja, wunderbar. Nicht loslassen, bitte!«

Natürlich taten sie genau das. »Willst du uns ärgern, Kleiner?«, fragte eine. Ihr giftiger Atem hätte ihn fast umgeworfen.

»Wenn ihr mir diesen Gefallen tut, komme ich zurück und bringe euch etwas. Ein … Geschenk.« Durfte er ihnen die Freiheit versprechen? Er hatte schließlich keine Ahnung, was diese Frauen verbrochen hatten, um in diesem Kerker zu landen. »Ich bringe euch etwas Gutes zu essen, Mehlfladen und Eier und Ziegenmilch.«

»Eier?«, fragte die eine. »Woher willst du Eier herzaubern, Kleiner?«

»Tut, was er sagt«, befahl Maira. »Er ist ein Magier. Was hast du vor, Sadi?«

»Ich bringe dich hier raus. Nimm meine Hand.«

Sie tat es und machte einen Schritt vorwärts. Dann blieb sie ruckartig stehen, und erst da bemerkte er die eiserne Kette an ihrem Fußgelenk. Sie konnte den Bogen nicht durchschreiten, den die Frauen bildeten, so wenig wie diese weiter in die Mitte der Zelle gehen konnten, denn sie waren an die gegenüberliegende Wand gekettet.

Sadi fluchte leise. »Ich komme zurück. Warte, es wird nicht lange dauern.«

Er stapfte unter den erhobenen Armen der Frauen hindurch und war wieder im Turm. Seine Schuhe troffen vor ekligem Schlamm, und der Geruch von Schweiß, Blut und Exkrementen hing in seinen Kleidern.

Beim nächsten Mal war er vorbereitet. Der Eisensoldat, den er mitnahm, hatte nur ein Auge, doch das war für die Aufgabe, die Sadi ihm zugedacht hatte, unerheblich. Er sollte nur die Kette zerreißen und Maira durch den von den Frauen gebildeten Bogen tragen. Wie er es den Gefangenen versprochen hatte, füllte er einen Korb mit Früchten, vom Frühstück übriggebliebenen Fladen, gebratenen Hühnerbeinen und einem Krug Ziegenmilch. So beladen nahm er den Einäugigen bei der Hand und kehrte mit ihm in den Kerker zurück.

Diesmal rechnete er damit, dass der Gestank ihn buchstäblich umwarf, daher hatte er sich ein nasses Tuch vor Mund und Nase gebunden.

»Sadi, pass auf!«, hörte er Maira schreien. »Hinter dir!«

Der Korb fiel zu Boden. Ein Gewicht drückte ihn nieder, etwas traf ihn am Kopf. Er brauchte eine Weile, um sich zu orientieren, um zu begreifen, dass ihn mehrere Wachmänner festhielten, nein, dass sie ihn zu Boden geworfen hatten. Einer kniete auf seinem Rücken und fesselte seine Handgelenke, während seine Nase im übel riechenden Stroh steckte. Er konnte kaum atmen. Wieder schrie Maira etwas, das er nicht verstand, denn das Gebrüll der Wächter, die nicht mit dem Eisensoldaten gerechnet hatten, übertönte alles.

Der Einäugige schleuderte die Männer, die seinen Herrn gepackt hatten, gegen die Wand. Sadi hörte Knochen brechen. Frauen wimmerten und schrien vor Angst. Der eiserne Soldat tobte durch die Zelle, wirbelte dabei Stroh und Dreck auf. Mühsam kam Sadi auf die Beine. Die Fesseln waren noch nicht richtig verknotet. Mit einem Ruck machte er sich frei. Zerschmettert lagen die Wächter an den Wänden. Acht! Es waren acht Angreifer gewesen. Der Eisenmann war nicht zimperlich vorgegangen und hatte nicht darauf geachtet, dass er beim Kampf die Gefangenen verletzen könnte. Zwei von ihnen waren leblos zusammengesackt, halb unter dem Gewicht der Männer begraben. Eine Dritte weinte laut. Nur Maira stand noch. Stumm, die Augen weit aufgerissen, starrte sie ihn an.

Hatte sie etwa Angst vor ihm?

»Mach sie los«, befahl Sadi.

Den Soldaten zu lenken bedeutete nicht, dass er ihm jede Bewegung eingeben musste. So wie sein Körper arbeitete, sein Magen verdaute und sein Herz schlug, so taten auch die Eisensoldaten ihre Pflicht. Dieser Soldat wusste, was Sadi von ihm verlangte. Mit einem Ruck zerriss er die Kettenglieder, dann hob er Maira hoch.

»Und ich?«, rief die übrig gebliebene Gefangene. »Was ist mit mir?«

»Was meinst du, Maira?«, fragte Sadi, plötzlich unsicher.

»Sie haben dich verraten«, sagte Maira. »Alle drei. Sie konnten den Wachleuten gar nicht schnell genug von dir erzählen. Von dem Jungen, der einfach so in unserer stinkenden Zelle aufgetaucht ist.«

Er unterdrückte das Mitleid, das ihm dennoch das Herz schwer machte. »Gehen wir«, sagte er.

Niemand musste mit den Armen einen Bogen bilden, denn nun hatte er eine Tür. Der Eisensoldat setzte Maira ab und trat dagegen, bis das Holz zersplitterte. Dann hob er sie wieder hoch, so behutsam, wie ein Sohn seine kranke Mutter tragen würde. Und während von überall her weitere Wächter herbeirannten und nach Verstärkung schrien, machte Sadi nur einen Schritt.

23. Tizaruns Heimkehr

Tenira war nicht glücklich.

Wajun, die leuchtende Stadt, die herrlichste Stadt von allen, Sitz der göttlichen Sonne, empfing die heimkehrende Großkönigin mit Jubel. Sie saß auf ihrer Schimmelstute und winkte, doch sie brachte kein Lächeln zustande. Jeder Meter, den sie an Tizaruns Seite zurücklegte, erinnerte sie an ihren ersten Einzug in Wajun. Damals waren sie frisch verheiratet gewesen, die Wahl der Sonne hatte gerade erst stattgefunden, und in Teniras Herz war so viel Freude und Liebe gewesen, dass sie von innen geleuchtet hatte. Alle hatten sie bewundert und beglückwünscht, manche hatten sie voller Neid angestarrt, und die wenigen Stimmen, die hasserfüllt »Bastard« gezischt hatten, waren ihr herzlich gleichgültig gewesen.

Heute fühlte sie sich alt. Äußerlich mochte sie sich kaum verändert haben, doch innerlich war sie uralt. Innerlich breitete sich eine Schwere in ihr aus, die es ihr beinahe unmöglich machte, sich zu bewegen. Jahrhunderte lasteten auf ihr, Jahrtausende, Äonen. Liebe hatte ein Gewicht, dem nichts anderes gleichkam. Wenn sie den Blick hob – eine Aufgabe, die kaum zu bewältigen war – und Tizarun betrachtete, wusste sie, wie sehr sie ihn geliebt hatte, und sie wusste, was sie fühlen sollte, doch sie vermochte es nicht.

Wie konnte alles so falsch sein? Alle ihre Wünsche hatten sich erfüllt. Immer. Sie hatte ihren Prinzen gewollt und ihn bekommen. Mit ihm zusammen war sie die Sonne von Wajun geworden, das göttliche Herrscherpaar. Jahrelang hatte sie sich nach einem Kind gesehnt, und dann hatten die Götter ihr einen kleinen Jungen geschenkt. Sie hatte fast alle ihre Feinde überlebt, sie hatte sich an jedem gerächt, der sie gekränkt hatte. Warum war es ihr nun unmöglich, Freude zu empfinden? Vielleicht lag es daran, dass sie Kanchar letztendlich doch nicht erobert hatte. So weit war sie gekommen! Das schier grenzenlose Reich der Wüsten und Ebenen, der Häfen und Berge hätte ihr zu Füßen liegen sollen. Stattdessen war sie nun wieder hier im heimatlichen Wajun.

»Was ist, Liebste?«, fragte Tizarun. »Bist du müde? Wir haben den Weg schneller zurückgelegt, als es deiner Gesundheit gutgetan hat, fürchte ich.«

Er war schön. So fremd er ihr auch geworden war, attraktiv war er immer noch, seine Haltung war unbestreitbar königlich, und dennoch … Sie war nicht zufrieden und hätte doch nicht sagen können, warum.

Die Menschen, die sich zu ihrem Empfang an den Straßenrändern versammelt hatten, die auf den Balkonen standen und sich aus den Fenstern lehnten, jubelten und winkten, um sogleich darauf zu verstummen. Es war seltsam, wie ihre Freude umschlug, sobald sie Tizarun und sein Heer erblickten. Einige Gesichter wurden blass, wandten sich ab, andere fragten: »Wo sind sie denn alle? Es ist nur die Großkönigin. Wo sind die anderen?«

Nicht jeder konnte die Toten sehen. Manche konnten alle erkennen, die aus Kato und dem Nebelmeer gekommen waren. Auch die Toten, die ihnen aus Wabinar gefolgt waren. Andere sahen einen Teil. Wiederum andere waren mit Blindheit geschlagen. Verstört reagierten jedoch alle.

»Du hast dich gut um unsere Stadt und unser Land gekümmert, meine Liebe«, sagte Tizarun, was lächerlich war, denn das hatte sie nicht getan. Sie hatte zweimal Krieg geführt. Le-Wajun war vor die Hunde gegangen, und es war ihr gleich.

Er hätte sie rügen sollen, statt Zufriedenheit zu heucheln. Oder war er tatsächlich mit allen ihren Taten einverstanden? Liebte er es, noch mehr Seelen um sich zu versammeln? Tenira hatte ihn immer für einen guten Menschen gehalten, für einen besseren Menschen als sie selbst. Doch nun kannte sie ihn nicht mehr.

»Unser Palast«, sagte er, als die Straße sich zu dem Schlossplatz hin verbreiterte und sich die hohe Kuppel des Sonnendachs vor ihnen öffnete, die Metalldreiecke, die die Blütenblätter bildeten, auseinanderstrebten und das Herzstück des Palastes freilegten.

»Hier sind wir glücklich gewesen«, murmelte sie. »Das war unser Zuhause.«

»Du bist eine Frau, die niemand je vergessen könnte, Tenira.«

Diejenigen, die die Toten nicht sehen konnten, mussten sich wundern, mit wem sie sprach. Hielt man sie nicht ohnehin für verrückt?

»Warum stehen eigentlich so wenige Menschen an der Straße?«, fragte er. »Es kommt mir vor, als seien bei unserer Krönung vier- oder fünfmal so viele Wajuner da gewesen, die gejubelt haben.«

»Die meisten Männer und ein großer Teil der Frauen waren im Krieg«, antwortete sie. »Und viele sind nicht zurückgekommen.«

Tizarun runzelte die Stirn. »Hast du tatsächlich die ganze Zeit Krieg geführt, während ich fort war? Einige meiner Freunde in Kato haben mir davon berichtet. Vom Bürgerkrieg und später vom Krieg gegen Kanchar, doch ich hatte angenommen, sie übertreiben. Ich hatte erwartet, das Land würde unter deiner Obhut blühen und gedeihen.«

»Wie könnte es das, wenn die Sonne nicht glücklich ist? Und wie hätte ich glücklich sein können ohne dich? Du hast mich allein gelassen!«

»Ich wurde ermordet. Wirfst du mir ernsthaft vor, dass ich gestorben bin?«

Sie maßen sich mit Blicken, und ihr fiel auf, wie kalt seine Augen waren. Wie ein Stück Nachthimmel ohne Sterne.

»Vielleicht hättest du dir nicht so viele Feinde machen sollen.«

»Alle großen Männer haben Feinde.«

»Und sie alle haben uneheliche Söhne?«

»Zeig mir meinen ehelichen Sohn, und ich vergesse, dass du das gesagt hast.«

Seit sie unterwegs waren, hatte er immerzu nach Sadi gefragt, und Tenira hatte ihn vertröstet. Sie hatte ihm erzählt, der Junge würde in Wajun warten, doch Tizarun war misstrauisch. Er glaubte ihr nicht, und sie wusste nicht, wie sie ihm erklären sollte, dass sie

Sadi nicht nur jahrelang als Geisel in Kanchar hatte leben lassen, sondern auch seinen Tod beschlossen hatte.

Ihrer beider Stimmung war gedrückt, als sie vor dem Palast eintrafen. Sie ritten unter dem großen Torbogen hindurch und saßen ab. Sogleich eilten Diener herbei, um die Pferde wegzubringen, und Tizarun beschwerte sich darüber, dass so wenig Stallburschen und Diener verfügbar waren. Hinter ihnen strömte ihr Gefolge auf den gepflasterten Platz vor dem Sonnenpalast.

Die Toten.

»Du musst sie wegschicken«, verlangte Tenira. »Wajun ist ein Ort für die Lebenden, nicht für Seelen, die nicht hierhergehören.«

Wieder runzelte er die Stirn. »Das sind meine Leute. Sie folgen mir, und ich habe sie hergeführt. Wohin sollten sie gehen, wenn ich sie wegschicke?«

»Das ist mir gleich«, sagte sie. »Ich dulde nicht, dass sie mein Heim betreten.«

Sie ließ ihn stehen und rauschte durch die geöffneten Flügel des Portals ins Innere des Palastes.

Im Sonnenzimmer unter der gläsernen Kuppel roch es nach fauligem Wasser. Eine brackige Brühe füllte den vormals kristallklaren Teich, die Pflanzen waren eingegangen, und was mit den Fischen passiert war, konnte sie sich vorstellen.

»Wie sieht es denn hier aus?«, erklang Tizaruns Stimme hinter ihr. »Frau, du weißt schon, dass die Dienstboten hier keinen Zutritt haben?«

»Die Fische sind gestorben«, sagte sie.

»Du warst Monate weg, niemand hat sie gefüttert. Das sollte dich eigentlich nicht wundern. Warum hast du sie vor deiner Abreise nicht gefangen und in einen der Teiche im Garten gesetzt?« Seine Miene wurde immer düsterer, seine Stimme lauter. »Bei den Göttern, Tenira, hast du überhaupt nicht nachgedacht?«

»Ich habe an den Krieg gedacht.« *Und an dich*, fügte sie im Stillen hinzu. »Nicht an irgendwelche Fische.«

Er legte die Hände auf ihre Schultern, sein Griff war so stark wie früher. Er fühlte sich nicht an wie ein Toter und sah auch nicht so aus, er war weder durchscheinend noch flüchtig wie Nebel. Dennoch hatten ihn die Diener, die sich vorhin im Gang und auf der Treppe vor ihr verneigt hatten, nicht gesehen. »Es ist Zeit für die Wahrheit. Wo ist mein Sohn?«

»Tot«, sagte sie schlicht.

»Das ist nicht wahr! Er wäre mir gefolgt, so wie alle anderen Toten.«

»Glaubst du? Wäre er nicht längst bei den Göttern wie alle Kinder? In deinem Gefolge habe ich niemanden gesehen, der jünger als dreizehn Jahre ist.«

Kurz wirkte er verunsichert, dann fasste er sich wieder. »Ich würde es fühlen, Tenira, wenn unser Sohn gestorben wäre.« Und leiser fügte er hinzu: »Was hast du getan? Gütige Götter, was ist passiert?«

Sie ertrug es nicht länger. Sie riss sich von ihm los und trat ein paar Schritte zurück. »Du klagst mich an? Zwölf Jahre bist du fort gewesen, und jetzt wagst du es, herzukommen und mich zu beschuldigen? Ich habe nach dir gesucht. Ich habe Wihaji geschickt, um dich zu finden!«

»Er hat mich gefunden«, sagte er trocken. »Worauf ich gut und gerne hätte verzichten können. Aber«, seine Stimme wurde weicher, »es hat mich am Leben erhalten, dass du auf mich wartest.«

»Am Leben erhalten?« Tenira lachte höhnisch.

»Ja«, sagte er ernst. »Weißt du denn nicht, was der Tod ist? Wir müssen gehen, aber wir verschwinden nicht. Wir gehen an andere Orte und sehnen uns zurück nach Hause.«

Seine Worte rührten ihr Herz an, trotzdem schüttelte sie den Kopf. »Du musst die Seelen fortschicken oder du kannst nicht hierbleiben. Ich werde sie nicht im Palast dulden. Alle Schatten schmelzen im Licht der Sonne.«

Durch die offene Tür sah sie mehrere Gestalten im Flur stehen. Die meisten waren lebende Adlige, die mit ihr reden wollten und die sie einfach ignorierte. Nur Quinoc und Kann-bai schlossen sich ihr an, als sie wutentbrannt hinausrauschte. Sie ging so schnell, dass sie umknickte. Zornig streifte sie ihre Schuhe ab und eilte barfuß weiter.

Sollte Tizarun sich darum kümmern, das Sonnenzimmer wieder herzurichten. Sollte er sich um die Stadt sorgen und um das Großkönigreich. Sie jedenfalls brauchte erst einmal etwas anderes.

Schwester! Wo willst du hin?, rief Quinoc, der mühelos mit ihr Schritt hielt.

»Ich muss allein sein. Geht! Wer hat euch erlaubt, herzukommen?«

»Wo könnten wir sonst sein, wenn nicht bei dir?«, fragte Kannbai.

Sie rannte, um ihnen zu entkommen, eilte an erschrockenen Mägden vorbei, warf einem Knecht das Tablett aus der Hand. Schließlich blieb sie schwer atmend stehen und sah sich um. Ohne es zu wollen, hatten ihre Füße sie in den Gang zu den Kerkerzellen getragen.

Hier war Wihaji eingesperrt gewesen. Tenira schob die Tür auf, Licht flutete die winzige Kammer. Es war alles unverändert geblieben. Kreidezeichnungen bedeckten jede Handbreit der Wände, auf dem Boden lag eine dünne Matte. Der Raum roch nach Verzweiflung, oder vielleicht kam ihr das nur so vor.

Schritte erklangen hinter ihr. »Tenira?«, fragte Tizarun leise. »Ich hasse es, wenn wir uns streiten.«

»Tausend Mal habe ich mir diese Bilder angesehen«, sagte sie. »Die Gesichter derer, die gestorben sind. Sie haben meinen Hass genährt und mich über Wasser gehalten, Papierschiffchen meines Kummers.«

Er streckte die Hand nach ihrem Haar aus, ließ eine Strähne durch seine Finger gleiten. »Es tut mir so leid, was du meinetwegen durchmachen musstest.«

»Ich habe dich gerächt, Tizarun. Ich habe alle leiden lassen, die etwas mit deinem Tod zu tun hatten. Die Jarimer. Wihaji. Ich habe dafür gesorgt, dass seine Braut verhaftet wurde, und ich habe seinen Knappen im ganzen Land suchen lassen. Ich habe sogar den Tod des Arztes befohlen, der es nicht geschafft hatte, dich zu retten.«

Jetzt fiel es ihr endlich wieder ein. Doktor Cimro war schon seit Langem tot. Wie hatte sie das vergessen können?

»Niemand ist mir entkommen. Niemand, bis auf Karim.« Sie wies auf das Porträt an der Zellenwand. »Er sieht dir so ähnlich, eine jüngere Ausgabe von dir.«

»Ich weiß«, sagte Tizarun düster.

»Alles, was ich mir je gewünscht habe«, murmelte sie, »alles ist eingetroffen, alles wurde mir geschenkt, und den Rest habe ich mir genommen. Ich frage mich, wie Karim der Gerechtigkeit entfliehen konnte. Und ich frage mich, warum du gestorben bist.«

»Wie meinst du das?«, fragte er. »Hätte ich den Wein nicht getrunken …«

»Wie konnte es geschehen, obwohl ich dich brauchte? Obwohl du zu meinem Leben gehört hast? Joaku ist ein Lichtgeborener. Er erfüllt die dunklen Wünsche, und er hat zugegeben, dass er etwas mit deiner Ermordung zu tun hatte. Doch wessen Wunsch war es, und wie könnte er stärker gewesen sein als meine Wünsche?« Sie berührte das Porträt mit den Fingerspitzen und wandte sich dann wieder Tizarun zu. »Habe ich mir am Ende gewünscht, dass du stirbst? Kann man sich so etwas wünschen, ohne es selbst zu wissen?«

»Du liebst mich«, sagte er. »Du hast mich immer geliebt. Es war eine Liebe, die ich nicht verdient habe, die ich mir nie verdienen könnte. Aber sie war echt. Wie hättest du mir den Tod wünschen können?«

»Ich wollte, dass du immer bei mir bleibst. Dass du bleibst, wie du bist – jung und schön, in der Blüte deiner Kraft.«

»So jung war ich auch nicht mehr.«

»Die Zeit drängte«, flüsterte sie. »Die ersten grauen Haare haben sich gezeigt. Ich sah die Falten um deine Mundwinkel. Du hast zu viel getrunken, während du deine Freunde um ihre Freiheit beneidet hast. Du hast von Dingen geträumt, an denen ich keinen Anteil hatte.«

»Aber deshalb hättest du mich doch nie umbringen lassen. Du warst mit unserem Sohn schwanger.«

»Ich weiß nicht mehr, was ich mir gewünscht habe. Ich weiß nicht einmal mehr, warum ich dich so sehr geliebt habe. Denn nun sehe ich dich an, sehe dein schönes Gesicht, aber ich kenne dich nicht. Ist es Karims Gesicht, das ich nun vor mir sehe, das sich vor dein Antlitz schiebt? Was ich so geliebt und verehrt habe, war der Traum eines jungen Mädchens. Ob meine bösen Wünsche erwachten, als ich zu ahnen begann, dass du nicht bist, wer du sein solltest?«

»Ich verstehe dich nicht«, sagte Tizarun.

»Ich weiß. Das hast du nie.«

Sie schob ihn zur Seite und verließ die enge Kammer. »Du und ich, wir waren nie eine Sonne. Wir waren ein Stern, der aus dem Himmel gefallen ist und eine brennende Spur durch die Nacht gezogen hat. Wir waren ein Stern, der in einen Brunnen fiel und im schwarzen Wasser verglühte. Wer hat das Wasser getrunken, Liebster? War es unser Volk, das wir durch unsere Liebe verfluchten?«

»Was redest du da? Sie sagen alle, du seist wahnsinnig. Bitte, lass sie nicht recht haben.«

»Wir sind der erloschene Stern von Wajun.« Sie lachte, weil sie sah, dass es ihn ängstigte, sie lachen zu hören. »Komm mit.«

Sie führte ihn durch die Flure, über Teppiche, so weich, dass ihre bloßen Füße darin versanken. Musik lag in der Luft, süße Blumendüfte stiegen aus Wasserschalen auf. Die Dienerschaft hatte sich auf ihre Rückkehr vorbereitet. Tenira fragte sich, wie sie den Gestank des Todes übertünchen wollten, den Gestank von Tausenden und Abertausenden von Seelen.

Der Garten war vernachlässigt worden. Die Rosen blühten, doch niemand hatte die trockenen Blüten herausgeschnitten. Das Gras war hochgewachsen und hatte die Wege überwuchert. Zwischen den Bäumen ragten die Ruinen des abgebrannten Gästehauses hervor. Efeu und Knöterich, Kletterrosen und Geißblatt hatten sich um die Steine geschlungen. Sie milderten den Anblick der schwarzen Überreste.

»Hier haben sie geschlafen. Hier sind sie verbrannt.«

Sie betrachtete sein Gesicht, achtete auf Anzeichen von Entsetzen, doch Tizarun betrachtete die Ruine mit unbewegter Miene.

»Du wusstest es, nicht wahr? Die Toten sind dir gefolgt.«

»Einige sind zu mir gekommen«, sagte er leise. »Die anderen wurden verstreut, in alle Richtungen, wie Asche, die der Wind verweht.«

»Und hier, ich muss dir noch etwas zeigen.« Sie griff nach seiner Hand. War sie schon immer so schwielig gewesen, gezeichnet von Narben und Hornhaut, als hätte er ohne Unterlass das Schwert geschwungen?

Tizarun ließ sich durch den Garten führen, bis sie vor der Kuppel standen, unter der sein Leichnam begraben lag.

»Hier liegst du, zusammen mit deinem Mörder.«

»Meinem Mörder?« Zum ersten Mal seit seiner Rückkehr erlebte sie ihn wirklich überrascht. »Wer ist es?«

»Ich weiß nicht. Ein Wüstendämon, glaube ich, den Quinoc mit dir zusammen hat einmauern lassen.«

»Lass das Gewölbe aufbrechen. Ich will ihn sehen.«

»Es ist mit Magie versiegelt. Sobald wir es öffnen, werden die Leichname zerfallen. Es sind Jahre vergangen, Tizarun! Nein, wir werden es so lassen, wie es ist. Die Wüstendämonen haben die Schuld auf sich genommen, Joaku hat mir ins Gesicht gesagt, dass er für den Mord verantwortlich ist. Welcher seiner Assassinen hergekommen ist, zählt nicht. Und wer von den Jarimern auch immer sein Auftraggeber war, er ist hier in diesem Garten verbrannt.«

Er runzelte die Stirn. Hatte sie ihre eigenen Erinnerungen beschönigt, sodass sie geglaubt hatte, sie wären sich immer einig gewesen?

»Lass den Körper zerfallen. Es wäre mir ohnehin nicht recht, ihn zu sehen. Und ich will auch nicht, dass du daran hängst, schließlich bin ich hier. Du brauchst dieses Grabmal nicht mehr.«

Jahr für Jahr war sie in den Garten hinausgegangen und hatte an seinem Todestag hier gebetet. Sie hatte die Götter angefleht, sie in ihrer Rache zu unterstützen und das Wunder zu vollbringen, dass er irgendwie zu ihr zurückkehren mochte. Ob die Götter gelacht hatten? Ob sie ihre Wünsche genommen und daraus einen Fluch gewebt hatten?

»Wir werden es nicht öffnen.«

»Das ist nicht deine Entscheidung, Liebes. Ich bin der Großkönig, und die Magier werden mir gehorchen.«

Welche Magier? Es war niemand mehr übrig. »Ich glaube, ich höre nicht recht. Es ist nicht meine Entscheidung? Wessen sonst? Du warst weg, und ich habe allein regiert. Ich habe mich behauptet und meine Ansprüche durchgesetzt, und nun kommst du und spielst den Überkönig?«

»Tenira«, sagte er fassungslos. »Was redest du denn da?«

»Du bist nicht Großkönig. Die Toten werden niemals auf diesem Thron sitzen und in meinem Palast regieren.«

»Ich war Herrscher von halb Kato. Ich habe Himmel und Erde in Bewegung gesetzt, um zu dir zurückzukehren!«

»Das glaube ich dir sogar«, sagte sie. »Weißt du, Tizarun, als ich jung und naiv war, dachte ich, du seist ein Held. Du warst einer der Edlen Acht, du hast im Krieg um Guna gekämpft, und du bist als Sieger zurückgekehrt. Aber dann, als du gestorben bist, habe ich gehört, wie du geschrien hast.« Sie musterte ihn mitleidig. »Du hast geschrien, Tizarun.«

»Das würdest du auch«, flüsterte er, »wenn du auf diese fürchterliche Weise sterben müsstest.«

»Ich habe dich dennoch geliebt«, sagte sie leise. »Ich habe gekämpft. All die Jahre hat sich alles, was ich getan habe, um dich gedreht. Wie seltsam, dass mir erst jetzt auffällt, wie sehr ich mich getäuscht habe.«

Er schloss die Augen, schluckte, sammelte sich. Dann blickte er sie wieder an, sein Gesicht hart und fremd. »Das werde ich mir nicht bieten lassen. Du wirst mich wieder lieben. Du wirst bei mir sein. Du verachtest die Toten? Dann stirb! Dann erst werden wir wahrhaft beisammen sein.«

Mit diesen Worten legte er die Hände um ihren Hals. Er drückte zu, während seine Miene immer finsterer wurde, aber Tenira spürte nichts. Vorher war er ihr so fest und körperlich erschienen wie jeder lebendige Mensch in ihrer Umgebung, doch nun fehlte ihm die Kraft. Sie hatte seine Hände gespürt, als er zärtlich gewesen war, seine Küsse auf ihrer Wange, das Streicheln seiner Finger in ihrem Haar. Sein Angriff hingegen ging ins Leere.

Erst als sie so laut lachte, dass die Gärtner, die die Beete in Ordnung bringen wollten, zu ihnen herüberschauten, begriff Tizarun, dass er nichts ausrichten konnte. Er ließ die Hände fallen und trat einen Schritt zurück.

»Du kannst mich nicht umbringen, Liebster. Wir werden immer auf verschiedenen Seiten stehen, du bei den Toten, ich bei den Lebenden.«

»Nicht auf immer«, widersprach er leise, doch ohne zu drohen.

Sie standen einander gegenüber, und Tenira wusste nicht, wie es weitergehen sollte. In diesem Augenblick kannte sie ihr eigenes Herz nicht. Sie hätte nicht sagen können, was sie sich wünschte. Dass er ging? Dass er blieb? Dass sie einander neu kennenlernten oder dass sie beide endlich verstanden, dass der Tod einen Graben zwischen ihnen aufgerissen hatte, den keiner von ihnen überwinden konnte?

»Ich gehe«, sagte er. »Bis du mich rufst. Bis du einsiehst, dass wir zusammengehören, ganz gleich, ob ich noch hier sein sollte oder nicht. Ich werde das Land mit den Toten bevölkern. Ich werde den Tod bis vor die Tore des Palasts bringen, bis ganz Wajun von meiner Sehnsucht nach dir erfüllt ist. Du verachtest mich, weil ich geschrien habe? Gut, dann werde ich schweigen. Ich werde um dich werben, bis du diejenige bist, die nach mir schreit.«

»Du willst uns den Tod bringen? Du? Mit Händen, die nichts ausrichten können?« Sie spie ihm ihre Verachtung entgegen und ihren Zorn.

Sein Lächeln war dunkel und rätselhaft. Er verneigte sich vor ihr, drehte sich auf dem Absatz um und ging. Im Vorbeigehen brach er eine Rose ab, sog tief ihren Duft ein und schritt über die hüfthohe Wiese davon.

Tenira sah ihm nach, verwirrt und in der Seele wund. Er konnte durchaus etwas Lebendiges zerstören, das hatte er soeben bewiesen.

24. Der Hüter des Turms

Es waren immer dieselben Geister, die sich in der Nähe des Schlosses herumtrieben. Sadi kannte sie mittlerweile. Ein halbes Jahr war seit dem Inferno von Wabinar vergangen, doch erst seit drei oder vier Monaten wurde Anta'jarim von Geistern heimgesucht. Flüsternde Gestalten schlichen durchs Dickicht, raschelten im Gestrüpp und sangen vor den Torbögen. Am häufigsten sah er die schöne Prinzessin in ihrer Reitkleidung. Oft war der blonde Prinz mit dem mürrischen Gesicht bei ihr. Erst hatte Sadi geglaubt, die beiden wären ein Paar, aber dem war offenbar nicht so. Sie verachteten einander zutiefst. Um die beiden herum gruppierten sich weniger deutlich sichtbare andere Seelen. Verwandte der Königsfamilie, Bedienstete, Wächter. Sie alle glaubten, sie hätten im Schloss etwas zu tun, und konnten nicht begreifen, dass ihre Zeit längst abgelaufen war. Vor allem konnten sie nicht verstehen, warum sie keinen Zutritt zur Ruine hatten. Es war, als läge ein magischer Schutzwall um das Gemäuer. Kein einziger Toter kam jemals über die Schwelle. Sadi fühlte sich von ihnen weder bedrängt noch beunruhigt, doch das traf leider nicht auf alle Schlossbewohner zu.

»Ich kann nicht erlauben, dass du allein in den Wald gehst.« Maira stemmte die Hände in die Hüften.

Sadi war nicht gewillt, so schnell aufzugeben. Er würde ohnehin tun, was er wollte, aber eine beleidigte Maira war schwer zu ertragen, deshalb versuchte er meist, sie von seinen Plänen zu überzeugen.

»Es ist nicht so gefährlich, wie du denkst. Und ich kann gut auf mich selbst aufpassen.«

Seine Ziehmutter hatte ihn an der äußersten Mauer erwischt.

Im rußgeschwärzten Torbogen wohnten die Schatten, deshalb hatte er sie nicht sofort bemerkt und sich gehörig erschreckt, als sie plötzlich hervorgesprungen war und ihn gepackt hatte.

Maira schüttelte den Kopf. »Das glaubst auch nur du. Es ist riskant! Viel zu riskant. Wenn Yando hier wäre, würde er dir gehörig die Ohren langziehen.«

Beinahe hätte sie ihn gehabt. Sobald sie Yando erwähnte, schimmerte Traurigkeit in ihren Augen auf, und das machte es umso schwerer, sie zu enttäuschen.

»Ich fürchte mich nicht vor den Geistern. Das ist lächerlich. Sie können uns nichts tun, wenn wir sie nicht lassen.«

Das musste sie einfach begreifen. Die Toten konnten ihm nichts anhaben, so wenig wie irgendjemandem sonst. Es gab wirklich keinen Grund dafür, dass er die Ruine, in der sie mit den einheimischen Jarimern lebten, nicht verlassen sollte. Regelmäßig schlich er sich davon, und Maira war jedes Mal völlig außer sich.

»Es geht nicht nur um die Geister. Es geht darum, wer du bist.«

Seine Laune sank. »Das weiß hier aber niemand.«

»Du bist jung, wollte ich sagen. Zu jung, um dich zu wehren, wenn jemand dich angreift oder dich verschleppen will. Außerdem gibt es wilde Tiere im Wald, Bären und Wölfe und …«

Es hatte keinen Zweck, mit ihr zu streiten. »Gut«, sagte er.

»Gut?« Sie blinzelte. »Das heißt, du bleibst hier?«

»Ich gehe nicht allein in den Wald. Versprochen. Bist du jetzt zufrieden?«

Immer noch misstrauisch, starrte sie ihn an. »Wirklich?«

»Was? Bist du immer noch nicht zufrieden? Soll ich in die Bibliothek gehen und lernen?«

Maira war streng, aber nie grausam. Deshalb begnügte sie sich damit, übertrieben zu seufzen. »Nein, dein Ehrenwort genügt mir.«

Sadi wartete, bis sie durch den Torbogen in die Ruine zurückgekehrt war, dann rannte er an der Mauer entlang. Sein bester Freund Trinn kletterte gerade durch den Spalt, der von Brombeerranken und hohen Brennnesseln verdeckt wurde, und fluchte dabei lauter, als sinnvoll war, wenn man nicht ertappt werden wollte.

»Deine Mutter ist die ängstlichste Frau, die ich kenne. Bären, im Ernst?«

Alle hielten Maira für Sadis echte Mutter. Ihre Ankunft hatte die Zweifel der anderen an seiner Herkunft zerstreut. Sie war eine waschechte Wajunerin aus dem Land der Tausend Städte, wie man unschwer an ihrem leichten Dialekt hörte, und die Bewohner der Ruine glaubten ihr, dass sie mit ihrem Sohn vor dem Krieg geflohen war. Sie glaubten ihr auch, als sie erklärte, dass die Schrecken, die Tazi hatte erdulden müssen, ihn so verwirrt hätten, dass er sich zuweilen seltsam benahm und sich für einen großen Krieger hielt. Dass er die Eisensoldaten wiederbelebt hatte, konnte nicht einmal Maira zu einem Hirngespinst erklären. Also gab sie zu, dass er magisches Talent besaß. Noch ein Grund, warum sie geflohen waren – König Laikan hatte ihn für seine Armee aus Eisenmännern und Magiern rekrutieren wollen.

Sie verbot ihm, sein Talent einzusetzen, um die Jarimer nicht gegen sich aufzubringen, und meistens hielt er sich daran.

»Tazi, jetzt komm doch!« Trinn zupfte sich eine abgerissene Ranke vom Hosenbein. »Träumst du schon wieder, oder hast du etwa Angst vor dem großen, dunklen Wald?«

Sadi lächelte nur. Nein, er hatte keine Angst. Nicht zum ersten Mal umging er Mairas Regeln, aber er hatte nicht gelogen – er war nicht allein unterwegs. Trinn mochte keine große Hilfe sein, wenn sich ein Bär auf sie stürzte, aber er war eine willkommene Gesellschaft. Er war ein Jahr älter als Sadi, größer und breitschultrig. Man konnte ihn gut und gerne für sechzehn halten. Im Gegensatz zu Sadi wurde er häufig in den Wald geschickt, um Beeren oder Pilze zu sammeln, Brennholz oder Wurzeln, oder um die Fallen zu kontrollieren, die sein Großonkel aufgestellt hatte. Der Rest seiner Familie war nicht aus dem Krieg heimgekehrt.

Kaum waren sie in den Schatten unter den dicht belaubten Bäumen eingetaucht, umfing sie der süße, würzige Duft des alten Waldes. Trinn kannte die Namen der Blumen und Kräuter. Er wusste, welche Pilze essbar waren und wo man am besten nach Wilder Möhre grub. Mit der Leichtfüßigkeit eines Kindes, das im

Wald aufgewachsen war, führte er Sadi die kaum sichtbaren Wildwechsel entlang.

»Heute Nacht waren die Füchse wieder da«, erklärte er. »Siehst du? Wir müssen Barijka sagen, dass sie auf ihre Hühner aufpassen soll.«

»Ich könnte ihr anbieten, einen Eisensoldaten vor dem Hühnerstall Wache stehen zu lassen.«

Trinn war häufig dabei, wenn Sadi die magischen Kreaturen weckte und arbeiten ließ. Er hatte sie in den Schlossteil gebracht, der noch einigermaßen erhalten war – welcher Fürst oder Prinz dort gewohnt hatte, wusste er nicht – und ließ sie dort die beschädigten Mauern wiederaufbauen und die Trümmer wegräumen.

»Das würde ich an deiner Stelle lieber nicht tun.« So sehr Trinn die Eisensoldaten auch bewunderte, er kannte die Vorbehalte der Erwachsenen.

»Weiß ich doch.« Maira wollte nicht, dass Sadi zu viel Aufmerksamkeit auf sich zog. Irgendjemand könnte erraten, wer er wirklich war. Doch noch schwerer wog die unausrottbare Abneigung der Jarimer gegen alles Magische. Es war besser, wenn sie vergaßen, unter welchen Umständen sie ihn kennengelernt hatten. »Trotzdem ist es schade.«

Obwohl der Sommer bereits zu Ende ging und sich rotes und gelbes Laub ins allgegenwärtige Grün mischte, war es noch angenehm warm. Goldenes Licht flimmerte über dem schmalen Pfad.

»Oh, schau«, flüsterte Trinn. »Siehst du die Spuren hier?«

Sadi betrachte die Abdrücke. »Ein Hirsch«, sagte er.

»Hätte nicht gedacht, dass du das weißt. Bist du nicht aus einer der Städte?«

»Ich bin häufig in Guna zu Besuch gewesen.«

»In Guna? Ist das nicht in Kanchar?«

War es schon so weit gekommen, dass Guna in Vergessenheit geraten war?

»Guna ist Guna«, sagte Sadi, denn das sagte man dort so häufig, dass ihm dieser Satz in Fleisch und Blut übergegangen war. »Es gibt dort viele Hirsche.«

Trinn drehte sich zu ihm um und verzog verächtlich die Mundwinkel. »Du bist also in Kanchar herumgereist und hast Hirsche beobachtet – oder gar gejagt, wie das die Barbaren tun? Erzähl mir doch nichts.«

Sadi wusste, dass es klüger gewesen wäre, einen Rückzieher zu machen, doch er hatte es satt, sich andauernd zu verstellen. »Wir waren jedes Jahr dort, im Winter. Mein Lehrer, Fürst Yando, und Kaiser Liro und ich.«

»Was, auch noch der Kaiser? Du bist der größte Angeber, den ich kenne.« Er versetzte Sadi einen Stoß vor die Brust. »Ach ja, und ein kancharischer Magier bist du ja auch noch.« Er schubste Sadi so heftig, dass dieser rückwärts ins Gebüsch stolperte.

»Du nennst mich einen Angeber?« Trinns Größe und Körperkraft schreckten ihn nicht ab. Sadi sprang auf und stürzte sich auf seinen Freund, der ihn lachend bei den Handgelenken packte und erneut zu Boden schleuderte.

Das war zu viel für Sadi. Uralte Instinkte erwachten in ihm, und er schnellte vorwärts, schob seinen Fuß hinter Trinns Knöchel und brachte ihn zu Fall. Sie rollten über niedriges Gestrüpp, über Steine, die sich in ihre Rücken bohrten, über Wurzeln und Nesseln. Mal hatte Trinn die Oberhand, mal Sadi. Doch dann kam die Kampfeslust erneut über ihn, er bog Trinns Arm zurück, sodass dieser vor Schmerz aufschrie, und presste ihm mit seinem Ellbogen die Kehle zu. Nur ein Handgriff noch, eine Bewegung, und er würde seinem Freund den Arm brechen, er würde ihn kampfunfähig machen und dann …

Nein, was dachte er denn da? Sadi ließ den wimmernden Jungen los und setzte sich schwer atmend neben ihn.

»Gütige Götter«, krächzte Trinn, »willst du mich umbringen?«

»Tut mir leid.« Er war so über sich selbst erschrocken, dass er zitterte. Was war das gewesen? Es war wie ein Rausch über ihn gekommen, wie ein Anfall, bei dem er nicht mehr klar denken konnte. Um ein Haar hätte er seinen Freund tatsächlich umgebracht. »Ehrlich, ich weiß nicht …«

»Das war der Wahnsinn!« Der Junge rappelte sich keuchend auf, rieb sich die Schulter und spreizte die Finger, um zu überprüfen, ob noch alles an ihm dran war. »Du bist unglaublich. Wo hast du so zu kämpfen gelernt?«

»In Wabinar, bei Prinz Matino, dem Bruder des Kaisers.«

Matino hatte ihm einiges beigebracht, dazu musste auch dieser Griff gehört haben. Wie sonst hätte er wissen können, wie er auf jede Bewegung seines Gegners reagieren musste?

»Du und deine Geschichten.« Trinn grinste, obwohl er offensichtlich Schmerzen litt. Leise lachend betastete er seine Fußknöchel. »Wenigstens sind sie amüsant. Zeigst du mir, wie du das gemacht hast?«

So einfach und schnell war alles wieder gut. »Nenn mich nie wieder Angeber.«

»Nein, du Angeber. Zeigst du es mir trotzdem?« Sein Grinsen verblasste plötzlich. Seine Augen weiteten sich. Ein kalter Hauch wehte sie an, über ihnen raschelte es in den Blättern. »Was ist das?«, wisperte er. »Die Geister … Die Toten sind hier! Oh Bela'jar, rette uns!«

»Wie viele sind es?«, fragte Sadi.

Trinn klapperten die Zähne. »Woher soll ich das wissen?«, brachte er undeutlich heraus.

Sadi stand auf und drehte sich um. Nur wenige Meter von ihm entfernt ragte eine dunkle Gestalt aus den Blaubeersträuchern. Der Mann hatte schwarzes Haar und bronzefarbene Haut. Seine Augen waren ebenso dunkel wie kalt, und sein Lächeln war eine Lüge. Ein blutroter Umhang lag um seine Schultern. Der goldene Reif auf seinem Haupt verlieh seiner königlichen Erscheinung einen Hauch von Glanz. Sadi hätte den Hinweis nicht gebraucht, um zu wissen, wer dieser Mann war. In Kanchar waren Bilder verboten, doch Maira hatte stets ein kleines Porträt bei sich gehabt, kaum größer als ein Taubenei. In Guna in der Jagdhütte hatte er ein größeres Gemälde gefunden, das die Besitzer zwar von der Wand gehängt, jedoch nicht vernichtet hatten. Und hier im Schloss war er gleich mehrfach fündig geworden. Tenira und Tizarun, das Großkönigspaar, war in ganz Le-Wajun allgegenwärtig.

»Wie ich sehe, weißt du, wer ich bin«, sagte Tizarun.

»Ja … Vater.«

»Es ist dein Vater?«, zischte Trinn hinter ihm. »Sag ihm, er soll verschwinden! Sag ihm, er soll uns in Ruhe lassen!«

Der tote König glitt näher. Seine schweren Stiefel hätten die zarten Sträucher knicken müssen, doch sie verwelkten nur, während Kälte um sich griff.

»Ich wusste, dass du lebst. Ich wusste, ich würde dich finden. Hier versteckst du dich also?«

Wie oft hatte Sadi sich ausgemalt, wie es wäre, einen Vater zu haben. Wenn Yando ihm zu streng erschien, wenn Maira nichts als Schelte für ihn übrighatte, hatte er sich vorgestellt, Tizarun wäre nie ermordet worden und er würde in Wajun aufwachsen, bei seinen Eltern, die ihn über alles liebten. In diesen Fantasien war Tizarun ein freundlicher, gütiger Mensch, der Sadi kämpfen und reiten lehrte, ihn für seine Fortschritte lobte und sich ehrlich freute, wenn ihm etwas gut gelang. Natürlich hatte er gewusst, dass Tenira ihn ohne zu zögern hergegeben hatte, als man ihn als Geisel, als Unterpfand des Friedens verlangt hatte. Doch wenn sein Vater noch am Leben gewesen wäre, so hatte Sadi sich eingeredet, wäre er nicht damit einverstanden gewesen. Tizarun hätte ihn beschützt, vor allen Feinden und Gefahren.

An diesem Tag, als er Tizarun erstmals gegenüberstand, fand er nichts von dem Traumvater in diesem Fremden. Gesucht und gefunden zu werden war etwas, nach dem er sich gesehnt hatte, doch im Moment fühlte er sich alles andere als geliebt und beschützt. Jeder Blick aus Tizaruns Augen, jedes Wort aus Tizaruns Mund war voller Kälte, fühlte sich an wie die Berührung eines Toten.

Sadi war wie gelähmt, als Tizarun die Hand nach ihm ausstreckte. Er wollte zurückweichen, sich in freche Widerrede oder eine kluge Bemerkung retten, aber ihm fiel nichts ein.

»Ich will, dass du mit mir kommst«, sagte Tizarun. »Ich bin dein Vater, dein Platz ist an meiner Seite. Komm.«

Nein zu sagen war unmöglich. Sadi öffnete den Mund und

brachte kein Wort heraus. Ihm war kalt, eine Gänsehaut überlief seine Arme, und seine Beine wollten ihn nicht tragen. Dutzende Male war er in diesem Wald auf tote Seelen gestoßen, die wie verirrte Wanderer durchs Unterholz glitten, die Gesichter leer, die Augen traurig. Manche murmelten vor sich hin, einige sangen, wieder andere schienen nach innen gekehrt wie Träumende. Doch Tizarun war anders.

»Wo… wohin?«, stammelte Sadi schließlich.

»Die ganze Welt gehört uns«, sagte Tizarun. »Komm mit mir, dann sind wir die Könige, denen niemand etwas anhaben kann. Vor uns verneigen sich Tote und Lebende.«

»Das ist nicht wahr.« Sadi nahm all seinen Mut zusammen, um zu widersprechen. »Ich bin nicht unverletzlich, und Ihr … Ihr seid nicht unsterblich. Habt Ihr vergessen, was Ihr seid?«

Die Kälte wurde unerträglich. Dunkelheit ging von dem hoch gewachsenen König aus. »Wenn du auf der Seite der Wirklichkeit gehst, auf der ich einherschreite, wirst du ebenso unangreifbar sein wie ich.«

»Ihr meint, ich soll sterben?«

Irgendwo hinter sich nahm er Trinns ängstliches Wimmern wahr, dann das Brechen von Zweigen. Sadi musste sich nicht umdrehen, um zu wissen, dass sein Freund ihn im Stich ließ.

»Du bist mein Sohn, und ich erhebe Anspruch auf dich.«

Da war etwas tief in Sadis Seele, das auf diese Worte mit überwältigender Freude reagierte. Als hätte er nicht nur ein, sondern viele Leben darauf gewartet, dass sein Vater sich zu ihm bekannte. Doch aus derselben Quelle, in der diese Freude wohnte, stieg etwas Bitteres, Dunkles auf.

»Ihr habt meine Mutter umgebracht«, flüsterte er. Die Luft flimmerte vor widersprüchlichen Wahrheiten, die doch so flüchtig waren, dass er nicht danach greifen konnte. Im Frost, der die Blätter in der Nähe mit hauchfeinen weißen Mustern überzog, meinte er etwas zu erkennen, das sich nicht in Worte fassen ließ.

»Was sagst du da?«

»Wart Ihr je in Guna? Kennt Ihr das Grün der Täler, den Nebel, der von den Wiesen am Bachufer aufsteigt? Kennt Ihr das Geheimnis der Brandsteine, die im Gebirge schlummern? Sie könnten in Flammen aufgehen, jederzeit. Die Gefahr ist nicht geringer, nur weil sie es seit Jahrtausenden nicht getan haben.«

»Wovon redest du, Junge?«

Er wusste es selbst nicht. Seine Zunge galoppierte davon. Die Worte kamen aus seinem Inneren, als wohnte dort jemand anderes. Seine Mutter hieß Emena und kam aus Trica, und sie hatte Geschichten über die Feen geliebt. In ihm wohnte eine Seele, die viel mehr wusste als er und die doch seine tiefsten Sehnsüchte teilte. Er war es selbst und war es doch nicht. Es war, als wären alle seine Träume Erinnerungen.

»Noch sind wir uns fremd«, sagte Tizarun. »Ich gestehe, du bist nicht ganz, was ich erwartet habe. Doch ich bin sicher, dass wir einander besser verstehen werden, sobald du bei mir bist. Du wirst heller strahlen als jeder Stern, der jemals vom Himmel fiel.«

Ich bin die Sonne, dachte Sadi, doch der Gedanke gab ihm keinen Trost. Es war ein Schild, der ihn schützen sollte, doch nichts konnte ihn vor der Hand beschützen, die sein Vater erneut ausstreckte, um ihn zu berühren. Was würde geschehen, wenn er es tat? Würde er sterben? Würde die Kälte so groß werden, dass er in der Umarmung des toten Königs erfror?

Dann ein Flattern, ein Kreischen, und etwas Schwarzes fuhr wie ein Wirbelsturm zwischen sie. Krächzend attackierte eine zerzauste Krähe den angeblich unverletzlichen Herrscher der Toten. Sie hackte mit dem Schnabel nach ihm, zog ihm die Krallen über die Stirn und riss ihm sogar den Goldreif von der Stirn. Tiefe Striemen, die sich rasch mit Blut füllten, verunstalteten Tizaruns schönes Gesicht. Fluchend schlug er nach dem Vogel, der nicht von ihm abließ, bis Sadis Vater schließlich zurückwich, sich umdrehte und davonhastete.

Die Blätter wurden wieder grün, geschmolzenes Wasser tropfte von den Bäumen. Der Gesang der Vögel erklang lieblich in den Zweigen, die Düfte nach Sommerbeeren und Pilzen stiegen Sadi intensiv in die Nase. Die Krähe blieb verschwunden, doch er zweifelte nicht daran, dass er sie kannte. Das war der Vogel, der in Königstal gelebt hatte, König Selas' zahmer Gefährte.

Sadis heftig klopfendes Herz beruhigte sich allmählich. Etwas Rötliches schimmerte zwischen den silbernen Stämmen der Buchen. Den Hirsch zu sehen, den er ebenfalls aus Guna kannte, war fast schmerzhaft schön. Es war, als wollten ihn die Götter für den Schrecken und die Angst entschädigen und ihm versichern, dass sie es gut mit ihm meinten.

»Warte!«, rief er halblaut.

Der Hirsch würde fort sein, wenn er dort ankam, wo er meinte, ihn gesehen zu haben. Und dann würde er sich immer fragen, ob er sich ihre Begegnung nur eingebildet hatte – denn wie hätte das Tier aus Guna hierhergelangen sollen? Doch Anta'jarim war das Königreich des Hirschgottes Bela'jar, und derselbe Hirsch, dem er jedes Jahr im Winter begegnet war, stand ihm plötzlich gegenüber. Warmes Sonnenlicht sprenkelte sein Fell. Sadi kannte den Ausdruck in den klugen, schwarzen Augen.

»Du bist hier.« Die beängstigende Begebenheit mit seinem Vater war vergessen. Staunen und Entzücken überwältigten ihn. »Du bist es wirklich. Wie kannst du hier sein?«

Vorsichtig streckte er die Hand aus und berührte das weiche Fell. Ein Schauder lief durch das stolze Tier, dann warf es sich herum und sprang davon. Es raschelte im Gebüsch, und dann sprang etwas Kleines, Getupftes dem größeren Hirsch hinterher. Eine Hirschkuh und ihr Kalb. Sie hatte ein Junges!

»Sadi!« Jemand rief ihn. Das war Mairas Stimme. Sie klang so aufgeregt und voller Angst, dass sie vergessen hatte, ihn mit seinem falschen Namen zu rufen. »Sadi!«

»Maira?« Er ging in die Richtung, aus der er ihre Stimme hörte, und wenig später presste sie ihn an sich. »Oh gütige Götter, dir ist nichts passiert! Trinn hat eine wilde Geschichte erzählt von den Toten, die dich holen wollten. Ich hatte solche Angst!«

»Es geht mir gut«, sagte er. »Alles ist in Ordnung.«

Stumm ließ er ihre Strafpredigt über sich ergehen. Er nahm die Strafe, die sie ihm auferlegte, ohne Widerspruch hin und saß drei

Tage lang gehorsam über seinen Schreibübungen in der großen Bibliothek. Am vierten Tag klopfte die Krähe ans Fenster, und er ließ sie herein.

In der Nacht, die darauf folgte, träumte er von einem Mädchen mit rotbraunem Haar. Sie lag wie tot im Moos, während in der Ferne die Wölfe heulten, während die Füchse unruhig durchs Unterholz schlichen und die Hirsche sich am Rand der Lichtung drängten. Er kniete neben ihr nieder und griff nach ihrer Hand, und da schlug sie die Augen auf.

In seinem Traum war er nicht schüchtern oder um Worte verlegen. Er half ihr hoch, und gemeinsam gingen sie durch den Wald. Das Mädchen war barfuß und trug ein kurzes Kleid, das aus Fell genäht war. Kleine weiße Blüten, die betörend dufteten, rankten sich um ihre Schultern. Sie hörte ihm zu, während er von den Bewohnern der Ruine erzählte: von Trinn und seinem Großonkel, von den alten Männern, die immerzu froren, von den jüngeren Männern, die desertiert waren und dennoch wilde Kriegsgeschichten zum Besten gaben, von den Frauen, die wenig mehr als ihr nacktes Leben gerettet hatten und sich dennoch ein neues Heim aufbauten, ohne je zurückzublicken. Er erzählte ihr von Maira und dass er es nicht über sich brachte, sie »Mutter« zu nennen, obwohl sie nichts anderes für ihn war, und von Yando, den er schmerzlich vermisste.

Doch wenn er das Mädchen fragte, wer sie war und woher sie kam, lächelte sie. »Aus dem Feuer«, sagte sie dann, und manchmal sagte sie: »Aus dem Nebel.« Einmal, nachdem er sie ein wenig zu lange angestarrt hatte und verlegen die Augen niederschlug, sagte sie leise: »Ich bin ins Wasser gesprungen, und da ist kein Grund. Ich sinke immer nur tiefer.«

»Du bist in einen Brunnen gesprungen?« Sadi kannte die alten Geschichten, Maira hatte sie ihm oft genug erzählt. Doch gleichzeitig dachte er: *Sie ist ein Traum. Wie kann ich erwarten, dass sie mir meine Fragen beantwortet?*

Maira hatte ihm verboten, in den Wald zu gehen, ob allein oder nicht. Doch da Trinn sich nach dem Zusammentreffen mit Tizarun weigerte, wieder seine Aufgaben im Wald zu erfüllen, musste jemand anderes es übernehmen. Sadi teilte Maira mit, dass er von nun an jeden Tag im Wald sein würde. Sie hätte ihn festbinden müssen, um es zu verhindern. Die Krähe begleitete ihn. In ihrer Nähe fühlte er sich sicher, doch sie musste ihn nicht verteidigen. Tizarun kam nicht zurück, und die anderen Toten hielten sich von ihm fern. Es war, als würden sie einen großen Bogen um die Schlossruine machen, seit der Vogel und der Hirsch aus Guna eingetroffen waren. Als würden die beiden einen Anspruch auf das Schloss erheben, gegen den die Toten nichts ausrichten konnten.

Jede Nacht träumte er von dem rothaarigen Mädchen.

Sadi suchte die Hirschkuh, sooft er sich davonstehlen konnte, und entdeckte auf seinen Erkundungsausflügen den Wald, seine grenzenlose Weite, seine Schönheit, die im Laufe der Jahreszeiten wechselte. Manchmal fragte er sich, ob er wie die Ahnfrau der jarimischen Könige war, wie Jarim, die den Hirschgott verfolgt hatte, bis sie ihn schließlich stellte und er ihr seine Liebe gestand. Die Hirschkuh war ein Teil seines Lebens, obwohl sie sich oft nur am Rand seiner Wahrnehmung aufhielt. Häufig sah er sie, öfter noch glaubte er nur, sie gesehen zu haben. Im Sonnenglanz einer Lichtung, im gefleckten Schatten unter den Bäumen. Im Schnee. In der Blütenpracht des Frühlings. Erst im darauffolgenden Sommer fiel ihm auf, dass weder die Hirschkuh noch das Kalb sich veränderten. Das Kleine wuchs nicht. Monat für Monat stakste es neben seiner Mutter her, sprang mit den Schmetterlingen über die Gräser, schlief zusammengerollt zwischen den Wurzeln der Baumriesen. Die beiden waren wie Wünsche, die ihn narrten.

Wenn ihm seine Pflichten Raum ließen, erkundete Sadi das Schloss oder das, was davon übriggeblieben war. Er wanderte durch das Labyrinth der Gänge, kletterte in unheimliche Kellergewölbe und erforschte die eingestürzten Dächer.

Eines Tages stieß er auf eine blaue Tür, hinter der leiser Gesang ertönte.

Tenira hatte sich Zeit gelassen mit der Entscheidung. Doch nun, über ein Jahr nach ihrer Rückkehr nach Wajun, beschloss sie, einen Schlussstrich zu ziehen. Sie ging in den Garten hinaus, scheuchte alle Wachen und Gärtner fort und legte die Hände auf die glatte Oberfläche der Kuppel. Sie war keine Magierin, nie zuvor hatte sie Magie gewirkt. Doch was war Zaubern anderes als Wünschen? Ihre Wünsche würden sich erfüllen. Mit dieser Gewissheit befahl sie der schützenden Hülle, sich zu öffnen.

Sie war nicht überrascht, als es geschah, doch das leise Zischen und Knistern, mit dem die magische Oberfläche brach, ging ihr durch und durch. Unwillkürlich zuckte sie zurück. Ein Riss ging durch die Schale, dann fiel sie auseinander. Die Steine, aus denen die Kuppel gemauert war, polterten zu Boden. Tenira wartete, bis der Staub sich gelegt hatte.

Eine hüfthohe Bahre lag zwischen den Trümmern, darauf ruhte eine reglose Gestalt. Schwarzes Haar breitete sich über das Kissen. In den Händen, die der Tote über der Brust gefaltet hatte, lag ein Schwert.

Zu Füßen der aus Marmor gefertigten Bahre lag, nur in eine Decke gehüllt, der Attentäter. Während Tenira über Steine und Staub schritt, war ihr, als könne sie den beginnenden Zerfall bereits hören, ein Rascheln wie von brüchigem Laub. Es roch nach Schnee, kalt und winterlich, und dann wehte der Wind auch diesen Duft hinfort.

Sie musste sich entscheiden. Von Tizarun Abschied zu nehmen konnte bedeuten, dass sie keine Zeit mehr hatte, sich das Gesicht des Assassinen anzusehen. Doch widmete sie sich ihm, würde Tizarun vergehen, ohne dass sie ihn festhalten konnte. Die Wahl war schwer, denn wie sie sich auch entschied, eine ihrer Fragen würde offenbleiben.

»Tizarun«, flüsterte sie und beugte sich über ihn. Es war nur seine Hülle, eine leere Schale. Ein Lied, dessen Ton noch in der Luft schwebte und nun verhallte. Sein edles Gesicht, die Augen geschlossen, als würde er schlafen, sein Mund verzerrt, Abbild des Schmerzes, den er an jenem letzten Abend erlitten hatte. Sie war ihm nicht gram, dass er geschrien hatte. Er war nicht so stark gewesen, wie sie gedacht hatte. Er war kein Held. Aber er war immer noch der Mann, den sie geliebt hatte. Den sie nicht aufhören konnte zu lieben.

Der Wind streichelte seine Wange, schälte seine Haut ab wie eine Schicht Staub. Vor ihren Augen zerfiel er, löste sich in nichts auf und war fort. Nur das Schwert lag noch da, die Kleidung, in der er beigesetzt worden war, das schöne Hemd und die Weste sowie der königliche Umhang blieben übrig, als hätte er sie gerade erst abgelegt, um fortzugehen. Nackt, wie die Götter ihn geschaffen hatten. Und als wären sie viele hundert Jahre alt, verwandelten sich im nächsten Moment auch die Gewänder in grauen Staub, der in einem Lufthauch davonwirbelte.

»Leb wohl, mein Geliebter«, flüsterte sie. »Zaruni.« Sie spürte, wie ihre Tränen fielen, und mit ihnen fiel eine Last von ihr ab. »Geh«, sagte sie. »Geh und komm nicht mehr zurück.«

Doch für diesen Wunsch war es zu spät. Sie hatte nach ihm gerufen, und er war gekommen. Er hatte halb Kato vernichtet, um ein Schiff zu bauen, und er hatte das Nebelmeer durchquert, um zu ihr zu gelangen. Es war unmöglich, diesen Wunsch wieder zurückzunehmen, und doch fand sie Frieden. Keinen großen, tiefen Frieden, der den Rest ihres Lebens anhalten würde, aber doch einen kleinen, zerbrechlichen Frieden. Das Wissen, dass die Dinge ihren Lauf gehen mussten. Auf den Abend folgte die Nacht, auf die Nacht der nächste Morgen, auf Leben der Tod, und man konnte die Toten nicht festhalten.

Sie mussten gehen, wenn die Götter riefen. Und wenn die Götter schwiegen, mussten sie dennoch ihren eigenen Weg gehen, fernab von den Wegen der Lebenden.

Ein wenig Frieden, schmerzhaft und bitter und ohne Trost. Mehr würde sie nicht bekommen.

Als sie sich schließlich aufrichtete, ihr ganzer Körper war verkrampft und wie taub, kniete sie sich auf der anderen Seite der Bahre hin und zog die Decke, die davor lag, auseinander. Sie war leer, bis auf den schwarzen Mantel eines Magiers, der sich vor ihren Augen in Staub verwandelte. Und sie kannte immer noch nicht das Gesicht des Mörders.

Es musste genügen, dass die Götter alles gesehen hatten. Ihnen entkam niemand. Es musste genügen, dass sie, die über allem standen, die Namen derer kannten, die sie riefen.

Tizarun sah sich auf dem Marktplatz um. Das Land der Tausend Städte war ihm fremd, und er wusste nicht einmal, wie dieses Dorf hieß. Er stammte aus Lhe'tah und hatte in Wajun gelebt, aus dem Tenira ihn vertrieben hatte. Und auch in Anta'jarim war er nicht willkommen, das hatte Sadi mehr als deutlich gemacht. Doch Le-Wajun war groß. Gewiss würde es irgendwo einen Platz geben für Tizarun, den Flammenden König, und sein Gefolge.

Rauch stieg aus den Schornsteinen, ein paar Hühner gackerten. Ein räudiger Hund bellte die Neuankömmlinge an und wich dann mit gesträubtem Fell zurück, doch die Menschen konnten die Toten offenbar nicht sehen. Sie gingen weiter ihren Geschäften nach, ohne dem König Ehre zu erweisen oder ihn überhaupt zu beachten.

Mit einem Stirnrunzeln wandte Tizarun sich an seine Offiziere. Laimoc war darunter. Im Gegensatz zu den anderen der Edlen Acht, die ihn im Stich gelassen hatten, war der jüngere der Weißenfels-Brüder bei ihm geblieben. Das Band des Hasses, das ihn an Tizarun fesselte, war stärker als Freundschaft.

»Sorg dafür, dass jeder einen Platz bekommt«, sagte er zu Laimoc. Er genoss es, ihn wie einen alten Freund zu behandeln. Dagegen wehren konnte Laimoc sich nicht.

»Sehr wohl«, antwortete er steif.

Doch mit einem Heer von toten Seelen in einem Dorf zu übernachten, in dem niemand sie bemerkte, bot seine eigenen Schwierigkeiten. Sie verteilten sich auf die Häuser, der größte Teil der Toten blieb jedoch draußen und lagerte in den Gärten und auf den Feldern. Sie saßen auf den Straßen und auf dem Markt herum, während die Dorfbewohner ihrem Tagewerk nachgingen.

Tizarun setzte sich zum Bürgermeister an den Tisch und sehnte sich danach, eine ordentliche Mahlzeit vorgesetzt zu bekommen. Später legte er sich in eins der Betten, obwohl es besetzt war.

Es war beschämend, tot zu sein und dabei machtlos. Dies war kein Vergleich zu dem, was er in Kato hatte sein können. Nicht zum ersten Mal verfluchte er die Sehnsucht, die ihn an Tenira kettete. Selbst wenn er gewollt hätte, er hätte nicht nach Kato zurückkehren können. Das wäre viel zu weit weg gewesen. Er kreiste um Wajun, auch wenn er es nicht wagte, sich Tenira wieder zu nähern. Immer nur um Wajun.

In diesem Dorf, das er mit seinem Gefolge besetzt hatte, kehrte eine merkwürdige Stille ein. Die Menschen schienen doch etwas zu bemerken. Sie zögerten, wenn sie einen Raum betraten, in dem bereits eine tote Seele hauste, und draußen sah man kaum jemanden mehr. Der Bürgermeister beklagte sich über die Kälte in seinem Haus. Seine Frau fing an zu husten, seine Töchter schwanden dahin. Als die ersten Kinder starben, floh die Familie aus dem Dorf, und viele andere gingen mit ihnen. Verlassen lag die kleine Ortschaft unter der Sonne. Ein paar vergessene Hühner pickten nach Körnern, auf den Dächern versammelten sich Krähen.

Ein König ohne ein Schloss zu sein war schlimm genug, doch ein König ohne Untertanen, der durch leere Straßen schritt? Es fühlte sich an, als hätte Tenira ihn ins Exil geschickt.

»Ziehen wir weiter«, sagte Tizarun zu seinen Leuten. Es waren einige Seelen dazugekommen, die verwirrt vor ihren Häusern standen. Die meisten der neuen Toten blieben dort, wo ihr Leben seine Spuren hinterlassen hatte – doch nicht alle.

Von Dorf zu Dorf wuchs das Heer der Seelen, und die Stille breitete sich im Land aus.

25. Die Jahre nach dem Krieg

In diesen ersten Jahren nach dem Krieg versanken die Länder in Blut und Asche. In diesen ersten Jahren nach dem Feuer und dem Eisen war Kanchar wie ein flackerndes Licht, das ein Windhauch hätte auslöschen können. Das Kaiserreich hatte zu viel verloren. Die junge Kaiserin war der Stern, zu dem die Menschen aufsahen. Erst voller Hoffnung und dann mit bitterem Groll im Herzen, ohne zu ahnen, dass jemand anderes die Entscheidungen traf. Jemand anderes zwang die Bewohner von Wabinar dazu, die Stadt wieder aufzubauen, ohne an ihr eigenes Wohl zu denken. Jemand anderes zog die jungen Männer und Frauen ein und schmiedete sie zu einer Garde, die nicht nur den Palast bewachte, sondern jedes Widerwort, jede Auflehnung, jedes Infragestellen ahndete.

»Ich kann dich hier rausbringen«, sagte Karim bei jedem seiner Besuche. So auch diesmal. Er beugte sich vor und goss ihnen beiden Pfefferwurzeltee ein, da Sahiko alle Sklaven weggeschickt hatte. Eigentlich war sie zu jung für dieses starke Getränk, und das wusste sie natürlich.

Sahiko grinste ihn nur an. Sie wurde von Mal zu Mal hübscher und selbstbewusster.

»Das geht nicht, und das weißt du auch, Onkel Karim. Hier sitze ich an der Quelle. Was würde aus all den Leuten werden, denen du helfen kannst?«

»Das kann ich auch ohne dich in Wabinar tun.«

Sie nippte an ihrem Tee und verzog den Mund. »Bah, bitter.«

Er lächelte nur. So sehr sie sich auch bemühte, erwachsen zu wirken, es gelang ihr selten.

»Ist alles gut verlaufen? Hast du die Familie rechtzeitig weggebracht, bevor die Garde sie abholen konnte?«, fragte sie.

»So ärgerlich das auch für Joaku ist, die Gerüchte wird es noch weiter schüren. Dass Menschen spurlos verschwinden, wirkt oft stärker als eine Verhaftung.«

»Ich werde dich nicht fragen, wo du sie hingebracht hast.« Sahiko trank geziert, den kleinen Finger abgespreizt, dann stellte sie den Becher ab und seufzte. »Nein, ich halte das nicht aus. Also, wo hast du sie hingebracht?«

Er durfte sie nicht einweihen, für den Fall, dass Joaku sie aushorchte. Sie wusste das genauso wie er, und doch fragte sie nach dem Schicksal eines jeden Menschen, den sie gemeinsam retteten. Graf Ricto oder eine ihrer Sklavinnen trug ihr zu, wohin die Garde unterwegs war, und natürlich konnte Karim nicht jeden rechtzeitig fortbringen. Hätte er es getan, wäre die undichte Stelle auch viel zu schnell entdeckt worden. Zu entscheiden, wen er durch die Türen an weit abgelegene Orte entführte und wen er dem Verhängnis überließ, war mitunter das Schwerste. »Du weißt doch …«

»Ja, ich weiß. Auch wenn ich glaube, dass der Meister mir nicht so schnell alles aus der Nase ziehen kann, was ich weiß. Ich bin gut darin, meine Gedanken vor ihm zu verbergen. Abgesehen davon ist er schon ziemlich lange nicht mehr hier aufgetaucht.«

Sahiko sprach nicht gerne über ihren alten und grausamen Verlobten. Sie konzentrierte sich lieber auf das Jetzt. Trotz allem, was sie in ihrem jungen Leben hatte erleiden müssen, trotz allem, was sie an Leid anderer mit ansehen musste, war sie der fröhlichste Mensch, den Karim kannte. Seine Nichte zu besuchen bedeutete, dem Schrecken der Welt für kurze Zeit den Rücken zu kehren. Den Kampf gegen Joaku für kurze Zeit ruhen zu lassen. Es war, wie in einem Lied zu leben. Es war, wie in Kato zu sein.

Genießerisch schloss er die Augen und nahm einen großen Schluck. Samtiger Schaum prickelte auf seinen Lippen.

Gleich darauf verschluckte er sich und spuckte über den Tisch. Von einem Augenblick zum anderen stand eine dritte Person im Raum – ein schwarzhaariger Jüngling, schlicht gekleidet in eine dunkelbraune Hose und ein ledernes Wams, einen Dolch am Gürtel, den Bogen über der Schulter.

»Sadi?« Karim musste husten und fand seine Stimme kaum wieder. »Was machst du hier?«

Sein Bruder war kein kleiner Junge mehr, sondern ein schlanker, sehniger junger Mann, der Karims Verblüffung mit einem Augenzwinkern erwiderte.

»Er kommt öfter hierher«, sagte Sahiko, die nicht im Mindesten überrascht klang. Ihr Blick wanderte zwischen ihnen hin und her. »Unglaublich, wie ähnlich ihr euch seid. Es ist ein schöner Zufall, dass ihr endlich einmal gleichzeitig hier eintrefft.«

Sadi nickte ihm kühl zu und ließ sich auf einem der Kissen nieder. Er benahm sich, als wäre er in Sahikos Gemächern zu Hause.

Karim brauchte eine Weile, um sich zu beruhigen. In den vergangenen Jahren hatte er immer seltener nach seinem Bruder gesehen. Je älter Sadi wurde, umso größere Überwindung kostete es ihn. Er hatte das Gefühl, als hätten sich alle Götter gegen ihn verschworen, denn er konnte Anyana nicht finden. Hatte er nicht diese Welt und Kato nach ihr abgesucht, ohne auch nur einen Schimmer ihres roten Haares zu erhaschen? Während Sadi, ohne sie überhaupt zu kennen, ohne irgendetwas dafür getan zu haben, mit ihr verlobt war. Die Fäden des Schicksals würden die beiden zusammenführen. Gemeinsam waren sie die Sonne, so war es bestimmt. Sogar seine Krähe hatte sich für Sadi entschieden und lebte nun in Anta'jarim, in Winyas altem Zuhause. Es war verständlich und fühlte sich doch an wie Verrat. War es ein Wunder, dass Karim sich so schwer damit tat, den Weg seines Bruders zu einem erwachsenen Mann zu begleiten?

Sahiko runzelte die Stirn. »Du hast keine Ahnung, nicht wahr?«

»Wovon?« Meinte sie die Verlobung zwischen Sadi und Anyana? Und falls ja, wie hatte sie davon erfahren? Er war nicht bereit, mit diesen halben Kindern über Anyana zu sprechen, über seine Liebe und seinen Verlust. Auch wenn Sahiko ihm oft viel älter vorkam, als sie war, und die Vertrautheit zwischen ihnen nach uralter Freundschaft schmeckte. Manchmal lag ihm ein Name auf der Zunge, ein anderer Name, und nicht nur einmal hatte er sich erschrocken auf die Lippe gebissen. Sie war nicht Linua – wie hätte sie es auch sein können?

Es war besser, sich auf das zu konzentrieren, was sie zusammen tun konnten, um den Menschen in Kanchar zu helfen.

Mit einem feinen, wissenden Lächeln reagierte sie auf seine ablehnende Haltung. »Ich werde nicht diejenige sein, die dir davon erzählt.« Sie nickte Sadi zu, der gerade den Bogen ablegte. »Habt ihr die Sache in den Griff bekommen?«

»Mit den Räubern, die im Wald ihr Unwesen treiben? Ja, vorgestern haben wir einen der Anführer festgenommen. Er wird uns schon noch sagen, was wir wissen müssen.«

Karim hörte zu, wie Sahiko kluge Fragen stellte und wie Sadi davon erzählte, wie er und seine Leute den Wald von Anta'jarim schützten. Eigentlich wollte er das alles gar nicht hören. Die Geschichten darüber, wie Sadi sich zu einem Anführer entwickelte, der sich gegen viel ältere und erfahrenere Männer und Frauen durchzusetzen verstand. Darüber, wie er zusammen mit den Eisensoldaten, die auf ihn hörten, das Schloss bewohnte und teilweise wieder aufgebaut hatte. Er wollte nicht sehen, wie freundlich Sadis Lächeln war, wenn er sich Sahiko zuwandte, und wie verunsichert, wenn sein Blick zu Karim herüberzuckte.

Er hätte ein besserer Bruder sein sollen. Doch was war daran neu, dass er versagte? Als ein Geächteter ging er von einer Tür zur anderen und blieb nirgends lange. Es gab einige wenige Orte, an denen er sich willkommen fühlte – in Guna bei Selas und hier bei Sahiko –, doch ein Zuhause besaß er nicht.

»Die Räuber haben versucht, den Eisenvogel zum Absturz zu bringen«, erzählte Sadi. »Sie glaubten, sie hätten leichtes Spiel, aber es war eine Falle. Ich hatte die Soldaten links und rechts des Weges platziert und …«

»Du bist im Besitz eines Eisenvogels?«, unterbrach Karim ihn.

Sadi zuckte mit den Achseln. »Sahiko war so liebenswürdig, mir die Erlaubnis zum, äh, Diebstahl eines Wüstenfalken zu erteilen.«

Dieser Junge war ihm so erschreckend ähnlich, dass Karim mit Gewalt die Augen von ihm losriss. Es würde Anyana nicht schwerfallen, ihn zu lieben. Wie könnte sie nicht? Sadi war wie eine jüngere, unschuldigere Ausgabe von ihm selbst. Kein Wüstendämon, sondern ein wahrer Prinz. Nicht Joaku hatte ihn erzogen, das hatten Yando und Maira getan und dabei hervorragende Arbeit geleistet.

»Und dann kommst du mit einem Falken den weiten Weg her? Ist das nicht ein bisschen riskant?«

Dieses Grinsen. Es war, als würde er sich selbst im Spiegel sehen. »Wenn ich Sahiko besuche, reise ich auf anderen Wegen.«

»Durch … die Türen?«

Warum überraschte ihn das? Sadi war der begabteste Magier, dem er je begegnet war, sein göttlicher Funken war sogar noch stärker als Karims. Das Erbteil seiner Mutter Tenira musste daran schuld sein. War es da ein Wunder, dass der Junge schneller lernte als er?

»Unya hat mir ein paar Dinge beigebracht.«

Karim schämte sich für die rasende Eifersucht, die Besitz von ihm ergriff. Deshalb bemühte er sich um ein anerkennendes Lächeln. »Grüß sie, wenn du sie siehst.«

»Das werde ich.« Sadi benutzte seinen Dolch, um das klebrige Gebäck auf seinem Teller zu zerteilen. War das als Warnung gedacht? Schließlich waren sie nicht nur Konkurrenten, was die Prinzessin von Anta'jarim betraf. Von Karims Liebe zu seiner zukünftigen Braut konnte Sadi nichts wissen, doch was Wajun betraf, den ererbten Thron, hatte er bei jedem ihrer seltenen Treffen Karims Ring vor Augen, den Ring ihres gemeinsamen Vaters.

»Hast du nie in Erwägung gezogen, nach Wajun zu gehen und dein Erbe anzutreten?«, fragte Sadi.

Sahiko nippte gerade an ihrem Tee und verschluckte sich prompt. »Diese Frage hatte ich eher von dir erwartet, Karim.«

Und er hatte sie auch gerade stellen wollen.

»Man sucht mich als Laikans Mörder.«

»Über den man in Anta'jarim nicht viel Gutes zu erzählen weiß. Im Schloss habe ich nie auch nur ein böses Wort gegen dich gehört.«

»Ich will keinen Bürgerkrieg. Die Menschen haben genug damit zu tun, die Toten abzuwehren.«

Sie schwiegen eine Weile. Jeder von ihnen wusste, wie es war, umgeben von toten Seelen zu leben. Die Toten hielten sich von Schloss Anta'jarim fern, so viel Karim wusste, denn sie schreckten vor den Eisensoldaten zurück, doch dafür belagerten sie die Ruine regelrecht. Nicht anders war es in Wabinar und überall sonst – sowohl in Le-Wajun als auch im Kaiserreich. Der einzige Ort, der nahezu frei von ihnen war, war Daja. Der Belagerungsring aus Eisensoldaten, der immer noch um die Stadt lag, hielt die Seelen zuverlässig fern.

Die wahre Angst, die Karim umtrieb, brachte er jedoch nicht über die Lippen. Dass Joaku ihn finden würde, wenn er einen Thron bestieg, war unausweichlich. Nur als Wanderer, der niemals irgendwo ankam und sich zur Ruhe setzte, war er einigermaßen sicher.

»Und du?«, fragte Sahiko. Ihr Tonfall verriet ihm, dass sie und Sadi schon oft darüber geredet hatten. »Deine Gründe sind … seltsam, möchte ich mal sagen.«

»Ich bin überhaupt nicht der Erbe«, sagte der junge Mann. »Das Haus Anta'jarim ist an der Reihe. Ich halte es für einen Fehler, dass mein Vater den Wechsel der Königshäuser abschaffen wollte. Um Le-Wajun zu stärken? Wir waren nie schwächer als jetzt. Meine Mutter sitzt unrechtmäßig auf dem Thron. Sie ist überhaupt keine Sonne mehr, und ich bin ganz gewiss nicht ihre andere Hälfte.«

»Das Haus Anta'jarim wurde ausgelöscht«, sagte Karim leise.

»Nein, es gibt eine Erbin«, widersprach Sadi. »Und ich werde sie finden.«

Er wusste von Anyana. Hatte Unya ihm von ihr erzählt? Dann hatte Sadi bestimmt auch von der Verlobung erfahren, die Tizarun und Jarunwa vor seiner Geburt vereinbart hatten. Er würde nur zusammen mit Anyana den Thron von Wajun besteigen, und damit würde die neue Sonne all die Wunden heilen, die Tenira dem Großkönigreich zugefügt hatte.

Karim starrte auf den Ring. War jetzt der richtige Zeitpunkt, um ihn Sadi zu überreichen? Und wenn nicht jetzt, wann dann? Seine Hände wollten sich nicht bewegen. Mit einem Ruck streifte er den Ring ab und ließ ihn eine Weile auf seiner Handfläche liegen, ein schimmerndes Kleinod, das ein ganzes Reich wert war.

»Er gehört dir«, sagte er.

Sadis Augen weiteten sich überrascht, doch er streckte die Hand nicht danach aus. »Du ehrst mich«, sagte er. »Aber nein, ich werde ihn nicht annehmen. Sahiko hat mir erzählt, was du für ihre Leute tust. Mit diesem Ring kannst du beweisen, dass du nicht einfach ein Rebell bist, den die Soldaten ungestraft umbringen können. Du bist der Thronanwärter von Wajun.«

»Und vogelfrei im ganzen Kaiserreich«, erinnerte Karim. »Dieser Ring ist mein Todesurteil, wenn man mich erwischt. Also nimm ihn. Deine Mutter hätte ihn dir geben sollen.«

Doch der Junge zögerte immer noch. »Nein. Du hast ihn bekommen, und ich werde ihn dir nicht wegnehmen. Wenn ich jemals Großkönig werden sollte, dann durch die wahre Erbin.«

Karims Finger schlossen sich um den Ring. »Einen Bruder wie dich zu haben ist mehr, als ich verdiene.«

Später an diesem Tag saß er vor einem Kaminfeuer und starrte in die Flammen. Selas reichte ihm ein Glas Wein. Der König von Guna scherte sich nicht um Karims Verbannung, und sie waren nicht so vorsichtig, wie sie vielleicht hätten sein sollen. Doch Selas konnte sich nicht vorstellen, dass irgendeiner der Königstaler zum Verräter werden könnte. Guna war Guna – von den Gesetzen, die in Wabinar erlassen wurden, hielt man hier nicht viel.

»So geht es nicht weiter«, sagte Selas nach einer Weile.

Karim zuckte mit den Schultern. »Ich bin nur müde.«

»Natürlich bist du müde. Wer wäre das nicht? Du schonst dich nicht gerade.«

»Joaku lässt unschuldige Menschen verhaften und hinrichten. Jede Stunde, die ich hier sitze und nicht helfe, vergrößert die Zahl der toten Seelen.«

»Mag sein, aber du kannst nicht die ganze Welt retten, Karim.

Du kannst nicht überall sein. Selbst mit deinen Fähigkeiten, mit einem Schritt überall hinzugelangen, bist du nur ein Mensch. Ruh dich aus, schlaf wenigstens gelegentlich eine ganze Nacht durch. Komm einmal zur Ruhe.« Er zögerte. »Du bist hier immer willkommen, das weißt du. Aber du brauchst ein Heim. Du bist kein Vogel, der im Fliegen schläft und in der Luft Nester baut. Richte dich ein, heirate – oder erobere endlich diesen verdammten Thron, nach dem du dich so sehnst.«

Karim lachte freudlos. »Ich kann mich nicht ausruhen, bevor ich Anyana nicht gefunden habe.«

Selas seufzte. Er starrte in sein Glas, in die rote Flüssigkeit, lehnte sich in seinem Sessel zurück und blickte dann auf und in eine Ecke des Raums. Karim fragte ihn nicht, ob er Mernat sah. Er wusste, dass es so war. Er konnte die Anwesenheit der Seele spüren, die in dem grauen Haus der alten Könige wohnte.

»Dann will ich nun dein König sein«, sagte Selas. »Als dein älterer Bruder und der Vater aller Gunaer sage ich: Geh und finde deine Prinzessin.« Er hob die Hand, bevor Karim einwenden konnte, dass er Anyana bereits überall gesucht hatte. »Vergiss Kanchar und vergiss Joaku. Du bist nicht für das Leid, das er verursacht, verantwortlich. Ich entbinde dich von der Pflicht, die du empfindest. Geh noch weiter weg, als du je gegangen bist. Du hast sie an allen Orten gesucht, aber du kannst größere Schritte tun. Hast du nie daran gedacht, dorthin zu gehen, wo sie war, wenn du sie schon nicht dort finden kannst, wo sie ist?«

Karim starrte seinen Bruder ungläubig an. »Nach Kato? In … die Vergangenheit? Aber dort bin ich selbst bei ihr. Was soll sie mit zweien von uns anfangen? Und hätte ich mich damals nicht selbst gesehen, wenn ich noch einmal dort hingegangen wäre?«

»Nicht nach Kato. Du solltest dir nicht selbst in die Quere kommen.«

»Dann …« Früher. Er musste in eine Zeit gehen, bevor er Anyana wiedergefunden hatte. Aber da war sie so jung gewesen. Zu jung. Und hätte sie ihm nicht davon erzählt, wenn sie ihn in der Vergangenheit getroffen hätte?

Aber das hatte sie.

Er erinnert sich an so vieles, was sie gesagt hatte, und auf einmal machte alles einen Sinn. Es gab einen Ort, an dem er sie finden würde.

In der Kolonie.

Damals.

26. Die Fäden des Webers

Die Sonne brannte heiß auf ihn herab, Staub wehte ihm ins Gesicht. Karim beschattete seine Augen mit der Hand und blickte sich um. Er drehte sich einmal im Kreis, um sich zu orientieren, dann ein weiteres Mal.

Der weite Himmel war so hell, dass er nicht blau wirkte, sondern von einem fahlen, ins Gelbliche gehenden Grau. Nach und nach schälten sich einige Umrisse aus der Helligkeit, und er erkannte einen Zaun. Die Pfähle waren mannshoch, die Latten dazwischen von Wind und Sonne verblichen und vom Sand geschliffen. Tiefe Kratzspuren zeugten von tierischen Besuchern mit mächtigen Krallen; vermutlich die Tiere, die der Zaun abzuhalten versuchte. Ein Büschel gelblicher Haare war in einem der Kratzer hängengeblieben.

Es war sein Instinkt, der ihn rettete. Obwohl Karim nichts gehört hatte, wirbelte er herum, genau in dem Moment, da der Löwe sprang. Es war ein gewaltiges Tier, gelbbraun, mit schwarzer Mähne, der Rachen gierig geöffnet, um sein Opfer mit einem einzigen Nackenbiss zu töten. Karim warf sich zur Seite, rollte sich ab und sprang auf, als der Löwe auf allen vieren landete und zornig knurrte. Das Raubtier griff nicht sofort wieder an, stattdessen musterte es den Mann, der vor ihm stand, mit seinen kleinen, golden schimmernden Augen.

Karim wagte nicht, sich zu bewegen. Doch er brauchte eine Waffe, wenn die Löwin erneut sprang. Zumindest nahm er an, dass es eine Löwin war, denn die weiblichen Tiere trugen zumeist dunklere, weniger üppige Mähnen als die Männchen und waren schlanker und wendiger. Das machte sie zu den gefährlicheren Jägern. Falls sie Junge hatte, die sie versorgte, würde sie ihn nicht entkommen lassen. So langsam wie möglich ließ er seine Hand zum Gürtel wandern, um an seinen Dolch zu gelangen. Sofort wurde das Knurren lauter. Die Löwin legte die Ohren an und duckte sich.

Sie war ein prächtiges Tier. Er wollte sie nicht töten, aber sie ließ ihm keine Wahl. Seinen Willen über ein lebendiges Tier zu legen war unmöglich. Er konnte nur leblosen Dingen befehlen, und das musste er nun sehr schnell tun, denn in diesem Augenblick sprang sie los. Karim riss den Dolch aus dem Gürtel und versuchte, die Löwin zu erwischen, doch sie war ebenfalls schnell. Ihre Krallen schrammten über seinen Arm und seine Rippen, gleichzeitig gelang es ihm, sie in die Brustgegend zu stechen, bevor sie mit einem hohen Heulen auf der Erde aufkam und über den Sand schlitterte. Blut tropfte seinen Arm hinab. Nun war sie nicht mehr bloß auf Beute aus, sondern wild vor Schmerz und Wut. Ohne auch nur einen Moment innezuhalten, stürzte sie sich abermals auf ihn.

Der Dolch war zu klein, die Klinge zu kurz. Er hätte einen Speer gebraucht, wie es die Bewohner der Wüste taten, wenn sie auf Löwenjagd gingen. Was ihm zum Kämpfen blieb, war ansonsten nur noch der Sand.

Mit seinem magischen Willen griff er danach und schleuderte ihn der Löwin in die Augen, während er sich gleichzeitig zur Seite warf, um ihren Pranken zu entgehen. Sie schüttelte sich und stieß einen nahezu menschlich klingenden Laut aus, dann griff sie erneut an. Sie roch ihn, das schien ihr zu genügen, um zu wissen, wo ihr Feind sich befand.

Karim wich zurück, um etwas mehr Abstand zwischen sich und das Raubtier zu bringen. Er würde nicht weglaufen, doch er brauchte dringend eine Waffe. Nur mit bloßen Händen konnte er die Löwin nicht besiegen. Sein Arm, der sich vorher nur taub angefühlt hatte, begann zu schmerzen. Er tastete erneut nach dem Dolch und hob ihn mit seinem Willen hoch. Die Löwin konzentrierte sich allein auf ihn, sie würde keinen Versuch machen, der Klinge auszuweichen. Wenn sie noch einen Moment länger stillhielt, konnte er die scharfe Spitze zwischen ihren Rippen platzieren …

Doch natürlich hielt sie nicht still. Sie griff ihn an, warf ihn um, und ihr heißer Atem schlug ihm ins Gesicht. Er sah ihr furchteinflößendes Gebiss über sich glänzen, als sie nach ihm schnappte. Ohne nachzudenken, übernahm er mit seinem Willen die Gewalt über die Zähne. Ihre Seele konnte er nicht beeinflussen, aber nun, da er die gelbweißen Hauer als Gegenstände betrachtete, gelang es ihm, wenigstens diese zu beherrschen. Er lenkte die spitzen Zähne von sich ab und zwang sie aufeinander zu, bis sie krachend aufeinanderschlugen. Die Löwin schüttelte irritiert den Kopf, nahm ihre Pranke von seiner Schulter und wich zurück. Karim rappelte sich auf.

Sie sahen einander an. Ihre goldenen Augen waren voller Angst, denn sie begriff nicht, was mit ihr passierte. Mitleid erfüllte ihn, obwohl sie ihn verletzt hatte. Er bückte sich und hob den Dolch auf, der gleißend in der Sonne lag. Nur ein schmaler Streifen war mit Blut befleckt. Sandkörner klebten daran.

Karim hielt seine Waffe fest, dann erst gab er die Löwin frei. Doch diesmal griff sie nicht wieder an. Mit einem ängstlichen Winseln schlich sie einige Meter rückwärts, dann warf sie sich herum und floh. Gleich darauf verschwand sie in einer der Senken, die das Land wie Krallenspuren durchzogen.

Er ließ sich auf die Erde sinken und untersuchte seine Wunden. Die Schrammen waren nicht sehr tief, bluteten jedoch stark. Er zerteilte seinen Umhang und legte sich Verbände an, um seinen Arm und um die Schulter. Den Schmerz ließ er zu, um nicht noch mehr Ballast in seiner Seele anzusammeln. Dann kletterte er über den Zaun und marschierte auf der Innenseite der Koppel weiter. Auch wenn er nicht sicher wusste, wo er sich überhaupt befand, hatte er doch einen Verdacht. Er war schon einmal hier gewesen, vor Jahren, als er mit Lan'hai-yia und den letzten Rebellen nach dem Scheitern der Rebellion in die Kolonie geflohen war. Die eingezäunten Weiden gehörten zu Laimocs Farm.

Bei seinem letzten Besuch war Karim nicht bewusst geworden, wie groß der Besitz war. Er musste über eine Stunde marschieren, bevor er ein paar Pferde zu Gesicht bekam, und eine weitere, bis er auf die Straße stieß, die zur Farm führte. In der Nähe des Tors war eine Gruppe Männer damit beschäftigt, den Zaun zu reparieren.

Sie richteten sich auf und beäugten ihn misstrauisch, bis er in Rufweite war. Niemand wanderte zu Fuß und ohne Wasser und Proviant durch die Wüste, das war ein Todesurteil. Rasch legte er sich eine Geschichte zurecht. Leider wusste er nicht, zu welcher Zeit er hier eingetroffen war – dass es wirklich die Vergangenheit war, konnte er nur annehmen. Von den Bränden des Krieges oder von den Toten war hier nichts zu merken, aber das musste nichts heißen. Das Farmhaus hatte er schließlich noch gar nicht zu Gesicht bekommen.

»He!«, rief ihm einer der Arbeiter zu. »Du befindest dich auf privatem Grund!«

Karim schlenderte auf die Männer zu und bemühte sich, möglichst harmlos auszusehen. »Auf der anderen Seite wohnen die Löwen«, gab er zurück.

Lautes Gelächter antwortete ihm, dann bemerkte einer von ihnen den durchweichten Verband an seinem Arm. »Ihr Götter! Sie haben dich erwischt?«

»Wer ist schon so dumm, allein durch die Steppe zu wandern?«, fragte ein anderer. Er war klein und schmächtig und hielt sich im Hintergrund, während die anderen mit Werkzeug hantierten. Ein Reiter, vermutete Karim.

»Ich war nicht allein«, gab er zurück. »Ich habe mich von meiner Reisegruppe getrennt, weil ich nach der Tochter eines Freundes suche. Ein hübsches Mädchen, lange rote Haare?«

»Nie gesehen. Rot?« Sie schüttelten gemeinschaftlich die Köpfe. »Das müsste eine Wajunerin sein.«

»Oder ist sie aus Daja und hat sich das Haar gefärbt?«, wollte einer wissen.

Der Reiter beobachtete ihn aus verengten Augen. »Und du gehörst gewiss nicht zu der Bande, die in den letzten Wochen versucht hat, Pferde zu stehlen?«

»Wäre ich dann zu Fuß unterwegs? Wollte ich Pferde stehlen, wäre ich selbst auf einem schnellen Ross hergekommen.«

»Vielleicht haben die Löwen dein schnelles Ross gefressen.«

»Dann hätte ich meinen Sattel mitgenommen. Ein Reiter verzichtet nicht einfach auf einen guten Sattel.«

Diese Bemerkung brachte ihm anerkennendes Nicken ein. »Du verstehst etwas von Pferden?«

»Ein wenig.« In der Tat konnte er besser mit Eisenpferden umgehen als mit lebendigen Tieren, doch er war jahrelang Knappe gewesen und hatte sich um Wihajis edles Kriegspferd gekümmert. »Mehr als von Löwen.« Als er ihnen die Wunden zeigte, welche die Löwin ihm zugefügt hatte, wurden ihre Augen groß. Dass er einen Löwenangriff überlebt hatte, nötigte ihnen Respekt ab.

»Die Königin mit der schwarzen Mähne? Der bist du begegnet und lebst noch?«

Und irgendwann hieß es: »Wir können noch einen Mann gebrauchen, der sich nicht vor Löwen fürchtet.«

»Schauen wir mal, was der Herr dazu sagt«, knurrte der Schmächtige.

Am Abend folgte Karim dem Vorarbeiter – Grihan, der beste Einreiter auf Laimocs Hof – zu den Stallungen. Laimoc war von einem Besuch auf einem Nachbarhof zurückgekehrt und rieb gerade den prächtigen dunklen Hengst ab, auf dem er täglich auszureiten pflegte.

»Ihr solltet beim nächsten Mal lieber ein paar von den Burschen mitnehmen«, sagte Grihan. »Die Löwen werden immer dreister.«

Laimoc beachtete ihn zunächst gar nicht, doch als er sich kurz umwandte, um nach dem Hufkratzer zu greifen, fiel sein Blick auf Karim. »Und wer ist das?«

»Ich suche Arbeit, Herr.«

Er war zu früh angekommen. Die Arbeiter wussten nichts von einem rothaarigen Mädchen in Laimocs Haushalt zu erzählen, und auch am Gesicht des Hausherrn selbst erkannte Karim, dass er zu einem Zeitpunkt hier eingetroffen war, der offensichtlich vor Anyanas Ankunft in der Kolonie lag. Bei seinem damaligen Besuch war Laimoc älter gewesen. Doch vor den Augen der Männer zu verschwinden kam nicht in Frage, daher musste Karim warten, bis sich eine Gelegenheit ergab. Ein paar Tage mit den Pferden zu arbeiten und das Weideland gegen Löwen zu verteidigen schien ihm ein geringer Preis für einen unauffälligen Abgang. Und zuvor würde er das Haus überprüfen, für den Fall, dass die Männer, die draußen arbeiteten, das Mädchen, das er suchte, einfach nicht bemerkt hatten.

Obwohl er sich kaum vorstellen konnte, dass irgendjemand Anyana nicht bemerken könnte.

Laimoc erhob sich. »Kenne ich dich?«

Da er in seiner eigenen Zeit, in der Joaku als Schattenkaiser über das Kaiserreich herrschte, in ganz Kanchar gesucht wurde, hatte Karim sein Äußeres verändert. Er hatte sich das Haar und den Bart wachsen lassen, mit Perlen besetzte Zöpfe hineingeflochten, wie es am silbrischen Meer üblich war, und wurde daher meist für einen Kancharer aus dem Süden gehalten. Dieser kleine Trick funktionierte auch diesmal. Was immer Laimoc vertraut an ihm vorkommen mochte – seine Augen vermutlich, die er von Tizarun geerbt hatte –, es wurde von den Haaren und dem Schmuck so verfremdet, dass es die Ähnlichkeit zu Laimocs einstigem Waffengefährten und Freund überdeckte.

»Nicht dass ich wüsste, Herr. Einige meiner Vettern sind vor mir in den Norden gezogen, möglicherweise habt Ihr sie getroffen.« Wanderarbeiter vom südlichen Meer verschlug es häufiger nach Wabinar als in die Kolonie, doch es war eine glaubhafte Erklärung.

Ob Laimoc häufig an Tizarun dachte, der ihn verraten und dem Exil überlassen hatte? Träumte er von seinen Feinden und wünschte ihnen den Tod? Erst in ein paar Jahren würde Laimoc Karim begegnen und von ihm das Angebot erhalten, die Wahrheit nach Wajun zu tragen. Die Wahrheit über Tizarun und Trica.

»Und du kannst mit Pferden umgehen?« Er drückte Karim den Hufkratzer in die Hand. »Beweis es.«

Am ersten Abend saß er mit seinen neuen Kameraden auf der Weide in der Nähe des Zauns. Ein Feuer anzuzünden war ihnen verboten, da sich ein Funken zu einem verheerenden Steppenbrand auswachsen konnte. Daher versammelten sie sich auf ihren Decken rund um den Suppentopf, den einer von ihnen mitgebracht hatte, und jeder füllte seine Schale mit der würzigen Brühe, in der Fleischstücke, Wurzeln und Zwiebeln schwammen. Karim genoss das einfache Mahl, reichte Brot weiter, trank das dünne, bittere Bier, das einer von Laimocs Nachbarn gebraut hatte, und lauschte den Gesprächen der anderen. Karim war nicht darauf aus, sich beliebt zu machen, da er ohnehin bald wieder fortzugehen gedachte. Noch waren die anderen zurückhaltend, sprachen und scherzten mehr miteinander als mit ihm, doch sobald es um die Löwenjagd ging, wollten sie mehr von ihm wissen. Hatte er die schwarzmähnige Löwin verletzt? Wie schwer?

»Wir holen die Hunde und folgen der Blutspur. Diesmal kriegen wir sie. Du bist doch dabei, Karim?«

Er hatte sich nicht die Mühe gemacht, sich einen neuen Namen zuzulegen. Der Name Karim war zwar eher dajanisch als silbrisch, doch im Grunde spielte es keine Rolle. Er würde sowieso demnächst verschwinden. Dass er sich dazu überreden ließ, die anderen bei der Suche nach der Löwin zu unterstützen, schien ihm nur folgerichtig. Falls er nicht zurückkam, würden sie es auf die Raubkatzen schieben, von denen es hier nur so wimmelte.

Weil er neu war, wurde er noch nicht zur Wache eingeteilt. Daher rollte er sich in seine Decke ein und wartete, bis seine Kameraden schliefen. Zu Fuß zum Haus zurückzukehren hätte zu lange gedauert, daher schlich er zu den Pferden und führte eins davon vom Lagerplatz fort. Er hatte sich zuvor bereits mit dem schönen Braunen angefreundet und ihm ab und zu einen Apfel zugesteckt, sodass er hier keine Schwierigkeiten erwartete. Auch ohne Sattel zu reiten war kein Problem für ihn; da war mehr Geschick nötig, sich auf dem Rücken eines Eisenrosses zu halten. Zügig ritt er über die Hügel in Richtung Farm, band das Pferd mit seinem Gürtel am Zaun fest und huschte zum Haus.

Er kannte die Lage des Stalls und wusste auch noch, wo die Gästezimmer waren. Den Grundriss eines Gebäudes, das er bereits einmal erkundet hatte, vergaß er nie. Daher fand er sich auch jetzt schnell zurecht. Lautlos, einem Schatten gleich, glitt er von Raum zu Raum, lauschte an manchen Türen, öffnete andere. Dabei verließ er sich ganz auf seine Sinne. Zwei Mägde gingen leise tuschelnd an ihm vorbei, ohne ihn zu bemerken. Karim schloss die Augen, um sie stärker wahrzunehmen – ihre raschelnden Schritte, ihren Atem, den Duft, den jede von ihnen mit sich trug. Keine von ihnen war Anyana.

Laimoc und seine Frau schliefen nicht, er hörte sie hinter der Tür ihres Schlafgemachs miteinander streiten. Offenbar hatte er eine neue Sklavin gekauft, ein krankes Kind, und sie war außer sich vor Zorn über diese Verschwendung.

Karims Herz schlug schneller. Er hastete durch die Korridore und fand die Kammer, in der das Kind schlief. Die Tür stand offen. Im Nachbarzimmer schnarchte eine ältere Frau, die wohl zur Versorgung des Mädchens eingeteilt war, denn neben ihr auf einem Tisch standen Waschschüsseln, Krüge und Tücher, um das Fieber zu senken.

Er schloss die Tür des Krankenzimmers und blockierte sie mit seinem Willen. Auf keinen Fall wollte er gestört werden.

»Anyana?« Er flüsterte ihren Namen, aber sie reagierte nicht. Die magische Lampe am Kopfende des Bettes beleuchtete ein bleiches Gesicht, kurzes, gefärbtes Haar, am Ansatz bereits wieder rot, eine schweißnasse Stirn. Sie atmete zu flach, zu schnell.

Sie endlich zu finden – so! Ein schwerkrankes Kind. Er sehnte sich nach der Anyana, mit der er in Kato glücklich gewesen war, nach ihrem Lächeln, ihrer Freude über seine Gegenwart, nach ihren Gesprächen, nach allem, was sie miteinander geteilt hatten. Dieses junge Mädchen, das sterbend im Bett lag, konnte ihm nichts geben. Sie anzuschauen und zu sehen, wie sie dahinsiechte – so jung, so zerbrechlich, gerade erst dem Feuer von Wajun entronnen –, brach ihm das Herz. Es war ein Fehler gewesen, Anyana in der Vergangenheit zu suchen.

Und dennoch konnte er es nicht bereuen. Sein Wunsch hatte ihn hergebracht, nicht zu früh, wie er geglaubt hatte, sondern gerade rechtzeitig. Ohne seine Hilfe würde sie sterben. Er hatte Anyana schon einmal geheilt, er konnte es wieder tun. Also legte er ihr die Fingerspitzen an die Schläfen und vertrieb das Fieber aus ihrem geschwächten Leib. Er verjagte die dunklen Schatten, die auf ihrer Seele lagen und sie in die Tiefe zu ziehen drohten. Da war ein schwarzer Teich unter ihr, in den sie zu fallen drohte, ein pechschwarzes Loch, in dem ihre Erinnerungen lauerten. Während er ihre unruhig flackernde Seele mit seinen magischen Sinnen betrachtete, erkannte er, dass sie eine Schutzmauer um die finstere Grube ihres Kummers gebaut hatte. Das erinnerte ihn an den Umgang mit Schmerz, den die Wüstendämonen in Jerichar lernten – den Schmerz einzukerkern, um ihn irgendwann später auszukosten. So hatte auch Anyana eine Mauer um die bösen Träume gebaut, um das Feuer, in dem ihre ganze Familie gestorben war, und um das unerträgliche Leid. Sie hatte die unauslotbare Tiefe ihrer Pein in sich eingekerkert, doch diese Mauer hatte Risse bekommen, durch welche die Dunkelheit in ihre Seele eindringen wollte. Sie wollte sich nicht mit dem Platz begnügen, den sie zugewiesen bekommen hatte, sondern die Seele überfallen und mit Angst und Schmerz überfluten. Flammen streckten sich nach dem Mädchen aus, schwarze Finger wie von verbrannten Knochen, Schreie wurden laut. Wenn Karim ihnen Gehör schenkte, würde er Anyanas schmerzliche Erinnerungen durchleben können. Es war zu viel für ein Kind. Mehr und mehr von der bitteren Finsternis sickerte in ihre Seele und färbte sie dunkel, fraß an ihr, schlimmer als das Fieber. Es genügte nicht, sie zu heilen. Sie würde dennoch sterben.

Einen Moment lang erfüllte Karim sein eigenes Entsetzen, wurde seine eigene Trauer übermächtig. Um Anyana, die er liebte. Und über das, was er getan hatte, was aus seinem Leben geworden war – all die dunklen Flecken, die tiefen Teiche, die bereitstanden, um ihn zu überschwemmen und zu ertränken. Hatte er nicht dasselbe getan wie sie? Er hatte Mauern gebaut, um sich zu schützen, ebenso wie sie. Doch da er gelernt hatte, wie es ging, war es ihm gelungen, seine Mauern so unzerstörbar zusammenzufügen, dass er sich nicht davor fürchten musste, dass der Schmerz ihn jemals einholte. Er konnte immer weitermachen mit dem, was er tat – Trost bei seinem Bruder suchen, rebellische Bürger aus Wabinar retten, mit Sahiko Tee trinken, Türen suchen. Hier, in seinem Inneren, gab es Türen, die er niemals öffnen durfte.

Doch Anyanas Dunkelheit war anders als seine. Er hätte es verdient, wenn alles über ihn hereinbräche, doch sie war ohne Schuld. Die Flammen und die Schwärze des Wassers, die sie bedrohten, hatten kein Recht auf sie. Mit dem Blick, den ihm sein göttlicher Funken schenkte, betrachtete er den Schrecken, der sie verfolgte. Winyas Schreie. Das Lächeln ihrer Mutter, das ihr nie wieder gelten würde. Der Verlust ihrer Verwandten, von Dilaya und Maurin und allen anderen, die sie gekannt und geliebt hatte.

Er hätte sie wecken können, um ihr zu sagen, dass Dilaya überlebt hatte. Dass er Winyas Seele festgehalten hatte. Er konnte ihr versichern, dass sie eines Tages wieder glücklich sein würde, obwohl sie sich jetzt nicht einmal vorstellen konnte, weiterzuleben.

Doch er tat nichts davon. Diese jüngere Anyana würde erschrecken, wenn sie ihn sah mit seinem Bart und den langen Haaren. Einen Mann, der zu den Arbeitern draußen auf den Weiden passte, zu den Löwenjägern, den Vagabunden, denen der Zutritt ins Haus nicht gestattet war. Diese Anyana würde ihn, den man immer noch als Mörder des Großkönigs suchte, fragen, ob er schuld war an Tizaruns Tod und damit schuld am Tod ihrer Familie.

Karim hatte seinen Willen für so vieles eingesetzt, und die meisten Dinge waren kriegerischer Natur gewesen. Er hatte toten Seelen befohlen, hatte sie sich untertan gemacht. Er hatte Eisenpferde und Eisenvogel gelenkt. Er hatte Krieg geführt und Menschen getötet. Was er nun versuchte, war anders.

Allein mit einem starken Willen ließ sich der schwarze Teich in Anyanas Seele nicht austrocknen, ließen sich die Mauern nicht kitten oder verstärken. Er hätte vielleicht noch einen zweiten Mauerring errichten können, doch dann wären ihre Erinnerungen verschüttet gewesen, ohne dass sie je wieder daran gelangen konnte.

Dann wäre sie für immer im Vergessen gefangen. Statt weitere Mauern zu bauen, entschloss er sich, den Schrecken selbst anzugehen. In der Dunkelheit loderte das Feuer, das ihre Familie ausgelöscht hatte. Manchmal sah er nur undurchdringliche Schwärze, dann wieder die Flammen, die wie gierige Zungen an den Mauern leckten.

Und er verwandelte die Bilder.

Die wütende Feuersbrunst war nicht einzudämmen, aber er verlieh ihr eine neue Bedeutung. Es sollte nicht mehr das Feuer sein, das alles vernichtet hatte, sondern das Feuer, das Leben schenkte – die flammende Sonne. War es nicht Anyanas Bestimmung, die Sonne von Wajun zu sein? Daran sollte sie denken, wenn sie die Flammen sah. Die Gnade der Götter, die sie eines Tages auf den Thron setzen würden, der ihr gehörte.

»Dies ist das Erbarmen der Götter«, flüsterte er. »Dies ist ihre Zunge, dies ist ihr Auge.«

Er wusste nicht, woher die Worte kamen. War es ein Lied? Falls ja, so stieg es aus den Tiefen seiner eigenen Erinnerungen herauf. Oder womöglich waren es nicht einmal seine eigenen Erinnerungen, sondern er schöpfte aus einem Brunnen, der alle Seelen und alle Lieder und wahren Worte verband, lebendiges Wasser, das den tiefsten aller Brunnen füllte.

Denn das war das dunkle Wasser, das in Anyanas Seele lauerte – ein Brunnen, der Wissen barg und Gesang und in dem sich die Sterne spiegelten. Und nicht das Entsetzen, nicht die Trauer und die Angst und der Wunsch zu sterben.

Nein, das nicht.

»Dies ist das Erbarmen der Götter. Dies ist ihre Hand und ihr Herz.«

Er hätte nicht die Macht gehabt, sich diesen Wunsch, Anyana zu retten, selbst zu erfüllen. Doch die Götter gaben reichlich. Sie gaben mehr, als er verdiente. Und so saß er noch eine Weile am Bett des Mädchens, hielt ihre Hand und lauschte ihren Atemzügen. Dann raffte er seinen Willen zusammen, stand auf und ging lautlos wie ein Schatten aus dem Haus.

Während der Löwenjagd gedachte Karim zu verschwinden, zurück in seine eigene Zeit. Die Männer waren ihm inzwischen ans Herz gewachsen, raue Gesellen, die vergessen hatten, wie man Menschen liebte, und all ihre Liebe den Pferden schenkten – und all ihren Hass den Feinden dieser Pferde. Ob es um Diebe ging oder Löwen, um Wölfe oder Schlangen, ihr Zorn darüber kannte keine Grenzen.

An diesem frühen Morgen waren sie zu fünft. Jeder von ihnen war mit Wurfspeeren, langen Messern und Knüppeln ausgerüstet, doch Karim war froh darüber, dass er Magie wirken konnte. Der schwarzmähnigen Löwin, der Königin der Steppe, gegenüberzutreten hätte ihn sonst weitaus mehr geängstigt. Irgendwo im Buschwald plante er, die anderen abzuhängen und mit einem einzigen Schritt in das Kanchar nach dem zweiten Krieg zurückzukehren. In Joakus Kanchar. Dort wurde nicht die Löwin gejagt, sondern er war selbst der Gejagte. Nicht unbedingt der tröstende Gedanke, den er brauchte, um sich leichten Herzens von der Anyana, die er hier gefunden hatte, zu trennen.

Die beiden Hunde, die sie dabeihatten, folgten der Blutspur, welche die verletzte Raubkatze hinterlassen hatte. Sie führten Karim und die Männer immer tiefer in den Wald hinein. Dorniges Gestrüpp und krumme, verkrüppelte Bäume, die der Wind in den Staub gedrückt hatte, boten unzählige Verstecke für Tiere, die tagsüber schliefen. Karim verlangsamte seine Schritte. Er ging ohnehin hinter den anderen. Wenn sich keiner umdrehte, würden sie es nicht einmal merken.

Wenig später schon stand er völlig allein zwischen den Dornen. Über ihn herum sangen die Vögel im Geäst und verstummten wieder. Etwas raschelte. Wenn er den Atem anhielt und lauschte, konnte er die Schritte seiner Kameraden hören, die sich allmählich von ihm entfernten, das Hecheln der Hunde, das Knacken brechender Zweige. Sie waren so leise wie möglich, aber nicht leise genug. Die Löwin erwartete sie längst, und wenn er sich nicht täuschte, schlich sie bereits durchs Unterholz, um den Jägern in den Rücken zu fallen.

Nicht jeder würde heute lebend zurück zu Laimocs Farm gelangen, um am Abend mit seinem Mut zu prahlen.

Das tat ihm leid, aber er konnte nicht jeden retten. Wenn er in dieser Zeit jemandem zu Hilfe eilte, starben andere in seiner eigenen Zeit. Die Entscheidung bestand nicht darin, anderen zu helfen oder selbstsüchtig eigene Wege zu gehen. Sein Unvermögen, überall zugleich zu sein, zwang ihn dazu, zu wählen. Nur die Götter waren überall und immer, in jedem Faden, den sie knüpften, in jedem Muster, das unter ihren Händen entstand.

Ein Schritt. Er musste nur einen Schritt tun und wäre wieder zurück.

Karim schloss die Augen und öffnete sie wieder. Immer noch stach ihm die Sonne in die Augen. Dorniges Gestrüpp umfing ihn, Sinnbild seines Lebens – es war unmöglich, einen Weg zu finden, ohne sich die Haut an den spitzen Stacheln aufzureißen.

Hatte er sich nicht deutlich genug zurückgewünscht? Noch einmal.

Die Welt hätte sich verändern müssen. Die Sehnsucht hätte ihn … ja, wohin hätte sie ihn tragen können? In ein Land, das Asche bedeckte und durch das die Toten irrten? Ein Land, in dem jeder ihn hasste und selbst die, die er rettete, ihm nur deshalb dankbar waren, weil sie ihn nicht erkannten? Eine Welt ohne Anyana?

Sein Wille, der ihm Flügel verleihen sollte, ließ sich nicht gegen sein eigenes Herz wenden.

Er war hier, weil er hier sein wollte.

Und hier gab es keine Türen, um ihn in seine eigene dunkle Zeit zurückkehren zu lassen.

Doch wenigstens konnte er seinen Kameraden nacheilen und die Löwin daran hindern, irgendjemanden zu fressen. Plötzlich bellten die Hunde, jemand schrie. Karim rannte los.

In manchen Nächten, wenn ihn das Unglück mit Macht traf, wenn er sich wie ein Verbannter fühlte, schlich er ins Haus und suchte nach Anyana. Häufig fand er sie im Stall. Er beruhigte die

Pferde, damit sie ihn nicht verrieten, und setzte sich irgendwo in eine Ecke. Es kam nicht einmal darauf an, sie zu sehen. Nur zu wissen, dass sie da war, bedeutete Trost.

Es bedeutete auch, sich an Dinge zu erinnern, die sie ihm erzählt hatte. Wie sie entkommen war, beispielsweise. Eine Geschichte, in der ein Eisenpferd eine wichtige Rolle spielte. Nur dass Laimoc gar kein Eisenpferd besaß. Seine Liebe gehörte den echten Pferden, den stolzen, ausdauernden Wüstenpferden, die ihre Schnelligkeit den eingekreuzten Rennpferden aus Lhe'tah verdankten. An einem ungelenken Eisenwesen lag Laimoc gar nichts, und für den horrenden Preis, den man in Daja dafür bezahlen musste, kaufte er sich lieber zwei neue Zuchtstuten.

»Ich wollte dich etwas fragen, Karim.« Grihan hatte seinen Reitermantel angelegt, obwohl sie heute nicht mit den Pferden arbeiten würden. Er hatte seinen Bart gestutzt und sogar seine Stiefel geputzt, sodass sie glänzten. Zwischen ihnen war eine tiefe Freundschaft entstanden, die nicht vieler Worte bedurfte. Was nicht zuletzt daran lag, dass Grihan keine Fragen stellte. Er hatte Karims Schweigsamkeit einmal sogar angesprochen: »Es ist mir gleich, wo du vorher gewesen bist und wohin du gehst, Hauptsache, du machst deine Arbeit.«

Und so war es dann auch geblieben. Während die anderen Reiter, die gerne über ihre Familien, ihre Verführungskünste oder ihre Abenteuer schwadronierten, Karim hin und wieder Informationen zu entlocken versuchten, machte Grihan keinerlei Anstalten, ihn auszuhorchen.

Umso überraschter war Karim, dass sein Freund sich nun vor ihm aufbaute und offenbar all seinen Mut zusammennahm.

»Ja«, sagte er. »Frag.«

»Ich verlasse Laimocs Hof. Es fällt mir nicht leicht, denn solche Pferde wie hier findet man selten, aber es ist für mich an der Zeit, weiterzuziehen. Ich wollte dich fragen, ob du mitkommst.«

Damit hatte Karim nicht gerechnet. Er wusste wohl, dass die kancharischen Reiter übers Land zogen, von Hof zu Hof, und nirgends lange blieben. Vielleicht hatte er, selber heimatlos, nicht darüber nachdenken wollen, da er in ihrer Mitte ein Zuhause gefunden hatte.

»Die meisten von uns brechen in den nächsten Tagen auf.«

Es gab keinen festen Rhythmus, in dem sie gingen. Sie waren wie Wüstenstürme – plötzlich ballte sich in ihnen etwas zusammen, sie wurden rastlos, der Wind schlug ihnen ins Gesicht, und sie nahmen die Herausforderung an.

»Ich würde gerne, aber …« War er nicht Anyanas wegen hergekommen? Sie allein zu lassen … Nur die Vorstellung erschien ihm wie Verrat. Doch wenn er ehrlich war, konnte er nicht viel für sie tun. Hin und wieder sah er sie über den Hof gehen, von einem Gebäude zum anderen huschen, stumm, das rote Haar wie eine dunkle Flamme. Ihre Nähe war alles.

Für ihn. Ihr hingegen nützte sein Hiersein gar nichts.

Vielleicht war es an der Zeit, seinen eigenen Weg weiterzugehen. Die Türen nach drüben, in seine Zeit, waren ihm immer noch verschlossen. Oft genug hatte er es versucht. Sein Körper schien zu wissen, dass er noch nicht heil genug war, um wieder zurückzugehen.

»Hast du ein bestimmtes Ziel?«, fragte er stattdessen.

»Nach Osten.« Grihan wies zur Morgensonne. »Einfach immer nach Osten, tiefer hinein in die Wüste. Die Pferde weiter im Landesinneren sind anders als diese hier. Wilder. Manche benehmen sich beinahe wie Raubtiere und greifen an, wenn ein Fremder sich nähert.«

Neue Ziele, neue Aufgaben. Im Osten lag Jerichar, Joakus geheime Stadt der Wüstendämonen. Vielleicht konnte Karim hier, wo der Meister ihn noch nicht suchen ließ, herausfinden, wie er ihn später besiegen konnte.

»Und du meinst, ich bin dem gewachsen? Ich will dich nicht blamieren.«

Grihan schüttelte den Kopf. »Das wirst du nicht.«

Mehr Worte waren nicht nötig. Es war entschieden.

Karim sammelte seine wenigen Habseligkeiten zusammen, packte alles in ein Bündel und kehrte noch einmal zur Farm zurück, um einen letzten Blick auf Anyana zu werfen. Er sah sie nicht, doch mitten im Hof, zwischen den Stallungen und dem Wohngebäude, stand ein Eisenpferd. Die Herrin Retia, die sonst so vornehm tat, sprang vor Freude um das Ross herum und drückte Laimocs Arm, der mit verdrießlicher Miene danebenstand. »Es ist wunderschön! So groß! So stark! Man kann es anschirren und stundenlang durch die Wüste fahren, ohne dass es Wasser braucht!«

Es war, als würde in Karims Seele ein Sonnenstrahl dort hinfallen, wo es bisher dunkel gewesen war.

Das Eisenpferd war da, wo es hingehörte. Die Geschichte würde ihren Lauf nehmen. Alles würde so passieren, wie es schon passiert war und wie es passieren musste.

Mechal hieß der Gott, der aus hauchfeinen Fäden Knotenpunkte machte. Er, der Weber, der Knüpfer, der Gott, dessen Namen kaum jemand kannte, hatte eingegriffen, und niemand hatte es bemerkt. Nichts konnte das Schicksal aufhalten.

Mit einem Lächeln wandte Karim sich wieder ab und ging zu Grihan zurück, der bereits auf ihn wartete.

TEIL III

IM ELFTEN JAHR

27. Land aus Asche

Sahiko die Erste, Kaiserin von Kanchar, war schön und kalt wie eine Winternacht. Ihre makellose tiefschwarze Haut war nur an wenigen Stellen zu sehen, da sie dunkle Spitzenhandschuhe trug, was zwischen den langen Ärmeln und dem Handgelenk nur einen schmalen Streifen freiließ. Ihr Gesicht war hinter einem Schleier verborgen, durch den hin und wieder ihre Augen und ihre Zähne hervorblitzten.

Mit einem Blick in den verschnörkelten Spiegel, der die halbe Wand einnahm, vergewisserte sie sich, dass ihr Besucher kaum etwas zu sehen bekommen würde. Das hochgeschlossene Kleid aus Samt, Goldstickerei und einem üppigen Muster aus Perlen und Edelsteinen verlieh ihrem Körper Konturen, ohne ihn zu entblößen. Das Rockteil war so lang, dass nur die Spitzen ihrer perlengeschmückten Seidenschuhe sichtbar waren. Es ließ sich nicht leugnen: Sie war kein Kind mehr, sondern eine Frau. Im elften Jahr nach dem Inferno von Wabinar zählte Sahiko achtzehn Jahre, und länger konnte sie ihre Hochzeit nicht mehr aufschieben.

»Tretet ein, Meister.«

Schon vor Jahren hatte Joaku sie gebeten, ihn mit seinem Namen anzusprechen, aber sie beharrte darauf, den Abstand zu wahren. Selbst jetzt, wenige Wochen vor ihrer Vermählung, bestand sie auf den Grenzen, die er seit jeher einhielt. Er berührte sie nicht. Wie immer sprachen sie nur das Nötigste. Die Heirat, die den Meister der Wüstendämonen zum Kaiser machen würde, war genauso wenig ein Thema wie die Gräueltaten, die er in ihrem Namen verübte. Das Volk von Kanchar hasste sie, so wie es den unbekannten Magier liebte, der immer wieder auftauchte, wenn man am wenigsten mit ihm rechnete, um zu kämpfen, zu retten, zu rächen.

Damit konnte sie umgehen. Solange es ihr gelang, das Morden einzudämmen, würde sie an dem Platz bleiben, an den die Götter sie gestellt hatten.

Joaku begrüßte sie mit einem falschen Lächeln und ließ sich auf den Sitzkissen nieder. Er betrachtete das runde Silbertischchen, auf dem die Getränke und eine Platte voller mundgerechter Köstlichkeiten angerichtet waren, und ließ den Blick über ihre Gestalt wandern.

»Was verbirgst du hinter dem Schleier? Verweinte Augen? Du wärst nicht die erste Braut, die sich vor der Hochzeit fürchtet.«

»Ich fürchte mich nicht«, entgegnete Sahiko und schlug den Schleier zurück, um ihn nicht misstrauisch zu stimmen. Joaku war ein Meister in vielem – auch darin, in Gesichtern zu lesen. Er würde wissen, dass sie etwas plante, doch es war sicherer, ihn glauben zu lassen, er habe ihr Geheimnis entdeckt, als ihn weiterrätseln zu lassen.

»Mir scheint, das tust du durchaus. Du musst dich dessen nicht schämen. Immerhin könnte ich dein Großvater sein.«

Sie lächelte schüchtern. Joaku wusste natürlich, dass sie ihn hasste, doch er duldete keine offene Auflehnung. Ebenso wenig erlaubte er, dass sie Verbündete um sich scharte. Er wollte sie allein und schutzlos, von ihm abhängig, und durfte daher nichts von ihren Freunden und Vertrauten ahnen. Sahiko hatte all die Jahre erfolgreich vor ihm verborgen, dass sie Kontakt zu seinem Erzfeind Karim hielt. Sie hatte vor ihm geheim gehalten, dass Karim sie intensiv in der Kampfkunst unterwiesen hatte, bis ihr Körper sich daran erinnert hatte, wie man kämpfte.

Sahiko wusste genau, wer sie war. Linuas Geschichte war auch ihre Geschichte. Sie erinnerte sich an ihr Gesicht und an ihren Namen, doch es gab Dinge, die sich ihrem Bewusstsein entzogen, die immer noch im Dunkeln lagen.

Elegant lehnte sie sich auf ihrem Kissen zurück und spielte mit den Enden ihres Schleiers. »Ich habe nachgedacht, Meister. Über Euer Herz.«

Sie hatte es geschafft, ihn zu verblüffen. »Mein Herz?«

Bevor seine Überraschung sich in Verachtung verwandeln konnte, sprach sie weiter. Joaku war kein Mann, der über seine Gefühle sprach. Er besaß nicht einmal welche, jedenfalls keine, die über seine Freude an der Macht und der Grausamkeit hinausgingen. Joaku liebte nur den Tod und nichts sonst.

»Hattet Ihr nicht Eurer Schülerin Linua Euer Herz geschenkt? Ich dachte, Ihr begehrt mich deshalb zur Frau, weil ich ihr ähnele.«

Er lachte laut; ein seltener Gefühlsausbruch, der Sahiko einen Schauer den Rücken hinunterjagte.

»Du und Linua sollt euch ähneln? Sie war bildschön, und du bist gewöhnlich. Sie war meine beste Schülerin, und du bist ein hilfloses Mädchen, das auf einem geschmückten Stuhl sitzt und sich mit funkelnden Steinchen behängt. Sie war klug und gerissen, während du bei jedem Versuch, mich zu hintergehen, scheiterst. Es reizt mich nicht einmal, mit dir zu spielen.«

Sahiko gestattete sich, ihm ihren Ärger ganz offen zu zeigen. Sie schnaubte wütend. »Also habt Ihr sie wirklich geliebt?«

»Rede keinen solchen Unsinn. Sie war nichts als eine Klinge, die ich geschärft habe.«

»Und die dennoch versagt hat.« Sie beobachtete ihn lauernd. »Sie war schwach. Ich bin immerhin Kaiserin.«

Joaku nippte an seinem heißen Tee. »Was versuchst du hier, Sahiko? Mich zu ärgern? Mich dazu zu bringen, dir ein Kompliment zu machen?«

Schuldbewusst schlug sie die Augen nieder.

»So offensichtlich«, murmelte er. Ihr Versagen schien ihn zu freuen. »Sie war unvergleichlich. Eine Göttin des Kampfes.«

Sahiko wartete, bis er den nächsten Schluck genommen hatte. Natürlich war kein Gift im Tee. Sie hatte ein paarmal versucht, ihn zu vergiften. Anschläge, die jedes Mal gescheitert waren und ihn so wütend gemacht hatten, dass er dafür Menschen getötet hatte. Dienerinnen, die ihr nahestanden, einmal sogar eine Fürstin, die im Palast wohnte. Er roch jede Substanz heraus, schmeckte jede Nuance, die nicht in den Tee gehörte. Zweimal hatte sie Duftschalen aufgestellt und darauf gehofft, dass die Dämpfe ihn benommen machten, doch er war immun dagegen gewesen. Und auch wenn sie in ihrem Körper die Fähigkeiten spürte, die Linua sich erarbeitet hatte, und weitere, die über alles hinausgingen, was die Wüstendämonen vermochten, wusste sie doch, dass sie Joaku nur ein einziges Mal angreifen konnte.

Sobald sie es tat, würde er sie erkennen. An ihren Bewegungen, ihrem Waffeneinsatz. Manchmal befürchtete sie, er könne ihren wahren Namen erraten, sobald sie den Mund aufmachte und mit ihm sprach, doch er war taub und blind, was sie betraf. Sie war nie mehr als ein dummes Mädchen für ihn gewesen.

Nein, heute würde sie ihn mit seinen eigenen Worten fangen. Die Gelegenheit dazu hatte er ihr gerade geliefert.

»Eine Göttin des Kampfes? So wie Ihr von ihr sprecht, könnte man meinen, Linua sei eine echte Göttin gewesen. Doch dann hätte sie nicht sterben können.«

»Auch die Götter sterben«, sagte er zufrieden.

»Das ist Blasphemie! Sie leben ewig!«

»Wie könnten sie ewig sein, da sie einen Anfang haben? Alles, was beginnt, kann auch enden.«

Sahiko neigte den Kopf, als dächte sie angestrengt nach. »Die Götter haben einen Beginn? Sie werden geboren? Wie könnte das sein? Wer sollte sie denn gebären – eine andere Gottheit?«

Die Antworten kannte sie bereits, doch sie stellte sich dumm und unwissend, denn vielleicht verriet er noch ein wenig mehr.

»Licht, in einem Brunnen gefangen«, flüsterte Joaku.

Er war der einzige Mensch auf der Welt, der mehr über die Götter wusste als sie. Und sie brauchte nur einen Hinweis, nicht mehr als eine Antwort, aus der man eine Waffe schmieden konnte.

»Ein Stern, der vom Himmel fällt? Doch dann wäre die Erde voller Götter, die unter uns wandern. Ist es so?«

Er lächelte verschlagen. »Manchmal tun sie das. Sie gehen, wohin sie wollen. Sie sind Götter, also was erwartest du?«

Wenn das stimmte, warum war Linua dann immer auf der Suche gewesen – nach sich selbst, nach dem Ort in ihrer Seele, der sie rief? Warum war das Lied in ihrem Inneren so eine große Überraschung gewesen, und warum hatte es sie so viel Mühe und Schmerz gekostet, die Tür ihres Herzens zu öffnen und danach zu greifen?

Spiro, der Meister des Eisens, hatte Linua gesagt, was mit Göttern geschah, die keinen Namen besaßen – kurz bevor er sie umgebracht hatte. Doch auf Sahiko traf das nicht zu. Sie hatte einen Namen, auch wenn niemand mehr da war, der ihn hätte träumen können.

Der Meister des Eisens hatte ihr Antworten gegeben, zu denen ihr noch die richtigen Fragen fehlten.

»Ohne ihren Namen sind sie keine Götter«, murmelte sie. »Sie brauchen ihren Namen.«

Joaku schnellte von seinem Sitz hoch. »Darauf bist du also aus? Du glaubst, du könntest die Götter zu Hilfe rufen, die sich selbst nicht kennen? Gegen mich? Du willst sie ins Feld schicken – gegen mich?«

Sahiko ließ ihre Essstäbchen fallen und riss erschrocken die Augen auf. »Nein, Meister. Nein, ich …«

»Was glaubst du, mit wem du hier spielst?«, schrie er sie an. »Was denkst du denn, mit wem du dich hier anlegst?«

»Ihr seid … ein Gott?«, stammelte Sahiko ängstlicher, als ihr zumute war. »Seid Ihr der Rufer der Toten?«

Er hatte sich vor ihr aufgebaut, drohend die Hände ausgestreckt. Seine Augen funkelten wie kalte Sterne. »Ich bin mehr, als du je begreifen wirst«, sagte er kühl. »Sonst wüsstest du, dass du mich nicht hintergehen kannst. Tötet ihn.«

Ihn? Oh verdammt, er wusste, dass Karim sich in ihrem Salon versteckte!

»Lauf!«, schrie sie, und in diesem Moment, als Karim hinter dem Paravent aufsprang und gleichzeitig ein halbes Dutzend Wüstendämonen aus allen Ecken auf ihn zustürzte, hätte Sahiko beinahe alle Vorsicht aufgegeben und in den Kampf eingegriffen, um ihm zu helfen. Aber sie tat es nicht.

Sie verließ sich darauf, dass Karim entkam – mitsamt der Antwort, die sie Joaku entrungen hatte. Bis auf das plötzliche Ende war ihr Plan aufgegangen.

Auf einen Schlag verlosch das Licht. Karim stand im Finsteren und horchte. Der Schmerz in seiner Seite, den er vorhin kaum mehr gespürt hatte, meldete sich mit einem dumpfen Pochen. Er schwankte, hielt sich an der überraschend rauen Wand fest und schrak vor der Kälte zurück, die mit Nadelstichen durch seine Haut jagte. Angestrengt lauschte er, während er weitertaumelte. Langsam dämmerte ihm, wo er sich befand. Jeder Weg, den er je gegangen war, hatte sich in sein Gedächtnis eingegraben, eine Landkarte von Treppen und Gängen und Fluren, eine Karte dunkler Geheimnisse, voller Türen, hinter die er geblickt, voller Schränke, die er geöffnet hatte. Truhen voller Schätze, Briefe, Flaschen, Kästchen, Ampullen, Gläser.

Karim …

Er horchte auf das Flüstern und das Seufzen, doch alles blieb still. Nur Joakus Stimme hallte noch in ihm nach, eine Stimme voller Wut und Hass, und ein Blick, der zu töten versuchte. »Tötet ihn! Lasst ihn nicht entkommen!«

Ihn schauderte, er schleppte sich weiter, die Kälte verfolgte ihn wie ein Wintersturm in den talandrischen Bergen.

Ich werde nicht sterben, dachte er. *Ich werde nicht sterben, nicht heute. Nicht ausgerechnet jetzt.*

Im Grunde hätte es schon viel früher zu einem Zusammenstoß mit den Wüstendämonen kommen können. Es hätte Hunderte Gelegenheiten gegeben, ihn zu erwischen. Schon lange setzten er und die Kaiserin sich nicht mehr zum Tee oder einem Becher Wein zusammen, sondern erhaschten seltene Momente in dunklen Nischen, wo sie ihm die geheimen Informationen zutrug, die er brauchte, um die Rebellen vor dem nächsten Angriff zu warnen. Ihre Hochzeit mit Joaku stand bald bevor, und der Meister bewachte seine Verlobte mit einer Eifersucht, die an Verfolgungswahn grenzte. Seine Häscher waren überall.

Schon lange war er nicht mehr blind gesprungen, sondern hatte sich stets überlegt, wohin er gehen wollte, an welchen *Ort*. Denn seit seiner Rückkehr aus einem Leben als Reiter hatte er nicht mehr in eine andere Zeit gewechselt. Sechs Jahre hatte er im alten Kanchar verbracht, als Reiter, als Magier, als Spion, ein Schiffbrüchiger seiner magischen Gabe.

Bis ihn ein Traum zurückgeholt hatte. Bis Unya ihm gesagt hatte, dass es Zeit war. Beinahe hatte er vergessen, wie es war, Türen zu durchschreiten.

Kaum jemand erkannte ihn noch. Die Wüstensonne hatte seine Haut verbrannt, der Sand hatte den Schmerz von ihm abgeschliffen. Seit er seine Arbeit für Sahiko wieder aufgenommen hatte, war er nicht mehr in die Vergangenheit geflohen.

Bis heute, wie er befürchtete. Die Flucht ins Nichts – dorthin, wo Karims Schritte ihn hinlenkten, wo sein Herz ihn haben wollte oder sein Wille oder das Schicksal – war wie ein Sprung kopfüber in einen Brunnen.

Diese Steine waren ihm vertraut. Karim ließ die Fingerkuppen über die raue Oberfläche der Ziegel gleiten.

Karim … Sie riefen ihn wieder. Aber nein, das war nicht der Meister. War es Matinos Stimme? Wessen Stimmen waren es, die sich nach ihm ausstreckten wie Hände, wie Finger, unter den Nägeln das tödliche Gift?

Mörder … wie viel verlangt Ihr für die schreckliche Tat?

In diesen Gewölben hatten sie ihn erwartet, hatten ihm den Beutel mit dem Gold überreicht.

Prinzessin Hetjun und Prinz Nerun. Sie hatten verlangt, dass Großkönig Tizarun starb, und er war gestorben. Im Keller von Schloss Anta'jarim hatte es begonnen – das, was später in Feuer und Tod enden sollte.

Hier hatte er sich in Anyana verliebt.

Sein Herz klopfte schneller, als er sich weitertastete. Allmählich gewöhnten sich seine Augen an die Dunkelheit, deshalb stolperte er nicht über die ausgetretenen Stufen, die aus den Kellergewölben nach oben führten. Er wusste, wo er war, doch er hatte keine Ahnung, wann. War er noch in der Gegenwart, in dem zerstörten Schloss, das Sadi bewohnte? Denn zu Sadi musste er mit der Botschaft, und aus diesem Grund war er hier. Doch etwas an der Luft schmeckte nach Vergangenheit. Wenn er ins Sonnenlicht hinaustrat, würde er ein rothaariges Mädchen über den Hof rennen sehen?

Um für alles Kommende gewappnet zu sein, lehnte er sich gegen die Ziegelwand, presste die Hand gegen seine Seite und horchte in sich hinein, um die Blutung zu stillen. Eine Ratte huschte über seine Füße, etwas flatterte in einem der Nebengänge. Irgendwo über ihm erklangen Stimmen. Er musste sich auf die Wunde konzentrieren, doch es fiel ihm schwerer als gewöhnlich. Dabei war er in den sechs Jahren, die er als Reiter verbracht hatte, geschickter und schneller in der Ausübung der Heilkunst geworden. Es war so oft nötig gewesen, dass er Knochenbrüche, Schlangenbisse und Stichwunden heilte, dass er sich mittlerweile durchaus mit einem echten Heilmagier messen konnte.

Die Wüstendämonen in Sahikos Salon hatten zum Glück keine vergifteten Dolche besessen. Zwei Stichwunden und eine Prellung zu behandeln schien Karim nur so lange zu dauern, da ihn die Ungeduld vorwärtstrieb. Er atmete tief durch, zog seinen Mantel enger um sich und stieg die Treppe nach oben.

Sofort blendete ihn das Licht. Rotglühend hing die Sonne über den Mauern und machte sich an den Abstieg zwischen den Türmen hindurch, die sie wie ein Rahmen einfassten. Die Schatten wurden tief und verwischten die Kanten der Gemäuer, graue Dunkelheit füllte die Nischen und Winkel. Eine dünne Schneeschicht knirschte unter seinen Sohlen. Die Kälte verschlug ihm den Atem. Nun wusste er wenigstens, dass er nicht nur den Ort, sondern auch die Zeit durchschritten hatte, denn eben noch war Sommer gewesen. Seinen Magiermantel trug er zu jeder Jahreszeit, doch seine Hosen waren aus dünnem Leinen und ließen die Kälte durch. Fröstelnd huschte er an der Mauer entlang und versuchte, sich zu orientieren. Anta'jarim hatte sich nicht sehr verändert, seit er das letzte Mal hier gewesen war. Der höchste Turm, in dem er Sadi damals zurückgelassen hatte, war von den teilweise wiedererrichteten Schlössern umgeben. Daraus schloss er, dass er sich zumindest nicht weit von seiner Gegenwart entfernt hatte. Bei Karims Besuch im vergangenen Frühjahr hatte allerdings keine rote Flagge mit dem Wappen von Lhe'tah auf den Zinnen geweht.

Das hatte es in der Vergangenheit nicht gegeben, also musste er sich in der Zukunft befinden. Hatte Tenira das Schloss inzwischen erobert? War Sadi etwas zugestoßen? Nur einen Moment lang gestattete Karim der Furcht, sich auszutoben, dann riss er sich zusammen und schlich weiter. Offenbar war der Schnee im Hof erst kürzlich weggefegt worden, doch er konnte bereits zahlreiche Spuren in der neuen hauchdünnen Schneeschicht erkennen. Hufspuren, dazu die Umrisse von mit Nägeln beschlagenen Armeestiefeln. All das wies darauf hin, dass ein Trupp Soldaten eingetroffen war.

Die Wachen vor dem Torbogen des königlichen Schlosses trugen die Uniformen von Anta'jarim, nicht die von Lhe'tah. Sie unterhielten sich leise und bemerkten Karim nicht, als er in der Düsternis des abnehmenden Abendlichts an ihnen vorbeiging und die große Eingangshalle betrat. Wer auch immer hier regierte, er sollte ihn dazu anhalten, seine Wachen besser auszubilden.

In der Halle musste er vorsichtiger sein, denn zahlreiche Diener und Mägde waren unterwegs. Einige trugen Speisen ins Esszimmer, andere wischten die von Schnee und nasser Erde verschmutzten Böden. Aus dem angrenzenden Kaminzimmer kamen Stimmen, eine davon gehörte Sadi.

Karim wartete einen günstigen Zeitpunkt ab, in dem keiner vom Personal hersah, und trat über die Schwelle.

Es war nicht Tenira, die zu Besuch im Schloss weilte, sondern Fürst Wihaji. Ungläubig starrte Karim ihn an. So viele Jahre hatte er ihn nicht gesehen, und es war fast ein Schock, ihn jetzt so unvermittelt anzutreffen.

Wie gebannt ließ er den Anblick auf sich wirken. Wihaji, wie er einen Pokal an die Lippen führte, wie er mit den Händen gestikulierte. Sadi hatte sich in seinem gepolsterten Holzstuhl zurückgelehnt, doch Maira, die am Kopfende saß, lachte. Karim konnte nicht verstehen, worüber sie redeten, da der Tisch am anderen

Ende des Raums vor dem Kamin aufgebaut war. Das Feuer knisterte und zischte. Funken verglühten. Und Wihaji hob den Kopf und winkte.

»Karim! Warum stehst du noch an der Tür herum? Komm, setz dich zu uns.«

Drei Gesichter wandten sich ihm zu, jedes freundlich, keines von ihnen überrascht. Bedeutete das, dass sie ihn erwartet hatten? Ihn – oder sein anderes Ich, das zu diesem Zeitpunkt wohl ebenfalls im Schloss weilte? Karim hoffte, dass er selbst nicht plötzlich auch zum Essen erschien. Andererseits, wenn diese Situation in der nahen Zukunft lag, konnte sein anderes Ich sich womöglich noch an den richtigen Tag erinnern und würde sich höflich zurückhalten.

Niemand machte eine Bemerkung über sein Erscheinen, über seine Kleidung oder sonst etwas, das unpassend gewesen wäre. Es war sogar für ihn gedeckt, wie er nun feststellte, als er neben Wihaji Platz nahm. Er musste sich mit Gewalt daran hindern, den Fürsten anzustarren. Immer war Wihaji der Ältere von ihnen beiden gewesen, sein Lohnherr, sein Ziehvater, doch nun sahen sie gleich alt aus. Wie ein unerträgliches Gewicht fühlte Karim die Last der Jahre, die auf ihm ruhten. In diesen schweren Zeiten erreichten nicht mehr viele Menschen ein Alter von Mitte dreißig. Einzelne graue Haare zogen sich durch sein schwarzes Haar, doch wenn er sich einen Bart stehen gelassen hätte, wäre dieser bereits silbern gewesen.

»Trink, mein Freund. Du siehst müde aus«, sagte Wihaji und schenkte ihm ein.

Der Karim, der in diese Zeit gehörte, hätte gewusst, woher Wihaji kam. Ihm hätten nicht tausend Fragen auf der Zunge gebrannt. Daher schwieg er, ließ die anderen erzählen und versuchte zu erraten, was in der Zwischenzeit passiert war. Hatte Sahiko schon geheiratet? War es ihnen immer noch nicht gelungen, Joaku zu besiegen?

»Bist du verletzt?«, fragte Sadi plötzlich. Der junge Mann hatte eine gute Beobachtungsgabe.

»Das ist nur eine alte Narbe, die sich bei diesem Wetter bemerkbar macht.« Er hatte seine Seite geschont, ein Fehler, den ein Wüstendämon eigentlich nicht hätte machen dürfen. Karim zwang sich zu einem Lächeln und widmete sich dann dem Wildbret auf seinem Teller. Fasan, wie er feststellte, mit Äpfeln und kleinen, sauren Trauben geschmort. Niemand hatte mehr bekommen, als er essen konnte, was auf die kargen Zeiten hindeutete. Der Winter würde noch strenger werden, wenn bereits jetzt Schnee lag. In Anta'jarim kam das nur selten vor und bedeutete für die Menschen, die ohnehin schon darbten, nichts Gutes. In der Kälte würden die Toten noch näher heranrücken an die Lebenden, auf der Suche nach der Wärme, die sie nicht mehr empfinden konnten. Und die Lebenden würden erzittern und die Hoffnung verlieren. Doch das Schlimmste an dieser Situation war für ihn, dass er nicht nach Anyana fragen konnte. Wihaji war der Einzige, der wusste, was auf dem Grauen Schiff passiert war, und der andere Karim hatte ihn ganz sicher längst danach gefragt. Es wäre sehr auffällig, es noch einmal zu tun.

»Herr? Ich habe eine Nachricht für Euch.«

Er brauchte eine Weile, bis ihm bewusst wurde, dass die junge Magd, die an den Tisch trat, mit ihm sprach.

Sie reichte ihm einen mehrfach gefalteten Brief.

»Habt Ihr eine heimliche Geliebte?«, fragte Maira mit einem kleinen Lächeln.

Das Papier knisterte in Karims Händen, als er es auseinanderfaltete. Er überflog die kurze Zeile in der vertrauten Schrift und knüllte die Botschaft in der Faust zusammen. »Entschuldigt mich, das ist wichtig.«

Er nickte den anderen zu und eilte mit großen Schritten aus dem Saal.

Am Durchgang zur Speisekammer wartete eine schlanke, dunkel gekleidete Gestalt auf ihn.

Mit einem spöttischen Lächeln blickte ihn sein Doppelgänger an. »Habe ich damals wirklich so verwirrt ausgesehen?«

Karim zuckte mit den Achseln. »Damals?«

»Es ist ein paar Monate her, in denen viel passiert ist. Wihaji wird in zehn Tagen an der Küste an Land gehen. Ich werde ihn dort empfangen, in der Nähe des Nebelmeerhafens, in der kleinen Bucht, an der man auf dem Weg nach Testra vorbeikommt.«

Er nickte. »Gut, ich werde da sein.«

Sein anderes Ich lächelte schief. »Das wirst du.«

»Anyana ...«

»Nein. Sie wird nicht dabei sein.«

Es gab nichts mehr zu sagen. Alles andere würde Karim erfahren, sobald es so weit war.

Er nahm all das mit, was er gesehen und gehört hatte – Bilder vom Schnee, den knapp bemessenen Mahlzeiten, von Wihaji, der mit Maira und Sadi lachte. Sein Herz war zugleich von Trauer und Freude erfüllt, als er den nächsten Schritt tat – zurück durch die Zeit, an einen Ort, an dem er noch zehn Tage warten musste.

Als der Fürst triefend nass aus dem Nebelmeer stieg, hatte Karim das Gefühl, in einem Traum zu leben. Er war tatsächlich in der Zukunft gewesen und hatte mit sich selbst gesprochen. Und heute war der Tag, an dem das tückische Meer, das allen Gesetzen der Zeit trotzte, den Freien Mann, wie Wihaji in Kato genannt worden war, aus seinem Sog entließ. Dabei hätten sie ihn schon früher so dringend gebraucht.

Er hatte sich überlegt, wie er Wihaji empfangen würde, was er sagen sollte, um ihm die Ankunft in dieser Zeit zu erleichtern. Doch nun platzte er mit dem Ersten heraus, was ihm einfiel. »Fürst Wihaji. Du kommst spät.«

Wihaji starrte ihn verwirrt an. »Wo bin ich? Und wer bist du?«

»Erkennst du deinen eigenen Knappen nicht mehr?«

Die dunklen Augen weiteten sich. »Du kannst nicht Karim sein. Du bist zu alt.«

Sie hatten keine Zeit für Erklärungen. »Und du bist zu spät. Der Krieg ist vorbei. Die Welt ist unter einer Schicht Asche begraben, und die Seelen irren durch die Lande und finden keine Ruhe.«

Die Verwirrung und das Misstrauen in Wihajis Miene verwandelten sich in Entsetzen. »Welcher Krieg? Der Bürgerkrieg?«

Karim musste seine Ungeduld zügeln. Dieser Wihaji wusste von nichts, und er musste behutsam vorgehen. »Das war vor zwanzig Jahren.« Zugegeben, das war nicht besonders behutsam. Er beeilte sich, dem Fürsten in knappen Worten zu erzählen, was in der Zwischenzeit passiert war, doch Wihaji schüttelte ungläubig den Kopf. Er glaubte ihm nicht, wollte ihm nicht glauben.

»Ich muss zu Linua! Wo ist sie? Ich bin zurückgekommen, ich bin endlich wieder zu Hause! Wo ist meine Braut?«

Es ging um so viel mehr als um eine verlorene Liebe, aber wie sollte er das dem Fürsten klarmachen? Er versuchte es, aber Wihaji hörte ihm nicht zu.

Seine wohl überlegten Sätze wehten davon. Karim hatte nicht damit gerechnet, dass Wihaji so verzweifelt nach seiner Geliebten verlangen würde. Es war schon so lange her, dass sie gestorben war, so viele Jahre, und seine eigene Trauer um sie war längst verblasst.

»Linua ist tot«, sagte er schließlich, obwohl die Worte ihm nur mühsam über die Lippen wollten. Er hätte es ihm gerne später beigebracht und vor allem schonender. »Sie ist vor vielen Jahren in Gojad ermordet worden.«

Er konnte in Wihajis Augen sehen, wie die Hoffnung, die ihn hundert Jahre lang angetrieben hatte, starb. Wihaji wurde still und das Geschrei der Raben, die über ihnen flogen, umso lauter. Sie schienen zu lachen. Und Karim war, als wäre auch sein Herz ein bisschen gestorben, zusammen mit Wihajis Sehnsucht. Er wusste zu gut, wie es war, den Menschen zu verlieren, den man liebte.

»Kommt, Herr«, sagte er aus reiner Gewohnheit, auch wenn Wihaji schon lange nicht mehr sein Herr und Vormund war. Er hatte ihn wie einen lang vermissten Freund begrüßt, doch es fühlte sich ein wenig seltsam an. Wihaji würde immer Fürst Wihaji für ihn sein. »Es ist hier nicht sicher.«

Die toten Seelen sammelten sich zuweilen an den Gestaden, als könnte wie durch ein Wunder das Graue Schiff erscheinen und sie abholen. So eifrig sie Tizarun gefolgt waren, so wütend und verzweifelt irrten sie jetzt durchs Land. Es wurden immer mehr, eine Plage, für die es kein Heilmittel gab. Denn die Götter hatten aufgehört, die Toten zu rufen und auf den richtigen Weg zu geleiten.

Mit wachsamen Augen blickte der Fürst sich um, während sie auf Karims Eisenvogel landeinwärts flogen. Karim vermied es nach Möglichkeit, jemand anders mit durch die Türen zu nehmen, auch wenn es nur noch selten vorkam, dass er an unerwarteten Orten oder Zeiten herausstolperte. Sicherer war ein Wüstenfalke auf jeden Fall.

Sein Besuch in Anta'jarim hatte ihm gezeigt, wo Wihaji willkommen sein würde.

»Warum bringst du mich nicht nach Wajun? Dort steht mein Haus.« Der Fürst schrie ihm die Worte gegen den heulenden Wind ins Ohr.

»Schon lange nicht mehr.«

»Meine Ländereien in Lhe'tah?«

In jenen ersten Wochen, in denen die Toten Le-Wajun heimgesucht hatten, waren die Menschen noch mutig genug gewesen, um Widerstand zu leisten. Sie hatten ganze Dörfer verbrannt, in denen die Seelen sich eingenistet hatten. Zahlreiche Höfe und Burgen waren den Flammen zum Opfer gefallen. Als könnten die Toten, die den Weg durchs Flammende Tor nicht gefunden hatten, ihn durchs Feuer hindurch wenigstens erahnen und gehen.

Doch stattdessen hatte es bloß immer mehr Tote gegeben.

»Asche«, antwortete Karim knapp, und daraufhin fragte Wihaji nichts mehr.

28. In einer Welt ohne Sonne

»Wie stellt Ihr Euch das vor?«, fragte Sadi. Er lehnte sich vor und las das Gesuch noch einmal. »Tenira wird Euch ins Gesicht lachen.«

Natürlich war er aufgeregt, denn er kannte die Geschichten über Wihaji, den Freund des Großkönigs, der irgendwie in dessen Ermordung verstrickt gewesen war. Manche behaupteten, Wihaji sei der Mörder seines Vaters. Andere verneinten das. Sadi wagte nicht, den Fürsten danach zu fragen. Tatsache war, dass ihm dieser Mann fremd war, und er konnte Karims fieberhaften Eifer, mit dem er den Rückkehrer aus Kato umschwärmte, nicht nachvollziehen.

Für ihn war Wihaji der Feind. Und falls dessen Bestreben, ihnen zu helfen, echt war, so war er dennoch ein Verbündeter ohne eigene Macht. Er brachte nichts mit, weder ein Heer noch eine Schar Magier. Nur sich selbst, seine düstere Aura, sein seltenes Lächeln, sein königliches Gebaren. Beinahe hätte Sadi ihm den hochlehnigen, gepolsterten und geschmückten Stuhl am Ende der Tafel angeboten, auf dem die Krähe hockte und den Kopf schief hielt, um den Ankömmling zu betrachten.

»Tenira wird mich empfangen«, sagte der dunkelhäutige Fürst gelassen. »Öffentlich in ihrem Audienzsaal. Draußen auf dem Platz, wo das Volk unsere Begegnung miterleben kann, wäre noch besser, denn sie neigt dazu, unliebsame Menschen verschwinden zu lassen. Verzeiht, mein Prinz.«

»Da gibt es nichts zu verzeihen.« Sadi fühlte sich schon lange nicht mehr beleidigt, wenn man schlecht von seiner Mutter sprach. Fremder als Tenira ihm war, konnte eine Mutter ihrem Sohn kaum sein. Seit sich die Kunde davon verbreitet hatte, dass er in der Schlossruine von Anta'jarim lebte, wartete er auf eine Einladung von ihr.

Sie war nie gekommen. Nur Tizarun zeigte sich immer wieder im Umkreis des Schlosses. Er wanderte durch den Wald und kehrte irgendwann zu ihm zurück, als sei Sadi der Mittelpunkt, um den sich alles drehte. Ein zorniger toter König, in dessen Gefolge die Seelen Angst und Schrecken verbreiteten.

»Wir können den Eisenvogel nehmen, aber wir sollten uns in Wajun Pferde besorgen.«

Jedermann wusste, dass Wihaji Eisentiere verabscheute.

»Ihr meint – jetzt? Jetzt wollt Ihr mit mir nach Wajun?«

Alle ihre Pläne, die Toten zurückzudrängen und Le-Wajun für die Lebenden zurückzuerobern, hatten immer der Zukunft gegolten, waren weitreichende Pläne, die das Schicksal der ganzen Welt betrafen. Es erschreckte Sadi ein wenig, dass sich nun tatsächlich sein ganzes Leben ändern sollte, noch dazu so plötzlich.

»Du hast ihn gehört.« Wihaji wies auf Karim, der ihm mit verschlossener Miene gegenübersaß. »Wir brauchen die Namen der Götter, die auf der Erde wandeln, und nur die Sonne kann sie träumen.«

»Dann muss es wohl so sein.« Sein Herz schlug schneller, und er musste tief durchatmen, um sich zu beruhigen. »Auch wenn ich bezweifle, dass meine Mutter je den Thron räumen wird. Trotz des Dokuments. Sie wird darauf verweisen, dass Tizarun wieder da ist und sie mit ihm zusammen die Sonne ist.«

»Das Dokument wird sie stürzen, ob mit Tizarun oder ohne ihn.«

»Sadi hat recht«, mischte Karim sich ein.

Nachdem er die meiste Zeit ihrer Unterredung geschwiegen hatte, hob Wihaji überrascht den Kopf. »Du hörst uns ja doch zu.«

»Das tue ich«, sagte Karim heiser. »Ich denke über die Sonne nach. Tenira träumt nicht mehr, sie hat schon seit dem Beginn ihrer unrechtmäßigen Alleinherrschaft keinen Namen mehr verkündet. Du bist unsere einzige Hoffnung. Denn obwohl ich den

Ring des Großkönigs trage, habe ich kein einziges Mal einen Namen im Traum gehört.«

»Ich auch nicht«, sagte Sadi. »Man muss auf dem Thron sitzen, oder nicht? Ist das das Geheimnis?«

»Es ist ein Geschenk der Götter«, meinte Wihaji, »und lässt sich nicht erzwingen. Sobald du die Sonne bist …«

»Ohne Frau kann er nicht gekrönt werden«, warf Karim ein.

Die beiden wechselten einen bedeutungsschweren Blick.

»Was ist?«, fragte Sadi. Er versuchte zu erraten, welche Worte ungesagt zwischen den beiden hin und her wanderten, welche folgenschwere Erkenntnis daraus erwuchs. »Das heißt, ich soll heiraten?«

»Ja, mein Prinz, das müsst Ihr«, sagte Wihaji leise. »Bevor wir nach Wajun gehen.«

»Und wen soll ich heiraten? Ich vermute, auch das habt Ihr Euch bereits überlegt.«

»Ja«, sagte der Fürst. »Nur eine bestimmte Frau kommt dafür in Frage.«

»Nein«, flüsterte Karim. »Sagt es nicht. Ich bitte Euch.«

Wihaji schenkte ihm einen langen Blick voller Mitleid.

Ein seltsames Kribbeln lief über Sadis Arme. Wen hatten sie ihm zugedacht, und was war daran so schlimm?

»Nein«, wiederholte sein Bruder und schüttelte den Kopf.

Wihaji ließ sich nicht aufhalten. »Die Frau, die Euer Vater Euch zugedacht hat und mit der Ihr seit Eurer Geburt verlobt seid. Prinzessin Anyana von Anta'jarim. Nur mit ihr zusammen könnt Ihr die Sonne sein.«

Mit einem leisen Stöhnen vergrub Karim sein Gesicht in den Händen.

»Ich verstehe das nicht.« Sein Herz schlug immer noch wie wild, sein Mund war trocken, und er musste schlucken und sich räuspern, bevor er sprechen konnte. »Unya hat sie manchmal erwähnt, daher weiß ich, dass die Prinzessin nicht im Feuer ums Leben kam. Sie waren auf dem Grauen Schiff, sie und ihr Kind.«

Wihaji nickte. »Ihr seid gut informiert, mein Prinz. Ich glaubte, ich müsste Euch erst mühsam davon überzeugen, dass Eure Verlobte noch lebt. Oder davon, dass sie mit Euch verlobt ist.«

»Auch davon habe ich bereits erfahren. Von den Jarimern, die bereits hier im Schloss lebten, als ich hergekommen bin. Sie haben meine Anwesenheit akzeptiert, als sie erfuhren, wer ich bin, da ich als Anyanas Verlobter offiziell zum Königshaus gehöre.« Er bemühte sich, gelassen zu klingen, doch das war er nicht. Von einer Verlobung zu erfahren, die ohnehin niemals würde eingelöst werden können, war das eine gewesen und hatte ihn als Jugendlichen nicht besonders erschüttert. Doch nun hing diese Verlobung wie ein Schwert über ihm, das jederzeit auf ihn herabfahren konnte.

»Werdet Ihr Eure Pflicht tun?«, fragte Wihaji streng.

In seinen Ohren dröhnte das Blut. Die Frage schien ihm falsch, da Anyana verschollen war, aber die Eindringlichkeit, mit der der Fürst eine Stellungnahme verlangte, irritierte ihn. Wusste er etwa, wo sich die Prinzessin aufhielt?

Die erwartungsvollen Blicke, mit denen beide Männer ihn bedachten, trieben Sadi in die Enge. Es war seine Pflicht, ganz wie Wihaji gesagt hatte. Als zukünftiger Großkönig von Le-Wajun musste er seine eigenen Wünsche hintenanstellen, um seinem Volk zu dienen.

Bevor er antworten konnte, ergriff Karim das Wort. »Es hieß früher, die Sonne müsse eine Einheit sein«, sagte er. »Zwei Herzen, miteinander verbunden. Liebe, stärker als der Tod. Eine Sonne, die sich nicht einig ist, wird zerbrechen. Und Anyana wird … sie wird nicht …«

Wihaji runzelte die Stirn. »Karim«, sagte er warnend.

»Worum geht es hier?«, fragte Sadi. »Um die Prinzessin, die, wie ich sehr wohl weiß, ein Kind von einem anderen Mann hat? Darum, dass sie mich nicht lieben wird, dass wir nie eine Einheit sein werden? Das weiß ich selbst. Sie ist eine Fremde für mich. Selbst wenn sie plötzlich wieder auftauchen würde, so wie Ihr, Fürst von Lhe'tah, wären wir kein Liebespaar. Aber dennoch werdet Ihr nicht müde zu betonen, dass die Götter unsere Schicksale miteinander verknüpft haben. Also werde ich mich diesem Schicksal fügen. Ich werde sie an die Hand nehmen und mit ihr den Thron von Wajun besteigen. Ich werde mit ihr zusammen die Sonne sein. Und wenn uns die Götter beschenken, werden wir die Namen träumen, mit denen wir die verlorenen Götter rufen können. Seid Ihr nun zufrieden?«

»Du hast ihn gehört«, sagte Wihaji und nickte Karim auffordernd zu. »Und nun hol sie her.«

»Ich soll … was?«

»Du weißt, wo sie ist?«, fragte Sadi überrascht.

»Das tue ich nicht«, knurrte Karim.

»Du kannst durch die Zeit gehen. Also geh durch die Zeit. Hol Anyana her – aus der Vergangenheit, bevor sie das Kind bekommen hat. Bevor sie einen anderen geliebt hat. Hol sie für Sadi her, damit er sie heiraten kann, und dann gehen wir nach Wajun und stoßen Tenira vom Thron.«

Sadi ertappte sich dabei, dass er seinen älteren Bruder mit offenem Mund anstarrte. »Das könntest du tun?«

Bevor das Mädchen, das er lieben sollte, sich in einen anderen verliebte. Das klang so verheißungsvoll, dass er erstmals Hoffnung schöpfte. »Du bringst sie her, für mich?« Unya hatte ihm erzählt, dass es möglich war, nicht nur an andere Orte zu gehen, sondern auch Tage oder sogar Jahre mit einem Schritt hinter sich zu lassen. Zugleich hatte sie ihm verboten, das auch nur ein einziges Mal zu versuchen. »Wenn der Faden des Schicksals sich mit sich selbst verstrickt, wird er reißen. Fordere die Götter nicht heraus, Sadi von Wajun. Überlass dem Mann die dunklen Pfade, der schon immer auf ihnen gewandelt ist.«

Er war kein braver, gehorsamer Junge, doch so eindringlich hatte sie ihm geschildert, dass er das Muster des Lebens zerreißen könnte, dass er sich dieses Mal an ihre Anweisungen gehalten hatte. Doch seinem Bruder hatte sie offenbar etwas anderes erzählt. Karim war der Mann der finsteren Wege.

»Du bringst mir meine Verlobte?«

Karim antwortete nicht. Er schob den Stuhl zurück, stand auf und verließ ohne ein Wort das Speisezimmer.

»Ich rede mit ihm«, versprach Wihaji. »Er wird es tun. Wir haben keine Wahl, Prinz Sadi. Und das muss auch er einsehen.«

In diesem Moment wurde ihm etwas bewusst. Er musste nicht danach fragen, so offensichtlich schien es ihm plötzlich. Der Mann, den Anyana liebte, war Karim. Sie sprachen über Karims Geliebte, über zwei Menschen, die sich gefunden hatten, in Kato, und deren Liebe über den Tod hinausreichte. Wihajis Aufforderung, sie aus der Vergangenheit herzubringen, bedeutete weitaus mehr, als Sadi geahnt hatte. Karim würde es nicht tun, er konnte nicht. Nicht einmal für den Thron. Nicht einmal für die Welt, die unter der Last der unzähligen Toten stöhnte, würde er die Liebe zerstören, die ihm alles bedeutete.

Sadi sprang auf, um seinem Bruder nachzulaufen, da packte Wihaji ihn am Handgelenk. Sein Griff war fest und unnachgiebig.

»Er darf das nicht«, sagte Sadi. »Das kann ich nicht von ihm verlangen.«

»Ihr verlangt das auch nicht. Ich verlange es von ihm.«

Mit einem Ruck riss er sich los. »Ihr erwartet, dass ich meinem Bruder das Mädchen stehle?«

»Sie war von vornherein Euer.« Er klang unerbittlich, mitleidslos.

»Das ist nicht wahr! Was auf einem Dokument steht, gibt mir nicht das Recht, sie für mich zu beanspruchen. Nicht, wenn sie einen anderen liebt.«

»Sie wird ihn nicht lieben, wenn er sie früh genug holt. Ihr beide werdet alle Zeit der Welt haben, um euch kennenzulernen. Nach der Trauung. Das seid Ihr Le-Wajun schuldig. Das ist Eure Pflicht und Eure Verantwortung, und verdammt noch mal, er weiß das. Es ist das, was er schon längst hätte tun sollen. Anyana herholen und Euch beiden den Weg zum Thron ebnen. Nur die Sonne kann das Land noch heilen und die Dunkelheit vertreiben. Es hätte nicht notwendig sein müssen, auf mich zu warten, damit ich ihm sage, was er zu tun hat.«

»Er ist genauso der Erbe wie ich.« Sadi wusste die Gefühle, die in ihm aufstiegen, nicht zu deuten. War es Wut, Scham, vielleicht gar Erleichterung? »Karim hat den Ring. Er ist Tizaruns ältester Sohn, und als solcher müsste er erben nach dem Gesetz. Er und Anyana sind ein Paar, sie haben sogar ein Kind! Warum soll ich ihm alles nehmen? Was gibt mir das Recht dazu? Er könnte mit Euch nach Wajun gehen.«

»Sie würden ihn niemals akzeptieren. Nicht nach allem, was er getan hat.« Wihaji schaute ihm herausfordernd in die Augen. »Das wisst Ihr. Kanchar hat nicht vergessen, dass er Testra im Stich gelassen hat, dass er bei Wabinars Untergang dabei war.«

»Ich war Wabinars Untergang!«, rief Sadi.

»Karim wird nicht herrschen.«

»Weil er Laikan getötet hat? Diesen Tyrannen, der Anta'jarim zerstört hat? Es ist Jahre her. Die Menschen haben das längst vergessen.«

»Ein einziger Zeuge genügt, um ihn sofort den Thron zu kosten. Seine Herrschaft kann keinen Bestand haben, und damit ist diese Unterhaltung beendet.« Wihajis autoritäre Stimme bezwang jeden. Er war schlimmer als Yando, den Sadi immer noch schmerzlich vermisste.

Er wünschte sich, gegen den befehlsgewohnten Fürsten zu kämpfen, sich gegen ihn zu behaupten – nein, mehr noch, die Wahrheit in seinen Worten auszulöschen, ihn zum Schweigen zu bringen. Er ballte die Fäuste, aber er beherrschte sich.

Und Wihaji sagte ungewöhnlich sanft: »Lasst Karim tun, was er tun muss.«

29. Unsere Nacht und unser Schicksal

Karim hielt sich von allen Türen fern. Er wollte nicht unversehens dort landen, wohin Wihajis Anordnung ihn trieb.

Dort, bei ihr.

Es gab keine Zeit, in der er Anyana finden könnte, ohne sie zu lieben. In ihre Kindheit konnte er nicht gehen, denn sie als Kind herzubringen nützte niemandem etwas. Die Hochzeit mit Sadi musste unverzüglich stattfinden, und danach … Jedes Jahr, in das er gehen konnte, war ein Jahr, in dem er sie vermisst hatte, in dem das, was zwischen ihnen war, genauso lebendig war wie am ersten Tag.

Er konnte Anyana nicht Sadi überlassen. So sehr er den Jungen auch zu schätzen gelernt hatte – es war unmöglich, ein Opfer, das man von niemandem verlangen durfte. Hatte er nicht schon genug durchgemacht? Was musste er denn noch alles opfern?

Am liebsten wäre er durchs Tor und in den Wald hinausgerannt, doch die Sonne war bereits untergegangen, und obwohl er die Toten nicht fürchtete, wollte er ihnen nicht begegnen. Nicht, wenn die Kälte in seiner Brust ihn auch ohne ihr Zutun beinahe lähmte. In düsterer Stimmung durchquerte er den Hof und wandte sich zum Turm. Seine Gedanken drehten sich im Kreis, während er die enge Wendeltreppe in die Höhe stieg. Durch die Fenster sah er den Wald, den sternenklaren Himmel, Dunkelheit und Lichter und wieder Dunkelheit. Von ganz oben war die Aussicht bei Tag grandios, und man konnte sich wie ein König fühlen über das weite umliegende Land, doch an diesem Abend war er nur mit sich selbst allein unter dem schimmernden Mondgürtel, der die Nacht in zwei Hälften schnitt. Er wünschte sich zu entkommen – der Sehnsucht nach Anyana und der Eifersucht auf Sadi und der

Verzweiflung, die ihn vorwärtstrieb. Viel lieber hätte er mit einem Wüstendämon gekämpft oder gleich mit mehreren. Zu kämpfen war leicht, wenn der Sieg in unmittelbarer Nähe wartete und das Einzige, was man riskierte, das eigene Leben war.

Doch aufzugeben – sich und seine Liebe und alles, was passiert war?

Stunde um Stunde verging, während er an der Brüstung lehnte und zusah, wie die Mondsplitter über den Nachthimmel wanderten, wie die Sterne aufgingen und wieder hinter die Baumwipfel sanken. Und schließlich wandte er sich mit einem Seufzer um, bewegte den Fuß nach vorne und fiel. Fiel hinein in eine andere Nacht.

Stroh raschelte unter seinen Sohlen. Etwas bewegte sich vor ihm, jemand atmete, und seine scharfen Sinne nahmen wahr, was er nicht wahrhaben wollte.

Ein Stall. Ein Heuboden. Unter ihm schliefen die Pferde in ihren Boxen. Eine Katze sprang leichtfüßig die Sprossenleiter hinab. Und vor ihm lag die schlafende Anyana, jung, noch so jung. Er sank auf die Knie, tastete nach ihrer Schulter. »Hab keine Angst.«

Würde sie schreien? Er war ein fremder Mann, der sie mitten in der Nacht aus dem Schlaf riss. Und obwohl er nicht genau wusste, in welcher Zeit er angekommen war, nahm er doch an, dass sie hier Jinan, die Magd, war – eine stumme, träumende Jinan, die in ihrer eigenen Welt lebte. Würde sie überhaupt mit ihm mitkommen? Und wenn sie es tat und in einem Anta'jarim eintraf, das nur ein schwacher Abglanz jenes Schlosses war, an das sie sich erinnerte – wer würde sie sein?

»Ich bin es, Karim«, flüsterte er. Wusste sie denn, wer er war? Vielleicht hatte sie ihn längst vergessen, war die Erinnerung an einen Sommer und einen Kuss längst von den Schrecken des Feuers und der Einsamkeit verdrängt worden.

Sie war wach, doch sie schrie nicht. Stattdessen überraschte sie ihn damit, dass sie nach ihm griff und ihn näher zu sich heranzog. Er lehnte seine Stirn gegen ihre, sog ihren Duft ein, und in diesem

Moment fand er einen Frieden, mit dem er nicht gerechnet hatte. Anyana wusste genau, wer er war, denn was sie beide verband, war so tief und echt, dass es alles überwand, alles überdauerte. Sie war sein, und er gehörte nur ihr.

»Erinnerst du dich?«, fragte er leise.

Und ein Flüstern antwortete ihm. »Karim.«

Ihre Lippen berührten seine, strichen sanft darüber. Ihre Hände streichelten seine Wangen, sein Haar, ertasteten sein Gesicht, seine Schultern, fanden Haut, spendeten Wärme. Er drängte sich näher an sie, hielt sie in seinen Armen. Ihre Münder fanden sich zum Kuss.

Sie war so verflucht jung, aber sie war es, sein Mädchen, seine Frau. Ihre Küsse wurden fordernder, ihre Hände mutiger. Sie lächelte in den Kuss hinein, und er verlor sich in ihr. Während Haut zu Haut fand und Sehnsucht Erfüllung erfuhr, endete endlich seine Suche nach ihr. Er hörte auf zu denken und mit sich selbst zu kämpfen. In diesem Moment glaubte er, dass die Götter ihn liebten. Und falls nicht, war es gleich, denn Anyana liebte ihn, und das genügte.

Sie verschmolzen miteinander. Und hier, im Glück, verwandelte sich die Zeit in Ewigkeit. Wirbelnd, funkensprühend, ein Tanz der Sterne. Sie bildeten eine Einheit, einen vollkommenen Kreis – die Sonne.

Erst später, als sie in seinen Armen schlief, fing er an zu begreifen. Wie Lijun sein eigener Sohn sein konnte. Dass die schlimmen Dinge, die Anyana passieren würden, unmittelbar bevorstanden. Er konnte sie davor bewahren, indem er sie jetzt gleich mitnahm. Doch durfte er das? Wenn er sie durch die magische Tür nach Anta'jarim brachte, änderte er dann nicht zu viel? Die Schrecken, die auf sie warteten, würden nie geschehen. Laimoc würde ihr nicht wehtun, sie würde ihn nicht umbringen.

Aber dann würde auch alles andere niemals stattfinden: ihre Flucht mit Mago an den Nebelmeerhafen, die Überfahrt nach Kato. Wenn Anyana Wihaji als den Aufrechten Mann niemals getroffen hätte, wäre Karim selbst dann überhaupt durch die Tür nach Kato gelangt? Es hätte ihn nichts dorthin gezogen, also wusste er, wie die Antwort lautete. Hätte Wihaji es allein geschafft, Tizaruns Eisenschiff zu zerstören? Je länger er darüber nachdachte, umso mehr brach alles auseinander. Wie würde die Welt aussehen, wenn er Anyana mitnahm? In welches Anta'jarim würde er sie führen? Würde er Sadi überhaupt noch vorfinden? Wären Tizarun und die Toten da? Hätte Joaku Karim vielleicht längst aufgespürt und ermordet?

»Ich kann das nicht tun«, flüsterte er. »Alles zerbricht, und ich weiß nicht, wer ich sein werde. Wer du sein wirst.« Es war, als würde man an einem Faden ziehen, der das Muster zusammenhielt, und das ganze Bild auflösen.

Er dachte an das Eisenpferd, das Retia gekauft hatte, an den Reitermantel, den er zu einer anderen Zeit hier im Stall zurückgelassen hatte. An die vielen kleinen Dinge, die passiert waren und noch passieren würden, Verknüpfungspunkte im großen Teppich, an dem die Götter seit Anbeginn der Zeit arbeiteten. Joaku hatte ihn zu einer Waffe geschmiedet, aber durfte er das Messer sein, das die Fäden durchtrennte? Wem würde er damit den Sieg zuspielen?

»Wer werden wir sein, du und ich?« Er glaubte an Anyana, an ihre Liebe, an das, was sie beide zusammenhielt. Sie würde Sadi nicht heiraten, davon war er in diesem Moment überzeugt. Nicht nach dieser Nacht.

Dann kamen die Schuldgefühle. War er verrückt gewesen, seinem Verlangen nachzugeben, statt das Mädchen sofort in den Turm zu bringen? Jetzt war es zu spät, um das Schicksal noch aufzuhalten. Zu spät, um Sadi seine Braut zu bringen. Zu spät für alles.

Karim schlief nicht in dieser Nacht. Er hielt Anyana in den Armen und lauschte ihrem Atem. Er betete um gute Träume für sie. Dann ließ er sie los und verabschiedete sich, ohne sie zu wecken.

»Es tut mir leid«, flüsterte er. »Es tut mir so leid, aber ich kann nicht.«

Er war über alle Maßen schuldig an vielen schrecklichen Dingen, aber nichts konnte so schlimm sein wie dies hier: seine große Liebe ihrem Schicksal zu überlassen. Wie konnten die Götter ihm das zumuten? Er war nicht stark genug dafür.

Es war, als würde er sie eigenhändig in den Abgrund stoßen.

Bevor er in seine eigene Zeit zurückkehrte, bevor er diese Nacht verließ, die in einen grauenhaften Tag münden würde, suchte er das Eisenpferd. Er fand es in einem abgelegenen Schuppen und räumte einen Teil des Gerümpels beiseite, in dem es feststeckte. Dann legte er die Hände auf das kalte Eisen, um zu überprüfen, ob das Ross noch rennen konnte. Die roten Augen glommen auf, doch es regte sich nicht. Sorgfältig tastete er über die Scharniere und ritzte sich den Daumen auf, als er auf das gebrochene Gelenk traf. Mit seinem Willen fügte er die beschädigten Teile aneinander, schmolz sie zusammen, und während sein Wille arbeitete, stärker als Eisen, heißer als die Glut des Schmiedefeuers, liefen ihm Tränen über die Wangen.

Dann erst kehrte er nach Anta'jarim zurück. Zurück in das Jahr Elf nach der Ankunft der Toten. Das Licht im Schloss kam ihm greller vor als zuvor, es blendete seine Augen. Die Geräusche waren zu laut, und Wihajis Zorn war das Unerträglichste von allem.

»Du hast was getan?« Wihaji wurde selten laut, doch diesmal schrie er beinahe. »Du warst da und hast sie zurückgelassen?«

Karim hielt dem Unwetter scheinbar gelassen stand. Er stellte eine Ruhe zur Schau, die er nicht empfand. Mit Anyana hatte er sein Herz an einem dunklen Ort zurückgelassen.

Er fühlte, was sie fühlte. Ihren Schmerz. Ihre Wut. Wie Laimoc sie nahm und zerbrach und fallen ließ.

Es war undenkbar, unerträglich, unvorstellbar. Er wollte weinen, schreien, kämpfen. Zurück zu ihr. Doch stattdessen reckte er das Kinn vor, sah Wihaji in die Augen und sagte: »Ich glaube, Ihr liegt falsch. Wir können den Krieg nicht auf diese Weise führen.«

»Und wie dann?«, fragte Wihaji zurück, heiser vor Zorn. »Wie sollen wir Sadi auf den Thron bringen? Wie können wir die Toten loswerden? Wir sind verdammt, wir alle! Und du bringst es nicht über dich, deine Geliebte aus der Sklaverei zu retten, weil … ja, weil was? Weil du sie nicht für dich herholen sollst, sondern für ihn? Bist du wirklich so selbstsüchtig?«

In diesem Moment sah Karim nicht mehr den Fürsten von Lhe'tah vor sich, Tizaruns Freund, sondern den Aufrechten Mann, den Gegenkönig, den Mann, der über Kato geherrscht und Tizarun getötet hatte, so wie Sterbliche ihre Götter töten.

»Ich bin nicht mehr Euer Knappe«, sagte Karim leise. »Und Ihr seid nicht mehr mein Herr. Doch ein Freund, fürchte ich, seid Ihr auch nicht. Hütet Eure Zunge.«

»Wir brauchen den Namen. Wir …«

Oh ihr Götter, er war so müde. »Ihr wollt ein neues Bild weben? Ihr wollt ein neues Porträt malen? Ihr wollt die Arbeit des schicksalsknüpfenden Gottes zunichtemachen?«

»Ich will aus diesem Albtraum erwachen«, sagte Wihaji. »Ich will, dass ein neuer Tag beginnt. Diesen Wunsch kann ich mir nicht selbst erfüllen, Karim, und es ist kein Lichtgeborener hier, der es für mich könnte. Geh und ändere die Welt.«

Karim hatte sich getäuscht. Er hatte geglaubt, der Aufrechte Mann würde für Le-Wajun kämpfen und die Toten ein für alle Mal vertreiben. In Kato hatte er nicht gegen Tizarun siegen können, doch hier würde es ihm gelingen. Es musste gelingen. Aber Wihaji war kein Krieger mehr, sondern ein König. Er erteilte Befehle und glaubte, das Recht dazu zu haben.

»Das kann ich nicht. Niemand kann das.«

»Da irrst du dich. Du bist der größte Magier, den ich kenne. Womöglich der größte, der je gelebt hat. Wenn du es nicht tun kannst, wer dann? Verdammt noch mal, Junge, warum bist du so stur?« Wihaji legte ihm die Hände auf die Schultern. »Rette uns. Wir können nicht anders gegen die Toten kämpfen, als den Göttern ins Handwerk zu pfuschen. Sollen sie uns daran hindern, wenn ihnen das missfällt.«

»Eure Trauer um Linua kostet Euch Euren Verstand«, sagte Karim und machte sich frei. Dann ergriff er die Flucht, denn jedes Wort kostete ihn mehr Kraft, als er besaß.

Sadi fand seinen Bruder oben auf dem Turm. Er musste ihn nicht lange suchen, denn hierher zog Karim sich meistens zurück, wenn etwas im Argen lag.

Nebelschwaden hingen über dem Wald, senkten sich auf die Wipfel herab, füllten die Lichtungen. Ein Schwarm Krähen zog laut krächzend darüber hinweg. Vielleicht war die Krähe mit der Dichterseele bei ihnen. Manchmal verzog sie sich in den Wald und blieb tagelang fort.

»Ich war ein Gefangener«, sagte Karim, ohne ihn anzusehen. »Lange, sehr lange hatte ich nichts als diesen Ausblick. Den Wald und den Himmel, eine Krähe und Unyas Tee. Ich weiß nicht einmal, ob es Wochen oder Monate waren oder gar Jahre. Die Zeit verging so langsam, dass ich fürchtete, ich könne verrückt werden.«

»Doch nun kannst du die Zeit beherrschen.« Sadi trat neben seinen Bruder und lehnte sich über die steinerne Brüstung.

»Beherrschen? Davon kann man nur träumen. Wir alle sind Gefangene der Zeit. Wir sitzen in einem Boot, das einen reißenden Strom hinabschießt, und wir können es nicht wenden.«

»Aber du kannst doch …«

»Was? Mich kopfüber vom Boot ins Wasser stürzen?« Karim lächelte bitter. »Und dann darin ertrinken«, fügte er hinzu. »Ich ertrinke, wenn ich springe. Selbst wenn ich dort ankomme, wohin mein Wunsch mich treibt. Ich ertrinke in meiner eigenen Geschichte. Davon erzählen sie uns nichts, wenn sie von den Sternen sprechen und von dem Brunnen, an dessen Grund wir unsere Wünsche finden. Sie erzählen uns nie davon, was es kostet.«

»Wihaji tobt«, sagte Sadi. Er fand es schwierig, die richtigen Worte zu finden. Erst als er sich klarmachte, dass es keine richtigen Worte gab, wurde es leichter. »Aber ich wollte dir sagen, dass ich es verstehe. Sie ist deine Frau. Das respektiere ich.«

Karim schwieg. Seine Hände krallten sich um das verwitterte Geländer, die Nägel kratzten über das Gestein. Sein Gesicht war dunkel, und in diesem Moment sah er nicht im Geringsten wie Tizarun aus.

»Wihaji will nichts davon hören, dass du die Krone nimmst. Daher habe ich einen anderen Vorschlag.« Sadi hatte lange darüber nachgedacht. »Wenn du die Prinzessin herbringen könntest, damit ich mit ihr reden kann, werde ich sie nicht bitten, mich zu heiraten. Sie ist eine Fremde für mich und ich für sie. Was unsere Eltern beschlossen haben, darf nicht wichtiger sein als unser eigener Wille. Ich werde ihr anbieten, die Verlobung zu lösen. Sobald wir beide frei sind, werde ich mir eine andere Braut suchen. Es ist unwahrscheinlich, dass ich ein Mädchen finde, das sich Hals über Kopf in mich verliebt, aber vielleicht ist das auch nicht nötig. Ich weiß, wie Ehen in unseren Kreisen geschlossen werden. Die Zuneigung kommt später. Und wenn wir Glück haben, wird eine Liebe daraus wachsen, die uns zu einer wahren Sonne macht. Und dann, so hoffe ich, kommen auch die richtigen Träume.«

Karim ballte die Fäuste.

»Ich schwöre dir, dass ich sie nicht …«

»Schwöre nicht«, fauchte Karim. »Sie ist keine Fremde für dich.«

»Wie meinst du das?« Sadi hatte lange über seinen Vorschlag nachgedacht, und nach wie vor schien ihm das die beste Lösung. Er konnte es Karim nicht verdenken, dass er ihm das Mädchen nicht gebracht hatte. Karim mochte der mächtigste Magier von Le-Wajun und Kanchar sein, Joaku vielleicht ausgenommen, doch er war auch sein Bruder. Wihaji wollte nur den Erben und den Kämpfer in ihnen beiden sehen, aber sie waren mehr. Sie beide.

»Sie ist dir nicht fremd«, stieß Karim unwillig hervor. »Dein ganzes Leben lang hast du schon von ihr geträumt und sie von dir. Ihr kennt euch. Wenn du ihr begegnest, wirst du die Verlobung nicht lösen können und nicht lösen wollen. Sie gehört zu dir. Und sie hat dich schon immer geliebt.«

Einen Augenblick lang fürchtete Sadi, dass Karim nun völlig den Verstand verloren hatte, dass er auf die Brüstung springen und versuchen würde, davonzufliegen. Sein Gesicht war das eines Mannes, der einen großen Schritt getan hatte, vielleicht einen zu großen. Dann stürmte er an Sadi vorbei, zur Treppe, und eilte nach unten.

»Warte! Du kannst mir doch nicht so etwas sagen und mich dann stehen lassen!«

Was hatte Karim nur gemeint? Sadi kannte keine Prinzessin Anyana. Sein Leben lang? Das hätte er doch gewusst! Er kannte überhaupt keine Mädchen näher, obwohl es in seiner Umgebung einige hübsche junge Frauen gab, die ihre Absichten deutlich gemacht hatten. Doch es war ihm immer falsch vorgekommen, einer von ihnen Hoffnungen zu machen, die er nicht erfüllen konnte. Denn er war immer davon ausgegangen, dass er eines Tages sein Erbe in Wajun antreten würde, und die Sonne musste eine Einheit sein. Ein Mädchen, das er zum Zeitvertreib in sein Bett holte, würde nie genug sein, um die Leere zu füllen, die er manchmal in sich spürte. Als würde es irgendwo eine Frau geben, eine einzige, die dafür bestimmt war, diesen Platz einzunehmen. Eine Frau, die er noch nicht gefunden hatte und die doch schon bei ihm war. Manchmal konnte er sie beinahe spüren, war ihre Nähe fast greifbar. Jedes Lächeln, das er einer anderen schenkte, fühlte sich an wie Betrug. Hin und wieder stellte er sich vor, dass die Prinzessin, mit der er verlobt war, vor dem Schloss erscheinen würde. Sie würde ihn anschauen, und er würde sofort wissen, dass sie es war. Es würde keiner Worte bedürfen, keiner peinlichen Brautwerbung. Er würde nicht herumstammeln und seine Unsicherheit preisgeben, sondern alles würde sich einfach finden.

Doch sie war nie erschienen, und er schalt sich einen Dummkopf, auf ein solches Wunder zu hoffen.

Er hatte sich mit Arbeit abgelenkt, und Arbeit gab es genug.

Nun blickte er Karim nach, und dessen Worte hallten in Sadi nach. Auf einmal ergab alles einen Sinn – dass er immer das Gefühl gehabt hatte, sie wäre ihm nah. Er kannte sie tatsächlich, er war ihr bereits begegnet! Welches Mädchen, das im Schloss wohnte, konnte es sein? Der Reihe nach ging er sie alle durch, doch bei keiner überkam ihn die Gewissheit, die er, wie er meinte, eigentlich hätte empfinden müssen. Und außerdem: Wenn sie hier war, warum hatte Karim sie ihm nicht einfach gezeigt? Warum hätte Wihaji ihn auf eine gefährliche Reise durch die Zeit schicken müssen?

Nein, die beiden wussten nicht, wo Anyana war. Sie hatten sie nicht hier im Schloss getroffen. Sie musste ihm früher begegnet sein, doch …

Und dann erfasste sie ihn. Die Gewissheit, mit der er immer gerechnet hatte, das unbeirrbare Gefühl von Nähe, von Zusammengehörigkeit, von Schicksal.

Sie.

Es war immer sie gewesen, in seinen Träumen und in der Wirklichkeit. Manchmal hatte er einen Schimmer roten Haares erhascht, das Funkeln eines Blicks, einen Duft, eine Stimme, die ihm zärtlich einen Namen gab.

Die Erkenntnis brach über ihn herein wie ein Schneesturm. Und er wusste, wo er sie finden konnte.

Sadi merkte kaum, wie er die Treppe hinunterstieg, wie er über den Hof rannte. Die Wächter musterten ihn verwirrt, hielten ihn aber nicht auf, nur einer rief ihm nach: »Ist etwas passiert, Prinz? Braucht Ihr Hilfe?«

Er antwortete nicht. Der Wald öffnete sich vor ihm wie ein gewaltiges Tor, hinter dem tausend Geheimnisse wohnten. Eins davon würde er lüften. Heute noch.

In diesen Tagen und Nächten im Jahr Elf nach dem Inferno von Wabinar, in denen Sadi durch die Wälder von Anta'jarim streifte auf der Suche nach der Hirschkuh, unermüdlich unterwegs, um einen Blick auf glänzendes Fell zu erhaschen oder auf eine Spur in der feuchten Erde an einem Bachufer, auf ein Haar, das sich im Geäst verfangen hatte, auf den Duft eines Traums …

In diesen Tagen und Nächten der Jagd kämpften Karim und Wihaji einen anderen Kampf.

Einen Kampf, der alle Siege und Niederlagen, alles Sterben und Geborenwerden der vergangenen Jahre, jeden Schmerz und jedes Glück auslöschen könnte.

Diesmal redeten sie nicht an einem Tisch am Kamin wie so oft. Der Fürst hatte ihn auf einen Spaziergang durchs Schloss mitgenommen, durch die Ruinen und an den wiedererrichteten Mauern vorbei, über den Hof, um den Turm herum und an der Mauer entlang.

»Du musst der Stern sein«, sagte Wihaji und blieb am Löschteich stehen, der nach den Regenfällen im Herbst gut gefüllt war. Viele Jahrhunderte zuvor war er ein Teil des Schlossgrabens gewesen, bevor die neuen Generationen weitergebaut und mit ihren Anbauten auch den schützenden Graben zu großen Teilen überbaut hatten. In diesem Teich war Anyana beinahe ertrunken.

»Du musst es sein. Du musst fallen bis zum tiefsten Grund. Du musst unsere Schlacht schlagen, Karim, da unten.«

Karim zog seinen Mantel enger um sich. Ihn fröstelte, obwohl an diesem Tag ein milder Wind wehte und bunte Blätter über den Hof fegte, die sich in den Trümmerhaufen verfingen. Was Wihaji da von ihm verlangte, war Wahnsinn. Er musste wahnsinnig geworden sein, damals schon, als Tenira ihn auf dem Thron der Wahrheit gefoltert hatte – oder war es später in Kato geschehen? Möglicherweise war es auch erst vor wenigen Wochen passiert, als er ihn am Strand empfangen hatte, mit der bitteren Nachricht von Linuas Tod.

Etwas war zerbrochen. Ein Faden war gerissen. Und der kostbare Traum, der den Aufrechten Mann am Leben gehalten hatte, war ausgeträumt.

»Das werde ich nicht tun.«

Karim konnte den grauen Himmel im Wasser gespiegelt sehen; er sah aus wie der Himmel von Kato. Als wäre dies der See, in den Anyana geflohen war, als Tizarun sie hatte gefangen nehmen wollen.

»Wie weit kannst du zurückgehen?«, fragte Wihaji.

»Warum fragt Ihr?«

»Du wolltest Anyana nicht retten und nicht herbringen. Was, wenn du ihre Familie rettest?«

»Was, wenn ich Tizarun rette?«, fragte Karim zurück. Er hielt Wihajis dunklem Blick stand. Er bot dem Wahnsinn die Stirn.

»Ich wollte, dass das Schiff früher ankommt. Ich wollte euch allen helfen, euch vor eurem Schicksal bewahren. Weißt du nicht, wozu ich bereit war? Ich hätte Anyanas Kind umgebracht, um die Zeit zu zerreißen. Und glaubst du, zu dir bin ich gnädiger? Ich werde alles vernichten, was du liebst. Ich werde es nehmen und in den Staub treten. Und du wirst in die Vergangenheit gehen *müssen*, um es zu verhindern.«

»Nein«, sagte Karim. Er wurde nicht laut, er packte Wihaji nicht am Kragen, um ihn zu schütteln und ihn zur Vernunft zu bringen. Dieser Mann hatte Tizarun getötet, und nicht nur einmal. Er war bereit, das Unmögliche zu tun. Er kannte keine Vernunft mehr, keine Grenzen. Wihaji war nie selbst gesprungen. Tenira hatte ihn in den Brunnen geworfen. Vielleicht fiel er immer noch. Vielleicht würde er nie aufhören zu fallen.

Jeder Teich und jeder Brunnen, selbst eine Pfütze war eine Gefahr für jemanden, der bereit war, sich in seinen finstersten Wunsch zu stürzen.

»Sechs Menschen gibt es, die dir etwas bedeuten«, sagte Wihaji. »Es waren sieben, vermute ich, doch mich wirst du aus allen Gleichungen streichen, wenn ich dir nun sage, was ich tun werde.«

»Nein, bitte. Nein«, wiederholte Karim stur. »Nein, dazu seid Ihr nicht fähig.«

»Sechs Menschen und eine Stadt und ein kleines Königreich. Daja zu vernichten ist nicht einmal schwer, wenn man weiß, wo es noch Brandsteine gibt. Guna zu zerstören …«

»… wäre die Tat eines wahnsinnigen Tyrannen. Das wäre Völkermord.«

Wihaji lächelte. »Ich bin weder verrückt noch ein Tyrann. Ich bin der Aufrechte. Ich bin der Freie. Und wenn du meine Befehle endlich befolgst, wird alles wieder gut. Du kannst Le-Wajun heilen und Kanchar und die Herzen aller Menschen, wenn du nur endlich einsiehst, dass es getan werden muss!«

Karim tastete nicht nach dem Dolch. Er wusste, wo sich jede Waffe befand, die er am Körper trug. Im Nahkampf war er einer der wenigen, die Wihaji gewachsen waren, doch er würde kein Risiko eingehen.

»Sechs Menschen«, fuhr der Fürst fort. »Soll ich dir sagen, wen du liebst? Anyana und Lijun, doch da sie verschollen sind, sind sie vorerst in Sicherheit. Deine Brüder: Sadi und Selas. Sahiko, deine Nichte. Und Unya. Habe ich jemanden vergessen?«

»Ihr wollt mich reizen, um etwas zu tun, das ein großer Fehler wäre.«

»Ja«, gab Wihaji unumwunden zu. »Das will ich. Und das werde ich. Du kannst sie nicht schützen, denn du weißt nicht, wen ich mir zuerst vornehmen werde.«

»Ihr seid ja schlimmer als Meister Joaku!«

»Noch ein Kampf, vor dem du dich immer gescheut hast und der doch unabwendbar ist. Du kannst ihn nur in der Vergangenheit besiegen, zu einem Zeitpunkt, an dem er dir noch vertraut.«

»Warum wollt Ihr unbedingt, dass ich das Muster auflöse?«

»Du weißt, warum. Und ich werde dafür sorgen, dass dir die Gegenwart mehr Schmerzen bereitet, als du ertragen kannst. Irgendwann werden alle, die dir etwas bedeuten, nur noch in der Vergangenheit zu finden sein, und du wirst diese in Asche und Schutt versunkene Welt freiwillig zurücklassen.«

»Ich werde Euch in Ketten legen!«

»Versuch es.«

Nein, dieser Mann fürchtete nichts. Er hatte sich in etwas verwandelt, das sich wie ein Brandstein anfühlte. Immer noch war Karim ihm verbunden, immer noch war Wihaji für ihn so wichtig wie ein Vater, wie die Familie, die er nie gehabt hatte. Doch gleichzeitig war ihm bewusst, dass dieser Brandstein jederzeit in Flammen aufgehen und alles in seiner Nähe zerstören konnte.

»Alles, was du erlebt hast, was du gelernt hast, wer du bist und wer du sein könntest … es hat dich auf diese Aufgabe vorbereitet«, sagte Wihaji. »Du wirst das Muster nicht zerstören, du wirst es erfüllen … es vollenden. Dies ist der Weg der Götter.«

Dies ist ihre Güte. Dies ist … dies ist …

Dies ist ihr Weg und ihre Gnade und ihr Lied.

In seinem Geist erklangen die Worte. Die alten Lieder, die Gedichte, die Legenden. Und wenn Wihaji recht hatte? Wenn es das war, worauf alles hinauslief?

War das der Wunsch am Grund des Brunnens – dass alles von vorne begann? Wenn er die Ermordung des Hauses Anta'jarim verhinderte, würde es keinen Bürgerkrieg geben. Tenira wäre keine Königin des Schreckens geworden, es hätte keinen Krieg zwischen Le-Wajun und Kanchar gegeben … Und nicht nur Linua würde noch leben, sondern auch so viele andere.

»Ich habe Anyanas Leben gerettet, damals im Sommer, als ich als Botschafter hier war«, sagte Wihaji. »Es gehört mir, so wie deins. Ich kann es nehmen, meine Hand über die Wasseroberfläche halten und es dann fallen lassen.«

Und wenn Karim noch weiter zurückging, bis vor Tizaruns Ermordung? Was konnte verlockender sein als die Verheißung, wieder unschuldig zu sein? Sein früheres Ich vor einem Fehler zu bewahren, der einen Keil in die Welt getrieben hatte. Und wenn es das war, was er tun musste? Das, wozu Unya ihn ausgebildet hatte?

Karim wandte sich ab. Er wollte das Flehen in Wihajis Augen nicht sehen, weder die Bitte noch die Drohung. Er wollte seinen eigenen Schmerz vor ihm beschützen.

»Geh«, flüsterte Wihaji. »Geh und ändere alles. Anders können wir nicht siegen.«

Dann stieß er Karim ins Wasser. Es ging so schnell, dass Karim, obwohl er halb darauf gefasst gewesen war, nicht rechtzeitig genug reagierte. Er stand zu nah am Rand, und obwohl er sich noch im Fallen drehte, war es zu spät. Er fiel, und das Wasser schlug über ihm zusammen, und obwohl er schwimmen wollte, war es auch dafür zu spät, denn er befand sich nicht mehr in Anta'jarim.

30. Ein herrenloses Pferd

Seine Kleider waren durchnässt, Wasser rann aus seinen Haaren. Der Mantel trocknete schnell, doch seine Stiefel quietschten bei jedem Schritt auf dem Waldboden. Um ihn herum wuchsen die dunklen Tannen in den Himmel, der sich blau und klar über ihm wölbte. Dieses Blau war verlockend, tröstend, betörend. Und unerreichbar fern.

Karim hatte eine dunkle Ahnung, wo er sich befand, aber er wusste nicht, wann. Wieder einmal. Und er konnte nur raten, warum.

Dies war nicht der Wald von Anta'jarim, es war Guna. Der Duft der Tannen und der mit einer dicken Schicht brauner Nadeln bedeckten Erde war ihm vertraut, doch unverkennbar war das Vibrieren der Brandsteine tief unter seinen Füßen.

Die Erschütterungen im Boden wurden stärker, nicht nur für seine magischen Sinne wahrnehmbar. Etwas oder jemand näherte sich. Die Geräusche, die den Wald erfüllten, verwandelten sich rasch in den deutlich erkennbaren Lärm einer Reiterschar. Hufschläge, das Knarzen von Leder, das Klirren von Waffen. Da er nicht wusste, mit wem er es zu tun hatte, verbarg Karim sich rasch zwischen den Baumstämmen. Schon konnte er die ersten Reiter sehen. Sie trugen nur leichte Rüstung und keine Helme, ihre bunten Umhänge flatterten hinter ihnen her. Ein Bannerträger trug eine Fahne an einer Stange vor dem nachfolgenden Trupp her. Auf einem dunkelroten Grund prangte eine goldene Scheibe, um die sich wie Schlangen ein Dutzend Strahlen wanden. Das war die Sonne von Wajun – oder sie sollte es offenbar sein, doch sowohl das Zeichen als auch die rote Farbe stimmten nicht mit dem Wappen überein, das Karim kannte. Das Rot des Hauses Lhe'tah war heller, flammender, so wie der Umhang, den einer der nächsten Reiter trug. Dieses Rot hingegen erinnerte Karim an die Flaggen in Anta'jarim, an das Banner des Königshauses. Hieß das, die Sonne stammte aus Anta'jarim? Kaum hatte er sich diese Frage gestellt, da erkannte er schon den jungen Mann mit dem leuchtenden Umhang. Er wusste nun, in welcher Zeit er sich befand.

In der Vergangenheit, noch vor seiner Zeit.

Die Sonne von Wajun stammte tatsächlich aus dem Königreich der Wälder, denn das Haus Lhe'tah würde erst als Nächstes an der Reihe sein. Tizarun war jung. So jung! Noch kein Großkönig, nur ein Prinz auf dem Weg in die Schlacht. Auf dem Weg nach Trica.

Oder auf dem Weg von Trica zurück.

Konnte das wirklich sein? Trica? Hierhin hatte ihn sein Wunsch geführt? Es gab nichts, was er so sehr fürchtete wie diesen Ort. Wie konnte ihn sein eigenes Herz so verraten?

Karim lehnte die Stirn an die raue Rinde der Tanne und schloss die Augen. Er atmete tief durch und versuchte, Herr über seine Gefühle zu werden. Selten war es ihm so schwergefallen wie in diesem Moment.

Trica würde brennen. Fast seine ganze Familie würde ausgelöscht, seine Mutter geschändet werden. Das Unglück, das ihn sein ganzes Leben lang verfolgt hatte, es hatte hier seinen Anfang genommen.

War es schon passiert oder würde es gleich noch passieren? Konnte er es verhindern?

Er musste an sich halten, um nicht aus seinem Versteck herauszustürmen und den Trupp anzuhalten. Er hatte die Soldaten nicht gezählt und schatzte, dass es fünfzig oder sechzig Männer waren und einige Frauen dazwischen. Sie anzugreifen wäre Wahnsinn gewesen, also musste er warten, bis sie alle vorüber waren. Und ihnen dann folgen, um herauszufinden, wohin sie ritten. Sie sahen nicht aus, als kämen sie bereits aus einer Schlacht. Keiner war verwundet, ihre Umhänge sahen aus wie frisch gewaschen, ohne Blutspuren und Dreck. Niemand, der gerade gekämpft hatte, sah so aus. Doch das musste nichts heißen. Die Kämpfe um Guna hatten monatelang angedauert, und es war durchaus möglich, dass Tizarun sein Verbrechen längst begangen hatte und nun, neu ausstaffiert und frisch gebadet, in den nächsten Einsatz zog.

Karim wartete, bis der Trupp außer Sicht war, dann trat er zwischen den Bäumen hervor. Die schweren Kriegsrösser hatten den Weg, der sich durch den Wald wand, in Morast verwandelt. Auch ein Blinder hätte sie verfolgen können. Er musste sich nicht mit Spurensuche aufhalten, doch zu Fuß war er langsamer, und je länger er ihnen nacheilte, umso mehr fürchtete er, zu spät zu kommen.

Die aufgewühlte Erde führte durch ein Tal, an einem Hang entlang und wieder bergauf. Die Mine konnte jetzt nicht mehr weit sein. Karim konnte das Summen der Brandsteine unter seinen Füßen spüren. Die Steine waren unruhig, als wären sie dabei, aus einem jahrtausendealten Schlummer zu erwachen.

Vor ihm öffnete sich der Wald und gab den Blick auf ein Tal frei. Das strahlende Blau des Himmels hatte sich mittlerweile in ein verwaschenes Hellgrau verwandelt, beinahe wie in Kato, und Karim hatte das seltsam unwirkliche Gefühl, sich in einem Traum zu befinden. Doch sein Herz schlug viel zu schnell, er keuchte von der Anstrengung des langen Laufs und spürte den Schweiß, der sich auf seiner Stirn sammelte.

Ein kleines Dorf schmiegte sich an den Hang. Die hohen Tannen, die es umgaben, verbargen den Eingang zur Mine.

Ein schäumender Bach glänzte zwischen den grob gezimmerten Häusern. Karim wusste von seinem Bruder Selas, warum in Trica nicht wie im übrigen Guna gebaut wurde. Hier passierten so viele Unfälle mit Brandsteinen, dass die Gemeinschaft der Bergarbeiter es aufgegeben hatte, Häuser für die Ewigkeit zu errichten. Doch von der immerwährenden Gefahr war nichts zu sehen. Es sah idyllisch aus, heimelig, und man konnte sich vorstellen, wie der Dorfvorsteher den Reisenden, die ins Dorf kamen, entgegentrat, um sie freundlich zu begrüßen und nach ihrem Begehr zu fragen.

Und wie derselbe Dorfvorsteher sich vor seine kancharischen Nachbarn stellte, um sie vor den wajunischen Soldaten zu beschützen. Denn es herrschte Krieg in Guna.

Trica brannte. Dunkle Rauchschwaden stiegen von den Dächern auf. Der Wind schlug um, und nun hörte Karim auch die Schreie. Männer brüllten, Frauen kreischten gellend, dazwischen erklang das Brechen und Bersten von Holz. Eisen krachte gegen Eisen.

Und im Inneren des Berges regte sich das Ungeheuer. Karim konnte die Magie der Brandsteine fühlen, die wie ein Echo auf die Schreie der Menschen antwortete. Unter den Dorfbewohnern mussten zahlreiche Magiebegabte sein, die ihre Angst auf die Steine übertrugen. Wenn sie nicht sofort damit aufhörten, würde bald der ganze Hang in die Luft fliegen.

Karim wollte seine Füße bewegen, um die Straße hinunterzurennen, um einzugreifen. Um den Grafen von Trica zu retten und seine Mutter vor dem bösen Schicksal zu bewahren, das in Gestalt eines hübschen Prinzen über sie kommen würde. Doch er konnte sich nicht rühren, gelähmt von dem Gedanken, der ihn wie ein Pfeil traf: Wenn er Tizarun aufhielt, würde er selbst nie geboren werden.

Es hätte ihn nie gegeben. Sobald er den Prinzen von Lhe'tah angriff, löschte er seine eigene Existenz aus.

Er wusste, was Wihaji dazu gesagt hätte: *An diesem Punkt der Geschichte kannst du alles ändern. Du kannst das Verhängnis, das über Le-Wajun und Kanchar kommen wird, ungeschehen machen. Ist dir dein eigenes Leben mehr wert als das Schicksal der ganzen Welt?*

Da war etwas in ihm, das den Gedanken begrüßte, nie gelebt zu haben. Es war das Ende des Kummers, des Schmerzes, der Schuld. Wenn er Tizarun aufhielt, würde er die Götter dazu zwingen, ein neues Bild zu weben, andere Farben zu wählen, die Rollen neu zu besetzen.

Immer dunkler wallte der Rauch in die Höhe, immer tiefer und drohender erklang das Grollen der Magie. Wenn er das Unheil verhindern wollte, musste er die Brandsteine besänftigen. Er musste seine Mutter Emena und ihre Familie retten. Er musste hinunterlaufen und Tizarun suchen, ohne von den anderen Soldaten aufgehalten zu werden. Er musste jetzt handeln, sofort!

Und dennoch stand er immer noch wie angewurzelt da. Seine Hände zitterten, kalter Schweiß brach ihm aus, ließ ihn frösteln. Sich selbst auszulöschen wie Tinte auf einem Vertrag, die unsichtbar wurde …

Er würde niemals Wihaji begegnen. Niemals Anyana treffen, ihr in die Augen blicken, über die weichen Strähnen ihres roten Haars streichen, diese Lippen küssen, sie in den Armen halten. War es das wert? Konnte der Schmerz, den die Menschen in Trica in dieser Stunde erleiden mussten, durch irgendetwas aufgewogen werden, durch die Liebe, die Schönheit eines Mädchens, durch Rumas Lieder, durch den Genuss, auf einem Eisenvogel durch den Himmel zu fliegen? Wie konnte er es wagen, die Qualen zahlreicher Menschen gegen seine eigene Freude abzuwägen?

Er musste es tun, er musste losrennen und kämpfen. Auch wenn er als einzelner Mensch nicht das ganze Dorf retten konnte, so doch wenigstens den Grafen, seine Frau und seine Kinder. War er das nicht auch Selas schuldig? Und allen anderen, die noch sterben würden in den Kriegen, die unweigerlich folgten? Die Welt würde in Asche versinken, Seelen zogen umher wie Heuschreckenschwärme … Er wusste das, er hatte es gesehen! Im Jahr Elf war es schreckliche Realität. *Also tu endlich etwas!*

Das Summen der Brandsteine schwoll an. Unwillkürlich schickte er seinen magischen Sinn nach ihnen aus, prüfte vorsichtig, wie wach und unruhig sie bereits waren. Vor Schreck stolperte er rückwärts. Das konnte nicht wahr sein! Hatten die Schreie der Dorfbewohner den Berg geweckt? Geschah es ohne Absicht, dass Todesangst und Zorn ihr Echo in den Steinen fanden – oder wollte ein zu allem entschlossener Magier, dass die Feinde zusammen mit ihren Opfern starben? Nein, gewiss kein Magier. In Guna gab es niemanden, der so genannt wurde. Die Menschen wuchsen mit dem göttlichen Funken in ihren Seelen auf und ahnten nicht, welche Macht ihnen daraus erwachsen konnte. Vielleicht war es der Graf von Trica, der bereit war, alles zu vernichten? Hatte Tizarun vielleicht gerade sein Schwert gegen ihn erhoben? Oder war es Emena, die ihre Gabe an Karim vererbt hatte? Selas besaß keinen starken Funken, doch möglicherweise war eins der anderen Kinder ungewöhnlich begabt gewesen und hatte die Brandsteine geweckt, kurz bevor es dem wütenden Prinzen zum Opfer fiel.

Karim musste sich entscheiden, und zwar sofort. Entweder er rannte los, um seine Mutter zu retten, die in diesem Fall niemals seine Mutter sein würde … Und falls sie es war, deren Macht die Brandsteine in Aufruhr versetzte, würde er damit gleichzeitig dieses Problem lösen. Obwohl er bezweifelte, dass eine Frau, deren Dorf brannte, sich so schnell beruhigen könnte. Er würde dennoch seine ganze magische Kraft benötigen, um den Berg zu besänftigen. Doch würde er dann überhaupt noch existieren? Was würde mit ihm selbst passieren? Würde er einfach verschwinden? Und wenn er verschwunden war, wer sollte Emena dann helfen, die Brandsteine zu beruhigen?

Schlimmer noch, wenn er sich irrte und nicht seine Mutter, sondern jemand anderes die Gefahr heraufbeschwor. Vielleicht gar alle Gunaer zusammen? Was, wenn ihre schlummernden magischen Gaben in diesem Moment des Schreckens gemeinschaftlich aufloderten – wie sollte dann überhaupt irgendjemand außer ihm den Berg am Brennen hindern?

Er durfte nicht sterben, und genauso wenig durfte er seine eigene Existenz auslöschen. Er war, die Götter wussten es, zu diesem Opfer bereit gewesen. Doch nun, da ihm dämmerte, dass er Emena nicht retten konnte, wurde ihm klar, dass die Götter ein ganz anderes Opfer von ihm verlangten. Er würde alles durchmachen müssen, was das Schicksal für ihn vorgesehen hatte. Er würde bei König Laon aufwachsen, um seine Mutter trauern, die ihn ablehnte, zu Joaku geschickt werden, seinen Vater töten, Wihaji im Stich lassen. All seine Irrtümer, Fehler, der Schmerz, die ungeweinten Tränen – all das stand ihm bevor, und dieser Falle konnte er nicht entgehen.

Es gab keinen Ausweg aus seinem Leben.

Und so sang er das Lied, das die Steine beruhigte, genauso für sich selbst. Er deckte seine eigene Unruhe, seine Angst, die Schuld, die Ausweglosigkeit damit zu, mit den Worten und der einfachen Melodie von Rumas Lied. Er schloss die Augen, um den Berg wieder einschlafen zu lassen. Es würde gelingen, es musste. Wäre Trica damals durch einen gewaltigen Bergrutsch verschüttet worden, wären alle Einwohner ums Leben gekommen und die feindlichen Soldaten mit ihnen. Das war nicht passiert, also konnte es auch jetzt nicht passieren. Die magische Hitze unter seinen Füßen nahm zu, gleich würde alles außer Kontrolle geraten ... Karim hielt dagegen, wehrte die Verzweiflung ab, das bittere Gefühl, nichts ausrichten zu können. Die Anstrengung rächte sich, ein scharfer Schmerz fuhr ihm durch die Stirn, sein ganzer Körper fühlte sich taub an.

Dann war es endlich vorbei. Der Berg schwieg wie ein Toter. Während Trica brannte und die Schreie allmählich verstummten, lag das Tal so ruhig vor ihm, als stecke es nicht voller gefährlicher Magie. So still und unbewegt, als könnten keine Schmerzensschreie es wecken. Der Wald rauschte sacht im Wind. So sahen auch die Götter dem Leid der Menschen zu, gelassen und ohne einzugreifen. Sie hatten Karim gestattet, an diesen Ort und zu dieser Zeit zurückzukehren, aber er hatte nichts gegen das einmal gewebte Bild, das längst in blutigen Farben fertiggestellt war, ausrichten können.

Es war zu spät, um Tizarun rechtzeitig einzuholen, um irgendjemanden zu retten. Karim wusste es, während er nach Luft schnappte und der Schmerz sich einen Weg durch seine Knochen bahnte. Er wischte sich über die Augen. Nein, er wollte nicht weinen. Nicht um die vertane Chance, nicht um sein Leben, das seinen Gang nehmen würde, dieses verfluchte, von vornherein zum Scheitern verurteilte Leben.

Er stellte sich vor, wie Wihaji ihn anblicken würde, wenn er zurückkam. *Du hast es nicht getan? Du hast nichts, gar nichts getan?*

Nein, würde er sagen. *Ich konnte nicht. Es hätte mich nie gegeben, und wenn es mich nicht gibt, wie sollte ich dann irgendetwas verhindern?*

Wihaji würde diese verschlungenen Gedankenpfade nicht zu würdigen wissen. *Du bist einfach gegangen? Du hast die Welt sich und ihrem Schicksal überlassen? Du hast sie Tizarun überlassen? Bist du wahnsinnig, Junge?*

Trica, würde er sagen. *Ganz Trica wäre zerstört worden und vielleicht sogar ganz Guna, wenn ein Stein den nächsten entzündet und sie alle zusammen das ganze Gebirge in die Luft gesprengt hätten.*

Und Wihaji hätte entgegnet: *Was ist Guna gegen die ganze Welt?*

Karims Wangen waren feucht. Er wischte sie mit dem Ärmel ab. Die Rauchschwaden zogen in seine Richtung, Asche wehte ihm ins Gesicht.

Verzeih mir, Mutter.

Wie vermessen, die ganze Welt um Verzeihung zu bitten. Wie konnte es für ein solches Scheitern Vergebung geben? Wer sollte sie ihm gewähren – die Götter? Die ihn erneut in ihre Falle gelockt hatten, damit er sich in den Fäden seines Schicksals verstrickte?

Und dann fiel ihm plötzlich ein, was er stattdessen tun konnte. Er hatte Trica aufgegeben und seine Familie nicht gerettet, und damit hatte er sein eigenes jämmerliches kleines Leben geschont. Doch er konnte Le-Wajun und Kanchar immer noch vor den drei Kriegen, die kommen würden, bewahren. Vor dem Bürgerkrieg, den Teniras Beharren auf den Thron ausgelöst hatte, vor ihrem Feldzug gegen Daja und vor dem großen Krieg der Eisenarmee. Er musste nur dafür sorgen, dass Tizarun Guna nicht verließ.

Wenn sein Vater niemals Großkönig wurde, würde auch Tenira niemals auf dem Thron der Sonne sitzen. Ein anderer würde Großkönig werden, Wihaji vermutlich, denn er war der Nächste in der Erbfolge. Ein Lächeln wanderte über Karims Gesicht, wenn er sich vorstellte, dass Wihaji über Le-Wajun regieren würde. Selbst wenn sein eigenes Leben so verlief wie bisher, wenn König Laon ihn bei sich aufnahm und irgendwann an Joaku auslieferte, würde es keinen verbrecherischen Vater geben, gegen den man ihn aufhetzen konnte. Er würde vermutlich ein ganz ähnliches Leben führen wie bisher, doch in einer besseren Welt.

Ob er Anyana jemals begegnen würde? Wenn ihn der Weg nicht nach Anta'jarim führte, ihn das Schicksal nicht zu Wihaji brachte, der als Großkönig gar keinen Knappen benötigte, was würde dann aus ihm werden? Beinahe war er gespannt darauf, es herauszufinden.

Die Vögel schwiegen immer noch. Eine unheimliche Stille hatte sich über das Tal gelegt. Nur das Feuer knisterte in den Dachbalken, und der Rauch, der sich über dem Dorf zu einer Wolke verdichtete, kündete von den Schrecken, die hier geschehen waren.

Karim stieg den Hang wieder hinauf, wobei er darauf achtete, dass er von der Straße aus nicht gesehen werden konnte. Von Trica wollte er sich fernhalten. Nicht, dass seine eigenen aufgewühlten Gefühle den Berg erneut weckten. Er musste außerhalb des Dorfs auf Tizarun warten. Ihn inmitten seiner Begleiter anzugreifen würde schwierig werden, doch für einen Wüstendämon machbar. Er konnte einen Pfeil abschießen und ihn mithilfe seines magischen Willens lenken. Einen Pfeil, der sein Ziel unweigerlich treffen würde.

Er brauchte nur einen guten Platz, von dem aus er den Prinzen von Lhe'tah im Blick hatte; womöglich eine Stelle, an der die Soldaten anhalten oder langsamer werden mussten. Ein Gebüsch an einer Furt, neben einer Brücke oder Bäume, die einen steilen Hang säumten – etwas dergleichen würde ein ideales Versteck abgeben. Leider kannte er sich in dieser Gegend nicht gut aus. Wenigstens wusste er, dass es keine andere Straße gab, die aus Trica herausführte. Talabwärts war das Gelände zu felsig. Es gab keinen anderen Weg als diesen.

Schritt für Schritt entfernte Karim sich von dem zerstörten Dorf. Bald hatte er die Stelle, an der er vor etlichen Stunden angekommen war, hinter sich gelassen. Die schlammige Straße, die er nicht aus den Augen gelassen hatte, grub sich nun tiefer in den Hang hinein. Zu beiden Seiten wuchsen Felswände in die Höhe, und er musste einen weiten Bogen schlagen und hoffen, dass er später wieder auf den Weg stieß. Oder er suchte sich einen Platz oberhalb der Straße und lauerte den Wajunern dort auf. Er musste sich auf die Aufgabe konzentrieren, auch wenn es schwer war, seine Gedanken davon abzuhalten, auf Wanderschaft zu gehen und sich vorzustellen, wie es den Überlebenden gehen mochte. Er musste sich daran festhalten, dass all dies längst geschehen war, vor Jahrzehnten, und nicht gerade eben.

Doch der Wald um ihn herum war so wirklich, dass es ihm schwerfiel, Trost in diesem Gedanken zu finden. Da war das Rascheln der Nadeln und Zweige unter seinen Schuhsohlen, die weichen Blätter der Sträucher, die an manchen Stellen ein undurchdringliches Geflecht bildeten und süß dufteten. Der Wind trug den beißenden Geruch der Asche mit sich. Das leichte Jucken seiner Tunika auf der verschwitzten Haut, das Brennen eines Kratzers, den er bis eben noch gar nicht bemerkt hatte – all das war nahezu unerträglich echt. Das intensive Gefühl, am Leben zu sein, stellte sich immer nach einer Schlacht ein.

Er war entronnen. So knapp. Ihn schwindelte bei dem Gedanken daran, was er beinahe getan hätte. Zu leben war kostbar wie nie. Seine Sinne waren bis zum Äußersten gereizt, er konnte fühlen, wie sein Herz schlug, wie sich seine Füße über den unebenen Boden bewegten, er konnte neben dem Rauch den harzigen Duft der Tannen wahrnehmen und die reifenden Beeren in den Sträuchern. Und da war noch etwas. Wie konnte er Pferde riechen, hier, mitten im Wald?

Er hörte das Knarren von Sattelzeug, das leise Schnauben, das Rascheln und Stampfen wartender Pferde.

Vorsichtig schlich Karim näher und stieß auf ein Dutzend angeleinter Tiere. Keine gunaischen Bergponys, sondern langbeinige, zähe Wüstenrösser. Die Kancharer waren hier. Nun entdeckte er auch den Wachposten, der auf die Pferde achtgab. Ein halbwüchsiger Junge, der gelangweilt auf einem Stöckchen herumkaute.

Karim wandte sich ab, um die übrigen Kancharer aufzuspüren. Wenn sie einen Hinterhalt gelegt hatten, musste er womöglich nicht einmal eingreifen. Jemand anders würde Tizarun und die übrigen Soldaten töten, nicht er.

Etwas knackte hinter ihm, er nahm eine Bewegung wahr. Sehr langsam drehte er sich um, denn er wollte keinen Kampf. »Wir sind auf einer Seite«, sagte er auf Kancharisch.

Vor ihm stand ein zweiter kancharischer Junge, der einen Dolch in der Hand hielt. Eine Waffe, die einem Wüstendämon kaum gefährlich werden konnte. Karim machte jedoch nicht den Fehler, die Angelegenheit auf die leichte Schulter zu nehmen. Wo zwei Kancharer waren, konnten noch mehr sein.

»Ich bin kein Feind«, wiederholte er.

»Du bist einer von uns? So siehst du nicht aus«, spottete der Junge. »Wo ist deine Uniform?«

Wohin auch immer er in dieser Zeit ging, würde seine Kleidung fremdartig wirken. »Ich bin Feuerreiter, kein Soldat.«

»Ein was?«

Verdammt, gab es etwa noch gar keine Eisenvögel? Daran hatte er nicht gedacht. Er war nicht in der Verfassung für ein Gespräch dieser Art. Wichtiger war es, sich unter die anderen Kancharer zu mischen, um sicherzugehen, dass Tizarun den Anschlag nicht überlebte. Sollten sie ruhig den Ruhm einheimsen, ihm lag nichts daran. Sobald es getan war, würde er sich auf den Heimweg in seine eigene Zeit machen.

»Ich bin ein Gesandter des Königs von Daja«, sagte er stattdessen. »In geheimer Mission unterwegs. Ich bin hier, um König Laon Bericht zu erstatten. Also sei so freundlich und lass mich meine Arbeit tun.«

Der junge Kancharer schien nicht restlos überzeugt. »Du könntest ein wajunischer Spion sein.«

»Ich könnte dir das geheime Erkennungswort sagen, das mir überall Legitimation verleiht, doch ich fürchte, du kennst es nicht, Pferdebursche. Führe mich zu deinem Vorgesetzten.«

Hinter der Stirn des Jungen arbeitete es. Wenn er einen feindlichen Spion in das Versteck der Soldaten brachte, machte er einen offenbar sorgsam geplanten Hinterhalt zunichte, denn der anschließende Kampf würde nicht ohne Lärm abgehen. Irrte er sich jedoch und verweigerte einem königlichen Gesandten seinen Willen, konnte das ein übles Nachspiel haben.

Karim zwang sich zu einem Lächeln. »Ich gehe im Palast des Königs ein und aus. Soll ich dir von seiner kleinen Tochter erzählen? Oder von der Sonne über den Dächern von Daja? Vom Duft der Rosinenkuchen, die in der Bäckerei hinter der Brunnengasse gebacken werden?«

»Du bist ein Dajaner.«

»Das bin ich.« Er nickte und versuchte, besonders vertrauenswürdig auszusehen.

»Gut«, sagte der Junge. »Ich musste sichergehen. Also komm.« Er winkte dem anderen Pferdewächter zu und wies zwischen die Bäume, um anzuzeigen, wohin sie gehen würden. Dann führte er Karim den Hang hinauf.

Der Wald wurde lichter und grüner. Die Tannen blieben hinter einem wassergefüllten Graben zurück, die Sonne kam stärker durch, und die Erde war nun mit grünem Kraut bedeckt, mit Nesseln und Glockenblumen. Die Bäume hatten gewaltige Stämme und helle Blätter: Eichen und Buchen. Karim erblickte sogar einige zarte Birken, die mit ihren geraden weißen Stämmen wie in einer geheimen Versammlung von Lichtgeborenen beieinanderstanden. »Vorsicht, Herr, hier wachsen Brombeeren.«

Der Junge trat auf eine stachelige Ranke und ließ Karim den Vortritt.

Seine magischen Sinne streckten sich nach den Brandsteinen aus, die unter ihnen schlummerten. Die Gesteinsschicht war hier weniger dick als anderswo, kaum ein paar Meter trennten die fruchtbare Erde von den gefährlichen Schätzen, die der Berg bereithielt. Ob auch die Pflanzen darauf reagierten und hier deshalb andere Bäume wuchsen als sonst in Guna üblich? Darüber hätte Karim gerne mit den einheimischen Gunaern diskutiert, doch er wusste, dass es dazu nicht kommen würde. Er war nur auf der Durchreise. Noch ein kurzes Gespräch mit den Kancharern, die auf der Lauer lagen, noch einen Kampf, dann war sein Werk getan.

Die Soldaten hatten Spuren hinterlassen. Geknickte Äste, zertrampelte Blumen, auch ohne den Jungen hätte Karim das Versteck gefunden. Es war überaus geschickt gewählt. Die Männer waren im Schatten des Blattwerks kaum zu sehen. Unter ihnen verlief die Straße, tief eingekerbt in den Fels. Auch auf der anderen

Seite des Weges erkannte er geduckte Gestalten. Ihre Waffen mussten geschwärzt sein, denn keine Klingen glänzten in der Sonne. Von hier aus gab es ein freies Schussfeld. Jeder Pfeil, der abgefeuert wurde, wäre tödlich, falls die Schützen gut genug waren. Trica lag rechts von hier, von dort würden die Wajuner kommen. Weiter links waren die Felsen niedriger, und auch dort hatten sich etliche Kancharer verborgen. Sie waren nicht mit der Armbrust bewaffnet, sondern hielten Schwerter, Krummsäbel und Dolche in den Händen. Karim ging davon aus, dass sie, sobald der Angriff begonnen hatte, auf den Weg springen würden. Kein einziger der fünfzig wajunischen Soldaten würde entkommen.

»Wen bringst du da, Sohn?« Ein breitschultriger Mann, der seine langen Haare zu einem Zopf geflochten hatte, baute sich vor ihnen auf.

»Einen dajanischen Gesandten des Königs«, erklärte der Knabe stolz.

»Ich bin hier, um König Laon Bericht zu erstatten«, sagte Karim rasch. Er hatte keine Geduld, sich lang und breit zu erklären. Als echter Gesandter hätte er den Namen des Offiziers kennen müssen, und um seine Unwissenheit zu verbergen, musste er dieses Gespräch möglichst schnell hinter sich bringen. »Und um Orden und Auszeichnungen für, ähm, außergewöhnliche Tapferkeit zu empfehlen. Darf ich fragen, warum ihr den Soldaten nicht in den Weg getreten seid, bevor sie Trica überfallen haben? Oder warum ihr die Dorfbewohner nicht gewarnt habt?«

Das Gesicht des Anführers umwölkte sich. »Wir waren in der Nähe, um den Feinden in Königstal entgegenzutreten, als uns ein Späher Bescheid gab. Wir sind zu spät gekommen, leider. Und jetzt, da die Wajuner in Trica sind, erschien es uns nicht ratsam, ins Dorf einzumarschieren. Wir sind in der Unterzahl. Sie zu überraschen ist der beste Weg.«

Etwas in Karims Brust krampfte sich zusammen. Es mochte sein, dass die Kancharer zu wenige waren, um gegen den Prinzen und seine Soldaten zu gewinnen, doch gemeinsam mit den Dorfbewohnern hätten sie vielleicht dennoch etwas ausrichten können.

Die Entscheidung des Offiziers kam ihm falsch und feige vor, obwohl er ihr seine eigene Existenz verdankte.

»Gut«, sagte er knapp, um den Mann nicht gegen sich aufzubringen. Er musste näher heran, direkt neben die Schützen am Rand der Felsen, und von dort aus Sorge tragen, dass einer der Pfeile Tizarun tödlich traf. Die Wajuner trugen Kettenhemden, daher war der Hals das beste Ziel. Der Mann, der sein Vater war, würde elend verbluten.

Die drei Kancharer, die auf die Feinde lauerten, hoben die Köpfe und nickten ihm zu, wachsam, aber nicht misstrauisch. Karim kniete sich zwischen sie. Noch war nichts von den wajunischen Soldaten zu hören. Hatten sie ihr blutiges Werk immer noch nicht vollendet?

»Das Schlimmste ist das Warten«, murmelte einer der Kancharer, ein älterer Mann mit dunkler, von der Sonne gebräunter Haut.

»Der Prinz ist der Schlimmste«, widersprach ein anderer und spuckte aus. »Er ist noch nicht lange in der Gegend, und man nennt ihn bereits den Schlächter von Guna. Er kämpft nicht nur gegen uns, sondern gegen jeden Gunaer, der einem Kancharer Unterschlupf bietet.«

»Und noch schlimmer sind seine großartigen Aussichten auf den Thron von ganz Le-Wajun«, ergänzte der Ältere, seine Stimme bitter vor Zorn und Hass. »Dieses Scheusal könnte eines Tages auf dem Sonnenthron sitzen.«

»Das wird nicht geschehen«, sagte Karim leise. »Das werden wir heute verhindern.« Statt des verderbten Kriegshelden würde Fürst Wihaji diese Ehre zuteilwerden. Er würde nie im Kerker landen, nie vor Kummer wahnsinnig werden, nie nach Kato geschickt werden. Stattdessen würde er der Welt zeigen, wer er war, wie gerecht und gütig er sein konnte. Der Fürst würde seine große Liebe heiraten, Linua.

Nein. Karim runzelte die Stirn. Nein, das würde nicht geschehen, denn Joaku würde Linua nicht auf Wihaji ansetzen. Sie würden sich nicht kennenlernen. Als von allen begehrter Erbe würde Wihaji sich vor Bewerberinnen kaum retten können. Und noch etwas kitzelte an seinen Gedanken. Es gab noch etwas, das Karim wusste und das er in den Tiefen seines Gedächtnisses vergraben hatte. Eine Frau. Eine Geliebte, die Wihaji für eine bessere Partie verlassen hatte … Hetjun von Gaot.

Das war es. Hetjun würde Wihaji heiraten, wenn er der Kandidat für den Sonnenthron war, und das bedeutete … Das bedeutete …

Karim erhob sich langsam und taumelte von der steil abfallenden Kante der Felsen fort. Hetjun und Wihaji.

Anyana würde nie geboren werden.

Anyana.

Er hatte ihr Gesicht vor Augen, das flammende Haar, ihr Lächeln, und es traf ihn mitten ins Herz. Wie immer, wenn er an sie dachte.

Seine eigene Existenz ungeschehen zu machen war das Eine. Das war ein Opfer, zu dem er bereit gewesen war. Doch Anyana auszulöschen? Das Mädchen, das seit so vielen Jahren in seinem Herzen wohnte, das ihn verändert hatte? Das ihn hatte glauben lassen, dass er mehr war als Joakus Waffe?

An dieser Stelle in die Geschichte einzugreifen bedeutete ihren Tod. Nein, schlimmer noch, es würde alles auslöschen, was mit ihr zusammenhing, jeden Gedanken, jede Erinnerung, alles. Wie arm wäre eine Welt, in der das Schönste fehlte!

Wer würde er sein ohne sie? Was nützte es ihm, die Katastrophen, die Le-Wajun und Kanchar heimsuchen würden, abzuwenden, wenn Anyana kein Teil dieser neuen Welt war?

»Ich glaube, ich höre etwas«, sagte einer der Kancharer leise. »Sie sind noch auf der anderen Seite des Passes, aber sie nähern sich.«

Sein Herz setzte einen Schlag aus und noch einen, dann galoppierte es los, schnell, hektisch, unruhig. Ihm wurde schwindlig, Gänsehaut überzog seine Arme. Die Frage hämmerte in seinem Geist: *Was tun? Was tun?*

Er hatte ein Held sein wollen, der alles änderte, der das Licht zurück in eine von Aschewolken verdunkelte und von rastlosen Seelen heimgesuchte Welt brachte, doch er konnte es nicht. Er konnte das Muster, das die Götter gewebt hatten, nicht zerstören, sie nicht dazu zwingen, ein neues Bild anzufertigen – zu kostbar war das, was sie geschaffen hatten. Was in all dem Schlamm und der Asche und dem Schmerz gewachsen war, hatte einen Wert, der alles überstieg.

Seine quälenden Erinnerungen, denen er niemals entkommen würde – weiterzuleben war sowohl Geschenk als auch Aufgabe. Und was Anyana durchgemacht hatte, hatte sie vielleicht auch manchmal denken lassen: Wäre ich doch nie geboren. Um dann trotzig weiterzumachen, einen Fuß vor den anderen zu setzen, ihre Feinde in den Staub zu werfen und zu kämpfen.

Das Geschehene ungeschehen zu machen war falsch, denn die Konsequenzen waren unüberschaubar. Die Fäden des Schicksals hingen zusammen, waren untrennbar miteinander verknüpft. Er konnte nicht an einem ziehen, ohne das ganze Muster aufzulösen.

Irgendwie schaffte Karim es, weiterzuatmen, sich bewusst zu machen, wo er sich befand. Ferne Hufschläge hallten durch den Wald. Wie viel Zeit blieb ihm?

Denk nach, denk nach. Tizarun retten? Von einem Moment zum anderen hatte sich Karims Mission in ihr Gegenteil verkehrt. Wenn er die Wajuner laut warnte, würden sie bereits zu nah sein. Es würde dennoch zum Kampf kommen. Und wer konnte sagen, ob der Prinz unbeschadet daraus hervorgehen würde? Sollte Karim stattdessen gegen die Kancharer kämpfen, sie hinterrücks angreifen? Oder sie lähmen, damit sie den Angriff nicht ausführen konnten? Aber er hatte noch nie versucht, so viele Personen auf einmal mit einem solch schwierigen Bann zu belegen. Die Kancharer auf der anderen Seite des Weges würde er auf keinen Fall lähmen können.

Was, wenn er einfach nach unten kletterte und den Soldaten entgegenlief? Nein, sie würden ihn für einen Feind halten.

»Warte, wohin …« Der Anführer rief ihm noch etwas nach, aber er musste seine Stimme dämpfen, jetzt, da der Reitertrupp unterwegs war, und Karim konnte den Rest nicht verstehen. Er hetzte zurück, sprang durch Nesseln und Dornen, über Steine, glitt im Graben beinahe aus, weiter, nur weiter. Dann erreichte er die Pferde, die der andere Junge bewachte.

»Herr, was tust du?«

Ohne sich von dem Kind aufhalten zu lassen, löste Karim den Strick, mit dem das nächste Pferd an einen Baum gebunden war, griff in die Mähne und schwang sich auf den Rücken des Tieres.

»Herr, nein!«

Er wandte sich dem Jungen zu, streckte befehlend die Hand aus und warf den Bann aus wie ein Netz. Mit weit aufgerissenem Mund starrte das Kind ihn an, ohne sich zu rühren.

»Verzeih mir«, sagte er noch, dann ritt er los, um seinen verhassten Vater zu retten.

Durch das unwegsame Gelände zu reiten war alles andere als einfach, noch dazu ohne Sattel und Zaumzeug. Karim duckte sich unter herabhängenden Zweigen, rutschte halb vom Pferdeleib, wenn der Braune in eine Vertiefung trat oder bergab trottete, und obwohl er das Tier unablässig mit den Schenkeln antrieb, wurde es langsamer. Doch da lag schon die Straße vor ihnen, und zwischen den Baumstämmen konnte Karim die sich nähernden Soldaten erkennen. Er hörte die Hufschläge, die lauten Stimmen der erfolgreichen Kämpfer, die gegenüber ihren Kameraden prahlten, was sie alles getan hatten.

Was sollte er Tizarun sagen? Wie sollte er ihm klarmachen, dass er sich in Gefahr begab, wenn er weiterritt? Sie hielten aufeinander zu, Karim auf dem Braunen und die Soldaten. Als das Tier seine Artgenossen witterte, wieherte es laut.

Da wusste Karim, dass keine Worte nötig waren. Er sprang ab, gab dem Braunen einen Klaps auf das Hinterteil, damit er weiterrannte, und verbarg sich hinter einem Baumstamm. Schon hörte er, wie die Soldaten auf das Pferd reagierten, wie sie durcheinanderriefen und wie Prinz Tizarun sie mit scharfen Worten zur Ordnung rief. Er ließ den ganzen Trupp anhalten.

»Ein kancharisches Pferd«, sagte jemand. »Dann sind hier irgendwo noch mehr Kancharer.«

Karim lehnte sich an die Tanne und atmete ihren harzigen Duft tief ein. Vor Erleichterung hätte er weinen mögen, doch seine Augen blieben trocken. So fühlte es sich also an, gleichzeitig zu siegen und zu verlieren, alles aufzugeben und alles zu gewinnen. So war es also, wenn die Liebe größer war als alles, so stark wie das Schicksal selbst, stärker als Verantwortung oder Pflicht oder Mitleid. So fühlte es sich an, wenn ein Leben mehr zählte als das Leben von Tausenden.

»Anyana«, flüsterte er. Und machte einen Schritt nach vorne, um Tizarun und seine üblen Kameraden hinter sich zu lassen, einen Schritt weg von allem.

Zu ihr.

Daran bestand kein Zweifel. In diesem Moment führten alle Türen zu der Frau seines Herzens.

31. Wir, zeitlos

Sie sind zusammen. Sie liegen beieinander, und die Nacht umhüllt sie wie ein Tuch, und es fühlt sich an wie ein Abschied.

Anyana weiß nicht, woher er kommt und wohin er geht, und Karim weiß nur, dass er nicht bleiben kann. Durchs Fenster spürt er das Licht der Sterne, gedämpft, als würde es durchs Wasser fallen. Als wären sie am Grund eines Brunnens, nicht in ihrem Schlafgemach in Spiegel-Anta'jarim.

Nun weiß er, wo er sich befindet, zu welcher Zeit und an welchem Ort. Dies ist Kato, und sie sind zusammen in der kurzen Zeitspanne, die ihnen hier vergönnt ist. Vor dem Kampf gegen den Flammenden König, vor der Abreise des Grauen Schiffs.

Ich war in Trica, will er sagen und bringt es nicht über die Lippen. Denn er denkt an das, was war, und an das, was unweigerlich kommen wird. Er kann es nicht aufhalten. Das Schicksal bricht sich Bahn, es ist mächtiger als alles. Doch wenn die Liebe am mächtigsten ist, warum kann er dann nichts tun, um für immer mit Anyana zusammen zu sein? Warum kann er sie nicht vergessen lassen, dass irgendwo dort draußen, an einem anderen Ort und zu einer anderen Zeit, Sadi auf sie wartet?

»Bleib bei mir«, flüstert er. »Bitte bleib bei mir, für immer.«

»Ja«, murmelt sie verschlafen, aber er weiß, dass es kein Versprechen ist, nur eine Hoffnung, die sich nicht erfüllen wird.

In der Wiege atmet das Kind.

Karim versucht, sich an diese Nacht zu erinnern. Warum ist sein jüngeres Ich nicht hier? Ist dies eine der Nächte, in denen er mit Wihaji bis spät in die Nacht Karten gespielt hat, in Schweigen und Erinnerungen versunken? Vielleicht ist dies jene Nacht, in der Unya sich zu ihnen gesellte, eine Katze im linken Arm, einen

Becher Tee in der rechten Hand. Karim weiß noch, dass Wihaji bei ihrem Anblick gelächelt hat. Er weiß noch, wie dieses Lächeln das dunkle Gesicht des Fürsten verwandelte. Er weiß noch, als wäre es gestern gewesen, wie das Gefühl von Frieden ihre kleine Gemeinschaft durchdrang, trotz all der Kämpfe, die ihnen noch bevorstanden, trotz des Flammenden Königs und seines eisernen Schiffs.

Sehnsucht erfasst ihn, so stark, dass ihm ist, als würde es ihn zerreißen.

Er möchte hierbleiben, bei Anyana und Lijun, bei Wihaji und Unya. Er möchte in diesem Spiegel-Schloss in Spiegel-Anta'jarim alt werden, während die Träume in den Nischen nisten und in den Schatten Erinnerungen flüstern. Er möchte nicht wieder hinaus in jenes Leben, in dem er immerzu kämpfen muss. Das unvermeidliche Leben. Keinen einzigen Faden konnte er aus dem Muster ziehen, das die Götter gewebt haben. Keinen einzigen.

»Ich wünschte«, sagt er leise in Anyanas Ohr, und ihre Haare kitzeln ihn. »Ich wünschte.«

»Was wünschst du dir?«, flüstert sie und hält ihn fest. Er möchte so sehr, dass sie ihn nie wieder loslässt.

»Ich wünschte, ich könnte etwas ändern. Irgendetwas. Ich wünschte, ich könnte wenigstens eine Wunde heilen, eine Lücke schließen, eine Niederlage abwenden. Was nützt all das, was Unya mir beigebracht hat, wenn ich mich am Ende doch nur vor den Göttern beugen muss?«

Ihre Wange ist köstlich weich, während seine Finger darüberstreichen. Sie schmiegt ihr Gesicht in seine Hand.

»Dass du hier bist, hat schon alles geändert. Für mich. Was willst du denn noch tun?«

Dich retten. Deine Familie vor dem Feuer bewahren. Verhindern, dass Wabinar in den Flammen verglüht und dass Tizarun zurückkommt und Joaku wie ein Kaiser über Kanchar herrscht und den Tod verbreitet wie eine Seuche.

Er wünscht sich so viel. Doch jeder Schritt durch die Zeit kann alles zerstören, kann sie beide auseinanderreißen. Vielleicht will er zu viel. Er muss etwas ändern, eine Kleinigkeit, doch erst dann, wenn ihrer beider Schicksal bereits miteinander verknüpft ist, wenn sie und er sich bereits kennen und ineinander verliebt haben. Kann er sich selbst daran hindern, Tizarun zu ermorden?

Ist vielleicht jene Nacht in Wajun, als der Großkönig den vergifteten Met trank, die einzige Stelle, an der Karim den Faden des Schicksals durchtrennen kann? Wenn Tizarun nicht stirbt, wird es das Feuer nicht geben. Joaku wird toben, gewiss, aber wäre damit nicht alles gelöst? Oder wird der Meister des Todes einfach einen anderen Assassinen schicken, und alles nimmt seinen Lauf? Solange der Herr von Jerichar lebt, ist der Tod des Großkönigs bittere Gewissheit. So wie auch Teniras Rache.

Anyanas zarte Hände streicheln Karims Haar, tasten über seine Brauen, seine Nase, seine rauen Wangen. Erkennt sie sein Alter? Weiß sie, dass er der Falsche ist, an die zwei Jahrzehnte älter als der junge Mann, den sie liebt?

Er muss gehen, aber es ist so schwer, sich von ihr zu trennen, ihre Wärme zu verlassen. Dabei weiß er, dass diese Anyana seinem anderen Ich gehört. Er muss zu ihr gehen, dorthin, wo sie in seiner eigenen Zeit auf ihn wartet. Dorthin, wo Sadi verzweifelt nach ihr sucht. Wenn er nur wüsste, wo er sie in jener Zeit finden kann.

»Wenn du durch Türen gehen könntest«, sagt er leise, »wohin würdest du gehen?«

»Nach Hause«, antwortet sie, ohne zu zögern.

»Nach Hause, das heißt Anta'jarim? Das echte?« Aber warum ist sie dann nicht dort? Warum ist sie nicht bei Sadi, der sie so dringend braucht, um sein Erbe anzutreten?

»Du wärst im Schloss, so wie hier? In deinem Zimmer?«

Doch das altdunkle Schloss, an das sie sich erinnert, gibt es nicht mehr. Die stolzen Türme fielen dem Brand zum Opfer. Und was Sadi aufgebaut hat, ist etwas völlig Neues.

»Im Wald«, sagt sie. »Ich glaube, ich wäre im Wald. Ein Schritt, und ich stünde am Bach, dort, wo ich im Sommer mit Dilaya gespielt habe.«

»Ich finde dich«, sagt er leise. »Vertrau mir.«

»Karim?«, fragt sie verwundert. »Wovon sprichst du?«

Doch da ist er schon aus dem Bett gestiegen. Noch einmal beugt er sich über sie und küsst sie. Noch einmal langt er in die Wiege und streicht seinem Sohn über das flaumige Haar. Dann geht er zur Tür. Flackerndes Licht fällt aus dem Gang in den dunklen Raum, als er die Tür öffnet. Und tritt hindurch und …

Wihaji wusste, dass er zu weit gegangen war. Nachdem er Karim ins Wasser gestoßen hatte, war er durchs Schloss gewandert, unruhig wie eine heimatlose Seele. Karim hatte ihm geglaubt. Und darum war es doch auch gegangen, oder? Darum, dass der Junge – egal wie alt er war, für Wihaji würde er immer sein Junge bleiben – den Drohungen glaubte und endlich handelte und das Schicksal wendete. Ihrer aller Schicksal und auch das, was ihnen beiden bevorstand.

Am Ende seiner stundenlangen Wanderung setzte er sich in den Ohrensessel neben der Uhr. Hier, im Empfangssalon im altdunklen Schloss, sah es aus wie vor über zwanzig Jahren. Hier wohnte die Vergangenheit, schliefen die Erinnerungen in jedem Winkel. Die große Standuhr ging schon lange nicht mehr, ein Riss zog sich durch das Glas über dem Ziffernblatt, und das goldene Pendel schwang nicht mehr von einer Seite zur anderen.

Es war, als würde die Zeit stillstehen.

In Gedanken versunken, drehte Wihaji den Ring an seinem Finger. Die Sonne. Nie hatte irgendjemand versucht, ihm das Schmuckstück abzunehmen, nicht einmal während seiner Kerkerhaft. Als hätten die Wächter und sogar Tenira es nicht sehen wollen, dieses Symbol, das ihm nicht zustand. Und vielleicht hatte er ja doch ein gewisses Anrecht darauf: Wäre Tizarun damals für seine Verbrechen in Trica zur Rechenschaft gezogen worden, hätte man Wihaji zum Kandidaten für den Thron der Sonne erklärt.

Nachdenklich zog er den Ring ab und wog ihn in der Hand. Ob sich daran, wer zur Sonne erkoren wurde, etwas ändern würde, wenn Karim in der Vergangenheit Erfolg hatte? Würde Wihaji sich plötzlich an einem anderen Ort befinden? Und falls ja, wurde er es überhaupt bemerken oder würde es sich ganz selbstverständlich anfühlen? Oder wäre er tot? Wer konnte schon sagen, welchen Weg ihrer aller Leben nehmen würde, wenn irgendeins der damaligen Ereignisse nicht stattgefunden hätte?

Den Blick auf die Uhr gerichtet, wartete er auf das Kommende. Er lauschte seinem eigenen Atem, horchte auf das Heben und Senken seiner Brust. Der Ring lag in seiner Handfläche, Drohung und Versprechen zugleich. Ob es ihm gelungen war, Karim zu retten? Hatte er verhindert, was ansonsten unweigerlich geschehen musste? Was ihm selbst das Herz brechen würde – und Karim das Leben kostete?

Als wäre es gestern gewesen, sah er seine winzige Zelle wieder vor sich. Sah, wie sich die Tür öffnete und ihm der fremde Magier gegenüberstand. Der Wüstendämon, der gekommen war, um ihn zu retten. Längst war kein Zweifel mehr möglich. Karim sah jetzt genauso aus wie Wihajis Besucher damals. Er trug denselben dunklen Magiermantel, und er hatte den Ring. Er konnte durch die Zeit gehen. Und er ahnte nicht, dass er vor über zwanzig Jahren im Palast in Wajun den Tod finden würde.

Wihaji schluckte schwer. Hatte er alles bedacht? Konnte er Karim vor diesem Schicksal bewahren, indem er ihn dazu zwang, an andere Orte zu gehen und die Dinge so zu ändern, dass es gar nicht dazu kam? Er hatte sein Bestes gegeben, um Tizaruns spätere Ermordung zu verhindern und zu vermeiden, dass er selbst jemals in jener Zelle landete. Ob es reichen würde?

Die Nacht schritt voran. Hinter den Fenstern glomm das Licht des Mondgürtels. Fledermäuse glitten durch eine der geborstenen Scheiben in der großen Halle und ließen ihre kaum hörbaren Schreie ertönen. Irgendwo tropfte Wasser, vermutlich war eine der Regenrinnen beschädigt. Dann erklangen die schweren Schritte der Eisensoldaten, die Sadi dienten und die auf ihrem Wachdienst unermüdlich die Mauern abschritten. Die verlorenen Seelen hassten alle Eisenwesen und blieben schon aus diesem Grund dem Schloss fern. Vielleicht hielt Tizarun sie aber auch im Zaum, damit sie seinen Sohn nicht belästigten.

Sadi wanderte draußen durch den Wald, schon seit Tagen, und auch um ihn machte Wihaji sich Sorgen. Wenn der Ring nicht verschwand, weil Karim die Vergangenheit verändert hatte, würde er Sadi den Ring geben.

Die Gedanken flossen langsamer, seine Lider wurden schwer. Sein Kopf sank nach vorne, dann klirrte etwas laut, und er schrak hoch. Der Ring rollte über die brüchigen Marmorfliesen. Jemand bückte sich, eine Hand streckte sich aus. Eine dunkle Gestalt in einem schwarzen Mantel.

»Hier, das habt Ihr verloren.«

Karim reichte ihm den Ring. Er sah müde aus, Schatten wohnten in seinen Augen.

»Alles ist wie immer oder kommt es mir nur so vor?«, fragte Wihaji und verfluchte sich gleichzeitig für diesen Satz. Er hatte etwas ganz anderes sagen wollen: *Du lebst!* »Geht es dir gut?«, fragte er lahm. Er legte den Ring auf das Tischchen vor ihm, neben seinen Becher.

»Alles bestens.« Ein finsteres Lächeln. »Ich existiere noch, wie Ihr seht.«

Wenn Karim nie gelebt hätte, müsste Wihaji ihn nicht umbringen. Der Schmerz würde verschwinden, von einem Moment zum anderen. Es wäre, als hätte er ihn nie gefühlt. Wenn es eine andere Möglichkeit gegeben hätte, sich selbst davon abzuhalten … Aber welche? Wie konnte er Karim davon abbringen, nach Wajun zu gehen und ihn retten zu wollen? Was musste Wihaji ihm noch antun, damit er ihn hasste?

»Darüber bin ich froh«, sagte er wider besseres Wissen. Karim sollte ihn verabscheuen, aber das Gefühl, von ihm verabscheut zu werden, war dennoch unerträglich. »Setz dich.«

Er wies auf den zweiten Sessel. Auf dem Tisch zwischen ihnen glänzte der Ring. Unübersehbar. Hatte Karim sich nie gefragt, woher er stammte? Wie es diesen dritten Sonnenring geben konnte?

»Du hast also nichts geändert.«

»Nein«, sagte Karim. »Ich wollte, aber …«

»Du hast versagt.« *Kränke ihn, ja, richtig so. Er darf nicht einmal auf den Gedanken kommen, dich aus der Gefangenschaft retten zu wollen.*

»Ja, das habe ich wohl.« Karim betrachtete den Ring und den Becher, dann wanderte sein Blick zur Uhr.

»Du könntest noch einmal dort hingehen und es anders machen.«

»Während alles in mir davor zurückschreckt? Auf diese Weise öffnen sich die Türen nicht, und das wisst Ihr. Nur ein starker Wunsch kann als Schlüssel dienen.«

Wihaji griff nach dem Becher, nur um etwas in der Hand zu halten. »Dann hast du aufgegeben?«

Karim antwortete nicht. Er beobachtete ihn und zog die Brauen hoch. »Habt Ihr Angst, dass ich Euren Wein vergiftet habe? Oder warum trinkt Ihr nicht?«

Weil ich keinen Durst habe, dachte Wihaji. *Weil es besser wäre, ich wäre damals gestorben und nicht du.*

»Vielleicht solltest du lieber ganz damit aufhören, durch die Zeit zu gehen.«

»Das kommt jetzt ein wenig überraschend.« Karim verschränkte die Arme vor der Brust und lehnte sich zurück. »Wenn man bedenkt, wie wichtig es Euch war, dass ich in die Ereignisse eingreife.«

Sollte er ihm einfach sagen, was geschehen war? Sollte er Karim warnen, ihn anflehen, Wajun in der Zeit kurz nach Tizaruns Ermordung zu meiden?

»Seid beruhigt, ich habe nicht vor, lange hierzubleiben. Ich mache mich gleich wieder auf den Weg. Doch vorher wollte ich mit Sadi sprechen. Ist er im Schloss? In seinem Zimmer habe ich ihn nicht gefunden.«

»Er ist noch nicht aus dem Wald zurückgekehrt. Ich habe keine Ahnung, wo genau er ist und was er dort macht und wie es ihm geht.«

Sorge glomm in Karims Augen auf. Vielleicht würde es helfen, wenn Wihaji ihm die Verantwortung für seinen Bruder noch mehr ans Herz legte. Damit er in dieser Zeit blieb und nicht durch die letzte Tür ging.

»Ich werde Sadi den Ring geben«, sagte er. »Wir brauchen eine Frau für ihn. Und dann gehen wir und stoßen Tenira vom Thron. Dein Bruder braucht dich an seiner Seite, Karim.«

»Er ist der Erbe«, flüsterte Karim. Er fuhr sich mit beiden Händen durchs Haar. »Der Erbe, den das Land braucht. Die Sonne. Nicht ich, er.«

»Du sagst das, als ob du daran zweifelst. Willst du die Sonne sein? Du bist der älteste Sohn, das wissen wir alle, aber …«

»Aber ich habe Tizarun getötet. Und Laikan. Und das Volk lastet mir jede Menge Verbrechen an. Während Sadi jung ist und für die meisten ein unbeschriebenes Blatt, und niemand außer ein paar Eingeweihten wird je erfahren, dass er ein Kancharer ist.«

Und was sollte das bedeuten? »Ganz Le-Wajun weiß, dass er in Wabinar aufgewachsen ist.«

»Das meine ich nicht. Ich spreche von seiner Seele.«

Wihaji stellte den Becher zurück. »Du sprichst in Rätseln. Was soll mit Sadis Seele sein?«

»Er selbst weiß nichts davon, wer er wirklich ist. Prinz Wenorio, der Sohn des früheren Kaisers Ariv, wurde ermordet, damit seine Seele in Teniras Neugeborenes übertragen werden konnte. Das weiß ich aus zuverlässiger Quelle.«

»Was?« Wihajis Hände zitterten; er ballte sie zu Fäusten.

»Es spricht alles dafür. Dass er Kancharisch sprechen konnte, bevor er nach Wabinar kam. Dass er Prinz Matino erkannt hat. Seine ungewöhnlich große magische Begabung. Sein Talent als Feuerreiter. Versteht mich nicht falsch, ich liebe Sadi wie einen Bruder. Er hat nichts, rein gar nichts mit Matino gemein. Aber wenn man es ganz genau nimmt, gehört er nach Kanchar und nicht auf den Thron der Sonne. Ich werde darüber schweigen, wie ich es immer getan habe, denn Sadi von Wajun ist der Mann, den das Großkönigreich in Zeiten wie diesen braucht. Seht mich nicht so an. Ich werde mich ihm nicht in den Weg stellen.«

Nicht nur Wihajis Hände zitterten. Ein Beben ging durch seinen ganzen Körper. »Der kancharische Heilmagier war damals im Palast. Er hat das getan? Er hat Teniras Säugling getötet?«

Karim seufzte leise. »So war es wohl. Dunkler kann Magie nicht sein. Überlasst es den Göttern, ob sie Sadi trotzdem so segnen wollen, wie sie es bisher getan haben.«

»Wie wurde es gemacht?«, fragte Wihaji. Er presste die Silben zwischen den Zähnen heraus, darum bemüht, seine Aufregung im Zaum zu halten. »Wie war das möglich?«

»Die Seele geht zu ihrem Bild. Sie mussten nur das Porträt von Wenorio in den Leib des Kindes einfügen.«

Auf einmal ergab alles einen Sinn. Warum Sadi war, wie er war. Woher diese verblüffende Ähnlichkeit zu Karim kam, das Lachen und sein freches Grinsen. Seine Sturheit und sein unermüdlicher Eifer, für das zu kämpfen, woran er glaubte. Wihaji wusste nicht, wie es hatte passieren können, dass eine Seele dort einzog, wo sie willkommen war, und eine andere nicht. Warum das Gesicht eines winzigen Neugeborenen für eine andere Seele wie ein Spiegel gewesen war, eine Einladung, einzutreten. War das der Grund: Weil sie sich auch äußerlich so ähnlich waren? Wihaji war sich sicher, dass nicht die Seele eines kancharischen Prinzen in Sadi wohnte, sondern die Seele des Mannes, den er an jenem schicksalhaften Tag getötet hatte.

Oh ihr Götter.

Mit bebenden Fingern griff er nach dem Becher und stürzte den Wein hinunter.

»Es ist ein Schock, nicht wahr?«, spottete Karim. »Aber Ihr werdet es verkraften und Stillschweigen bewahren.«

Wihaji verschluckte sich, hustete, seine Augen tränten.

»Sadi ist dir sehr ähnlich«, sagte er schließlich. »Man möchte es kaum glauben, dass er nicht dein richtiger Bruder ist.«

»Ja«, sagte Karim nur und versank wieder in Schweigen, und Wihaji betrachtete ihn, diesen Jungen, der wie ein Sohn für ihn gewesen war und auch jetzt, als gereifter Mann, niemals weniger als das sein würde. Er musterte ihn lange und gründlich, obwohl Karim das natürlich merkte und verwundert den Mund verzog. Die Schönheit. Die Stärke. Die Schwäche. Das Gesicht, das er liebte. Und verlieren würde. Wahrscheinlich sah er es zum letzten Mal.

Wenn er ihn nicht zurückschickte, dorthin, wo das Verhängnis auf ihn wartete, würde Sadi nicht Karim sein, sondern Wenorio. Ein Fremder. Ein anderer.

»Glaubst du, sie erinnert sich?«, fragte er leise. »Die Seele, meine ich. Erinnert sie sich an ihr früheres Leben? Ist es derselbe Mensch?«

»Ich habe Sadi nie gefragt, ob er sich an irgendetwas erinnert. Aber die Eisenvögel … ja. Es ist noch etwas von ihnen da. Meine Krähe ist eifersüchtig. Liebevoll. Zänkisch. Tapfer.« Karim sprach von Dingen, von denen Wihaji nichts verstand, aber brauchte er die Antwort denn? Er kannte Sadi mittlerweile. Musste er wirklich noch mehr wissen? Spielte es eine Rolle, ob der Junge sich erinnerte? Vielleicht war es gnädig, nicht zu wissen, wer man zuvor gewesen war und was man getan hatte, worin man gesiegt hatte und wobei man gescheitert war.

»Vielleicht würde er sich erinnern, wenn man ihn fragt«, überlegte er. Kummer schnürte seine Brust zusammen. Was bedeutete es zu sterben, wenn man wusste, dass hinter dem Tor nicht die Götter warteten, sondern ein neues Leben? Und was bedeutete es zu morden, wenn man diesem neuen Leben zur Geburt verhalf? Er horchte in sich hinein, ob die Schuldgefühle endlich aufhörten. Ob der Schmerz endlich gelindert wurde.

»Würdest du dich erinnern wollen, wenn es dir passiert wäre?«

»Eine seltsame Frage.« Karims düstere Miene hellte sich ein wenig auf. »Noch dazu an einen wie mich, der seit Jahren vor Meister Joaku flieht, um ebendas zu vermeiden – dass meine Seele in einem eisernen Käfig landet. Mir scheint, dass es weniger schlimm wäre, wenn man nicht weiß, wer man war. Ein Teil von mir will vergessen, ein anderer Teil von mir wünscht sich, ich wäre nie geboren. Es würde nichts davon je passiert sein, was mir geschehen ist und was ich getan habe. Und doch ist da etwas in mir, das niemals loslassen kann. Ich war bereit dazu, jedenfalls glaube ich das. Und dennoch … ich konnte es nicht, als ich in Trica war. Und auch wenn das nicht meine Schuld war, sondern den Umständen geschuldet, war ich trotzdem erleichtert. Und ich fürchte, wohin

Ihr mich auch schickt, ich würde es nicht fertigbringen, mich auszulöschen. Ich würde in den Spiegel blicken. Ich würde mich an jeder Erinnerung, jedem Bild, jeder Scherbe festklammern, und dann würde ich weiter gegen meine Feinde kämpfen.«

»Ja«, sagte Wihaji. »So bist du.«

Und wurde es nicht mit jedem Wort schwerer, diesen Mann, diesen geliebten Sohn, fortzuschicken? Dorthin, wo er alles verlieren und etwas Neues gewinnen würde? Dorthin, wo es enden würde, damit etwas anderes beginnen konnte?

Er atmete tief durch. *Wenn ich auf dem Thron der Wahrheit säße, was würde ich auf die Frage antworten, warum es geschehen muss? Warum ich ihn nicht warne und hierbehalte, sondern ihn zu dem Ort senden werde, an dem ich ihn umbringe?*

Er suchte nach der Antwort, nach der einen Antwort, die dem Thron standhalten würde, und fand nur diesen Namen: Sadi.

Weil Sadi alles war, was Karim nicht sein konnte.

Weil Karim sich wünschte, sein schweres Leben abzustreifen. Auch Sadi hatte es nicht leicht gehabt, aber er war immer von Menschen umgeben gewesen, die ihn geliebt hatten.

Weil Sadi mit Anyana verlobt war, die Karim so schrecklich liebte.

Aber vielleicht, dachte Wihaji, durften es auch viele verschiedene Antworten sein, manche gewiss und manche voller Zweifel, und eine davon offenbarte ihm, was ihn selbst überraschte: dass er an die Götter glaubte.

Er würde vollenden, was die Götter längst getan hatten.

Voller Vertrauen, dass es richtig war.

»Sieh dich um«, sagte er. »Du sitzt in jenem Sessel, ich in diesem. Dort steht die Uhr. Sieh dort, den Sprung in der Fliese. Und hier liegt der Ring. Präg es dir ein wie ein Bild.«

Karim blinzelte. »Was soll das?«

»Male ein Bild in deinem Geist«, verlangte Wihaji. »Und sollte deine Seele je verlorengehen, erinnere dich an dieses Bild. Wir beide, hier, und der Ring und die Uhr und die gesprungenen Marmorfliesen.«

»Und das Tischchen und die Fledermäuse, die man durch die offene Tür sieht, wie sie vorbeihuschen? Ihr solltet Bescheid sagen, dass jemand das Fenster in der Halle ersetzt.« Karim versank in seinem Mantel, als würde er frieren. Als wüsste er, dass seine Zeit bereits ablief. »Ihr meint es gut, aber eine Seele wandert zu ihrem Spiegelbild, nicht zu irgendeiner Szene aus ihrem Leben.«

»Trotzdem«, beharrte Wihaji. »Schließ die Augen. Ruf dir jede Einzelheit ins Gedächtnis. Riechst du die letzten Tropfen Wein in meinem Becher? Hörst du den Wind, der an den Fensterrahmen rüttelt?«

»Ja«, sagte Karim leise.

Sie lauschten beide. Beinahe meinte Wihaji, die alte Uhr ticken zu hören.

»Ich bitte dich um einen letzten Versuch«, sagte er schließlich. »Wenn es nicht gelingt, werde ich dich in Ruhe lassen, versprochen. Geh zurück, nach Wajun, in den Palast. Damals, als Tizarun gestorben ist.«

»Ich soll ihn retten?«

»Nein«, sagte Wihaji. »Du sollst mich retten. Befreie mich aus dieser verdammten Zelle, in der mein Verstand sich auflöst. Verhilf mir zur Flucht. Dann gehe ich nach Katall und hole Linua, und sie wird nicht sterben. Und möglicherweise wird Tenira sich darauf konzentrieren, mich zu jagen, und darüber ihre Rache an Anta'jarim vergessen.« Er redete drauflos, ohne nachzudenken, nur damit Karim keine Fragen stellte. Nur damit Wihaji es sich nicht anders überlegte und seinen Jungen festhielte und ihm »Geh nicht, geh bitte nicht!« zuriefe.

»Meint Ihr, das ist ein kluger Zeitpunkt?«, fragte Karim dennoch. »Nicht, dass ich Euch nicht retten will … Aber wenn ich ein wenig früher eintreffe, könnte ich Tizarun retten.«

»Tizarun ist nicht zu retten«, sagte Wihaji, und Karim nickte.

»Ja, das ist wahr. Wenn ich es nicht tue, wird jemand anders die Tat ausführen. Wir können nicht alles ändern, und mir scheint immer mehr, wir dürfen es auch gar nicht.«

»Also gehst du und … befreist mich aus der Zelle?«

»Ja«, sagte Karim, und dann stand er auf und ging, ohne sich zu verabschieden, ohne Wihaji all das sagen zu lassen, was dieser noch gerne gesagt hätte, ohne eine Umarmung und Tränen und letzte Worte.

Er ging einfach.

Und Wihaji saß in dem Sessel neben der Uhr und betete zu den Göttern um Kraft.

32. Wenn wir gehen

Karim war bereit, in die Vergangenheit zurückzugehen, doch vorher hatte er noch etwas zu erledigen.

Unter dem Blätterdach war es fast ganz dunkel. Dort, wo das Mondlicht nicht hinfiel, bildeten sich schwarze Tümpel aus Finsternis. Der Wind flüsterte in den Wipfeln, und Kälte kroch unter Karims Kleider. Er konnte die Seelen nicht sehen, aber er wusste, dass sie da waren. Der Wald war voller Tod, aber er wimmelte auch vor Leben. Am Boden knisterten Blätter unter den winzigen Füßen von Mäusen und anderem Nachtgetier. Leiser Flügelschlag verriet die gefiederten Jäger. Karim hatte sich nie in der Dunkelheit gefürchtet. Sie war sein Element, und all die Wesen, die die Nacht bewohnten, waren ihm lieb und vertraut. Seine eigenen Schritte waren nahezu lautlos, und obwohl er auf der Suche nach Anyana war, rief er sie nicht. Wenn sie in diesem Wald lebte, dann auf andere Weise als die Waldleute in ihren Holzhäusern am See. Anders als die Dörfler, die in den Lichtungen siedelten und deren Kinder auf den Wiesen spielten und sich vor dem Dickicht hüteten. Wenn Anyana hier ihr Zuhause gesucht hatte, dann auf andere Weise, als er es sich auch nur vorstellen konnte. Vielleicht lebte sie im Mondlicht oder in den Träumen der Lichtgeborenen oder in einer anderen Zeit, weit entfernt von dieser, in einem Damals, als sie noch glücklich gewesen war.

Es gab viele Bäche, die sich durch den Wald zogen. Er konnte nur hoffen, dass er nicht aus Versehen in einen von ihnen hineintappte. Dass es leicht werden würde, Anyana zu finden, war unwahrscheinlich – und doch zweifelte er nicht daran, dass es ihm gelingen würde. Es konnte gar nicht anders sein, als dass seine lange Suche endlich ihr Ende fand.

Und dann würde er tun, worum Wihaji ihn gebeten hatte.

Ein flackernder Lichtschein lenkte seine Aufmerksamkeit ab. Konnte irgendjemand wirklich so dumm sein, mitten im Wald ein Lagerfeuer zu entzünden? Auf leisen Sohlen näherte er sich dem Schein und hätte beinahe gelacht, als er einen jungen Mann an einen Baumstamm gelehnt vorfand. Das Licht stammte von einer Reihe magischer Kugeln, die von Insektenschwärmen umtanzt wurden. Sadi – natürlich er, wer sonst hätte es sein können? – hob den Blick, als Karim aus den Schatten heraustrat. Spöttisch verzog er die Mundwinkel, und aus allen Richtungen schwoll das Flüstern der Seelen an. Ob sie lachten?

»Was tust du hier?«, fragte Karim. Er hatte nicht vor zu erklären, was er selbst hier zu suchen hatte.

»Ich jage meiner Braut nach.« Sein Lächeln verblasste, er hob die Hände und ließ sie wieder fallen. Nun sah Karim auch die dunklen Ringe unter seinen Augen, die Blätter in seinem Haar, den Schmutz. Wie lange war der Junge schon unterwegs?

»Sie ist hier? Du hast sie gesehen?«

Sadi nickte unglücklich. »Ich sehe sie jeden Tag, sie und das Kitz. Und dann renne ich ihr nach, kreuz und quer durch den Wald, um sie irgendwann doch wieder aus den Augen zu verlieren. Es sind schon zehn Tage, glaube ich. Manchmal kommt sie nachts und beobachtet mich, wenn ich schlafe. Bevor du eben hier aufgetaucht bist, dachte ich, sie wäre es.«

»Das Kitz?«, fragte Karim verwirrt. »Sie ist mit einem Kitz unterwegs?«

Die magischen Kugeln flackerten stärker, ein Hinweis darauf, dass die Frage seinen Bruder aufregte und an seinem Willen nagte.

»Das ist sie. Ja, sie hat ein Kind, das ist mir klar. Und es ist bestimmt mit ein Grund, warum sie nicht aufgeben und zurück in die Welt der Menschen kommen will.«

Die Welt der Menschen? Ein Kitz?

Sie war nicht in den Träumen gefangen, sie versteckte sich nicht in vergangenen Zeiten, in Märchen oder Erinnerungen. Sie war … was? »Ein Reh?«

»Eine Hirschkuh«, sagte Sadi leise. »Ihr Fell hat die Farbe von Herbstlaub, ihre Augen sind dunkel wie Brunnen. Ich habe sie nie anders gesehen, weißt du? Mein ganzes Leben lang kenne ich sie, aber sie hat mir nie ihr Gesicht gezeigt.«

Eine Hirschkuh. Sie befanden sich in Anta'jarim, was hätte es auch anderes sein können.

Karim unterdrückte den gehässigen Impuls, sich über Sadis mangelnden Erfolg zu freuen. Immerhin hatte Anyana sich dem Jungen gezeigt und ihm nicht. Er hatte keinen Grund, sich überlegen zu fühlen, im Gegenteil. Ihre lange Abwesenheit hatte ihn innerlich ausgehöhlt, und manchmal kam es ihm so vor, als wäre er nur eine Hülle, ein Schatten, der durch die Königreiche wanderte und nirgends bleiben konnte. Wann war ihm klar geworden, dass er niemals zusammen mit Anyana auf dem Thron sitzen würde? Wann hatte er begonnen, Sadi als den rechtmäßigen Erben zu betrachten, den die Le-Wajuner lieben würden, und damit gleichzeitig seine eigenen Hoffnungen aufgegeben, nicht nur auf die Krone, sondern auch auf eine Hochzeit mit Anyana? Er wusste es nicht mehr. Nur dass er diesen jungen Mann nicht bekämpfen konnte und nicht bekämpfen durfte. Ein Duell zwischen ihnen konnte nicht anders als tödlich ausgehen, für sie beide. Oder nur für ihn selbst, denn er wäre nicht mit vollem Herzen dabei. Er konnte sich keinen besseren Großkönig vorstellen. Was war er dagegen? Er mit seinen zahllosen Dunkelheiten, die er mit sich trug wie einen zweiten Mantel?

Die Seelen wisperten, ihr kalter Hauch streifte ihn, als er Sadi grüßend zunickte und wieder unter die Bäume trat. Nun wusste er, dass sie hier war. Und die Ahnung des Kommenden senkte sich wie ein Bleigewicht auf seine Seele.

Karim wanderte durch den Wald, bis die Dämmerung durch das Blätterdach sickerte. Dann ließ er sich nieder und wartete am Bachufer auf die Tiere, die in der Frühe zum Trinken kamen. Seine Lider fielen ihm zu – oder vielleicht auch nur beinahe. War es ein Traum, war es Wirklichkeit? Er sah die Hirschkuh ans Wasser kommen, an ihrer Seite das Kalb, dessen Ohren unruhig zuckten. Ihr Fell war wie aus rotem Gold, und als seine Hände darüberstrichen, fühlte es sich an wie fließende Seide. Und dann war es ihr Haar, durch das er strich. Sie war auf einmal sie selbst, ihr blasses Gesicht, auf dem Nasenrücken ein paar vorwitzige Sommersprossen, lange Wimpern beschatteten ihre Augen.

»Du bist hier«, sagte sie. »Endlich.«

Lijun war immer noch klein, vielleicht drei oder vier Jahre alt. Er grinste scheu.

»Ich dachte, ich müsste nach Hause gehen, dabei bist du mein Zuhause.«

Sie im Arm zu halten war ein Wunder, und er dachte: *Jetzt kann ich in Frieden sterben.*

»Was ist mit dir?«, fragte sie.

»Du bist so schön. Und sieh mich an, ich bin jetzt viel älter als du.«

»Gar nicht so sehr. Es stört mich nicht.«

Es ist ein Traum, dachte er. Wie hätte es kein Traum sein können? Dass sie sich an ihn schmiegte, als wäre sie nie fort gewesen. Und dass er sie hielt, als hätte er nicht jahrelang gekämpft, gegen die Eisenarmee, gegen Joakus finstere Machenschaften und gegen die Wüstendämonen, die unablässig hinter ihm her waren. In diesem Moment herrschte Frieden in seinem Herzen. Er streckte die Hand aus und strich Lijun über das blonde Haar.

»Wenn ich nicht wiederkomme …«

Sie löste sich von ihm, um ihm besser ins Gesicht schauen zu können. »Was soll das heißen?«

»Wihaji schickt mich in die Vergangenheit. Vielleicht können wir damit alles ändern. Deine Familie retten. Verhindern, dass du in die Kolonie gebracht wirst. Alles würde neu beginnen.«

»Aber …«

»Ich würde dich dennoch finden, glaub mir.« Er beugte sich vor, lehnte seine Stirn an ihre. »Ich konnte schon damals kein anderes Mädchen ansehen, ohne an dich zu denken. Selbst wenn sich alles ändert, das ändert sich nicht. Ich finde dich, Prinzessin.«

»Aber«, begann sie erneut, »aber was hast du denn vor?«

»Wihaji weiß etwas, was er mir nicht sagen will.« Er kannte den Fürsten gut genug, um den bitteren Kummer in seinen Augen zu entdecken, den Wihaji vor ihm verbergen wollte. »Und dennoch hat er mich darum gebeten. Es ist möglich, dass …« Er vermochte es nicht auszusprechen. Dass dies sein letzter Versuch war, die Vergangenheit zu ändern? Die letzte Tür, die er je durchschreiten würde? Was hatte Wihaji vor? Natürlich konnte er sich weigern. Er musste nicht gehen.

»Ich vertraue ihm«, sagte er schließlich. »Ich weiß nicht, was er plant, aber ich vertraue ihm mein Leben an.«

Anyana nickte, ihre Lippen zitterten. Ihr Haar bewegte sich in einer Brise. Oder waren es die Seelen, die am Ufer tanzten?

»Entweder bin ich erfolgreich«, sagte er. »Ich gehe in die Vergangenheit und rette Wihaji, und die Welt ändert sich. Dann wirst du blinzeln, und dein Leben ist auf einmal ganz anders, und meins auch. Ich schließe mich Wihaji an auf seiner Flucht, lebe als sein Sohn, rette Linua mit ihm zusammen aus Burg Katall. Wenn sich alles beruhigt hat, kehre ich nach Anta'jarim zurück, denn dort bist du. Es gab keinen Brand, Prinz Nerun wurde zum neuen Großkönig gewählt, und du lebst wieder im Schloss. Vielleicht klettere ich durch dein Fenster und flehe dich an, mit mir zusammen durchzubrennen.«

Sie lächelte versonnen. »Oh ja, das würde mir gefallen.« Sie endlich, endlich wiederzusehen war fast zu viel für ihn. Nun schaffte er es nicht, sich von ihr loszureißen und in die Vergangenheit zu gehen und zu riskieren, sie erneut zu verlieren. Warum war er seinem Herzen gefolgt und in den Wald gegangen? Er hätte Wihajis Bitte unverzüglich folgen sollen, statt es für sie beide noch schwerer zu machen.

»Oder ich scheitere, und es ändert sich gar nichts … und ich komme unverrichteter Dinge hierher zurück. Wirst du dann ebenfalls mit mir fortgehen? Wir verschwinden einfach. Sadi kann den Thron auch ohne dich erobern. Ich habe lange genug den Helden gespielt. Wir gehen – vielleicht nach Kato.«

Sie zögerte, und er hielt den Atem an. Würde denn immer nur die Pflicht gewinnen?

»Ja«, sagte sie. »Nichts wird uns jemals voneinander trennen.« Denn sie war sein, und er gehörte ihr, und manchmal mussten die Welt und das Schicksal und die Pflicht zurücktreten und die Liebe vorbeilassen.

Er legte die Hände an ihre weichen Wangen. »Aber wenn ich nicht zurückkomme, dann geh mit Sadi. Lass dich von ihm finden. Versprich mir das.«

»Ich kann nicht«, flüsterte sie. »Ich werde immer auf dich warten. Wenn du nicht kommst, werde ich nicht aufhören zu warten. Jede Tür, vor der ich stehe, könnte sich öffnen, und du trittst über die Schwelle. Jeder Brunnen, über den ich mich beuge, wird nach mir rufen. Weil du mein größter Wunsch bist, Karim.«

»Gib mir einen Tag und eine Nacht«, sagte er. »Ich gehe nicht zum ersten Mal durch die Zeit, und es sollte mir gelingen, an ebendiesen Ort zu genau dieser Stunde zurückzukehren, wenn ich weiß, dass du hier auf mich wartest. Mein Wunsch ist groß genug. Es sollte leicht sein. Aber falls etwas schiefgeht … ein Tag und eine Nacht.«

»Du machst mir Angst.« Sie krallte ihre schmalen Finger um seine Handgelenke. »Ich lasse dich nicht gehen, wenn du mir solche Angst machst.«

»Ein Tag, eine Nacht. Warte nicht länger. Bin ich in dieser Zeit nicht zurück, dann schaffe ich es auch zu keiner anderen. Geh zu Sadi und werde seine Königin, und ihr werdet über Le-Wajun herrschen als die wahre Sonne. Ihr werdet den Namen träumen, den die Götter vergessen haben. Versprich es mir. Du kannst es, das weiß ich. Du warst nie schwach.«

»Ein Tag? Ich werde ein Jahr warten und noch ein Jahr. Ich werde …«

Karim verschloss ihren Mund mit seinem Kuss. Es wurde ein langer, inniger, süßer Kuss, den ihre Tränen salzig schmecken ließen. Er hätte sie nicht bitten sollen, mit ihm fortzulaufen, wenn er unbeschadet zurückkehrte. Denn auch dann war ihr Platz an Sadis

Seite. Es war nur so schwer, sich auch diese Hoffnung zu versagen, diesen Traum, der ihm köstlicher schien als jede andere Zukunft.

»Sadi wartet auf dich. Erhöre ihn, wenn ich morgen früh noch nicht wieder da bin.«

Sie schwieg. Sie schwieg lange. Und dann schließlich wisperte sie ein tränennasses Ja, ihre Wange an seine geschmiegt.

»Vielleicht habe ich Wihaji missverstanden. Es wird alles gut ausgehen. Und morgen lachen wir darüber.«

»Karim, warte …«

Doch da trat er schon rückwärts von ihr fort. Er prägte sich ihr Gesicht ein, umflossen von rotem Haar, und das kleine runde Gesicht seines Sohnes … und die Bäume, die sich wie trunken über das Wasser beugten … und die Vögel, die den Morgen begrüßten … und es war beinahe unmöglich, sich irgendetwas anderes zu wünschen.

Aber nicht umsonst hatte er gelernt, die Seelen von Eisenpferden und Eisenvögeln zu lenken. Er besaß die Stärke, seine eigenen Wünsche zu beherrschen, und so wünschte er sich nach Wajun, zu einer anderen Zeit, in einen Palast, in dem Trauer herrschte.

Es war nicht schwer, die Zelle des Verurteilten zu finden. Die Wachen am Eingang des Kerkertraktes bemerkten Karim nicht, als er einem Schatten gleich zwischen ihnen hindurchschlich. Seine Schritte hallten nicht in dem langen Gang, von dem zahlreiche Türen abgingen. Hier brannten noch echte Fackeln, keine magischen Lichter, und die Herrlichkeit des Sonnenpalastes erstreckte sich nicht in diese kahlen, aus grobem Stein gemauerten Flure. Hinter den Türen erklangen Stöhnen und das Gemurmel von Menschen, die zu lange mit sich allein gewesen waren. Wihajis Zelle war mit einem Riegel von außen gesichert. Ein Schemel stand außen an der Wand, auf dem ein Korb mit bunter Kreide ruhte. Ein Geschenk? Oder etwas, das sie dem Gefangenen weggenommen hatten?

Karim schob den schweren Riegel zurück.

Es war tatsächlich Wihaji, auf den er traf, doch er erkannte ihn erst auf den zweiten Blick. So ausgezehrt war er, dass er nicht wie der stolze Fürst von Lhe'tah wirkte, der Aufrechte Mann, der Gegenkönig, sondern fremd und heruntergekommen wie ein zerlumpter Bettler von der Straße. Mitleid erfasste Karim, und er öffnete den Mund, um zu erklären, warum er hier war.

»Dieses Mal lasse ich nicht zu, dass ...«

Plötzlich überfiel ihn ein Schmerz, so heftig, dass er im ersten Moment gar nicht begriff, was passiert war.

Er konnte nicht atmen. Seine Beine gaben unter ihm nach. Der Tod hielt ihn in den Armen, ein dunkles Gesicht schaute auf ihn herab. In seinen Ohren rauschte der Lärm einer Schlacht oder sein eigenes Blut, er wusste es nicht, er wusste nichts mehr. Es war ein schrecklicher Fehler gewesen, Wihaji zu vertrauen ... Etwas in ihm zerriss. Wie ein Schwert trennte der Tod seine Seele von seinem tödlich verwundeten Leib.

Er war zu überrascht, um erschrocken zu sein. Mit einem Mal war er eine Seele. Frei. Leicht. Namenlos.

Sie schwebte über dem leblosen Körper, gefesselt von dem vertrauten Gesicht, das wie ein Spiegel war ... Doch das Band, das sie mit diesem Leib verbunden hatte, löste sich, und zitternd flog sie weiter empor, noch verwirrt und unschlüssig. Sie schwebte durch Wände und Decken, durch Möbel und Menschen, die nur kurz zusammenzuckten und dann weitergingen. Wohin? Sie hatte keine Ohren und lauschte doch, ob nicht von irgendwoher ein Ruf ertönte ... Tatsächlich, rief da nicht jemand? Plötzlich wurde sie von einem Sog erfasst, und auf einmal sah sie – ja, sie sah, obwohl sie keine Augen mehr besaß – ein Gesicht vor sich.

Die Seele hatte keinen Namen. Keine Erinnerungen. Sie wusste nichts von der Vergangenheit, nichts davon, wer sie gewesen war. Hätte sie jedoch ein Bild von sich gesehen, hätte sie sich erkannt, ganz gleich, in welchem Alter. Da war er, der vertraute Anblick. Sie erkannte sich selbst im Gesicht eines Neugeborenen und schwebte herab. Wer sich sonst in dem Raum befand, nahm sie nur am Rande wahr. Die beiden Ärzte, ein Kancharer und ein Wajuner, die sich über das Kind beugten. Das Porträt, das einem fremden

Prinzen aus Wabinar gehörte, ging die Seele nichts an. Sie trat ein und verschmolz mit dem kleinen Körper. Sobald sie die leere Wohnung bezogen hatte, atmete sie wieder. Blut floss durch die Adern, und das kleine Herz schlug, und der Junge, der eben noch leblos auf dem Tisch gelegen hatte, die Haut bläulich verfärbt, öffnete den Mund und schrie.

Anyana wollte zurück in die Gestalt des Hirsches, doch es sich zu wünschen genügte nicht. Sie war wieder sie selbst. So wie damals im Stall in der Kolonie, als Karims Auftauchen ihr ihren Namen und ihr Gedächtnis wiedergeschenkt hatte. So war es auch diesmal. Sie wusste wieder, wer sie war, und es führte kein Weg zurück ins wilde Leben im Wald, wo sie frei von Pflichten und Zwängen gewesen war.

Die Kleidung, die sie trug, war dieselbe wie vor vielen Jahren auf dem Schiff, als sie ins Wasser gesprungen war – eine Uniform, wie sie die Soldaten des Flammenden Königs getragen hatten. Der Stoff kratzte auf der Haut, engte sie in jeder Bewegung ein. Noch schlimmer erging es Lijun. Er war ein bisschen gewachsen, wenn auch nicht viel, und seine Kleider passten ihm nicht mehr. Unglücklich verzog er das Gesicht, Tränen kullerten ihm über die Wangen. Anyana nahm ihn rasch in den Arm, bevor er sich dazu entschließen konnte, als wildes Hirschkalb davonzuspringen. Die Verwandlung, die ihr nicht mehr gelang, konnte ihm durchaus glücken, und sie wusste nicht, ob sie ihn dann jemals wiederfinden würde. Lijun gehörte den Göttern, so sehr sie auch dagegen ankämpfen mochte. Sie musste vorsichtig sein, wenn sie ihn nicht verlieren wollte.

Als Lijun sich von dem Schreck der Verwandlung zurück in einen Jungen erholt hatte, erprobte er seine Beine. Er musste das Laufen wieder lernen, und er sprach nicht.

Der Tag verging unendlich langsam. Sie saßen am Bach, spielten im Wasser und warteten auf Karim.

Wo ein Hirsch mühelos Nahrung gefunden hatte, musste sie nun dem Wald abringen, was er nicht hergeben mochte. So viele

Beeren zu sammeln, um einigermaßen satt zu werden, dauerte Stunden. Hatte sie nicht zu Karim gesagt, sie wolle ein Jahr auf ihn warten? Das war unmöglich, es sei denn, sie suchte eine Hütte oder ein Dorf auf, wo man ihr half. Die Rückkehr zu den Menschen war unvermeidlich, und wenn sie schon in ein gewöhnliches Leben zurückkehren musste, war ihr Platz woanders. Nicht bei den Waldbewohnern, den wenigen Mutigen, die sich gegen die Seelen behaupteten, die durch den Wald streiften, sondern im Schloss.

Träge wanderte die Sonne über den Himmel. Jede Stunde löste Anyana weiter aus dem traumhaften Zustand, in dem sie sich so lange befunden hatte. Jede Stunde führte sie zurück zu der Frau, die sie vorher gewesen war. Ihr Blick auf die Welt änderte sich. Die Träume fielen von ihr ab wie ein Kleid, das sie zu lange getragen hatte, bis es sich wie eine zweite Haut angefühlt hatte. Zurück in der Wirklichkeit war jedes Geräusch, jedes Empfinden anders. Selbst das klare Wasser aus dem Bach, das kühl ihre Kehle hinunterfloss, schmeckte anders.

Als die Nacht anbrach, schmiegte sie sich in die Mulde, die die Wurzeln einer Eiche bildeten, Lijun eng an sich gedrückt. Sie versuchte zu schlafen, doch es wollte ihr nicht gelingen. Stattdessen starrte sie in den nächtlichen Wald. Sie lauschte auf das Rascheln in den Blättern, auf die Schreie der Nachttiere. Die Toten wanderten an ihr vorbei, warfen ihr fragende Blicke zu. Manch einer beugte sich zu ihr herab und zischte ihr seinen Hass ins Ohr, den Hass auf alles Lebendige. Ihre Mutter Hetjun strich ihr zärtlich über das Haar und flüsterte zu ihr. Sie erzählte davon, wie sehr es sie nach dem Thron von Wajun verlangte. Sie murmelte wie ein Bach, reihte ein Wort ans andere. Sie kannte nur diese eine Sehnsucht und nichts sonst, und vielleicht hätte sie stundenlang davon gesprochen, doch schließlich tauchte Prinz Nerun auf, ebenso geisterhaft durchscheinend wie sie, packte sie am Arm und zerrte sie fort. Ein sich hassendes Paar, zusammengeschmiedet im Tod. Anyana sah ihnen zu wie Gestalten in einem Traum. Still hielt sie ihnen stand, bis die Seelen schließlich weiterzogen. Es hielt die Toten nie lange an einem Ort, und in den Nächten begannen sie umherzuirren und zu suchen. Anyana fürchtete sich nicht vor der Nacht, nur davor, dass ihre Gebete unerhört blieben.

Ihre Gebete, die immerzu um dasselbe flehten: *Lasst Karim zu mir zurückkehren, ihr guten Götter.*

Die Dunkelheit wurde noch schwärzer. Irgendwann kehrte Stille ein, es wurde kälter. Noch später stieg Nebel auf und füllte den frühen Morgen. Trübes Grau sickerte durch die Wipfel. Anyana fror, Lijun zitterte, und da sie ohnehin nicht mehr schlafen konnten, machten sie sich auf den Weg zum Schloss. Karim war nicht gekommen.

33. Wihajis Ring

Sadi fühlte sich an diesem Morgen ausgesprochen mutlos. Er fing an, den Wald zu hassen. Ihm war kalt, er hatte sich noch kein Frühstück gegönnt, die Toten waren in dieser Nacht besonders lästig gewesen, und die nächtliche Begegnung mit Karim ging ihm nicht aus dem Kopf. Das spöttische Lächeln seines Bruders, der nicht an den Erfolg von Sadis Suche nach der Hirschkuh zu glauben schien. Dabei war es schwer genug, selbst daran zu glauben. Wie lange konnte er überhaupt noch so weitermachen? Bisher hatte er alle Aufforderungen Wihajis, ins Schloss zurückzukehren, ignoriert. Hin und wieder begegnete er einem der Boten, die der Fürst ihm nachschickte und die ihm jedes Mal Briefe ganz ähnlichen Inhalts überreichten. Häufig hatten die Boten, die ohnehin im Wald unterwegs waren – Jäger, Händler aus den umliegenden Dörfern oder Besucher von den Waldseen –, Proviant für ihn dabei, den Maira ihnen mitgegeben hatte. Als er nun an diesem Morgen leise Schritte hörte, die in seine Richtung unterwegs waren, seufzte er innerlich und stand auf, um den Besucher zu empfangen.

Vermutlich überbrachte er den nächsten, in ungeduldige Worte gekleideten Befehl, er solle sich nicht im Wald herumtreiben. Als wäre Fürst Wihaji befugt, ihm Befehle zu erteilen!

Doch zwischen den Stämmen kam kein Jäger und keine Fallenstellerin hervor, niemand, der sich darüber beschwerte, dass Sadi so schwer auffindbar sei. Es war ein Mädchen in seltsamer Kleidung, nein, entschied er, eine junge Frau. Und obwohl er sie nie zuvor gesehen hatte, erkannte er sie. Karim hatte recht: Es war, als würde seine Seele sie längst kennen. Sein Herz wusste ihren Namen.

»Anyana.«

Das ungezähmte rote Haar reichte ihr bis zur Hüfte, Blätter

und Blüten hingen darin. Ihre Uniform, in der sie einer Soldatin ähnelte, passte besser zu ihr, als es jedes goldbestickte Kleid getan hätte. Darin sah sie aus, als käme sie direkt aus der Schlacht, aus einem fernen Land, in dem fremde Könige gegeneinander kämpften. Das blonde Kind an ihrer Seite starrte Sadi an mit den Augen eines neugierigen, leicht furchtsamen Tieres.

»Anyana«, wiederholte er, da sie ihn ebenfalls schweigend anstarrte. »Und Lijun. Endlich. Ich habe so sehr darauf gewartet, euch zu treffen.« Er zögerte, denn sie musterte ihn eindringlich, als versuche sie, in seinem Gesicht etwas Bestimmtes zu finden.

»Ich habe von dir geträumt«, sagte sie schließlich. »Du bist der Junge im Schnee.«

»Ja, der bin ich.« Er lachte aus reiner Verlegenheit, weil er nicht wusste, wie er es erklären sollte. Denn sie waren nicht in Guna, und es war Sommer, es gab weit und breit keinen Schnee. Nur sie drei und das letzte Echo eines Traums, den sie zusammen tausend Mal geträumt hatten. »Und du bist der Hirsch.« Zögernd streckte er die Hand nach ihr aus, aber sie ergriff sie nicht. Natürlich, das war dumm von ihm gewesen. Sie brauchte Zeit. Und er hatte kein Recht, sie zu irgendetwas zu drängen. »Ich gehe zurück zum Schloss«, sagte er schließlich. »Begleitet ihr mich?«

Schweigend gingen sie nebeneinander her. Was sollte er sagen? Wie konnte er ihr sein Herz zu Füßen legen, ihr deutlich machen, dass er sie schon immer geliebt hatte, sie und keine andere? Nun, da sie leibhaftig bei ihm war, tat sich eine unüberbrückbare Kluft zwischen ihnen auf. Anyana wirkte, als hätte sie geweint, aber er verbot es sich, sie darauf anzusprechen.

»Ich könnte deinen Sohn tragen«, bot er schließlich an, denn der Kleine stolperte über jede Wurzel, blieb an jedem Gebüsch stehen und bückte sich nach jedem Schneckenhaus.

»Wenn er es erlaubt«, sagte sie. »Lijun? Du musst keine Angst vor diesem Mann haben, er will uns nichts Böses.«

»Er kennt mich«, erinnerte Sadi sie, denn wie oft waren die beiden Hirsche, der große und der kleine, vor ihm geflohen, nur um auf der nächsten Lichtung auf ihn zu warten?

Und tatsächlich, der Junge lächelte ihn an, ließ sich bereitwillig hochheben und legte sogar die runden Ärmchen um seinen Hals. Ein neuartiger Schmerz krampfte seinen Brustkorb zusammen – und fühlte sich erstaunlich vertraut an. Als hätte er nicht nur Anyana, sondern auch dieses Kind vermisst. Er genoss es, die kleinen, vorwitzigen Finger zu spüren, die ihn an den Haaren zupften. Die runden Augen betrachteten staunend den Bart, der ihm gewachsen war, seit er im Wald lebte. Sadi fühlte sich, als hätte er mehr als zwanzig Jahre auf diesen Moment gewartet. Hatte er jemals Bedenken gehabt, weil seine Braut bereits ein Kind hatte? Alle seine Vorbehalte und Ängste waren verflogen.

Auf Anyanas Lippen erschien ein kleines, wundes Lächeln. »Er mag Euch«, sagte sie, als wäre es ihr nicht ganz recht.

Vorhin noch hatten sie einander vertraut mit »Du« angesprochen. Die förmliche Anrede vergrößerte die Distanz zwischen ihnen. Er hatte gedacht, sie würde sich freudig in seine Arme stürzen – doch warum hätte sie dann die ganze Zeit vor ihm fliehen sollen? Diese Frau gab ihm Rätsel auf, und er wünschte sich, dass sie ihm erlauben würde, sie nach und nach zu lösen.

»Ich habe Proviant dabei.« Vielleicht vermochten ein paar Leckereien das Eis zu brechen. In seinem Bündel befanden sich Äpfel und kleine Rosinenkuchen.

Anyana und Lijun ließen sich nicht lange bitten. Vor allem der Kleine reagierte mit Entzücken auf die Äpfel, lehnte das Gebäck jedoch misstrauisch ab. Anyana hingegen betrachtete die Kuchen versonnen und griff dann zu.

Er selbst hatte keinen Appetit. Niedergeschlagen führte er die beiden nach der kleinen Mahlzeit zum Schloss, in dem er lebte, das er aufgebaut hatte und das dennoch viel mehr ihr Schloss war als seins. Für sie mochte es eine Heimkehr sein, doch er fühlte sich mit jedem Schritt mehr und mehr wie ein Eindringling. Er hatte die Ruinen besetzt und mit Hilfe seiner Magie und seiner Eisensoldaten so viel wie möglich wiederaufgebaut, aber sie war die Erbin. Es gab so viel zu erklären, und als sie den Turm aus den Wipfeln ragen sahen, wünschte er sich, sie hätten mehr Zeit im Wald gehabt.

Bei ihrer Ankunft war es bereits nach Mittag, die Sonne stand im Zenit, und die Vögel versteckten sich in den Zweigen. Im Schlosshof ruhte die Arbeit, und eine träge Schläfrigkeit lag über allem. Dennoch sammelten sich in Windeseile zahlreiche Menschen, sobald der Erste »Der Prinz! Der Prinz ist wieder da!« gerufen hatte.

Verwunderte Blicke ruhten auf der rothaarigen Frau und ihrem kleinen Sohn. Anyana begegnete ihnen gelassen, als sei sie nichts anderes als solche Aufmerksamkeit gewohnt. Sadi winkte eine Dienerin herbei. »Begleite die Prinzessin ins altdunkle Schloss, sorge dafür, dass sie alles bekommt, was sie braucht.«

Scheu nickte das Mädchen. »Die Prinzessin?«, fragte sie leise.

»Prinzessin Anyana von Anta'jarim«, sagte Sadi so laut, dass auch die Umstehenden es hören konnten. Es sollte kein Zweifel daran bestehen, wen er mitgebracht hatte. »Meine Verlobte.« Kurz durchfuhr ihn ein Gefühl der Scham. Er hatte noch nicht mit Anyana über die Verlobung gesprochen, und nun hatte er sie einfach verkündet. Würde sie sie anerkennen und aufrechterhalten? Und was war, wenn Anyana und Karim sich zum ersten Mal wieder begegneten? Er wusste, er sollte sich schuldig fühlen, seinem Bruder nun doch die Frau streitig zu machen. Aber aus irgendeinem Grund vermochte er es nicht. Sadi wartete, bis die Rufe verstummt waren, dann wandte er sich an Anyana. »Wir sehen uns beim Abendessen.« Er deutete eine leichte Verbeugung an und überließ sie dann der aufgeregten Dienerin, der sich weitere Mägde anschlossen. Hände streckten sich aus, um Anyanas Haar zu berühren, als würde es Glück bringen, sie anzufassen. Sadi hatte nie zuvor so viel staunendes, ausgelassenes Gelächter im Schlosshof gehört. Singend gingen die Knechte und Mägde an die Arbeit, und von allen Seiten raunte man ihm Glückwünsche zu.

Ihr Götter, er fühlte sich müde und ausgelaugt und verwirrt. Bestimmt würde er sich bald glücklich fühlen, aber erst brauchte er ein Bad.

Das Essen verlief in einer angespannten Atmosphäre, wie Wihaji es nie erwartet hätte. Eine Kinderfrau bewachte Lijuns Schlaf, sodass

Anyana sich in Ruhe den erlesenen Speisen widmen konnte, doch sie wirkte bedrückt und in Gedanken. Sadis Versuche, sie zu mehr Offenheit zu ermuntern, verliefen im Sand.

Es war kaum zu ertragen, doch Wihaji hielt sich zurück. Er war mit seinen eigenen schweren Gedanken beschäftigt. Karim war gegangen und nicht zurückgekommen. Also … war es wirklich geschehen? Hatte er ihn getötet? Tausend Mal durchlebte er jenen Moment, als er, halb wahnsinnig vor Angst und Einsamkeit, auf den Magier, der vor seiner Zelle erschienen war, losgegangen war. Es war passiert. Und nicht mehr rückgängig zu machen. Karim würde nie mehr durch irgendeine Tür ins Zimmer platzen und lächeln … Wihaji schluckte die Tränen hinunter und zwang sich dazu, den Blick auf Sadi zu richten. Konnte das wirklich Karim sein? Müsste er nicht zumindest eine besondere Verbundenheit empfinden, und wenn nicht er, dann wenigstens Anyana?

Noch war davon nichts zu merken. Am liebsten hätte er ihr gesagt, wen er in Sadi vermutete. Dass Karim immer noch unter ihnen weilte. Doch bevor er das tun durfte, brauchte er Gewissheit. Es war beinahe unerträglich. Sadi anzusehen und sich zu fragen, ob er es war oder nicht … Und selbst wenn – Sadi erinnerte sich nicht an Karims Leben. Was, wenn er sich niemals erinnern würde? Konnte Wihaji ihn dennoch als Karim betrachten, ihn lieben? Anyana behutsam dazu bringen, ihr Herz für ihn zu öffnen, für einen jüngeren Karim mit einem ähnlichen Gesicht und einer Seele, die blind und unwissend war?

Bevor er sich sicher war, durfte er nichts sagen, nicht einmal Andeutungen machen. Solange musste er die beiden ihren eigenen Gefühlen überlassen – Sadis verzweifelter Liebe und Anyanas untröstlichem Kummer. Anyana spürte, dass Karim nicht zurückkehren würde.

Irgendwie musste Wihaji diesen furchtbaren Abend überstehen, zerrissen von Trauer und Hoffnung und Zweifeln. Er wechselte einen Blick mit Maira, die in sich hineinlächelte, offensichtlich unbesorgt. Ja, Maira traute Sadi zu, allein damit fertigzuwerden, seine Verlobte zu umwerben.

Daher stellte Wihaji Anyana keine Fragen, sondern verwickelte den jungen Prinzen in ein Gespräch über die Aufgaben im Schloss und die bevorstehende Reise nach Wajun. Er starrte in Sadis Gesicht, versuchte, darin Karim zu finden. Er lauschte seiner Stimme, wünschte sich, *darin* Karim zu finden. In jedem Wort, jeder Frage, jedem Scherz forschte er nach der Antwort.

Falls Sadi sich über Wihajis intensives Interesse wunderte, ließ er sich nichts anmerken. Stattdessen konzentrierte er sich auf den Plan, Tenira ohne Blutvergießen vom Thron zu stürzen.

Hier wenigstens hätte Anyana aufhorchen müssen, doch es schien sie nicht zu interessieren. Oder sie hörte ihnen gar nicht zu. Die Vorwürfe, die Wihaji erwartet hatte, weil er sich damals auf dem Schiff unverzeihlich benommen hatte, blieben aus. Nach ihrer langen Zeit als Hirsch – er mochte es kaum glauben, als Sadi ihm davon erzählt hatte – waren vielleicht keine menschlichen Gefühle wie Hass und Zorn in ihr mehr übrig. Darüber war er ungemein erleichtert. Er hoffte nur, dass sie noch lieben konnte. Dass sie Karim so sehr liebte, dass sie dazu bereit war, ihn in diesem fremden jungen Mann zu lieben. Weniger hatte Sadi nicht verdient.

Schließlich waren sie mit dem Essen fertig, Anyana entschuldigte sich und verließ den Speisesaal. Maira klopfte Sadi auf die Schulter, küsste ihn auf die Wange und verabschiedete sich ebenfalls. Nur Wihaji und Sadi blieben zurück. Der junge Prinz drehte sein Glas und starrte ins Kerzenlicht.

War es Zeit? Aber wenn nicht jetzt, wann war dann der richtige Augenblick? Er fürchtete sich so sehr davor, die Wahrheit zu erfahren, dass er all seinen Mut zusammenraffen musste. Wenn er Karim in den Tod geschickt hatte und seine Seele den Weg nicht gefunden hatte … Wenn Sadi doch Wenorio war, dann war Karim fort. Endgültig. Und Wihaji wusste nicht, wie er dann auch nur einen weiteren Tag überstehen sollte.

»Komm mit«, sagte er und stand auf.

»Wohin?«, fragte Sadi. »Ich bin müde und will mich heute früh zu Bett begeben.«

»Ich muss dir etwas geben. Aber nicht hier.«

Sadi hob überrascht die Brauen, als Wihaji ihn aus dem Königsschloss heraus und zum Portal des Altdunklen führte. Die Eingangshalle war belebt, die Dienerschaft, durch Anyanas Ankunft in Aufruhr versetzt, wirbelte trotz der späten Stunde immer noch durch die Halle.

Wihaji bat einen Knecht, ihm einen Becher Wein zu bringen, und öffnete die Tür zum Empfangszimmer.

Er setzte sich in den Sessel neben der Uhr, wies einladend auf den zweiten Sessel und wartete, bis das Getränk eintraf. Sadi wartete wortlos. Geduldig sah er zu, wie Wihaji trank, dann den Becher abstellte und schließlich den Ring von seinem Finger streifte.

»Der gehört dir«, sagte Wihaji und legte das wertvolle Schmuckstück auf den Tisch.

»Jetzt auf einmal wollt Ihr ihn mir geben?« Sadi erhob sich von seinem Platz, um danach zu greifen, aber Wihaji winkte ab.

»Setz dich. Lass es auf dich wirken. Was du siehst, was du hörst. Kommt dir dieses Bild nicht bekannt vor?«

Er wartete, und während Sadi mit den Schultern zuckte und sich dann gehorsam umsah, quälte ihn der Zweifel. Oh ihr Götter, diese Angst! Was, wenn er sich geirrt hatte? Es war erst vorgestern gewesen, dass er Karim in den Tod geschickt hatte. Zwei Tage und zwei Nächte lang hatte er unendliche Qualen erduldet, hatte ihn das, was er getan hatte, verfolgt. Es war, als hätte er Karim ein zweites Mal ermordet. Einmal, ohne ihn zu erkennen, und nun im vollen Bewusstsein dessen, was er da tat.

Wenn er sich getäuscht hatte … Würde ihm auch nur einer der Götter vergeben? Er konnte kaum atmen, während er den Jungen beobachtete.

Sadis Hände krampften sich um die Lehnen des Sessels. Er starrte auf einen Sprung in den Marmorfliesen.

War die Erinnerung stark genug? Konnte dieser Raum, dieser Tisch, die Kerze, der Ring, sie beide zusammen – konnte das stark genug sein, um den Namen zu wecken, der über zwanzig Jahre lang geschlafen hatte?

Vielleicht war er aber auch nur ein Wahnsinniger, der sich in eine Idee verrannt hatte, wie es Tenira nicht verwegener hätte tun können …

»Karim«, flüsterte er, »mein lieber Sohn.«

Sein Herz schlug so schnell, dass ihm schwindlig wurde. Was war womöglich anders als vor zwei Tagen? Machten die Diener zu viel Lärm mit ihren Schritten? Hatten sie die scheuen Fledermäuse verscheucht? War die Kerze zu weit heruntergebrannt?

Sadi blinzelte. Er blickte sich um, als würde er alles zum ersten Mal sehen, dann rieb er sich die frisch rasierten Wangen. »Was, verdammt …?«, murmelte er.

Und dann auf einmal hob er den Kopf und starrte Wihaji an.

»Mein Fürst«, sagte er, und da lag etwas Neues in seiner Stimme.

Wihajis Herzschlag setzte aus. »Karim?«, fragte er noch einmal, vorsichtig. Er traute der Hoffnung noch nicht ganz. Er traute der überströmenden Liebe nicht, die in ihm aufwallte, der Erleichterung. Und obwohl er fühlte, wie ihm die Tränen aus den Augen rannen, konnte er seine Hand nicht bewegen, um sie fortzuwischen. Er wagte nicht zu atmen.

»Wihaji«, sagte Sadi langsam. »Ihr seid … und ich … Oh ihr Götter! Ich erinnere mich. Hier saßen wir. Es ist so lange her, aber ich erinnere mich.«

»So lange?« Nun bewegte Wihaji sich doch, er wischte sich mit dem Ärmel über die Augen. »Es sind nur zwei Tage vergangen. Zwei Nächte. Dennoch so lange Stunden, die sich zogen wie eine Fahrt übers Nebelmeer, von der man nicht weiß, ob sie Tage verschlingen wird oder ein ganzes Jahr. Bist du es wirklich?«

Sadi tastete über sein Gesicht. Er wirkte durcheinander, verstört gar, doch dann plötzlich überstrahlte sein Lächeln alles: die Müdigkeit und die Verwirrung und den Kummer über Anyanas Kälte. »Ich erinnere mich«, wiederholte er, »an zwei Leben. Ich bin Sadi. Ich bin Karim. Ich bin sie beide. Wie kann ich beide sein?«

»Deine Seele hat eine zweite Chance bekommen«, sagte Wihaji, und dann hielt er es nicht mehr aus. Er sprang auf und überbrückte die kurze Entfernung zwischen ihnen mit zwei, drei Schritten, um seinen Jungen in die Arme zu schließen. »Du lebst! Ich habe dich umgebracht, aber du lebst. Ich musste dich in die Vergangenheit schicken, obwohl ich doch nicht sicher wusste, ob du es warst, dessen Seele in Sadi fuhr. Ich habe es so sehr gehofft, aber wie hätte ich mir sicher sein können?« Die Worte flossen aus ihm heraus, er konnte sie nicht zurückhalten. Er drückte Karim an sich. Karim, Sadi, es war ihm gleich, es spielte keine Rolle.

Sadi erwiderte die Umarmung, doch dann löste er sich aus Wihajis Griff, strich seine Haare glatt, schien in sich hineinzuhorchen.

»Anyana. Sie muss es sofort erfahren. Bei Kelta und Kalini, sie glaubt, ich sei tot! Kein Wunder, dass sie mir vorhin nicht überglücklich um den Hals gefallen ist. Sie denkt, ich sei mein Bruder. Ich muss sofort zu ihr!«

»Ja, geh zu ihr«, sagte Wihaji, doch dann besann er sich, aus welchem Grund er Sadi noch hergebeten hatte. »Der Ring. Hier, nimm ihn. Es ist deiner. Es war immer deiner.«

Sadi nahm den Ring von ihm entgegen und betrachtete ihn. »Es ist tatsächlich derselbe. Ich erkenne ihn, hier, die kleine Kerbe in diesem Sonnenstrahl ... Das ist tatsächlich mein Ring.«

»Weißt du, wie ich daran gekommen bin? Erinnerst du dich?«

»Der Palast«, sagte Sadi langsam. »Die Zelle. Ich trug den Ring, als ich aufgebrochen bin, um Euch zu retten.«

»Seitdem habe ich ihn bei mir getragen. Nicht als Zeichen meiner Würde, wie alle dachten. Sondern als Zeichen meiner Schuld.«

Sadis Augen waren dunkel. Ernst. »Ich erinnere mich.«

»Es tut mir so leid. Ich war nicht bei Sinnen ...«

»Meinetwegen wurdet Ihr verhaftet. Meinetwegen habt Ihr alles verloren. Und Ihr gebt Euch die Schuld? Tut das nicht. Ich habe Euch benutzt und hintergangen. Ihr seid immer ein besserer Mensch gewesen, als ich es je war.« Sadi war so jung, aber seine Worte verrieten, dass seine Seele weitaus älter war. »Dieses neue Leben, das Ihr mir geschenkt habt, ist anders. Dafür danke ich Euch.«

Er steckte sich den Ring an den Finger, lachte laut, und dann eilte er schon wieder fort. Wihaji hörte seine Schritte auf der Treppe.

War das Glück, diese grenzenlose Erleichterung? Die Dankbarkeit, die ihn durchströmte? Erschöpft ließ er sich wieder in den Sessel sinken und griff nach dem Becher. Ein breites Lächeln erhellte sein Gesicht und seine Seele.

Sadi riss die Tür auf. Er hatte vergessen anzuklopfen, und Anyana, die auf einem Stuhl vor der Frisierkommode saß und ihre Haare bürstete, sprang erschrocken auf. Sie trug einen Morgenmantel über einem seidenen Nachthemd, trotzdem rügte sie ihn nicht für sein ungebührliches Verhalten. Stattdessen kam sie auf ihn zu und bat ihn mit einer Handbewegung herein.

»Es tut mir leid«, sagte sie mit gedämpfter Stimme und wies erklärend auf Lijun, der in einem Kinderbettchen schlummerte. »Es tut mir leid, dass ich Euch so abweisend behandelt habe. Ich werde mich mehr bemühen, das verspreche ich Euch. Gebt mir nur ein paar Tage, um mich zu besinnen, und ich werde meine Pflicht erfüllen. Euch und auch meinem Land gegenüber. Ich werde mit Euch nach Wajun gehen, und ich werde Euch eine gute Gemahlin sein.«

Sie war so schön, dass er sie stumm anstarrte. Ihr Haar, im Schein der Kerzen flammendrot, umzüngelte ihre Gestalt. Ihr blasses Gesicht, ihre wunderschönen Augen, ihr Mund, der ihn zum Küssen einzuladen schien …

»Prinz Sadi?«, fragte sie. »Habt Ihr mir zugehört? Ich habe Euch um ein wenig Zeit gebeten, dann bekommt Ihr alles, was Ihr Euch wünscht. Wenn Ihr eine schnelle Trauung möchtet …«

»Ich bin es«, unterbrach er sie. »Begreifst du nicht? Erkennst du mich nicht? Ich bin es.«

»Was soll ich begreifen? Dass Ihr Ihr seid?« Sie schaute ihn verwundert an.

Nach dieser Eröffnung musste sie ihn für einen ausgemachten Idioten halten.

Sadi erinnerte sich an zwei Leben. Er erinnerte sich an so vieles … und Anyana war immer der Mittelpunkt gewesen, seit ihrer ersten Begegnung im Schlosshof.

»Ich habe dir gesagt, dass ich zurückkomme. Vorgestern, am Bach. Dort habe ich dir gesagt, warte einen Tag und eine Nacht auf mich.«

Anyana starrte ihm ins Gesicht, noch ohne zu begreifen. Wie sollte er es ihr verständlich machen, ohne dass sie ihn anschrie, ihn für einen Lügner hielt oder gar in Tränen ausbrach?

»Ich bin in die Vergangenheit gereist. Wihaji hat mich vor seiner Zelle getötet. Es ging so schnell, ich kam gar nicht dazu, ihm zu erklären, wer ich war. Und meine Seele wanderte in einen anderen Körper, in den Leib eines totgeborenen Kindes. Es war nicht Wenorios Seele, die als Prinz Sadi groß geworden ist. Ich bin es. Sadi war nie mein Bruder, sondern ich selbst … ach verdammt, das hört sich ja noch verrückter an.«

»Karim?«, fragte sie ungläubig.

Ihr Götter, die ihr das Muster gewebt habt – ist dies das Bild, das ihr vor Augen hattet? Wie wir einander in die Arme fallen, lachend und weinend, bis der Kleine verschlafen protestiert? Und wie wir dann, als er endlich wieder eingeschlafen ist, einander zu Bett bringen. Wie wir unsere Kleider abstreifen und uns in die kühlen Laken legen und flüstern und aufhören zu flüstern, und wie wir gemeinsam zu Hause ankommen.

34. Teniras Freude

Früh am Morgen öffneten sich die Blütenblätter der Sonnenkuppel und ließen das Licht herein. Die Sonne tauchte den Raum, der allein dem Großkönigspaar gehören sollte, in flüssiges Gold.

Tenira lebte allein in dieser Pracht. Da der Zutritt den Dienstboten verboten war, hatte sich Unordnung eingeschlichen, die ihr mittlerweile über den Kopf gewachsen war. Die zerwühlten Laken und staubigen Kissen hätten längst ausgewechselt werden müssen, doch ihr war nicht danach. Auch den Besen hatte sie schon lange nicht mehr benutzt. Und hätte sie wirklich das Staubtuch schwingen sollen? Sie, die Großkönigin?

Woran sie wenigstens dachte – meistens jedenfalls –, war die Fütterung der Fische. Ein paar Tage mochte sie es vergessen haben, denn heute gebärdeten sich die goldenen und roten Fische wie wild, als sie ihnen die Brotkrumen ins Wasser streute. Sie sah ihnen gerne zu, wie sie nach den Brocken schnappten und sich gegenseitig aus dem Weg drängten. Die tobenden glänzenden Leiber ließen das Wasser aussehen, als würde es kochen. Sie rammten einander, schnappten nach einander, rücksichtslos und nur dem eigenen Hunger ergeben.

Mit einem Lächeln erhob Tenira sich vom Beckenrand und trat an die großen Flügeltüren, hinter denen das Tablett mit ihrem Frühstück wartete. Auch darum musste sie sich selbst kümmern. Sie öffnete die Tür, nickte Kann-bai und Quinoc grüßend zu, die wie immer Wache standen, und holte das Tablett herein. Damit machte sie es sich auf dem Bett bequem und genoss die Mahlzeit aus kross gebratenen Fleischscheiben und in Butter getränkten Mehlfladen. Das Essen wurde von Jahr zu Jahr schlichter. Die Toten ließen die Felder und Gärten vor Kälte verdorren und verschreckten die Bauern, von denen es auch immer weniger zu geben schien. Sie war es leid, sich über die Hungersnot Gedanken zu machen, die Le-Wajun heimsuchte. Gewiss waren die Berichte übertrieben, und ohnehin: Erdbeeren und Pfirsiche waren nicht lebensnotwendig. Die Leute sollten sich das Gejammer sparen. Klagte sie etwa über die karge Mahlzeit? Sie war zufrieden. Morgens aß sie selten viel. Der verdünnte Wein durfte allerdings nicht fehlen.

Nach dem Essen verließ sie das Sonnenzimmer und ließ sich von ihren Zofen ankleiden und frisieren, bis sie aussah, wie eine mächtige Königin auszusehen hatte. Das Kleid aus schwarzem Brokat, am Hals und an den Ärmeln mit Spitze besetzt, schmiegte sich an ihren Körper. Im Spiegel begegnete ihr der einschüchternde Blick einer Frau, die immer noch kaum älter wirkte als Ende zwanzig. Vielleicht war es ja doch das Erbe einer Lichtgeborenen. Ihre schwarzen Locken kräuselten sich über ihren Schultern und milderten die scharfe Linie ihrer Wangenknochen. Ihre dunklen Augen waren kalt und streng, ihr Lächeln Angst einflößend.

Wunderbar. Nun konnten die Gesandten kommen. Sie würden die Knie vor ihr beugen und betreten wieder davonschleichen.

»Wer steht heute als Erstes auf der Liste?«, fragte sie Kindris, ihren Ratgeber.

Wie sie Quinoc vermisste! Immer noch. Als ihren atmenden, lebenden Bruder, der ihr zur Seite stand! Er wohnte zwar noch im Palast, doch seit sie Tizarun daraus verbannt hatte, hatte sie auch den übrigen Toten befohlen, Abstand zu halten. Quinoc wachte noch über sie, aber er stand nicht mehr neben dem Thron, und sie erlaubte ihm auch nicht länger, ihr Ratschläge zu erteilen. Im Palast wimmelte es von Seelen – oder von Dienern und Adligen und irgendwelchen Schmarotzern, die hier Quartier bezogen hatten. Lebende und Tote zu unterscheiden fiel ihr nach wie vor schwer, sie waren sich einfach zu ähnlich. Daher hielt sie sich an diejenigen, von denen sie ganz sicher wusste, dass sie lebendig waren. Möglicherweise war das ein Fehler, denn atmende Menschen waren so empfindsam! Sie ließ sich von niemandem einschüchtern oder herumkommandieren, daher verschliss sie ihre Ratgeber in atemberaubender Geschwindigkeit. Seit zwei Monaten kümmerte sich ein junger Mann namens Kindris um alle Angelegenheiten von Belang. Tenira war sich noch nicht sicher, ob sie ihn mochte.

»Eine Gesandtschaft von den Tausend Städten, Hoheit. Sie ersuchen Euch um …«

Mit einem Blick schnitt sie ihm das Wort ab. »Bei den Göttern, beschweren sie sich etwa schon wieder über die Toten? Was soll ich dagegen ausrichten? Soll ich mit einem Besen kommen und die Seelen wegfegen?«

»Gewiss sind sie nicht gekommen, um Euch zu kränken, Euer Gnaden.«

»Das hätten sie sich vorher überlegen sollen.« Vor Ärger krauste sich ihre Stirn. Der Spiegel zeigte ihr eine Frau, die um zehn Jahre gealtert wirkte. Mit Mühe zwang Tenira sich zu einer freundlicheren Miene. »Lassen wir sie eine Weile warten. Wer ist der Nächste auf der Liste?«

Es gefiel Tenira, auf dem Thron zu sitzen, mit den Spitzen ihres Seidenschals zu spielen und in die erwartungsvollen Mienen von Bittstellern, streitenden Bürgern ihrer Stadt oder ausländischen Händlern zu blicken. Was sie daran am liebsten mochte, war die scheue Ehrfurcht der armen Leute, die kaum darauf zu hoffen gewagt hatten, zur Großkönigin höchstselbst vorgelassen zu werden. Geschenke, so armselig sie auch waren, wärmten Teniras Herz und zauberten ein ehrliches Lächeln auf ihr Gesicht. Wenn sie dann tatsächlich Erbstreitigkeiten schlichten, neue Handelsgesetze beschließen oder einen Vertrag städtischer Kaufleute mit einem weit entfernten Handelshaus genehmigen konnte, entstand ein angenehm wohliges Gefühl in ihrer Brust. Weniger lieb waren ihr Beschwerden, vor allem über die unzähligen Toten, die das Land unsicher machten. Und erwähnte irgendjemand Tizarun, sorgte sie dafür, dass derjenige unverzüglich hingerichtet wurde. Zusammen mit dem Verantwortlichen im Palast, der diese Person eingelassen hatte.

Wenn Ratgeber Kindris etwas taugte, würde er darauf achten, dass sie heute nicht von derlei Geschichten belästigt wurde.

Unruhe entstand am Portal, ihre Wachen klirrten mit den Waffen, Schritte und Gepolter erklangen. Quinoc und Kann-bai, die zu beiden Seiten der Tür standen, verschwanden, um nachzusehen, was passiert war.

»Was ist da los?«, fragte Tenira Kindris, der wie immer hinter ihr stand. »Wer wagt es, die Audienz zu stören?«

Eifrig verbeugte er sich. »Das werde ich unverzüglich in Erfahrung bringen.«

Er eilte davon. Missmutig starrte Tenira zum Fenster hinaus. Sie war nicht gewillt, sich ohne ihren Ratgeber mit dem Bürgermeister irgendeines kleinen, unbedeutenden Dorfes zu befassen, der mit irgendeiner kleinen, unmaßgeblichen Angelegenheit hergekommen war. Noch dazu ohne Geschenke.

Gleich darauf schwangen die Flügel des Portals auf. Doch die Wachen öffneten sie nicht für den nächsten Bittsteller – im Gegenteil: Mehrere Männer versuchten verzweifelt, die Türen zuzuhalten, und rutschten dabei über die Marmorfliesen. Wie durch Magie – nein, das musste buchstäblich Magie sein – flogen die Türen auf.

»Wachen!«, rief sie, denn eine Schar Fremder marschierte herein. Vorne ging … War das Tizarun? Konnte er es sein, schon wieder?

Tenira blinzelte. Ein hübscher junger Mann kam auf sie zu. Er war schwarzhaarig, die Haut bronzefarben, die Augen dunkel und klar, der Blick herausfordernd. Der Mann war wie ein kancharischer Prinz gekleidet, mit einem juwelenbestickten Umhang über einer seidenen Tunika und einer Schärpe, die mit goldenen Fäden und Perlen besetzt war.

»Guten Tag, Mutter«, sagte er. »Erkennt Ihr mich nicht? Ich bin Euer Sohn, Sadi von Wajun, in dessen Namen Ihr auf diesem Thron regiert habt. Für Eure Mühe danke ich Euch.«

Ihr Herz hämmerte. Das war also Sadi. Er kam hier hereingeplatzt, als wolle er, dass sie unverzüglich den Thron für ihn räumte! Was bildete er sich eigentlich ein?

Dass er sie so überfiel, so hübsch und jung war und wie Tizarun aussah und all die wunderbaren Erinnerungen mitbrachte – was sollte das? Wie konnte er es wagen? Er war überaus dreist, und doch fühlte sie unerwartet … Freude. Ja, sie freute sich, ihn zu sehen.

»Mein Sohn«, sagte sie. »Wirklich?«

Die Wachen hätten ihn aufhalten sollen, doch stattdessen wichen sie feige zurück, als Sadi das Podest betrat. Er stieg die Stufen zum Thron hinauf, ohne um Erlaubnis zu bitten, und hielt ihr seine Hand vors Gesicht.

»Braucht Ihr einen Beweis, der meine Behauptung untermauert? Dann seht den Ring hier. Ich bin sicher, dass Ihr ihn erkennt.«

Er wollte sie herausfordern? Nun, sollte er. Er war gerissen, und ihn verlangte nach Macht. Nichts anderes hätte Tenira von ihrem Sohn erwartet.

»Das beweist gar nichts«, sagte sie. »Ihr könntet ihn gestohlen haben.«

»Glaubt Ihr das wirklich, Mutter? Ich bin sicher, jeder, der meinen Vater gekannt hat, wird in mir Tizaruns Sohn und Erben erkennen. Ich bin hier, um dieses Erbe anzutreten.«

Tenira umklammerte die gepolsterten Lehnen des Throns. Ihre Hände schwitzten, und sie hatte das schreckliche Gefühl, dass der dumme Stuhl gleich unter ihren Fingern zersplittern würde. Die Stärke ihrer Gefühle überwältigte sie. Das war ihr Sohn, wunderschön und gefährlich zugleich. Sie wollte ihn umarmen und abküssen – und von sich stoßen. Beides auf einmal. Noch hatte sie nicht entschieden, was sie tun sollte. Sie hatte ihn nicht vermisst, und dennoch war es unvergleichlich, ihn wiederzusehen.

»Das heißt, Ihr wollt mit mir regieren?« Wo war dieser verdammte Ratgeber, wenn sie ihn brauchte? Es musste doch ein Gesetz geben, das eine solche Machtübernahme verhinderte. Jetzt, wo er einmal da war, erkannte sie, dass sie Sadi hierhaben wollte, hier bei sich, aber zu dreist durfte er natürlich nicht werden. Um eine Lösung zu finden, musste sie unbedingt auf Zeit spielen. »Niemand kann allein die Sonne sein, das solltet Ihr wissen. Ich bin mit Euch die Sonne, falls Ihr wirklich seid, wer Ihr behauptet. Unzählige Mühen und Strapazen habe ich auf mich genommen, um Eure Abwesenheit auszugleichen. Gerne leite ich Euch darin an …« Sie stockte, denn Sadi blickte sie unverwandt an, mit diesem spöttischen Lächeln, das ihr Unbehagen bereitete. Zu sehr erinnerte es sie an den Feind, an Tizaruns verfluchten Bastard.

»Ihr braucht mich nicht anzuleiten«, sagte er freundlich. Zu freundlich, wie sie fand. Als hätte er es mit einem begriffsstutzigen Kind zu tun! »Wie Ihr wisst, habe ich in den letzten Jahren in Anta'jarim als König geherrscht.«

»Aber die Sonne kann nicht allein herrschen!«

»Das habe ich auch nicht vor.« Er wandte sich um und streckte die Hand aus.

Teniras Blick wanderte zu Sadis Gefolge, zu der jungen Frau, die nun ebenfalls die Stufen hinaufstieg. Sie kannte dieses Gesicht, oder nicht? Etwas an dem roten Haar und an diesen mädchenhaften Zügen war ihr vertraut.

»Das ist meine Gemahlin, Prinzessin Anyana von Anta'jarim«, sagte Sadi. »Wir haben uns gestern in einer kleinen, stillen Zeremonie auf Schloss Anta'jarim trauen lassen.«

Was? Nein. Nein, das konnte nicht sein, das war unmöglich! Das musste ein Traum sein, ein entsetzlicher Albtraum. Spielten die Toten ihr einen Streich?

»Stimmt etwas nicht?«, fragte ihr Sohn – konnte das wirklich ihr Sohn sein, dieser unverschämte Mann? – und lächelte. Hämisch. Ja, anders konnte man dieses Grinsen nicht nennen. »Wundert Ihr Euch, wie wir so schnell hierherreisen konnten?«

Das interessierte sie nicht im Geringsten. »Anyana von Anta'jarim ist tot. Du hast eine Tote geheiratet? Das ist nicht gültig.«

»Oh, ich bin nicht tot«, sagte die rothaarige Frau. »Ganz gewiss nicht.«

Das alles lief völlig aus dem Ruder. Es waren viel zu viele Menschen anwesend, die diesen Auftritt mitbekamen. Nicht nur der Bürgermeister, der sich an den Rand zurückgezogen hatte und die Szene mit großen Augen verfolgte. Da waren die Wachen, die unschlüssig auf der Seite standen und weder den Prinzen noch seine Begleiter festzunehmen wagten. Von Quinoc und Kann-bai, diesen Feiglingen, war hingegen überhaupt nichts zu sehen.

Einige Diener und Protokollanten glotzten unverhohlen. Und natürlich lungerte ein Teil des unvermeidlichen adligen Geschmeißes, das sich im Palast zu Hause fühlte, zwischen den Säulen herum, die rechts und links die Decke der großen Halle trugen. Sie alle hörten Sadis und Anyanas laute und klare Stimmen. Ein Fehler, der nicht mehr rückgängig zu machen war.

Also zwang Tenira sich zu einem Lächeln. Vielleicht fiel es nicht so lieblich aus, wie wünschenswert gewesen wäre, doch jedermann würde nachvollziehen können, dass die plötzliche Ankunft ihres Sohnes sie aufwühlte und verwirrte.

»Oh, wie wunderbar!«, rief sie aus. »Ich hatte ja keine Ahnung. Wir sollten ein großes Fest veranstalten, um Eure Vermählung gebührend zu feiern.«

»Solange die Dinge in Le-Wajun dermaßen im Argen liegen, wäre ein opulentes Fest nicht angemessen«, entgegnete Sadi. »Wir werden es später nachholen, wenn wir die Toten aus dem Land der Lebenden vertrieben haben.«

Am liebsten hätte sie ihn gefragt, was er gegen die Toten hatte, die ihr Trost und Beistand waren, doch auch das wäre nicht angemessen gewesen. Und es stimmte ja auch nicht zur Gänze; nur einige der Seelen trösteten sie mit ihrer Anwesenheit. Auf andere konnte sie gut verzichten. Dann fiel ihr Blick auf das Gefolge. Es waren nicht nur jarimische Soldaten darunter, sondern sogar einige Eisensoldaten. Und in der ersten Reihe stand ein hochgewachsener, dunkelhäutiger Mann, dessen Lächeln ihr einen Schauer den Rücken hinunterjagte.

»Wihaji.« Der Name sprang ihr auf die Lippen. Es war so lange her, dass sie ihn gesehen hatte, und doch, es fühlte sich an, als sei es erst gestern gewesen. »Wie könnt Ihr es wagen, herzukommen!«

Der Mann in dem roten Umhang trat vor. »Ihr habt mich ausgeschickt, Tizarun zu finden. Und ich habe ihn gefunden.«

»Das ist Betrug!«, rief sie, und in diesem Moment war es ihr gleich, wer alles zuhörte. In diesem Moment gab es nur sie und ihn. Es war, als würde eine Zelle mit hohen, bemalten Wänden ihn umgeben, und sie stand an der Tür, im Lichtschein, und verlangte ihren geliebten Ehemann zurück. »So sollte es nicht sein! Ihr solltet ihn mir bringen, wie er vorher war!«

»Das könnten nicht einmal die Götter«, entgegnete der Fürst.

Das Blut rauschte in ihren Ohren. Oder waren es die Stimmen der Umstehenden? Tuschelten sie? Lachten sie über sie? »Hinaus!«, schrie sie. »Geht, die Audienz ist beendet!«

Jemand fasste nach ihrem Arm. Tizarun! War er hier? Seit wann? Er war wirklich hier! Alles in ihr wurde weich, als sie ihn sah, und beinahe hätte sie geweint.

»Geht und ruht Euch aus«, sagte er sanft. Doch statt mit ihr zusammen die Halle zu verlassen, schob er sie ihrem Ratgeber zu, der mit hängenden Armen und sichtbar ratloser Miene am Fuß der Treppe stand. »Wir werden die Audienz heute Nachmittag fortsetzen«, hörte Tenira ihn an die Menge gerichtet sagen. »Vorher werden alle Mitglieder des Rats zu einer Sitzung zusammenkommen.«

Kindris blieb stehen und wandte den Kopf. »Verzeiht, Prinz Sadi, Euer Gnaden, aber es gibt keinen Rat. Seit dem Krieg wurde keine Ratsversammlung mehr abgehalten.«

»In dem Fall«, sagte Sadi, »erwarte ich in einer Stunde jeweils drei Vertreter aus Anta'jarim, Lhe'tah, Wajun und den Tausend Städten. Aufgrund der Audienzen sollten uns ausreichend Leute zur Verfügung stehen. Lost aus, wenn sich mehr Bewerber melden als nötig.«

Tenira öffnete den Mund, um zu protestieren, doch Kindris zog sie weiter und durch die Tür in der Nähe des Throns, die zu der Treppe und zu ihren Gemächern führte.

»Lasst mich los!«, zischte sie.

»Wir haben nicht viel Zeit, Euer Gnaden. In einer Stunde brauchen wir einen Plan, wie wir gegen diese … Anmaßung vorgehen. Es sei denn, es ist Euer Wunsch, Eurem Sohn die Krone abzutreten?«

»Nein, ist es nicht!« Sie hätte am liebsten geschrien, doch sie hielt sich zurück. Kindris hatte recht – es blieb nicht viel Zeit, um zu handeln, bevor Sadi Tatsachen schuf. Vielleicht war dieser Ratgeber doch kein so großer Trottel, wie sie befürchtet hatte.

35. Die Sonne von Wajun

»Das ist besser gelaufen, als ich erwartet hatte.« Sadi lehnte sich zurück, er wirkte zufrieden.

Anyana hingegen fühlte ihr Herz immer noch wie verrückt klopfen. Ihrer Todfeindin zu begegnen, der Frau, die verantwortlich für den Tod ihrer Familie war, hatte sie viel Kraft gekostet.

»Wasser? Wein? Oder wünscht Ihr etwas anderes, Prinzessin?« Eifrige Diener gaben sich Mühe, sie mit allem zu versorgen. Da die Sitzung in der großen Halle stattfinden sollte, hatte die Dienerschaft einen voluminösen, staubigen Tisch hereingetragen, der offenbar seit Jahrzehnten in einer Abstellkammer gelagert worden war. Während Sadi, Wihaji und sie selbst Platz genommen hatten, postierten sich ihre mitgebrachten jarimischen Wächter sowie die Eisensoldaten an sämtlichen Türen, die in den Saal führten. Die Speisen, die ihnen aufgetischt wurden, lehnte Anyana dankend ab. Sie glaubte zwar nicht, dass sich jemand erdreisten würde, ihnen Gift zu verabreichen, aber bei Tenira wusste man nie.

Nach und nach wurden die frisch ernannten Abgeordneten hereingeführt und nahmen ihre Plätze ein. Sie beäugten Sadi und Anyana scheu und tuschelten mehr oder weniger vernehmlich, bis Wihaji ihnen einen strengen Blick zuwarf. Gerade als sie beginnen wollten, rauschte Tenira herein, dicht gefolgt von ihrem Ratgeber. Sie setzte sich nicht auf den eilig herbeigetragenen Stuhl, sondern blieb stehen und stützte sich mit beiden Händen auf die Tischplatte. Die beiden Kaufleute, die hastig zur Seite rückten, um ihr Platz zu machen, beachtete sie gar nicht.

»Kindris«, befahl sie mit lauter Stimme.

»Hier ist es«, sagte der junge Mann an ihrer Seite eifrig. »Das Gesetz, das ich heraussuchen sollte, Euer Gnaden.«

Tenira wartete nicht darauf, dass man ihr das Wort erteilte, sie hielt sich auch nicht damit auf, die neuen Ratsmitglieder zu begrüßen. »Lest vor, Kindris.«

In Anyana kochte erneut Zorn hoch. Ihre Hände krampften sich um die Stuhllehne, kurz davor, die Beherrschung zu verlieren. Sadi legte seine Hand über ihre, um sie zu beruhigen. »Warte«, flüsterte er.

»Das Gesetz«, verkündete der Ratgeber, »aus der Feder Ihrer großköniglichen Hoheit Tenira von Wajun, Sonne durch die Gnade der Götter. Es lautet folgendermaßen: Niemand, der im Ausland aufgewachsen ist, kann eine Krone tragen, sei es die Krone eines Unserer Königreiche oder die Krone des ganzen Reichs der Sonne, Le-Wajun.«

Triumphierend blickte Tenira in die Runde. »Es tut mir unendlich leid, mein lieber Sohn. Aufgrund Eurer unglücklichen Kindheit in Kanchar könnt Ihr leider nicht an meine Stelle treten.«

»Dieses Gesetz habt Ihr wann genau verfasst?«, fragte Wihaji.

»Das spielt keine Rolle«, sagte Tenira. »Es existiert, also ist es gültig. Diese Ratsversammlung ist eine Farce, da ich sie nicht einberufen habe und dies auch nicht künftig zu tun gedenke. Es gab in Wajun niemals einen Rat, der mehr war denn eine Zierde. Sämtliche Entscheidungen wurden von jeher vom Großkönigspaar getroffen.«

»Das ist nicht korrekt«, meldete sich einer der Kaufleute schüchtern zu Wort. »Es gab die Wahlen. Der Kandidat für den Sonnenthron wurde von den Familien ausgesucht und vom Rat bestätigt.«

»Schweig still!«, fauchte Tenira. »Du hast hier keine Stimme. Die hat keiner von euch!« Dann wurde ihre Miene mild und freundlich, und sie säuselte: »Mein lieber Sohn, nichtsdestotrotz bist du herzlich willkommen. Ich werde die Diener anweisen, dir und deiner bezaubernden Gemahlin ein Zimmer zu bereiten.«

»Danke, Mutter«, sagte Sadi. »Ihr habt mich also nach Kanchar geschickt und gleich darauf ein Gesetz erlassen, das meinen Erbanspruch für nichtig erklärt hat? Warum habt Ihr dann überhaupt die Erbmonarchie eingeführt, wenn Ihr wenig später den einzigen Erben ausschließen wolltet?«

»Dieses neue Gesetz widerspricht jenem, das Ihr gemeinsam mit Tizarun erlassen habt. Als halbe Sonne könnt Ihr keine Gesetze erlassen«, sagte Wihaji. »Solange Sadi der Erbe war, war es Euch erlaubt, für ihn zu regieren. Ist er es jedoch nicht mehr, endet auch Euer Anspruch unverzüglich. Das bedeutet, dass Ihr seit diesem Gesetz, das Ihr gerade habt vorlesen lassen, unrechtmäßig auf dem Sonnenthon sitzt. Es gibt somit nur eine Möglichkeit: Wir werden Wahlen einberufen. Der hier anwesende Rat wird über die beiden Kandidaten entscheiden, über Prinz Sadi und Prinzessin Anyana, und darüber abstimmen, ob sie als Sonne würdig sind.«

»Das wird ganz bestimmt nicht passieren!« Tenira funkelte ihn wütend an.

»Ich habe gehofft, Euch das zu ersparen«, sagte Wihaji und holte eine schmale Rolle aus seinem Mantel. Das Werkzeug, um Tenira zum Einlenken zu zwingen. Anyana selbst hatte dafür gesorgt, dass sich diese Rolle heute an diesem Ort befand. »Doch nun muss ich Euch an ein anderes Gesetz erinnern, das Ihr in meiner Abwesenheit erlassen habt. Ein Gesetz, mit dem Ihr erzwungen habt, dass Prinz Karim dem Urteil der Götter überstellt wurde.«

»Was?«, fragte Tenira entgeistert.

»Ihr wisst, wovon ich spreche. Nach dem genauen Wortlaut dieses Gesetzes – ich habe mich erkundigt – ist eine Sonne, die eines Verbrechens angeklagt wird, dazu verpflichtet, sich der Gnade der Götter auszuliefern.«

»Das wagt Ihr nicht«, flüsterte Tenira heiser.

»Wessen klagt Ihr die Großkönigin an?«, fragte der Ratgeber barsch. »Eine solche Unterstellung muss und wird Konsequenzen haben.«

»Ich klage sie des Mordes an, vor diesen versammelten Zeugen.« Wihaji wedelte mit der Rolle.

Die Kaufleute begannen zu tuscheln, während Teniras Gesicht weiß vor Zorn wurde. Sie ballte ihre Hände zu Fäusten. »Wie könnt Ihr es wagen!«

Was allen anderen ein Rätsel sein mochte, war für Anyana nur zu klar. Dieses Schriftstück hatte sie vor vielen Jahren aus Estils Truhe gestohlen, bevor sie von Laimocs Farm geflohen war. Sie hatte die kleine Rolle in ihrem Reitermantel aufbewahrt, während der gesamten Reise nach Kato mit dem Grauen Schiff hatte sie darauf geachtet, dass sie nicht verloren ging. Als sie dann von Bord gesprungen war, um Lijun zu retten, hatte sie Mago den Mantel überlassen. Und Mago war in Spiegel-Wabinar gelandet.

Sie warf Sadi einen aufmunternden Blick zu. Er hatte die Rolle an diesem Morgen aus Kato geholt, von Mago, der zusammen mit den meisten anderen ehemaligen Sklaven mittlerweile in Spiegel-Anta'jarim lebte. Noch bevor Sadi sie und alle ihre Begleiter durch die Tür nach Wajun gebracht hatte, hatte sie ihn darum gebeten, doch sie hatte ihm nicht erzählt, was es mit dem Schriftstück auf sich hatte. Sie hatte ihm nur gesagt, es sei wichtig.

»Ich hoffe, das ist kein Liebesbrief von Mago an dich«, flüsterte er.

»Nein, ist es nicht. Lass dich überraschen.«

Inzwischen hatte sich die Unruhe am Tisch wieder gelegt.

»Erklärt uns das bitte«, sagte einer der Vertreter aus Lhe'tah und rückte seine Weste zurecht. »Ihr sprecht von Mord?«

»Das tue ich«, sagte Wihaji ernst.

»Das Feuer ist von selbst ausgebrochen, vermutlich durch die Dummheit Eurer Verwandten.« Tenira fixierte Anyana, ohne zu blinzeln.

Wie konnten die Götter dulden, dass diese fürchterliche Frau als Sonne herrschte? Anyana bezwang die Wut, die sie zu überwältigen drohte. Sie würde nicht herumschreien. Sie würde Tenira nicht wissen lassen, wie sehr jenes Feuer ihr Leben zerstört hatte. Um sich zu beruhigen, dachte sie an Lugbiya und Maurin in Spiegel-Anta'jarim. An das Gesicht ihrer Mutter im Nebelmeer. Sie dachte an die Toten, die ihr beigestanden hatten, an die Herzenswärme, mit der Lugbiya ihr begegnet war, an Maurins Lachen.

Nein, Tenira konnte ihr nichts mehr anhaben. In diesem Augenblick, angesichts dieses erbärmlichen Versuchs, ihr Leid zuzufügen, verflog der Hass. Zurück blieb etwas, das sich beinahe wie Mitleid anfühlte.

»Es geht nicht um das Feuer. Dieses Schriftstück beweist, dass Ihr zumindest ein Mitglied der fürstlichen Familie derer von Weißenfels habt ermorden lassen«, sagte sie gefasst. »Eure Halbschwester Atedec.«

»Das könnt Ihr nicht ernst meinen.« Tenira erbleichte noch stärker. »Das waren Unfälle.«

»Es gab erstaunlich viele Unfälle in Eurer Verwandtschaft«, sagte Wihaji. »Doch darüber reden wir hier nicht. Nur über diesen einen angeblichen Unfall. Ich lese vor, was hier geschrieben steht.«

Anyana kannte den Wortlaut. Der Heiler der Fürstenfamilie bescheinigte eine Vergiftung der Fürstentochter durch ein seltenes, kostbares Gift namens Kirschblut, das aus seinen eigenen Beständen stammte. Heiler benutzten es sehr sparsam, um Blutungen zu stillen und Geschwüre zu behandeln.

»Ein Tropfen heilt«, sagte Sadi neben ihr leise und beugte sich gespannt vor. »Zwei Tropfen können ein Kind oder einen geschwächten Menschen töten, drei Tropfen machen einen starken, gesunden Mann schwer krank. Eine Überdosis von vier und mehr Tropfen hat tödliche Konsequenzen: Drei Tage lang pflegt sich dieses Gift unauffällig im Körper zu verhalten, um danach zu einem schnellen Versagen sämtlicher Organe zu führen.« Aufmerksam lauschte er Wihajis Ausführungen. Genau drei Tage, nachdem ein Bote aus Wajun im Schloss erschienen war, war Atedec gestorben.

Für Sadi war diese Geschichte neu. Ein überraschtes Lächeln spielte um seine Lippen. »Nun, das nenne ich beinahe ein Wunder«, sagte er so laut, dass ihn auch die anderen am Tisch verstehen konnten. »Hat die Großkönigin nicht dafür gesorgt, dass alle Beweise vernichtet werden?«

»Das ist nicht wirklich ein Beweis zu nennen«, wandte der Ratgeber ein.

»Es ist das Schreiben eines Zeugen, und es geht um den Mord an einer Adligen. Mehr ist nicht erforderlich, um ein Götterurteil zu fordern.«

»Nein«, sagte Tenira.

»Mehr war nicht nötig, um Prinz Karim in die Skorpiongrube werfen zu lassen«, sagte Wihaji. »Und mehr ist auch in Eurem Fall nicht nötig. Ich beauftrage hiermit die Ratsversammlung, darüber abzustimmen.«

»Das ist nicht nötig«, sagte der Ratgeber schnell. »Das Gesetz zum Einsatz eines Götterurteils betrifft nur eine herrschende Person. Großkönigin Tenira ist jedoch keine echte Großkönigin, sondern nur eine Stellvertreterin. Deshalb kann das Urteil keine Anwendung finden.«

Tenira richtete sich zu voller Größe auf und wandte sich ihm zu. »Was redest du da, Mann?«

»Ich versuche, Euch den Hals zu retten, Euer Gnaden«, zischte Kindris. »Das ist der einzige Ausweg, begreift Ihr das nicht? Es gab einen Mord, wir haben die Aussage eines Zeugen, und nun werden entweder ein Gericht oder die Götter darüber entscheiden. Wählt das Gericht, Euer Gnaden.«

»Ich wähle gar nichts!«, rief sie. »Was hier geschieht, ist Hochverrat! Niemand bringt mich vor ein Gericht!«

»Dann solltet Ihr Euch Eure Position als Stellvertreterin bewusst machen«, beharrte Kindris.

Tenira atmete tief durch. Hilfe suchend ließ sie den Blick durch den Raum schweifen. Doch auf den Gesichtern der Ratsmitglieder war kein Verständnis zu erkennen. Sadi schüttelte den Kopf.

»Ihr wendet Euch auch gegen mich, mein Sohn?«, fragte Tenira. »Wie könnt Ihr mir das antun?«

Sadi schwieg.

»Ist es, weil ich Euch weggegeben habe? Das war eine Bedingung der Feinde, nicht mein eigener Wunsch. Das solltet Ihr doch unterscheiden können.«

»Nein«, sagte er. »Nach Wabinar zu kommen hat mein Leben gerettet. Die besten Menschen, die man sich vorstellen kann, haben mich großgezogen. Ich hatte das Glück, nicht nur einen vortrefflichen Lehrer zu bekommen, sondern auch von einer wajunischen Kinderfrau erzogen zu werden, die mir eine bessere Mutter gewesen ist, als Ihr es je hättet sein können. Ich werde den Göttern immer dankbar sein, dass sie mein Schicksal gewendet und mir eine solch wunderbare Familie geschenkt haben.«

Anyana war nicht einmal nach Jubeln zumute darüber, ihre Feindin so geschlagen zu sehen. Es würde keine Gerechtigkeit geben – weder für ihre eigene Familie noch für Atedec von Weißenfels. Auch nicht für die unzähligen Opfer der drei Kriege, die Le-Wajun gebeutelt hatten.

Und dennoch war es ein Sieg. Kindris führte Tenira hinaus, und die Räte beschlossen einstimmig, das neue Sonnenpaar unverzüglich zu krönen.

Es folgte eine Feier, die zugleich großartig war und schlicht. Im Thronsaal waren alle Bittsteller und Gesandte dieses Tages versammelt, dazu zahlreiche Bürger der Stadt Wajun, die von den Gerüchten angelockt worden waren. Zwischen den staubigen Gewändern der Handwerker und gewöhnlichen Leute bildeten die Adligen bunte Farbtupfer in ihren Roben aus Samt und Brokat. Die Stimmung war ausgelassen, geradezu euphorisch, und Anyana fühlte die Erwartungen der Menschen wie ein schweres Gewicht.

»Werden wir dem überhaupt gerecht werden können?«, fragte Sadi, der neben ihr Platz genommen hatte.

Sie saßen auf schlichten Holzstühlen am Fuß der Treppe, die zu dem Podest hinaufführte, wo die beiden Throne der Sonne in ihrem Glanz erstrahlten. Gold und Edelsteine waren in solcher Menge in die Sonnenstrahlen eingearbeitet worden, die das Rückenteil des Throns bildeten, dass man davon geblendet werden konnte.

»Ich weiß nicht«, antwortete sie ehrlich. »Aber es ist unsere Pflicht, es wenigstens zu versuchen.«

Sie kannte seinen dringenden Wunsch, etwas richtig zu machen, die Fehler seines ersten Lebens auszugleichen, indem er möglichst vielen Menschen zu einem besseren, sichereren Leben verhalf. Er nahm diese Aufgabe ernst, und ein Scheitern wäre für ihn das Schlimmste, was passieren könnte.

Nicht dass Anyana die Ehre leichtnahm, gleich zur Sonne von Wajun erhoben zu werden. Sie wusste um das Leid der vergangenen Jahre, um die Zustände, die im Land herrschten. Von der Angst der Menschen vor den Toten, die sie abends Türen und Fenster verriegeln und mit zittrigen Stimmen singen ließ, um einander Mut zu schenken. Doch die Jahre, die sie als Hirschkuh im Wald verbracht hatte, waren nicht spurlos an ihr vorübergegangen. Im Wechsel der Jahreszeiten, verwöhnt von der Sonne und dem frischen Wasser am Bach, von saftigen Gräsern und zarten Knospen, kannte sie doch auch das Ausgeliefertsein an die Elemente – Sturm, Regen, Wind und Kälte.

Es hatte ihr eine innere Gelassenheit geschenkt, die damit einherging, dass sie anerkannte, dass man nicht gegen alles ankämpfen konnte. Es gab Dinge, die musste man wie ein Unwetter über sich hinwegbrausen lassen, geduckt in einem Unterschlupf, und sich danach das Wasser aus dem Fell schütteln. Daher sagte sie: »Wir sind, wo wir sein sollen. Gibt dir das nicht Mut?«

»Doch«, sagte er leise, »das tut es. Und es macht mir zugleich Angst.«

Ihre Hände fanden zueinander, Finger verflochten sich. Während das Fest seinen Lauf nahm, Musik den Saal erfüllte, hastig vorbereitete Reden geschwungen wurden, breitete sich das warme Gefühl von Geborgenheit in Anyana aus. So fremd ihr dieser Ort war, sie war nun endlich zu Hause. Natürlich vermisste sie Lijun, den sie in Anta'jarim in Mairas Obhut zurückgelassen hatte. Doch da sie noch so einiges planten, das gefährlich werden würde, war er dort besser aufgehoben. Auch wenn sie insgeheim fürchtete, ihr Sohn könnte sich in ein Kitz verwandeln und in den Wald fliehen, sobald er sich unwohl fühlte.

Oder wenn die Götter ihn riefen.

Die Musik, die nach jeder Rede einsetzte, wurde feierlicher und getragen. Anyana horchte auf. Jetzt war es also so weit. Auf Samtkissen wurden die beiden Kronen hereingetragen, zwei Goldreifen, von denen gewundene Sonnenstrahlen abgingen. Dazu brachte eine junge Fürstin mit verlegenem Lächeln den Ring, den Tenira getragen hatte. Sie war während der gesamten Feier nicht aufgetaucht, und Anyana hätte sich nicht gewundert, wenn sie mitsamt dem symbolträchtigen Schmuckstück geflohen wäre.

Ein Priester erschien. Die meisten Geistlichen hatten sich einer bestimmten Gottheit zugewandt; dieser Mann hingegen diente, wie an seinem schlichten Gewand zu erkennen war, allen Göttern zugleich. So schlicht wie seine Kleidung und seine Frisur – der Mann hatte kurz geschnittenes Haar und trug keinerlei Zierrat, nicht einmal eine Kopfbedeckung – war auch die Zeremonie.

Er bat sie und Sadi niederzuknien. Sie hatten vorher nicht mit ihm geredet, ihm keine Dokumente vorgelegt, nicht über Gesetze mit ihm diskutiert. Er kannte nichts als ihre Namen, und als er sie aussprach, tat er das ohne Pomp. Er ließ alle ihre Titel weg.

»Anyana«, sagte er, »der Segen der Götter sei mit dir.« Dann setzte er ihr die Krone aufs Haupt.

Auch über die Reihenfolge der Krönung hatten sie sich nicht abgesprochen. Vielleicht hielt er ihren Anspruch für größer, trotz des vor über zwanzig Jahren verabschiedeten Gesetzes über die neu gegründete Königsdynastie, oder es war ihm einfach nicht wichtig.

»Sadi, der Segen der Götter sei mit dir.«

Anyana schielte zur Seite, um nicht zu verpassen, wie Sadi der goldene Sonnenring aufs Haar gesetzt wurde. Um nichts in der Welt hätte sie dieses rätselhafte, versonnene Lächeln verpassen wollen, das auf seinen Lippen erblühte.

Dies geschah wirklich. Sie wurden gekrönt. Anyana wusste nicht, was sie fühlen, was sie denken, was sie glauben sollte.

»In euch strahlen die Götter«, fuhr der Priester fort. »In euch bringen sie ihr Licht in die Welt. In euch endet die Nacht. In euch wird die Fülle des Segens sichtbar, den die Götter ihren Kindern schenken. Erhebt euch und nehmt euren Platz ein.«

Das taten sie. Sie standen auf und sahen einander an, und dann stiegen sie die Stufen hinauf zu den beiden Thronen. Die Musik setzte wieder ein, sie hallte Ehrfurcht gebietend unter der lichtergeschmückten Decke des großen Saals – Töne, die nach oben stiegen, während der Segen unsichtbar und unhörbar herabfiel.

36. Was wir träumen

»Ich habe mir das … anders vorgestellt«, sagte Anyana diplomatisch. Sadi seufzte vernehmlich.

Sie hatten ihren Gästen ein improvisiertes Festmahl vorsetzen lassen, Glückwünsche entgegengenommen und sich mit so vielen Menschen unterhalten, dass ihr jetzt noch die Ohren klingelten. Doch irgendwann hatten sie für den Abend der Pflicht Genüge getan. Sie beschlossen, sich zurückzuziehen, und eine Dienerin führte sie zum Sonnenzimmer. Die Wächter öffneten ihnen zuvorkommend die Flügeltüren.

Was sie erwartete, war jedoch keine entspannte Nacht und kein prunkvolles Bett, sondern Schmutz, Unordnung und alle weiteren Anzeichen von Vernachlässigung. Dreckige Bettwäsche häufte sich auf dem Boden, altes Geschirr stapelte sich in der Nähe der Tür. Das honigbraun schimmernde Parkett war verschmiert und verstaubt. Wenigstens die Fische lebten, wie Anyana sich gleich überzeugte, nachdem sie das große rechteckige Becken entdeckt hatte. »Wir haben Fische!«

»Ich weiß«, sagte Sadi. »Daran erinnere ich mich sogar noch. Ich habe es als Kind geliebt, sie zu füttern.« Er setzte sich an den Beckenrand und tauchte die Hand ins Wasser. Sofort schossen die Fische an die Oberfläche und balgten sich darum, in die Nähe seiner Finger zu kommen.

»Deine Mutter ist offenbar sehr mit ihren Regierungsaufgaben beschäftigt gewesen«, meinte Anyana. »Dienstbotenpflichten haben ihr wohl nicht zugesagt.«

»Nein, sieht nicht so aus. Hier muss es doch einen Besen geben, ein paar Körbe für die Schmutzwäsche und dergleichen? Warte, ich hole etwas. So können wir hier nicht schlafen.«

Tatkräftig eilte er davon, obwohl er sicher ebenso müde war wie sie. Ob die Götter persönlich darauf bestanden hatten, dass die Sonne, das höchste Amt, das ein Mensch in Le-Wajun innehaben konnte, selbst putzen und wischen und das Bett beziehen musste? Anyana erinnerte sich an den Spruch, den sie im Lauf ihrer Kindheit immer wieder zu hören bekommen hatte: Wer herrschen will, muss lernen zu dienen.

Nun, dieser Raum sorgte jedenfalls dafür, dass man es nicht wieder verlernte.

Die nächsten beiden Stunden waren sie damit beschäftigt, die Ordnung wiederherzustellen und den gröbsten Schmutz zu entfernen. Sadi war noch nicht zufrieden und betrachtete kritisch die zerschlissenen Stofftapeten und verstaubten Wandbehänge. »Darum kümmern wir uns morgen. Ich will nur noch schlafen.«

»Ich fürchte, nun müssen wir uns noch den Schmutz von der Haut waschen. Wenigstens ist diese übergroße Wanne schön sauber.«

Das Sonnenzimmer war so groß, dass es neben dem Fischbecken, in dem zahlreiche grüne Pflanzen wuchsen, noch ein zweites Wasserbecken besaß. Sauberes Wasser plätscherte durch ein Rohr in der Wand in das Becken, und irgendwo inmitten des bunten Mosaiks am Boden musste sich ein Ablauf befinden. Das Wasser war überraschend warm. Begeistert streifte Anyana ihre Kleider ab und tauchte ins Becken. »Kommst du?«

Er stand am Rand und beobachtete sie. Die magischen Leuchtkugeln wurden ein wenig dunkler, die Atmosphäre veränderte sich. Sadis Lächeln war verheißungsvoll.

»Es ist mitten in der Nacht«, sagte sie. »Bestimmt bist du zu müde.« Ihr Haar schwamm auf der Wasseroberfläche. Im Schein der goldenen Lampen wirkte es wie Herbstlaub. Nachdem sie ihre Hirschgestalt verloren hatte, hatte sie zunächst Angst vor einem Spiegel gehabt. Doch dann die Überraschung: Ihr Gesicht und ihr Körper waren nicht gealtert, doch ihr Haar war so lang, als wäre es all die Jahre hindurch weitergewachsen. Es reichte ihr nun wieder bis zur Hüfte.

Fasziniert betrachtete Sadi sie. »Bestimmt nicht.«

Trotz aller Verantwortung, die nun auf ihnen lag, trotz der Gefahren, denen sie sich noch stellen mussten, waren sie in dieser Nacht noch viel mehr als die Sonne. Sie waren Anyana und Sadi. Ein Liebespaar. Und vielleicht vergaß Anyana hin und wieder seinen Namen und flüsterte: »Karim.«

In dieser Nacht, ihrer ersten als gekrönte Sonne von Wajun, träumte Anyana von einem in Licht getauchten Garten. Der milchig weiße Himmel über ihr erinnerte sie an Kato, doch der Garten gehörte zu einem Haus, das mitten im Wald lag. Vor sich sah sie eine Hütte aus groben Balken mit einem Dach aus Reisig. Blumen wuchsen in Trögen auf jedem Fensterbrett, und aus dem schmalen Schornstein stieg Rauch. Der Garten war durch einen Zaun vor den Hirschen geschützt, die aus dem Wald kommen mochten. Wilde Rosen rankten an den vom Alter brüchigen Latten empor, kniehohe Sonnenblumen und Sternenkraut bildeten eine niedrige Begrenzung für die Gemüsebeete. Ein Mädchen mit langen blonden Zöpfen, vielleicht acht oder neun Jahre alt, kniete auf dem schmalen Weg, der durch die Beete führte, und pflückte Erdbeeren.

Auf einmal hob sie den Kopf, und Anyana glaubte schon, das Mädchen hätte sie entdeckt, doch dann sah auch sie den Mann, der zwischen den Bäumen aufgetaucht war. Er kam näher, und das Mädchen sprang auf und rannte zum Zaun. »Vater!«

Der Mann mochte ein Holzfäller sein oder ein Fallensteller. Er trug die grobe Kleidung eines Waldarbeiters: Hosen aus festem Tuch, ein schlichtes Hemd und einen Mantel mit vielen Taschen. Sein blondes Haar war zerzaust und voller Blätter, als hätte er sich gerade eben noch durch ein Gebüsch gezwängt, und sein Bart blieb an den Himbeerranken hängen, die am Zaun wuchsen, als er sich darüberlehnte, um der Kleinen über den Kopf zu streicheln. »Unya, mein liebes Kind. Ich wollte dich nur kurz sehen. Du musst etwas erfahren, über die Wünsche.«

»Was denn, Vater?«, fragte Unya. »Was willst du mir sagen?«

Er beugte sich noch weiter vor, und Anyana konnte nicht verstehen, was er ihr ins Ohr flüsterte. Dann drehte das Mädchen namens Unya sich um, und der Traum veränderte sich. Von einem Moment zum anderen verschluckte dichter weißer Nebel das Haus und den Garten, und nur das blonde Mädchen war noch zu sehen. Sie schritt auf Anyana zu, lächelnd.

»Da bist du ja, Kind.«

»Ich habe deinen Namen geträumt, Urgroßmutter Unya. Bedeutet das, du bist eine Göttin?«

Die blonden Zöpfe schwangen hin und her, während das Mädchen laut lachte. »Oh nein, das heißt es nicht. Du musst lernen zu unterscheiden, mein Kind. Du musst die Götter erkennen, die zwischen euch wandeln. Du musst ihnen ihre Namen geben, damit sie sich erinnern.«

»Ja«, sagte Anyana. »Ja, das will ich ja auch. Sag mir die Namen!«

»Schau zu«, rief das Mädchen. »Schau genau hin!«

Dann veränderte sich das Bild erneut. Nun waren sie im Inneren der Hütte. Durch die Fensterscheiben sah Anyana die Blumen, die draußen auf der Fensterbank blühten.

Im Haus saßen drei Menschen am Esstisch. Der blonde Mann, die junge Unya und eine hübsche Frau, die ihr rotes Haar zu einem Knoten gebunden und mit einem Kranz weißer Blüten geschmückt hatte. Auf dem Tisch stand ein Korb mit duftendem Brot, ein Schälchen Butter und ein Schüsselchen Honig. Die Erdbeeren, die Unya gepflückt hatte, leuchteten rot auf einem weißen Teller.

»Greif zu, Mechal«, sagte die Rothaarige.

Der Name kam Anyana bekannt vor, auch wenn sie sich nicht erinnern konnte, woher.

Der Mann nahm sich eine Scheibe Brot. »Ich habe Unya ein Haus auf Kato angeboten. Sie kann dort leben, näher bei mir.«

»Das geht nicht«, wandte das Mädchen mit ernster Miene ein, »ich habe noch sehr viel zu tun. Hier.«

Die Mutter lächelte. »Da siehst du, nach wem sie kommt.«

»Hast du es jetzt verstanden?« Unya drehte sich halb auf ihrem Stuhl um und schaute Anyana direkt in die Augen. »Du musst unterscheiden, wer ein Lichtgeborener ist und wer ein Gott. Du musst lernen zu sehen, wohin die Wünsche führen. Du willst einen Namen träumen? Alle Namen sind bereits vergeben. Die Götter sind blind, doch das Schicksal ist es nicht. Es sieht mit offenen Augen zu.«

Und da lag sie, mit offenen Augen, unter der Sonnenkuppel, die sich gerade zu öffnen begann, eine Blüte, stets dem Licht zugewandt. Anyana keuchte, wie erschlagen von den Wahrheiten des Traums. Sie brauchte eine Weile, um sich in der ungewohnten Umgebung zu orientieren, die im Grau der Dämmerung langsam an Konturen gewann. Das Bett. Sadi schlief neben ihr, seine gleichmäßigen Atemzüge verrieten nichts von seinen Träumen. Ob er einen Namen träumte? Er hatte so sehr darauf gehofft.

»Alle Namen sind bereits vergeben«, flüsterte sie, um die Botschaft des Traums nicht zu vergessen. »Wer ist ein Lichtgeborener, und wer ist ein Gott?«

Unya war eine Lichtgeborene, daran hatte sie keinen Zweifel gelassen. Doch wer war ihr Vater? »Mechal«, murmelte sie. »Mechal, das war … ähm, das war …«

»Der Gott des Schicksals«, sagte Sadi verschlafen. Er blinzelte sie an.

»Mechal ist … der Gott der schicksalhaften Verknüpfung. Natürlich. Mein Vater hat versucht, mir das einzubläuen.«

»Du hast doch nicht etwa diesen Namen geträumt? Den gibt es nämlich schon.«

»Ich bin im Traum Unya begegnet.« Es war schwierig, den Traum wiederzugeben, der sich bereits verflüchtigte. Da war ein Garten gewesen, ein gedeckter Tisch, Brot und Honig … Eine Frau und ein blonder Mann …

»Wie sah er aus?«, fragte Sadi neugierig. »Wie muss ich mir einen Gott vorstellen?«

Im nächsten Moment riss er die Hände hoch, und irgendetwas zerschellte an der Wand. Sadi sprang aus dem Bett, schrie: »Versteck dich!« und stellte sich einer Gestalt entgegen, die aus den

Schatten heraustrat. Anyana erkannte nur undeutlich die Umrisse einer Frau. Wieder flog irgendetwas durch die Luft, und erschrocken ließ sie sich von der Matratze herunterrollen und duckte sich hinter das Bett. Die Geräusche eines Kampfes zerbrachen die träge morgendliche Stille. Anyana wagte kaum, um die Bettpfosten herumzuspähen. Dort tanzten sie, zwei verschwimmende Schatten, die über Kübelpflanzen und Bänke sprangen, umeinander herumschlichen, dann erneut aufeinander zusprangen, sich von Kommoden und Schränken abstießen, die unter ihren Tritten zersplitterten, begleitet von dem heftigen Geräusch ihres Atmens und zerbrechendem Holz. Ein lautes Klatschen ertönte, als eine der Gestalten ins Fischbecken fiel. Die andere setzte ihr nach, das Wasser schäumte und spritzte, und dann trat Stille ein.

Unheimliche Stille.

Anyana rappelte sich auf und griff nach der erstbesten Waffe, die ihr in die Hand fiel – einem Besen, der an der Wand lehnte. Vorsichtig näherte sie sich dem Becken. »Sadi?«

Das Wasser schwappte an den Rand, einige abgerissene grüne Blätter schwammen oben. Die Fische hatten sich zwischen den Stängeln versteckt.

»Sadi?«, fragte sie noch einmal. Ihre Angst wuchs, denn keiner der beiden Kämpfenden war zu sehen. Das Becken war leer, bis auf die verängstigten Fische. Durch den aufgewühlten Kiesgrund war das Wasser trübe, dennoch hätte sie doch etwas erkennen müssen, wenigstens den Schimmer von Haut. Dass sich keiner der beiden mehr regte, konnte doch nicht etwa bedeuten, dass sie tot waren? Beide? Aber hätten die Leichname dann nicht im Wasser treiben müssen?

In diesem Moment spritzte ihr Wasser ins Gesicht, erschrocken fuhr sie zurück, und Sadi schoss förmlich aus dem Wasser. Er ruderte mit den Armen, schnappte nach Luft, griff dann nach dem Beckenrand und schwang sich hinauf. Blätter klebten an seiner Haut. Er war nackt, wie die Götter ihn geschaffen hatten, und zu einem anderen Zeitpunkt hätte sie ihn gerne geneckt. Danach war ihr jetzt nicht zumute. »Du lebst!«

Dennoch zögerte sie, ihn zu umarmen; sie wollte ihn nicht ablenken, falls der Attentäter ebenfalls gleich wieder erscheinen würde.

»Und sie ist tot«, sagte er und wischte sich einen langen Halm aus dem Gesicht.

»Bist du sicher?« Es war also eine Attentäterin gewesen.

Er nickte, erschöpft und alles andere als froh über den Sieg. »Ich habe sie vom Turm gestoßen.«

»Vom Turm? Ah. Du bist durch eine Tür gegangen, deshalb wart ihr beide fort.«

»Ja«, sagte er müde. »Als ich ihr hinterher ins Becken gesprungen bin, habe ich eine Tür geöffnet. Ich habe den ersten Ort genommen, der mir einfiel, und das war oben auf dem Turm in Anta'jarim. Wir standen also plötzlich beide da oben, und bevor sie begriffen hat, was passiert ist, habe ich sie über die Brüstung gestoßen. Ich konnte kein Risiko eingehen, nicht bei einer Wüstendämonin. Sie zu lähmen hat nicht geklappt, das hatte ich während des Kampfes bereits versucht. Joaku hat sie exzellent vorbereitet.«

»Joaku«, wiederholte Anyana. Ein Schauer lief ihr über den Rücken.

»Er hat mich in Ruhe gelassen, solange ich in Anta'jarim geblieben bin, aber offenbar hat er etwas dagegen, dass ich in Wajun auf dem Thron sitze. Ich weiß leider nicht, ob die Wüstendämonin den Auftrag hatte, uns beide zu töten oder nur mich. Ich konnte sie nicht so weit bändigen, dass ich sie hätte befragen können.« Besorgt schüttelte er den Kopf. »Nun wird Joaku sich fragen, wer ich bin. Wenn sie nicht zurückkehrt und ihm nicht Rede und Antwort steht, wird er sich seinen Teil denken. Als Sadi hätte ich nie gegen sie ankommen dürfen, nicht mit meiner notdürftigen Kampferfahrung. Joaku weiß sicherlich, dass ich ein Magier bin, deshalb hat er eine Assassine geschickt, die sich nicht durch einen Lähmungsbann hätte aufhalten lassen. Wir haben wenig Zeit, Anyana. Er wird sehr bald erfahren, dass sein Plan fehlgeschlagen ist. Und sobald er sich darüber wundert, warum ich überlebt habe, wird er begreifen, dass ich mehr bin als ein Junge, der in Wabinar aufgewachsen ist und in Anta'jarim ein Schloss besetzt hat. Er wird das Geheimnis wittern, und als Nächstes schickt er mir ein Dutzend Wüstendämonen. Oder er kommt selbst. Wir sind nicht sicher hier.«

Anyana setzte sich neben ihn auf den Beckenrand und nahm seine Hände in ihre. Seine Haut war nass und kalt, und die Dunkelheit in seinen Augen so groß, dass sie erschrak. Durch die Kuppel, deren Blütenblätter sich nun immer weiter öffneten, fiel rosa angehauchtes Morgenlicht. Anyana sehnte sich danach, die Vögel zu hören, wie jeden Morgen im Wald von ihnen geweckt zu werden, doch sie waren hier in der Stadt. Und selbst wenn in den Straßen Vögel sangen, waren sie hier oben unter der großen Kuppel nicht zu vernehmen. Hier wohnte die Stille, nur unterbrochen von dem Wasser, das von Sadis Körper rann und auf den Boden tropfte. Es klang wie das Ticken einer Uhr.

»Ich dachte, dass es unsere Aufgabe ist, die Toten aus diesem Land zu vertreiben. Wir *müssen* das tun, Sadi. Wir können nicht fortgehen.«

»Aber wir können nichts ausrichten, solange Joaku lebt.« Gänsehaut überzog seine Arme. »Wir müssen zuerst dieses Problem lösen, und zwar schnell. Welcher Tag ist heute? Ich habe kaum noch daran gedacht, weil ich mich so über deine Rückkehr gefreut habe. Und dann war ich von meinen Erinnerungen überwältigt, aber wir haben noch ein Problem. Joaku wird Sahiko heiraten und Kaiser von Kanchar werden, das müssen wir unbedingt verhindern.«

»Sahiko?«

»Die Tochter von Lan'hai-yia. Und von Selas, meinem Bruder. Eine gute Freundin.«

»Muss ich eifersüchtig sein?«

»Nein«, sagte er. »Sie ist wie eine Schwester für mich. Obwohl es sich, als ich Karim war, eher angefühlt hat, als sei sie meine Nichte. Aber für mich ist sie meine beste Freundin und Schwester. Ich habe das Gefühl, als würden wir uns schon ewig kennen.«

»Es gibt so viele Menschen, die dir wichtig sind und die ich nicht kenne«, sagte Anyana. Es erinnerte sie daran, wie wenig Zeit sie bisher miteinander gehabt hatten.

»Ich habe noch gar nicht die Gelegenheit gehabt, dir alles zu erzählen, was in deiner Abwesenheit vorgefallen ist.«

»Nun ja«, sagte sie. »Wir waren … beschäftigt.«

Sadi fand zu seinem Lächeln zurück. »Und das werde ich bestimmt nicht bereuen. Dennoch müssen wir unverzüglich handeln. Die Hochzeit ist irgendwann in den nächsten Tagen. Hoffentlich nicht heute. Er hätte uns nicht eine Wüstendämonin geschickt, wenn er heute heiratet, oder?«

Unsicherheit machte sich auf seinen Zügen breit. »Ach, verdammt, ich weiß es nicht mehr. Wir sollten auf jeden Fall sofort los.«

»Zieh dich erst mal an«, schlug Anyana vor. Sie sah sich in dem Chaos um, das er und die Angreiferin hinterlassen hatten. »Also liegt nun eine Leiche am Fuß des Turms?«

Karim hatte es schon immer geschafft, so zu lächeln, dass ihr Herz schmolz. Sadis Lächeln stand dem in nichts nach. »Sie werden sich wundern, ja. Also gut. Waschen, anziehen, und vielleicht hat uns irgendjemand bereits ein Frühstück gebracht. Und dann … Nein, es bringt nichts, loszustürzen, bevor wir wissen, was wir tun sollen. Joaku kann man nicht so einfach vom Turm werfen. Schmieden wir einen Plan.«

»Wir könnten Fürst Wihaji zu Rate ziehen«, schlug Anyana vor.

Sadi zögerte kurz, dann nickte er. »Allein werde ich mit ihm nicht fertig werden. Ich habe Angst um meine Freunde, und vor allem um dich. Aber du hast recht. Wir werden alle Hilfe brauchen, die wir kriegen können.«

»Ich frage mich«, sagte Anyana, »was mein Traum mit alldem zu tun hat. Unya hat gesagt, wir müssen lernen, die Götter und Lichtgeborenen zu erkennen und zu unterscheiden. Hat sie geahnt, mit welchen Feinden wir es aufnehmen müssen? Sie ist die Tochter des Schicksals. Also war ihre Warnung in meinem Traum kein Zufall.«

»Ist Joaku ein Lichtgeborener?«, fragte Sadi. »Willst du das damit sagen?«

»Vielleicht gar ein Gott. Wie sollen wir dann auch nur hoffen können, gegen ihn anzukommen?«

»Du bist ein Wüstendämon.« Wihaji starrte Sadi an. Sadi, der eigentlich Karim war – oder beides. »Du wurdest in Jerichar ausgebildet? Bei allen Göttern, was hast du mir noch verschwiegen?«

Er hatte mittlerweile so einiges über seinen ehemaligen Knappen erfahren. Dass er Tizaruns Sohn war, gezeugt in Gewalt, war längst kein Geheimnis mehr. Doch es gab noch viel mehr: dass er durch Türen gehen konnte wie sonst niemand. Wihaji war nach Kato gelangt, ohne mehr über Karim zu wissen als um seine Ähnlichkeit mit Tizarun, die ihm verraten hatte, dass er der uneheliche Sohn des gerade ermordeten Großkönigs war. Von den Toten, die in Kato strandeten, hatte er ein wenig mehr erfahren. Von dem Prinzen von Daja, der erstaunliche Taten vollbracht hatte. Als Karim dann selbst in Kato aufgetaucht war und seinen Platz als Anyanas Geliebter und Unyas Lehrling eingenommen hatte, hatte Wihaji nicht viel nach der Vergangenheit gefragt. Nein, nicht einmal in den vergangenen Monaten, bevor er Karim in den Tod geschickt hatte, war er sich darüber im Klaren gewesen, welche Rolle die Wüstendämonen in Karims Leben spielten. Und nun auch in Sadis.

Mit einem verärgerten Stöhnen ließ er sich tiefer in den Sessel sinken. Er riss seinen Blick los von Sadi, der mit finsterer Miene vor sich hinstarrte, und sah sich im Zimmer um.

In diesem Raum war Tizarun gestorben. Es hätte ihn nicht gewundert, die Seele seines alten Freundes in einem der Sessel sitzen zu sehen, oder vielleicht am Schreibtisch vor dem Fenster. Im Kamin brannte trotz der sommerlichen Temperaturen draußen ein Feuer, denn die Toten sorgten stets für Kälte. In Anta'jarim wanderten nicht so viele Seelen umher wie in Wajun, hier schien der ganze Palast von ihnen verseucht. Heute Nacht hatte Wihaji kaum ein Auge zugetan, und das lag nicht nur daran, dass er nun in demselben Gebäude wohnte wie die Frau, die ihn der Finsternis und Einsamkeit einer Zelle ausgesetzt hatte. Es war schwer genug gewesen, Tenira aufrecht gegenüberzutreten, ohne dass ihm die Stimme versagte. Schwer genug, nach der Krönungsfeier in seinem Bett zu liegen, statt durch die Flure zu wandern und das Zimmer zu suchen, in dem Tenira sich verkrochen hatte. Seine Träume waren voller flüsternder Stimmen gewesen, und er fühlte sich müde und zerschlagen. Tizarun hätte ihm jetzt gerade noch gefehlt.

»Wir müssen also nicht nur die ganzen Toten zu den Göttern schicken, was eigentlich die Aufgabe der Götter selbst wäre, sondern auch noch gegen den Meister der Wüstendämonen antreten, der die Kaiserin von Kanchar heiraten will.«

»Das wusstet Ihr vorher«, sagte Sadi.

»Mir war nicht klar, wie gut er dich kennt!« Wihaji hätte gerne irgendetwas in den Fingern gehabt, um seine Hände zu beschäftigen. Ein Glas, um daraus zu trinken, ein Messer, um Kerben in den schönen Holztisch zu schnitzen. »Die Assassine ist wie lange tot? Eine Stunde? Oh, verdammt! Glaubt ihr wirklich, Joaku weiß nicht schon längst Bescheid? Sie hätte ihm sicherlich durchs Wasser eine Nachricht übermittelt, wenn sie erfolgreich gewesen wäre. Er kann nicht wissen, wer du bist, aber möglicherweise ahnt er es.«

Anyana bewegte sich unruhig in ihrem Sessel. Sie saß dort, wo Tenira an jenem schicksalsträchtigen Tag gesessen hatte. »Deshalb müssen wir sofort handeln.«

»Nein!« Er war lauter geworden, als er beabsichtigt hatte. »Was geschehen ist, ist geschehen, und es kommt jetzt nicht auf eine Stunde oder einen Tag an. Die Frage ist doch: Kannst du ihn besiegen?«

»Nicht allein vermutlich«, sagte Sadi zögernd.

»Wer kann dir helfen?«

»Ich dachte, ich mir selbst. Wenn ich in eine Zeit gehe, in der ich noch als Karim am Leben bin, und wir dann gemeinsam losschlagen …«

»Du gehst nicht wieder in der Zeit zurück! Wir haben gesehen, dass sich das Schicksal seinen Weg bahnt. Du kannst Joaku nicht in der Vergangenheit besiegen.«

»Ich weiß«, sagte Sadi. »Aber ich und mein vergangenes Ich könnten gemeinsam in die Zukunft gehen.«

Wihaji ließ sich den Vorschlag durch den Kopf gehen.

»Als ich Karim war, hatte ich manchmal Schwierigkeiten, den genauen Zeitpunkt und den Ort zu erreichen, an den ich wollte, aber jetzt kann ich es. Hast du eine bessere Idee?«

»Hast du eine Erinnerung daran, dass du das bereits getan hast?«, fragte Wihaji zurück. »Denn wenn nicht, dann hast du es nicht getan. Du bist nicht zurückgegangen, um dein anderes Ich mitzunehmen. Es wird nicht geschehen, weil es nicht bereits geschehen ist.«

»Dann muss ich es allein versuchen. Ich finde einen Weg. Sahiko kann mir helfen, ihn in eine Falle zu locken.«

»Joaku kennt das Mädchen seit wie vielen Jahren? Er wird doch spüren, ob sie lügt.«

»Sie lügt ihn die ganze Zeit an«, sagte Sadi. »Karim und sie arbeiten hinter seinem Rücken zusammen, seit der Meister sich das erste Mal in Wabinar gezeigt hat.«

Besorgt schüttelte Wihaji den Kopf. Nach der unruhigen Nacht und den vielen Erinnerungen fiel es ihm schwer, einen klaren Gedanken zu fassen. »Und ihr seid sicher, dass er nichts davon weiß?«

»Nun ja, er und seine Leute haben mich durchaus das eine oder andere Mal im Palast erwischt. Er weiß, dass Sahiko und ich Freunde sind.«

»Und er weiß oder glaubt zu wissen, dass Sadi und Karim Brüder sind. Denkst du wirklich, er vertraut seiner Verlobten? Und er kennt Karims Art zu kämpfen, seine Art zu denken. Bei den Göttern, er weiß viel zu viel über dich! Bei jedem Plan, den wir schmieden, wird er Karim dahinter vermuten. Und da er recht damit hat, wird er uns unweigerlich auf die Schliche kommen. Nein, jemand anders muss eine Strategie entwerfen. Jemand, den er nicht kennt.«

»Ihr, Fürst Wihaji«, sagte Anyana. »Und ich. Wir beide sollten das tun.«

Sie wirkte zu allem entschlossen, Sadi hingegen besorgt. Wihaji wünschte, er könnte den beiden versprechen, dass sie sich nicht wieder verlieren würden. Er wünschte, er hätte einen unfehlbaren Plan, der den gefährlichsten Feind, den man nur haben konnte, ins Verderben führte, ohne einem von ihnen auch nur ein Haar zu krümmen.

»Ich kämpfe mit dir«, sagte er. »Er hat dir alles beigebracht, mich hingegen kennt er nicht. Wir könnten es gemeinsam versuchen.«

»Das reicht nicht«, meinte Sadi. »Ihn einfach anzugreifen … Was, wenn er nicht allein ist? Wenn seine Assassinen eingreifen? Wenn er Euch mit einem Lähmungsbann belegt?«

Anyana rieb sich die Schläfen. »Und wenn du ihn durch eine Tür irgendwo hinbringst, wo ihm keiner seiner Schüler zur Seite stehen kann?«

Sie warfen ihre Vorschläge in den Raum, einen nach dem anderen, bis Sadi schließlich aufsprang. »Nein!«, rief er. »Es klingt gut, jede eurer Ideen könnte den Sieg bringen – oder auch nicht. Tatsache ist, wenn ich diese Idee auswähle, weil ich denke, wie ich eben denke, wird Joaku dahinterkommen. Wir legen alle unsere Pläne jemand anderem vor. Nur so können wir ausschließen, dass der Meister uns zu schnell durchschaut.«

»Und wem?«, fragte Anyana skeptisch.

»Ich kenne einen Strategen«, sagte Sadi. »Einen Mann, der uns sagen kann, was wir tun sollen. Warum habe ich nicht gleich daran gedacht? Wir sollten Yando um Hilfe bitten. Mittlerweile nennt er sich wieder Kirian von Guna. Er ist mein Lehrer gewesen, und außerdem ist er der klügste Kopf, den ich kenne.«

Wihaji öffnete den Mund und vergaß, ihn wieder zu schließen. »Was?«, brachte er endlich heraus. »Kir'yan-doh von Guna? Er lebt?«

37. Die schweren Dinge

Weißes Licht flutete durch die Fenster. Kirian blinzelte, plötzlich erschrocken. Dieser Traum! Ruma, zerschmettert auf den harten Steinplatten. Ruma, auf einem glatten Spiegel aus Blut, das sich immer weiter ausbreitete. Er keuchte, sah sich um – und da lag sie, neben ihm. Ihr schwarzes Haar über das Kissen gebreitet, die Augen geschlossen. Sie atmete.

Und das war kein Traum.

Jeden Morgen musste er sich erst einmal zurechtfinden und begreifen, wo er sich befand. Jeden Morgen war es ein Wunder, dass Ruma neben ihm schlief.

Er küsste sie auf die Wange. Draußen sangen die Vögel ihr Morgenlied, melodischer, als sie es in der Welt der Menschen je getan hatten. Der liebliche Duft von Unyas Garten drang herein.

»Ist heute der Tag?«, fragte Ruma.

»Ja«, sagte Kirian.

»Dann sollten wir gleich aufbrechen!« Sie sprang so schnell aus dem Bett, dass er lachen musste. »Aber du weißt, dass ich nicht gut reiten kann.«

»Ich habe mir überlegt, dass wir zu Fuß gehen sollten«, sagte er.

»Wir haben keine Ahnung, wie groß die Entfernung ist, die wir zurücklegen müssen.«

»Ich weiß. Spiegel-Guna könnte hinter dem nächsten Bach liegen oder ein Jahr entfernt. Aber spielt es eine Rolle? Wir werden bestimmt nicht verhungern. Der Wald ist voller Beeren, überall wachsen Apfelbäume und Birnen, die Seen sind voller Fische …« Ihm war selbst nach Lachen zumute, einfach nur aus Vorfreude. »Wir nehmen zwei Decken mit, aber ich denke nicht, dass wir viel brauchen werden. Wir sind frei, Ruma.«

Sie war nie schöner gewesen als hier in Kato. Die bittere Schwermut, die stets hinter ihrem Lächeln gelauert hatte, war verschwunden. Die Schatten, die sie beide verfolgt hatten, waren im milden Licht Katos geschmolzen wie Schnee in der Sonne. Nur die Träume, in denen Ruma starb, quälten ihn noch hin und wieder. Vielleicht brauchte er sie, damit sich sein Herz jeden Tag neu mit Staunen und Dankbarkeit füllte. Es gab Dinge, an die er nicht denken wollte. Was war mit Guna, während drüben im zerstörten Kaiserreich der Meister des Todes das Zepter schwang? Wie kam Selas mit der Königswürde zurecht, während die Toten durch die Täler streiften? Und dann waren da die Menschen, deren Schicksal ihn nicht gleichgültig ließ. Wie war es Maira ergangen, nachdem er verschwunden war? Hatte sie ihn für seine Treulosigkeit verflucht? Es fühlte sich falsch an, Maira zu vermissen, obwohl Ruma doch alles war, was er sich jemals ersehnt hatte. Hatte er Ruma mit ihr betrogen? Oder betrog er nun Maira mit Ruma?

»Ich grüble zu viel«, murmelte er und schwang entschieden die Beine über die Bettkante.

Wenig später hatten sie sich beide angekleidet. Ruma eilte davon, um in der Küche nach Wegzehrung zu fragen. Auch wenn sie von dem leben wollten, was der Wald ihnen bot, konnte es nicht schaden, ein paar haltbare Nahrungsmittel einzupacken.

In der Zwischenzeit schnürte Kirian die Decken, die sie mitnehmen wollten, zu handlichen Bündeln zusammen.

Jemand klopfte an die Tür, die halb offen stand, und in der Erwartung, dass sich Lugbiya, die sie beide herzlich aufgenommen hatte, von ihm verabschieden wollte, drehte Kirian sich um.

»Sadi!«, rief er überrascht.

»Du packst?« Der Junge betrat den Raum mit den geschmeidigen, fast lautlosen Schritten, die seinem Gang etwas Katzenhaftes gaben.

»Wir wollen Spiegel-Guna suchen gehen.« Er schnürte den letzten Riemen fest. »Keiner hat je davon gehört, aber wenn es einen Spiegel-Hafen gibt und Spiegel-Wabinar und Spiegel-Anta'jarim, warum nicht auch Spiegel-Guna?«

Etwas an Sadi war anders als zuvor. Wo waren die derben Wanderschuhe, in denen er durch den Wald zu streifen pflegte, das robuste Hemd, die Lederweste? Seit Sadi in Anta'jarim lebte, hatte Kirian ihn nicht anders als mit Blättern und kleinen Zweigen im Haar zu Gesicht bekommen. Doch heute trug er eine feine Seidentunika, eng anliegende Beinkleider, einen mit Goldfäden bestickten Umhang und goldbraune Stiefel aus feinstem Leder.

»Du siehst aus wie ein Prinz«, stellte Kirian fest. »Hast du dich krönen lassen?«

»Dir entgeht wie immer nichts.«

»Als König von Anta'jarim? Hast du eine passende Braut gefunden?«

»Ich habe sie gefunden, die Richtige, ja. Und nein, ich bin nicht König, ich bin …«

»Großkönig! Ihr Götter, du bist Großkönig von Le-Wajun! Du trägst den Ring. Ich freue mich so für dich, Sadi!«

Kirian fühlte, wie die Freude seinen ganzen Brustkorb ausfüllte. Für dieses Kind hatte er so viel durchgemacht, so viele Zweifel und Ängste durchlitten, und dass er es tatsächlich geschafft hatte, seine Bestimmung zu vollenden, gab ihm im Nachhinein recht. Doch noch vielmehr hatte Sadi seinen Erfolg Maira zu verdanken, denn ohne Maira hätte Kirian einen anderen Weg eingeschlagen. Auch dies waren Gedanken, die er nicht gerne dachte: dass er kurz davor gewesen war, den Jungen umzubringen.

Sadi kam näher und betrachtete die Decken, den Umhang, den Kirian dazugelegt hatte, die beiden Hemden zum Wechseln – eins für ihn und eins für Ruma –, die Strümpfe. »Eigentlich bin ich nicht Sadi. In mir wohnt eine andere Seele.«

»Du weißt es?« Kirian konnte fühlen, wie seine Freude zersplitterte und Eiseskälte Platz machte. Wer war zu ihm gekommen – Sadi, sein Schüler, oder Wenorio, der kancharische Prinz? »Du … erinnerst dich?«

»Ich erinnere mich«, sagte Sadi leise. »An alles. Auch an meine Schuld dir gegenüber.«

»Deine Schuld? Wieso? Wenn, dann habe ich mich an dir schuldig gemacht, weil ich Liro daran gehindert habe, seinem Vater gegenüber nachzugeben. Liro hätte sterben sollen, nicht du. Als ich ihn davon abgehalten habe, sich zu opfern, habe ich nicht bedacht, dass es einen anderen Jungen treffen würde.«

Sadi blickte ihn verwirrt an. »Wovon sprichst du? Welche Seele, glaubt du, wohnt in mir?«

»Prinz Wenorio«, sagte Kirian. Das war der Name, der ihn jahrelang verfolgt hatte.

»Nein. Ich bin Karim.«

»Was?« Nun war es an Kirian, Sadi entgeistert anzustarren. »Wie kann das sein?«

»Ich hätte dich retten können und habe es nicht getan. Ich habe Ruma den Falschen heiraten lassen, obwohl sie dich wollte. Das alles kann ich niemals wiedergutmachen, und es wäre angemessen, wenn ich hergekommen wäre, um mich zu entschuldigen. Doch stattdessen bin ich gekommen, um dich um Hilfe zu bitten. Komm mit mir nach Wajun. Wir brauchen dich in dem Kampf, der uns bevorsteht.«

Tausend Gedanken. Gelächter. Tränen. Er lachte nicht, er weinte nicht, und obwohl es ihm so vorkam, als würde der Boden unter seinen Füßen weggezogen, stand er aufrecht, ohne zu schwanken.

Karim. Nicht Wenorio, sondern Karim?

»Aber …« Er wusste nicht, was er sagen sollte.

»Ich brauche dich, Yando. Kirian«, verbesserte Sadi sich. »Kommst du?«

»Yando?« Ruma war auf der Schwelle aufgetaucht, schaute von einem zum anderen. Auch sie mochte sich nicht an seinen richtigen Namen gewöhnen. »Bist du fertig?«

»Nein«, sagte er. »Wie es aussieht, bin ich noch nicht fertig.«

Er wunderte sich, wie leicht ihm diese Worte über die Lippen gingen. Warum er nicht mit Sadi stritt und dieses Leben verteidigte, das ihn glücklich machte, das Ruma glücklich machte. Aber Guna würde immer wichtiger sein als Spiegel-Guna. Und Le-Wajun würde ihm immer mehr bedeuten als Spiegel-Anta'jarim. Plötzlich wurde ihm bewusst – reichlich spät für einen Mann, der sich stets für besonders klug gehalten hatte –, dass er immer den Kampf gewählt hatte, wenn sich die Möglichkeit geboten hatte, dass sich seine Träume erfüllten. Er würde immer das echte, schmerzvolle, entbehrungsreiche Leben wählen.

Ruma weinte nicht, als er sich verabschiedete. Die Toten weinten nie.

»Oh ihr Götter«, murmelte Wihaji.

Er weinte. Wann war er so zartfühlend geworden, dass ihn das Wiedersehen mit einem alten Freund schier überwältigte? Als Sadi mit Kirian zurückkehrte, hielt Wihaji sich im Hintergrund. Die beiden traten in den Salon, Sadi mit einem stolzen Lächeln, Kirian war auf der Hut. Wihaji erinnerte sich an diesen Blick, mit dem der Junge früher die Situation erfasst und die Gefahren eingeschätzt hatte, ohne auch nur ein Detail zu übersehen. Er war bald mehr für die Edlen Acht gewesen als Lanis kleiner Bruder. Wäre ihre Gemeinschaft nicht auseinandergebrochen, wäre der Königserbe von Guna wahrscheinlich irgendwann ihr Anführer geworden.

»Sieh dich nur an«, murmelte Wihaji. »Erwachsen, wie wir alle. Und mehr ein Held, als irgendeiner von uns je hat sein können. Du siehst fantastisch aus, Kirian!«

Kirian hatte ihn natürlich längst bemerkt. Er lächelte, doch nicht herzlich, sondern vielmehr vorsichtig.

»Ich bin es«, sagte Wihaji. »Erkennst du mich nicht?«

»Natürlich, alter Knabe.« Kirian funkelte ihn aus diesen blauen Augen an, die Wihaji an Sidon erinnerten. »Sind wir tatsächlich die Letzten?«

Wihaji hielt es nicht länger aus. Er trat auf den jüngeren Mann zu und schloss ihn in die Arme. Sie hielten einander eine Weile, und es war Wihaji egal, ob jemand seine Tränen sah.

»Ja, wir sind die Letzten«, bestätigte er. »Du und ich. Und es gibt eine letzte Schlacht für uns zu schlagen. Hat Sadi dir erzählt, wofür wir dich brauchen?«

»Er hat nur ein paar Andeutungen gemacht.«

»Setzen wir uns«, schlug Anyana vor. »Es stehen Getränke bereit und etwas zur Stärkung. Das wird ein langer Tag.«

»Vermutlich eher eine lange Nacht«, meinte Kirian.

Wihaji grinste innerlich. Schon als halbwüchsiger Junge hatte sein Freund nichts von unausgereiften Plänen gehalten. In all den Jahren hatte sich so viel verändert – manches, und das war beruhigend, manches aber auch nicht.

Kirian musste sich bewegen, wenn er nachdachte. Das großkönigliche Arbeitszimmer war ihm zu klein, deshalb hatte Sadi schließlich vorgeschlagen, in den Garten hinauszugehen. Unter den Bäumen wuchs verkümmertes Gras. Der Sonnenpalast warf seinen Schatten über die Parkanlage, denn die Sonne stand nicht mehr im Zenit. Es war später Nachmittag, schwülwarme Luft strich träge an ihm vorbei. Vielleicht war es auch eine Seele, denn gleich darauf streifte ihn ein kühler Luftzug.

Sadi, Anyana und Wihaji saßen auf dem Beckenrand eines Springbrunnens, der schon bessere Tage gesehen hatte. Die Steinfigur, die vormals frisches Wasser gespuckt hatte, brach jetzt nur noch ein zähes Gemisch aus Asche und Schlamm aus. Immer noch, ein Jahrzehnt nach dem Ende des Krieges, trieb der Wind Wolken voller Asche vor sich her. Ganze Dörfer gingen in Flammen auf, wenn die Dorfbewohner versuchten, die Kälte der Seelen mit Feuer zu vertreiben.

Kirian starrte eine Weile auf eine dunkle Wolke, die sich vor die Sonne schob, dann wirbelte er zu seinen drei Zuhörern herum. »Das Entscheidende ist doch die Frage, wie wir die Toten dazu bewegen, dorthin zu gehen, wo sie hingehören.«

»Die Götter müssen wieder ihre Arbeit tun«, sagte Wihaji. »Aber zuerst muss die Gefahr ausgeschaltet werden, die Joaku für Sadi bedeutet.«

»Nein«, widersprach Kirian. »Das könnte genau das Falsche sein, denn wir wissen doch gar nicht sicher, wer Joaku ist. Könnte es passieren, dass wir einen Gott töten? Dass wir vielleicht gar den Gott umbringen, den wir so dringend brauchen?«

»Die Götter sind den Gesetzen der menschlichen Welt unterworfen, wenn sie hier sind«, sagte Anyana. »Das heißt, sie können auch sterben.«

»Woran erkennt man einen Gott? Woran einen Lichtgeborenen?«

Es störte ihn nicht, ein Großkönigspaar und einen über hundert Jahre alten Fürsten wie Schüler zu behandeln. Er war an hochwohlgeborene Schüler gewöhnt. »Das ist die Frage, die der Traum Euch geschenkt hat. Ihr habt keinen Namen bekommen, sondern eine Frage.«

»Wir haben genug Namen«, sagte Anyana und runzelte unzufrieden die Stirn.

»Haben wir das? Wir kennen die beiden Todesgöttinnen und ihre namenlosen Schwestern. Also wen suchen wir?«

Erkenntnis dämmerte in Sadis Augen. »Kelta und Kalini. Das sind die einzigen Namen, die uns bekannt sind. Die Ruferin muss in unserer Menschenwelt sein, denn die Toten werden nicht von hier fortgerufen. Und Kelta, die Schutzpatronin der Diebe und Mörder, ist möglicherweise ebenfalls hier. Deshalb brauchen wir keinen neuen Namen. Aber woran sollen wir eine Göttin erkennen?«

»Götter mögen sterben, aber sie sterben nicht leicht«, sagte Wihaji.

Wihaji. Kirian hatte sich immer noch nicht an den Gedanken gewöhnt, dass sie wieder zusammen in die Schlacht zogen. Eine Schlacht wie diese hatte es nie zuvor gegeben, nicht einmal für die Edlen Acht. Ihm war, als hätte er vorhin einen Blick auf Quinoc und Kann-bai erhascht, die zwischen den Rosen flanierten, aber das konnte nicht sein. Oder doch?

Kirians Blick wanderte zu Sadi, der abwehrend die Hände hob. »Schau mich nicht so an. Ich bin kein Gott!«

»Und wärst du einer, würdest du es wissen? Deine magischen Fähigkeiten sind außergewöhnlich. Wer außer dir kann auf diese Weise durch Türen gehen?«

»Unya«, sagte Sadi. »Und von ihr wissen wir, dass sie eine Lichtgeborene ist. Die Tochter eines Gottes.«

»Dann bist du der Sohn eines Gottes?«

»Emena war an Geist und Seele gebrochen«, sagte der junge Mann leise. »Und Tizarun? Der war gewiss kein Gott.«

»Da bin ich mir nicht so sicher«, murmelte Wihaji. »An ihm ist unbestreitbar etwas anders als an allen anderen, das haben wir in Kato erlebt. Die Toten folgen ihm.«

»Ich erfülle niemandes Wünsche«, sagte Sadi. »Ist das nicht das Zeichen, an dem man Lichtgeborene erkennt? Sie sind Feen und Feenmänner, die den Menschen gewähren, was sie im tiefsten Herzen begehren.«

»Und einer von Euch?«, fragte Kirian die anderen beiden.

»Unya ist meine Urgroßmutter. Die Gabe nimmt ab von Generation zu Generation«, sagte Anyana.

Wihaji lachte nur. »Ich bin nichts als ein Krieger. Das Kämpfen ist mein Geschäft.«

Kirian nahm seine Wanderung wieder auf. Also war Macht der Hinweis, magisches Können? Das Erfüllen von Wünschen? Was könnte der Meister des Todes sein?

»Falls Joaku mehr als ein Mensch ist, dürfen wir ihn nicht einfach umbringen. Wir brauchen die Todesgöttinnen. Wir brauchen die Göttin, die uns von den Seelen befreien kann. Jemand muss sie einsammeln, jemand muss ...« Er stockte, da ihm ein weiterer Gedanke kam. Seelen einsammeln? Das hatte auch Matinos Drache vermocht. »Existiert das Eisenungeheuer noch?«

»Ja, es liegt vor Wabinar auf einem Feld«, sagte Sadi. »Immer noch. Aber wir können es nicht wecken. Dazu müssten wir es erneut mit Seelen bestücken. Mit so vielen starken Seelen, dass der Drache wieder fliegen kann. Wir bräuchten Bilder, die wir nicht haben.«

»Und wenn die Seele so mächtig ist, dass eine einzige genügen würde?«

Er hatte schon beinahe zu viel gesagt. »Treffen wir uns wieder, wenn die Sonne untergeht. Ich muss nachdenken.«

Dass die anderen gingen, nahm er nur am Rande wahr. Jemand stellte ihm zwischendurch eine Karaffe mit Wasser hin, einmal brachte ihm eine Dienerin etwas zu essen. Oder war es Anyana gewesen? Ihr rotes Haar wehte wie ein Banner durch seinen Geist.

Träumende Mädchen.

Ein Junge, dessen Seele davonflog und gerettet wurde.

Krieger, die sich dem Tod nicht ergaben.

Welche Frage ist die wichtigste?

Er dachte nach, ohne zu merken, wie die Zeit verging, doch als die anderen sich wieder bei ihm einfanden, war es bereits dunkel.

Sadi hielt Anyanas Hand, in seinen Augen stand ebenso viel Entschlossenheit wie Furcht. Anyana war blass und gefasst. Und der dunkle Fürst wirkte so undurchschaubar, als sei sein Gesicht eine Maske.

»Ich habe einen Plan«, sagte Kirian. »Aber er wird einem von uns das Leben kosten. Vielleicht auch uns allen.«

Wihaji bewegte sich vorsichtig durch die Räume des Palastes von Wabinar. Er hatte die Kleidung eines Sklaven angelegt und senkte den Kopf, um nicht so groß zu wirken. Es war, als hätte er das Schwimmen verlernt und müsste nun ein Meer überwinden. Die Mauern, die ihn umgaben, brachten ihn fast zum Ersticken. Überall waren Leute, Sklaven, die mit Wäschekörben, Lebensmitteln und allem möglichen Zeug unterwegs waren, Briefboten, Übersetzer, Soldaten, Dienstmädchen, verschleierte Sklavinnen. Der Trubel im Palast war unglaublich. Wie es ihm gelingen sollte, die junge Braut da herauszuholen, ohne dass jemand es bemerkte, war ihm ein Rätsel. Doch er hatte sich für diese wichtige Aufgabe gemeldet, damit Sadi, wenigstens was das betraf, freie Hand hatte. Falls Joaku ein Gott war, womöglich die verschollene Todesgöttin, hatten sie schlechte Karten. Zudem stand noch die Erfüllung eines Schwurs aus, den Wihaji auf dem Grauen Schiff geleistet hatte. Er überlegte, wie er den Meister der Assassinen zum Nebelhafen locken könnte. Sein Versprechen, die Schwester des Grauen Kapitäns zu suchen, hatte er nicht vergessen. Doch das fügte sich nicht in Kirians Plan, jedenfalls noch nicht. Er musste Geduld haben.

Gegen eine Göttin konnten sie nicht siegen, aber vielleicht würde es ihnen gelingen, Joaku irgendwie zu überlisten.

Sahiko in Sicherheit zu bringen war der erste Teil ihres Plans, der notwendigerweise recht vage ausgefallen war. Kirian behagte das gar nicht, doch Wihaji war darauf eingestellt zu improvisieren. Sadi hatte ihn durch eine magische Tür hierhergebracht. Als Nächstes musste er ins oberste Stockwerk gelangen. Wihajis Kancharisch war recht gut. Linua hatte ihm in der kurzen Zeit, die ihnen gemeinsam vergönnt gewesen war, einige Brocken beigebracht – eine gute Grundlage für alles Weitere. In den hundert Jahren in Kato hatte er viel mit Kancharern zu tun gehabt und genügend Zeit gehabt, seine Kenntnis der Sprache zu erweitern. Deshalb fiel er nicht auf, während er leise Entschuldigungen murmelte.

Er tat, als hätte er einen wichtigen Auftrag, der ihm keine Zeit zum Verweilen ließ, und bahnte sich seinen Weg durch das Chaos hindurch, bis er zur Treppe kam. Von Stockwerk zu Stockwerk wurde es stiller. Vornehm gekleidete Damen und Herren wanderten über die mit dicken Teppichen ausgelegten Flure und unterhielten sich leise. Die Sklaven an den Türen waren kaum weniger kostbar gekleidet als sie. Ein paar Kinder tobten vorbei und wurden mit gedämpfter Stimme zur Ordnung gerufen.

Als Wihaji ganz oben ankam, war es völlig still. An den Wänden hingen dunkelblaue Tücher; alles war für die Hochzeit bereit. Wihaji fragte sich, ob es ein Fehler gewesen war, herzukommen, doch er durfte nicht zweifeln. Wenn er erst einmal begann, würde er nicht damit aufhören können.

Für ihn selbst spielte es keine Rolle, ob er Erfolg hatte. Wen er umbrachte, wen er verletzte, ob er Kriege auslöste oder sich den mächtigen Meister des Todes zum Feind machte. Er hatte über hundert Jahre gelebt, ohne den Tod zu fürchten. Das Einzige, was ihm Hoffnung gegeben hatte, war seine Sehnsucht gewesen, Linua wiederzusehen. Doch Linua war tot, und nun gab es nichts mehr, was ihn in dieser Welt hielt. Außer Sadi und Anyana und seiner Bereitschaft, für eine bessere Welt zu kämpfen.

Einige Dienerinnen, jede mit Körben und aufgestapelten Tüchern beladen, schlenderten laut schwatzend vorbei, ohne ihn zu beachten. Ein Wächter, der im Flur neben einem Vorhang stand, hielt ihn jedoch an. »Dich habe ich hier oben noch nie gesehen. Für wen arbeitest du?«

Jetzt war also die Zeit zum Improvisieren gekommen. »Ich arbeite für …« Wihaji trat auf den Wächter zu, der den Mund öffnete, wohl um noch mal nachzuhaken, und packte ihn bei den Schultern. Er riss ihn nach vorne, rammte ihm das Knie in den Magen, wirbelte ihn herum und drückte Zeigefinger und Mittelfinger an seinen Hals. Trotz der Handschuhe, die Wihaji trug, fand er die richtige Stelle sofort. Der Mann schnappte nach Luft, dann sank er in eine tiefe Ohnmacht. Das Ganze hatte kaum länger als ein Blinzeln gedauert. Wihaji griff unter die Arme des Wächters und schleifte ihn hinter den Vorhang. Der Raum schien leer zu sein. Er wollte den Bewusstlosen gerade hinter einem Paravent verstecken, als er etwas Kühles an seinem Hals spürte – unzweifelhaft eine Klinge.

»Lass ihn los. Dann steh auf, aber langsam. Eine falsche Bewegung, und du wirst auf diesem schönen Teppich verbluten. Und dann beantworte die Frage: Für wen arbeitest du?«

Die Stimme klang jung und gehörte unverkennbar einer Frau. Einem Mädchen. Langsam, um sie nicht zu erschrecken und zu einer unbedachten Tat zu verleiten, richtete er sich auf.

Sie trat ein paar Schritte zurück, das Messer in der hoch erhobenen Hand. Mit funkelnden Augen und kampfbereit. Ein Mädchen, um die achtzehn, mit langen schwarzen Locken. Ihre Haut war dunkel wie die Nacht, ihr herzförmiges Gesicht von erlesener Schönheit. Sie trug ein schlichtes Seidengewand, das von einem breiten Gürtel gehalten wurde, und war barfuß. Ihre leicht geduckte Haltung und die Spannung in ihrem Körper verrieten ihm, dass sie keine ungeübte Kämpferin war. Ihn wunderte daher nicht, dass es ihr gelungen war, ihn zu überraschen.

»Sadi schickt mich«, sagte er rasch. »Großkönig Sadi, um genau zu sein.«

Ihre großen dunklen Augen weiteten sich.

»Ich bin Wihaji von Lhe'tah, Hoheit«, stellte er sich vor, denn obwohl sie nicht besser gekleidet war als eine Sklavin, konnte sie niemand anders als Sahiko sein, die junge Kaiserin, die er retten sollte. Sadi hatte ihm beschrieben, wie sie aussah, auch wenn er vergessen hatte zu erwähnen, wie wunderschön sie war.

»Ich weiß, wer du bist, Wihaji«, sagte sie langsam. Sie hörte nicht auf damit, ihn unverwandt anzustarren, und langsam wurde ihm unbehaglich zumute. Vor allem, da sie nun das Messer achtlos auf ein Tischchen legte. Ihre Hand zitterte. »Wihaji«, wiederholte sie, und in ihrer Stimme lag ein Klang, der ihm unbestreitbar vertraut vorkam.

Erinnerungen stiegen in ihm auf. Küsse und Umarmungen im Dunkeln und eine heisere Stimme, die seinen Namen flüsterte, verzückt, ja geradezu in Ekstase. Ihre Haut duftete nach Blumen, und es war dieser Duft, hier, der ihn anwehte. Der Duft nach Blumen und Sternen. Und die Art, wie sie seinen Namen aussprach, wie sie ihn ansah, ohne sich ihm zu nähern.

Sahiko. Ein Mädchen, eine Fremde – und doch überrollte ihn der Name der Frau, die er verloren hatte, wie eine Sturmflut, wie der Nebel, der über Katos Küste hinwegbrandete, bis seine Ausläufer mit langen weißen Fingern nach Spiegel-Anta'jarim griffen.

Linua.

Er sprach diesen Namen nicht aus, denn er war mit zu viel Verlust verbunden, mit zu viel Schmerz. Mit einer Zelle im Dunkeln und mühevollem Atem und der Angst, die seine Seele von innen her auffraß. Und dann die Sehnsucht. Die Sehnsucht von hundert Jahren ohne Heimkehr, jeden Tag Teniras Drohungen im Ohr. Bis er schließlich Karim getroffen hatte an einem felsigen Strand und die Worte vernommen hatte, die alles Schöne beendeten, was mit dem Namen Linua verbunden war: die Hoffnung und die Zärtlichkeit. Bis nur der bittere Verlust übrigblieb. Hundert Jahre Warten mündeten in einen einzigen Augenblick, der ihm vorkam, als würde er sein eigenes Sterben vorwegnehmen.

Und nun blickte ihn dieses fremde Mädchen an, die Kaiserin von Kanchar. Ihre Hände zitterten, ihre Lippen bebten, ein plötzlicher Wind wehte durch das Gemach, riss an seinen Kleidern, bauschte die Vorhänge. Und verstärkte den vertrauten Duft, bis die Luft erfüllt war von betörender Süße, von Ahnungen, die mehr waren als alle Träume von Kato. Träume von einem Nachthimmel voller Sterne, von dunklen Stimmen, die flüsterten, von schwarzen Schwingen, die unter dem Mondgürtel hinwegsegelten und Schatten warfen. Dann, so schnell wie er gekommen war, war der Sturm vorbei, die Träume versickerten in den Nischen des goldenen Raums. Und vor ihm stand bloß ein zartes Mädchen in einem seidenen Kleid.

»Erkennst du mich nicht?«, fragte sie.

»Sahiko, Hoheit«, stotterte er, plötzlich all seiner Worte beraubt. Die Hoffnung, die mit einem Male in ihm aufgebrandet war, war zu groß, um sie ertragen zu können, deshalb wehrte er sie ab. Er konnte nicht noch mehr Hoffnung ertragen. Vor allem nicht jetzt. »Wir müssen sofort aufbrechen. Sadi will Euch in Sicherheit wissen, bevor er … Nein, je weniger Ihr wisst, umso besser. Euer Verlobter darf Euch nicht finden.« Er streckte ihr seine Hand entgegen und dachte gleich darauf: Warum tue ich das? Sie ist die Kaiserin von Kanchar.

Doch da legte sie schon ihre kleine Hand in seine große. Seine Handschuhe waren aus Leder, und dennoch traf ihn ein Schlag, als hätte sie ihn verbrannt.

»Wihaji«, sagte sie. »Ich bin es.«

»Nein«, flüsterte er. »Das kann nicht sein.«

Wie hätte es wahr sein können? Er hatte das Ende der Hoffnung erlebt und überlebt, und erneut zu hoffen wäre wie der Versuch gewesen, sich in die Asche zu knien und sie mit den Händen zusammenzuschieben und daraus etwas Neues zu formen. Es war ganz und gar unmöglich. »Nein«, beharrte er, aber seine Hand brannte und mit ihr sein ganzer Leib und sein Herz und seine Seele. »Es ist unmöglich. Linua ist tot.«

Sahikos Lider flatterten, als hätte dieser Name einen Vogel aufgescheucht. Wihaji konnte den Wind spüren, der die schwarzen Vögel vor sich hertrieb. Und einen Augenblick lang war ihm, als würde er hoch oben auf einem Turm stehen, unter sich die rauschenden Wipfel des Waldes, die Luft erfüllt vom Schlagen der unzähligen Flügel. Es war, als hätte das Mädchen vor ihm einen anderen Namen erwartet, einen Namen, der sie endlich erlösen konnte – und er müsste nur den Mund öffnen und ihn aussprechen.

»Linua«, sagte Sahiko nachdenklich, ohne seine Hand loszulassen, von der das Feuer ausging, das ihn innerlich verzehrte. »Ja, man könnte sagen, dass ich Linua bin.«

Er weigerte sich zu glauben und wollte doch nichts lieber als das. »Karim hat mir erzählt, dass sie gestorben ist.«

Sie lächelte, ein klein wenig herablassend. »Woher will Karim das denn wissen? Er war nicht dabei. Ich starb, und da war nur ein Spiegel, nichts als die Scherbe eines Spiegels, an der meine Seele sich festhalten konnte.«

»Aber wie … wie kannst du dann Sahiko sein?«

Sie sah zu ihm auf und lachte leise. Sie war kleiner als Linua und ihr Lachen vorsichtiger, nicht so überschäumend. »Ich weiß nicht«, sagte sie. »Frag mich nicht, wie es passiert ist, aber hier bin ich.«

Dann sank sie gegen ihn und seufzte, die Fülle ihrer pechschwarzen Locken flutete über seine Arme, mit denen er sie umfing, seidenweich und blumenduftend. Sein Herz schlug viel zu schnell, ihm war schwindlig, und hätte Sahiko ihn nicht festgehalten, wäre er gestürzt. Wenn dies ein Traum war – und wie konnte es keiner sein? –, warum fühlte es sich so wirklich an, dieses Mädchen an sich zu drücken und ihren Duft einzuatmen?

»Sahiko!« Eine herrische Stimme erklang hinter einem der zahlreichen Vorhänge. »Seid Ihr fertig zum Empfang mit den Fürsten?«

Sahiko erstarrte. Dann fasste sie sich wieder und rief: »Gleich bin ich so weit!« Sie lächelte Wihaji an, und irgendwie gelang es ihm, sich daran zu erinnern, warum er hier war. Er sollte die Kaiserin aus dem Palast bringen. Also nahm er sie bei der Hand und zog sie mit sich. Beinahe wäre er über den bewusstlosen Wachposten gestolpert, der ihnen im Weg lag. Bei den Göttern, er sollte sich zusammenreißen, oder sie würden scheitern.

»Wo ist der schnellste Weg nach draußen?«, fragte er leise und duckte sich mit ihr hinter den Paravent. Glücklicherweise wartete Joaku auf seine Braut und hielt sich höflich fern. Wihaji wurde bewusst, welches unwahrscheinliche Glück er gehabt hatte. Das Zimmer hätte voller Zofen und Dienerinnen sein können, die der jungen Kaiserin beim Ankleiden und Frisieren halfen. Nur dass dieses Mädchen nicht so wirkte, als würde es viel davon halten, andauernd von Dienstboten umgeben zu sein.

Linua war gerne allein.

Ihn schwindelte wieder, und er wünschte sich, er könnte in der Zeit zurückgehen so wie Sadi und eine andere Richtung einschlagen. Aber es war nichts mehr zu ändern. Es gab keinen Weg als diesen.

Sahiko verstand es, sich unsichtbar zu machen, und auch darin war sie Linua gleich. Sie schlüpfte in eine Wäschekammer und kehrte in dem einfachen Kleid einer Dienerin zurück. Um ihre Haare wickelte sie sich einen schlichten Schal, wie ihn viele Mägde trugen, damit keine Haare im Essen ihrer Herrschaft landeten oder die kostbaren Teppiche verschmutzten. Sie griff nach einem Korb, um beschäftigt auszusehen, und bedeutete ihm, ebenfalls etwas zu tragen. Damit die Last ihn bei einem plötzlichen Angriff nicht störte, verschmähte Wihaji die Tücher, auf die sie wies, und griff stattdessen nach einem hölzernen Tablett, das sich gut zum Zuschlagen eignete. Daraufhin schüttelte sie lächelnd den Kopf, ließ ihm aber seinen Willen.

Es war eigentlich seine Aufgabe, sie nach draußen zu bringen, doch Sahiko führte ihn von Stockwerk zu Stockwerk. Sie vermied jedes Gespräch, zog ihn zur Seite, wenn Wachen nahten und lotste ihn schließlich zu einer Öffnung in der Wand, hinter der ein endlos scheinender Schacht gähnte. Nur einige Seile, die sacht vibrierten, schienen von ganz oben in die Tiefe zu führen.

»Sollen wir daran hinunterklettern?«, fragte er nicht wenig entsetzt.

Ihr leises Lachen war wie Musik. Es war Linua, tausendmal Linua. »Gleich fährt der Lastenaufzug vorbei. Wir fahren einfach mit. Aber du musst schnell sein. Und sieh nicht nach unten, wenn du über den Spalt springst.«

»Welchen Spalt?«, fragte er, doch da hörte er schon ein Rumpeln, und gleich darauf schob sich eine längliche Kiste in sein Blickfeld, die mit Körben voller schmutziger Wäsche beladen war.

»Jetzt!«, rief Sahiko, und sie sprangen hinüber, stolperten zwischen die Körbe. Die Kiste schwankte und bewegte sich doch unaufhaltsam weiter abwärts. Er lachte vor Schreck und Freude, und Sahiko strahlte ihn an, ihre Augen leuchteten. Er wünschte sich, sie zu küssen. Er wünschte sich, er könne die Handschuhe ausziehen und ihre weiche Haut berühren. Das Verlangen nach ihr kam mit einer Heftigkeit über ihn, die ihn schier überwältigte.

»Wihaji«, flüsterte sie und streckte die Hand nach ihm aus, doch er rührte sich nicht von der Stelle.

»Nein«, sagte er. »Nein, lieber nicht.« Er hätte es erklären müssen, aber er konnte nicht. Wie hätte er ihr sagen können, was er getan hatte, bevor er hergekommen war – im Glauben, dass er sie ohnehin nie wiedersehen würde? Er hatte gedacht, sie sei längst zu den Göttern weitergegangen.

Sahiko nickte, ihr Lächeln verschwand. »Das muss schwer für dich sein, Wihaji.« Dass sie es nicht lassen konnte, seinen Namen auszusprechen! Aus ihrem Mund klangen die Silben wie ein Gedicht.

Einer, der liebt, und einer, der hofft … Ging das Lied nicht so? Er durfte weder lieben noch hoffen. *Oh ihr Götter*, dachte er, *was habe ich getan?* Kirian hatte angeboten, diesen Part zu übernehmen, denn keiner von ihnen wollte das glückliche, gerade frisch vermählte Paar trennen. Aber Wihaji hatte Kirians Opfer abgelehnt. *Hundert Jahre*, hatte er gesagt. *Die Götter haben mir hundert Jahre mehr geschenkt als jedem von euch.* In jenem Moment hatte er nicht daran gedacht, was sie ihm im Gegenzug alles genommen hatten.

Der Lastenaufzug schwebte mit vernehmlichem Sirren und Knarren in die Tiefe. Sein Magen protestierte, und ihm war so übel, dass er dagegen ankämpfen musste. Sein Stolz ließ nicht zu, dass er sich vor Linua übergab. Vor Sahiko. Der Kaiserin.

Du träumst, versuchte er sich einzureden. *Es scheint nur so, dass sie Linua ist. Das sind nichts als die wirren Gedanken eines zum Tode Verurteilten.*

»Wir sind da.« Mit einem Ruck kamen sie zum Stehen. Sahiko griff nach seiner Hand und zerrte ihn mit, zwischen den Sklaven hindurch, die nach den Wäschekörben griffen. Jemand fluchte, schubste sie zur Seite, und dann befanden sie sich in einer großen Halle voller Lärm. Es waren gar nicht so viele Menschen, wie er gedacht hatte. Das Gewölbe, ähnlich groß wie die Eingangshalle, die er aus Spiegel-Wabinar kannte, hätte Platz für mehrere Tausend Sklaven geboten, doch es waren höchstens hundert. Einige Dutzend kräftige Männer waren über dampfenden Bottichen mit dem Waschen der Laken beschäftigt, während sich junge und ältere Frauen den empfindlichen Seidenkleidern widmeten und sie behutsam in die Waschlauge tauchten. Sie arbeiteten so schnell, dass einem vom bloßen Zusehen schwindelig werden konnte. Als hätte es nicht gereicht, dass die Erde unter seinen Füßen zu schwanken schien.

»Komm.« Sahiko stellte ihren Korb auf den Boden, nahm ihm das Tablett ab und führte ihn zwischen den Säulen hindurch zum Ausgang. Sie passierten ein großes, offen stehendes Portal. Die Wächter überprüften die Menschen, die hereinkamen, jedoch nicht diejenigen, die hinausdrängten.

Dann waren sie draußen.

In Wabinar. Frei.

38. Die Krallen des Todes

»Nun erzähl mir, wohin wir unterwegs sind«, forderte Sahiko, während sie die Straße hinuntergingen.

»Gehst du mit jedem Fremden mit?« Sie war bei ihm, und dennoch fühlte er sich in dieser Welt verloren. Auch hier war es nicht, wie es sein sollte, das konnte er spüren.

»Nicht mit jedem«, antwortete sie neckisch. »Aber mit dir gehe ich überallhin.«

Ihre Worte hätten ihn wärmen sollen, doch sie halfen nicht gegen das Frösteln, das ihn plötzlich erfasste. Kälte streifte ihn, wenn sich die Toten zwischen ihm und Sahiko hindurchzwängten. Menschen mit versteinerten Mienen sahen nicht nach links und rechts, während sie ihre Karren zogen oder ihre Rückentragen schleppten. Die Toten schritten neben ihnen einher, sie saßen wie stumme Bettler an den Hauswänden, den Mund weit geöffnet zum Schrei, den niemand hörte. Andere murmelten unentwegt vor sich hin, und die Luft war erfüllt von ihrem Flüstern.

»Im Palast habe ich keine Seelen gesehen. Wie haltet ihr sie fern?« Leblose Augen starrten ihn an, dann glitt eine ganze Schar toter Soldaten zwischen den Wagen und den Menschen hindurch und war schon wieder fort, bevor Wihaji anfangen konnte, sich zu fürchten. Das hier war kein Vergleich mit Kato, wo die Toten ein richtiges Leben lebten. Hier kamen sie ihm eher vor wie die Seelen im Nebelmeer, die haltlos von den Wogen hierhin und dorthin getrieben wurden, bösen Träumen gleich, die an sich selbst litten.

»Ich will sie dort nicht haben«, sagte Sahiko knapp, als könnte das irgendetwas erklären.

»Ist Joaku …« War der Meister des Todes auch der Meister der Toten, hatte er fragen wollen, doch sie unterbrach ihn.

»Sprich den Namen nicht aus. Und sieh nicht zurück. Wir werden verfolgt.«

Wihaji hatte dieses Spiel oft genug mit dem Flammenden König und seinen Soldaten gespielt. Immer hatte einer dem anderen nachspioniert, hatte neue Gesichter vorgeschickt oder alte, in Verkleidung oder mit einem neuen Plan.

»Wir biegen dort ab und springen auf einen Wagen auf.«

Wo früher Eisenpferde entlanggestampft waren, trotteten nun echte Pferde. Ihnen schienen die kalten Seelen nichts auszumachen, und sie reagierten auch nicht, als Wihaji und Sahiko zu rennen anfingen und auf einen Wagen aufsprangen. Dem Besitzer steckte Sahiko eine kleine Münze zu. Wihaji blickte sich um und sah noch, wie eine Gestalt – er konnte nicht erkennen, ob Mann oder Frau – um die Ecke bog und sich umschaute. Doch vielleicht war es auch bloß ein Passant.

»Glaubst du, er schickt dir deine Leibwächter hinterher?«

»Ich stehle mich häufig hinaus.« Sahiko grinste und sah dabei sehr jung aus. »Die Wächter würden mich in diesen Kleidern nie für die Kaiserin halten. Verrätst du mir, wohin wir fahren?«

Die Vertrautheit zwischen ihnen fühlte sich so selbstverständlich an, dass Wihaji schluckte. »Raus aus der Stadt. So weit weg wie möglich.«

»Ich bin die Kaiserin. Das ist dir bewusst, hoffe ich. Ich kann mein Land nicht einfach im Stich lassen.«

»Ich weiß«, sagte er. »Vertrau mir. Wir müssen nur den Tag der Hochzeit überstehen. Ich erlaube nicht, dass du irgendjemanden heiratest außer mir.«

Als wenn er Ansprüche gehabt hätte – an sie, die Edle Kaiserin von Kanchar! Wenn sie wirklich Linua war, kannte sie ihn gut genug, um seine wechselnden Stimmungen zu erfassen, deshalb wandte er das Gesicht ab und betrachtete das Viertel, durch das sie fuhren. Viele Häuser lagen in Trümmern. Warum waren sie nicht wieder aufgebaut worden? Der Krieg war über zehn Jahre her, doch es sah hier aus, als hätte er erst gestern stattgefunden. Je weiter sie kamen, umso schlimmer wurde es. Ruinen säumten die Straßen, wo früher ganze Häuserreihen gestanden hatten. Die Seelen hockten frierend auf den Steinen und flüsterten vor sich hin. Durchscheinende Kinder spielten auf Mauerresten. Der Wagen folgte der freigeräumten Straße in einem Bogen, und Wihaji gab Sahiko ein Zeichen und sprang ab.

»Hierher komme ich nicht gerne«, sagte sie. »Es macht mich traurig, die Zerstörung zu sehen.«

»Du hättest anordnen können, alles wieder aufzubauen.«

»Für wen? Tausende Wabinarer sind weggezogen. Die Stadt gehört den Toten, und die Toten kümmert es nicht, ob sie durch den Staub waten. Hörst du sie singen?«

Wenn er den Kopf leicht schräg hielt und lauschte, vernahm er, wie das Gemurmel auf- und abschwoll, wie eine Melodie entstand, so zufällig, als würde der Wind auf Klangstäben spielen.

»Das kann nicht jeder hören«, sagte Sahiko.

»Ich schon.« Aber er wünschte sich, er hätte es nicht gehört.

Sie wanderten durch die Ruinen, wobei sie sich zwischendurch wachsam umschauten. Niemand schien ihnen mehr zu folgen. Der Himmel hatte dieselbe milchige Farbe wie in Kato, auch im Sommer lösten sich die Staubwolken in Wabinar nie ganz auf. Wihaji hatte gehört, in Kanchar sei es in den meisten Gegenden heiß und Wabinar sei, obwohl schon in der Nähe zum Gebirge, ein Ort, über den die Sonne herrschte. Doch auch wenn die Luft drückend war, meinte er sich daran zu erinnern, dass es selbst in Lhe'tah früher heißer gewesen war. Wieder sehnte er sich nach Kato.

Er sehnte sich danach, Sahiko die Wahrheit zu sagen und dass sie ihm versicherte, alles würde gut werden. Doch das war unmöglich. Er brauchte Trost, mehr, als ihm irgendjemand geben konnte.

»Dort draußen ist nur die Steppe«, sagte sie, nachdem sie eine Stunde lang über die Trümmer geklettert waren. »Wird uns jemand abholen? Oder hast du vor, einfach immer weiterzugehen, bis die Nacht hereinbricht?«

»Ich weiß ein gutes Versteck«, sagte er. »Zumindest hat Sadi mir davon erzählt.«

»Das Ungeheuer? Groß genug ist es ja. Aber wenn wir dort hingehen, kann uns jeder sehen. Auf dem Weg über die Ebene gibt es kein Versteck.«

»Dann warten wir, bis die Dämmerung hereinbricht.«

Mit dem schönsten Mädchen der Welt auf die Nacht zu warten war noch schwieriger, als er sich vorgestellt hätte. Sie saßen auf dem Boden am sonnenwarmen Fuß einer Mauer, hinter sich die zerstörten Stadtviertel, vor sich die Ebene, auf der weit zerstreut Trümmerteile von Gebäuden und Eisenwesen lagen. Sahiko betrachtete ihn von der Seite und hörte gar nicht mehr auf damit. Es tat weh, ihren Blick auf sich zu spüren.

»Du starrst mich an.«

»Mit Vergnügen«, sagte sie. »Ich will dich immerzu ansehen, Wihaji. Ich möchte immerzu deinen Namen aussprechen.«

»Tu das nicht.« Er ertappte sich dabei, dass er an seinen Handschuhen zupfte, dass die Bitterkeit, die ihn erfüllte, immer größer wurde. Es war nicht mehr rückgängig zu machen, und so hatte er Linua nun gleichzeitig wiedergefunden und verloren. »Es wäre besser für dich, wenn du es lässt.«

»Warum trägst du Handschuhe?«

»Frag nicht.«

»Bist du verletzt? Verbrannt? Du wurdest gefoltert.«

Ah, Linua, ganz die Alte. Sie sprach aus, was sie dachte, stellte unangenehme Fragen.

»Gefoltert? Aber nicht so, wie du vermutest. Sondern mit Angst. Mit Einsamkeit. Mit Schuld, die ich nicht tragen wollte. Mit der Wahrheit, die ich nicht früh genug erkannt habe.«

Sie streckte die Hand aus, um seine Wange zu berühren, lehnte sich vor, wie um ihn zu küssen, und er wich ihr hastig aus.

»Nicht. Du darfst mich nicht anfassen.«

Mit einem laut vernehmlichen Seufzen lehnte Sahiko sich gegen die Mauer und schloss die Augen.

Und nun hatte *er* die Gelegenheit, *sie* zu betrachten. Auch wenn sie nicht sprach, konnte er Linua in ihr erkennen, und er liebte und verehrte alles an ihr. Die schön geschwungenen Lippen, die hohen Wangenknochen, den seidigen Schimmer ihrer Haut. Hundert Jahre lang hätte er damit verbringen mögen, sie anzuschauen und ihre Nähe zu genießen. Doch er hatte keine hundert Jahre mehr, sondern nur noch ein paar Stunden. Falls er es wider Erwarten schaffte, den Meister der Wüstendämonen zu bezwingen, blieben ihm drei Tage.

Drei Tage, um Sahiko anzuschauen.

Hinter der Wolkendecke ging die Sonne unter. Weder die Sterne noch der Mondgürtel schafften es, sich durch den Dunst zu kämpfen, und Wihaji dachte darüber nach, ob er es ertragen würde, ohne den Glanz der Sterne zu sterben.

»Gehen wir weiter«, sagte er.

Der Wind toste über die Ebene und wehte ihnen Staub und Erde ins Gesicht. Die Toten waren zahlreich, aber auch Wihaji konnte sie nur sehen, wenn er sich anstrengte. Ihm schien, dass sie ihnen auswichen und sie aus der Entfernung mit großen dunklen Augen beobachteten, eine Armee verlorener Seelen.

Sahiko und er wanderten schweigend über die zerfurchte Steppe. Kümmerliches Gras kämpfte sich durch Eisenstücke und Bruchsteine. Reste von Rüstungen lagen wie Scherben dazwischen.

»Der Tod hat zwei Gesichter. Hast du je darüber nachgedacht?« Es drängte ihn zu sprechen, die Stille, die nur der Wind und das Flüstern störten, mit Worten zu brechen. »Ein sanftes, liebliches Gesicht und eine wahnsinnige Fratze. Als ich ihn wählte, dachte ich, er würde mich an der Hand nehmen und dorthin führen, wo ich sein will. Doch jetzt …«

Sahiko schwieg. Sie trottete hinter ihm her, barfuß, ohne sich über die spitzen Kanten und Splitter, über die Steine und Eisenstücke zu beschweren.

»Ich dachte …« Er wollte es ihr erzählen, aber er brachte es nicht über die Lippen. »Jetzt will ich nur noch hierbleiben, und es ist unmöglich.«

»Der Tod führt niemanden mehr irgendwohin«, sagte sie. »Alle bleiben hier.«

Danach sprachen sie nicht mehr, bis sie das Ungeheuer erreicht hatten, das wie ein Berg aus scharfen Kanten und Krallen aus der

Ebene ragte. Es war viel größer, als Wihaji sich vorgestellt hatte, und ihn schauderte bei dem bloßen Anblick. Schwarz hob der Drache sich vom immer dunkler werdenden Himmel ab.

»Linua«, flüsterte er, »ich muss dir …«

»Sieh an«, sagte eine Stimme hinter ihnen. »Hierhin habt Ihr also meine Braut gebracht, Fürst von Lhe'tah.«

Wihaji wirbelte herum. Er war dem Meister des Todes nie begegnet und hatte trotz der Beschreibung, die Sadi ihm gegeben hatte, eine eindrucksvollere Person erwartet. Einen Krieger, nicht einen hageren Mann, der ihm kaum bis zur Schulter reichte. Im düsteren Abendlicht wirkte Joaku dennoch gefährlich. Sein Gesicht lag im Schatten.

»Ihr kennt mich?«, fragte er.

»Ich habe von Eurer Rückkehr gehört. Ihr wart ein gern gesehener Gast in Anta'jarim.« Der alte Mann klang freundlich, in seiner Stimme lag keine Drohung. Doch er war nicht zum Plaudern hier, wie seine nächsten Worte verrieten: »Nun, wo sind Eure Gefährten?«

»Hier.« Sadi trat unter einem der Eisenflügel hervor.

»Ihr wollt Euch tatsächlich mit mir anlegen?« Joaku bückte sich nach einem Stein und ließ ihn so hell aufleuchten, dass Wihaji kurz geblendet war. Einen Moment lang war er blind, und im nächsten Moment fühlte er, dass er sich weder bewegen noch sprechen konnte.

»Geh zur Seite, Sahiko«, befahl Joaku. »Das hier ist eine Sache unter Männern. Ich habe mich schon gefragt, wann dein junger Freund sich zum Handeln aufraffen würde, um dich vor unserer Hochzeit zu entführen.«

Gelähmt zu sein war schlimmer, als Wihaji sich vorgestellt hatte. Sadi hatte ihn gewarnt, dass das wahrscheinlich passieren würde, und ihm versichert, dass er ihn aus dem Bann befreien könnte. Doch wenn man mit dem Atmen Schwierigkeiten hatte und zu ersticken drohte, fiel das Warten darauf schwer.

»Seid Ihr etwa allein, Hoheit?« Joaku blickte sich um. »Ich hatte damit gerechnet, dass Ihr Euren großen Bruder mitbringt.«

Wusste er nicht über Sadis wahre Identität Bescheid, oder tat er nur so? Kirian hatte ihnen eingeschärft, dass sie immer davon ausgehen mussten, dass der Feind ihnen einen Schritt voraus war.

»Wihaji?« Sahiko trat in sein Blickfeld und verdeckte Sadi und Joaku. »Geht es dir nicht gut?«

Er wollte schreien, als sie die Hand ausstreckte und auf seinen Arm legte, aber nicht einmal das brachte er fertig. Wenigstens versuchte sie nicht, sein Gesicht zu berühren. Der Stoff seines Mantels war dick genug, um sie nicht zu gefährden.

»Sadi ist verrückt«, sagte sie leise, und er hörte den unterdrückten Zorn in ihrer Stimme. »Wie konnte er dich da mit hineinziehen? Du solltest nicht hier sein.«

Dazu hätte er viel sagen können, doch der Bann hielt ihn gefangen wie in einer unsichtbaren Rüstung. Während die Geräusche eines Kampfes den stillen Abend störten, konnte er nur das Mädchen anschauen, das er liebte. Das war besser, als die Sterne zu sehen.

»Ich sollte Sadi gar nicht helfen«, schimpfte sie. »Das hat er nicht verdient. Wie kann er nur? Joaku hat recht, sie hätten wenigstens zu zweit kommen sollen. Wo ist Karim?«

Karim war tot, und Karim war hier. Gerade sie würde es verstehen, doch er konnte es ihr nicht erklären. Dann, mit einem Mal, war der Bann plötzlich fort. Wihaji wäre fast gestolpert. Er schwankte leicht und straffte sich rasch. Joaku sollte nicht merken, dass er sich wieder bewegen konnte. Er sollte nicht wissen, wie mächtig Sadi als Magier war. Seine Fähigkeiten überstiegen Karims Gaben bei Weitem.

»Bring dich in Sicherheit«, flüsterte er. »Ich habe hier noch etwas zu tun. Bitte. Lauf zurück zur Stadt.«

»Du weißt es nicht?«, fragte sie. »Hat Karim dir nie erzählt, wer ich bin? Wer Linua war?«

Er hatte sich immer dagegen gewehrt, in ihr etwas anderes zu sehen als seine liebe Linua. Die Verdächtigungen, die Tenira ihm eingeflüstert hatte, wollte er nicht glauben. Sie war nicht auf ihn angesetzt gewesen, ihre Liebe war echt. Daran hielt er fest.

»Dafür ist jetzt nicht der richtige Zeitpunkt. Geh, bitte!«

Statt ihm zu antworten, rannte Sahiko los, und Wihaji konnte nicht anders, als ihr zu folgen. Doch sobald er sich umgedreht hatte, bot sich ihm ein atemberaubender Anblick. Sadi und Joaku kämpften nicht wie Wüstendämonen, weder mit Waffen noch rangen sie. Stattdessen lieferten sie sich ein magisches Duell. Drei, vier Meter standen sie voneinander entfernt, während Sand und Steine, Messerklingen und lange Dolche um sie herumwirbelten. Immer wieder prallten die beiden magischen Wirbel voneinander ab, jeder von einer unglaublichen Willensstärke gehalten. Keiner der Kontrahenten schaffte es, den Gegner mit den Geschossen zu treffen. Um Sadi her glühten die Sandkörner und Trümmerstücke in einem gleißenden, blendenden Schein. Wenn es je einen wahren Flammenden König gegeben hatte, dann ihn. Er sah aus wie die Sonne selbst, ein Mann im Zentrum des Lichts. Joakus Wirbel hingegen blieb dunkel. Klingen blitzten auf und konnten Sadi doch nicht erreichen.

»Du glaubst, du kommst gegen mich an?«, rief der Meister der Assassinen höhnisch. Sadis erstaunliche Kräfte schienen ihn nicht im Geringsten zu beeindrucken. »Du kannst nicht siegen!«

»Warum?«, rief Sadi zurück. »Bist du kein Mensch? Fließt Licht in deinen Adern oder bist du gar ein Gott?«

»Finde es heraus!« Mit diesen Worten sprang Joaku von dem Wirbel der Klingen und Steine zurück, die nicht aufhörten, Sadi zu bedrängen, und packte Sahiko, die sich ihm leise von hinten genähert hatte.

Wihaji hatte ihr helfen wollen, doch die Kämpferin, die er nun in Aktion sah, bedurfte keiner Hilfe. Sahiko schleuderte Joaku zur Seite, kaum dass er sie berührt hatte, und sprang ihm nach. Sie bewegte sich beeindruckend schnell. Dem Meister war sein Alter nicht anzumerken. Er wehrte ihren Schlag ab und kam auf die Beine, plötzlich mit einem Messer in der Hand. Sahiko blockte seinen Arm, riss ihm mit einer schnellen Drehung die Füße weg; sie rollten beide über den Boden. Inzwischen hatte Sadi die Kontrolle über Joakus wirbelnde Gegenstände erlangt und griff den Meister von hinten an, als dieser sich mit mehreren Rückwärtsschritten aus Sahikos Reichweite brachte. Joaku ließ sich nicht überrumpeln, sondern reagierte sofort. Er versuchte Sahiko zu treten und stach nach Sadi, und dann passierte alles zu schnell, Wihaji konnte kaum mit den Augen folgen. Mit einem Aufschrei stolperte Sadi rückwärts, Linua sank zu Boden, und Joaku stand immer noch aufrecht.

Wihaji zupfte sich die Handschuhe von den Fingern und ließ sie achtlos fallen, bevor er sich umwandte und losrannte. Denn er wusste, dass Joaku sich immer an der Familie und an den Freunden seiner Feinde rächte.

»Nein!«, schrie Sadi hinter ihnen. »Lasst ihn in Ruhe. Meister, nicht er!«

Bevor er anhalten konnte, traf Wihaji etwas in den Rücken. Er stürzte, fing sich mit den Händen ab, rollte sich herum. Joaku blickte auf ihn herab, das Gesicht im Licht der Steine, die ringsumher aufglommen, zu einer grinsenden Fratze verzerrt. »Fürst von Lhe'tah«, sagte er, »hier endet es nun.«

»Er bedeutet mir nichts!«, schrie Sadi. »Damit könnt Ihr mich gar nicht treffen!«

Joakus Augen glänzten. »Dann ist dies nicht der Mann, den du wie einen Vater liebst … Karim? Dann ist dies nicht der Mann, für den du mich und deine Aufgabe und alles verraten hast … Linua?« Er lachte leise. »Dachtet ihr etwa, ich finde nicht heraus, wer ihr seid? Dachtet ihr, ich würde meine beiden besten Schüler nicht erkennen, ganz gleich in welcher Hülle sie sich verstecken? Ihr wolltet mir eine Falle stellen. Nun seht zu, wie ich euch das Herz herausreiße.«

»Mir reißt Ihr es nicht so schnell heraus«, rief Wihaji und griff an.

Er hatte eine Weile beobachten können, wie Joaku kämpfte, daher war er auf die Schnelligkeit und Kraft des alten Mannes gefasst. Seine schlimmste Befürchtung war, der Meister könnte ihn einfach lähmen und umbringen, doch zum Glück nahm der erfahrene Assassine die Herausforderung an. Mit einem respektvollen Nicken würdigte Joaku den Versuch, ihn abzuwehren.

»Ein paar versteckte Messer, hm? Man sagte mir, Ihr seid gut.«

»In der Tat.« Wihaji ließ eine Klinge aus seinem Ärmel gleiten, während Joaku sein Handgelenk umklammert hielt. Sie rangen, und Wihaji konzentrierte sich ganz auf den Augenblick. Auf die knochigen Finger um sein Gelenk, auf Joakus wissendes Lächeln, auf die unglaubliche Kraft, mit der der Meister der Wüstendämonen seinen Arm umbog. Der Knochen zersplitterte, und Schmerzen explodierten in Wihajis Geist, weißglühende Funken, die ihm fast die Besinnung raubten. Joaku amüsierte sich über seine Qual. Irgendwo aus den Augenwinkeln war Wihaji, als wäre da eine Bewegung, und jemand schrie. Ihm wurde schwarz vor Augen. Dann schoss etwas durch die Luft, etwas Großes flatterte über ihnen – ein Vogel? Denn es konnte nicht Sahiko sein.

Im nächsten Moment war Joaku verschwunden.

»Linua …« Wihaji versuchte zu protestieren, als sich ein Mädchengesicht über ihn beugte. »Nicht …«

Warme Hände legten sich auf seine Haut. Hitze flutete durch seinen Arm, breitete sich weiter in ihm aus.

Dann erklang eine zornige Stimme. »Gift? Was hast du getan, verdammt noch mal? Sadi!«

»Du solltest ihn besser nicht anfassen, Sahiko.«

»Sag mir nicht, was ich tun soll!«, fauchte sie. »Ich dachte, euer Plan würde vorsehen, dass du ihm eine Falle stellst und ich ihm in den Rücken falle!«

»Das war nicht der ganze Plan«, sagte Sadi leise. »Wir sind davon ausgegangen, dass Joaku durch eine Tür verschwindet, wenn er merkt, dass er gegen uns beide zusammen nicht ankommt. Er ist ein großer Magier, und obwohl er mir diese Fähigkeit nie gezeigt hat, musste ich davon ausgehen, dass er die Türen durchschreiten kann. Deshalb ist das hier die wahre Falle.«

»Wihaji? Ihr habt ihn vergiftet, damit er Joaku vergiftet? Bist du wahnsinnig?«

»Ja, verdammt, und er war dazu bereit!«, schrie Sadi. »Nur jemand, der bereit war, sich umbringen zu lassen, konnte so nah an ihn heran, um ihn zu vergiften.«

Wihaji blinzelte. Sahiko hob seine Hand und betrachtete seine Fingernägel. »Ist es darunter? Unter den Nägeln?«

»Das meiste, ja«, bestätigte Sadi. »Aber er hat so viel eingenommen, dass es ihm aus den Poren dringt. Er ist eine wandelnde Waffe, also fass ihn nicht an! Er wird in drei Tagen tot sein, es sei denn, du kannst ihn heilen. Linua hätte es vermocht. Aber du hast zu früh eingegriffen! Du hast ihm diesen Mord gestohlen, und nun wird der Meister die nächsten drei Tage ein anderes Opfer suchen, um sich an uns zu rächen!«

»Wen?«, fragte Sahiko.

»Das weiß ich ja eben nicht!«, rief Sadi. »Nun müssen wir drei Tage lang alle beschützen, bis das Gift wirkt. Wie soll das gehen? Er weiß, wer ich bin, und alle sind in Gefahr. Anyana. Lijun. Selas. Ich muss sofort los!«

Und im nächsten Augenblick war er fort.

Sahiko beugte sich über Wihaji und küsste ihn sanft auf den Mund.

»Du sollst das doch nicht tun«, keuchte er.

»Welches Gift ist es?«, fragte sie.

»Kirschblut.«

Sie seufzte. »Wolltest du unbedingt sterben, Wihaji? Ich habe Karim nach der Skorpiongrube geheilt, und ich kann auch dich heilen. Es wird mir nicht schaden. Und was macht euch so sicher, dass Joaku sich nicht einfach ebenfalls selbst heilt?«

»Wenn er nicht weiß, dass er etwas in sich trägt, wird er nichts unternehmen, und bis er es merkt, ist es zu spät.« Das Atmen fiel ihm schwer. Sein Arm schmerzte nicht mehr, aber Joaku musste ihm mindestens noch ein paar Rippen gebrochen haben. »Aber was heißt das, du kannst es heilen? Kirschblut? Kein Magier kann Kirschblut heilen.«

»So wenig wie ein gewöhnlicher Magier etwas gegen Skorpiongift ausrichten kann.«

Was bist du?, wollte er fragen, doch diese Frage zu stellen hätte zu viel Kraft gekostet.

Niemand heilte eine solche Vergiftung. Sadi hatte nicht geglaubt, dass Joaku es konnte, selbst dann nicht, wenn er irgendwie von ihrem Plan erfuhr. Kirian war es gewesen, der sie alle wieder daran erinnert hatte, dass sie es vielleicht mit einem Gott zu tun hatten. Konnten die Götter nicht alles heilen?

»Geht es euch gut?« Kaum hatte er an ihn gedacht, erschien Kirian auch schon. Der große blonde Mann war aus seinem Versteck hinter dem Drachen herausgetreten und kniete sich nun neben Wihaji.

»Ich fasse es nicht. Das war dein Plan, Onkel Kirian?«, fragte Sahiko. »Wie um alles in der Welt konntest du das veranlassen?«

Kirian schüttelte nur den Kopf. Da war etwas Düsteres in seiner Miene. »Ich musste etwas in Erfahrung bringen. Und nun … weiß ich es.« Doch er verriet nicht, was er so unbedingt hatte wissen wollen, und Wihaji hatte eine andere Frage, die ihm wichtiger war. »Hast du sein Gesicht gesehen?«

Kirian hielt eine Rolle in der Hand. Ein triumphierendes Lächeln erhellte sein Antlitz. »Ich habe ihn gezeichnet. Ja. Ganz gleich, wann und wo er stirbt, seine Seele wird hierher zurückkommen, und der Drache wird leben.«

39. Die Rache des Meisters

Anyana war dankbar, dass sie Tenira nicht zu Gesicht bekam. Ihre alte Feindin hielt sich zurück, und so konnte Anyana ungestört ihren großköniglichen Pflichten nachkommen. Sadis Abwesenheit fiel im Palast auf, doch als neue Großkönigin war sie niemandem Rechenschaft schuldig und machte daher keinerlei Anstalten, es zu erklären oder ihn gar zu entschuldigen. Den Vormittag verbrachte sie mit der Anhörung von Bittstellern aus dem Umland. Die meisten waren hier, um von den Seelen zu erzählen, über die Kälte und die Angst zu klagen. Doch es gab handfeste Schwierigkeiten: Ernten, die nicht eingefahren wurden. Städte, in denen niemand die Straßen kehrte. Handwerker, die ihre Werkstätten verlassen hatten und geflohen waren, sodass niemand mehr übrig war, der die notwendigen Gegenstände des täglichen Lebens herstellte. Geduldig hörte Anyana ihnen zu. Es war schwer, Lösungen zu finden, solange die Angst regierte. Doch nun war es an ihr, über dieses Land zu herrschen, und es war ihre Aufgabe, die Angst zu verbannen. Mit einer Zuversicht, die sie nicht empfand, versprach sie, dass die Toten bald wieder verschwinden würden. Es werde alles wieder seinen geregelten Gang gehen. Bald schon.

»Ihr müsst sie ignorieren«, sagte sie eindrücklich. »Nehmt all eure Kraft zusammen, verleiht euch gegenseitig Mut und habt Hoffnung. Die Götter werden in Kürze eingreifen, das verspreche ich euch.«

Es erschöpfte sie mehr, als sie gedacht hatte, ängstlichen Menschen Hoffnung zu verleihen, doch es wirkte – mit leuchtenden Augen gingen die Bittsteller davon.

Gegen Abend rief Anyana die Männer und Frauen zusammen, die der Großkönigin – der vorigen Großkönigin – bei der Verwaltung ihres Reichs gedient hatten. Nachdem sie den Adligen und Palastangestellten, die am großen Tisch saßen, eine Weile bei ihren unvermeidlichen Klagen gelauscht hatte, kam sie zu ihrer eigentlichen Frage. »Also wurde keine Zählung der Toten veranlasst? Zu keinem Zeitpunkt?«

»Nein, Euer Gnaden«, antwortete Gräfin Zrina, die bisher für die Einnahme der Steuern zuständig gewesen war. »Wir haben nicht genug Leute, die alle Seelen sehen könnten. Manche sehen nur einige, wieder andere spüren nur die Kälte. Das macht es nicht gerade einfach.«

»Aber hat es denn niemanden interessiert, wo sich die Seelen vorrangig aufhalten? Welche Gebiete besonders betroffen sind und welche Maßnahmen getroffen wurden, um sie zu vertreiben?«

»Die Toten lassen sich nicht vertreiben, Euer Gnaden.« Zrina wirkte nicht im Mindesten schuldbewusst.

»Dennoch gibt es hier in Wajun weitaus mehr Seelen als beispielsweise in den Wäldern von Anta'jarim. Es kommen viele Hilfesuchende aus den Tausend Städten und aus Lhe'tah her. Man sollte doch meinen …«

Sie brach ab, denn durch die Tür stolperte ein alter Mann in den Saal. Hatte er sie überhaupt geöffnet? Die Tür sah immer noch genauso geschlossen aus wie vorher. Anyana war einen Moment lang verwirrt, bevor sie daran dachte, nach den Wachen zu rufen, die ebenso überrascht waren wie sie. Der Mann marschierte geradewegs auf sie zu. Einer der Fürsten sprang auf, um sich ihm in den Weg zu stellen, doch der Fremde wich ihm geschickt aus.

»He, du kannst doch nicht einfach … Wachen!«

Noch bevor der Alte die Hand nach ihr ausstreckte, wusste Anyana, wer er war. Etwas war in Wabinar schiefgegangen, das wurde ihr sofort klar. Doch da Kirian sie vorgewarnt hatte, dass dies passieren könnte, blieb sie gefasst.

»Meister Joaku«, begrüßte sie ihn, im nächsten Moment packte er ihren Arm – und sie waren woanders.

Der Saal, die Adligen, die Verwalter, alles war verschwunden. Stattdessen standen sie im Grünen, auf einer Wiese. Die Sonne war schon untergegangen, und der frühe Abend tauchte alles in Schatten. Feuchte Grashalme durchnässten ihre Seidenschuhe. Anyana kämpfte nicht gegen den Griff an, mit dem Joaku sie festhielt, sondern sah sich rasch um. Sie befanden sich in einem Tal, Berghänge verschwanden im Nebel, der gespenstisch durch die Dämmerung schimmerte. Vor ihnen lag ein kleines Dorf. Rauch stieg aus den Schornsteinen, gedrungene Obstbäume hoben sich schwarz gegen den Nebel ab.

»Wartet hier, Verehrteste«, sagte Joaku. »Ich bin gleich zurück.« Er ließ sie einfach stehen und ging auf das nächstgelegene Haus zu. In seiner Hand leuchtete ein magisches Licht auf, in dessen Schein sie das Wappen eines Adlers über der schlichten Holztür erkennen konnte.

Ein Adler – hieß das, sie waren in Guna? Waren sie womöglich in Königstal? Ihr Herz schlug schneller, doch sie konnte nicht einmal einen warnenden Schrei ausstoßen. Seit Joaku sich von ihr abgewandt hatte, war es ihr unmöglich, sich zu bewegen. Sie hatte damit gerechnet, dass er diese Art Bann einsetzen würde, dennoch war es ein entsetzliches Gefühl, so hilflos zu sein. Genau genommen spielte es keine Rolle: Sie war nicht zum Kämpfen ausgebildet, und gegen einen einfachen Soldaten hätte sie ebenso wenig eine Chance gehabt wie gegen einen Wüstendämon. Trotzdem war die Lähmung schwerer zu ertragen, als sie erwartet hatte.

Schon öffnete sich die Haustür, und Joaku kehrte mit einem neuen Gefangenen zurück. Anyana kannte diesen blonden Mann. Selas, der einstige Kammerdiener ihres Vaters, war nun König von Guna. Sein aufrechter Gang, die stolze Haltung trotz seiner einfachen Kleidung ließen ihn sogar an der Seite des Meisters unbeugsam wirken. Als er sie erblickte, weiteten sich seine Augen, er sagte jedoch kein Wort zu ihr.

»Bringen wir die Familie zusammen«, spottete Joaku. »Fehlt nur noch das Kind.«

Das war der Moment, in dem die Angst über sie kam. Sie wollte ihn anschreien, aber sie war immer noch gelähmt.

Selas hingegen konnte sprechen. »Ich weiß, wer Ihr seid«, sagte er. »Und ich habe Euren Besuch erwartet. Schon seit Jahren rechne ich damit, dass Ihr irgendwann hier auftaucht oder jemanden schickt. Was immer Ihr tun wollt, tut es, doch lasst das Mädchen gehen.«

Joaku lächelte hämisch. »Ich lege einen Bann über dich. Einen kunstvoll verschränkten Bann, der es Karim unmöglich machen wird, dich irgendwo anders hinzubringen. Ah, da ist er ja schon.«

Sadi stolperte aus der Tür des grauen Hauses. Seine braune Haut war fahl, sein Gesicht angespannt vor Zorn und Angst, sein Gewand voller Blutflecken. Hatte Sahiko ihn geheilt oder war er sofort gekommen, blindlings? Das würde ihm ähnlich sehen.

»Lasst sie gehen. Ich bin es, den Ihr wollt.« Kaum hatte Sadi die Worte ausgestoßen, veränderte sich etwas in seiner Miene. Blanker Schrecken stand darin.

»Ich sehe, du hast es bemerkt. Nun, Sadi – oder Karim, wie auch immer du genannt werden willst. Ich überlasse dir die Entscheidung. Rettest du deine Liebste und eilst mir hinterher? Kümmerst du dich um deinen Bruder, den du erst mitnehmen kannst, wenn der Bann gelöst ist? Oder verwendest du dein letztes bisschen Kraft, um die Brandsteine zu besänftigen, die ich gerade geweckt habe? Entscheide dich.«

Anyana spürte seinen Griff durch ihre Lähmung hindurch.

»Königstal wird als Erstes brennen«, fuhr Joaku fort, »mit Flammen, die bis an die Wolken reichen. Wenn die vergrabenen Steine sich alle entzündet haben, werden die grünen Berge von Guna ebenfalls in die Luft fliegen. Es sind zu viele, um ihrer Herr zu werden. Nicht einmal ich könnte die Katastrophe jetzt noch aufhalten.«

Sadis verzweifelter Blick traf ihren, und dann war das neblige Tal fort, und sie stand neben Joaku im Schlosshof von Anta'jarim. Hier, so weit im Westen, war die Sonne erst im Untergehen begriffen. Die Jarimer hatten sich noch nicht zum Schlafengehen zurückgezogen, und der Hof war nicht verlassen, sondern voller Menschen, die an langen Tafeln speisten. Ein Brauch, der in den Jahren entstanden war, als die Flüchtlinge in den Ruinen des verbrannten Schlosses hausten. Eine Klinge ritzte Anyanas Hals, während Dienstboten und Schlossbewohner erschrocken innehielten.

»Das Kind«, verlangte Joaku. »Bringt es sofort her, oder ich schneide eurer Prinzessin die Kehle durch.« Er lächelte sie an. »Tröstet Euch, Sonne. Ihr werdet beide sterben, Ihr und Euer Sohn. Karim kann nicht ganz Guna in Flammen aufgehen lassen, er wird sich für die meisten Leben entscheiden, die er retten kann. Natürlich ist es unmöglich, die Brandsteine wieder zu beruhigen, sogar für ihn, aber wir beide kennen ihn. Er wird es versuchen, weil er nicht anders kann.«

Würde Sadi sich für das Unmögliche entscheiden – und dabei scheitern? Dann wären sie alle tot. Das Volk von Guna und Selas und Sadi selbst, denn er würde bis zum letzten Moment gegen die Brandsteine ankämpfen.

Eine Gruppe Bewaffneter regte sich im Hintergrund.

»Hier sind die besten Jäger von Anta'jarim versammelt«, rief jemand. »Lasst die Prinzessin los, Ihr könnt nicht gewinnen!«

Als Antwort ließ Joaku einen kleinen Stein vom Boden hochschweben und losfliegen. Anyana war immer noch gelähmt und konnte den Kopf nicht drehen. Umso deutlicher hörte sie den dumpfen Aufprall des Mannes auf dem Boden und dann die erschrockenen Rufe der anderen Soldaten. Sie konnte ihnen nicht einmal ihr Mitgefühl und ihre Wut zeigen oder sie dazu auffordern, sich zurückzuziehen. Sich Joaku in den Weg zu stellen war tödlich, kein noch so mutiger Wächter war ihm gewachsen.

»Ein Magier! Seht euch vor, er wirkt Magie!«

»Das Kind«, forderte Joaku. »Oder ich töte einen nach dem anderen.«

Stoff raschelte, rasche Schritte knirschten über den Sand. Eine Frau trat vor. Maira, wie Anyana gleich an der Stimme erkannte. »Prinz Lijun ist nicht hier.«

»Für jede Lüge«, sagte Joaku drohend, »wird jemand in diesem Hof sterben.«

»Ich lüge nicht. Der Prinz hat sich in ein Kitz verwandelt und ist in den Wald gerannt. Es tut mir leid, Prinzessin. Ich bin ihm nachgelaufen, aber er war zu flink.«

Vielleicht war es gut, dass Anyana ihre Erleichterung nicht zeigen konnte. Sie hätte ihm ins Gesicht gelacht.

Joaku schnaubte wütend. »Na schön. Dann suchen wir den Jungen im Wald.«

Und er gab sie frei. Endlich konnte Anyana sich wieder bewegen. Sie holte tief Luft und streckte sich. Dann sah sie sich um. Maira stand vor ihnen, in demütiger Haltung, während die Soldaten zurückgewichen waren und alles beobachteten. Hoffentlich waren keine Helden unter ihnen. »Bring die Leute hier weg, Maira«, befahl Anyana. »Niemand darf uns folgen.«

»Das war ein kluger Rat«, meinte Joaku. »Und jetzt komm.«

Sie schlug nicht nach ihm und spuckte ihm auch nicht ins Gesicht. Stattdessen nickte sie folgsam, schluckte jeden Widerspruch hinunter und ließ sich von ihm zum großen Tor führen. Flucht nützte nichts, und den Meister jetzt zu verärgern würde höchstens dazu führen, dass er seine Wut an den Soldaten und Schlossbewohnern ausließ. Erst wenn sie tief im Wald waren, würde sie handeln.

In Königstal schien die Zeit stillzustehen. Sadi starrte auf die Stelle, an der Joaku und Anyana verschwunden waren. Es war schwer, seine Angst um sie zu bezähmen, doch im Moment würde er sie nur in Gefahr bringen, wenn er für sie kämpfte. Er durfte ihr nicht einmal folgen, weil Joaku genau damit rechnete. Seine Willensstärke, die eiserne Disziplin, die Karim so mühsam erlernt hatte – von dem Herrn der Wüstendämonen, ironischerweise –, half ihm dabei, sich der nächsten Aufgabe zuzuwenden.

»Selas? Geht es dir gut?«

Sein Bruder stand stumm und starr unter dem Lähmungsbann. Im Gegensatz zu Sadi konnte er die Brandsteine nicht fühlen, die in der Erde rumorten und Hitze verströmten. Sie waren mit einer solchen Wucht geweckt worden, dass es nicht einmal mit dem Grollen des Berges in Trica zu vergleichen war, das Karim auf seiner Reise in die Vergangenheit besänftigt hatte. Nur kurz tastete er mit seinem magischen Sinn danach, dann wandte er sich seinem Bruder zu. Der Bann war kunstvoll verflochten, das Werk eines wahren Meisters.

»Ich komme zurück«, sagte er. »Vertrau mir.«

Nur die blauen Augen des Königs von Guna antworteten ihm. Selas konnte nicht sprechen, und Sadi konnte nicht bei ihm bleiben, sondern musste ihn zurücklassen, wie er war, hilflos und allein.

Ein Akt des Wünschens, ein Schritt über die Berge und Ebenen hinweg – und schon stand Sadi in der nächtlichen Steppe vor Wabinar, vor der dunklen Silhouette des Eisendrachen. Sahiko war immer noch damit beschäftigt, Wihaji zu heilen, der im Sand lag und leise stöhnte. Sadi hätte ihm so gerne Beistand geleistet, doch dafür war keine Zeit. Er musste mit Kirian reden.

Rasch setzte er ihn über die geweckten Brandsteine in Kenntnis. »Ich kann nichts ausrichten. Joaku sagt, nicht einmal er könne aufhalten, was er in Gang gesetzt hat!«

»Dann ist er kein Gott«, sagte Kirian und zerriss die Papierrolle, die er in den Händen hielt, in kleine Fetzen. »Er ist ein Lichtgeborener.«

»Yando, dafür ist jetzt keine Zeit! Wir müssen ...«

»... Guna retten, ich weiß«, sagte Kirian. »Nimm Sahiko mit.«

Sahiko, die ihren Namen gehört hatte, hob den Kopf. »Ich bin hier noch nicht fertig. Das Gift breitet sich in seinem Organismus aus!«

»Geht, beide«, sagte Kirian. »Sofort.«

Sadi vertraute niemandem so sehr wie seinem alten Lehrer Yando. Also gehorchte er. Er legte Sahiko die Hand auf die Schulter und tat den Schritt über die halbe Welt und stand mit ihr in Königstal, in der Düsternis der Abendschatten. Die Brandsteine waren kurz davor, ihre Kraft freizusetzen. So kurz davor, dass er die Vibrationen in seinem ganzen Körper fühlte.

»Kannst du das heilen?«, fragte er. »Kannst du es?«

Kirian war mit Wihaji zurückgeblieben. Sie waren allein mit der sternenlosen Nacht, allein mit den Wolken, aus denen nun Regen fiel, der nach Asche und Staub schmeckte. Mühsam richtete Wihaji sich auf, er stöhnte leise.

»Sie hat die Brüche geheilt. Man sollte meinen, das Gift wäre noch nicht zu spüren, aber ich kann fühlen, wie es durch meine Adern fließt.«

»Wir sind die Letzten«, sagte Kirian. »Die Letzten der Edlen Acht. Und es gibt noch ein Letztes zu tun.« Er versuchte zu fühlen – irgendetwas. Angst. Bedauern. Schrecken. Aber das Einzige, was ihn erfüllte, war Gewissheit.

Über das, was geschehen musste.

Über das, was getan werden musste.

Und über die Aufgabe, die jedem von ihnen nun zufiel.

»Es ist Sahiko.« Endlich sprach er die Gewissheit aus, die sich allmählich aus all dem, was er gesehen hatte, herausbildete. »Sie ist die Göttin. Die letzte Probe steht noch aus, aber wenn sie Guna retten kann, haben wir den Beweis. Wenn Sadi es nicht vermag – und Joaku ebenfalls nicht, dann sind beide nur Lichtgeborene. Nur Sahiko kann den Drachen zum Leben erwecken.«

»Linua? Nein«, flüsterte Wihaji. »Sie ist meine Linua.«

»Wir wussten, dass es zwei Todesgöttinnen gibt. Und wir wussten, dass sie hier sind, weil sie ihre Arbeit nicht tun. Die Ruferin und die Göttin der Diebe und Mörder. Wir haben zwei Namen.«

»Kelta und Kalini«, murmelte sein Freund. »Aber Linua kann doch nicht eine davon sein.«

»Ich würde gerne darauf warten, dass Sadi mit ihr zurückkommt und uns erzählt, ob sie es geschafft hat. Aber wir dürfen nicht warten. Sobald sie wieder hier ist, wird es unmöglich sein, sie daran zu hindern, dich zu heilen.«

Wihaji streckte die Hand aus und berührte die metallenen Krallen des Eisendrachen. »Du willst, dass ich sterbe, um sie daran zu erinnern, was sie mit den Toten tun muss?«

»Sie war schon einmal tot, und ihre Seele hat sich im Diesseits festgehalten. Sie kann nicht loslassen, solange du lebst.«

»Dachte sie nicht, ich sei tot?«

»Wenn sie die ist, die ich vermute, dann weiß sie, wer lebt und wer nicht. Selbst wenn ihr das nicht bewusst ist. Daher wird es nicht genügen, sie mit ihrem wahren Namen anzusprechen. Es tut mir so leid, Wihaji.« Kirian hätte ihn am liebsten umarmt, um ihrer alten Freundschaft willen, doch er wagte es nicht. Das Gift war so tödlich wie zuvor. »Wenn ich das an deiner Stelle tun könnte …«

»Ich weiß, du wärst bereit dazu«, sagte Wihaji. »Du warst nie ein Feigling. Und ich auch nicht. Aber es ist so schwer! Ich hatte schon mit dem Leben abgeschlossen, und dann finde ich Sahiko, und sie ist Linua und gibt mir wieder Hoffnung. Erneut in mein Sterben einzuwilligen ist …« Seine Stimme war so leise, dass er kaum zu verstehen war. »Es ist unerträglich.«

Kirian drängte ihn nicht. Er wusste nicht, wie lange Sahiko brauchen würde, um die Brandsteine zu besänftigen. Er wusste ja nicht einmal, ob er wirklich recht hatte. War Sahiko wirklich Kelta? Sie durften sie nicht mit dem falschen Namen ansprechen.

»Musst du nicht noch mein Porträt zeichnen?«, fragte Wihaji.

»Das habe ich schon«, gab Kirian zu. Er wies auf den Drachen, der stumm dalag. »Es liegt bereits an seinem Platz. Sadi hat mich vor euch anderen hergebracht. Daher hatte ich ein wenig Zeit, bevor ihr angekommen seid.«

Wihaji lachte leise. »Du hast das geplant? Während wir noch dachten, dass hinter Joaku eine Todesgöttin stecken könnte, hast du bereits gewusst, dass Joaku nicht der Richtige ist?«

»Joaku genießt das Töten zu sehr. Ich dachte, dass eine Todesgöttin, die ihr Gedächtnis verloren hat, dem Tod zumindest ein wenig skeptisch gegenüberstehen müsste.«

»Du bist ein Fuchs, Kirian. Wie viele Pläne hast du entworfen, während du nur einen einzigen mit uns geteilt hast?«

»Ungefähr ein Dutzend«, sagte Kirian, was gelogen war. Er hatte für jeden von ihnen einen Plan gehabt. Für jeden Mitstreiter, der sich als Gottheit entpuppen könnte. Doch letztendlich war er nicht überrascht. Seit die Krähe ihn zu einem kleinen Mädchen im Schnee geführt hatte, war ihm bewusst gewesen, dass an Sahiko etwas Besonderes war. Der Leopard hatte sie nicht getötet. Und selbst im Schnee, in der Eiseskälte, war sie nicht erfroren.

Konnten sie riskieren, auf ihre Rückkehr zu warten? Er tat, als wäre er sicher, und er war sich auch sicher, doch er konnte die wichtige Frage nicht außer Acht lassen: Was, wenn er sich irrte?

»Du darfst mich nicht vor Sahikos Augen umbringen«, sagte Wihaji. »Sie würde dich in der Luft zerfetzen, ganz gleich, ob sie eine Göttin ist oder nicht. Also haben wir nur die Wahl zwischen zwei Möglichkeiten. Entweder du tötest mich jetzt, solange sie nicht hier ist, oder ich muss es selbst tun.«

»Ja«, sagte Kirian leise. Die Gefühle, die er nicht fühlen wollte, würden ihn überwältigen, wenn er sie zuließ.

»Hundert Jahre lang habe ich gegen den Tod gekämpft. Ich kann nicht selbst Hand an mich legen. Wie soll ich das bloß fertigbringen? Oh ihr Götter, kann dieses Gift nicht schneller wirken?«

Doch das würde es nicht. Kirian verbot sich, Mitleid mit sich selbst zu haben, als er seinen Dolch zog. »Ich wünsche mir, wir könnten auf sie warten. Ich will mir nicht vorstellen, was passiert, wenn ich mich geirrt habe.«

»Dann kommt sie nicht zurück«, sagte Wihaji. »Wenn sie bloß Menschen sind, kommt keiner von ihnen aus Guna zurück. Ich vertraue dir, Kirian.«

Manche retteten Guna. Andere töteten ihre Freunde. Die Götter hatten ihn davon abgehalten, Sadi zu ermorden, doch nun, da er den Griff des Dolches fester umklammerte, hielt niemand seine Hand auf.

Wihaji öffnete seinen Mantel. Er löste die Knoten seines Hemdes und entblößte seine Brust.

»Ich weiß nicht, wo ich hinstechen soll.«

»Lügner«, sagte Wihaji mit einem Lächeln. »Du warst einer von uns. Du wusstest immer, wie man tötet.«

»Wir wollten Helden sein.«

»Und sind gescheitert. Wir haben Tizarun nicht aufgehalten.

Wir haben Laimoc nicht beigestanden. Wir haben die Welt zerstört. Lass es uns nun wiedergutmachen. Lass uns …«

Kirian wartete nicht, bis er ausgeredet hatte. Er stach zu, so präzise wie jeder junge Mann, der in Guna das Jagen gelernt hatte. Erst nachdem er es getan hatte, weinte er still über dem Leichnam des Mannes, der einmal sein Freund gewesen war.

40. Das Lied der Sterne

Sahiko kniete im nassen Gras. Ihr dünnes Seidenkleid war schmutzig und durchnässt. Sie hatte darin gekämpft, und sie hatte Wihajis blutende Wunden berührt. Gift war durch ihre Haut gedrungen. Sie beachtete es nicht. Darum würde sie sich später kümmern. Die erhitzten Steine, die mit Macht entflammen wollten, forderten ihre ganze Aufmerksamkeit ein. Flüchtig streifte sie Sadis Willen, der versuchte, ihr dabei zu helfen, indem er in seinem Inneren ein Lied sang.

Sobald sie seine Seele spürte, war er wieder Karim für sie. Und sie selbst war Linua. Sie war das Mädchen mit den Sternen hinter der Tür ihrer Seele. Sie war die Nacht und der weite Himmel, über den die Mondsplitter wanderten. Ihr Lied war kalt und klar und beruhigend. Es war das Lied, das in den Brunnen wohnte, wenn sich die Sterne darin spiegelten. Sie öffnete die Tür weit, und es strömte heraus und legte sich wie ein sanfter Schleier über die wilden Steine. Die Welt war lebendig, während das Lied über die Berge hinwegströmte und tief in die Erde und die Gesteinsschichten sickerte. Sie atmete und träumte, und aus all den Träumen wuchsen wie Knospen die Seelen der Menschen. Ihr Lied strich darüber hinweg, glättete, heilte, stimmte zur Ruhe ein. Das wilde, glühende Leben bäumte sich auf, es trotzte, es wollte brennen.

Schlaf süß, sang Linuas Lied. *Es ist Nacht und Zeit zum Stillesein.*

Der Herzschlag der Steine verlangsamte sich, ihr Puls ging wieder ruhiger. Das Land atmete tief ein. Nebel stieg aus den Wiesen auf, unter den Tannen kehrte Ruhe ein. Die Welt war ein sanfter, stiller Ort, wo die Nacht herrschte.

Tiefer Frieden erfüllte Linua, als sie die Augen öffnete.

Karim kniete neben ihr, die Handflächen aufs Gras gepresst. Sein Atem ging alles andere als ruhig, Schweiß stand ihm auf der Stirn.

»Oh ihr Götter«, flüsterte er. »Was war das für ein Lied?«

»Du hast es gehört?«, fragte sie.

Er nickte nur. Schließlich stand er auf und reichte ihr die Hand, um ihr beim Aufstehen zu helfen. Ihre Knie zitterten, sie konnte sich kaum aufrecht halten. Ihr war schwindlig und ein wenig übel. Im Licht der magischen Kugel, die an der Hauswand hing, erkannte sie sein junges Gesicht. Es war Sadi. Aber er war auch Karim, wie Joaku gesagt hatte. Sie konnte die Verbundenheit fühlen, die sie ihm gegenüber stets empfand, und den leichten Ärger, der auf ihrer gemeinsamen Vergangenheit beruhte. Sie waren beide Joakus Schüler gewesen, und sie hatten beide Wihaji geliebt, jeder auf seine Weise. In den wunderbaren Frieden, den sie immer noch empfand, mischten sich Verwirrung und Sorge. Innerlich fühlte sie nach dem Gift – es war aus ihrem Körper verschwunden.

»Ich will versuchen, Selas' Bann zu lösen«, sagte Sadi. »Und dann bringe ich dich zurück zu Wihaji. Ich muss Anyana suchen, bevor Joaku ihr etwas antun kann.«

»Anyana ist stark«, sagte Linua. Sie hätte nicht sagen können, woher sie das wusste. »Sie ist die Sonne. Alle ihre Feinde werden in ihrem Licht verbrennen.«

Sadi lächelte. »Ich hoffe, du hast recht.« Er wandte sich seinem Bruder zu, aber Linua hatte keine Geduld. Sie legte Selas die Hände auf die Schultern und warf den Bann von ihm ab.

Sadi starrte sie entgeistert an. Der König von Guna, einst ihr Reisegefährte, schwankte, und sie musste ihn auffangen. »Geh ins Haus«, sagte sie. »Die Nacht wird dunkel werden.«

Und woher wusste sie das schon wieder? Die Luft war voller Ahnungen. Keine davon konnte sie greifen und festhalten. Es war, als wäre das Lied immer noch da, als könnte es nicht aufhören. Es summte in der Erde, es sang in ihrer Seele, es war lautlos und doch so deutlich zu hören, als stünden Heerscharen von Lichtgeborenen neben ihr.

Sadi starrte sie verwundert an, dann nahm er ihre Hand und ging mit ihr zurück nach Kanchar.

Die Sterne waren hinter den Wolken verborgen, doch überall rings um den Eisendrachen lagen leuchtende Steine. Joaku hatte sie entfacht, und sie glommen immer noch, verwandelt von der ungeheuren Macht seines Willens. Linua wandte sich der Stelle zu, an der sie Wihaji zurückgelassen hatte. Er war nicht da. Auch von Kirian war nichts zu sehen.

»Ich lasse dich hier allein«, sagte Karim. »Es tut mir leid, aber ich muss sofort zu Anyana.« Er klang gehetzt, und natürlich protestierte sie nicht, sondern sagte: »Ja, geh nur.«

Sie erwog kurz, ihm Hilfe gegen Joaku anzubieten. Gemeinsam konnten sie ihn besiegen, gemeinsam war ihnen alles möglich. Doch sie musste erst dafür sorgen, dass Wihaji in Sicherheit war, dass das Gift sich nicht weiter ausbreiten konnte. So wichtig Anyana für Karim auch war und als Sonne von Wajun für das ganze Großkönigreich Le-Wajun – für sie selbst ging Wihaji vor.

»Ich komme nach, sobald ich kann«, versprach sie. Konnte sie das? Durch unsichtbare Türen gehen, die nur da waren, weil sie es sich so wünschte? Sie wusste es nicht, doch das Lied in ihr schien ihr zuzusingen: *Du kannst gehen, wohin auch immer du willst.*

Sadi machte einen großen Schritt und verschwand.

Linua fühlte sich schuldig, denn es war, als würde sie ihn mit dem Feind alleinlassen. Mit Joaku, der genauso ihr Feind war wie der seine. Aber ihr Herz schrie nach Wihaji. Linua wandte sich wieder dem Eisendrachen zu. Wo waren Kirian und ihr Verlobter? Ihr Fuß verhielt mitten in der Bewegung. Waren das Blutflecken auf den Steinen? Dort, noch einer! Was war hier passiert?

»Wihaji?«, fragte sie halblaut, von einer plötzlichen Angst erfüllt. »Wo bist du?«

Ihr eigenes Blut pochte in ihren Ohren. Es war weit und breit niemand sonst hier gewesen, also was konnte vorgefallen sein? War der Drache erwacht? Oder hatte Kirian sich an den messerscharfen Kanten der Eisenflügel geschnitten?

Abrupt blieb sie stehen. Da, unter einem der Köpfe des Ungeheuers, lag eine reglose Gestalt.

Es fühlte sich an, als würde ein Brandstein in ihrer Brust explodieren. Sie stürzte vorwärts und kniete sich so rasch neben ihn, dass sie das letzte Stück mit den Knien über die harten Steine rutschte. Ihr eigenes Blut mischte sich mit seinem. Denn es war Wihaji. Es war Wihaji. Es war …

Sie war Sahiko. Sie war Linua. Und in diesem Moment fühlte sie den Schmerz beider Namen, beider Leben, zweier Tode. Es war wie ein Déjà-vu. Linua im Spiegelsaal, die ungläubig auf die Spitze des Dolchs blickte, der aus ihrem Bauch ragte. So auch jetzt – das Gefühl von Hitze, von Schrecken. Ihr Körper stand noch unter Schock, begriff es noch nicht, während ihr Geist schon verstand. Diesmal ragte keine Klinge aus ihr heraus. Sie spürte nur die Hitze in ihrem Rücken. Dann die Kälte, als sie zu begreifen begann.

Jemand hatte sie erstochen. Zum zweiten Mal. Genau wie damals. Nein! *Nein*, dachte sie. *Aber* …

»Es tut mir so leid«, flüsterte Kirian hinter ihr. Hatte er sich im Schatten der Drachenflügel verborgen? Sie wandte sich um, während die Kräfte sie schon verließen, und suchte nach einem Halt. Das Lied war verstummt, und da war kein Spiegel, nirgends. Doch über ihr gähnte der Rachen des Untiers. Sie sah ihr Bild darin, erhellt von den magischen Steinen, als würde es in einem Sternenkranz erstrahlen.

Dies war Sahikos Tod. Und es war Linuas Tod. Sie starb ihre zwei Tode. Sie sah ihr Bild, und sie wollte sich an etwas festhalten, an irgendetwas. Sie wollte sich heilen, sie würde es versuchen, gleich … Doch schon hörte ihr Herz auf zu schlagen.

»Er wartet auf dich«, sagte Kirian, in seiner Stimme war so viel Schmerz, dass sie ihn nicht einmal hassen konnte. Sie sah ihn nicht an, denn in diesem Moment zählte nur das Bild, ihr Spiegelbild, und mit einem leisen Ächzen ließ sie ihre Seele los.

Ihr Name wehte davon. Ihre beiden Namen. Die Sterne sangen nicht mehr. Es war dunkel in der Brust des Drachen, der mit einem Grollen tief aus seiner Kehle erwachte.

Die Seele, die sie liebte, war hier. Wihaji. Und noch einer war hier, einer, den sie kannte. Ein Mörder. Matino. Auch das wusste sie, denn sie wusste von jedem, was er getan hatte. Die dunklen, schweren Seelen kannten ihren Namen. Der Mörder war mit ihr verbunden, hatte ihr eine Zeitlang ein Versteck geboten.

Seit über zehn Jahren ist dies mein Gefängnis, sagte er. *Bist du gekommen, um mich zu befreien?*

Ja, antwortete sie. War es so? War sie die Erlöserin? Wer war sie?

Hab keine Angst. Ich bin hier, sagte der Geliebte.

Ja, sagte sie.

Ihre Seele füllte alles aus. Sie war groß, sie war mächtig, und der Drache bewegte die Flügel. Ein Wille zupfte an den Schwingen, befahl, dass sie sich hoben und senkten. Ein fremder Wille, der dennoch vertraut war, kühl wie der Nachthimmel und leidenschaftlich wie ein Brandstein.

»Du wirst fliegen«, sagte die Stimme. »Du wirst fliegen, wohin ich will, und du wirst die Seelen der Toten sammeln.«

Ihre Seele, die den Drachen füllte, zögerte. Sie war es nicht gewöhnt, dass jemand ihr Befehle erteilte.

»Ich nenne dich bei deinem wahren Namen«, fuhr die Stimme fort. »Du bist nicht Sahiko. Du bist nicht Linua. Du bist Kelta, die dunkle Schwester der Ruferin. Erinnere dich!«

Kelta.

Das war ihr Name? Er klang seltsam in den Ohren des Drachen. Seine Flügel zerschnitten mit ihren Klingen die Nacht. Hinter den Wolken lockte das Mondlicht. Es brach durch die Wolken, silberweiß und herrlich, und zeigte den Weg zu den Göttern. Schöner als alles.

Der Wille kannte kein Erbarmen. »Du fliegst, wohin ich es sage. Ich war dein Lehrer. Dein Onkel. Du wirst nicht immer höher fliegen, du wirst mir zuhören und gehorchen.«

Die Schwingen peitschten die Luft. Es war herrlich zu fliegen. Die Seelen flüsterten. Die Seele des Geliebten und die Seele des Mörders raunten ihr Dinge zu, die sie verstand.

Weil der Tod ein schönes Mädchen ist, sagte der Geliebte.

Weil der Tod meine größte Freude ist, sagte der Mörder.

Sie lachte. Oder war es der Drache?

Unter ihr lag die Ebene. Unzählige Seelen wanderten darauf umher, ohne Ziel. Wie konnten sie alle verlorengegangen sein?

»Ich verstehe deinen Kummer«, sagte Kirian.

Sie konnte fühlen, wo er war, in ihrem Bauch zwischen den Vorderbeinen. Er saß auf einem Ledersessel und sah mit ihren Augen. Sein Wille versuchte, sie zu lenken, aber sie war stark. Sie war tausend Mal stärker als er. Ein Gedanke, und sie könnte ihn vernichten.

Weil der Tod mit warmem Blick kommt und zum Tanze lädt, sagte der Geliebte.

Weil der Tod entsetzlich ist und schmerzt, sagte der Mörder.

»Ich verstehe deinen Kummer. Sammle die Seelen, und ich lasse dich gehen. Es ist dein eigener Wille, nicht meiner. Es ist deine Aufgabe. Es ist dein Leben. Es ist deine Größe und deine Macht. Du bist Kelta.«

Weil der Tod ein Lied ist, dachte sie, *das die Sterne singen.*

Anyana spürte, wie die Abenddämmerung nahte. Sie sickerte durch die Wipfel und breitete sich am Boden aus, schmiegte sich an die Wurzeln und die kleinen Sträucher, an die Steine und die Blüten, die sich zur Nacht geschlossen hatten. Eine Zeit der Stille trat ein, in der die Tiere, die am Tag wach waren, sich in ihre Verstecke duckten, und die Tiere, die nachts unterwegs waren, erwachten und horchten.

Joaku war so leise wie ein Schatten. Er hielt Anyana immer noch gepackt, mit einem Griff, fest wie die Klammern am Sattel eines Eisenpferdes.

»Wir finden deinen Sohn«, sagte er. »Er wird nur aus einem einzigen Grund sterben: Weil er Karims Sohn ist. Bilde dir nicht ein, er könnte mir entkommen. Niemand entkommt mir.«

»Meint Ihr?«, fragte sie.

Es war mittlerweile zu dunkel, um sein Gesicht zu erkennen. Sie zweifelte nicht daran, dass er besser sah als sie. Hieß es nicht, die Wüstendämonen könnten im Dunkeln sehen wie Katzen?

»Du wirst jemanden wie Joaku nicht drei Tage lang davon abhalten können, dich zu töten«, hatte Kirian gesagt. »Und falls unser Plan misslingt, steht nicht einmal fest, dass er nach drei Tagen stirbt. Also denke daran, dass du schnell handeln musst. Du hast einige wenige Stunden, höchstens.«

Ob Lijun sie bereits bemerkt hatte, ob er sie beobachtete? In dieser Gestalt waren ihre Sinne nicht so scharf, doch etwas von ihrer Zeit als Hirsch war ihr geblieben. Sie ahnte die Gefahr, bevor sie sie sah. Und sie kannte den Wald, als sei er eine Stadt voller Straßen und Häuser, Marktplätze und Handwerkerläden. Sie wusste genau, wo sie waren, wie weit es zum Bach war und wo die Seen lagen. Sie kannte die Richtung, in der das kleine Dorf sich befand, das von den früheren Rebellen gegründet worden war, und sie wusste, wo die Füchse wohnten und die Dachse. Sie kannte die Pfade, auf denen die Rehe unterwegs waren, und die Lichtungen, auf denen die Kaninchen sich versammelten.

Sie kannte diesen Wald, und Joaku, mochte er noch so gerissen und mächtig sein, kannte ihn nicht.

»Wenn ich Euch bitte, das Leben meines Sohnes zu verschonen …«

»Würde es nichts nützen«, sagte er kalt. »Ich schätze Menschen, die ihre Zeit nicht mit Betteln vergeuden.«

Also schwieg sie.

Sie gingen tiefer in den Wald hinein, und die Nacht wurde dunkler und kälter. Das Licht der Monde schimmerte durch Lücken im Blätterdach und färbte die Schatten noch schwärzer, während hier und da eine Wurzel oder ein Zweig im Licht badeten.

Laub knisterte. Etwas huschte vorbei.

»Das war er«, sagte Joaku zufrieden. »Er erkennt Euch. Und denkt nicht einmal daran, ihn zu warnen. Ich werde Euch lähmen, sobald Ihr auch nur den Mund öffnet.«

Der Pfad war so schmal, dass er sie vorausgehen ließ, und sie wusste um die vielen Augen, die sie beobachteten.

Als der Mondgürtel hoch am Himmel stand und sein silberweißes Licht den Boden sprenkelte, erreichten sie den Bach. Das Wasser schimmerte wie eine Eisenschlange, die sich zwischen den Bäumen hindurchwand.

»Der Junge wird herkommen«, sagte Joaku leise. »Ich bin ein geduldiger Jäger, aber ich kann die Sache auch beschleunigen. Mein Wille wird ihn herlocken.«

»Sadi wird uns retten«, sagte Anyana.

»Ich baue darauf, dass er es versucht. Es würde mir gefallen, euch vor seinen Augen zu töten.«

Kirian hatte ihr keine Vorschläge gemacht, wie sie mit dem Meister der Assassinen fertigwerden sollte. Er hatte auf ihre eigene Findigkeit vertraut. Und während sie durch den Wald gewandert waren, hatte Anyana genügend Zeit zum Nachdenken gehabt. Den Meister ins Wasser zu stoßen würde nicht gelingen. Er war ein Wüstendämon. Bevor sie ihn berühren konnte, würde er sie schon überwältigt und zu Boden gerungen haben, oder, schlimmer noch, gelähmt.

Das war die wahre Gefahr: der Bann, den er sofort einsetzen würde. Sie hatte nur einen kurzen Moment, nicht länger als ein Blinzeln.

Eine Gestalt schob sich zwischen den Bäumen hindurch. Ein Kitz auf langen, zitternden Beinen, die Augen schimmernd dunkel, den Kopf schnuppernd vorgereckt.

»Da bist du ja«, sagte der Meister mit höhnischer Zufriedenheit, und Anyana nutzte diesen Moment, um zu springen.

Sie warf sich ins Wasser. Noch während sie sprang, sah sie aus den Augenwinkeln, dass Lijun ebenfalls über den Bach setzte. Sie konnte nur hoffen, dass er das andere Ufer erreichte, denn die Lähmung ergriff sie mitten im Sprung. Sie fiel ins Wasser, fiel wie in einen Brunnen.

Und Joaku kam ihr nach, um sie herauszuziehen. Hätte er es nicht getan, wäre ihr die Flucht geglückt, doch er eilte ihr nach, und daher verschlang ihr Wunsch sie beide.

Zuerst dachte sie, sie sei in einem Traum gelandet. Sie hatte Joaku, dem Mann, der ihren Sohn bedrohte, die Vernichtung gewünscht. Einen qualvollen Tod, der ihm Schmerzen zufügte und nicht zuließ, dass er sich selbst heilte oder rettete. Wäre Joaku ihr nicht nachgesprungen, wo wäre sie dann gelandet? In Sicherheit – vielleicht in Kato, bei Unya?

Dieser Ort hingegen bot keine Sicherheit. Dies war der Traum, den sie so oft geträumt hatte, als sie ein Kind gewesen war, der Traum vom Feuer. Schloss Anta'jarim brannte.

Sie sah das Feuer. Es war überall, hell und heiß und gewaltig, es loderte bis in den Himmel. Weit, weit über ihr verschlang es die Tausend Monde. Zuerst leckte es nur an ihnen, mit raschen, spitzen Zungen, dann schossen hunderttausend schlängelnde Flammenfinger aus seinem Rachen. Es warf sich über den hellsten der Monde und erstickte ihn. Das blendende Licht des Feuers bezwang das sanfte Leuchten der runden Scheibe. Es war so hell, dass Anyanas Augen schmerzten. Sie fühlte, dass sie blind wurde, als hätte sie zu lange in die Sonne geblickt, aber sie konnte nicht wegschauen. Sie konnte nicht anders, als in das lodernde Gleißen zu starren. Wie ein Kaninchen, das sich zitternd duckte, vor sich den Rachen der Wildkatze.

Es tat so weh, dass sie schreien wollte, und sie wusste, dass sie es tun würde, aber noch nicht jetzt. Ein paar Augenblicke noch musste sie aushalten. Musste sie zuschauen, nichts durfte ihr entgehen. Nicht, wie das Feuer die Monde fraß, einen nach dem anderen, all die silbernen Perlen, die sich wie ein Bogen über der Erde wölbten, sie alle.

Sie stand hoch oben auf dem Turm, auf der schmalen Brüstung, welche die oberste Plattform umgab, und blickte auf den Brand hinunter. Hinter ihr war die Nacht. Sie nahm sie wahr, kühl und fremd, und für einen Moment kam sie ihr stärker vor als der wütende Brand vor ihr. Die Nacht war kalt und dunkel und still. Nun, da ihr die Ruhe hinter ihrem Rücken auffiel, wurde Anyana bewusst, wie laut das riesige Feuer vor ihr war. Es krachte und knallte und zischte und brüllte. Sie lauschte mit gespitzten Ohren, denn sie wusste, wie wichtig es war, dass ihr nichts entging. Sie musste wissen, was mit Joaku passiert war, und ahnte es doch schon. Sie war auf der Brüstung gelandet, doch er musste neben ihr angekommen und in die Tiefe gestürzt sein. Eine brüllende Stichflamme loderte aus dem Brand in die Höhe, und die Luft schmeckte nach Asche. Das Feuer schmeckte bitter, es brannte auf ihrer Zunge. Die Dunkelheit hinter ihr hingegen war scharf und süß.

Da, waren das Stimmen? Jetzt hörte sie sie auf einmal. Sie zog ihre Aufmerksamkeit vom Geschmack fort, der sich herb und Ekel erregend durch ihren Mund grub. Jetzt erkannte sie die Stimme. Es war nicht das Feuer, das brüllte. Es war die Stimme ihres Feindes. Es war ein Geheul ohne Worte, ein Kreischen, wie sie es noch nie gehört hatte. So laut und furchtbar, dass es sie bis ins Mark traf. Dass es sie mit Triumph erfüllte, denn was sie hörte, waren Schmerzensschreie so laut, dass ihr das Trommelfell zu platzen drohte. Über den vielen Stimmen des Feuers gellte das Geschrei des Meisters.

Sie schwankte, und ihr wurde bewusst, dass sie immer noch auf der schmalen Steinbrüstung stand. Mit einem Sprung wollte sie sich auf die Plattform retten, da riss sie etwas an ihrem Knöchel nach hinten, und sie stürzte bäuchlings auf die Mauer. Links neben ihr ging es endlos in die Tiefe, ins lodernde Feuer, das ihr geliebtes Schloss verschlang. Anyana krallte die Fingernägel in die rauen Steine und blickte über die Schulter zurück. Eine schwarze, verkohlte Hand lag um ihren Knöchel. Eine Hand, die an einem schwarzen, verkohlten Arm saß; er sah aus wie ein Ast, den man aus dem Lagerfeuer zog. Eine von Kopf bis Fuß verbrannte, verkrümmte Gestalt versuchte, sich über die Mauer zu schwingen. Schwarze, gekrümmte Finger fassten in die Fugen zwischen den Mauersteinen. Blutunterlaufene Augen in einem verbrannten Gesicht richteten sich auf sie. Wie hatte Joaku es geschafft, in diesem Zustand an der Außenwand des Turms hochzuklettern? Wenigstens hatte er keine Kraft mehr, um sie zu lähmen.

Anyana zögerte keinen Moment. Sie trat aus, so fest sie konnte, dem Angreifer ins Gesicht. Einmal, zweimal. Die Krallenhand um ihren Knöchel wollte nicht loslassen, wollte sie mit sich ziehen, doch das würde sie nicht zulassen, bei allen guten Göttern! Dies war das Schicksal, vor dem ihr Traum sie gewarnt hatte, und sie würde sich wünschen, was immer sie wollte!

Mühelos verwandelte sie sich in den Hirsch. Die Hand glitt von ihrem schlanken Lauf, sie schlug aus und zertrümmerte den knochigen Arm. Dann sprang sie herum – mit allen vier Läufen auf dem schmalen Mauersteg balancierend, senkte sie den Kopf mit dem mächtigen Geweih und fegte die verkohlte Gestalt von der Brüstung. Joaku fiel schreiend hinab. Die Flammen loderten auf und brüllten oder vielleicht sangen sie auch.

Eine Weile stand der Hirsch auf der Mauer und sah zu, wie Anta'jarim verbrannte, dann sprang er anmutig auf die Plattform.

Sadi ging nach Anta'jarim. Ein Schritt, und er befand sich im Hof, vor dem Portal zum altdunklen Schloss. Es war auch hier bereits dunkel, doch die vielen Lampen leuchteten so hell, dass er die Sterne nur erahnen konnte. Die Wachen reagierten nervös auf sein plötzliches Erscheinen und richteten ihre Waffen auf ihn, bevor sie ihn erkannten.

»Verzeiht, Prinz Sadi.« Und dann verbesserten sie sich rasch: »Eure großkönigliche Hoheit.«

»Ein Mann war hier, mit Eurer Gemahlin«, berichtete der Nächste.

»Sadi!« Maira stürzte aus dem Portal, sprang die Stufen hinunter und eilte auf ihn zu. »Es geht dir gut!« Sie umarmte ihn fest, und obwohl die Wächter zusahen, ließ er sie gewähren. Sie war seine wahre Mutter, wenn auch nicht im Blute, und bevor er sich auf die Suche nach Anyana machen konnte, musste er erst ihre Sorgen zerstreuen.

»Ja, mir geht es gut. Und Sahiko auch.«

»Und … Yando? Er war doch bei euch?«

Sie erwähnte Kirian nur selten, doch diesmal brachte sie den Namen doch über die Lippen.

»Ja«, sagte er. »Er hat sich versteckt gehalten. Und nun zu euch. Was ist passiert?«

Maira hakte sich bei ihm unter und führte ihn außer Hörweite der Wachen. Rasch erzählte sie ihm von Joakus Auftritt, bei dem er Anyana bedroht hatte. Davon, dass er verlangt hatte, dass man ihm den Jungen auslieferte.

Zornig ballte er die Fäuste. »Das wird er bereuen. Und Lijun ist ein Hirschkalb? Er ist allein im Wald?«

»Als hätte er die Gefahr gespürt. Wir saßen gerade beim Abendbrot, als die Krähe plötzlich losgeflogen ist, und der Junge ist aufgesprungen und ihr nachgerannt, zum Tor. Und dann habe ich nur noch ein rötliches Tier davonlaufen sehen.«

Sadi nickte. Es schien ein Zufall zu sein oder unwahrscheinliches Glück, doch er vermutete, dass jemand eine Wasserbotschaft geschickt hatte, um Winya und, über ihn, dem Kleinen rechtzeitig eine Warnung zukommen zu lassen. Vermutlich war ein Gesicht in seinem Becher erschienen, als Lijun gerade trinken wollte. Die Krähe, die sich stets in Lijuns Nähe aufhielt, musste die Botschaft gehört haben. Sadi zweifelte nicht daran, dass sein Sohn eine große magische Begabung besaß, die ihn empfänglich für Nachrichten dieser Art machte. Und die Krähe hatte sofort reagiert. Nur wer hatte dafür Zeit gehabt? Wer hatte gesehen, dass Joaku geflohen war, wütend und voller Rachsucht? Nur Kirian und Wihaji waren beim Eisendrachen zurückgeblieben. Letzterer schwer verwundet.

»Kirian«, murmelte er. Denn Kir'yan-doh von Guna plante immer weiter, als man glaubte. »Wann hat er gelernt, Wasserbotschaften zu schicken?« In Kato vermutlich. Denn in Spiegel-Anta'jarim lebte Unya, die begabteste Lichtgeborene und Magierin überhaupt.

»Ich gehe sie suchen, Maira. Sie leben noch, beide, dessen bin ich gewiss. Ich würde es spüren, wenn es nicht so wäre.«

Er sah ihr an, wie gerne sie mitgekommen wäre, aber wenn er Joaku aufspürte, wollte er sich nicht um einen weiteren geliebten Menschen sorgen müssen. Maira verstand das. Sie umarmte ihn noch einmal. »Pass auf dich auf.«

In dem gewaltigen Waldgebiet jemanden zu finden, noch dazu bei Nacht, war so gut wie unmöglich. Auch wenn die beiden Menschen Spuren hinterlassen hatten, waren diese selbst mithilfe eines magischen Lichts nur schwer zu entdecken. Zudem lockte jedes Licht Getier an, dem er lieber aus dem Weg gehen wollte, und machte seine Augen blind für alles außerhalb des Lichtkreises. Daher zog er es vor, im Dunkeln zu gehen. Er kannte die Gebiete, in denen die Hirschkuh und ihr Junges sich vorwiegend aufgehalten hatten. Dorthin, so vermutete er, würde das Kitz instinktiv laufen. Doch was würde Anyana tun? Würde sie Joaku wie verlangt zu Lijun führen? Oder würde sie ihn täuschen und stattdessen in die völlig falsche Richtung leiten?

Schließlich machte er sich auf den Weg zum Bach. Die ersten Vorboten der Dämmerung zeigten sich am Himmel, als er dort eintraf. Lautlos kamen die Tiere zum Trinken ans Wasser. Ein langbeiniger Wolf hob die Schnauze, nicht weit von ihm entfernt machte sich ein Dachs aus dem Staub. Schwingen rauschten. Und dann spürte er etwas hinter sich. Langsam, sehr langsam drehte Sadi sich um.

Die großen Augen des Kitzes ruhten auf ihm. Im Geäst über ihm saß die Krähe, wachsam und, wie ihm schien, besorgt.

»Wo sind sie?«, fragte er. »Wo sind Anyana und Joaku?«

Die Krähe ließ sich vom Baum fallen wie ein Eisvogel, streifte mit den Flügelspitzen das Wasser und flog wieder empor.

»Im Bach?« Das bedeutete, Anyana hatte den Feind von ihrem Sohn weggelockt. Kluges Mädchen. »Und ist einer der beiden wieder aufgetaucht?«

Er streckte den Arm aus, und die Krähe landete darauf. Ob sie schon immer gewusst hatte, wer er war? Hatten die aufmerksamen Augen des Dichters ihn längst erkannt, während Sadi selbst noch völlig ahnungslos gewesen war? Sie schüttelte ihr Gefieder und krächzte. Deutlicher konnte eine Antwort nicht sein.

»Dann gehen wir zurück ins Schloss«, sagte er. »Denn falls Joaku wieder auftaucht, will ich Lijun in Sicherheit wissen.«

Das Hirschkalb folgte ihm, ohne zu zögern, als es sah, dass auch die Krähe Vertrauen zu Sadi hatte. Seine fröhlichen Sprünge zauberten ein Lächeln auf Sadis Lippen. Manchmal war es ihm, als könne er einen anderen Hirsch im Dämmerlicht zwischen den Bäumen erkennen, einen Schimmer von Rotgold, ein Geweih, in dem sich Blätter und Blumen verfingen. Doch wenn er die Stelle fixierte, war nichts zu sehen. Es konnte nicht Anyana gewesen sein; dieser Hirsch, der neben ihnen durch den Wald ging, war weitaus größer. Unter seinem Gewicht knackten kleine Zweige, und doch war er so unwirklich wie eine Luftspiegelung in der Wüste. Vielleicht war es Bela'jar, der Hirschgott, der über Lijun wachte. Sadi wagte nicht, den Namen laut auszusprechen.

Die Sorge um Anyana blieb. Und was seine Freunde in Wabinar anging, so unterdrückte er den Wunsch, nach ihnen zu sehen. Zuerst musste er sich um seine kleine Familie kümmern.

Als sie bei Sonnenaufgang das Schloss erreichten, verwandelte Lijun sich zurück, und Sadi trug ihn die Treppen hinauf in sein Zimmer.

41. Der Flug des Drachen

Tenira erwachte von dem Flüstern der Geister. Kann-bai und Quinoc standen am Fenster und unterhielten sich leise. Eine Weile beobachtete Tenira sie, verwundert darüber, dass ihr heiliges Sonnenzimmer nun auch von den Seelen belagert wurde. Dann wurde ihr bewusst, dass sie sich in einem Gästezimmer des Palastes befand. Die Türen öffneten sich zum Garten hin, goldenes Morgenlicht flutete durch die großen Scheiben. Ihr fiel alles wieder ein: die Übernahme des Palastes durch ihren verräterischen Sohn und seine unverschämte Frau aus der verfluchten Familie ihrer Feinde.

»Mein Schlafgemach ist auch für euch tabu, Männer«, sagte sie schroff.

Verzeiht, geliebte Königin. Wir stehen Wache.

»Am Fenster? Hat meine Schwiegertochter mir einen Assassinen geschickt?«

Tizarun ist dort draußen.

Tenira sprang aus dem Bett. Sie streifte sich ihren seidenen Morgenmantel über und eilte ans Fenster. Quinoc und Kann-bai machten ihr höflich Platz.

Im Garten wimmelte es von Seelen. Sie standen in Scharen unter den Obstbäumen, duckten sich hinter die welkenden Rosen, versammelten sich auf sämtlichen Terrassen und Wegen.

Vor ihr, jenseits der Scheibe, stand Tizarun. Eine hochgewachsene Gestalt in einem roten Mantel, ein finsteres Lächeln in dem blassen Gesicht. Wäre das Glas nicht gewesen, sie hätte die Hand nach ihm ausstrecken können.

»Öffnet«, befahl sie, dann fiel ihr ein, dass die Seelen nicht dazu in der Lage waren. Also öffnete sie selbst und ließ den frühen Morgen herein. Tizarun hereinzubitten fiel ihr hingegen nicht ein.

»Was willst du? Ich habe dich aus Wajun verbannt, wie du dich hoffentlich erinnerst.«

Ihr Herz schlug schneller, nicht aus Angst oder Wut, sondern weil er immer noch die Macht über ihre Gefühle besaß. Ihn zu sehen weckte alte Träume, alte Sehnsüchte und Geschichten wieder zum Leben.

»Ich bin hier, um dich zu warnen«, sagte Tizarun.

Seine Stimme brachte immer noch alle Saiten in ihr zum Klingen.

»Vor Sadi und seiner Frau, die er wer weiß wo herhat?«

»Tenira.« Tizarun trat einen Schritt vor, so dicht an sie heran, wie es kein Fremder je hätte tun dürfen. Nur ihr Ehemann. »Das Ungeheuer, das in der kancharischen Steppe lag, hat sich wieder erhoben. Es schlägt eine Schneise durch die Wüste und verschlingt alles, was ihm in den Weg kommt. Und es ist in dieser Richtung unterwegs. Verstehst du? Der Drache kommt nach Wajun. Er ist schneller, als ein Eisentier sein dürfte. Heute Abend kann er bereits hier eintreffen.«

Sie blickte an ihm vorbei auf die Seelen im Garten.

»Dann hast du dein Heer mitgebracht, um die Stadt zu verteidigen? Ihr könnt nichts ausrichten. Und ich bin, wie du vielleicht weißt, nicht länger für das Wohlergehen von Le-Wajun verantwortlich. Erzähl es Sadi. Soll er für den Schutz Wajuns sorgen.«

Tizarun schüttelte den Kopf. »Ich fürchte nicht um Wajun, sondern um uns alle.« Seine Hände beschrieben einen Bogen, mit dem er alle Seelen einschloss, die hinter ihm standen. »Der Drache frisst Seelen. Er verleibt sich die Toten ein. Wir sind in Gefahr, wir alle!«

Tenira legte den Kopf leicht schräg und musterte ihn. Sie fragte sich, ob jemand, der die Toten nicht wahrnehmen konnte, ihr gerade zusah. Wirkte sie wie eine Wahnsinnige, die mit sich selbst sprach?

»Hilf uns, Tenira. Rette uns.«

Ihr Herz schlug schnell und aufgebracht, aber sie war sich nicht sicher, ob es für ihn schlug. Tizarun stand da, edel und doch hilflos, und seine Stärke war nichts als eine Illusion. Er war über das weite Nebelmeer gefahren, um zu ihr zurückzukommen, und sie wollte ihn nicht, nicht so. Sie wollte ihn mächtig und lebendig, menschlich und wirklich, zum Anfassen und Lieben und Streiten und Hassen und Leben. Wäre es denn ein Verlust, wenn das Ungeheuer ihn verschlang?

»Der Drache kommt näher«, sagte er, seine Stimme voller Dringlichkeit und Angst. »Ich war Großkönig von Le-Wajun. Ich war der Flammende. Ich war dein Gemahl. Und trotz all meiner Fehler, sag mir, habe ich das verdient? Könntest du es ertragen, wenn ich als Gefangener in einem eisernen Käfig lebe? Lass es mich leben nennen, denn für mich fühlt es sich so an. Die Sonne von Wajun darf nicht so enden!«

Seine Angst ließ sie merkwürdig kalt. Sie fragte sich, ob er recht hatte, ob ein einziges Eisenwesen so viele Seelen aufnehmen konnte, wie es wollte. Warum sollte es das tun? Es schien ihr völlig sinnlos zu sein.

»Bist du sicher, dass der Drache auf euch, auf die Seelen aus ist? Dass er nicht etwa kommt, um Le-Wajun in einen neuen Krieg hineinzuziehen? Es ist eine kancharische Waffe. Hat die junge Kaiserin das Ding losgeschickt? Will sie ihre Macht erweitern, indem sie uns einen verheerenden Schlag versetzt? Will sie vielleicht den neuen Großkönig töten lassen? Was steckt dahinter?«

Tizarun ignorierte ihre Fragen. »Bitte glaub mir«, meinte er stattdessen. »Wir können das Ungeheuer nicht aufhalten, das könnten nur lebendige Soldaten.«

Tenira betrachtete sein schönes Gesicht. Sie lauschte auf ihren Herzschlag, fühlte, wie eine Gänsehaut ihre Arme überzog. Die Kälte, die die vielen Toten ausströmten, ließ die Rosen erfrieren.

»Ich kümmere mich darum«, sagte sie gnädig.

Ob Sadi bereits von der Bedrohung erfahren hatte? Ihr eigenes Netz an Informanten hatte er gewiss noch nicht für sich vereinnahmen können. Oder verfügte er über eigene Wassersprecher, Magier und Spione? Wenigstens bot ihr die Information den Anlass, um ihn aufzusuchen. Vielleicht konnte sie ihn sogar dazu überreden, ihr einen Teil ihrer Macht zurückzugeben, sodass sie sich um die Verteidigung der Stadt kümmern könnte.

Nachdem sie sich angekleidet und ihre Zofe sie für einen atemberaubenden Auftritt hergerichtet hatte, wollte sie sich bei Sadi anmelden lassen. Stattdessen wurde ihr mitgeteilt, er sei nicht da.

»Wie, er ist nicht da? Er ist der neue Großkönig!«

Kindris, der zu ihrer Beschwichtigung herbeieilte, wirkte ganz und gar nicht glücklich. »Ihr sucht Euren Sohn? Er ist mitten in der Nacht kurz aufgetaucht, um nach dem Rechten zu sehen, und gleich darauf wieder verschwunden.«

»So ein Verhalten hätte ich mir nie erlaubt«, empörte sich Tenira. »Vor allem, da wir uns in Gefahr befinden. Hört mir zu, ich habe eine wichtige Mitteilung zu machen.«

Auf ihre Enthüllungen reagierte der Ratgeber jedoch nicht so panisch, wie sie erwartet hatte.

»Kanchar ist ein riesiges Land«, meinte er gelassen. »Selbst wenn die Kancharer ihr Eisending wieder fliegen können, warum sollte es herkommen?«

»Es fliegt in unsere Richtung, wurde mir gesagt.« Es widerstrebte ihr, ihm mitzuteilen, woher sie davon wusste.

»In unsere Richtung? Nach Westen also. Warum sollte das bedeuten, dass es hierher unterwegs ist? Es ist nicht gesagt, dass die Kancharer vorhaben, damit die Grenze zu überqueren. Außerdem scheint mir, mit Verlaub, etwas daran nicht zu stimmen. Eisenvögel fliegen niemals nachts. Wie kann dieses Ding also die ganze Nacht nach Westen geflogen sein?«

Er war ein Narr und ein Dummkopf, was sie ihm auch unverblümt an den Kopf warf, doch Kindris lächelte nur milde. »Ihr seid nicht mehr die Großkönigin. Ich empfange meine Befehle nur vom Sonnenpaar, von niemandem sonst.«

Hilflos drehte Tenira ihm den Rücken zu und ließ ihn einfach stehen. Sie würde nicht so leicht aufgeben. Doch auch der weitere Tag verlief alles andere als angenehm. Teniras Ärger wuchs. Weder der Hauptmann der Wache noch irgendein anderer Wächter war bereit, sie anzuhören. Währenddessen füllten sich der Garten und der große Platz vor dem Palast mit Toten. Woher die Seelen wussten, was auf sie zukam, konnte Tenira nicht sagen. Ahnten sie es in den letzten Fasern ihres Seins? Oder verbreiteten sich Gerüchte unter den Toten noch schneller als unter den Lebenden? Sie wollte Tizarun fragen und machte sich auf den Weg nach draußen, da merkte sie, dass Quinoc an ihrer Seite schritt.

»Du weißt nichts davon, habe ich recht?«

Ihr Bruder senkte den Kopf. *Ich weiß, dass es kommt*, flüsterte er. *So wie ich spüre, dass die Nacht sich nähert. Es ist, als würde alles sich ducken vor dem Sturm, der auf uns zurast. Es ist wie ein gewaltiges Singen, wie ein Lied, das uns alle fortreißen wird.*

Überrascht hielt Tenira inne. »Ihr spürt es alle?«

Hilf uns, bat er.

Doch niemand gehorchte ihr mehr, und Sadi blieb unauffindbar, ebenso wie seine nichtsnutzige Ehefrau. Schließlich wandte sie sich an Kann-bai, der vor ihren Türen Wache hielt. »Führ die Toten vor die Stadt, bevor die Bäume alle erfrieren. Wir werden dem Drachen dort draußen begegnen.«

Er öffnete den Mund, um zu protestieren, doch dann nickte er. »Wie Ihr befehlt, meine Königin.«

Für ihn würde sie immer seine Königin bleiben. Das tröstete sie ein wenig über das hinweg, was sie tun musste.

Du willst die Seelen dem Drachen zum Fraß vorwerfen?, fragte Quinoc entsetzt. *Du opferst uns, damit er nicht in die Stadt eindringt?*

Tenira antwortete nicht sofort. Was bedeutete es, mit den Toten vor die Stadt zu ziehen? Wajun hatte keine Stadtmauer. Es lag schutzlos da, wenn sich die Soldaten nicht rechtzeitig dem Feind entgegenstellten. Schon ein einziger Eisenvogel war in der Lage, große Zerstörung zu verursachen. Wie viel mehr mochte das Ungeheuer von Wabinar anrichten?

»Wir halten es auf, so lange wir können«, sagte sie. »So lange, bis auch der letzte Hauptmann begreift, dass er kämpfen muss, und die Soldaten schickt.«

Quinoc schlug die Hände vors Gesicht. Atmeten die Toten, um

sich zu beruhigen? Sogen sie die Luft in ihre Lungen, um wenigstens zu schmecken, was sie doch nicht ins Leben zurückbringen konnte?

Du opferst uns für Le-Wajun. Das ist … Oh, verdammt, Tenira! Das ist grausam. Er stöhnte leise, doch dann straffte er sich. *Was immer du befiehlst, ich werde es tun. So war es, und so wird es bleiben. Also gehen wir.*

Manche Menschen sahen sie. Manche rissen erschrocken die Augen auf und wichen zurück. Andere spürten nur die Kälte, während Tenira durch die Straßen schritt. An ihrer Seite gingen ihre Leibwächter, Quinoc und Kann-bai, und gleich dahinter marschierte Tizarun mit den Toten. Es mochten Tausende sein, vielleicht Zehntausende. Tenira sah, wie einige Stadtbewohner aus dem Weg sprangen. Andere gingen weiter ihren Geschäften nach, ohne die Geister zu sehen, und hin und wieder fiel jemand zu Boden, überwältigt von Kälte und Angst.

Wajun war groß, und zu Fuß brauchte man einige Stunden, um vom Mittelpunkt, den der Sonnenpalast bildete, an den Stadtrand zu gelangen. In ihrem prachtvollen Kleid, dem Seidenschal und den aufgesteckten und mit Diamantbändern geschmückten Haaren war Tenira eine auffällige Erscheinung, dennoch sammelten sich keine Menschen hinter ihr. Zu groß war das Grauen, das die Seelen verströmten.

Als eine einsame Gestalt wanderte sie durch die Stadt, das Haupt hoch erhoben. Sie würde diesen Drachen aufhalten, und wenn es das Letzte war, was sie tat.

Kirian sah mit den Augen des Ungeheuers. Er musste nicht gegen den Willen der Göttin ankämpfen. Das wäre auch unmöglich gewesen. Stattdessen leitete er sie sanft nach Westen.

Er konnte die Seelen spüren, die sich im Drachen sammelten. Linuas Seele überragte alles, so strahlend und groß, dass alle anderen Seelen daneben verblassten, doch er konnte auch fühlen, dass Wihaji da war. Und er fühlte Matinos Präsenz.

Matinos Seele war die einzige, die sich dagegen wehrte, dass Kirian die Richtung bestimmte. Sie bockte und trotzte und versuchte, Gift zu versprühen. Mit seinem Willen an diese Seele zu rühren bereitete Kirian mehr als bloß Unbehagen. Es war, als würde ein Reibeisen über seine eigene Seele fahren.

All die bösen Erinnerungen. Der Schmerz. Der Hass. Der Zorn. Die Verzweiflung.

Es kam ihm so vor, als hätte sich eine Schleuse geöffnet, welche die längst überstandenen Qualen erneut über ihn hinwegfluten ließ. Er schnappte nach Luft, versuchte auf dieser Flut zu schwimmen, statt unterzugehen und zu ertrinken. Die pure Gehässigkeit, die ihm entgegenschlug, war so abstoßend, dass es ihn ekelte. Alles in ihm verkrampfte sich. Hätten die Jahre der Gefangenschaft in dem eisernen Gefängnis den grausamen Prinzen nicht endlich zur Reue führen können?

»Lass mich in Ruhe«, knurrte er und wusste doch, dass es vergeblich war. Diesmal durfte er nicht die Augen schließen und ausharren und hoffen, dass es bald vorbei war. Er konnte sich nicht in seiner Arbeit vergraben und darauf warten, dass seine verletzte Seele allmählich eine Wundhaut bildete.

Der Schrecken würde ihn vernichten, ausgerechnet während er die wichtigste Aufgabe vollführte, die er je übernommen hatte.

Es tut mir leid, dachte er, während er fühlte, wie sein Inneres den Halt verlor … Und dann war es mit einem Mal, als würde sich eine Tür öffnen. Ein Lied erklang dahinter, Töne, die schöner waren als das Funkeln der Sterne. Die Schmerzensflut wurde davon hinweggespült, als hätte es sie nie gegeben. Kirian konnte spüren, wie sich Matinos Seele krümmte, als der Schmerz zu ihr zurückgeschwemmt wurde. Alle seine Qualen kehrten zu ihrem Urheber zurück.

Das Lied der Sterne umgab Kirian mit der Dunkelheit einer klaren Winternacht, mit dem silbrigen Glanz des Mondgürtels, der den Himmel krönte. Er wusste noch, dass er gelitten hatte, aber es besaß keine Bedeutung mehr. Seine Seele fühlte sich leicht und frei.

»Flieg«, sagte er voller Dankbarkeit zu dem Drachen, denn er wollte sich in den Himmel erheben. Es konnte nichts Schöneres geben, als in atemberaubender Geschwindigkeit über die Ebene zu segeln.

Eine oder auch zwei Stunden später – Zeit hatte keine Bedeutung, während das Lied von der Ewigkeit sang – waren seine Gedanken wieder klar genug, um ihre Arbeit aufzunehmen.

Er dachte darüber nach, wie viele Seelen sie bereits gesammelt hatten. Waren es so viele, wie Sterne am Himmel standen? Und dennoch beschwerten sie den Drachen nicht, drückten ihn nicht nieder. Sie wogen nichts, so wie ein Lied nichts wog, wie die vielen Töne nichts wogen. Sie nahmen keinen Raum ein. Der Drache könnte die Toten aller Zeiten und aller Länder in sich aufnehmen und immer noch fliegen.

Doch wie lange würde es dauern, Le-Wajun und Kanchar von den verlorenen Seelen zu befreien? Und was war mit den Königreichen jenseits dieser beiden Länder? Wurden auch sie von den Toten heimgesucht, seit Tizarun aus dem Nebelmeer herausgeschritten war und alle Seelen ihm gefolgt waren? Seit niemand, der starb, mehr dorthin gelangte, wohin die Seelen gehen sollten – zu den Göttern? Jahre würden nicht genügen, um alle Toten zu finden und zu bergen.

Es sei denn, jemand würde alle Seelen an einen Ort befehlen. Kelta war nicht die Ruferin. Kalini war es.

Doch wie sollte er herausfinden, wo sich Kalini befand? Nicht einmal der Graue Kapitän hatte sie gefunden. Dabei hatte er die besten Voraussetzungen als eine der zahlreichen kleinen Schwestern der beiden Todesgöttinnen. Die Götter konnten jede beliebige Gestalt annehmen – das hatte der Graue Kapitän bewiesen, und daran war er bei seiner Suche gescheitert. Er hatte nur das Becken bewacht, in dem die verlorenen Seelen dahintrieben.

Eine Todesgöttin zu finden war nicht genug. Sie brauchten *beide*, um die Welt wieder in Ordnung zu bringen.

Der Drache spürte, dass Kirian zögerte, während er nachdachte. Seine Flügelschläge wurden langsamer.

Lernt zu unterscheiden, hatte der Traum zu Anyana gesagt. *Seht genau hin, wer zu den Lichtgeborenen gehört und wer zu den Göttern. Öffnet die Augen und seht hin.*

Kirian dachte an diese Worte, doch er schloss seine Augen und horchte nach innen. Auf die mächtige, wilde, singende Seele der Göttin.

Die Götter waren überwältigend. Sie waren schön. Sie schritten durch Träume und Königreiche, durch Lieder und Gebete. Sie woben das Muster des Lebens, und es war unmöglich, ihnen zu entkommen. Und dann kannte er auf einmal die Antwort.

Er lachte leise in sich hinein und öffnete wieder die Augen. »Flieg«, sagte er. »Flieg, so schnell du kannst. Unser Ziel ist Wajun.«

Sadi wurde mit jedem Versuch unruhiger. Er war sogar in Kato gewesen, doch auch Unya wusste nicht, wo Anyana geblieben war. Er suchte sie im Wald von Spiegel-Anta'jarim ebenso wie im echten, in Guna und im Nebelhafen, sogar in die Kolonie führte ihn seine Suche. Wo mochte sie sein? Falls sie nicht mehr in *dieser* Zeit sein sollte, machte es die Sache noch schwieriger, denn es gab unzählige Orte und unzählige Zeiten, und daraus ergaben sich unendlich viele Möglichkeiten.

»Du sollst sofort nach Wajun kommen«, teilte Maira ihm mit, als er gerade wieder durch eine Tür zurückgekommen war, die ihn weit weg geführt hatte. Vergeblich. Ihm war, als müsste er sein halbes Leben mit der Suche nach Anyana verbringen.

»Sadi, hörst du mir überhaupt zu? Offenbar nähert sich irgendetwas Gewaltiges der Stadt. Ein Eisenungeheuer.«

Den Göttern sei Dank. Wenigstens ging nicht alles schief. »Das bedeutet, dass unser Plan aufgegangen ist. Gut.«

»Du machst dir keine Sorgen?«, hakte sie nach.

»Das haben die anderen schon im Griff.« Er rang sich ein Lächeln ab. »Kannst du dir etwas vorstellen, das Kirian, Wihaji und Sahiko nicht im Griff hätten?«

»Da fällt mir jede Menge ein«, sagte Maira.

Sadi musste zugeben, dass auch an ihm ein Fünkchen Zweifel nagte. Es behagte ihm gar nicht, nicht vor Ort sein zu können. Doch bevor er sich um seine Freunde kümmern konnte, musste er Anyana finden. Musste er sicher sein, dass sie nicht in Gefahr war.

Durch welche Tür sollte er gehen, welchen Ort konnte er noch versuchen? Bedrückt schob Sadi die Tür zum Turm auf und schleppte sich die lange Wendeltreppe nach oben. Ein frischer Wind wehte an diesem Abend über dem Schloss, zauste sein Haar und spielte mit seinem Umhang. Die Bäume rauschten wie das Meer. Mit einem Krächzen landete die Krähe auf der Brüstung, die die Plattform umgab, musterte ihn mit schiefem Kopf und hackte dann unvermittelt nach ihm.

»Au! Was soll denn das?«

Der Vogel flatterte von der Mauer herunter und pickte mit dem Schnabel gegen die Steine. Winya wollte ihm etwas zeigen? Na schön. Sadi kniete sich hin und untersuchte die rauen Steinquader, die vor vielen hundert Jahren aneinandergefügt worden waren. Sie waren fleckig und von unzähligen Kerben durchzogen. Flechten wuchsen am Stein, Spinnen und anderes Getier hatten in den Ritzen und Spalten Quartier bezogen.

Dieser Rußfleck dort sah irgendwie merkwürdig aus. War das ein Buchstabe? Und da, der nächste. Durch das Moos waren sie teils verdeckt und schwer zu lesen, aber es handelte sich eindeutig um Buchstaben. Hatte diese Botschaft schon immer hier an der Brüstung gestanden, und er hatte sie nur nicht bemerkt, weil er für gewöhnlich aufrecht stand und über die Mauer hinwegsah, statt sich hinzuknien und die Steine zu untersuchen?

»Schlossbrand«, besagte die Nachricht, die er laut vorlas. »Sadi, ich warte auf dich. A.«

Ihm stockte der Atem. Die Botschaft war von ihr.

Der Schlossbrand? Das war elf oder zwölf Jahre her.

»Und woher hast du das gewusst?«, fragte er die Krähe, die jedoch nur zufrieden krächzte.

Nun wusste er, wohin er gehen musste.

Anyana hatte die Botschaft mit einem Stück verrußten Holzes an die Innenwand der Mauer geschrieben, an einer Stelle an der Westseite, die, wie sie hoffte, von Wind und Regen geschützt war. Nun hieß es warten.

Sie setzte sich unter das leicht vorspringende Dach des Turmhauses. Die Tür war nicht verschlossen, doch sie wusste, was sie im Inneren des Turms erwartete: eine steile Treppe, rußgeschwärzt, während die giftigen Rauchschwaden sich überall verteilten. Das Schloss brannte immer noch, obwohl die Flammen nicht mehr ganz so hochschlugen. Hier oben war sie nicht in Gefahr, abgesehen davon, dass für sie kein Weg zurückführte. Wenn Sadi sie nicht bald retten kam, würde sie selbst für ihre Rettung sorgen müssen.

Anders als er konnte sie jedoch nicht durch Türen gehen, sondern benötigte Wasser, in das sie hineinspringen konnte, um ihren Wunsch zu finden. Der Bach würde auch in dieser Zeit in seinem angestammten Bett verlaufen und ihr die Möglichkeit zur Rückkehr geben. Doch wie lange würde es dauern, bis die Glut in den Ruinen abkühlte und sie den Turm verlassen konnte? Tage? Sie hatte nichts zu essen und zu trinken. Der Sieg über ihren Feind würde ihr wenig helfen, wenn sie selbst hier verdurstete.

»Anyana.« Sadi tauchte wie aus dem Nichts vor ihr auf.

Eine Weile schaute sie ihn nur an, ohne etwas zu sagen. Sein schönes Gesicht, in dem sie den Mann erkannte, den sie liebte. Dann griff sie nach der Hand, die er ihr entgegenstreckte, und ließ sich aufhelfen.

»Und Joaku?«, fragte er leise.

Sie wies auf das Feuer.

Worte waren nicht nötig. Vielleicht würde es immer so sein, wenn sie beisammen waren: dies wortlose Verstehen, die innige Zärtlichkeit, die sie empfanden, die Leidenschaft, die warten musste, weil die Pflicht rief.

42. Der Ruf der Göttin

In Wajun herrschte helle Aufregung. Sadi und Anyana konnten kaum verstehen, was passiert war oder passieren würde, so eilig hatte Kindris es, sie davon zu unterrichten. Doch schließlich schaffte Anyana es, ihn zum Innehalten und Durchatmen zu bewegen.

»Ein Eisendrache?«, fragte sie. »Nur einer?«

»Es gibt nur diesen einen, und er kommt hierher!«, jammerte der Mann. »Wir haben alle Palastwachen zusammengerufen sowie sämtliche Soldaten, die sich in der Stadt befinden. Alle Katapulte in den äußeren Stadtvierteln werden bereitgestellt, aber es sind höchstens ein Dutzend. Nach dem letzten Krieg ist kaum noch Kriegsgerät vorhanden, und die Aufrüstung wurde schmählich vernachlässigt.«

»Das sind unsere Freunde«, sagte Sadi. »Kein Grund zur Beunruhigung.«

»Seid Ihr da ganz sicher?«, fragte der Ratgeber. »Warum sollte ein kancharisches Eisenungeheuer Wajun ansteuern?«

Le-Wajun hatte keine Späher in Kanchar, doch über Umwege – durch Selas von Guna, wie Anyana vermutete, und diverse Wassersprecher, die für ihn arbeiteten – war die Nachricht in den Palast gelangt. »Die Eisenbestie wird in Kürze hier eintreffen. Wir sind nicht dafür ausgestattet, eine Bedrohung dieser Größenordnung abzuwehren. Der Drache ist einfach über die Grenzposten hinweggeflogen, und genauso kann er über alle Soldaten, die wir zusammenziehen, hinwegfliegen und den Sonnenpalast direkt angreifen.«

»Das wird nicht geschehen«, sagte Sadi. »Ich werde unverzüglich mit den Hauptleuten sprechen.«

Anyana kannte Kirians Pläne und war daher ebenso davon überzeugt, dass ihnen keine Gefahr drohte, wie Sadi es war. Doch ein letzter Rest Zweifel blieb. Denn sollte sich Joakus Porträt in der Brustkammer des Drachen befinden, hatte der Meister dann über Raum und Zeit hinweg das Spiegelbild seiner Seele gefunden? War das möglich? Beherrschte er das Untier und kam, um sich zu rächen?

»Du bist nicht nach Wabinar zurückgegangen«, sagte sie leise. »Wir wissen nicht genau, was passiert ist und welche Teile unseres Plans aufgegangen sind. Ich würde nicht vorschnell Entwarnung geben.«

»Ich hoffe, Kirian hat das Porträt von Joaku zerrissen – oder es gar nicht erst angefertigt. Aber du hast recht. Wir müssen auf alles gefasst sein und uns bereithalten.«

»Gibt es denn einen Weg, den Drachen notfalls aufzuhalten?«

»Den gibt es immer«, erwiderte Sadi. »Auch dieses Eisenwesen hat einen Brandstein als Herz.« Seine Miene verdüsterte sich. Welche Konsequenzen es für die Stadt hätte, den Brandstein in Flammen aufgehen zu lassen, wollte keiner von ihnen sich ausmalen.

Da die Ankunft des Ungeheuers nahte, verließen sie den Palast und ließen sich Pferde bringen. Gerüchte von drohendem Unheil hatten sich in ganz Wajun verbreitet, verstärkt durch die Kälte, die Hunderttausende von Seelen verströmten. Daher war es ein wichtiges Zeichen, dass Großkönig und Großkönigin nun gemeinsam die Hauptstraße hinunterritten, um sich am Stadtrand der Gefahr zu stellen. Eine große Menschenmenge folgte ihnen, während sich die ängstlicheren Gemüter in ihren Häusern verbargen. Doch der Anblick der gekrönten Sonne von Wajun verlieh den meisten Einwohnern neuen Mut.

»Sie sind nicht bereit, uns wieder herzugeben«, meinte Sadi. »Das verdanken wir dir, meine Liebe, und deiner hervorragenden Arbeit, die sich herumspricht.«

»Nein«, widersprach Anyana. »Wir hatten noch nicht genug Zeit, um uns zu bewähren. Es ist die Hoffnung, die sie in uns setzen.«

Seiner Miene nach konnte er sich nicht vorstellen, dass irgendjemand seine Königin weniger verehrte als er. »Meiner Mutter sind sie jedenfalls nicht nachgegangen. Es heißt, sie hätte heute bereits die Stadt verlassen.«

Je näher sie dem Stadtrand kamen, umso mehr Tote drängten sich in den Straßen und Gassen, und es wurde immer kälter. Die Menge, die ihnen folgte, schritt tapfer weiter, mit klappernden Zähnen und Raureif, der in den Haaren knisterte.

Als sie die letzten Häuser hinter sich gelassen hatten, erblickten sie zu ihrer Überraschung Tenira, die mitten auf dem Weg stand, wartend. Ihr zur Seite standen Tizarun, Quinoc und Kann-bai, doch für diejenigen, die die Toten nicht sehen konnten, musste es wirken, als versuchte sie, die Stadt der Sonne ganz allein zu verteidigen. Beim Anblick der beiden Reiter, die von einer Eskorte und einigen hundert Menschen begleitet wurden, erstarrte sie.

»Was tut ihr beide hier? Geht, versteckt euch!«

»Wir werden uns nicht verstecken«, sagte Sadi. »Wir sind die Sonne.«

In diesem Moment blitzte etwas am Horizont auf. Während sich im Westen die echte Sonne an den Abstieg machte, kam etwas aus dem Osten herangeflogen, das die funkelnden Strahlen der Abendsonne einfing. Es gleißte und leuchtete erst rot, dann golden, dann weiß. Während es in atemberaubender Geschwindigkeit größer wurde, konnten sie die groteske Gestalt immer besser erkennen. Der Drache besaß vier Flügel und drei Köpfe. Er hatte zu viele Beine, die in gewaltigen Krallen endeten, jede davon geeignet, mehrere Menschen auf einmal zu umfassen. Das Untier stieß einen gellenden Schrei aus, der bewirkte, dass zahlreiche Menschen in Panik davonstoben. Auch die Pferde, auf denen Anyana und Sadi saßen, waren kurz davor auszubrechen.

Anyana stieg ab und übergab ihr Tier einem der Wächter aus ihrer Eskorte, der ihm ein Tuch um den Kopf band. Sadi folgte ihrem Beispiel, und so warteten sie wie alle anderen stehend auf die Landung des Drachen. Es war beinahe unmöglich, bei seinem Anblick keine Furcht zu empfinden.

Menschen und Tote wichen aus, als er sich mit fauchendem Flügelschlag niederließ. Eine Staubwolke wallte auf.

Bevor Sadi oder Anyana sprechen konnten, trat die abgesetzte Großkönigin vor. »Halt!«, rief Tenira mit schneidender Stimme. »Keinen Schritt weiter!«

Der Drache schien sie aus seinen roten Augen anzustarren. Dann knarrte etwas, und gleich darauf erschien Kirian und kletterte an den Stiegen auf der inneren Seite eines der Beine nach unten. Das Raunen der Menge schien ihn nicht zu erreichen.

»Ihr lenkt also dieses Untier?«, rief ihm jemand entgegen. »Wer seid Ihr?«

»Mein Name ist Kir'yan-doh von Guna«, sagte er laut. »Und ich bringe Euch und allen Menschen Kelta, die Göttin des Todes.«

Anyana hörte das ungläubige Murmeln um sie herum und das Seufzen der Toten. Tizarun trat einen Schritt zurück. Und Sadi, der seine Finger mit ihren verflocht, sagte leise: »Dann muss es Sahiko gewesen sein.«

»Lass die Toten in Frieden!«, rief Tenira. »Sie gehören hierher, zu mir! Ich erlaube nicht, dass du sie in diesen eisernen Leib sperrst!«

Tenira war außer sich. Mit bloßen Händen war sie dem Untier entgegengetreten, doch dieser Fremde hatte etwas an sich, das sie entwaffnete. Kir'yan-doh von Guna? Von irgendwoher kannte sie diesen Namen. »Wer ist er?«, fragte sie zornig.

»Das ist Kirian!«, sagte Tizarun neben ihr. »Er war einer von uns, einer der Edlen Acht! Du musst ihn anhören.«

Sie hätte sich lieber auf diesen Mann gestürzt und das Heer der Seelen auf ihn gehetzt, aber Tizarun hatte recht. Sie musste sich in Geduld üben. Sollte er reden. Dann war immer noch Zeit für ihn zu sterben.

»Die Toten suchen uns heim, da die Götter sich selbst verloren haben«, sagte Kirian. »Wir haben Kelta gefunden, doch das genügt nicht, um die Welt zu heilen. Kelta war nie diejenige, die alle Toten zu sich gerufen hat. Diese Aufgabe gebührt allein der Göttin Kalini. Kalini, die sich in einen Krieger auf dem Schlachtfeld verliebte. Kalini, die ihre Göttlichkeit vergaß und hierblieb, unter uns Sterblichen. Kalini, die als Mensch lebte und starb, weil Menschen nun mal sterben. Doch Götter, die einen Namen haben, sterben niemals endgültig. Und so wurde Kalini in einem neuen Körper wiedergeboren. Immer und immer wieder, während sich die Seelen, die sie nicht länger zu sich rief, im Nebelmeer sammelten und auf Kato ihr Unwesen trieben. So lange, bis eine ihrer Schwestern sich aufmachte, sie zu suchen, doch leider ohne Erfolg. Als Grauer Kapitän fährt sie seitdem übers Nebelmeer und sucht die verlorene Göttin in den Fluten. Deshalb kam die zweite große Todesgöttin selbst auf die Erde, um Kalini nach Hause zu holen. Doch Kelta wurde verraten. Ich kenne ihre Geschichte, denn ich habe ihre Seele so nah an meiner gespürt, dass ich die Wahrheit sehen konnte. Kelta kam auf die Erde und wurde ihres Namens beraubt, und während sie darum kämpfte, sich zu erinnern, hat Kalini weiterhin an ihrer Unwissenheit festgehalten. Sie ist die Göttin des Todes, daher brachte sie den Tod. Sie rief ihn herab auf alle, die ihr ein Dorn im Auge waren, auf Familien und ganze Völker und Königreiche.«

Er schaute sie an.

Tenira blinzelte. Warum schaute er ihr nach dieser langen Rede in die Augen? Und überhaupt, was erzählte der Narr da? Sie war keine Göttin. Sie hatte keine Schwestern. Die einzigen Schwestern, die sie je gehabt hatte, waren die bösartigen Töchter des Fürsten von Weißenfels gewesen, und sie hatte dafür gesorgt, dass sie für jedes gemeine Wort, für jedes hämische Lachen bestraft worden waren.

Teniras Mutter war Schneiderin gewesen. Und vielleicht eine Lichtgeborene, vielleicht aber auch nicht, wer wusste das schon. Deshalb gingen viele ihrer Wünsche in Erfüllung, doch leider nicht alle. Für die übrigen musste sie selbst sorgen.

»Das ist lächerlich«, sagte sie laut.

Ihr war, als würde ganz Wajun zuhören, die Lebenden wie die Toten. Man hatte ihr schon vieles vorgeworfen, doch dass sie eine Todesgöttin sein sollte, das war neu.

»Was ist das für ein Dummkopf?«, fügte sie hinzu.

»Hör ihm zu«, bat Tizarun, doch seine Lippen zitterten.

»So ein Unsinn! Wenn einer von uns göttlich wäre, dann wärst du es. Dir folgen die Toten. Du hast sie von Kato hergebracht, über das weite Nebelmeer! Sie sammeln sich, wo auch immer du bist.«

»Nein«, sagte er leise. »Sie sind mir gefolgt, weil ich zu dir ging. Weil du gerufen hast. Hundert Jahre lang habe ich versucht, zu dir zurückzukehren, weil der Ruf nie leiser wurde … Ich musste kommen. Und sieh hin: Die Seelen sammeln sich rings um Wajun. Das haben sie all die Jahre über getan, seit ich zurück bin. Nicht meinetwegen. Deinetwegen.«

Sie konnte das nicht glauben. Es war absurd, sogar das Absurdeste, das sie je gehört hatte.

»Sadi und Joaku sind Lichtgeborene«, sagte Kirian, der einfach nicht aufhörte zu reden, obwohl er doch rein gar nichts wusste. »Ich war mir bis gestern nicht sicher, aber ihre Fähigkeiten sind sich erstaunlich ähnlich. Das brachte mich zu der Vermutung, dass sie Kinder ein und derselben Gottheit sind. Ihre Gabe ist der Tod, also wessen Kinder sind sie wohl?«

»Joaku?«, fragte Tenira. »Wer soll das nun schon wieder sein?«

»Der Meister des Todes. Wir wissen nur sehr wenig über ihn. War er der Sohn des ersten Menschen, den Ihr geliebt habt?«

»Ich kann mich an niemanden erinnern, den ich geliebt haben soll!«, rief sie. »Und an kein anderes Kind außer Sadi!« Sie konnte den wilden Aufruhr in ihrer Seele nicht deuten. War es Ärger über diese Unverschämtheit, war es Zorn? Oder gar Angst?

»Niemand«, sagte Tizarun an ihrer Seite, »liebt so stark wie du. Meinetwegen hast du zwei große Reiche in Schutt und Asche gelegt. Ich glaube, was er sagt.«

Aber sie glaubte es nicht. Sie hatte Dinge gewusst, ja, die sie eigentlich nicht hatte wissen können, und sie hatte den Tod über die Welt gebracht. Und sie hatte geliebt, mehr als irgendjemand sonst … aber war sie deshalb eine Göttin?

»Nein«, beharrte sie. »Das ist nicht wahr.«

Da streckte der Drache seinen mittleren Kopf vor und öffnete seinen Rachen über ihr. Tenira schrak zurück. Sie warf den Kopf in den Nacken und starrte in den Schlund, der sich über ihr auftat – und dort, in der Finsternis seines Rachens, sah sie sich im Spiegel.

Sie sah ihr eigenes Gesicht, umrahmt von schwarzem Haar, in dem Diamanten glitzerten, sah ihre schwarzen Augen, die kleinen Falten der Bitterkeit um ihre Mundwinkel, und ihr Leben. Alles war da, in ihrem Antlitz – ihre Kindheit auf Schloss Weißenfels, ihre Liebe zu Tizarun, ihr Leben als Großkönigin, ihre Schlachten, ihre Morde, ihre Tränen, ihre Irrtümer. Sie sah sich selbst, und da war noch mehr – noch mehr Leben und noch mehr Tod und noch mehr Schmerz und Freude und Menschlichkeit und Unmenschlichkeit. Neben sich hörte sie Kann-bai leise weinen, und Quinoc sank auf die Knie und flüsterte: *Ich wusste es. Ich wusste immer, dass dir alles gehören sollte und dass wir dir folgen müssen und dass die Welt sich vor dir beugen muss.*

Der Drache hätte nicht mehr in der Lage sein dürfen, sich zu bewegen, da er keinen Reiter mehr besaß, und doch senkte er das schartige Maul noch tiefer.

»Schwester«, sagte er mit einer Stimme, die zugleich rostig und metallen und erfüllt von Sternennächten war. Der Duft von Eisen, der Duft von vergossenem Blut. »Kalini. Endlich habe ich dich gefunden«, sagte der Drache. Aber es war kein Drache. Es war Kelta, ihre Schwester.

Und Tenira erinnerte sich. Eine Tür ging auf, und dahinter lag eine andere Welt. Ein Flammendes Tor, hinter dem ihre Brüder und Schwestern wohnten.

»Das war Mechals Plan, nicht wahr?«, fragte sie, hin- und hergerissen zwischen Ärger und Erleichterung. »Wie ihr mich zurückholen könnt?«

Sie stimmte in das Gelächter des Drachen ein. Für einen Moment war sie alles – sie war Tenira, die Sonne, und sie war ein verliebtes junges Mädchen, und sie war eine Göttin, und sie war jeder Mensch, als der sie auf dieser Erde gelebt hatte.

Sie war mehr als Tenira, viel mehr.

Kalini drehte sich zu der Menge um. Die Toten gehörten ihr. Und im Gegensatz zu ihr hatten sie das immer gewusst. Und da, die Lebenden: Sadi, ihr Sohn, den sie nicht geliebt hatte, weil sie ihre ganze Liebe Tizarun geschenkt hatte. Anyana, die dem Feuer entkommen war, weil andere Götter die Fäden zogen und das Muster webten. Die Einwohner von Wajun, die der Sonne huldigten. Doch sie war nicht länger die Sonne. Sie war die Nacht, dunkel und mondengleich, sternenleuchtend und schrecklich.

»Komm, Geliebter«, sagte sie und streckte die Hand aus, und Tizarun ergriff sie. »Fliegen wir nach Hause.« Sie trat unter den Drachen, zu der Leiter, die in dessen Inneres führte, und kletterte hinauf. Tizarun folgte ihr. Im Bauch des Drachen stand ein schlichter Thron, wie gemacht für eine gestürzte Herrscherin. Kalini nahm darauf Platz. Nun sah sie durch die Augen des Untiers von oben herab auf alle. Es fühlte sich richtig an, hoch über den Menschen zu thronen. Eine Weile nahm sie sich Zeit, alles aus dieser Perspektive zu betrachten. Sie blickte auf die Menge und die Stadt, auf die sich nun die Dämmerung senkte. Über ihnen blinkten die ersten Sterne. Die Sehnsucht nach den Göttern überfiel den Drachen und die vielen tausend Seelen, und er breitete seine Flügel aus und schwang sich in die Luft.

Kalini seufzte und ließ ihn fliegen.

Sie flog. Kelta flog. Und all die Seelen flogen mit ihnen.

Das Ungeheuer stieß einen Schrei aus, einen Ruf, der bis an die Enden der Welt erklang. Und die Toten folgten ihm. Der Ruf band sie an den Drachen, und wie der Schweif eines Meteoriten flogen sie ihm nach, über die Stadt der Sonne, über das grüne Gebirge von Guna und über das Nebelmeer, das unter ihnen weiß leuchtete, über ein Schiff, auf dem jemand winkte und lachte. Und weiter, höher hinauf, immer höher, zum Mond und zu den Sternen und zum Flammenden Tor. Immer weiter, bis dorthin, wo alle Geschichten enden.

Epilog

Es war warm in jenen Tagen des Sommers, nachdem die Toten gegangen waren. In jenen Tagen, in denen gesichtet und gezählt wurde: Die Verluste ebenso wie das, was ihnen geblieben war. Das, was wiederaufgebaut werden musste, und das, was niemals wieder werden konnte wie früher.

Auch die Krähe war mit dem Drachen fortgeflogen, und wenn Sadi aus dem Fenster blickte, vermisste er sie. Seine eigene Seele, die Seele eines Toten, war hiergeblieben. Er war lebendig.

Er, Kalinis Sohn.

Er, die Sonne von Wajun.

»Kannst du nachsehen?«, fragte Kirian an diesem Abend, an dem sie zu dritt im Arbeitszimmer saßen und goldenen Met tranken. Lijun schlief in seinem Kinderbettchen, hoffentlich, denn manchmal pflegte er einfach durch Türen zu verschwinden, um im Wald von Anta'jarim als junger Hirsch umherzustreifen.

Anyana stellte den Becher unberührt zurück auf den Tisch. »In Kato?«, fragte sie. »Fragst du wegen Ruma?«

»Ich muss wissen, wo sie ist«, sagte Kirian. »Ob sie in Spiegel-Anta'jarim auf mich wartet oder ob auch die Toten aus Kato weitergezogen sind. Ich brauche Gewissheit, bevor ich mich entscheide.«

»Du weißt es schon«, sagte Sadi, denn ihm war nicht entgangen, dass Kirian als Erstes nach Maira gefragt hatte.

»Vielleicht«, sagte Kirian.

»Dir ist klar, dass wir dich gut als Ratgeber gebrauchen können?«, fragte er. »Ich könnte mir keinen besseren wünschen.«

»Sagt mir, wo sie ist.«

Also gingen sie auf die andere Seite, nach Kato, er und Anyana, Hand in Hand. Sie gingen durch die verlassenen Gänge des

Schlosses von Spiegel-Anta'jarim. Alles war still und leer, nur der Staub tanzte im goldweißen Licht. Schließlich standen sie in ihrem alten Schlafzimmer. Die Wiege war leer, das Bett unbenutzt, und nur Erinnerungen wehten durch die Räume.

»Sie sind fort«, sagte Anyana.

Doch schon im nächsten Moment hörten sie Geräusche, Singen und Gelächter. Sie sahen aus dem Fenster, über die Dächerlandschaft des Spiegelschlosses, und gewahrten Licht jenseits der Erker und Türmchen aus den Fensterscheiben eines Turms fluten.

»Wollen wir?« Schon hatte Anyana sich die Schuhe ausgezogen und war über die Fensterbank gestiegen. Sadi folgte ihr. Flink wie Bergziegen kletterten sie über die Firste und Zinnen, überwanden die steilen Dächer und die flachen, und schließlich erreichten sie einen Balkon und dahinter eine angelehnte blaue Tür. Durch den Türspalt drang warmes Licht. Ein Blick in den Raum dahinter zeigte ihnen eine fröhliche Gesellschaft. Unya saß am Tisch, der größer war als je zuvor, und schenkte ihren Gästen ein. Anyana kannte die meisten vom Sehen, sie alle waren auf dem Schiff gewesen. Mago saß im Schaukelstuhl, einen goldenen Reif im roten Haar, und bändigte eine Handvoll junger Kätzchen. Am Tischende hatte Mechal Platz genommen, der Gott der schicksalhaften Verknüpfung. Sie erkannte ihn aus ihrer Vision wieder. Gerade hob er seinen Becher in die Höhe.

So viel Wärme war in diesem Raum, dass es beinahe wehtat.

»Das Kato der Lichtgeborenen«, sagte Anyana. »Wo sich die Götter und ihre Kinder an einen Tisch setzen, gemeinsam mit den Menschen.«

Sie blickte ihn an, und Sadi konnte diesem Blick nicht ausweichen. »Glaub nicht, dass ich hoffe, meine Mutter hier zu sehen. Sie hasst mich.« Tenira hatte sich nicht einmal von ihm verabschiedet.

»Sie muss gespürt haben, dass deine Seele die falsche war, die Seele eines Feindes. Deshalb hat sie dich nach Wabinar geschickt und mit ihrem Angriff auf Kanchar dein Leben riskiert.«

»Ja«, sagte er leise.

»Und dennoch«, sagte sie und legte ihre Hände an seine Wangen, »musst du bedenken, wer sie ist. Kalini ist die Göttin des Todes. Glaubst du nicht, dass sich bei einer Todesgöttin gerade darin ihre Liebe zeigen könnte – jemandem den Tod zu wünschen? Denn nur die Toten konnten ihr wirklich nahe sein.«

Er nickte. War es ein Trost, dass Kalini ihn ein wenig geliebt hatte, die Göttin, die er als Wüstendämon zu verehren gelernt hatte? War es ein Trost, dass Kelta seine Wüstenschwester gewesen war?

»Mago ist König?«, fragte Sadi. »Ich hatte gehofft, Wihaji hier zu treffen.«

»Sie sind alle fort«, sagte Anyana. »Weder Lugbiya noch Maurin sind noch hier, und wir werden Ruma nicht an diesem Ort finden. Die Toten sind der Göttin gefolgt. Hier sind nur noch die Lebenden.«

»Möchtest du reingehen und mit ihnen essen?«

»Ein andermal«, sagte sie. »Heute nicht.«

Sie sah traurig aus und glücklich zugleich, und er küsste sie, bis ihre Augen glänzten. »Wir müssen es Kirian sagen.«

»Ich glaube, er weiß es schon. Er wird Maira mitnehmen.«

»Mitnehmen?«, fragte Sadi. »Sie werden doch hoffentlich bei uns in Wajun im Sonnenpalast leben.«

»Ich glaube nicht«, sagte sie lächelnd. »Kirian wird nach Guna gehen. Mir ist, als hätte ich davon geträumt.«

»Und da du so viel weißt, weißt du auch schon, wer Kaiser von Kanchar sein wird?«

»Nein«, antwortete sie. »Aber das soll nicht unsere Sorge sein. Wir sind für Le-Wajun verantwortlich und nicht für die ganze Welt. Nicht mehr.«

Anyana nahm seine Hand.

»Gehen wir zurück«, sagte er.

Personenverzeichnis

Adra, ein Feuerreiter in Daja

Aljat, eine Feuerreiterin an der silbrischen Küste

Anyana von Anta'jarim, Tochter von Prinz Winya und Prinzessin Hetjun von Gaot

Ariv von Kanchar †, ehemaliger Kaiser von Kanchar

Atedec von Weissenfels †, Tochter von Fürst Micoc von Weißenfels

Barijka, Bewohner von Schloss Anta'jarim

Broas von Testra, König von Testra

Burhan, General von Gojad

Cimro †, Doktor am Hof von Wajun

Driano von Kanchar, Bruder des verstorbenen Kaisers Liro

Edrahim von Anta'jarim †, von Tenira ernannter König von Anta'jarim, Bruder von Lugbiya

Elida, Einwohnerin im Nebelmeerhafen

Emena von Trica †, ehemalige Gräfin von Trica, Mutter von Karim und Selas

Estil von Schanya †, ehemalige Fürstin von Weißenfels, Mutter von Quinoc und Laimoc, Herrin einer Farm in der Kolonie

Flammender König, der König von Spiegel-Kanchar in Kato, Tizarun von Wajun

Freier Mann, Gegenkönig, König von Spiegel-Anta'jarim in Kato, Wihaji von Lhe'tah

Grauer Kapitän, Kapitän des Grauen Schiffes auf dem Nebelmeer

Grihan, Reiter auf Laimocs Hof

Gritt, Deckname von Maira

Hetjun von Gaot †, Ehefrau von Prinz Winya, Mutter von Anyana

Iluan von Gojad, König von Gojad

Jarim †, Ahnherrin von Haus Anta'jarim

Jarunwa von Anta'jarim †, ehemaliger König von Anta'jarim, Bruder von Prinz Winya und Prinz Nerun

Jechna von Gojad, Prinzessin von Gojad, Feuerreiterin

Joaku, Meister der Wüstendämonen

Kaji, Sklavin im Palast in Wabinar

Kalhem, Deckname von Yando/Kirian

Kann-bai von Schanya †, Graf, einer der Edlen Acht, General der Armee von Le-Wajun

Karim, Prinz von Daja, Erbe des Throns von Le-Wajun, Sohn von Tizarun von Wajun und Emena von Trica

Kindris, Teniras Ratgeber im Palast in Wajun

Kirian von Guna, auch Kir'yan-doh von Guna oder Yando, einer der Edlen Acht, Deckname Kalhem

Laikan von Nehess, König von Anta'jarim

Laimoc von Weissenfels, verbannter Fürstensohn, einer der Edlen Acht

Lan'hai-yia von Guna, Königin von Guna, eine der Edlen Acht, ehemalige Rebellenführerin, Mutter von Sahiko

Lijun, Sohn von Anyana von Anta'jarim, benannt nach dem Cousin seiner Mutter

Linua †, Wüstendämonin, ehemalige Geliebte von Fürst Wihaji von Lhe'tah

Liro von Kanchar †, Kaiser von Kanchar, ermordet

Lugbiya von Rack-am-Meer †, Ehefrau von Prinz Nerun von Anta'jarim, Mutter von Dilaya und Maurin, Kriegerin in Kato

Mago, ehemaliger Stallbursche von Laimoc von Weißenfels, Reisegefährte von Anyana

Maira, Ziehmutter von Prinz Sadi, Deckname Gritt

Matino von Kanchar, ältester Bruder des verstorbenen Kaisers Liro, leiblicher Vater von Sahiko

Maurin von Anta'jarim †, Sohn von Prinz Nerun und Prinzessin Lugbiya, Krieger in Kato

Mernat, Feuerreiter, Regent von Daja

Nerun von Anta'jarim †, Prinz, Bruder von König Jarunwa und Prinz Winya

Quinoc von Weissenfels †, Halbbruder von Großkönigin Tenira

Ranba, Bewohner von Schloss Anta'jarim

Rebea von Nehess †, ehemalige Königin von Anta'jarim, verheiratet mit Jarunwa, Schwester von Laikan von Nehess

Ricto, eigentlich Yardal von Ricto, Graf im Palast in Wabinar

Ruma von Kanchar †, Kaiserin von Kanchar, Ehefrau von Kaiser Liro, leibliche Mutter von Sahiko, ehemals Verlobte von Karim

Sadi von Wajun, Prinz von Wajun, Sohn von Tizarun und Tenira, Verlobter von Anyana, Deckname Tazi

Sahiko, Prinzessin von Guna, Tochter von Lan'hai-yia von Guna, leibliche Tochter von Kaiserin Ruma von Kanchar und Prinz Matino

Selas von Guna, König von Guna, ehemals Selas von Trica, einstiger Kammerdiener von Prinz Winya, Halbbruder von Karim

Sidon von Guna †, Herzog, Cousin von Kir'yan-doh und Lan'hai-yia, einer der Edlen Acht

Spiro †, Meister des Eisens in Gojad

Tazi, Deckname von Sadi von Wajun

Telach, General in Testra

Tenira von Wajun, Großkönigin von Le-Wajun, uneheliche Tochter von Fürst Micoc von Weißenfels und Niamie, war verheiratet mit Tizarun, Mutter von Sadi

Tizarun von Wajun †, ermordeter Großkönig von Le-Wajun, Flammender König von Spiegel-Wabinar, einer der Edlen Acht, verheiratet mit Tenira und Vater von Karim und Sadi

Trinn, ein Junge aus Anta'jarim, Sadis Freund

Unya von Wajun, legendäre Großkönigin an der Seite Arujas von Wajun, Urgroßmutter von Anyana

Vila, Bewohnerin von Schloss Anta'jarim

Wenorio von Kanchar †, verstorbener Sohn von Ariv von Kanchar und Kaiserin Wara

Wihaji von Lhe'tah †, Fürst, Gegenkönig in Kato, genannt ›Der Aufrechte‹, Cousin des Großkönigs Tizarun von Wajun

Wiljan, Feuerreiter an der silbrischen Küste

Winya von Anta'jarim †, Prinz von Anta'jarim, Vater von Anyana, berühmter Dichter, eine Krähe

Yando, Ratgeber von Kaiser Liro, siehe auch Kir'yan-doh (Kirian) von Guna

Yirina von Schanya, Gräfin, Offizierin

Yilda von Talandria, Mutter des verstorbenen Kaisers Liro

Zrina, Gräfin im Palast von Wajun, Steuerverwalterin

Die Edlen Acht

Tizarun von Lhe'tah
Wihaji von Lhe'tah
Quinoc von Weißenfels
Laimoc von Weißenfels
Kann-bai von Schanya
Sidon von Guna
Kir'yan-doh von Guna
Lan'hai-yia von Guna

EINIGE DER BEKANNTEN GÖTTER

ANTAR, Gott der Jagd
BEHA'JAR, Gott des Waldes
BIANAN, Göttin der Frühlingsnächte und der Fruchtbarkeit
GORI, Göttin der Weisheit
KALINI, dunkle Göttin des Todes, die Ruferin
KELTA, Schwester von Kalini, steht den Mördern und Dieben bei
KERIANAH, Göttin der hellgrünen Laubwälder
LIARAS, Göttin der ewigen Treue
MECHAL, Gott der schicksalhaften Verknüpfung
SIVION, Gott der Tagundnachtgleiche und des Gleichgewichts aller Dinge
TARAN-MANET, Göttin des Sommers
TEMMES, Gott der Lieder
WILEKE, Göttin der kleinen Kinder
WOR'TAN, mächtiger Gott des Sturms
ZRIA, Gott der wilden Tänze und der sprunghaften Gedanken